上海现代服务业联合会会长周禹鹏在会议上发言。

2016 年 5 月 6 日，上海市商务委、江苏省经信委、浙江省发改委以及上海市物流行业协会、江苏省现代物流协会、浙江省物流与采购协会、上海现代服务业联合会等在上海联合召开“第十届长三角地区现代物流联动发展大会暨长江经济带托盘循环共用推进大会”，并在会上发起成立了长江经济带标准化托盘循环共用联盟，以推进该区域物流业的标准化发展。图为大会主席台。

周禹鹏会长在聆听与会代表发言。

周禹鹏会长和市商务委副主任刘敏（右二）

与会各方代表签署《长江经济带托盘循环共用推进联盟倡议书》

2016年7月27日，本市物流行业先进表彰大会召开。市商务委、市人社局、市邮政局，上海现代服务业联合会，上海市物流协会，上海市交通运输行业协会，上海市仓储行业协会，上海市国际货代行业协会，上海物流企业家协会以及来自全市物流行业的获奖代表和企业代表近二百人参加大会。图为大会会场。

上海市有3家企业获得“全国物流行业先进集体”、10位个人获得“全国物流行业劳动模范”荣誉称号。

受表彰的上海市全国物流行业先进集体代表和劳动模范同与会代表合影。

2016 年 7 月，上海现代服务业联合会组织部分行业会员调研鄂尔多斯市临空物流基地。图为周禹鹏会长和调研组成员与基地单位领导及部分职工合影。

上海市物流协会积极履行职责，经常组织开展多层次的培训教学和与业内企业的合作互动交流活动。图为活动现场之一。

2016 年 8 月 26 日结业的高级研修班、中职教师企业实习研修班结业典礼合影。

协会与上海安鲜达物流科技企业的合作交流活动合影。

协会与来自西班牙的同行交流。

上海现代服务业联合会会长周禹鹏宣布活动开幕

2017 年 5 月 6 日上午，2017 上海物流日活动暨物流业“创优与降本”主题论坛举办。图为会场。

上海现代服务业联合会副会长陈振鸿论坛作主旨演讲

市商务委副主任刘敏致辞

上海海事大学校长黄有方作主旨演讲

上海银沛数据管理有限公司创始人刘大力发言

上海圆通速递有限公司副总裁相峰发言

上海恒知物流有限公司副总经理生铁成发言

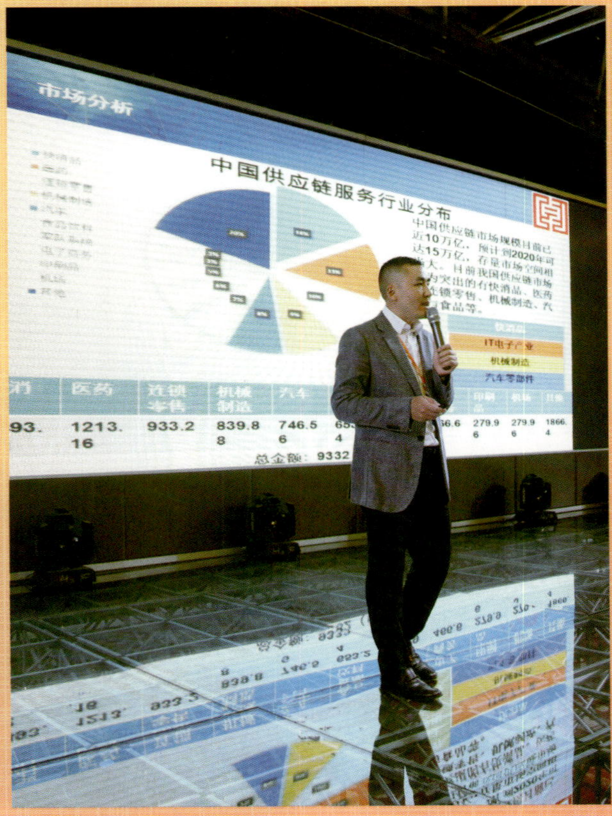


上海卓昕瑞供应链管理有限公司董事长刘建国发言

上海电气临港重型装备有限公司党委书记、总经理郑锦荣发言。

上海挚达科技有限公司副总经理沈琪发言

龙工（上海）叉车有限公司总经理谢英华发言

上海天地会供应链管理有限公司总裁徐水波发言

上海物流年鉴编撰委员会领导为专家颁发证书

企业书法家为大会赠送笔墨

上海工程技术大学物流专业教师的学科研讨例会

# 上海物流年鉴 2016

## Shanghai Logistics Yearbook 2016

上海现代服务业联合会
上 海 市 物 流 协 会　编著
上 海 市 物 流 学 会

**图书在版编目（CIP）数据**

上海物流年鉴. 2016 / 上海现代服务业联合会，上海市物流协会，上海市物流学会编著. -- 上海 ：学林出版社，2017.11

ISBN 978-7-5486-1327-5

Ⅰ. ①上… Ⅱ. ①上… ②上… ③上…Ⅲ. ①物流—上海—2016—年鉴 Ⅳ. ①F259.275.1-54

中国版本图书馆CIP数据核字(2017)第273685号

**上海物流年鉴 2016**

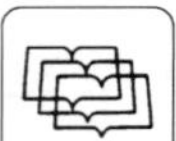

编　　著—— 上海现代服务业联合会
　　　　　　上海市物流协会
　　　　　　上海市物流学会
责任编辑—— 许钧伟
特约编辑—— 曹坚平
出　　版—— 上海世纪出版股份有限公司学林出版社
　　　　　　地址：上海市钦州南路 81 号　电话／传真：021-64515005
　　　　　　网址：www.xuelinpress.com
发　　行—— 上海世纪出版股份有限公司发行中心
　　　　　　地址：上海福建中路 193 号　网址：www.ewen.co
印　　刷—— 上海普顺印刷包装有限公司
　　　　　　电话：021-62848070
开　　本—— 889×1240 1/16
印　　张—— 29.25
字　　数—— 84 万
版　　次—— 2017 年 11 月第 1 版
　　　　　　2017 年 11 月第 1 次印刷
书　　号—— ISBN 978-7-5486-1327-5/Z·87
定　　价—— 399.00 元

（如发生印刷、装订质量问题，读者可向工厂调换）

# 编辑委员会

**顾　问** 张　祥

**主　任** 周禹鹏

**副主任** 叶永明

**委　员**（按姓氏笔画为序）

何　勇　白焕耀　何建华　仲伟林　刘　健　刘　敏　许培星　吴星宝
陈学军　陈虎祺　陈振鸿　周伟民　周　岚　范鸿喜　赵效定　李关德
高奕奕　巢卫林　刘　鹰　韩志雄　周伟民　黄有方　浦静波　殷　飞
刘龙昌　史健勇　郑锦荣

**主　　编** 白焕耀　韩志雄（执行主编）

**编辑人员**（按姓氏笔画为序）

丁　俊　马　峰　王　京　王立华　白焕耀　冯　萍　朱泽榕　吴保峰
杜旭芒　张三敏　张　旭　张志坚　张悦来　张瑞坤　陈仁云　陈文彬
陈　奕　陈　震　范立军　固晨曦　郝　皓　郭笑捷　陶惠民　韩志雄
程浩爵　裴志康

**执行编辑** 白焕耀　陶惠民　张志坚

**地址：**上海市浦东滨江大道 2525 弄 5 号 A 栋（上海现代服务业联合会办公楼内）

**邮政编码：**200120　**电话：**021-50151868（总机）　**传真：**021-50151827

E-mail: shsf.china@163.com

# 前　言

《上海物流年鉴 2016》又将与大家见面了，这是自创办以来编辑出版的第六本《上海物流年鉴》，在此谨向年鉴编辑部、积极奋斗的物流业和关心物流业发展的朋友们致以我的衷心祝贺，祝贺年鉴忠实伴随和见证了物流业近年来新一轮发展历程，也为之提供悉心服务贡献了一份可贵的力量。

回顾近六年来上海物流业的发展道路，是全行业在发展大环境的影响下砥砺奋进的六年。我市物流业与其他行业一样，积极贯彻市委市政府“创新驱动、转型发展”总体要求，加快转变发展方式，促进高端资源集聚和功能塑造，为加快上海“四个中心”和社会主义现代化国际大都市建设提供了有力支撑。六年来，物流业呈现产业规模平稳增长、质量效率持续提升、制度功能突破创新、设施网络日趋完善、市场主体集聚壮大、发展环境不断优化的主要特征，实现了新一轮的发展和进步。

定位于物流业信息服务的年鉴，六年来也坚持自己的服务宗旨，紧紧跟随行业发展的脚步，紧密联系业内外众多单位和人士，敏锐捕捉各种新信息新情况，客观科学分析解读和研究，同时也一直在学习、探索和实践依靠自己力量办好年鉴并坚持办下去的道路。六年来，年鉴已交出了一份出色的答卷。我们也欣喜地注意到，年鉴正在尝试开拓助推行业创新研发的有益举措，如本年鉴推出的物流业景气指数和逆向物流两个部分的新专篇，是与两家研究单位合作，结合物流业研发和创新的新课题而展开的，这是年鉴编撰工作的一个可喜变化。

办年鉴也贵在坚持。应看到，年鉴工作与全行业的发展一样，今后的道路也面临新的挑战和考验。年鉴编辑部要不断总结经验，破阻克难，进一步不懈努力。适时开展自己的“补短板”工作，不断列出和改进自己的“负面清单”，找出工作的一些不足，积极改进，提升水准，争取把年鉴办得越来越好。

周禹鹏

2017 年 9 月 28 日

# 前言

# 目　录

## 第一篇 综合报告

## 第二篇 物流业景气指数



## 第三篇 物流基础领域

## 第四篇 互联网+与物流业



## 第五篇 口岸与自贸区物流

## 第六篇 制造业物流

## 第七篇 城市配送

## 第八篇 物流装备、标准、技术和信息化



## 第九篇 物流衍生服务

## 第十篇 物流业发展研究与创新实践



## 第十一篇 逆向物流专题

## 第十二篇 附录

# 第一篇 综合报告

## 1.1 政府部门报告和政策文件

### 1.1.1《国务院办公厅关于进一步推进物流降本增效促进实体经济发展的意见》（国办发〔2017〕73号）

各省、自治区、直辖市人民政府，国务院各部委、各直属机构：

物流业贯穿一二三产业，衔接生产与消费，涉及领域广、发展潜力大、带动作用强。推动物流降本增效对促进产业结构调整和区域协调发展、培育经济发展新动能、提升国民经济整体运行效率具有重要意义。按照党中央、国务院关于深入推进供给侧结构性改革、降低实体经济企业成本的决策部署，为进一步推进物流降本增效，着力营造物流业良好发展环境，提升物流业发展水平，促进实体经济健康发展，经国务院同意，现提出以下意见：

**一、深化“放管服”改革，激发物流运营主体活力**

（一）优化道路运输通行管理。2017年年内实现跨省大件运输并联许可全国联网，由起运地省份统一受理，沿途省份限时并联审批，一地办证、全线通行。参照国际规则，优化部分低危气体道路运输管理，促进安全便利运输。（交通运输部负责）完善城市配送车辆通行管理政策，统筹优化交通安全和通行管控措施。鼓励商贸、物流企业协同开展共同配送、夜间配送。（公安部、交通运输部、商务部负责）

（二）规范公路货运执法行为。推动依托公路超限检测站，由交通部门公路管理机构负责监督消除违法行为、公安交管部门单独实施处罚记分的治超联合执法模式常态化、制度化，避免重复罚款，并尽快制定可操作的实施方案，在全国范围内强化督促落实。原则上所有对货车超限超载违法行为的现场检查处罚一律引导至经省级人民政府批准设立的公路超限检测站进行，货车应主动配合进站接受检查。各地公路超限检测站设置要科学合理，符合治理工作实际。（交通运输部、公安部、各省级人民政府负责）公路货运罚款按照国库集中收缴制度的有关规定缴入国库，落实罚缴分离。（财政部会同交通运输部、公安部负责）依据法律法规，抓紧制定公路货运处罚事项清单，明确处罚标准并向社会公布。严格落实重点货运源头监管、“一超四罚”依法追责、高速公路入口称重劝返等措施。严格货运车辆执法程序，执法人员现场执法时须持合法证件和执法监督设备。（交通运输部、公安部、各省级人民政府按职责分工负责）完善公路货运执法财政经费保障机制。（财政部会同交通运输部、公安部、各省级人民政府负责）完善全国公路执法监督举报平台，畅通投诉举报渠道。（交通运输部、公安部负责）

（三）完善道路货运证照考核和车辆相关检验检测制度。进一步完善道路货运驾驶员从业资格与信用管理制度，运用信息化手段推进违法失信计分与处理，积极推进年审结果签注网上办理和网上查询，在部分省份探索实行车辆道路运输证异地年审。（交通运输部负责）2017年年内将货运车辆年检（安全技术检验）和年审（综合性能检测）依据法律法规进行合并，并允许普通道路货运车辆异地办理，减轻检验检测费用负担。（交通运输部、公安部会同质检总局负责）

（四）精简快递企业分支机构、末端网点备案手续。指导地方开展快递领域工商登记“一照多址”改革。（工商总局、国家邮政局负责）进一步简化快递企业设立分支机构备案手续，完善末端网点备案制度。严格落实快递业务员职业技能确认与快递业务经营许可脱钩政策。（国家邮政局负责）

（五）深化货运通关改革。2017 年年内实现全国通关一体化，将货物通关时间压缩三分之一。加快制定和推广国际贸易“单一窗口”标准版，实现一点接入、共享共用、免费申报。（海关总署、质检总局、公安部、交通运输部负责）

**二、加大降税清费力度，切实减轻企业负担**

（六）完善物流领域相关税收政策。结合增值税立法，统筹研究统一物流各环节增值税税率。加大工作力度，2017 年年内完善交通运输业个体纳税人异地代开增值税发票管理制度。全面落实物流企业大宗商品仓储设施用地城镇土地使用税减半征收优惠政策。（财政部、税务总局负责）

（七）科学合理确定车辆通行收费水平。选择部分高速公路开展分时段差异化收费试点。省级人民政府可根据本地区实际，对使用电子不停车收费系统（ETC）非现金支付卡并符合相关要求的货运车辆给予适当通行费优惠。严格做好甘肃、青海、内蒙古、宁夏四省（区）取消政府还贷二级公路收费工作。落实好鲜活农产品运输“绿色通道”政策。（交通运输部、国家发展改革委、各省级人民政府负责）

（八）做好收费公路通行费营改增相关工作。2017 年年内出台完善收费公路通行费营改增工作实施方案，年底前建成全国统一的收费公路通行费发票服务平台，完成部、省两级高速公路联网收费系统改造，推进税务系统与公路收费系统对接，依托平台开具高速公路通行费增值税电子发票。（交通运输部、税务总局、财政部负责）

（九）加强物流领域收费清理。开展物流领域收费专项检查，着力解决“乱收费、乱罚款”等问题。（国家发展改革委、交通运输部负责）全面严格落实取消营运车辆二级维护强制性检测政策。（交通运输部负责）完善港口服务价格形成机制，改革拖轮计费方式，修订发布《港口收费计费办法》。（交通运输部、国家发展改革委负责）清理规范铁路运输企业收取的杂费、专用线代运营代维护费用、企业自备车检修费用等，以及地方政府附加收费、专用线产权或经营单位收费、与铁路运输密切相关的短驳等两端收费。（国家铁路局、中国铁路总公司、各省级人民政府负责）

**三、加强重点领域和薄弱环节建设，提升物流综合服务能力**

（十）加强对物流发展的规划和用地支持。研究制定指导意见，进一步发挥城乡规划对物流业发展的支持和保障作用。（住房城乡建设部负责）在土地利用总体规划、城市总体规划中综合考虑物流发展用地，统筹安排物流及配套公共服务设施用地选址和布局，在综合交通枢纽、产业集聚区等物流集散地布局和完善一批物流园区、配送中心等，确保规划和物流用地落实，禁止随意变更。对纳入国家和省级示范的物流园区新增物流仓储用地给予重点保障。鼓励通过“先租后让”、“租让结合”等多种方式向物流企业供应土地。对利用工业企业旧厂房、仓库和存量土地资源建设物流设施或提供物流服务，涉及原划拨土地使用权转让或租赁的，经批准可采取协议方式办理土地有偿使用手续。各地要研究建立重点物流基础设施建设用地审批绿色通道，提高审批效率。（各省级人民政府、国土资源部、住房城乡建设部负责）

（十一）布局和完善一批国家级物流枢纽。加强与交通基础设施配套衔接的物流基础设施建设。结合编制国家级物流枢纽布局和建设规划，布局和完善一批具有多式联运功能、支撑保障区域和产业经济发展的综合物流枢纽，并在规划和用地上给予重点保障。（国家发展改革委、交通运输部、住房城乡建设部、国土资源部负责）

（十二）加强重要节点集疏运设施建设。统筹考虑安全监管要求，加强铁路、公路、水运、民航、邮政等基础设施建设衔接。统筹利用车购税等相关资金支持港口集疏运铁路、公路建设，畅通港站枢纽“微循环”。（国家发展改革委、交通运输部、财政部、中国民航局、国家铁路局、国家邮政局、中国铁路总公司按职责分工负责）

（十三）提升铁路物流服务水平。着力推进铁路货运市场化改革，发挥铁路长距离干线运输优势，进一步提高铁路货运量占全国货运总量的比重。探索发展高铁快运物流，支持高铁、快递联动发展。支持铁路运输企业与港口、园区、大型制造企业、物流企业等开展合资合作，按需开行货物列车。加快一级和二级铁路物流基地建设，重点加强进厂、进园、进港铁路专用线建设，推动解决铁路运输“最后一公里”问题。鼓励企业自备载运工具的共管共用，提高企业自备载运工具的运用效率。大力推进物联网、无线射频识别（RFID）等信息技术在铁路物流服务中的应用。（中国铁路总公司、交通运输部、国家铁路局、国家邮政局负责）

（十四）推动多式联运、甩挂运输发展取得突破。做好第二批多式联运示范工作，大力推广集装箱多式联运，积极发展厢式半挂车多式联运，有序发展驮背运输，力争2017年年内开通驮背多式联运试验线路。大力发展公路甩挂运输。完善铁路货运相关信息系统，以铁水联运、中欧班列为重点，加强多式联运信息交换。（交通运输部、国家发展改革委、国家铁路局、中国铁路总公司负责）

（十五）完善城乡物流网络节点。支持地方建设城市共同配送中心、智能快件箱、智能信包箱等，缓解通行压力，提高配送效率。加强配送车辆停靠作业管理，结合实际设置专用临时停车位等停靠作业区域。加强交通运输、商贸流通、供销、邮政等相关单位物流资源与电商、快递等企业的物流服务网络和设施共享衔接，逐步完善县乡村三级物流节点基础设施网络，鼓励多站合一、资源共享。加强物流渠道的安全监管能力建设，实现对寄递物流活动全过程跟踪和实时查询。（商务部、交通运输部、公安部、国家邮政局、供销合作总社、各省级人民政府按职责分工负责）

（十六）拓展物流企业融资渠道。支持符合条件的国有企业、金融机构、大型物流企业集团等设立现代物流产业发展投资基金，按照市场化原则运作，加强重要节点物流基础设施建设，支持应用新技术新模式的轻资产物流企业发展。（国家发展改革委、财政部、国务院国资委负责）鼓励银行业金融机构开发支持物流业发展的供应链金融产品和融资服务方案，通过完善供应链信息系统研发，实现对供应链上下游客户的内外部信用评级、综合金融服务、系统性风险管理。支持银行依法探索扩大与物流公司的电子化系统合作。（国家发展改革委、银监会、人民银行、商务部负责）

**四、加快推进物流仓储信息化标准化智能化，提高运行效率**

（十七）推广应用高效便捷物流新模式。依托互联网、大数据、云计算等先进信息技术，大力发展“互联网+”车货匹配、“互联网+”运力优化、“互联网+”运输协同、“互联网+”仓储交易等新业态、新模式。加大政策支持力度，培育一批骨干龙头企业，深入推进无车承运人试点工作，通过搭建互联网平台，创新物流资源配置方式，扩大资源配置范围，实现货运供需信息实时共享和智能匹配，减少迂回、空驶运输和物流资源闲置。（国家发展改革委、交通运输部、商务部、工业和信息化部负责）

（十八）开展仓储智能化试点示范。结合国家智能化仓储物流基地示范工作，推广应用先进信息技术及装备，加快智能化发展步伐，提升仓储、运输、分拣、包装等作业效率和仓储管理水平，降低仓储管理成本。（国家发展改革委、商务部负责）

（十九）加强物流装载单元化建设。加强物流标准的配套衔接。推广1200mm×1000mm标准托盘和600mm×400mm包装基础模数，从商贸领域向制造业领域延伸，促进包装箱、托盘、周转箱、集装箱等上下游设施设备的标准化，推动标准装载单元器具的循环共用，做好与相关运输工具的衔接，提升物流效率，降低包装、搬倒等成本。（商务部、工业和信息化部、国家发展改革委、国家邮政局、中国铁路总公司、国家标准委负责）

（二十）推进物流车辆标准化。加大车辆运输车治理工作力度，2017年年内完成60%的不合规车辆运输车更新淘汰。保持治理超限超载运输工作的延续性，合理确定过渡期和实施步骤，适时启动不合规平板半挂车等车型专项治理工作，分阶段有序推进车型替代和分批退出，保护合法运输主体的正当权益，促进道路运输市场公平有序竞争。推广使用中置轴汽车列车等先进车型，促进货运车辆标准化、轻量化。（交通运输部、公安部、工业和信息化部、各省级人民政府负责）

**五、深化联动融合，促进产业协同发展**

（二十一）推动物流业与制造业联动发展。研究制定推进物流业与制造业融合发展的政策措施，大力支持第三方物流发展，对接制造业转型升级需求，提供精细化、专业化物流服务，提高企业运营效率。鼓励大型生产制造企业将自营物流面向社会提供公共物流服务。（国家发展改革委、工业和信息化部、国家邮政局负责）

（二十二）加强物流核心技术和装备研发。结合智能制造专项和试点示范项目，推动关键物流技术装备产业化，推广应用智能物流装备。鼓励物流机器人、自动分拣设备等新型装备研发创新和推广应用。（工业和信息化部、国家发展改革委负责）支持具备条件的物流企业申报高新技术企业。（科技部负责）

（二十三）提升制造业物流管理水平。建立制造业物流成本核算制度，分行业逐步建立物流成本对标体系，引导企业对物流成本进行精细化管理，提高物流管理水平。（国家发展改革委、工业和信息化部负责）

**六、打通信息互联渠道，发挥信息共享效用**

（二十四）加强物流数据开放共享。推进公路、铁路、航空、水运、邮政及公安、工商、海关、质检等领域相关物流数据开放共享，向社会公开相关数据资源，依托国家交通运输物流公共信息平台等，为行业企业查询和组织开展物流活动提供便利。结合大数据应用专项，开展物流大数据应用示范，为提升物流资源配置效率提供基础支撑。结合物流园区标准的修订，推动各物流园区之间实现信息联通兼容。（各有关部门按职责分工负责）

（二十五）推动物流活动信息化、数据化。依托部门、行业大数据应用平台，推动跨地区、跨行业物流信息互联共享。推广应用电子运单、电子仓单、电子面单等电子化单证。积极支持基于大数据的运输配载、跟踪监测、库存监控等第三方物流信息平台创新发展。（国家发展改革委、交通运输部会同有关部门负责）

（二十六）建立健全物流行业信用体系。研究制定对运输物流行业严重违法失信市场主体及有关人员实施联合惩戒的合作备忘录，对失信企业在行政审批、资质认定、银行贷款、工程招投标、债券发行等方面依法予以限制，构建守信激励和失信惩戒机制。（国家发展改革委会同相关部门、行业协会负责）

**七、推进体制机制改革，营造优良营商环境**

（二十七）探索开展物流领域综合改革试点。顺应物流业创新发展趋势，选取部分省市开展物流降本增效综合改革试点，深入推进物流领域大众创业、万众创新，打破地方保护和行业垄断，破除制约物流降本增效和创新发展的体制机制障碍。探索建立物流领域审批事项的“单一窗口”，降低制度性交易成本。强化科技创新、管理创新、机制创新，促进物流新业态、新模式发展，形成可复制、可推广的发展经验。（国家发展改革委、交通运输部会同有关部门负责）

各地区、各有关部门要认真贯彻落实党中央、国务院的决策部署，充分认识物流降本增效对深化供给侧结构性改革、促进实体经济发展的重要意义，加强组织领导，明确任务分工，结合本地区、本部门实际，深入落实本意见和《国务院办公厅关于转发国家发展改革委营造良好市场环境推动交通物流融合发展实施方案的通知》（国办发〔2016〕43 号）、《国务院办公厅关于转发国家发展改革委物流业降本增效专项行动方案（2016—2018 年）的通知》（国办发〔2016〕69 号）明确的各项政策措施，完善相关实施细则，扎实推进工作。要充分发挥全国现代物流工作部际联席会议作用，加强工作指导和督促检查，及时协调解决政策实施中存在的问题，确保各项政策措施的贯彻落实。

国务院办公厅

2017 年 8 月 7 日

### 1.1.2 《国务院办公厅关于转发国家发展改革委物流业降本增效专项行动方案（2016—2018 年）的通知》（国办发〔2016〕69 号）

各省、自治区、直辖市人民政府，国务院各部委、各直属机构：

国家发展改革委《物流业降本增效专项行动方案（2016—2018 年）》已经国务院同意，现转发给你们，请认真贯彻执行。

国务院办公厅

2016 年 9 月 13 日

### 国家发展改革委：《物流业降本增效专项行动方案（2016—2018 年）》

物流业是支撑经济社会发展的基础性、战略性产业，市场需求巨大，发展空间广阔。加快物流业发展是推进供给侧结构性改革、增加公共产品和公共服务供给的重点方向，是扩大有效投资、促进城乡居民消费的重要手段，是消除瓶颈制约、补齐薄弱短板、提升国民经济整体运行效率的重要途径。按照党中央、国务院关于推进供给侧结构性改革和降低实体经济成本的决策部署，为解决物流领域长期存在的成本高、效率低等突出问题，大力推动物流业降本增效，推进物流业转型升级，提升行业整体发展水平，更好地服务于经济社会发展，根据《物流业发展中长期规划（2014—2020 年）》，制定本行动方案。

**一、总体要求**

（一）指导思想。

全面贯彻党的十八大和十八届三中、四中、五中全会精神，按照"五位一体"总体布局和"四个全面"战略布局，牢固树立和贯彻落实创新、协调、绿色、开放、共享的发展理念，认真落实党中央、国务院决策部署，聚焦影响物流业健康发展的突出矛盾和瓶颈制约，以创新体制机制为动力，以推广应用先进技术和管理手段为支撑，以完善落实物流管理和支持政策为路径，加快补齐软硬件短板，深入推进大众创业万众创新，大力发展新模式新业态，激发市场活力，优化物流资源配置，促进物流业跨界融合，建立标准化、信息化、网络化、集约化、智慧化的现代物流服务体系，降低物流成本，提高社会物流运行效率。

（二）基本原则。

深化改革、协同推进。加大简政放权、放管结合、优化服务改革力度，深化物流领域体制改革，打破制约行业发展的体制机制障碍，加强统筹规划和部门协同，形成政策合力，营造良好发展环境。

问题导向、重点突破。聚焦突出问题出实招，找准薄弱环节补短板，率先在若干重点领域取得突破，夯实行业发展基础，提升物流社会化、专业化水平。

市场主导、创新驱动。发挥市场在资源配置中的决定性作用，激发企业创新的内生动力，鼓励先进技术装备应用，大力推进物流业与大众创业万众创新融合发展，推动业态创新、管理创新、服务创新。

联动融合、全面提升。推动物流与制造、交通、贸易、金融等行业深度融合，提升物流综合服务能力，优化整合产业资源，增强产业整体竞争力。

（三）主要目标。

到2018年，物流业降本增效取得明显成效，建立支撑国民经济高效运行的现代物流服务体系。

——物流基础设施衔接更加顺畅。初步形成布局合理、覆盖广泛、便捷高效的物流基础设施网络，重要枢纽节点的物流服务功能更加完备，城乡配送体系更加健全。

——物流企业综合竞争力显著提升。物流企业一体化运作、网络化经营能力明显增强，供应链管理服务水平大幅提升，形成一批技术先进、模式创新、竞争力强的综合物流服务提供商。

——现代物流运作方式广泛应用。多式联运、甩挂运输、共同配送等先进物流运输组织方式加快发展，物联网、大数据等先进技术广泛应用，物流业态、模式创新取得突破，信息化、标准化、集装化水平显著提升。

——行业发展环境进一步优化。税收、土地等政策支持体系更加完善，乱收费、乱罚款的状况得到根本改变，物流一体化高效运作的体制机制制约基本消除，行业诚信体系进一步健全，有利于物流业创新发展的生态体系基本形成。

——物流整体运行效率显著提高。全社会物流总费用占国内生产总值（GDP）的比重较2015年降低1个百分点以上；工业企业物流费用率（物流费用与销售总额之比）由2014年的8.9%降至8.5%左右，批发零售企业物流费用率由7.7%降至7.3%左右。

## 二、重点行动

（四）简政放权，建立更加公平开放规范的市场新秩序。

1. 优化行业行政审批。按照简政放权、放管结合、优化服务改革要求，在确保企业生产运营安全的基础上，清理、归并和精简具有相同或相似管理对象、管理事项的物流企业和物流从业人员的证照资质，加强事中事后监管。深入推进物流领域商事制度改革，加快推行“五证合一、一照一码”、“先照后证”和承诺制，简化办理程序。适应物流企业经营特点，支持地方进一步放宽企业住所和经营场所登记条件，鼓励物流企业网络化经营布局。（交通运输部、工商总局、质检总局、海关总署、国家邮政局等部门按职责分工负责，2016年底前完成）

2. 深化公路、铁路、民航等领域改革。优化公路超限运输行政许可办理流程，提高审批效率。完善货运司机诚信管理制度，研究解决司机异地从业诚信结果签注问题。（交通运输部负责，2018年底前完成）深化铁路货运改革，适度引入竞争，鼓励铁路运输企业与港口企业、物流园区等开展合资合作。推动国家铁路与地方铁路有效衔接，提高铁路资源利用率。支持铁路货运场站向综合物流基地转型升级，发展高铁快运及电商班列等铁路快捷货运产品，提高铁路物流服务质量。推动航空货运企业兼并重组、做强做大，增强高端物流市场服务能力。鼓励公路、铁路、民航部门和企业整合资源，加强合作，开展一体化物流运作。（国家发展改革委、交通运输部牵头，国务院国资委、中国民航局、中国铁路总公司按职责分工负责，持续推进）

3. 优化货运车辆通行管控。指导各地开展城市配送需求量调查等前瞻性研究。对企业从事生活必需品、药品、鲜活农产品和冷藏保鲜产品配送，以及使用节能与新能源车辆从事配送的，优先给予通行便利。合理确定配送车辆停靠卸货区域。规范公路超限治理处罚标准，减少执法中的自由裁量权。（交通运输部、公安部、商务部牵头，工业和信息化部、国家邮政局、国家标准委、国家发展改革委按职责分工负责，2017年底前完成）

4. 推动货物通关便利化。落实信息互换、监管互认、执法互助，推进“单一窗口”建设和“一站式作业”改革，提高通关效率。（海关总署、质检总局牵头，交通运输部、商务部、公安部按职责分工负责，2017年底前完成）

5. 提升行业监管水平。依托国家交通运输物流公共信息平台，推动政务信息资源共享和业务协同，加强物流运行监测、安全监管等大数据平台建设，通过数据收集、分析和管理，加强事中事后监管，提高物流运行监测、预测预警、公共服务能力。（交通运输部、公安部、国家发展改革委、工业和信息化部按职责分工负责，持续推进）

（五）降税清费，培育企业创新发展新动能。

6. 完善物流领域增值税政策。通过全面推开营改增改革试点，进一步消除重复征税，扩大交通运输业的进项税抵扣范围，降低企业税收负担。（财政部、税务总局牵头，国家发展改革委、交通运输部按职责分工负责，持续推进）结合增值税立法，积极研究统一物流各环节增值税税率问题。（财政部、税务总局按职责分工负责，根据增值税立法进程推进）物流企业可按照现行增值税汇总缴纳有关规定申请实行汇总纳税，鼓励物流企业一体化、网络化、规模化运作。（财政部、税务总局按职责分工负责，持续推进）

7. 降低物流企业运输收费水平。抓紧修订《收费公路管理条例》，调整完善收费公路政策，科学合理确定车辆通行费标准。（交通运输部、国家发展改革委、财政部按职责分工负责，2017 年底前完成）逐步有序取消政府还贷二级公路收费。贯彻落实《道路运输车辆技术管理规定》，取消营运车辆二级维护强制性检测。（交通运输部、国家发展改革委、财政部按职责分工负责，持续推进）

8. 规范物流领域收费行为。督促港口、铁路、航空等企业严格落实明码标价制度，实行进出口环节收费目录清单制，推进收费管理制度化、科学化、透明化。（国家发展改革委、交通运输部、财政部牵头，质检总局、海关总署、中国民航局、中国铁路总公司按职责分工负责，2017 年 6 月底前完成）

9. 调整完善相关管理政策。落实“互联网 +”行动要求，完善物流业相关管理政策，鼓励企业开展创新。（国家发展改革委、交通运输部牵头，工业和信息化部、国家网信办、税务总局按职责分工负责，2018 年底前完成）支持依托互联网平台的无车承运人发展。研究完善交通运输业个体纳税人异地代开增值税专用发票管理制度。（交通运输部、税务总局按职责分工负责，2017 年底前完成）

（六）补短强基，完善支撑物流高效运行的设施和标准体系。

10. 建立与现代产业体系相匹配的国家级物流枢纽体系。按照服务现代产业发展的要求和物流业围绕节点城市、沿交通通道集群式发展的特点，结合“一带一路”建设、京津冀协同发展、长江经济带发展三大战略，研究编制国家级物流枢纽设施布局和建设规划，运用大数据等先进信息技术，科学测算货物的流量流向，兼顾存量、优化增量，布局和完善一批具有多式联运功能的综合物流枢纽，统筹推进公路、铁路、水运、民航等基础设施无缝衔接。（国家发展改革委、交通运输部牵头，中国民航局、中国铁路总公司按职责分工负责，2017 年底前完成）

11. 健全有效衔接的物流标准体系。综合梳理各项国家标准、行业标准，加强不同领域、国内与国际标准间的协调衔接。根据行业发展需求，加快制修订冷链物流、绿色物流等方面标准。培育发展物流团体标准，鼓励企业制定严于国家和行业标准、具有竞争力的企业标准，促进政府主导制定标准与市场自主制定标准的协同发展，构建体系完备、高效协调的新型物流标准体系。（国家标准委牵头，国家发展改革委、商务部、工业和信息化部、交通运输部、中国铁路总公司按职责分工负责，2018 年底前完成）完善物流服务规范，研究出台提高物流服务质量的相关意见。（质检总局、国家发展改革委按职责分工负责，2016 年底前完成）大力推广托盘（1.2 米 ×1 米）、周转箱、集装箱等标准化装载单元循环共用，鼓励企业建立区域性、全国性托盘循环共用系统，在快速消费品、农产品、药品等领域开展试点，支持开展托盘租赁、维修等延伸服务。（商务部、财政部、国家发展改革委按职责分工负责，2016 年底前完成）加强各类物流标准的宣传贯彻工作。（国家标准委、国家发展改革委按职责分工负责，持续推进）

12. 构建高效运行的多式联运体系。依托国际、国内物流大通道，加强繁忙区段扩能改造，支持主要港口、大型综合性物流园区集疏运体系建设，着力解决“最后一公里”问题，加快形成贯通内外的多式联运网络体系。大力发展铁水联运、公铁联运、陆空联运等先进运输组织方式，发挥铁路、水运干线运输优势。开展多式联运、集装箱铁水联运等示范工程，加强在设施标准、运载工具、管理规则、信息系统等方面的统一衔接，提高干线运输效率和一体化服务水平。（交通运输部、国家发展改革委牵头，工业和信息化部、商务部、海关总署、中国铁路总公司按职责分工负责，2017 年底前完成）

13. 完善城市物流配送体系。优化城市物流基础设施布局，完善城市三级配送网络。依托重要交通枢纽、物流集散地规划建设或改造升级一批集运输、仓储、配送、信息交易于一体的综合物流服务基地，促进干线运输与城市配送有效衔接。加强公用型城市配送节点建设，优化配送相关设施布局，引导仓储配送资源开放共享。鼓励中心城区铁路货场转型发展为城市配送中心。支持城市末端配送点建设，大力发展智能快件箱。按照共享经济理念探索发展集约化的新型城市配送模式。在有条件的城市研究推行“分时段配送”、“夜间配送”。（商务部、国家发展改革委、交通运输部牵头，国家邮政局、公安部、住房城乡建设部、中国铁路总公司按职责分工负责，持续推进）

14. 健全农村物流配送网络。建立农村物流大企业联盟，推动物流企业、电商企业和邮政企业、供销合作社等充分利用现有物流资源开展深度合作，推动县级仓储配送中心、农村物流快递公共取送点建设，完善县乡村三级物流配送网络。（国家发展改革委、商务部牵头，国家邮政局、供销合作总社、交通运输部、国土资源部、工业和信息化部按职责分工负责，2017 年底前完成）加大对农产品冷链物流设施和农产品批发市场建设的支持力度，促进工业品下乡和农产品进城的双向流通。（国家发展改革委、商务部按职责分工负责，持续推进）

（七）互联互通，建立协作共享和安全保障新机制。

15. 促进物流信息互联共享。推动物流活动信息化、数据化。依托国家交通运输物流公共信息平台，加强信息平台接口标准的制定和推广。（交通运输部、国家发展改革委按职责分工负责，2017 年底前完成）结合现代物流创新发展城市试点，建立政府物流数据公开目录，促进政府数据资源整合和开放共享。推动各类物流信息平台互联互通，促进综合交通运输信息和物流服务信息等有效衔接。开展物流大数据应用示范，鼓励政府、企业间的物流大数据共享协作，为提高物流资源配置效率提供基础支撑。（国家发展改革委、交通运输部牵头，工业和信息化部、商务部、公安部、海关总署、质检总局、工商总局、税务总局、中国铁路总公司按职责分工负责，2018 年 6 月底前完成）

16. 鼓励信息平台创新发展。发挥物流信息平台在优化整合物流资源、促进信息互联互通、提高物流组织化程度中的重要作用，扶持运输配载、跟踪追溯、库存监控等各类专业化、特色化的物流信息平台创新发展，提供追踪溯源、数据分析、担保结算、融资保险、信用评价等增值服务。推动物流信息平台与供应链上下游企业系统对接，增强协同运作能力。（国家发展改革委、交通运输部牵头，工业和信息化部、商务部、国家网信办按职责分工负责，持续推进）

17. 完善物流行业诚信体系。依托全国信用信息共享平台和各类行业信用信息平台、专业化物流信息平台等，加强物流行业与公安、工商、交通、保险等部门的信息共享，建立物流从业单位和从业人员信用信息档案，定期发布严重失信“黑名单”，并通过企业信用信息公示系统、“信用中国”网站等及时向社会公开，完善物流企业及相关责任主体守信激励和失信惩戒机制。（国家发展改革委、交通运输部牵头，人民银行、商务部、公安部、海关总署、质检总局、工商总局、税务总局等部门按职责分工负责，2017 年底前完成）

18. 加强物流业网络安全保障。加强国家交通运输物流公共信息平台等关键信息基础设施的信息安全等级保护工作，落实数据库安全管理等各项网络安全保障措施，明确网络安全保障责任，保障数据信息安全。建立防范物流业网络安全风险和打击物流业网络违法犯罪工作机制，保障物流业网络安全。（公安部、交通运输部牵头，工业和信息化部、国家发展改革委等部门按职责分工负责，持续推进）

（八）联动融合，构建产业链共赢新格局。

19. 推动物流业与制造业联动发展。结合“中国制造2025”战略部署，鼓励物流企业面向制造业转型升级需求，拓展提升综合服务能力，为生产企业提供采购物流、入厂物流、交付物流、回收物流等精细物流服务，重塑业务流程，建立面向企业用户的一体化智慧供应链管理服务体系，推动物流业与制造业协调发展，进一步降低产业物流成本。（国家发展改革委、工业和信息化部按职责分工负责，持续推进）

20. 促进交通物流融合发展。加强物流服务设施和交通运输干线网络的衔接，加强铁路、港口物流基地与公路的衔接配套，推动建设一批专用铁路、公路进港和引入产业园区项目，完善公路物流枢纽服务功能，解决枢纽布局不合理、集疏运体系不畅、信息孤岛现象突出等问题，推动现代物流与交通运输一体化融合发展，提高综合效率效益和服务水平。（国家发展改革委、交通运输部、中国铁路总公司牵头，国土资源部、住房城乡建设部按职责分工负责，2017年6月底前完成）

21. 促进商贸业与物流业融合发展。加强大数据、云计算等技术应用，探索“商贸+互联网+物流”融合发展新模式，增强物流协同服务能力，提升物流服务质量和效率，降低实体商贸企业的物流成本。加强商贸企业现有渠道资源整合利用，满足电商企业多样化、分散化、及时性销售的物流需求，延伸商贸业的服务链条，促进行业转型升级。（商务部、国家发展改革委、工业和信息化部按职责分工负责，持续推进）

## 三、保障措施

（九）加大对重要物流基础设施建设的投资支持。

各地发展改革部门要会同相关方面建立重要物流基础设施项目建设的协调机制和绿色审核通道，并将物流基础设施项目纳入现代物流重大工程进行调度，加强横向联动、有机衔接，形成工作合力。（国家发展改革委牵头，2016年底前完成）中央和地方资金要通过现有渠道积极支持符合条件的多式联运转运设施、城乡配送网络、农产品冷链物流、物流标准化和信息化等物流项目建设，发挥政府投资示范带动作用。（国家发展改革委牵头，商务部、交通运输部、财政部、国家邮政局等部门按职责分工负责，持续推进）

（十）完善落实支持物流业发展的用地政策。

在土地利用总体规划、城市总体规划、综合交通规划、商业网点规划中充分考虑并统筹保障物流业发展的合理用地需求。优化物流业用地空间布局，合理确定用地规模和强度，研究提高土地利用效率，降低土地使用成本。相关开发建设须符合法定规划要求，不得随意更改。（国土资源部、住房城乡建设部牵头，国家发展改革委、商务部按职责分工负责，持续推进）在《城市用地分类与规划建设用地标准》修订工作中，统筹考虑物流配送相关设施用地分类和标准问题。（住房城乡建设部负责，2017年底前完成）

（十一）拓宽物流企业投资融资渠道。

银行业金融机构要探索适合物流业发展特点的信贷产品和服务方式，在商业可持续、风险可控的前提下，进一步加大信贷支持力度。积极推动供应链金融服务持续健康发展。支持符合条件的企业通过发行公司债券、企业债券和上市等多种方式拓宽融资渠道，支持物流企业发行非金融企业债务融资工具筹集资金。创新投融资支持方式，鼓励社会资本以市场化方式设立现代物流产业投资基金，支持重点企业重要物流基础设施项目建设，培育形成一批具有较强国际竞争力的现代物流企业集团。（人民银行、银监会、国家发展改革委按职责分工负责，持续推进）

（十二）发挥好行业协会作用。

积极发挥行业协会在行业运行监测、标准制订与宣传推广、职业培训、行业自律、诚信体系建设、国际合作等方面的作用，引导支持企业加快技术创新和服务创新，加强内部管理，提升物流服务水平，共同推动物流行业健康有序发展。（国务院国资委、相关行业协会负责，持续推进）

## 1.1.3 上海市发展改革委：
## 《“十二五”期间上海物流业发展回顾与展望和“十三五”期间面临的形势》

（一）“十二五”期间发展成效

“十二五”期间，上海物流业按照“创新驱动、转型发展”总体要求，加快转变发展方式，促进高端资源集聚和功能塑造，为加快上海“四个中心”和社会主义现代化国际大都市建设提供了有力支撑。

1. 产业规模平稳增长。“十二五”期间，上海物流业保持平稳增长，年平均增长率 7.96%。2015 年，全市物流业增加值达 3044 亿元，同比增长 7.1%，占全市国民生产总值比重为 12.2%，占第三产业增加值比重为 18%；上海港口货物吞吐量达 71740 万吨，集装箱吞吐量达 3653.7 万标准箱，继续保持世界第一；上海航空货邮吞吐量完成 370.9 万吨，其中，浦东机场货邮吞吐量 327.5 万吨，连续八年位居世界第三。快递业保持高速增长，近 3 年业务量、业务收入连续保持年均 50%、35% 以上增速，年人均快递使用量 53 件，是全国平均量的 5 倍。中国（上海）自由贸易试验区（以下简称“上海自贸试验区”）建设激发市场主体活力，2015 年，上海自贸试验区保税区域完成航运物流服务收入 1200 亿元，成为上海国际航运中心和国际贸易中心建设的有力支撑。

表 1.1 2011-2015 年上海现代物流业规模统计表

| 指标 | 单位 | 2011 | 2012 | 2013 | 2014 | 2015 | 平均增长率 |
|---|---|---|---|---|---|---|---|
| 物流业增加值 | 亿元 | 2242 | 2428 | 2614 | 2784 | 3044 | 7.96% |
| 货物运输量 | 万吨 | 93318.10 | 94376.25 | 91515.07 | 90340.88 | 91238.19 | 2.6% |
| 航空货邮吞吐量 | 万吨 | 356.22 | 337.96 | 334.98 | 361.39 | 370 | 0.11% |
| 港口货物吞吐量 | 万吨 | 72800.00 | 73600.00 | 77547.57 | 75528.89 | 71739.64 | 4.03% |
| 集装箱吞吐量 | 万标准箱 | 3173.93 | 3252.94 | 3361.68 | 3528.53 | 3653.70 | 4.70% |

2. 质量效率持续提升。到“十二五”期末，本市物流总费用占全市生产总值比重降至 15% 以下，低于全国平均水平近 2 个百分点。上海自贸试验区贸易便利化举措提升国际物流效率，平均通关时间较区外减少约 40%，企业物流成本减少 10% 以上。物流资源整合与组织效率不断提升，涌现出一批以互联网技术和供应链管理为依托的物流企业，带动传统小微物流企业转型发展，公路物流的信息化、标准化、规范化水平得到提升。物流信息化服务水平进一步提高，智慧物流技术应用不断推广，以电子口岸为代表的物流公共信息平台服务功能明显，口岸通关无纸化改革范围扩大到所有通关现场，报关单无纸化率达 92% 以上。物流标准化试点企业标准化托盘使用率达 96%，仓库内人工装卸效率提高 50%，供应链协调作业效率提高 23%。

3. 制度功能突破创新。监管制度创新带动高端物流功能集聚，启运港退税和沿海捎带试点促进上海港水水中转业务发展，海关监管便利化举措推动集装箱国际中转集拼和航空快件国际中转取得突破。2015 年，洋山深水港集装箱水水中转比例达 50%，国际中转比例提升为 10%。国际贸易“单一窗口”试点和“一次申报、一次查验、一次放行”的关检合作机制，促进了监管部门信息互换、监管互认、执法互助，明显降低了贸易物流成本。国际采购、分拨配送、保税展示交易等物流贸易一体化功能快速发展。期货保税交割支持大宗商品交易与物流服务，提升上海价格话语权。先入区后报关、货物状态分类监管、区内自行运输等物流监管创新举措极大便利了物流运作。跨境电子商务物流服务网络逐步健全，从上海自贸试验区内向区外拓展。“互联网 +”物流平台、供应链管理、物流金融和物流大数据等成为新的增长点。

4. 设施网络日趋完善。海空枢纽建设继续推进，外高桥港区六期竣工，洋山深水港四期开工，芦潮港内河港区、外高桥内河港区工程加快实施。空港货运物流设施加快布局，形成了“一市两场”、5 个货运区的空港货运体系。集疏运体系持续优化，内河高等级航道整治有序推进，高速公路总里程达到 826 公里，形成“两环九射”网络结构；铁路集疏运设施加快建设，沪通铁路（南通 - 安亭段）顺利开工。外高桥物流园区、深水港物流园区、浦东空港物流园区依托上海自贸试验区建设，已经成为联通国际、服务全国的功能性枢纽型物流平台。西北综合物流园区加快转型步伐，西南综合物流园区以电子商务物流等重大项目为载体逐步推进。

5. 市场主体集聚壮大。制度创新进一步激发市场活力，物流业多元化市场主体不断丰富。上海自贸试验区吸引了国内外众多物流产业链上下游企业入驻。一批跨国公司将上海作为全球和区域物流业务整合运作基地，国有物流企业加快体制机制改革，市场活力和竞争力持续提升，一大批民营物流企业总部落户上海，形成了多元化企业共同发展局面。在新技术推动下，上海涌现出一批以“互联网 +”物流为特征的创新型物流服务平台企业，并形成集聚效应。截至 2015 年底，上海的国家 A 级物流企业已达 165 家，其中 5A 级物流企业 18 家。上海已成为我国注册登记货代企业数量最多、业务最集中的地区；全球四大物流快递企业在上海设立中国区总部，其中，3 家建立了全球转运中心；全国十大民营快递企业中，有 8 家总部落户上海。

6. 发展环境不断优化。“十二五”期间，国家加强物流业发展的顶层设计，出台了《关于促进快递业发展的若干意见》《关于促进物流业健康发展政策措施的意见》《关于我国物流业信用体系建设的指导意见》等政策措施，实施了《物流业发展中长期规划（2014-2020 年）》《全国物流园区发展规划》《促进物流业发展三年行动计划（2014-2016 年）》等规划计划。我市积极贯彻国家物流产业政策，充分发挥国际航运中心和国际贸易中心建设中的物流服务支撑功能，聚焦物流重点领域和关键环节，进一步优化物流业发展环境。尤其是上海自贸试验区的制度创新举措，不断促进物流业开放创新发展，成为上海物流业集聚辐射、创新突破的源泉。

### （二）存在的不足

1. 物流设施网络供给稍显薄弱。物流园区、货运枢纽等重大物流基础设施规划落地难，不利于产业转型升级、集约发展。存在住宅社区、商务楼宇、商业中心等城市末端物流设施建设不配套和快件寄取、城市配送不便利等问题。港口物流集疏运结构不合理，公路集疏运比重过高，铁路与内河航运物流能力不足，多种运输方式转换衔接不畅，给城市交通和环境造成较大压力。

2. 物流支撑产业发展的能力有所欠缺。汽车及零部件、电子信息、装备制造、大飞机、精品钢等先进制造业发展，亟需提升物流业与制造业联动发展水平，满足未来智能制造、大规模个性化定制、精益生产等协同制造要求的物流供应链管理水平与国际先进相比仍有差距。国际中转集拼、大宗商品交易、全球采购分拨等航运、贸易物流配套服务能力仍需提升，支撑商贸业发展的城市配送集约化、绿色化水平不高。与电子商务协同发展的线下物流快递配送能力待提升，“最后一公里”物流体系尚需完善。

3. 物流信息化和标准化尚有短板。存在物流信息“孤岛”现象，信息互通共享整体水平不高，物流信息资源未能有效利用，制约了资源配置效率，增加了物流运行成本。物流信息技术应用水平和普及程度仍需提高。物流标准的实施力度需加强，在农产品物流、冷链、城市配送、快递、多式联运，以及跨区域物流标准化等方面需加大创新突破。

4. 物流发展体制机制环境存在不足。与国际标杆相比，上海的国际物流便利化水平仍有较大差距，物流发展环境的国际竞争力需进一步提升。物流领域原有的部分政策等与产业发展实际不匹配，市场主导与政府作用的关系尚需进一步理顺。物流业发展中区域分割、部门分割现象仍存在，在信息互通、重大问题协商、重大项目推进、重大政策协同研究等方面需加强，推进物流业发展的统筹协调机制需要完善。物流信用体系建设滞后，需进一步强化公平公正、公开透明的物流市场秩序，保障物流消费者权益。

（三）“十三五”期间面临的形势

1. 发展机遇

（1）新一代信息技术为物流业创新发展提供新动力。建设具有全球影响力的科技创新中心（以下简称“科技创新中心”）战略加快推进，互联网、物联网、大数据等新一代信息技术加速融入经济社会发展，将给城市形态、产业结构和生产生活方式带来深刻变革。上海物流业必须与新一代信息技术深度融合，完善物流创新创业制度和政策环境，推动物流管理、技术、模式创新，打造智慧物流生态圈。

（2）“一带一路”、上海自贸试验区建设为物流业扩大开放带来新机遇。推进“一带一路”建设将形成国际经贸合作新局面，有利于上海物流业进一步扩大开放、培育跨国供应链服务功能。新一轮上海自贸试验区建设，助推上海构建开放型经济新体制，建立与国际惯例接轨的贸易投资规则。上海物流业必须抓住机遇，加快形成新机制、开辟新通道，促进国际物流便利化、高端化发展。

（3）长江经济带、长三角城市群建设为物流业联动发展开拓新空间。长江经济带、长三角城市群建设进程加快，要素资源跨区域流动更加顺畅，区域合作协调机制进一步完善。上海物流业应在基础设施互联互通、标准化和信息化建设、物流监管协作等方面主动作为，提升对长江经济带与长三角一体化发展的基础支撑作用。

（4）市场体系建设、流通体制改革为物流业转型发展注入新活力。上海要素资源高度集聚，建设现代市场体系、推动流通体制改革，有利于发挥流通引导生产、促进消费的重要作用。物流业是市场流通体系的重要组成，上海物流业必须适应市场体系新要求和流通发展新环境，不断增强产业引领带动、服务支撑功能。

2. 面临挑战

（1）新常态下物流业提质增效形势紧迫。我国经济发展仍将处于经济增速换挡期和结构调整阵痛期，上海交通拥堵、能源消耗、环境污染、城市管理等压力增大，劳动力、土地等要素成本上升，制造业转移、产业结构调整加速，经济增长方式与内涵正在改变。物流业传统增长方式不可持续，资源、环境、成本约束日益凸显。上海物流业必须加快由粗放式规模扩张向集约化质量提升转变步伐，在稳中求进中实现提质增效。

（2）国际物流枢纽城市间竞争日趋激烈。世界经济在艰难复苏中深度调整，全球投资贸易体系与新经济秩序正在重构，国际性物流枢纽城市围绕市场、资源、科技与规则的竞争日趋激烈，纷纷通过持续优化制度和政策环境吸引全球物流产业链资源集聚。上海物流业必须充分挖掘自身优势，抓住变革机遇，增强发展环境吸引力，全面提升全球影响力。

（3）产业发展和生活消费新趋势对物流服务提出新要求。一方面，资本和技术对产业发展的驱动力度加大，产业融合、平台整合、模式变革推动产业创新发展，而专业化、细分化、精准化是产业能级提升的必然要求。上海物流业需要把握与制造业和服务业多业联动、融合发展方向的同时，深度挖掘服务价值链。另一方面，网络购物、线上消费、电商020等生活消费新模式改变了城市生活行为习惯，物流服务需求呈现出个性化、多频次、快速响应的新特点。上海物流业要适应信息时代新型城市生活方式，打造亲民物流新增长点。

（节选自《上海市现代物流业发展“十三五”发展规划》）

## 1.1.4 上海市发展改革委：“十三五”期间物流业发展规划工作要点

### 一、明确指导思想、基本原则和发展目标

（一）指导思想

全面贯彻党的十八大和十八届三中、四中、五中全会精神，坚持创新、协调、绿色、开放、共享的发展理念，推进物流领域供给侧结构性改革，围绕建成“四个中心”和社会主义现代化国际大都市目标，落实“创新驱动发展、经济转型升级”总要求，抓住把改革创新贯穿于物流发展全过程“一条主线”，遵循物流业提质增效发展“一个导向”，把握对接国家和城市发展战略、对接民生服务需求“二个对接”，着力实现以深化改革释放物流业发展活力，以创新驱动增强物流业内生动力，以全面开放提升物流业国际竞争力，以绿色低碳提高物流业可持续发展能力的“四力发展”，持续优化物流产业链结构，不断提升上海物流业在全球价值链中的地位和影响力。

（二）基本原则

1. 新战略引领，国际化辐射发展。建设与国际规则接轨的物流业开放新体系，鼓励上海企业“走出去”参与国内外竞争与合作，提高全球资源配置能力，成为服务“一带一路”、长江经济带建设和长三角区域发展的物流枢纽城市。

2. 新常态因应，品质化升级发展。推进物流产业结构调整优化，降低物流业对增速和规模的依赖，着力延伸产业链条、提升产业能级，为其他产业发展和广大民众生活提供更高品质的物流服务。

3. 新技术支撑，智慧化创新发展。推动“互联网+”、物联网、大数据、云计算等新技术在物流业的应用，鼓励物流技术、功能、模式、业态的创新，提高物流智能化水平；营造物流领域大众创业、万众创新的发展氛围，以创新驱动物流业发展质量与效益的提升。

4. 新环境约束，集约化绿色发展。推动物流资源有效整合配置，优化物流设施网络结构布局，强化物流仓储用地集约节约；鼓励绿色物流技术和模式的推广应用，为生态文明建设贡献物流力量，推动物流业走上绿色可持续发展之路。

（三）发展目标

1. 目标愿景

到2020年，全面构建高效链接全球、服务辐射全国、线上线下联动的开放式、一体化物流业发展新格局，吸引一批全球运作的跨国公司物流总部、大型物流企业总部和物流研发中心集聚，形成体现“智慧互联、高效便捷、绿色低碳、高端增值”特征的物流业发展新模式，实现物流业对建设“四个中心”和社会主义现代化国际大都市目标有力支撑，对更高水平小康社会生活充分保障，成为具有全球影响力的国际物流枢纽城市和供应链资源配置中心。具体为“五个显著”：

一是实现物流业国际竞争优势显著增强。物流业营商环境进一步与国际接轨，具有国际竞争力的物流市场主体更加聚集，基础设施、通关效率、货物跟踪、物流信息化等国际通行物流指标的竞争优势明显，在全球供应链资源配置中的作用日益凸显。

二是实现物流业服务长三角地区、服务长江流域、服务全国的辐射能力显著提升。与长三角地区、长江经济带的物流合作机制更加完善，跨区域物流资源整合与协调能力进一步提升，与长三角地区、沿江地区的物流通道衔接更加通畅。

三是实现物流业对城市运行和民众生活保障能力显著提高。城市配送、快递末端网络布局更加健全，快递寄取便捷安全、消费者权益有效保障；农产品、食品、药品等冷链物流服务品质显著提升、流通损耗进一步降低；物流车辆利用效率和环保水平明显提高，危险品物流更加安全规范，物流业

发展与城市环境更加协调。

四是实现物流业信息化、智能化水平显著进步。物联网、互联网、云计算、大数据等技术在物流领域广泛应用；培育一批"互联网 +"高效物流的标杆企业；物流领域政府监管信息化、透明度进一步提升。

五是实现物流产业结构、整体运行质量与效益显著改善。以口岸和公路物流为重点的物流资源得到整合提升；物流市场更加公开透明，供需信息有效对接，物流资源配置更加优化；多种运输方式有效衔接水平得到改善；基本形成标准化托盘循环共用体系；物流仓储土地使用的效率效益进一步提高。

2. 主要指标

表 1.2"十三五"期间上海市物流业发展主要预期指标

| 序号 | 指标 | 单位 | 2015 年 | 2020 年预期目标 |
|---|---|---|---|---|
| 1 | 物流业增加值占全市生产总值比重 | % | 12.2 | 保持 12 以上 |
| 2 | 物流业总费用占全市生产总值比重 | % | 15 以下 | 下降 2-3 个百分点 |
| 3 | 国家 A 级物流企业数量 | 家 | 165 | 240 以上 |
| 4 | 航空货邮吞吐量 | 万吨 | 370 | 400 以上 |
| 5 | 港口货物吞吐量 | 亿吨 | 7.2 | 7.0-7.5 |
| 6 | 集装箱吞吐量 | 万标准箱 | 3653 | 4200 左右 |
| 7 | 集装箱水水中转比例 | % | 45 | 50 以上 |
| 8 | 快递业务收入 | 亿元 | 455 | 1000 |
| 9 | 推广使用智能快件箱 | 组 | 2500 左右 | 10000 |
| 10 | 新能源物流车辆使用数量 | 辆 | 900 左右 | 显著增加 |
| 11 | 物流带板运输比率 | % | 9 左右 | 12 以上 |
| 12 | 物流配送型冷库容量占冷库总容量比重 | % | 15 左右 | 30 以上 |
| 13 | 发展具有全国影响力和国际竞争力的"互联网 +"物流平台型企业 | – | – | 10 家以上 |

## 二、构筑协调互联空间格局

依托海空港枢纽、陆路交通门户，结合上海制造业和服务业布局，加强与全市交通组织和城市空间的协调衔接，打造由五大重点物流园区（外高桥、深水港、浦东空港、西北、西南）、四类专业物流基地（制造业、农产品、快递、公路货运）为核心架构的"5+4"空间布局，进一步完善三级城市配送网络和重点区域物流配套服务，形成东西联动、辐射内外、层级合理、有机衔接的物流业协调互联空间新格局。

（一）五大重点物流园区

东部沿海三大物流园区（外高桥物流园区、深水港物流园区、浦东空港物流园区）对接国际，以上海自贸试验区保税区域为引领，强化临港、临空产业与现代物流联动效应，进一步优化国际物流环境，构建开放型经济新体制。西部陆路两大物流园区（西北综合物流园区、西南综合物流园区）联接长三角，突出物流发展与交通区位、产业优势、城市功能的协调融合，着力推动传统物流的转型升级。

1. 外高桥物流园区

依托外高桥港区和外高桥保税区，发挥功能丰富、配套齐全、要素集聚的比较优势，着力培育贸易、金融与物流的整合创新体系，打造成为功能前沿、总部集聚、贸易便利、联动紧密的物流贸易一体化开放运作平台，形成保税物流与国际贸易融合发展的区港联动型物流园区。

着力搭建国际中转集拼服务、大宗商品交易交割服务、国际商品展示分销服务平台，创新航运、港口、物流园区一体化运作流程，促进国际中转和转口贸易发展。依托外高桥专业市场资源，做强医药产品物流贸易一体化功能，提供保税展示、咨询交易、代理服务、仓储分拨、流通加工等全程物流服务，着力打造面向国际、服务全国的药品和医疗器械物流贸易综合服务平台；形成以进出口机电产品、汽车、食品酒类、高档消费品等为代表的“前店后库”保税物流服务新模式；开展农产品、有色金属、能源等大宗商品交易交割、指数发布、仓单质押等增值服务。完善园区的物流集疏运体系，提升以海运直通、海铁联运为代表的多式联运能力。实施“走出去”战略，把上海自贸试验区可复制可推广的溢出效应和长江经济带合作有机结合，与沿江地区在物流业务合作、重大项目开发、物流园区营运管理等方面实现联动发展。

2. 深水港物流园区

发挥洋山深水港航运优势、洋山保税港区政策优势和临港产业集群优势，打造成为国际航运物流功能承载区、全球供应链亚洲枢纽，形成港口物流与临港产业优势融合的港口综合型物流园区。

加快基础配套设施建设，完善功能配套服务，着力集聚现代物流服务产业链资源。突出保税与非保税联动、物流与航运共生，重点发展以国内外知名航运巨头为主体的航运物流，以农产品、食品冷链和危化品为代表的专业物流，以国际分拨、国际采购、供应链管理等为代表的保税物流。积极拓展国际中转集拼、保税展示交易、期货保税交割、大宗商品交易、融资租赁、保税维修再制造等功能。完善南港、芦潮港等临港地区港口码头、仓储堆场、集装箱内河转运等物流设施，发挥铁路集装箱中心站作用，使其成为服务临港产业、辐射内陆腹地的多式联运枢纽。

3. 浦东空港物流园区

依托浦东国际机场和空港产业园区，以浦东机场综合保税区和祝桥空港物流园区为载体，以建设临空功能服务先导区为抓手，使其成为国际航空物流重要枢纽，形成临空产业与航空物流联动发展的空港口岸型物流园区。

发挥区港一体的物流运作优势，打造便捷高效的物流运作环境，重点针对工业零部件、电子产品、医疗器械、高端商品等高时效、高附加值产品物流服务需求，吸引集聚跨国公司亚太和全球分拨中心入区运作。推进保税货物与口岸货物同步运作，进一步拓展航运金融与融资租赁、国际贸易与保税展示、航空临空服务与全球维修检测、国际快件转运与国际中转集拼等功能的集聚与发展。大力推进空港物流与大飞机制造、航空配套特色产业及空港服务业的联动融合，把祝桥镇打造成国家级的临空经济示范区。结合沪通铁路规划建设，探索空铁联运物流模式，完善园区多式联运功能。

4. 西北综合物流园区

利用北虹桥区位优势，普陀桃浦、嘉定江桥产业资源优势，面向城市生产运行和生活服务，将西北综合物流园区建成与国际大都市功能协调发展的物流园区。

西北综合物流园区桃浦片区着力打造成为科技商贸的重要载体，强化面向本市的快消品、医药等连锁配送功能；发挥保税物流中心作用，推动与上海自贸试验区联动，拓展跨境电子商务、保税展示交易、采购分拨等功能；依托陆上货运交易中心搭建物流资源交易信息平台，提升物流资源配置效率，促进市场有序规范；推进产学研合作，开展物流科技研发、物流信息资讯、物流教育培训等服务。西北综合物流园区江桥基地着力促进物流与制造、商贸、信息等融合，打造采购分销、物流配送、贸易集散等中心功能，以重大项目为载体完善区域性大型公共配送节点和集货转运中心等设施，重点发展冷链物流、商贸物流、电商物流等。

5. 西南综合物流园区

利用松江的西南门户枢纽区位优势和加工制造业基础，以重大功能性项目为载体，形成具有供应链管理特征的物流园区。

加强市区联动，建立以区为主的园区规划建设推进机制，加快推进现代物流资源集聚发展。适应电子商务快速发展的物流需求，完善区域性电子商务分拨配送中心设施，推进物流与电子商务融合发展。积极推进松江出口加工制造业转型，发展面向制造业的生产性服务，拓展保税物流、跨境电商物流、维修检测、再制造等功能。以园区建设推动“闵行－青浦－松江”一带物流资源整合，提升本市西南地区物流集约化水平。

（二）四类专业物流基地

聚焦农产品流通、快递、先进制造业、公路货运四个专业物流领域，布局专业物流基地，打造成为促发展保民生的有效载体。

1. 农产品物流基地

依托大型农产品批发交易市场和外高桥粮食物流园区，完善设施、延伸功能，加快推进农产品物流信息化、标准化、集约化，成为国际化大都市农产品供应链枢纽节点，全市农产品保供稳价主渠道。

坚持先进性和适用性统一，加快完善西郊国际农产品交易中心的物流、交易、检验检测等设施，整合周边农产品物流资源，将西郊国际建设成为全市“多功能、全覆盖、现代化”的线上线下一体化农副产品物流枢纽和综合服务平台。按照“保障近期供应、谋划长远发展”的要求，妥善处理好市场发展与城市布局的关系，推动上海农产品中心批发市场布局向外转移，实现市场能级提升和可持续发展。鼓励浦东新区结合农产品市场规划布局调整，探索农产品物流新模式，实现农产品物流配送集约化。继续发挥好江桥、江杨市场的农产品物流供应保障作用。外高桥粮食物流园区进一步强化接卸、储存、加工、中转、配送一体化物流能力，保障本市粮油市场稳定和安全；加快推进园区与赵家沟内河航道、沪通铁路衔接，成为国内粮源“北粮南运”、进口粮源“东进西出”的物流枢纽。

2. 快递物流基地

依托青浦“全国快递行业转型发展示范区”、浦东空港和祝桥临空经济区建设，完善市内快递投送网络，打造“一体两翼”新优势，推动上海快递产业高端化、便捷化发展，建成国际化快递门户和长三角快递枢纽。

深耕中心城区（一体）快递服务体系，聚焦寄递便利化和服务精细化，打造多元化快递末端派送网络，解决快递进校区、进社区、进商区等难题。做强浦东临空（东翼）物流快递功能，完善浦东机场国际快件转运设施，支持快递企业入驻开展国际快递物流服务；聚焦祝桥临空经济区，继续“引大”“引强”，建设国际快递物流园区，打造成为中国快递业国际化的战略高地。提升青浦（西翼）快递物流能级，聚焦上海青浦民营快递总部集聚区，建设青浦“全国快递行业转型发展示范区”；做大做强快递总部经济，鼓励优势快递企业加强联合、整合资源，加快形成品牌化、规模化、网络化、信息化的大型快递企业集团。

3. 制造业物流基地

围绕装备制造、汽车、精品钢等先进制造业基地，推动物流业深度嵌入制造业供应链，向上下游采购、销售、包装、流通加工、售后服务延伸，以全程物流服务支持上海制造业提升核心竞争力，向服务型制造转型。

依托临港装备制造业基地，实现物流与战略性新兴产业协同发展，以成套设备、新能源汽车、大型工程机械等物流供应链服务为重点，形成服务支撑国际智能制造中心建设的装备制造业物流基地。依托国际汽车城产业基地，加强公铁联运能力建设，打通汽车产业链采购、生产、营销、售后等各环节，打造国际汽车城物流供应链服务基地。适应钢铁产业结构和布局调整需要，加快推进吴淞国际物流园转型和罗泾港功能调整，发挥钢铁产业链资源要素优势，发展集物流资源调度、物流信息发布、市场交易、金融服务等于一体的钢铁物流贸易基地。

4. 公路货运枢纽

在本市联接长三角的交通门户，规划建设西北和西南两大公路货运枢纽，集甩挂运输、车辆换装、零担配载、信息服务、商务配套于一体，成为城际干线运输与市内配送的转换中心，全市公路零担物流资源交易配置平台。

加强市、区联动，坚持打造功能、集约土地、提高效益，研究明确功能、土地、投资、建设、运营方案，加快推进西北综合货运枢纽规划建设；加快西南综合货运枢纽前期论证，明确规划选址方案，推进规划建设进度。发挥公路物流“门到门”服务优势，注重与各区县产业布局对接，规划完善区域性的货运场站，承担集货配货等中转功能。注重与铁路货运方式结合，加强货运枢纽公铁联运能力建设，鼓励公路货运专线企业利用铁路进行货物运输。

在着力打造“5+4”空间布局的同时，一方面加强“虹桥商务区－虹桥机场”物流设施和功能布局的统筹规划，强化上海国际旅游度假区物流运营保障能力；另一方面通过规划引导，在S20、G15沿线等交通便利节点加强大型分拨配送中心布局建设，进一步完善由重点物流园区分拨中心－公共和专业配送中心－城市末端节点构成的三级城市配送网络，形成级配合理、衔接有序、运行高效的国际大都市城市配送物流体系。

**三、打造“六位一体”物流服务体系**

着力构建创新引领、畅通高效、绿色安全、内外开放、便民惠民、标准规范“六位一体”的现代物流服务体系，打造上海物流升级版。

（一）创新引领的物流

聚焦现代物流创新发展城市试点，主动融入科技创新中心建设，围绕新一代信息技术和产业融合发展方向，推动物流技术、模式、功能、业态创新，促进物流业提质增效和转型升级，增强物流发展新活力。

1. 大力培育发展物流平台经济

发挥上海人才、信息、资金和综合服务优势，着力完善政府服务和政策环境，大力培育发展具有土地占用少，资源配置效率高，知识、技术、资金密集型特征的“互联网+”物流平台，进一步推动上海物流业向高增值、高效率、低消耗转变。“十三五”期间，培育一批能够辐射服务全国，实现物流资源供需匹配、促进物流市场规范透明、有效降低社会物流成本的多元化平台型物流企业；发展一批对接国际，为汽车、钢铁、有色、化工、大宗农产品等提供物流、贸易、金融、信息等综合服务的供应链管理平台；积极发展能够提供物流一体化解决方案，具有供应链设计、咨询、管理能力的第四方物流，以及面向中小微物流企业提供专业化管理和个性化增值服务的集成化服务平台。

2. 推动物流与产业融合创新

促进物流、资金流、信息流、商流联动，提升供应链服务能级与水平，坚持服务实体经济，在物流领域培育一批成长型融合创新企业。推动物流业制造业联动发展，重点围绕上海先进制造业布局，以全程供应链物流服务支持上海制造企业提升核心竞争力，向服务型制造转型。推动物流金融创新，鼓励物流企业发挥货物监管优势，与货主和银行合作，开展代收代付、动产质押、仓单质押等物流金融服务。推动物流贸易一体化发展，鼓励物流企业向上游采购、下游销售延伸产业链；依托海关特殊监管区域和监管场所发展保税展示交易，以便捷物流支撑贸易发展、消费升级。推动物流与电子商务协同发展，搭建线下分拨配送物流网络。大力发展跨境电商物流，建立适合跨境电商新模式的物流监管制度，完善跨境电商物流支撑网络。

3. 实施智慧物流工程

促进政府部门物流信息数据开放共享，推动物流信息平台之间互联互通，引导支持物流企业实现物流活动数据的信息化和数据化采集，鼓励政府部门、行业协会、公共服务和科研机构、企业开展物流大数据分析和应用；探索建立全市物流业运行监测信息平台。推动建设智慧港航，实现码头作业、货物运输、口岸监管、航运服务等信息化和自动化。支持开展搬运码垛机器人、自动引导搬运车、手持终端、基于射频识别和北斗导航的可视化技术等智能物流技术和设备的研发应用。重点支持以物联网为基础的感应技术在集装箱、危险品、农产品、食品和医药冷链物流等领域仓储运输环节应用。在汽车、大宗商品、食品冷链、医药等领域，选择有条件物流企业，开展物联网智慧仓储建设试点示范。选择基础条件好、市场需求强的领域，开展智慧配送示范工程。

（二）畅通高效的物流

发展公路、铁路、内河、海运、空港相衔接的多式联运，促进多种运输方式的顺畅衔接和高效中转，打通主要物流枢纽间连接通道，实现物流服务畅通高效。

1. 构建畅通的物流通道

完善集装箱公路集疏运通道网络，优化公路集疏运组织管理，将市内交通和过境车辆分流，改善外高桥－宝山地区公路集疏运交通条件。结合沪通铁路建设，推进铁路与外高桥港区的无缝衔接，提升铁路疏港能力；加快既有铁路货运场站布局调整，着重完善东部滨江沿海集装箱场站布局，调整优化西部铁路货运场站。畅通与长三角联接的内河物流通道，加强内河港区和外港内支线物流设施建设，促进内外港区物流运作一体化。落实“一带一路”国家战略，完善与沿线国家的国际水运和空运航线网络，鼓励利用贯通欧亚的铁路大通道，开展跨国铁路联运服务，提供生活消费品、工业品、工程项目国际物流服务。加强快递与交通运输融合发展，完善交通运输领域快件转运处理设施和绿色通道，实施快递“上车、上船、上飞机”工程。

2. 实施有效衔接的多式联运

以外高桥和芦潮港为重点，发展铁路集装箱班列运输，提高海铁联运比例；推动芦潮港铁路集装箱中心站与洋山港物流信息对接，发挥芦潮港铁路集疏运功能；加强铁路零担快运物流服务能力，促进铁路货运从大宗资源性物资集散向现代物流服务转变；深化长三角铁路快运货物班列模式，加快公铁联运信息互联，打造公铁联运物流平台。研发推广江海直达船型，发展江海联运、江海直达运输；鼓励开辟经上海港中转的国际、沿江、沿海和小内河运输，提高江海直达运输比例和水水中转效率。完善长三角地区公路物流与上海浦东、虹桥两机场的货运衔接，挖掘虹桥高铁与机场的空－铁联运快递转运价值。提高两港、两场物流联动发展水平，利用好外高桥港的货源组织集散优势和洋山港的航线资源优势，促进外高桥和洋山港联动发展；加强虹桥、浦东两机场间物流转运快速衔接服务。

3. 建设物流信息平台

推动多式联运信息服务平台建设，推进港口集装箱多式联运信息服务系统示范工程，与长三角地区和长江经济带物流信息互联互通。大力发展物流公共服务平台，完善航运综合信息平台、电子口岸大通关平台、跨境电商公共服务平台、物流标准化公共信息平台等建设，推动政府信息公开和跨部门信息互通共享，提升物流公共服务水平。支持建设港口集装箱卡车物流信息服务平台，通过物流信息公开透明可预期，减少集卡空载和等待，改善港口周边交通，提高港口物流效率。支持物流领域行业协会搭建物流信息公共服务平台，提供产业政策、规范标准、行业动态、市场信息等服务。

（三）绿色安全的物流

按照资源节约型、环境友好型的发展要求，将生态文明融入物流业发展全过程，抓好物流安全保障，推动绿色物流发展，打造“绿色安全”的物流服务。

1. 强化危险品物流安全

调整规范危险品仓储堆场布局，加强对既有危险品物流作业场所监督检查，对具有安全隐患的设施进行改造、搬迁或关停，优化危险品物流作业空间。加强危险品物流从业人员专业培训，严格执行危险品存储运输作业安全规范标准。加强危险品运输安全监控，通过统一的联网监控信息平台，实现危险品运输车辆信息化监控全覆盖。推动安全监管、质量技监、消防、公安、交通等监管部门信息互联互通，构建涵盖危险品生产、存储、运输、销售全过程的综合监管与服务平台，实现危险品物流供应链的实时可视化安全监控。

2. 加强寄递安全管理

完善寄递安全工作体制机制，建立本市邮政业安全中心，建立完善相关制度设计，系统加强寄递安全管理。落实“收寄验视、实名收寄、过机安检”制度，研究制定可行有效的具体落实措施，切实把好寄递物流渠道安全关口。严格执行涉及快递业的国家、行业、地方强制性标准，健全快递标准规范体系，加强快递从业人员寄递安全培训。强化物流快递企业主体安全责任，鼓励企业加大安全投入，提升管理水平。加强快递行业监督管理，推动邮政、交通、公安等有关部门联动，提升协同执法水平。

3. 开展绿色城市配送

采取车辆通行管控、政策引导、资金支持等措施，促进物流企业淘汰高污染货运车辆，使用低排放、清洁能源和新能源环保物流车辆。完善 LNG 加气站、充电桩等配套设施布局，对新能源物流车辆实施市区免证通行。探索物流车辆环保治理由末端运输企业向上游货主企业源头延伸，鼓励引导货主企业选择绿色环保物流供应商，建立绿色配送联盟；积极推进城市共同配送和统一配送，提高车辆满载率，减少配送车辆出行；积极推进甩挂运输项目试点；鼓励仓储配送设施的节能环保设计，加快现有设施节能环保改造。探索把绿色物流纳入全市节能减排体系，将绿色物流纳入区县清洁空气行动计划实施情况和节能减排工作推进情况考核范畴。

4. 积极发展逆向物流

倡导绿色、环保、循环利用的生态物流理念，重点推动包装物、废旧电器电子产品、报废汽车、生产加工边角料等有使用价值废弃物的逆向回收物流发展，构建低环境负荷的循环物流系统。鼓励包装器具的重复使用和回收再利用，鼓励生产者、再生资源回收利用企业、第三方物流企业联合开展废旧产品回收，支持建设废弃物回收物流中心，提高回收物品的收集、分拣、检测、拆解、加工、包装、维修等管理水平。发挥互联网在逆向物流中的作用，完善废旧电器电子产品的 O2O“在线收废”模式。创新完善交易机制，做大做强上海边角料交易中心，打造全国生产性边角料资源交易配置平台。提升废旧汽车回收拆解循环利用水平，支持建设自动化、标准化、环保型报废车拆解流水线，提高报废车零部件再利用率和再制造率。依托行业协会，整合政府、高校、科研院所、企业资源，搭建逆向物流科学研究平台。

（四）内外开放的物流

抓住建设“开放度最高的自贸试验区”重大机遇，深度融入“一带一路”、长江经济带和长三角城市群建设，全面提升物流业对内对外开放深度与广度。

1. 提升参与全球物流资源配置能力

支持国内外企业以上海为基地开展全球物流整合运作，吸引国际领先的航运企业、第三方物流企业、供应链管理企业、跨国公司采购分拨区域总部落户，培育一批具有亚太供应链运营功能的高能级物流总部；吸引培育一批具有管理决策、资金结算、信息处理、订单管理等功能的国内民营物流企业总部。发挥仓储物流的动产监管功能，支持大宗商品现货交易市场建设，实现在线交易、支付结算、仓储物流、金融服务一体化，有效防范交易风险。面向国际国内市场，积极培育发展物流领域的教育培训、会展论坛、信息咨询、法律服务等专业服务。依托上海自贸试验区保税区域，优化国际物流监管模式，积极拓展海运集装箱中转集拼、空运货物中转集拼功能，形成规模效应；创新与保税商品展示交易、境内外维修、期货保税交割、融资租赁、平行汽车进口等密切相关的物流服务。推进建立上海邮轮物资配送中心，加快实现便捷高效的邮轮物资供应，打造东北亚邮轮物资配送基地，提升上海邮轮经济国际竞争力。

2. 推动区域物流一体化

鼓励本市港口、机场、物流园区与沿江和长三角地区开展物流合作，支持上海物流企业“走出去”，以资本、管理、技术输出等方式，构建跨区域物流网络。完善境外物流投资服务，鼓励本市物流企业加强与“一带一路”沿线国家物流交流合作，跟随产业投资、重大工程项目走出去，提供配套国际物流服务，拓展全球物流网络。深化完善长三角地区物流合作机制，放大长三角地区“物流日”活动示范效应；支持社会组织开展跨区域合作，搭建物流业合作交流平台。加快长三角地区物流市场一体化，推动物流跨区域协同监管，开展物流标准共推、物流信息共享、物流诚信共建。

（五）便民惠民的物流

着眼于保障民生需求，改善民生体验，构筑便捷可靠的民生物流服务体系。

1. 完善“最后一公里”物流服务

完善城市末端物流设施网络，打造智能化、标准化、公共化、平台化、集约化、便捷化的“六化”快递收派服务体系。推进快递营业场所标准化建设，制定实施本市智能快件箱行业标准，鼓励在居民小区、地铁站周边、商务中心等进行智能快件箱的布局，推动纳入便民服务、民生工程等建设项目。研究将末端快件投递设施纳入新建住宅社区和商务楼宇配建标准。创新末端配送投递模式，鼓励快递企业与便利店、社区和商务楼宇物业合作，开展联收联投、网订店取等业务。应对人口深度老龄化，鼓励物流企业、社区物业、社区商业网点等针对老年人的生活、医药等需求，提供专业、便利的老年人物流服务和帮助。提高大型商圈和商业连锁企业的集中配送比例，形成与国际化大都市特点相匹配的末端配送模式。优化末端车辆通行管理，研究对城市配送车辆进行分类管理，对运送农产品、生鲜食品、药品等车辆，保障其便利通行；研究制定满足末端多批次、小批量投递需求车型的技术规范、标准，推动末端投递车辆向标准化、厢式化发展。

2. 提升农产品、食品冷链物流品质

加强适应本市流通和消费需求的冷链基础设施建设，完善海空口岸冷链设施，服务生鲜农产品和温控食品进出口贸易；加强中心批发市场－区域批发市场－标准化菜场的冷链设施配置，保障食用农产品质量安全；支持建设集分拣、储存、加工、配送于一体的冷链物流中心。提升冷链运输配送水平，鼓励物流企业配置节能环保的冷链运输车辆，淘汰简陋冷藏运输方式；推广具有常温、冷藏、冷冻等多温带功能的冷链运输车辆，以及移动式冷柜、便携式冷藏箱等末端冷链设备。着力强化肉类、水产品、果蔬等重点农产品冷链物流体系建设。鼓励发展电子商务生鲜宅配、中央厨房等新型业态，满足城市多元化消费需求。

3. 加强医药物流服务能力

发展专业化医药物流企业，支持建设大型自动化医药配送中心，提升医药产品仓储管理水平和集约化配送效率，保障各级医疗机构和药品零售网点的医药供应。鼓励医疗机构与第三方医药物流企业合作，探索开展医药物流服务外包，提升医药物流专业化管理水平。建立从厂家到患者全程可控的医药冷链物流及可追溯体系，支持医药生产和流通企业加强冷链能力建设，发展专业化第三方医药冷链物流服务，针对具有温控要求的疫苗、血液制品、生物制剂、生命科学样本等提供全程冷链物流服务，对冷链数据实时监测，确保医药用品流通安全。鼓励开展医药电子商务服务，构建服务医药电子商务的规范化医药物流配送体系。

（六）标准规范的物流

完善物流标准体系，推动重点领域物流标准化建设，实施物流标准化试点。建设物流信用体系，规范市场秩序，营造公平有序的物流业市场环境。

1. 加快物流标准化建设

支持仓储设施、搬运工具、配送工具、装卸货站点等公共基础设施设备的标准化建设和改造，实施农产品、食品、药品、危化品和生鲜电商等领域的包装、设备设施标准化改造升级。推动多式联运设施与装备技术标准化，鼓励开展物流一贯化运输，推广托盘、集装箱、集装袋等周转联运设备标准化与循环共用。完善物流标准化体系，培育发展物流团体标准，放开搞活物流企业标准，形成政府、团体、企业标准协调配套的物流标准体系；积极承担国家物流标准的制定，加快物流信息、快递、冷链等本市重点物流领域的地方标准制修订。继续深化开展物流企业服务标准化试点。

2. 促进物流市场规范发展

加快建设物流信用体系，对接上海市公共信用信息服务平台、企业信用信息公示系统，完善物流企业和从业人员信用信息记录、采集、查询制度，推动物流信用资源整合共享；鼓励开展第三方信用评估；探索建立基于信用等级的物流企业分类监管制度，积极推行“守信便利、失信惩戒”机制；率先在快递、冷链、危险品物流等专业领域开展信用体系建设试点。加强物流市场违法治理，探索对违法企业和人员实施行业禁入；加强物流信息安全管理，保护消费者个人信息安全。探索建立物流企业黑名单制度并向社会公开；发挥行业协会、征信机构、保险金融等组织的作用，通过保险费率、贷款利率、信用评价等手段，规范物流市场行为。

### 五、提供坚实有力保障

（一）改革体制机制

完善全市现代物流综合协调推进工作机制，加强部门间协调联动，形成信息沟通、政策研究与评估、重大问题协商等的长效机制。加快物流领域商事制度改革，推动实行“证照分离”“三证合一”“一照多址”，便利物流企业登记注册。针对物流业网络化运作的实际特点，为物流企业跨区设立分支机构提供便利服务，促进物流要素资源市场化配置，降低企业运营成本。清理精简本市物流领域行政审批和许可事项，调整或取消不符合现代物流发展实际、阻碍物流业创新发展的事项。发挥社会组织力量，组织引导企业加强行业自律，规范物流市场，推动物流行业健康发展；完善上海物流领域各社会组织的联盟合作机制；深化物流领域政府购买服务制度改革，鼓励和支持社会组织积极承担事务性管理服务。

（二）加强资金投入和人才培养

继续通过政府性投资对物流业重点领域和薄弱环节予以支持，引导社会资本进入物流领域；研究统筹利用本市涉及物流领域存量专项资金，提高资金的集中使用效率。搭建金融机构和物流企业合作交流平台，促进供需有效对接，为物流企业提供便利适用的金融服务。支持符合条件的物流企业通过发债、上市、挂牌等多种方式拓宽融资渠道。鼓励“互联网+”物流商业模式创新，引入天使投资、私募股权投资、风险投资等市场化资本，改善企业快速成长期融资环境。创新物流业投融资模式，探索通过现代物流产业基金、政府和社会资本合作（PPP）等，支持重大物流设施建设和产业创新发展。创新和完善具有国际竞争力的人才制度，营造更加包容、优越的人才生态环境，打造国际化高端物流人才集聚高地；发挥上海物流领域教育科研优势，吸引集聚国内外物流智力资源，建设具有国际影响力的物流智库；鼓励学校、政府部门、科研院所、社会组织、企业共同参与，建立产学研用一体化人才培养机制；引导和鼓励学校针对上海物流需求，在物流配送、智慧物流、航运物流、电子商务物流等领域开设专业课程；加强物流业从业人员职业技能培训。

（三）完善支持政策

落实物流企业大宗商品仓储设施用地土地使用税减半征收等物流业相关税收优惠政策，积极配合国家有关部门进一步优化完善物流业增值税政策。坚持土地集约节约利用，将利用工业企业旧厂房、仓库和存量土地资源建设物流设施或者提供物流服务作为工业用地转型的重要途径。研究解决物流基础设施“落地难”问题，对具有公共服务属性和公益性质的城市物流基础设施，探索市区协同的规划建设保障机制，在土地、税收、资金、配套设施建设等方面予以支持。研究物流车辆市区通行分类管理措施，加大对新能源物流车、冷链配送车辆、标准化配送车辆的便利通行支持力度。适应物流平台经济的发展需要，组织开展“无车承运人”试点，提高道路货运资源整合配置效率。探索调整完善认定标准，支持物流领域企业申请技术先进型服务企业和高新技术企业认定。

（四）加强产业监管和运行监测

优化物流业发展法制环境，健全完善物流领域制度规范，营造公平有序、公开透明的市场环境；进一步加强部门协作，加快物流政务信息的部门间互通互联，促进物流信用信息公开共享；利用物联网、互联网和大数据等技术完善物流市场事中事后监管，提高物流运行监测、预警预测、追踪追溯和公共服务能力。在对接国家社会物流统计制度的基础上，建立反映上海物流业发展实际特点的物流运行监测和统计核算制度，构建组织体系完善、调查方法科学、技术手段先进的现代物流统计和运行监测体系。

（节选自《上海市现代物流业发展“十三五”发展规划》）

## 1.1.5 上海市商务委：

## 2016年12月全国商务工作会议上上海市商务委主任尚玉英讲话（节选）

### 一、关于上海开展内贸流通体制改革发展综合试点有关情况

根据国务院的部署，上海全力推进内贸流通体制改革发展综合试点，全面完成了12个方面37项改革试点任务，有力地推动上海内贸流通的健康发展。通过一年的试点，上海在“流通创新、市场规则、市场治理”三大领域，形成了9项试点成果，为全国开展内贸流通体制改革积累了经验。

第一，内外联动、区域协作，形成了开放创新的流通发展体系。创新培育网络化、平台化商品交易市场。出台了扶持平台经济发展政策措施，推动商品市场转型升级，在大宗商品、消费品及生活服务、专业配套服务、跨境电商等四大领域，打造了一批集交易、物流、金融、资讯等功能，技术新、辐射强的高能级市场。目前（2016）全年社会消费品零售总额有望再次突破1万亿元，上海消费品进口额约占全国30%，国际零售商进驻率超过40%。建立了长三角市场一体化的区域合作机制。与江苏、浙江等长三角省市共同建立了长三角市场一体化机制，聚焦物流标准化、农产品流通、商品市场转型、打击侵权假冒、生活必需品市场应急保供等重点专题，以项目化推进专题合作，推动“规则体系共建、创新模式共推、市场监管共治、流通设施互联、市场信息互通、信用体系互认”取得了较好的成效。

第二，对标国际、标准先行，形成了公开透明的市场规则体系。一是提高内贸流通领域行政管理透明度。借鉴自贸试验区负面清单管理模式，在内贸流通市场准入环节，对接国际通行规则，梳理了20个行业小类、共55项审批事项。在准入后环节，梳理了62个行业小类，共357项各类限制性、禁止性行政管理事项，并形成《上海市内贸流通领域行业准入后行政管理目录》，向社会公布，提高了内贸流通领域行政管理的透明度。二是系统构建标准化城市物流服务体系。围绕城市物流托盘、周转筐、车辆、服务平台，开展标准化建设，在快消品领域推广全链条、跨区域托盘循环共用模式，在农产品领域推广“田头到灶头”不倒筐全程冷链配送模式。建立了《上海城市物流标准体系》，形成一套城市物流服务区域联盟标准、团体标准、企业标准，并与欧洲托盘协会、长江经济带主要城市、全国内贸改革发展试点9个城市开展了多层次的物流标准推广合作。三是率先实行城市商业用地与设施调控管理制度。会同发改、规土等部门对商业、办公用地的供应规模、结构和节奏进行统筹引导，有效提升商业、办公用地供应的有效性和精准度。

第三，多方协同、信用支撑，形成了高效统一的市场治理体系。一是创建以商务信用为核心的现代流通治理模式。制定了数据清单、行为清单和应用清单（简称“三清单”）地方标准，同时还制定了《上海市商务诚信公众服务平台管理办法》、《商务诚信公众服务平台标准体系》及20个市场信用子平台“商务信用评价导则”企业标准，搭建了上海市商务诚信公众服务平台，实现了公共

信用信息与市场信用信息交互共享。二是构建多方共治的大宗商品现货市场监管体系。发布了《中国（上海）自由贸易试验区大宗商品现货市场交易管理规定》及《中国（上海）自由贸易试验区大宗商品现货市场交易管理规则（试行）》，试点开展“仓单、提单、订单”三单交易，发展面向国际的大宗商品现货保税交易。在市场准入环节，引入社会化评审机制，对市场的行业背景、交易规则等进行综合评估，对未达标的市场实行退出机制。建立了“交易、托管、清算、仓储”四分开的市场监管制度和“31”（第三方仓单公示平台、第三方资金清算平台、交易市场与海关）信息比对模式，实施跨部门协同监管。三是建立“政府引导、市场运营、社会参与”的重要产品追溯体系。出台了《上海市食品安全信息追溯管理办法》，明确企业追溯主体责任，强化相关部门联合监督管理和行政执法职责。建设“信息公司行业协会会员单位”第三方追溯管理平台，培育形成一批品牌追溯应用企业。推广二维码技术手段，方便消费者查询。从源头到终端的重要产品追溯体系的建立，实现了食品来源可追溯、去向可查证、责任可追究，食品供应链安全性有效提升。

下一步，上海将继续按照国家的要求，探索创建“流通创新发展试验区”，确定 2017 年推进内贸流通发展的 30 项重点工作，启动实施市场流通创新、新消费引领等 8 个专项行动计划，持续推动内贸流通创新发展，继续当好全国“改革开放排头兵、创新发展先行者”。

**二、关于上海自贸试验区推进投资贸易领域制度创新的有关情况**

自 2013 年 9 月上海自贸试验区挂牌运行以来，按照党中央、国务院的决策部署，在商务部等国家有关部门的直接指导和大力支持下，上海始终立足国家战略，紧紧围绕制度创新这个核心，率先改革探索与国际投资贸易通行规则相衔接的制度体系，开展了一系列改革开放先行先试。目前国务院《总体方案》和《深化方案》提出的绝大多数任务已经落实，一批制度创新系统集成成果已逐步在全国复制推广，发挥了先行先试、示范引领、服务全国的作用，实现了预期目标。

投资贸易领域制度创新主要的成效体现在两方面：

一是基本形成了以负面清单管理为核心的投资管理制度。与国际通行的高标准投资规则接轨，准入前国民待遇加负面清单管理模式更加成熟定型，形成公平、透明、可预期的投资管理制度。在现代服务业和先进制造业领域有重点地扩大外资准入限制，实施《总体方案》提出的 54 条扩大开放措施，融资租赁、工程设计、旅行社、认证检测等累计落地超过 1800 个外资项目。境外投资便利度不断提高，除敏感地区和敏感行业外，对境外投资实行以备案制为主的管理方式，区内企业境外投资占全市比重从 2013 年的 10% 提升到今年前三季度的 70% 左右，其中来自外省市投资占比在 2015 年底达到 25%，“走出去”的桥头堡作用凸显。

二是基本形成了以贸易便利化为重点的贸易监管制度。“一线放开”、“二线安全高效管住”监管制度高效运行。率先建立国际贸易“单一窗口”，目前国际贸易“单一窗口”2.0 版汇集整合了贸易监管和通关作业全流程，货物申报数据由 135 项合并为 103 项，运输工具（船舶）申报数据由 1112 项整合为 388 项，上海口岸货物申报 80%以上、船舶申报 99%已通过“单一窗口”办理。推动货物状态分类监管试点从第三方物流企业扩大到物流贸易型企业。

投资领域制度创新进一步激发了各类市场主体活力。三年来上海自贸试验区累计新注册企业 3.7 万家，其中国内民间投资已达到 77.9%，新注册企业活跃度超过 80%。三年来累计新设外资企业 7321 家，接近试验区挂牌前 20 年外资企业总数，超过 90% 通过备案方式设立。新设企业中，外资企业占比已从挂牌初期 5% 上升到目前的 20%。下一步，上海商务部门将按照习总书记提出的建设最高标准、最好水平的自由贸易区的目标，坚持对标国际、立足上海、服务全国，大胆探索、积极实践，全面深化有利于市场配置资源的投资体制改革，建设更高水平的贸易便利化环境，进一步深化投资贸易领域改革创新系统集成。

## 1.1.6 上海市商务委：《关于大力发展电子商务加快培育经济新动力的实施意见》中的物流业部分

（十四）支持物流配送终端及智慧物流平台建设

加快城市共同配送标准化体系的制定和推广。结合超市、便利店、书报亭等公共服务存量资源，开展电子商务快递配送综合服务。推动快递网络向农村远郊地区延伸。推动城市配送车辆的标准化、专业化发展；鼓励新能源车辆开展物流（快递）配送业务，推动充电、加气等基础设施建设。合理规划物流（快递）配送车辆通行路线和货物装卸搬运地点。加快推动上海市两轮、三轮电动配送车技术标准制定。

（十五）合理布局物流仓储设施

支持大型电子商务企业在物流园区建设枢纽型、骨干型配送仓库和物流基地。建设智能型仓库，完善仓库信息化、标准化体系。加快对传统物流仓储改造，实现必要的关停并转。在城市规划、土地利用总体规划和年度供地计划中，合理安排仓储建设用地，重点发展第三方物流仓储。鼓励本市电子商务和物流（快递）企业发展“仓配一体化”综合服务。

## 1.1.7 上海邮政管理局：《上海市邮政业发展“十三五”规划》

“十二五”期间，上海市邮政业取得了长足的发展，但仍然存在影响平衡、协调和可持续发展的问题，在监管、设 5 施、末端配送、国际通关等方面存在一定制约。行业安全形 势愈加严峻，行业监管能力与业务规模增长速度不相匹配；行业转型升级面临较大压力，向技术密集型资本密集型转移 的步伐需进一步加快；快递总部经济的拉动效应仍未充分发 挥，品牌化建设有待继续加强；普遍服务遭遇需求的自然萎缩，发展定位有待调整。

**一、指导思想和发展目标**

（一）指导思想

以邓小平理论、“三个代表”重要思想和科学发展观为 指导，全面贯彻党的十八大和十八届三中、四中、五中、六中全会精神，坚持创新、协调、绿色、开放、共享发展理念，以《国务院关于促进快递业发展的若干意见》为行动纲领，大力实施创新驱动发展、经济转型升级战略，紧紧围绕上海建设“四个中心”和具有全球影响力的科技创新中心的目标，以社会需求为导向，以行业安全为基础，以提质增效为核心，以改革创新为动力，以“互联网 +”邮政为发展方向，以新技术应用、新业态发展、新模式引领、新产业培育为手段，聚焦供给侧结构性改革，推进邮政普遍服务均等化发展，促进快递服务规模化、集约化、规范化、融合化、国际化和低碳化发展，全面推进普惠邮政、智慧邮政、安全邮政、诚信邮政、绿色邮政发展，全面建成与小康社会相适应的国际化大都市现代邮政业。

（二）总体思路

全面推进改革，重点领域突破。全面推进邮政业的改革 创新和转型发展。以解决行业瓶颈问题为导向，聚焦供给侧 结构性改革，在安全监管、总部经济、末端体系建设、智慧邮政等重点领域取得突破。加强市场培育，推动创新驱动。尊重市场规律，使市场在资源配置中起决定性作用，营造良好的市场环境。以“大众创业、万众创新”为契机，加快邮政业与电子商务、智能制造等产业的融合，鼓励新模式、新业态、新产业发展。保障基本需求，推动多元协同。牢牢把握普遍服务作为基本公共服务的属性，创新邮政普遍服务提供机制，提升普 遍服务水平。注重需求多样性和服务个性化，引导市场主体细化产品层次，让邮政服务更便捷、更高效、更贴心。强化安全意识，加强行业监管。进一步强化安全生产红线意识，加强寄递安全制度体系建设，落实企业主体责任，夯实快递业安全基础。利用信息技术提升安全监管能力，保障寄递渠道安全。

（三）发展目标

"十三五"时期上海邮政业发展的总体目标是全面建成与小康社会相适应的"两地、三中心"上海现代邮政业。即：力争打造中国邮政业的门户高地和"向外、向西、向下"的"航母基地"，亚洲一流高端聚集、较强国际竞争力的世界邮政业生产性服务中心、标准化运营中心和全球资源配置中心。继续巩固完善覆盖全市、网络共享、功能集成的邮政普遍服务网络，保障邮政基本公共服务均等化和便利化。打造 上海邮政业"一体两翼"空间格局新优势。深耕市区（一体）：聚焦快递产业服务和安全，打造智能化、平台化、标准化、公共化、便捷化、集约化的快递末端派送体系。做强浦东（东翼）：聚焦浦东祝桥临空经济区，推进国家级快递物流园区建设，形成中国快递业国际化的战略高地。提升青浦（西翼）：聚焦上海青浦民营快递总部集聚区，建设和完善青浦全国快递业转型发展示范区。

1、规模效益到2020年，行业业务总量和业务收入均超千亿元，邮政行业年服务用户超过百亿人次，年支撑网络零售交易规模超1万亿元。

2、普遍服务提升整体服务水平，加快基本公共服务均等化进程，保持全国领先地位。构建形成全国领先、网络共享、功能集成的邮政普遍服务网络。

——市区1-1.2公里服务半径或3-5万人口，设置一个邮政普遍服务营业场所；每个乡（镇）或农村地区主要人口聚居区平均2-5公里服务半径，设置1个邮政普遍服务营业 场所。

——大型居住社区服务网点覆盖率达100%。

3、快递服务

综合实力：快递业务收入达1100亿元。

企业竞争力：品牌企业总部数量位居全国前列，全市涌现出1家业务收入超千亿元、多家业务收入超百亿元的总部在沪的、具有强大国际竞争力的网络型快递总部企业；总部在沪的上市企业4-6家；城乡网络覆盖率位居全国前列，标准化服务网点数达到5000个。

服务质量：快递申诉处理满意率达到95%，高于全国平均水平。

服务能力：构建形成城乡一体、联通国际、快速便捷、安全高效的快递服务网络。快递网络实现乡镇全覆盖。打造联通亚太、辐射全球的国际航空快递枢纽。重点快递企业国内重点 城市间实现48小时送达。

信息化建设：提升分拣设备的自动化程度，自动化分拣线不低于10条；建设上海邮政业管理综合信息平台。

人才队伍：职业技能培训投入位居全国前列；继续吸引集聚快递行业高端人才。

**二、主要任务**

（一）以深化改革引领对外开放，主动服务国家战略

继续推进邮政体制改革，按照下放权限、属地管理的思路打造监管体系，强化事中事后监管，提高行政效能。加快 推动行业供给侧结构性改革，激发市场活力和创造力，提升服务品质。主动对接和服务国家"一带一路"战略，鼓励邮政、快递企业加强与国际快递、物流及航空公司的战略合作，强化目的地国干线网络建设，提升国际服务能力。拓展航空快递业务，深化国际中转集拼业务，加快实施"向外"工程。充分利用上海自贸试验区大平台，加快建设浦东祝桥国际现代快递物流园区。围绕建设"四个中心"和具有全球影响力的科技创新中心战略目标，培育具有国际竞争力的品牌快递企业，率先推进快递业转型升级，发挥对长江经济带乃至全 国的辐射带动作用。

（二）推进邮政普遍服务均等化，提升普遍服务品质

按照普惠邮政的要求，强化公共服务职能，不断丰富邮政普遍服务的内涵，优化普遍服务网络，创新普遍服务供给方式，提高普遍服务质量。发挥邮政覆盖城乡的网络优势，促进农村新型商品流通体系建设。对接公共服务相关项目，探索建立邮政综合公共服务平台，依据本市“15 分钟生活圈设计导则”，打造城市生活区和商务区“十五分钟用邮服务圈”。研究构建上海市邮政基本服务均等化指标体系。继 14 续完善邮政业服务评价体系，鼓励中介评估机构开展服务质量评价活动，引导企业竞争向服务品质竞争转变。

（三）充分利用要素资源优势，加强快递总部功能培育

充分发挥上海邮政业部市合作的制度优势和全球资源 配置的市场优势，加快快递总部功能提升。支持快递企业组建快递联盟，鼓励各种所有制快递总部企业在沪发展。积极引导快递企业总部加强战略思维，开展纵向产业链、供应链、服务链和价值链一体化整合。制定实施快递总部企业品牌发展战略，发布上海邮政业最有价值品牌榜，鼓励企业加强品牌塑造。

（四）实施创新驱动战略，加快培育新模式、新业态

引导邮政、快递企业细化产品，深耕专业市场，丰富服务模式，开放共享资源，探索新业态发展，满足市场多样化需求。鼓励跨境物流发展，支持快递企业探索建立自贸试验区内外联动发展机制，打造贸易综合服务体系。鼓励企业完 善跨境物流布局，利用自贸试验区便利条件，完善跨境物流服务。推进邮政、快递企业与跨境电子商务平台合作，鼓励 跨境邮路服务业态创新。鼓励快递企业开辟冷链物流市场，支持企业加快冷链物流基础设施和追溯体系建设。引导快递企业与电子商务企业深度合作，促进线上线下互动创新，共同发展体验经济、社区经济、逆向物流等便民利商新业态。支持企业开发利用海量物流数据，开展仓储配送，开发增强客户粘性的深度产品。

（五）强化低碳环保理念，深化绿色邮政建设

逐步建立健全邮政业节能减排统计、检测、考核管理体系，切实推进邮政、快递企业实施《快递业温室气体排放测量方法》，鼓励邮政、快递企业按照绿色建筑评价标准改造和新建服务网点、处理中心、办公楼宇。推进快件绿色包装工作，2020 年协议客户电子面单使用率达 90% 以上，减少二次包装，推广包装箱、总包袋的循环利用，支持引导快递企业使用可降解、重复使用的包装，试点开展“逆向物流”回收包装，促进资源循环利用。鼓励邮政快递企业加大新能源汽车的投入 使用，采用甩挂运输、多式联运等方式降低运输能耗。

（六）加强行业安全监管，提升服务质量和能级

加快推进上海市邮政管理局邮政业安全中心建设，打造 安全监管网络体系。推进本市快递从业人员实名注册登记管理，探索建立快递人员持证上岗制度，加强从业人员的配送行为的规范化管理。全面推进快递企业安全生产标准化建 设。加强快件安全监管，实现快件信息溯源追查，依法严格保护个人信息安全。加快“最后一公里”模式创新，鼓励、引导多元主体参与末端平台建设，推进末端服务平台形式多元化。充分利用移动互联、物联网、大数据、云计算等信息技术，通过精准、动态、科学的管理和信息共享，全面提升行业安全监管效率，推动服务模式创新。

**四、重大工程**

（一）门户高地工程加快完善青浦“全国快递行业转型发展示范区”功能，强化总部经济效应，形成一批服务水平高、国际竞争能力强 的大型现代快递企业。依托浦东祝桥临空经济区，加快浦东祝桥国际现代快递物流园区建设，推动上海快递产业高端化发展。结合浦东国际机场三期扩建工程、上海大型通用机场规划推进等契机，支持邮政快递企业入驻，加快实施“向外”工程，努力打造联通亚太、辐射全球的国际航空快递枢纽。鼓励优势快递企业通过参股控股、兼并重组、协作联盟等方式拓展产业链，形成一批资本密集、科技密集型的大型快递企业集团，鼓励“走出去”参与国际竞争。围绕具有全球影响力的科技创新中心建设，探索建设中国邮政业科技创新孵化中心，打造行

业创新高地。

（二）安全监管工程

实施寄递渠道安全监管“绿盾”工程，建设本市邮政业 安全监管与应急指挥综合信息平台。全面实行快件收寄验 视、实名收寄、过机安检三项制度。逐步建立寄递安全风险 源评估评价制度，加强寄递渠道安全和突发事件应急管理，形成本市邮政业应急体系。深化寄递渠道安全防范联合工作机制建设，推进寄递渠道综合治理，加强邮政行业安全执法 检查。加强服务安全追溯体系建设，加强抽检、风险监测、企业自检和基层快速检测。建立基层监督员或信息员、协管 员以及志愿者队伍，形成社会监管网络。

（三）转改增效工程

大力推进企业运用物联网技术，变革自动化处理设备， 再造业务流程，实现快递作业流程的智能化、管理与控制。引导企业对快递作业中的海量数据进行开发和挖掘，构建云快递服务平台，实现对快递业务流量流向、货品种类等分析 和预测，提高行业资源配置能力。推动邮政企业加大基础设 施公开、共享力度，坚持以市场化、专业化、国际化为导向 推动邮政企业改革。

（四）产业融合工程

鼓励快递企业拓展制造业供应链等业务领域，逐步建立结构合理、协作深入、标准对接的合作发展新模式。以冷链寄递体系建设为重点，形成鲜活农产品配送物流链，打造生鲜农产品流通新模式，促进快递与现代农业融合发展。鼓励 快递与金融业的互动，探索支付结算、小额消费信贷等金融产品，实现资金流与物流融合。

（五）末端综合服务工程

支持邮政企业和快递企业创新合作模式，充分利用现有邮政网点优势；整合末端派送资源，共享自提柜、便利店等自提网络，实施数据对接和信息共享。鼓励邮政、快递企业 加快智能包裹柜、智能快件箱布局和建设，推动将智能包裹柜、智能快件箱纳入便民服务、民生工程等项目。鼓励社区物业为业主提供代收代寄便民服务，完善服务设施，明确各方权责。鼓励相关企业推进标准化门店建设和综合性快递服务站（点）建设，打造智能化、平台化、标准化、公共化、 便捷化、集约化的末端综合服务体系。

（六）智慧邮政工程

鼓励电商企业和快递企业对接系统建设，统一信息交换和数据接口标准，在运力调整、交通引导、供给调解和市场服务等方面加强协作。依托信息化建设创新监管手段、提升服务效能，建设邮政业统一的电子地图和企业、网点动态信息数据库，接入邮政、快递业务信息实现安全监控，面向公众提供全方位服务支持，构建集基础管理、安全监控和公共服务为一体的邮政业管理综合信息平台。

（七）交邮联动工程

推进交邮联动，促进全市邮政业与交通运输业政策互补、资源互享、执法互动和信息互通。鼓励邮政、快递企业与航空、铁路运输企业加强市场化合作，加强基础设施和技术装备的配套，强化流程衔接和信息共享，推进快件上车、上船、上飞机。加快推进公路客运班车代运快件试点和快件甩挂运输方式，因地制宜发展快件水路运输。推进高铁快递发展，形成稳定便捷的邮件快件铁路运输通道。协助支持邮政、快递企业完善航线网络，优化航班时刻，探索地空联运新路径。研发应用合标快递物流配送车型。探索制定用于城市收、派服务的邮政快递专用电动车管理办法。

（八）诚信体系工程

充分对接上海市公共信用信息服务平台，建立本市邮政快递企业信用评级体系、征信系统和邮政、快递企业服务安全信用档案数据库，加大信用信息共享。依托专业信用评估机构，建立和完善邮政业市场主体量化分级管理和公示制度，探索建立“黑名单”制度。鼓励企业建立诚信联盟，联合建立从业人员诚信档案。组织和开展邮政、快递企业信用专题培训，开展上海市邮政业文明创建、诚信消费等活动， 营造“守信受益、失信惩戒”的行业氛围。

（九）人才队伍工程

实施邮政、快递企业“千名经营管理人才建设工程”，健全市场化的人才引进机制，培育职业经理人队伍，开辟上 海快递企业总经理论坛。支持上海科研院所、高等院校与邮政、快递企业开展多种形式的学用联合。加强以市快递行业协会申报命名的本市高技能人才基地建设，积极争取地方相 关政府部门对基地的政策支持和资金投入，提升基地建设水平。加强行业特有工种考试鉴定站的软硬件建设，全面强化师资考评力量，提升职业技能鉴定考务管理水平。充分利用现有各类社会职业教育培训资源和力量，建设技能含量高、体现邮政行业特色的公共实训基地，面向社会提供技能培训、职业技能鉴定服务。

（十）区域联动工程

支持企业跨地区资源整合，实现双赢多赢的区域快递发展模式，增强区域快递服务综合实力。依托长三角的交通运 输基础设施，形成城乡一体的快递网络体系。鼓励企业在长三角区域发挥比较优势，开展基础设施、干支线运输、网络网点、快件揽收和末端派送等各方面合作，探索建立长三角地区航空快递协会。结合上海各区县产业发展特色，优化快递网点合理布局，提高派送效率，实现产城协调发展。

**五、保障措施**

（一）加强组织保障，增进统筹协调

进一步健全完善支持上海邮政业发展的双轮驱动模式，形成合力。充分利用本市促进邮政业发展联席会议制度，协调各有关各方，做好邮政业规划推进、政策制定、资金安排、土地供应、资源整合等重大协调和督导工作。加强与区县交通管理部门协调、联系，推动交邮融合深度发展。探索建立交通、邮政、公安等联合执法机制，严厉打击借用邮政、快递渠道寄递禁寄物品等行为。

（二）健全法规政策体系，完善基础支撑

评估促进快递服务发展政策文件的落实执行情况，集成、落实各项利好政策。制定《关于促进上海市快递业发展 的实施意见》，推进快递行业健康持续快速发展。制定上海市邮政管理局权力清单、责任清单，推进行业管理部门治理 体系和治理能力现代化。出台《上海市邮政业依法行政实施 纲要》，制定上海市邮政管理局行政处罚程序规定、行政执法和执法监督管理办法、处罚听证程序实施办法、执法案件评查标准等执法规程。推进完善行政执法协调机制，协同市工商、公安、司法等行政管理部门确保上海市邮政业相关执法案件立案受理和处罚执行到位。

（三）强化制度创新，突破发展瓶颈

试行上海市邮政业监管等级划定制度，健全专家论证、技术咨询、政务公开、行政问责等制度，完善属地管理、联动管理、片区化管理制度。加强事中事后监管，在准入许可年度报告中探索建立安全审查机制、信用管理体系和部门监管信息共享机制，加大行业监测信息公开力度。鼓励和引导邮政、快递企业开展科技创新和技术集成应用，推动将行业重大项目、重点工程纳入政府专项规划、示范工程。积极对接亚太示范电子口岸建设，推动建立集安全检查、海关监管、商检卫检和地面服务等于一体的邮件快件进出境服务体系，提升通关效率。完善应急预案体系，推动将邮政业突发事件应急预案纳入本市城市应急管理体系，强化联动处置能力，有效防控风险隐患。鼓励城市资源共享，围绕快递行业的城 市通行、停车等问题开展专题研究。

（四）加快标准建设，优化行业环境

发布上海市邮政普遍服务地方标准。建立邮政行业安全工作标准体系，包括寄递企业处理场所的安全检查设备、安全管理人员等标准，收寄、分拣、储存、运输、投递等各环节安全操作标准，收寄验视标准等。研究制定满足末端多批次、小批量投递需求的相关车型的技术规范和标准，分类制定快递收派车辆行业标准。借鉴国家相关物流信息化标准，开展快递信息分类编码标准、快递信息采集标准、快递电子 单证及信息交换平台标准等快递信息标准化研究，推动快递相关标准制定和实施，不断提升本市邮政行业的标准化水平。

（五）加大资金支持，鼓励金融创新

积极争取市财政支持，探索建立邮政业发展转型专项引导资金。鼓励邮政快递企业申报信息化发展、服务业发展等专项资金。鼓励大型快递企业与证券中介机构搭建投融资平台，支持、引导大型快递企业上市。鼓励金融机构创新服务方式，开展适应快递特点的抵押贷款等业务。充分利用本市金融创新优势，鼓励对邮件、快件自动分拣设备、运输工具等开展融资租赁业务。

## 1.2 协会报告、讲话和活动

### 1.2.1 中国物流与采购联合会会长何黎明：

### 我国物流业2016年发展回顾与2017年展望（2017年1月）

2016年，我国物流业全面贯彻党中央、国务院决策部署，坚持新发展理念，以推进供给侧结构性改革为主线，总体运行缓中趋稳、稳中向好，实现了“十三五”良好开局。为完成“三去一降一补”主要任务，稳增长、促改革、调结构、惠民生、防风险各项工作做出了重要贡献。

**一、2016年我国物流业发展的特点**

第一，总体运行态势趋稳提质。在一季度增长放缓的情况下，随着经济增长企稳，二季度以来社会物流需求稳中有升。预计全年社会物流总额可达230万亿元，同比增长6%左右；社会物流总费用约11万亿元，同比增长3%左右，增速与上年基本持平。社会物流总费用与GDP的比率有望降至15%以内，物流运行质量和效益稳步提升。中国物流景气指数低开高走，全年均值55.2%，较上年提高0.2个百分点；9月份以后维持在60%上下，进入高位景气区间，表现出较强的回升势头。

第二，市场供需结构深度调整。从需求看，工业品物流中，高技术产业和装备制造业物流需求进入较快增长区间，预计全年增速在10%左右；与消费相关的单位与居民物品物流总额，预计全年保持40%以上的高速增长态势。“双十一”期间，中国电商物流指数上升为213.5点，比上年增加49点。与电商消费相关的快递业务量和业务收入全年完成313.5亿件和4005亿元，分别增长51.7%和44.6%。随着消费升级和食品安全受到关注，冷链物流市场需求将达2200亿元，同比增长22.3%。消费领域物流需求个性化、品牌化趋势明显。

从供给看，调结构、去运力力度加大，供给质量有所改善。受新GB1589修订出台和新一轮公路治超新政影响，公路货运市场去运力步伐加快。9月以来，大型货车超重行为得到有效遏制，套牌车、非标车辆逐步退出市场，过低的运价出现合理回归。中国公路物流运价指数9月以后持续回升，12月上升到106.8点，比上年同期增长15.3%。中国公路货运效率指数连续6个月处于高位运行，车辆平均运输里程和运输时间持续提升。公路运量向铁路运输转移，下半年铁路货运止跌回稳，国家铁路发送货物26.5亿吨，连续5个月实现正增长。受韩进海运破产影响，国际航运市场供给过剩局面有所缓解，航运价格企稳回升。12月30日，中国出口集装箱综合运价指数为951.66点，较年初上涨224.75点。物流企业规模化、集约化发展，A级物流企业超过4000家。

第三，发展方式加快变革创新。一是兼并重组、联盟合作案例增多。中国远洋运输总公司与中国海运总公司重组成立中国远洋海运集团有限公司，实现船队综合运力、干散货自有船队运力、油轮运力、杂货特种船队运力等多项世界第一。中储股份成为英国HB集团的控股股东，进入海外大宗商品期货交割仓库业务领域。战略联盟、加盟合作走向深化，安得物流与苏宁达成战略合作，共享全国范围网络资源。铁路总公司与海尔集团战略合作，开行海尔电器特需专列。菜鸟网络牵头成立“菜鸟联盟”，整合电商快递业务版图。货运市场加盟模式加快推进，德邦物流签约加盟事业部合伙人突破 5000 家，卡行天下加盟网点和线路超过 1 万家。

二是跨界融合、平台整合，经营模式不断创新。快递、快运、整车等细分物流市场互相渗透，市场边界渐趋模糊。物流园区从物业管理走向仓干配市场运营，传化物流、林安物流相继推出相关货运产品。顺丰冷运食品陆运干线网启动，发力冷运全链条供应链市场。远成物流进入快递快运、冷链、供应链、地产等领域，打造卓越综合物流服务品牌。各类企业深入推进平台战略，平台型企业整合提升，自营类企业向社会开放仓配网络。一批互联网平台企业在全年资本遇冷的大背景下，加快商业模式迭代，积极向线下延伸，强化货源组织和服务体验，线上线下深度融合。

三是供应链全链条服务升级。一批物流企业融入制造、商贸企业供应链，开展供应商管理库存、物流仓配一体化、供应链金融等业务，优化供应链协作关系。海航物流 60 亿美元收购美国英迈国际，布局全球供应链市场。招商局物流集团计划投资 6 亿元在无锡建设物流供应链集成服务项目。日日顺物流发布大件物流解决方案，提供仓储配送安装全程无断点服务，制定供应链服务新标杆。

四是物流企业结缘资本市场。长久物流、宝湾物流、圆通速递、申通快递等一批快递、物流企业相继登陆 A 股市场；德利得物流、亚风快运、易流科技、安捷供应链等一批创新企业跻身“新三板”；卡行天下、运满满、货车帮、天地汇等一批新兴企业吸引新一轮融资；平安银行、复星集团、红杉资本等金融机构加大对物流业投入，各类资本加快进入物流市场。

第四，“互联网 +”高效物流深入推进。7 月份，国务院总理李克强主持召开国务院常务会议，部署推进“互联网 +”高效物流。一年来，以“互联网 +”高效物流为标志的“智慧物流”加速起步，催生了一批新模式、新企业、新业态。

一是互联网 + 高效运输。自 2014 年下半年以来，在货运市场上出现了一批像互联网 + 车货匹配、互联网 + 货运经纪、互联网 + 甩挂运输、互联网 + 合同物流等的“互联网 +”创新模式，涌现了一批像运满满、货车帮、卡行天下、正广通等“互联网 +”代表性企业。传统企业积极触网，如，传化物流打造“物流 + 互联网 + 金融”的方式，构建中国智能公路物流网络运营系统。中国物资储运总公司依托自身资源优势，上线“中储智运”。从 12 月起，交通运输部启动无车承运人试点工作，探索公路货运模式转型。

二是互联网 + 智能仓储。智能仓储在快递、电商、冷链、医药等高端细分领域快速推进。如，京东商城、苏宁物流、顺丰控股等企业积极开发全自动仓储系统，使用智能仓储机器人，开展无人机配送，充分利用仓储信息，优化订单管理，大幅提高仓储作业机械化、自动化和信息化水平。

三是互联网 + 便捷配送。一批关注末端配送的平台型企业，如，日日顺、速派得、云鸟配送等，搭建城市配送运力池，开展共同配送、集中配送、智能配送等模式，致力于解决“最后一公里”痛点。快递物流企业加强末端节点改造，全国布放智能快件箱累计超过 10 万组。随着本地生活服务的需要，美团、百度、饿了么等推出即时配送模式，共享经济模式在物流业试水。

四是互联网 + 智慧物流。货物跟踪定位、无线射频识别、电子数据交换、可视化技术、移动信息服务和位置服务等一批新兴技术在物流行业得到广泛应用，全国道路货运车辆公共平台入网车辆突破 400 万台。越来越多的企业将物联网、云计算、大数据等新技术作为企业战略重点。如，菜鸟网络陆续推出物流预警雷达、大数据分单路由、四级地址库等数据服务，引领智慧物流发展趋势。百度打造“物流 + 互联网 + 大数据”三位一体的智慧物流云平台。

第五，积极服务国家发展战略。一是围绕“一带一路”战略，布局物流服务网络。国家发布《中欧班列建设发展规划（2016-2020 年）》，全面部署未来 5 年中欧班列建设发展任务。全国十余条中欧国际班列抱团发展，合力打造中欧班列统一品牌。中欧班列全年开行 1702 列、同比增长 109%。物流业配合“一带一路”战略，加大网点建设与网络布局。招商局集团实施“雁型出海”模式，全球运营港口超过 30 个，布局“一带一路”沿线国家。中国加入国际公路运输公约，便利沿线国家过境通关。

二是服务长江经济带、京津冀协同发展战略。国家发改委从信息共享、多式联运、创新驱动等方面加快长江经济带航运中心建设。交通运输部主持召开推动长江经济带交通运输发展部省联席第一次会议，力争把全流域打造成黄金水道，高水平、高起点建设综合立体交通走廊。河北、天津积极承接北京物流服务，打造京津冀一体化物流服务圈。

三是物流基础设施短板受到重视。国务院办公厅转发《营造良好市场环境推动交通物流融合发展实施方案》，构建交通物流融合发展新体系。交通运输部等 18 个部门发布《关于进一步鼓励开展多式联运工作的通知》，提出构建高效顺畅的多式联运系统。铁路总公司正在全国建设 208 个铁路物流基地。由国家发展和改革委、国土资源部、住房和城乡建设部委托中国物流与采购联合会评定的首批 29 家示范物流园区名单发布。交通运输部办公厅与国家发展改革委办公厅联合公布第一批 16 个多式联运示范工程项目名单。湖北鄂州国际快递货运枢纽建设纳入民用机场布局规划，顺丰航空机队规模达到 36 架。

四是国际物流网络建设提速。中远海运、嘉里物流等物流企业收购境外物流企业和资产，加强国际网点布局，加快国际化发展步伐。一批快递电商企业与境外邮政快递企业实施战略合作，加大海外仓投资建设，开发国际线路，支持自身国际化发展。有关部门和地方政府出台政策支持鼓励跨境电商企业建设海外仓。

五是农村物流体系加紧建设。交通运输部下发《关于进一步加强农村物流网络节点体系建设的通知》，要求加快推进农村物流县、乡、村三级网络节点体系建设。一批电商和物流企业加大农村网络布局，智能物流模式广泛应用。快递、交通、农业、供销、商贸企业共同构建农村物流配送网络，建设“工业品下乡”和“农产品进城”双向流通渠道。

六是相关规划、政策密集出台。一年来，国务院及有关部门贯彻落实《物流业发展中长期规划（2014—2020）》，就交通物流融合发展、互联网 + 高效物流、多式联运、电子商务物流、服务型制造、节能环保、物流业补短板和降本增效等出台了一系列政策措施，各地政府部门贯彻落实国家政策，出台相关配套政策措施。全年对行业影响较大的政策包括：“营改增”试点全面扩围，无运输工具承运业务和道路通行服务开票资格获得承认。车型标准化工作有序推进，为期一年的新一轮治超工作开展，车辆运输车治理取得成效。无车承运人试点启动，一批试点企业名单发布。商贸物流标准化试点推进，标准化托盘扩大使用范围。快递市场清理整顿工作开展，寄递物流渠道安全要求升级。全国现代物流工作部际联席会议积极发挥协调作用，支持物流业发展的部门间合力有所加强，物流业政策环境持续改善。

同时，我们也要清醒地看到物流业面临的突出问题。主要是：有效需求不足和供给能力不够矛盾交织；社会物流总费用仍然较高和企业盈利水平持续下降问题突出；传统增长方式难以为继，产业结构不平衡更加凸显；物流基础设施总量过剩和结构性短缺互见并存；体制机制约束依然明显，市场环境治理和诚信体系建设有待加强；用户对物流服务质量的要求与物流企业服务能力之间，以及物流企业对政策环境的预期仍有较大差距。

## 二、2017 年我国物流业发展展望

2017 年是实施“十三五”规划的重要一年，也是供给侧结构性改革的深化之年，更是《物流业发展中长期规划（2014-2020》的承上启下之年。物流业作为支撑国民经济发展的基础性、战略性产业，

面临诸多发展机遇。我国经济运行中的突出矛盾和问题及世界经济发展的不确定因素，同样影响物流运行。综合各方面因素初步判断，我国物流业 2017 年仍将保持缓中趋稳、稳中向好的基本态势。预计全年全国社会物流总额增速在 6% 左右，社会物流总费用增速在 4% 左右，社会物流总费用与 GDP 的比率继续保持稳中有降态势。从物流需求、供给主体、基础设施、资源要素、发展方式、增长动力和政策环境几方面来看，都将发生深刻变化。

——从物流需求看，随着供给侧结构性改革深入推进，去产能、去库存力度不减，钢铁、煤炭、房地产、建筑业等占比较大的大宗商品物流需求增长乏力，将直接影响行业发展基本面。随着消费对 GDP 的贡献占比增加，城镇化水平持续提升，电商、冷链、快递、配送等与消费相关的社会物流需求继续保持中高速增长。随着《中国制造 2025》进入实施阶段，智能制造、服务型制造要求物流业深度融入企业供应链，推动产业转型升级。受汇率调整影响，传统制造业出口竞争力逐步增强，进出口物流需求有望适度复苏，但也会受到国际贸易保护不确定性的制约。

——从供给主体看，随着新一轮治超后续工作和黄标车淘汰工作的推进，黄标车、套牌车、非标车辆加快退出市场，甩挂运输、模块化运输有望得到推广普及，公路货运价格逐步合理回归，市场治理将趋于规范，市场主体将趋于集中。铁路货运改革继续深化，公路运量加快向铁路转移，高铁快递有望走强，铁路货运将会出现结构性、阶段性运力短缺。国家大力推动多式联运，物流园区服务升级和组织联网提升集聚作用，为企业搭建物流枢纽，构建便捷高效的物流服务网络提供新的选择。共享经济模式、平台型企业将获得更多发展机会，物流集群将会加速发展，以物流服务为支撑的产业生态圈逐步形成，市场格局面临新的调整。

——从基础设施看，铁路物流基地加快建设，公路港逐步转型升级，交通物流综合枢纽有序布局，各种运输方式趋于衔接，为多式联运奠定重要基础，公铁联运、海铁联运占比将会增加。我国对外投资超过吸引外资，已成为世界上最大的对外投资国之一，为物流业“走出去”国际化发展创造了条件。中欧班列成为“一带一路”重要物流通道，海外物流市场投入加大，兼并重组战略性的港口、园区等物流资源，打造国际物流服务网络。京津冀交通一体化率先突破，长江经济带综合立体交通走廊建设稳步推进，为区域物流一体化发展提供重要机遇。脱贫攻坚、城乡一体化任务艰巨，为工业品“下行”，农产品“上行”服务的物流网络建设潜力巨大。

——从资源要素看，物流业进入高成本时代。全社会劳动年龄人口增速持续下降，人口数量红利消失，人工成本上升趋势明显，企业“用工荒”加剧，“以机器替代人工”将成为必然选择。物流机械化、自动化、智能化有望加快发展，这对物流从业人员的职业素质提出了更高要求。随着土地节约集约利用严格执行，物流用地指标获取难度增加。原有物流用地随着城市扩张加速缩减，存量物流用地资源紧缺。盘活存量土地资源，编织多层次的节点网络，提升周转效率和集聚效应成为趋势。资本市场依然较为紧张，企业上市难度依然较大，风险投资对于企业盈利要求持续增加。

——从发展方式看，随着原有市场增速放缓，兼并重组将迎来新一轮热潮，强化领先企业竞争优势，市场主体将趋向集中。轻资产的平台、联盟、加盟、合作等发展方式潜力较大，新理念、新模式、新业态不断涌现，也在一定程度上推动市场集约发展。随着需求升级、供给转型，产业融合、供应链整合渐成趋势。大型企业向供应链转型，产业链分工协作持续优化。环境治理压力加大，企业节能减排约束增加，倒逼绿色物流真正落地。

——从增长动力看，新一轮技术革命对行业影响巨大，“大众创业、万众创新”风起云涌，“互联网 +”高效物流引导物流业与互联网深度融合，催生大量新的业态和模式。新兴的互联网平台企业将“虚实结合”，从线上深入线下。传统物流企业将加快拥抱互联网，实现业务在线化，加快产业互联网改造，提升发展内生动力。随着人工智能时代的临近，智能化硬件将迎来发展机遇期，物联网、云计算、大数据、区块链在物流领域的应用效果逐步显现，智能仓库、仓储机器人、无人驾驶、无人机配送进入实质性探索阶段。

——从政策环境看，《物流业发展中长期规划（2014—2020）》进入承上启下阶段，各部门进一步深化贯彻落实。无车承运人试点要求税收、保险制度跟进，车型标准化促进组织优化、技术改造和装备升级。行业标准化工作有序推进，物流安全监管约束将进一步增强。互联网＋政务有望得到推进，“放管服”改革将取得新进展。现代物流工作部际联席会议制度将发挥更大作用，物流业政策环境向着发展稳定、竞争有序、治理规范的方向持续改善。

2017 年中央经济工作会议把深入推进“三去一降一补”，作为继续深化供给侧结构性改革的首要任务。指出：“降成本方面，要在减税、降费、降低要素成本上加大工作力度。要降低各类交易成本特别是制度性交易成本，减少审批环节，降低各类中介评估费用，降低企业用能成本，降低物流成本，提高劳动力市场灵活性，推动企业眼睛向内降本增效。”由此可见，降低物流成本仍然是新一年经济工作的重点，更是物流行业企业的责任。同样离不开创新行业管理体制和管理方式，提高政府治理能力和政策实施效力。业内企业迫切要求进一步放松行业管制和政策约束，优化提升服务，切实推动已有各项政策真正落地。重点解决税费、通行、土地、审批等长期制约行业发展的突出问题，并支持新动能、新业态、新模式创新发展。

这些趋势表明，我国物流业仍然处于可以大有作为的战略机遇期。我们要全面贯彻党中央、国务院决策部署，坚持“创新、协调、绿色、开放、共享”的新发展理念，深化供给侧结构性改革，推动物流业向更高水平迈进。

——创新发展。要把创新作为发展第一动力，深入开展理念创新、模式创新、技术创新、业态创新。要把握新一轮科技革命的机遇，落实国家“互联网＋”战略部署，推进互联网与物流产业深度融合，引导传统企业加快拥抱互联网，实现线上线下协同发展。要加大技术改造和装备升级投入力度，促进物流机械化、自动化、智能化发展，提升物流生产效率。要逐步向产业链高增长领域和高价值领域延伸，重塑企业竞争优势，为产业转型升级开辟新道路。

——协调发展。要协调稳定与发展、创新与变革的关系，在新的高度上建立新平衡。要促进城乡之间、区域之间、产业链环节之间均衡发展，打破各种运输方式之间、线路与节点之间的衔接障碍，编织全方位、多层次、高效率的物流服务网络。要通过兼并重组等多种方式，加快产业结构调整，优化配置市场资源。要顺应智能制造、服务制造新要求，主动培育“制造强国”所需要的供应链服务。顺应消费个性化、品牌化新要求，提升物流时效体验和智能水平。顺应全面脱贫攻坚、农业现代化要求，建立和完善农村物流服务体系。

——绿色发展。要顺应生态文明建设的新要求，主动推进绿色、低碳和可持续物流发展。要总结推广使用清洁能源，推行绿色运输、绿色仓储、绿色包装和绿色配送，做好资源循环利用，努力减轻物流运作的资源和环境负担。要制定与绿色物流相关的标准规范，发挥对国际环境治理的影响力。要以节能环保为切入点，促进技术装备升级，提高排放标准，降低能耗水平，以绿色发展引导效率提升，为推进美丽中国建设做出应有贡献。

——开放发展。要配合“一带一路”战略要求，加强沿线国家物流资源布局，发挥物流先导作用。要跟随国内企业“走出去”发展，建设与国际贸易需求相配套的国际物流服务网络，提升国际物流话语权。逐步加强对全球物流、商流、信息流资源的整合，加大全球供应链掌控能力，提升对国际市场的影响力和控制力，做好我国对外开放的物流支撑。

——共享发展。要按照“共享”发展理念，探索“共享经济”新模式，整合供应链、延伸产业链、提升价值链，与上下游企业和客户分享业务模式创新带来的社会经济效益。要加强物流业文化建设，引导企业全面履行社会责任，使全体从业人员能够共享物流业发展的新成果。要关爱卡车司机、仓管人员、收派件员工等一线操作人员，营造平等、和谐、包容的工作环境。要强化技术性人才、职业技能人才的培养，提升从业人员的职业素质，形成人口质量红利，使物流业从业人员在为全社会做出巨大贡献的同时，自身生活水平和社会地位也能够得到相应提高。

## 1.2.2 中国物流与采购联合会会长何黎明：

# 《我国物流业“十二五”发展回顾与“十三五”展望》

### 一、“十二五”时期我国物流业发展回顾

2015 年是“十二五”规划的收官之年。回望过去的五年，我国经济进入新常态，经济增速放缓，结构调整加快，发展动能转换。在下行压力不断加大的情况下，物流业保持了中高速增长。2015 年，我国社会物流总额预计可达 220 万亿元，“十二五”时期年均增长 8.7%；社会物流总费用与 GDP 的比率约为 15% 左右，比 2010 年的 17.8% 有较大幅度下降。这里需要说明的是，其中有公路货运量、货物周转量、GDP 数据调整的因素，也有产业结构调整、物流服务价格下降的因素，同时也显示出物流运行效率有所提升。物流业作为国民经济的基础性、战略性产业，为“稳增长”、“调结构”、“惠民生”较好地发挥了支撑和保障作用。

**第一，市场规模持续扩大**

“十二五”时期，我国已成为全球最具成长性的物流市场。2015 年，物流业总收入约为 7.5 万亿元，全国货运量预计将达 457 亿吨。其中公路货运量、铁路货运量、港口货物吞吐量多年来都居世界第一位。快递业务量突破 200 亿件，冷链物流市场规模预计超过 1500 亿元，各类细分市场规模不断扩大。

**第二，需求结构加快调整**

五年来，单位与居民物品物流总额年均增速接近 30%，并呈持续加快态势。快递快运、电商物流、冷链物流等生活消费性物流保持快速增长，成为市场投资热点。工业物流需求总体下降，特别是钢铁、煤炭、建材等大宗生产资料（俗称“黑货”）物流需求下滑严重，导致铁路货运量持续下降。铁路货运改革深入推进，实施“稳黑增白”战略，在批量零散货物、铁路快运和集装箱运输等方面大幅增长。

**第三，市场主体加速分化**

物流企业通过兼并重组、战略调整、联盟合作等多种方式，市场集中度显著提高。2015 年，四大航运央企启动重组，市场向强势企业进一步集中。中物联发布的“中国物流企业 50 强”，主营业务收入近 8000 亿元，第 50 名入选企业门槛为 18.8 亿元，比 2010 年提高 3.5 亿元。在一些细分领域出现了一批实力雄厚、模式先进、前景看好的大型物流企业。截止到 2015 年年底，我国 A 级物流企业总数已达 3500 多家。其中，5A 级企业 214 家，具有标杆作用的领先物流企业群体成长壮大。随着互联网时代的到来，创新型物流企业快速涌现。据不完全统计，我国各类物流互联网平台超过 200 家。与此同时，一批跟不上时代发展步伐的企业被陆续淘汰。

**第四，创新驱动模式变革**

“十二五”时期，我国物流企业通过技术创新、管理创新、组织创新，整合优化物流资源，新的商业模式不断涌现。菜鸟网络、卡行天下等一批企业打造平台模式，整合物流资源。安能物流、圆通速递等企业优化加盟模式，强化干线管控。顺丰速运、德邦物流等企业启动多元化发展模式，发挥自身优势条件。怡亚通、招商物流、海尔日日顺等企业深耕供应链模式，提供物流一体化解决方案。长久物流、安吉物流等汽车物流企业拓展全产业链模式，提供物流、贸易、金融、汽车后市场等全方位服务。林安物流、传化公路港、中储股份、深国际等一批企业复制基地模式，搭建全国节点网络。随着互联网进入物流行业，易流科技、维天运通、正广通、安联程通等一批企业尝试物

流 020 模式。这些新理念新模式倒逼传统企业转变观念，加速变革。

第五，国际物流双向开放

作为 WTO 以来开放最早的服务行业，我国物流业已经实现了全面开放。开放的市场环境吸引了大批跨国企业全面进入国内市场。随着“走出去”战略实施，中外运、中远物流等国内企业积极拓展国际市场。阿里巴巴等电商和快递企业，纷纷参股国际快递企业、投资海外仓储设施、打造物流通关渠道，支持跨境电商发展。2014 年，国家提出“一带一路”战略，物流设施建设和网络布局加快落地。招商物流、远成物流等一批企业积极布局沿线国家。2011 年，渝新欧班列首次全程运行。截止到 2015 年 10 月底，中欧班列开行已超过 1000 列。上海、天津、福建、广东等自由贸易试验区陆续获批，对外开放新格局为物流业开辟了新的空间。

第六，基础设施扩容提档

到 2015 年年底，我国高速公路和高速铁路里程分别突破 12 万公里和 1.9 万公里，比 2010 年分别增长 62% 和 127%，双双居世界第一。全国高速公路 ETC 实现联网，统一收费成为可能。水路、航空等运输服务能力稳步增长，高效便捷的综合运输体系初步成型。根据中国物流与采购联合会《全国物流园区（基地）第四次调查》，截止到 2015 年 7 月，全国共有符合调查要求的物流园区 1210 家，投入运营的比例大幅上升，以物流园区为支撑的产业生态圈正在逐步形成。多式联运受到重视。2015 年国家正式启动多式联运示范工程，推动运输资源的高效整合和运输组织的无缝衔接。

第七、信息技术普及应用

“十二五”时期，正是新一轮科技革命孕育时期。物联网、云计算、大数据等新兴技术在物流行业得到推广应用。嵌入物联网技术的物流设施设备快速发展，车联网技术从传统的车辆定位向车队管理、车辆维修、智能调度、金融服务延伸。云计算服务为广大中小企业信息化建设带来福音。大数据分析帮助快递企业预测运力需求，缓解了“双 11”等高峰时期的“爆仓”问题。2015 年，由菜鸟网络牵头，国内主流快递企业全部普及使用电子面单，快递基础业务的信息化管理水平进一步提升。

第八，绿色物流已见行动

“十二五”时期，交通运输领域落实推进节能减排低碳发展行动，提出到 2015 年化学需氧量（COD）、总悬浮颗粒物（TSP）等主要污染物排放强度比 2010 年下降 20%。2015 年起，“国四”排放标准正式实施，黄标车淘汰力度加大。新能源汽车在货运行业得到推广应用，一些城市新能源快递配送车辆获得通行准入。LNG 等清洁能源汽车快速发展，太阳能发电屋顶在仓储行业开始使用。

第九，基础工作稳步推进

“十二五”时期，物流标准、统计、人才教育等基础工作取得积极成效。《物流标准化中长期发展规划》印发执行，一批新的物流国家标准开始实施。2015 年，中国物流与采购联合会作为国家试点单位启动团体标准试点工作。物流统计调查制度不断完善，采购经理人指数（PMI）提供决策参考，物流业景气指数、公路物流运价指数、中国仓储指数等陆续发布，物流指数体系不断扩充完善。物流教育培训工作迅猛发展，目前，全国已有 443 所本科院校、954 所高职高专院校、900 多所中职院校开设了物流专业。“物流管理与工程”正式进入教育部全国学科目录一级学科。物流基础理论研究和产学研结合取得新成果。

第十，政策环境持续向好

“十二五”时期，党中央、国务院重视物流业发展。2014 年 9 月，国务院出台《物流业发展中长期规划》，把物流业定位于支撑国民经济发展的基础性、战略性产业。有关部门出台了《促进物流业发展三年行动计划》。各部门从自身职能定位出发，密集出台支持物流业发展的政策措施。从 2015 年开始，全国现代物流工作部际联席会议形成新的运行机制，由国家发改委、商务部、交通运输部、工业和信息化部和中国物流与采购联合会轮流主持，坚持问题导向，着力解决制约物流业发展，亟待跨部门协调解决的重点问题。支持物流业发展的部门间合力逐步加强，行业政策环境持续改善。

我们也深知，我国物流业在“十二五”时期成绩与问题并存，挑战与机遇同在。有效需求不足和供给能力不够矛盾交织；社会物流成本居高难下和企业盈利能力每况愈下问题突出；物流基础设施总量过剩和结构性短缺并存；物流需求增速放缓，部分企业经营困难；市场环境和诚信体系建设有待加强；制约物流业发展的具体政策有些迟迟不能出台，已经出台的政策难以真正落地。

虽然存在以上问题，但我国物流业依托经济发展大势，释放改革红利，加快转型升级、提质增效，行业长期向好的基本面没有改变。在正视困难和问题的同时，我们对“十三五”发展充满信心。

**二、“十三五”时期我国物流业发展展望**

“十三五”时期，是全面建成小康社会的决胜阶段。经济社会发展的新常态，对我国物流业发展提出了新要求。

一是全面建成小康社会和中高速增长的新要求。

全面建成小康社会的奋斗目标，要求经济保持中高速增长，经济发展重心将从追求速度规模向质量效益转变。物流业作为新兴的服务产业，对于调整经济结构，转变发展方式具有重要意义。进一步降低物流成本，提高物流效率，将成为“十三五”时期物流业发展的总基调。

二是新型工业化和产业转型的新要求。

国务院发布《中国制造 2025》战略，提出力争用十年时间，迈入制造强国行列。我国逐步从工业化中后期向工业化后期过渡，突出特点是从传统资源密集型产业向知识和技术密集型产业转变，从产业链中低端向中高端延伸。物流业作为重要的生产性服务业，是服务型制造的重要转型方向，中高端的产业链需要中高端的物流服务相配套。

三是新型城镇化和消费升级的新要求。

我国城镇化仍将处于快速发展区间，将释放巨大的投资和消费潜力。消费升级对经济增长贡献度增加，也对物流服务的精细化、响应度和一体化水平有更高的要求。“十三五”时期，专业化、个性化、多样化的解决方案需求旺盛，城乡物流一体化、末端服务体验将成为竞争焦点。

四是区域协调发展和产业转移的新要求。

国家“三大战略”进入实质性推进阶段，新的区域经济布局和发展空间格局正在形成，将对物流设施、运输方式和交通网络的连通性提出更高的要求。区域物流大通道建设、战略性物流枢纽节点的布局调整，物流园区等基础设施互联互通，多式联运、甩挂运输服务体系的构建，是区域物流协调发展的必备条件。

五是创新驱动和科技革命的新要求。

国家提出大众创业、万众创新，打造发展新引擎。国务院出台“互联网+”行动指导意见，云计算、大数据、物联网等信息技术与传统物流业态深度融合，已经和正在带来物流领域的深刻变革。“十三五”时期，创新将摆在物流发展全局的核心位置，重点是释放新需求，创造新供给，加快实现发展动力转换。

六是开放型经济和全球化的新要求。

中国经济加快融入世界，从单纯“引进来”向“引进来”和“走出去”并重发展。特别是“一带一路”国家战略的实施和跨境电商的兴起，对国际物流提出了更高要求。“十三五”时期，将发展更高层次的开放型经济，亟待补上国际物流的“短板”，为国内企业“走出去”提供坚实的物流保障。

七是生态文明建设和节能减排的新要求。

社会各界对加强环境治理形成共识，国家生态文明建设步入快车道。物流业作为继工业和生活消费后的第三大能耗产业，也是温室气体排放的主要行业，加强物流领域的绿色环保和节能减排对生态文明建设具有重要意义。“十三五”时期，那种以破坏资源环境为代价的物流发展模式必须改变。

八是全面深化改革和创新政府治理的新要求。

全面深化改革，完善市场经济体制和政府治理体制任务艰巨。物流业作为重要的服务产业，涉及领域多、覆盖范围广、协调难度大，迫切需要建立统一开放、竞争有序的市场环境。当前，“互联网+”产业快速发展，离不开“互联网+”政务的配套跟进。没有国家政务的互联网化，将无法支撑产业与互联网的深度融合。进一步转变政府职能，建设服务型政府，着眼打造“互联网+”政务新机制，创新管理方式，激发市场主体的活力，构建诚实守信、规范自律的行业治理环境，将是物流业管理体制改革的重要任务。

总体来看，“十三五”时期，我国物流业仍然处于可以大有作为的战略机遇期，但也面临一系列矛盾和问题的严峻挑战。预计行业增速将继续趋稳放缓，传统的依靠成本价格竞争的粗放式发展模式难以为继，行业进入以转型升级为主线的发展新阶段。物流业将加快从追求规模速度增长向质量效益增长转变，从铺摊子、上项目向整合资源、做优存量转变，从成本要素驱动向效率提升、创新驱动转变，推动行业提质增效。

我们要在党的十八届五中全会和中央经济工作会议精神指引下，贯彻创新、协调、绿色、开放、共享的发展理念，加强供给侧结构性改革，抓好去产能、去库存、去杠杆、降成本、补短板五大任务，努力适应经济发展新常态。着力突出高效、集约、连通、创新、协调和改革六个重点。

一是打造高效物流服务体系。以传统运输为突破口，推广标准车型、规范管理、先进技术，提高车辆运输效率。深化铁路货运改革，优化运输组织结构。降低供应链库存成本，减少库存浪费。在工商企业中开展物流成本核算，降低产业链物流成本。

二是引导物流集约发展。鼓励物流平台发展，整合分散物流资源，提高市场相对集中度。设立物流产业发展基金，鼓励大型企业兼并重组。开展中小企业联盟培育计划，引导企业间建立合作标准和规范。利用绿色环保标准提高市场进入门槛，加快设备改造升级，培育优秀企业群体。

三是实现设施连通、网络连通、信息连通。支持多式联运企业主体，加强铁路与公路、水运、航空货运枢纽的规划衔接和网络对接，引导多种运输方式进入，实现多式联运无缝衔接。搭建国家物流信息平台，开放共享相关政府信息，提升企业信息化水平。

四是创新物流组织方式和运营模式。鼓励发展精益物流，优化重点产业供应链，促进物流业与相关产业联动融合。鼓励企业整合资源，健全农村和社区末端服务网络。推行多式联运、甩挂运输、无车承运等运输组织方式，努力降低社会物流成本。

五是统筹区域、国际、国内物流协调发展。编织国内物流服务网络，打通国际国内物流大通道，完善重要枢纽节点物流基础设施网络建设，补齐短板。配合“一带一路”战略，培育世界级跨国物流集团和专业化物流企业群体，鼓励国内企业开展国际产能合作，融入全球供应链体系。

六是深化物流管理体制改革。消除地方保护和行政壁垒，建立统一高效的物流管理体制。推进简政放权，切实减轻企业负担。坚持以人为本，关心关爱物流从业人员。发挥社会组织作用，促进行业规范自律。践行“互联网+”政务，加强物流诚信体系建设，维护公平竞争的市场环境。鼓励发展绿色物流，建立应急物流体系，落实物流安全措施。进一步完善现代物流服务体系，支撑产业升级、民生改善和国家发展战略的实施。

### 1.2.3 中国物流与采购联合会副会长兼秘书长崔忠付：《我国电子商务物流发展趋势》

回顾2015年，以电子商务为代表的新经济正加速发展。数据显示，2015年中国电子商务交易额达18.3万亿元，同比增长36.5%。其中，B2B电商交易额13.9万亿元，同比增长39%。网络零售市场交易规模3.8万亿元，同比增长35.7%。在电子商务快速发展的强势需求拉动下，我国电商物流继续保持快速增长。中国快递业2015年全年业务量突破200亿件，达206亿件，稳居世界第一，同比增长48%。电商物流的快速发展，对物流地产及高端仓储设施的需求强劲。为扩大市场份额，延伸产业链及价值链，电商企业在全国范围内大面积布点，纷纷建立电商物流园区，并逐步向三、四线城市拓展。随着企业主体多元发展，经营模式不断创新，服务能力的显著提升，电子商务物流已成为现代物流业的重要组成部分和推动国民经济发展的新动力。加快电商物流发展，对于提升电子商务水平，降低物流成本，提高流通效率，引导生产，满足消费，促进供给侧结构性改革，都具有重要意义。

2016年是全面建成小康社会决胜阶段的开局之年。“十三五”时期也是电子商务物流改革、创新、转型升级的关键时期。经济社会发展的新常态对电子商务物流提出了新要求。尤其是在互联网创新成果的深度融合与推动下，电子商务物流将站住更高的起点，呈现三大发展趋势。

第一，电子商务物流的服务内容和内涵将更加丰富。一方面，我国网络零售交易产生的电商物流业务近70%由快递企业承担，快递业成为服务电子商务的主渠道。另一方面，在“互联网+”的背景下，电商物流也衍生出多种业态，新模式不断涌现。终端消费者对多元化服务的需求进一步细化，电商物流企业适时推出终端智能柜、物流保险、特殊物品物流、逆向物流等主动服务和个性服务。随着供给侧结构性改革的深入推进，电子商务、制造业、跨境贸易等关键产业不断升级，电商物流上下游产业环境也随之优化和升级，这必将对电商物流服务内容提出更高要求，仓配一体化、供应链管理等业务种类将加快拓展，跨境贸易的发展也将为电商物流企业注入新的发展活力。

第二，市场主体将更加多元。一方面，随着外部产业的融合、资本市场的加速进入以及同业、同区域整合，优质资源要素和人力要素进一步向龙头企业聚集，市场集中度将进一步提高。另一方面，快递公共服务站、连锁商业合作、第三方服务平台等创新模式不断涌现的同时，传统快运、物流企业也开始纷纷跨界进入快递及电商物流领域，向专业化、区域化、平台化方向发展。此外，随着“互联网+”的驱动及平台经济的发展，碎片化的物流资源通过互联网和平台整合进入市场，“平台+个人”的商业模式正在出现，正逐步探索、演化，成为新的电商物流服务提供者和市场参与者。

第三，电商物流将更加智慧、智能。随着生产消费需求的不断升级和技术应用环境的不断成熟，电商物流数据化、自动化、智能化的发展趋势将势不可挡。DT时代的到来，使得大数据应用已经深入到企业的经营管理、销售预测、运营决策、营销推广、渠道管理、客户体验、物流管理、IT构架等方方面面。尤其是大数据对供应链的应用将改变电商物流的路径和运作，从而颠覆传统的运营模式，对物流服务提出更高的要求，大数据服务、云服务、智慧仓储、电子签名、电子身份认证等技术将得到推广应用。在物流装备方面，自动化分拣、机器人、智能快件箱等开发应用力度将持续加大。尤其是“刘易斯拐点”的到来，迫使企业告别过往依靠廉价劳动力的发展怪圈，对电商物流的提质增效形成“倒逼”。从现状来看，仓储分拣等智能机器人已经进入实际应用阶段，而当人工成本超过机器成本之时，自动化大规模迭代的时代将指日可待。

当然，我们也清醒地认识到，电商物流的发展还存在着“快而不强”的问题，比如发展方式还比较粗放，基础设施相对滞后，服务质量还不高，总体而言，电子商务物流将逐步从追求量的增长转变为追求质的提升，从增量扩能为主转变为调整存量、做优增量，从要素驱动、投资驱动转变为创新驱动，逐步释放发展潜力。应该说，未来一段时期是电商物流转型升级的机遇期，需要政府、市场主体及相关各方共同努力，秉承“共享、共赢、和谐”的发展理念，打好爬坡过坎、提质增效的攻坚战。

第一，创新发展是第一要务，创新是发展的基点。过去几年，电子商务的爆炸式增长带来了海量的物流需求，处于下游的物流企业在以超常规的速度发展的同时，也陷入疲于应付的境地。“十三五”时期，电子商务仍将处于高速增长阶段。有机构预测，到2020年，整个网络零售总额将超过10万亿，由此产生的全年包裹量将超过1千亿件。如此庞大的市场体量容易滋生自满情绪，沉湎于高速发展的沾沾自喜，从而失去创新热情和培育行业增长新引擎的内生动力。对此，我们应有清醒认识：物流的本质是服务，简单的“人海”战术和“跑马圈地”式的粗放式发展不具有可持续性。我们要以提高发展质量和效益为中心，着力推动行业供给侧改革，减少无效和低端供给，扩大有效和中高端供给，实现行业更高质量的发展。我们要加快构建行业创新体系，积极推动机制、技术、产品和模式的创新，全方位提升行业综合发展能力。

第二，政府治理面临新的挑战与机遇。电子商务作为新经济的代表，它改变了传统贸易、流通方式和人们的社交方式。从某种程度上来说，正是它的颠覆性和对传统的挑战才激发了行业活力、释放了发展潜力。在“互联网+”的时代背景下，新技术、新应用、新理念、新模式不断出现，昭示着商业和管理的巨变，政府和社会管理的治理体系必须面对新经济带来的这种挑战。宏观上应适度监管，保持一定的宽容度；微观上鼓励企业大胆尝试、发挥行业协会自律管理的作用。互联网技术还推动了平台经济的发展，社会治理和行业管理不再是政府单一角色的管理，而是多方参与的协同治理。政府部门应善用各方力量，以“四两拨千斤”之势，创新治理体系，这将是新经济时代下政府治理面临的新课题。

第三，行业发展的目的要放在构建和谐“生态圈”上。互联网经济，是一种共享经济，更是一种共荣经济、共赢经济。竞争虽无法回避，但绝不能把竞争孤立化、绝对化，更不能把竞争理念定位在“你死我活”上。纵观世界商业史，伟大品牌之间的竞争从来都不是相互碾压，而在于相互都无法打倒对方，从而不得不让自己做到更好。构建和谐共享的生态圈，龙头企业的责任重大，既要有大视野和大格局，解决好主导权、开放性、协作度等问题；也要有行动自觉，协调好与政府、投资者、用户、员工等利益相关者以及与自然环境之间的关系。政府的角色同样不能缺位，政府需要创造一个公平、公正、有效、有序的良好发展氛围，提供健全的机制和法律保障。

### 1.2.4 浦东现代物流业行业协会：《2016年浦东新区物流业发展报告》

2016年，在全球物流业持续疲软和内需有所扩大的综合影响下，浦东新区的物流业发展增速小幅回调，继续保持平稳增长势头，全年实现增加值1729亿元，增长6.9%，增速较上年下降0.8个百分点，略低于全区GDP增长水平（8.2%）。

**一、物流业发展背景简析**

2016年，世界经济和国际贸易双双疲软，全球货运量减少，运价跌至冰点，排名前二十的船舶营运人中有6家退出，航运产业表现惨淡。从与物流业发展关系密切的航运业和对外贸易看，尽管外向型产业均不同程度受到全球贸易疲软的波及，但亦得益于内需的稳步增长，产业保持稳步增长。

从对外贸易发展看，得益于内外需的持续改善，2016年新区外贸进出口增长势头回暖，全年外贸进出口1.76万亿元，增长4.9%，高于全市2.2个百分点，增速较上年同期回升2.2个百分点。其中，出口0.62万亿元，扭转去年全年下行走势，增长3.9%，进口1.14万亿元，增长5.5%，增速与去年基本持平。新区外贸占全市比重继续提升，从2015年的60.2%提高到61.4%。

从航运产业发展看，受内需转暖和地区贸易便利化水平提升影响，2016年新区航运产业增加值增速呈现“回暖”迹象。全年实现增加值395亿元，增长6.7%，增速较上年提升4个百分点。从全年发展态势看，航运产业增速呈现“震荡上行”的走势，其中一季度航运产业开局增速达4.2%，此后两季度增速出现震荡调整，上半年和前三季度增速分别为1.7%和7.7%，全年增速落在6.7%。

**二、物流业发展基本情况**

1、贸易业继续贡献主要推动力，细分产业占比已近9成

2016年新区商业发展总体平稳，稳中有进。全年实现商品销售总额32361亿元，同比增长8.5%；社会消费品零售总额2037亿元元，同比增长8.2%。受此带动，2016年新区物流业增加值达1729亿元，增长6.9%，增幅较上年小幅收窄，并慢于新区GDP1.3个百分点。物流业增加值占新区GDP比重

为 19.8%，较上年亦略有下降，其中，批发业仍为物流业最重要的细分产业，全年实现增加值 1529 亿元，占总体比重已接近 9 成。（如图 1）

图 1　2008-2016 年浦东新区物流业增加值

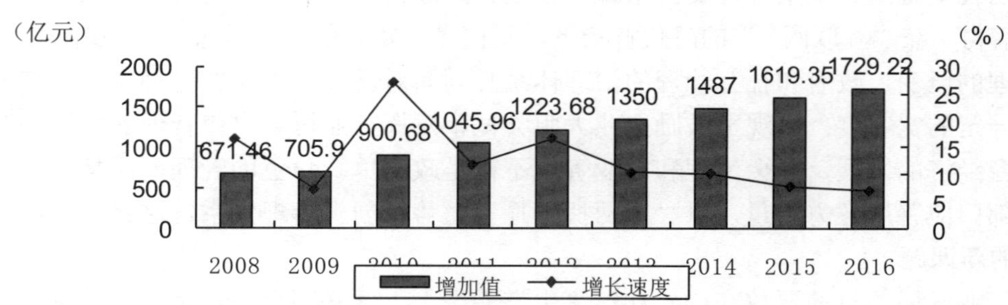


从 2016 年物流业五大细分产业横向比较看，交通运输业实现增加值 200 亿元，增长 6.2%，增幅比上年扩大 2.2 个百分点，但占物流业的比重为 11.6%，较上年略有减少；批发业实现增加值 1529 亿元，增长 7%，增幅比上年收窄 0.7 个百分点，占物流业的比重为 88.4%；物流服务业和物流房地产业实现的增加值均较少，不到总量的 1%，分别为 0.1 亿元和 0.25 亿元，其中，以物流电子信息服务为主的物流服务业是自 2014 年后首次出现，一定程度上显示了该产业的活力和发展潜力。与此同时，受电商平台的冲击，传统的邮购及电子销售产业渐渐消亡，并退出新区。（见表 1）

表 1　2016 年浦东新区物流业增加值

| 行业 | 增加值（亿元） | 比重（%） | 同比（%） |
| --- | --- | --- | --- |
| 合计 | 1729.22 | 100.0 | 6.9 |
| 交通运输仓储邮政业 | 199.95 | 11.6 | 6.2 |
| 批发业 | 1528.92 | 88.4 | 7.0 |
| 邮购及电子销售 | 0.00 | 0.0 | -100.0 |
| 物流房地产业 | 0.25 | 0.0 | -77.0 |
| 物流服务业 | 0.10 | 0.0 | -- |

2、港口吞吐量增速继续小幅回升，新兴业态不断涌现

新区港口吞吐量增速继续小幅增长，全年实现货物吞吐量 30728 万吨，增长 1.2%，集装箱吞吐量 3390 万标箱，增长 1.0%。其中，洋山“水水中转”805 万标箱，增长 5.4%，“国际中转”167 万标箱，增长 12.6%。浦东机场货邮吞吐量 343 万吨，增长 4.6%。

在市场建设和环境营造方面，新区利用自贸区贸易便利化建设的契机，大力推进新区的航运功能制度创新，新兴航运业态不断涌现。转口贸易方面，在协调推进自贸试验区国际中转集拼的背景下，新区海运国际中转集拼业务快速发展。2016 年，在原有 2 家试点企业基础上，新增中外运等 6 家直客模式试点企业，全年直客模式中转集拼箱量达 9000 标箱左右。融资租赁方面，新区一系列融资租赁业鼓励政策推动产业快速发展。仅自贸区保税片区 2016 年内累计设立融资租赁企业就达 1916 家（母公司 1519 家，SPV 项目 397 家），租赁标的物涵盖飞机、船舶等航空航运器材以及风力发电、石油石化、医疗诊断等专业设备，运作资产 4988 亿元，全年租赁服务收入 120 亿元，同比增长 80%。

## 三、物流业发展特点简析

### 1、批发业企业数量占比继续攀升，混合所有制企业数量增长成新亮点。

就企业数量看，批发业始终是新区物流业中最重要的细分产业。2016 年，受部分交通运输业和邮购及电子销售业企业关停影响，批发业的企业数量占比进一步攀升，达 73.2%，比上年增加 1.2 个百分点。与此同时，企业数排名第二和第三的交通运输业与邮购和电子销售业的占比则呈现不同程度的萎缩，占比较上年分别下降 0.7 和 0.4 个百分点。其中，需要说明的是，随着一号店、京东等大型电商的崛起和对市场的充分瓜分，通过传统邮政和自有渠道开展邮购和电子销售业务的企业的生存空间越发狭小并接近消亡。（见表 2）

表 2　规模以上物流企业单位数结构

| 行业 | 比重（%） | 比 2015 年增减（百分点） |
|---|---|---|
| 合　计 | 100.0 | --- |
| 交通运输仓储邮政业 | 26.6 | -0.7 |
| 批发业 | 73.2 | 1.2 |
| 邮购及电子销售 | 0.0 | -0.4 |
| 物流房地产业 | 0.1 | 0.0 |
| 物流服务业 | 0.1 | 0.1 |

从企业登记注册类型看，受混改的政策利好因素影响，新区物流业中其他有限责任的企业数量明显增加，占比达 23.6%，数值较上年提高 6.3 个百分点，是 2016 年企业设立或变更经营性质的重点领域。而传统的企业登记注册较为集中的私营和外资，企业数量变化不大，企业数占比分别为 38.5% 和 34.7%，分别较上年减少 2.4 个百分点和增加 1.6 个百分点。（见表 3）

表 3 按登记注册类型分，新区物流业企业分组结构

| 登记注册类型 | 比重（%） | 比 2015 年增减（百分点） |
|---|---|---|
| 合　计 | 100.0 | --- |
| #国有 | 2.6 | -5.1 |
| 集体 | 0.7 | -0.4 |
| 私营 | 38.5 | -2.4 |
| 外商及港澳台 | 34.7 | 1.6 |
| 其他 | 23.6 | 6.3 |

### 2、区域集聚特征明显，小陆家嘴是企业选址最热区域

从新区物流产业发展历程看，以高端物流商贸服务业为主要发展方向的陆家嘴地区和以体现国际航运中转站功能为特色的外高桥保税区历来是物流业企业分布和设立的最集中区域，2016 年这两大区域依旧保持对物流企业的高吸引力，新区物流业营收排名前 8 位（合计营收占比超过 8 成）的街镇几乎全在这两大区域周边。进一步剖析街镇物流业的布局区位，则不难看出，小陆家嘴是企业集聚，尤其是高端物流运输要素最集聚的地块，在小小的 1.7 平方公里的土地上，产生了超过 7000 亿的高端物流业营收，是物流要素最集中的黄金地。（见表 4）

表 4 重点街镇物流业分布表（按营收分前 8 位）

| 区域 | 营业收入（亿元） | 比重% |
| --- | --- | --- |
| 浦东新区 | 25136 | 100.0 |
| # 陆家嘴街道 | 7715 | 30.7 |
| 外高桥保税区 | 3570 | 14.2 |
| 潍坊街道 | 3520 | 14.0 |
| 金桥镇 | 2257 | 9.0 |
| 洋泾街道 | 1187 | 4.7 |
| 塘桥街道 | 1027 | 4.1 |
| 花木街道 | 832 | 3.3 |
| 高桥镇 | 183 | 0.7 |
| … | … | … |

3、资产规模继续处于扩张快车道，混合经济扩张意愿尤为明显。

继续保持过去几年的发展势头，2016 年新区物流业各细分行业继续处于资本规模扩张的快车道，年末资产总额达 13151 亿元，增长 15.3%，增幅较上年扩大近一倍。其中，资本扩张最为积极的是批发业，得益于新区贸易中心建设的发展红利，物流批发业资本规模扩张明显，2016 年，该产业资产规模达 9563 亿元，增长 18.3%，继续保持两位数增长（2015 年增速为 12.9%）和资本规模最大的地位（在细分产业中）；交通运输仓储邮政资产扩张亦有提速迹象，2016 年产业资产规模达 3574 亿元，增长 9.1%，远快于上年同期 0.2% 的增速；物流服务业虽然体量很小，但在 2016 年资本扩张上也表现不俗，全年资产总计 2 亿元，增长 23.7%，是细分产业中发展最快的；与之相反，由于产业萎缩，物流房地产和邮购及电子销售等产业资本规模也出现不同程度的萎缩，但由于体量较小对总体的影响有限。

表 5 2016 年浦东物流业企业资产规模情况

| | 资产总计（亿元） | 增长（%） |
| --- | --- | --- |
| 合　计 | 13151 | 15.3 |
| 按行业分 | | |
| 交通运输仓储邮政业 | 3574 | 9.1 |
| 批发业 | 9563 | 18.3 |
| 邮购及电子销售 | … | -100.0 |
| 物流房地产业 | 13 | -11.5 |
| 物流服务业 | 2 | 23.7 |
| 按登记注册类型分 | | |
| 国有 | 368 | 6.4 |
| 集体 | 7 | 9.6 |
| 私营 | 1998 | 6.5 |
| 外商及港澳台 | 5255 | 10.3 |
| 其他 | 5523 | 25.1 |

从企业登记注册类型看，在国家混合经济被鼓励发展的背景下，以混合所有制为主体的其他类型企业的资本规模扩张明显。2016 年，该类型企业资本规模达 5523 亿元，增长 25.1%，已超过外商

及港澳台资产业规模，成为新区物流业中资本规模最大的一类企业。与此同时，其他所有制企业资本规模亦呈逐渐扩大的趋势，2016 年，国有企业资本达 368 亿元，增长 6.4%；集体企业资本达 7 亿元，增长 9.6%；私营企业资本达 1998 亿元，增长 6.5%；外商及港澳台企业资本达 5255 亿元，增长 10.3%。（如图 2）

图 2 2016 年浦东新区物流业资产规模按登记注册类型分组

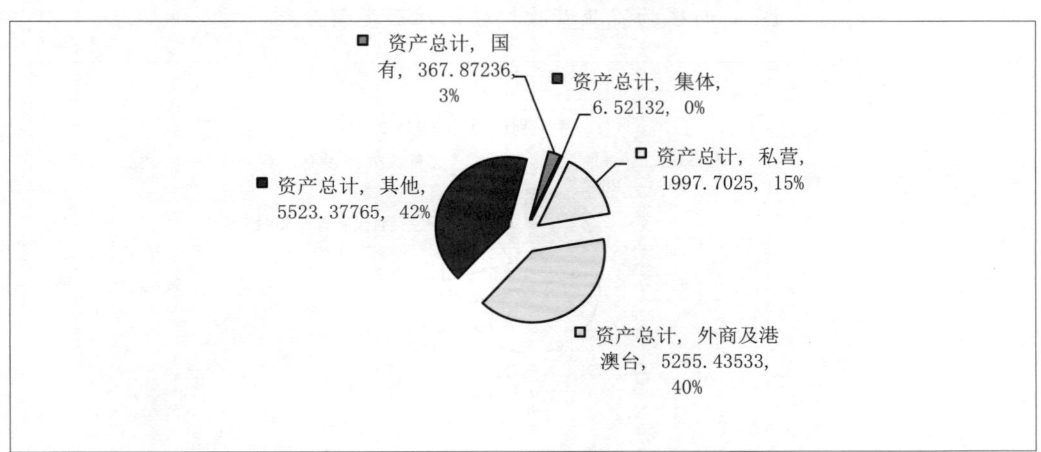


4、产业面临复杂发展形势，细分产业营收增长各异

受新区内需利好和外部环境疲软的双重作用，新区物流业各细分产业营收增长表现各异。2016 年，物流业实现营业收入 25136 亿元，增长 6.8%，较上年下降 2.3 个百分点。其中，物流批发业发展势头良好，是拉动产业整体增长最重要的推动力，全年实现营业收入 23651 亿元，增长 8.3%；受海运市场影响，交通运输业营收出现一定程度的萎缩，全年实现营业收入 1483 亿元，下降 5.3%，逆转了去年同期的正向增速；受航运电商等企业带动，物流服务业快速发展，全年实现营业收入 1 亿元，增长 37.9%；而受市场环境不佳影响，物流房地产和邮购及电子销售发展疲软，营收发展趋势均表现为大幅下降。（见表 6）

表 6　2015 年浦东物流业企业营业收入情况

| | 营业收入（亿元） | 增长% |
|---|---|---|
| 合 计 | 25136 | 6.8 |
| 按行业分 | | |
| 交通运输仓储邮政业 | 1483 | -5.3 |
| 批发业 | 23651 | 8.3 |
| 邮购及电子销售 | 0 | -100.0 |
| 物流房地产业 | 1 | -77.9 |
| 物流服务业 | 1 | 37.9 |
| 按登记注册类型分 | | |
| 国有 | 924 | 13.7 |
| 集体 | 8 | -5.9 |
| 私营 | 5384 | 11.1 |
| 外商及港澳台 | 12278 | 5.4 |
| 其他 | 6543 | 5.1 |

从企业登记注册类型看，除集体企业外，其他所有制形式企业营收增速均保持较为稳定的增长。其中，国有企业增长最为迅猛，全年实现营收 924 亿元，增长 13.7%；私营企业营收发展也延续了近年来的高增速，全年实现营收 5384 亿元，增长 11.1%；而外资企业和以股份制为主的代表混合所有制企业经济类型企业则增长较为平稳，全年实现营收分别为 12278 亿元和 6543 亿元，增长 5.4% 和 5.1%；相比之下，集体企业是营收唯一下降的所有制，全年实现营收 8 亿元，下降 5.9%。（如图 3）

图 3 新区物流业营收按登记注册类型分组

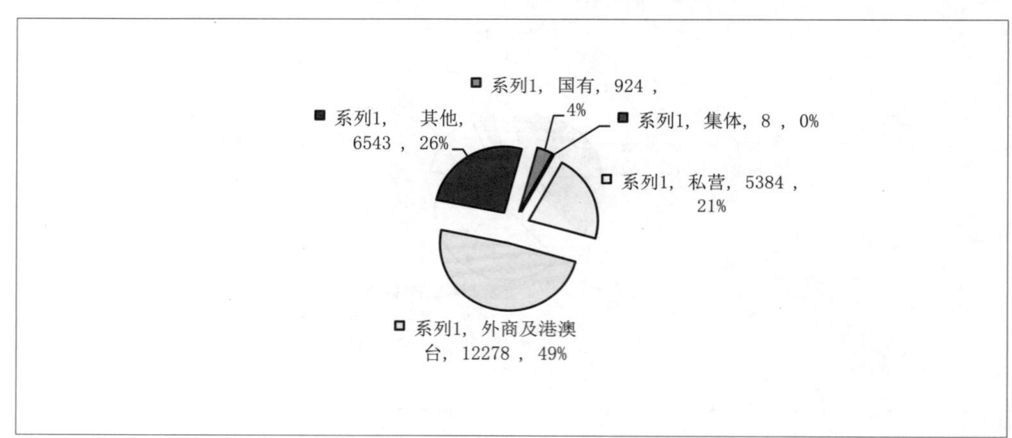


5、经营效益大幅提升，房地产是唯一阻碍因素

与 2015 年相比，经历了一轮改革创新和转型升级，大浪淘沙后的新区物流业获利能力增强明显，2016 年新区物流业企业实现利润总额达 565 亿元，增长 21.5%，大幅优于全年同期水平（2015 年为下降 23%）。从细分产业看，除受宏观调控影响，物流房地产出现亏损，其他细分产业获利能力均呈现不同程度的增长。其中，批发业实现利润总额 306 亿元，增长 7.6%；交通运输仓储邮政业实现利润总额 258 亿元，增长 31.5%；物流服务业实现利润总额 1 亿元，增长 48.1%（见表 7）

表 7　2016 年浦东物流业经营效益情况

| | 利润（亿元） | 增长% |
|---|---|---|
| 合 计 | 565 | 21.5 |
| 按行业分 | | |
| 交通运输仓储邮政业 | 258 | 31.5 |
| 批发业 | 306 | 7.6 |
| 邮购及电子销售 | 0 | |
| 物流房地产业 | -0.028 | -166.7 |
| 物流服务业 | 1 | 48.1 |
| 按登记注册类型分 | | |
| 国有 | -22 | -13.4 |
| 集体 | 2 | 108.5 |
| 私营 | 22 | 34.6 |
| 外商及港澳台 | 324 | 12.5 |
| 其他 | 238 | 29.3 |

从企业登记注册类型看，各所有制形式企业的获利能力大多提升明显。2016 年，外商及港澳台企业实现营业利润 324 亿元，12.5%；私营企业实现利润 22 亿元，增长 34.6%；以股份制企业为主的

其他企业实现利润为 238 亿元，增长 29.3%；而国有企业是 2016 年获利能力最差的一部分企业类型，全年亏损 22 亿元（2015 年获利超过百亿）。（如图 4）

图 4 新区物流业利润按登记注册类型分组

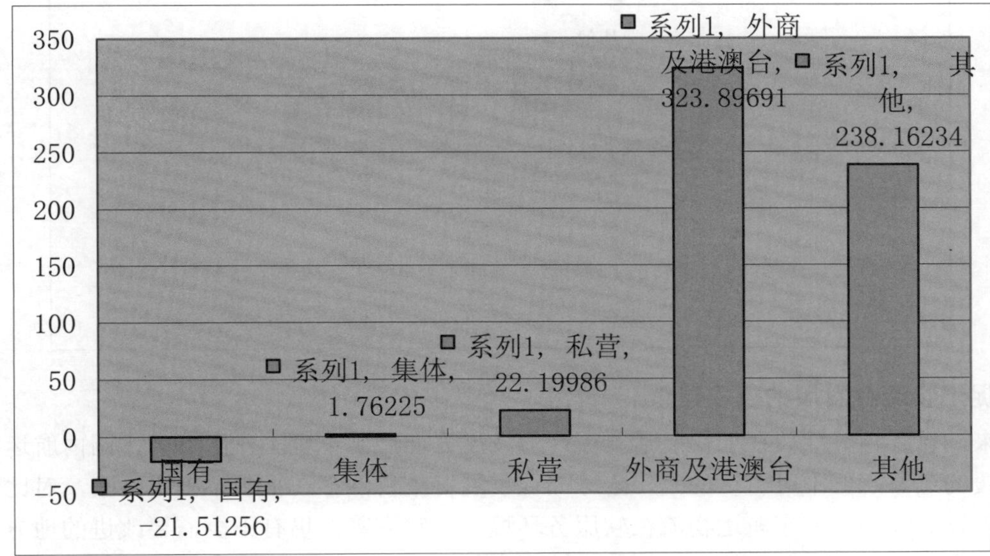


6、就业市场基本饱和，从业人员总量几无增长

数据显示，2016 年，新区物流业的就业市场基本饱和，从业人员规模保持稳定，全年吸纳就业 22.3 万人，职工规模与上年基本持平。从细分产业看，仅物流批发业职工规模仍保持较稳定增长，全年吸纳就业 12.8 万人，增长 7.7%。与之相对的，交通运输仓储邮政业、物流批发业、物流房地产和物流服务业等产业的职工规模均有不同程度萎缩。

从登记注册类型看，各所有制企业用人规模均呈小幅波动。集体、私营和外资企业职工规模分别扩大 1.1%、2.3% 和 2.7%，而国有和其他企业职工规模分别缩小 1% 和 4.2%。（见表 8，如图 5）

表 8 2016 年浦东物流业企业从业人员情况

| | 从业人员（人） | 增长% |
|---|---|---|
| 合 计 | 222933 | 0.5 |
| 按行业分 | | |
| 交通运输仓储邮政业 | 94796 | -4.2 |
| 批发业 | 127913 | 7.7 |
| 邮购及电子销售 | 0 | -100.0 |
| 物流房地产业 | 96 | -27.8 |
| 物流服务业 | 128 | -3.0 |
| 按登记注册类型分 | | |
| 国有 | 17674 | -1.0 |
| 集体 | 280 | 1.1 |
| 私营 | 30565 | 2.3 |
| 外商及港澳台 | 117060 | 2.7 |
| 其他 | 57354 | -4.2 |

图 5 新区物流业就业按登记注册类型分组

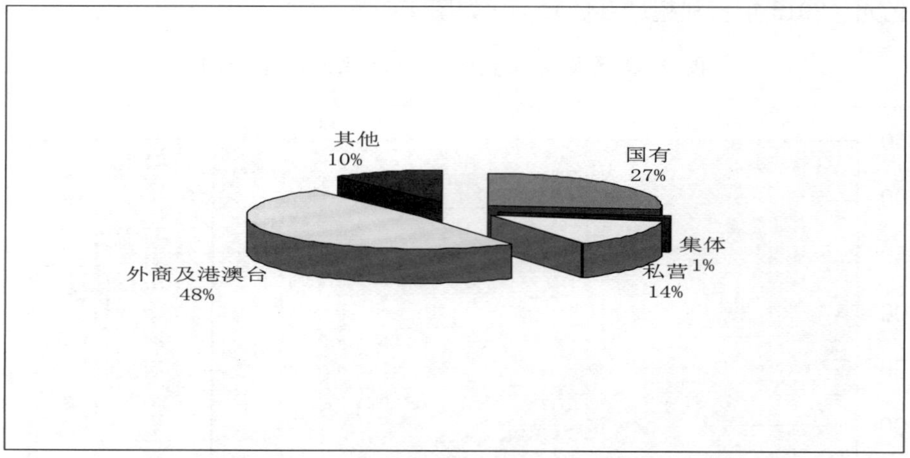

**四、促进物流业发展的若干建议**

近年来，新区相关部门在加快航运物流产业发展方面做了不少工作和努力，国内航运物流市场亦呈现回暖的迹象，但不可否认的是，全球产业发展背景仍然存在很多不确定因素，对比新加坡、香港等城市发展经验，浦东航运物流在软服务环境还不够完善，仍有不少需要改进的地方。为此，结合新区物流业发展实际，至少应在以下几个方面继续努力

1、继续提升服务业产业能级

考察航运发达国家或地区的先行经验，专业服务业的发展高端与否很大程度上决定了地区航运产业的高端化和话语权。与发达地区相比，新区在航运物流相关服务业方面仍有很大的差距。为此，下一步，浦东物流业仍应针对自身发展短板，在进一步加强专业服务业方面，注重制度建设、知名市场主体和功能机构的引入以及本土企业的培育相结合，用全球化的标准打造有新区特色的物流专业服务业产业集群。

2、继续发挥自贸区体制创新的改革优势

自贸区体制创新是新区改革创新的核心内容，从新区航运物流产业的发展看，如中转集拼、国际船舶管理方面业务的政策细化和“放、管、服”深化推进仍有不少改革空间。下一步，新区有关部门应抓住改革契机，继续发挥自贸区体制创新的改革优势，进一步简化流程，强化贸易便利度，为新区物流业的发展提供制度保障。

3、继续引导传统产业转型升级

从发展历程看，港口运输等传统航运产业在很长一段时间曾是新区航运物流产业的重要构成和可靠支撑力。但随着运力过剩和地区经营成本的不断提升，传统产业在当下正进入相对痛苦的转型期。在这种背景下，如何有效地引导传统航运产业升级转型或许是产业引导部门需要关注的话题。为此，新区物流业应继续加大行业交流力度，让企业在市场和交流中寻找出路，从而为企业自身的未来发展和地区产业经济的平稳过渡找到好的着力点。

## 1.2.5 上海物流企业家协会会长范鸿喜：《坚持服务宗旨，创新协会工作》

上海物流企业家协会成立于 2010 年 6 月，是由上海部分物流企业家发起组建，经市商务委审批同意，市社团局登记批准的社团组织，现有会员 160 余名，集聚了一批活跃的企业家和优秀的物流企业。

**一、抓思想引领，以服务会员为宗旨**

协会确立以服务会员为宗旨，不断创新协会工作，努力办成联系政府的桥梁纽带，协调发展的沟通平台，服务会员的温馨之家。

协会秘书处建立了周会、月会制度，建立了服务中心，努力围绕市商务委关于物流发展的要求，做到会长、副会长、秘书长、副秘书长从自身做起，勤于学习，勇于创新，诚于服务，精于管理，在日常工作中带头学习，带头调研，带头为会员企业排忧解难，带头为优秀会员企业搭建发展平台，以实际行动努力践行为会员发展服务的宗旨，得到了会员的肯定和支持。

**二、抓作风制度，调查研究服务会员**

协会建立了每周到会员企业调查研究制度，把了解会员作为践行宗旨、做好服务会员工作的基本功。

一是了解难点，协助排解。我们在调研中了解到四A级合约物流企业新杰物流有限公司在西北投资发展，因当地原因，3000万人民币投入后，项目计划三年仍未开展。经协会常务副会长、秘书长深入到当地了解后，依靠上海市政府合作交流办和市政府驻当地派出机构的支持，会长和常务副会长兼服务中心主任多次到当地协助协调，帮助新杰物流收回投资和利息，用于新的发展。

二是发现痛点，帮助解除。我们在调研中了解到，上海安能聚创供应链管理有限公司因流动性资金发展碰到困难严重影响到企业正常运行，就及时联系市交通委和商务委，在短期内完成引入美国华平资本风险投资的政府审批，帮助安能获得投资、顺利发展。安能通过“零担加快递”加盟发展，现已成为全国性规模的物流快递企业和协会副会长单位，目前正在向抓质量和服务及供应链金融方面进一步发展。

三是多方协调，助力发展。我和秘书长在调研中了解到，常务理事上海普天物流有限公司响应国家绿色环保发展要求购置的49辆新能源车，还没有拿到政府的新能源车使用补贴，就通过协会智库高级专家、市交通运输协会领导，联系政府主管部门和有关方面到普天核查，由常务副会长和副秘书长跟踪联系，及时解决了49辆新能源车的490万元补贴，支持了企业的良性发展。普天物流去年底引入福田产业战略投资，为向全国性战略布局、健康快速发展，注入了活力，进一步向汽车物流产业链方向发展。

协会帮助会员企业解决难点、痛点，竭诚助力会员企业发展，会员企业也在物力、财力上积极支持协会。根据市商务委分管领导关于要“推动协会成为名符其实的物流企业家协会”的要求，协会进一步对会员提出了“4+1”要求，即会员企业要在“经营规模、品牌效益、管理水平、领导素质”四个方面向成为一个名符其实的物流企业家努力，同时要在“承认章程、缴纳会费、参加活动、支持协会”上与协会相互支持，共同发展。

**三、抓组织创新，打造会员发展平台**

我们在对110家会员单位调查研究的基础上，把原来协会和高级物流师分会的人才交流中心优化为协会人才交流培训中心，与高级物流师分会和上海物流职业技能培训学校共同发展物流人才培训工作。通过举办“物流人名家讲堂”请协会智库专家、原交大中美物流研究院院长朱道立教授和上海大学物流研究中心主任储雪俭教授，先后为会员单位就“营改增”、“物流的转型创新和发展”讲课，获得良好反响。

我们依托连续两年荣获国内全国冷链物流50强企业第一名的郑明物流集团公司率先在上海组织建立冷链专业委员会，请协会副会长郑明物流黄郑明董事长任主任，并请在港澳和国内资深的冷链物流专家担任顾问，请郑明物流副总裁郑富贵担任秘书长，围绕提高人民生活的食品药品民生工程，积极发展冷链物流。我们先后与山东临沂市、莱阳市政府和湖南省商务厅签订战略合作协议，支持郑明物流在全国开展“5A百点”（即国际先进制冷技术的100个冷藏库和相关技术业务管理服务）计划，目前已建立58个。我们和台湾冷链协会在沪会员企业合作，联合举办了冷链论坛和中央厨房技术讲座，并与上海工程技术大学联合筹建冷链研究所，发展和兄弟协会合作，让上海努力成为国内冷链物流技术设备应用和人才培训的领先者，为改善和提高人民的生活品质办实事。

我们还建立了供应链网络金融分会，为会员企业在供应链金融的发展提供合作交流平台，更好地助力会员企业发展。

**四、抓合作交流，助力会员发展**

马克思说过：协作可以产生新的生产力。协会为了更好地服务会员发展，积极开展对内对外的合作交流。

首先，协会聘请业内资深专家教授建立专家智库，为协会服务会员出谋献策，协调培训提供智力咨询和人脉支持。前述新杰物流 3000 万投资问题的解决、普天物流新能源车补贴的兑现，就是在智库专家的支持下解决的。协会的“物流名家讲堂”培训也是依托智库专家帮助开展的。协会成员企业的业务创新指导也离不开智库专家的鼎力相助。

其次，协会主动与英国、新加坡、保加利亚驻沪领事机构沟通。用请进来交流，走上门联络等方法，助力会员开展业务。如新加坡驻沪领事梁佩珊到协会交流后，我们就邀请她一起到协会副会长葛基中董事长所在的欧坚网络集团，共商联合国报关大会的承办事宜。我们与德国物流联盟签订交流合作协议，联合举办双方企业家会员的专题交流。

再次，协会主动在市商务委的指导下，积极与湖南省，重庆市领导和湖南湘潭市、山东临沂市、江苏徐州鼓楼区，以及湖南省、云南省商务厅等政府部门联络，为会员单位赴兄弟省市发展做好桥梁连接和服务工作。如助力促进上海天地汇供应链管理有限公司去湖南和云南、重庆发展，支持郑明物流去山东莱阳市、江苏张家港市等地发展，得到了当地政府部门和会员企业的认可。

我们还主动汇报，请联合会领导深入到会员企业调研视察，参加会员企业的创新发展研究，面对面进行指导，如周禹鹏会长、赵效定副会长兼秘书长、陈振鸿副会长、周伟民副会长等领导都参加过我们协会到山东临沂市和上海威吾德信息科技有限公司松江“华东一号”现场等调研活动，深入指导，给了我们很大鼓舞。

当我们与得到帮助的会员单位一起到市交通委、合作交流办和市商务委等政府部门送上锦旗，感谢支持时，受到了政府部门领导的热情接待，他们对到场的会员企业负责人说，以后有事可以直接找政府部门。会员单位的企业家真诚感谢协会所做的工作，他们说“有了协会，我们就有了家”。

虽然，我们以服务会员发展为宗旨做了一些工作，得到了会员企业家的热情肯定和政府部门的大力支持，得到了市现代服务业联合会领导的竭诚指导和帮助，但我们在许多方面还做得不够，从面和点的结合上还达不到领导和会员的要求。

在新的一年里，我们要按照市委市政府和主管部门的要求，进一步抓住、抓紧、抓实、抓好服务会员企业工作，为物流企业家健康稳步发展努力建设好桥梁和平台，让协会成为服务会员发展的温馨之家。

2017 年 1 月 10 日

### 1.2.6 2017 上海物流日“创优与降本”主题论坛实录

2017 年 5 月 6 日上午，2017 上海物流日活动暨物流业的“创优与降本”主题论坛举办。

本次论坛由上海现代服务业联合会、《上海现代服务业发展报告》编撰委员会、《上海物流年鉴》编撰委员会、上海物流行业组织合作联盟（上海市物流协会、上海市物流学会、上海市交通运输行业协会、上海物流企业家协会 、上海浦东现代物流行业协会、上海口岸联合会、上海市仓储行业协会、上海船东协会、上海港口行业协会、上海市快递行业协会、上海市道路运输行业协会、上海市国际货运代理行业协会、上海冷藏库协会）联合主办，上海市发展与改革委员会、上海市商务委员会、上海市经济与信息化委员会、上海市交通委员会、上海市人民政府合作交流办、中国金融信息中心、上海海事大学大力支持，上海现代服务业促进中心、上海现代服务业投资咨询有限公司承办，上海现代服务业联合会汽车金融服务专业委员会、上海郑明现代物流有限公司、“天地汇”供应链管理有限公司、上海卓昕瑞供应链管理有限公司、中国邮政 EMS（上海）分公司、上海电气临港重型装备有限公司、上海万家物流有限公司、龙工（上海）叉车有限公司、上海挚达科技有限公司、上海银沛数据管理有限公司、上海新跃物流企业管理有限公司、上海宝丰联大酒店协办。

历届物流日活动的成功举办都会对城市的产业发展起到带动效应，主要体现在对城市物流业的推动及吸引国际国内对当地物流基础设施的投资，其影响是巨大的；高质量的国内国际客商与大批国内知名企业代表的进入，增加了对主办城市的了解，对于当地打造城市物流名城极具战略意义。据组委会的回访了解，参加物流日活动的国内外物流企业及物流需求的相关企业，在活动后期的合作大都获得较为满意结果，这与历届物流日活动的作用是分不开的。

在当下供给侧结构性改革不断深入的大背景下，紧紧围牢物流业“十三五”发展规划的要求，以问题导向物流业发展的“创优与降本”，如何降低物流成本，优化物流体系的结构，针对传统物流产业如何转型升级，以及城市创新物流如何牵动各个业态的发展，成为了 2017 上海物流日活动的主要话题，如何有效把物流业的“创优与降本”作为本次论坛的焦点来促使物流业更健康、高效的发展。2017 上海物流日活动暨物流业的“创优与降本”主题论坛，以“创新 • 绿色 • 协调 • 开放 • 共享”五大发展理念作为活动的主题。

原上海市委常委、上海市副市长、上海现代服务业联合会会长周禹鹏，上海市商务委员会副主任刘敏，上海海事大学校长黄有方，上海现代服务业联合会副会长陈振鸿，上海现代服务业联合会副会长巢卫林，上海现代服务业联合会副会长兼秘书长李关德，原上海航空公司总裁范鸿喜，江苏省物流行业协会常务副会长兼秘书长侯普，上海市发改委经贸流通处处长殷飞，上海现代服务业联合会副秘书长陈虎祺，上海现代服务业联合会副秘书长张巍，上海现代服务业联合会副秘书长白焕耀，上海现代服务业联合会副秘书长吴申，上海市经信委生产性服务业处处长何勇，以及上海物流行业组织联盟出席了本次论坛。

以下为论坛发言实录：

**刘敏（上海市商务委员会副主任）：**

物流日是一个非常有意义的日子，此次论坛带来了物流业发展的三点显著变化。第一，这是在上海现代服务业联合会的主持下，由上海物流各行业协会组成的合作联盟的第一次亮相，象征了上海物流在各个领域得到跨越式的大发展。在“十一五”期间，发改委、经委、商务委就考虑要成立行业组织，随着行业发展，今年终于把各行业协会积聚在一起，真正地推动物流业跨行业的复合型产业发展，更加有力地聚集各方力量，发挥物流业在整个经济转型、供给侧结构改革中的作用。第二，这次论坛不仅汇聚了各领域的物流企业家，同时还邀请了来自长三角江苏的行业协会，特别是有来自先进制造企业的代表和电子商务平台企业的代表，各方共同讨论物流业如何为产业做好更有力的服务。第三，此次论坛所讨论的话题，紧密围绕当下经济转型的核心问题，创优与降本，能够解答物流业在经济创新转型、消费升级当中如何发挥积极的作用。

2017 年是推动“十三五”规划实施落地的关键一年。在国家层面，不仅出台了物流业各领域的发展规划，国务院办公厅近期还专门印发了《冷链物流的发展规划》，提出了物流业服务质量提升的规划意见。国家发改委也专门印发了《物流业的诚心体系建设的指导意见》，以及商务部出台的《“十三五”商贸物流业规划》、《电子商务的物流业规划》。可见，在规划编制方面，领域越来越专业和细化。在发改委规划编制的指导下，上海各个委办也召开了第一季度上海物流业的规划实施落地意见。

在国家和上海对物流业提出新要求的时代，就物流业如何更好的服务制造业、商贸业、国际贸易，特别是围绕上海落实自贸区建设发展以及科创中心战略提出了一张问题清单，即面对智能制造的快速发展，物流业应如何响应，用什么技术来支撑。

先进商贸业的发展当中有三道题。第一，上海的大市场已经转型为大平台，面对这个大平台，物流业如何来对接？背后配置的不仅仅是上海长三角乃至国内的资源，还有全球的资源，物流业应当如何跨越整个国际国内，配置全球资源。第二，在电子商务物流业的发展中，生鲜配送冷链供应是目前越来越白热化的电商竞争领域，因此我们要对包装标准化、冷链链条有新的思考，在保证安全的同时，也要高效，更要绿色。第三，在试点企业中，通过循环化共用，供应链的效率能够降低10% 以上的物流成本，那么在整个试点的过程中，如何扩大到全链条，整个快消品领域，也需要大家共同的推动和实践。在国内和国际两张市场网络中，物流业如何更好的组织资源，有效对接，也是跨境电商在发展中需要进一步优化的一个问题，也需要跨界协同，因为它不仅是一个物流领域，还要跟产业和贸易紧密结合。

破好这张问题清单，需要集成各方力量，发挥政府的政策导向作用，要在推动上海四个中心和科创中心发展中，进一步发挥物流业的作用，在“十三五”期间，让上海物流业再创辉煌。

**陈振鸿（上海现代服务业联合会副会长）：**

每个人都跟物流行业密切联系，因为生活在这样一个万物横流的时代里。回想我自己50年前自己人生第一份工作就是做物流，当时被分配到上海商业一局五金交电公司的仓库做搬运工。仓库里面每一件商品都走向市场。我的第二份工作是卡车装卸工，每天在上海的大街小巷穿梭，整整干了两年。在两年时间里，我体会到物流行业不易，风餐露宿，但培养了三种精神，第一吃苦耐劳，甜酸苦辣都尝过。第二，精打细算，每天都要盘算车子里面的货运到哪里去，什么样的路程是最节约成本的。第三，增长见识，卡车每天在大街小巷里穿梭，上海的每一条马路都有他的足迹。我认为这三个优点是物流行业的共同特点，这个行业培养造就了一代人。每个人都有一段难忘的往事，社会生活跟物流业紧密相连，紧密相同，哪一个行业都离不开物流业。

物流业用马克思的《资本论》来说，生产环节只是创造了价值，流通的行业是实现价值，到了资金回笼的时候，完成了价值。所以物流业是实现价值的链条。在90年代时，商业局实行改革，最抢手的就是物流行业，说明物流行业对人民生活和资源配置的作用，及其重要。就现代来说，物流仍然是工业经济不可或缺的重要组成部分。今天的物流已经不是简单的搬搬卸卸，发展到今天互联网时代正在走向物联网的时代，将来人类的生活和社会经济都跟物联网有密切的关系。

关于物流行业的“创优降本”，是物流行业从产生到走向辉煌的过程中要重视的两个主题，这样才能使物流行业更加成熟，更加辉煌。 我坚信物流业的明天会越来越好。

**黄有方（上海海事大学校长）：《物流业发展机遇与挑战并存》**

上海自贸区供应链研究院开展了三方面的工作：第一，围绕国际供应链的战略研究开展项目；第二，研究国家战略性企业的物流；第三，针对物流业怎么样结合口岸，特别是结合航运港口，结合高标准贸易协定，高标准的贸易协定框架下的物流业的发展，做了大量的研究。

他从物流业供给侧改革介绍了几个方面的内容：第一，物流业发展的现状。中国物流业朝供应链方向的发展，特别是结合金融、贸易，结合信息、商务朝这个方向发展是必然的趋势。实际上供应链还是属于一个发展的阶段，市场体系和管理体系还不是很健全。利益共享的透明机制还有待完善，物流业中的刚性成本和制度成本有待减少。第二，物流业的研究必须结合企业，同时要关注银行板块。第三，物流体系的发展，综合环境和经济社会发展的需求和速度依旧不吻合。随着国民经济和国际贸易的增长，为物流业提供了很大的空间，同时国家经济发展对物流业的依赖程度进一步得到提升。第四，中国物流体系必须解决外向型经济偏重，信息化投入不足，第三方物流比例偏低等问题。要加强综合环境营造，在国际惯例、人力资源、政策法规、社会信用、进退机制等等方面提供保障，同时要关注文化的相通。

物流业发展面临的机遇有三个：一是国家战略，包括“一带一路”、长江经济带、自贸区等等，为物流业发展提供了很好的发展动力。二是“一带一路”建设是我国最重要的可实施国际化战略之一，同时国家层面出台了很多物流相关的政策，提供了很好的支撑。第三，国家供应链体系建设，为物流业的发展提供了重要的发展契机，特别是全球战略物资的供应链的安排。

物流业面临的挑战有全球经贸放缓、贸易保护主义、全球化受阻等等因素， 而结构性的需求不足，更是国家物流业发展的一个挑战。大量存量的资源沉淀在传统的物流当中不能退出，无法满足生产者和消费者对高端服务的需求，增量的资源受投入不足和体制机制的约束。物流业本身不能根据市场的需求来进行有效的供给，给国家发展物流业带来大的制约。

物流业供给侧改革最主要的动因，一是质量上要推进结构调整，要扩大有效的供给，提高时效性、适应性和灵活性。二是调整结构转方向，适应创造经济的新需求，实现供给和需求的双提升。作为连接供给和需求的纽带，物流业供给侧改革，服务于国家供应链改革的整体战略，企业要实现降本增效，因此提出两个方面的建议；第一，围绕新一代的信息技术和产业融合发展方向，聚焦物流的“四新”，即业态创新，模式创新，功能创新和技术创新。第二，大力推进“四流合一”，即物流业和信息流、资金流、商流的合一，加大对于整个供应链的改造。

物流业要对接国家战略的顶层设计，高标准的协定，利用区位和政策优势，利用全球自贸区的先发优势，利用自贸区实现物流服务的创新。同时要吸收其他省市的经验，做好物流创新的服务，要关注内贸市场的发展。要实现物联网和物流的战略，云计算、大数据等等，技术层面上应该要高度关注，加强供应链的能力建设，加强风险防控。

上海要形成物流枢纽城市和供应链资源配置中心，要坚持创新、协调、绿色、开放、共享，形成几个产业布局和“六位一体”的服务体系。

**徐水波（上海天地汇供应链管理有限公司总裁）：《降本增效是物流行业不能变的本质》**

在国际国内资本的风起云涌下，物流行业的创新潮愈来愈热。互联网 + 物流的创新热也带来了其本质是互联网还是物流的热论。互联网本质上是一个手段，要关注物流的本质属性。物流行业的本质属性就是要为货主提供优质高效和低成本的服务。

对于企业，特别是现有的制造业企业，实体经济企业，想要降低成本，尤其要在物流行业找突破口，首先在物流行业实行供给侧改革，才能提供一个降本的空间。现在各个行业都在谈自己的物流如何降本增效，如何做得更好。事实上，物流行业供给侧改革，本质上是如何通过各种手段，包括互联网 + 手段实现物流主体本身的集约化发展。集约化，通俗易懂地讲，就是企业本身要做大。

对于物流行业，作为一个互联网 + 的群体，不管什么样的创新，其降本增效的本质是不能改变的。物流行业把货物从 A 点运到 B 点，本质上是货物流转的过程，而对企业来讲，运输环节是成本结构中非常重要的空间。当下物流行业的信用不足，是一个不争的现实。现在的物流行业没有大规模资金进入，一个行业如果没有大规模的资金进入，那么这个行业是很难发展的，这也是现在物流行业发展非常困难的原因，本质就是因为主体偏弱，信用不足。如果要分析物流行业的成本结构，无论是人工、燃油、路桥，还是仓库、配送、车祸，要降本就要回到扭转效率上来。

**相峰（上海圆通速递有限公司总裁）：《互联互通，打造上海物流集群》**

现在物流业的成本是偏高的。以快递领域为例，电商的销售成本里，30% 到 40% 是物流成本，美国的物流成本只占6%到7%。但从时效来讲，在中国网购，五六天收到是正常的。中国能够在现有的基础上，将产业发展达到世界先进的水平。

绝大多数中国以及国际的快递企业都将总部设置在上海，上海集中了数目繁多的快递、快运、国际供应链物流的企业。在基础设施、物流组织设置产业的集中方面，上海已经站在世界前列，而且还可以更进一步向前发展。上海的优势可以在如下几个方面得到提升：一是政策规划的方面。虹桥大枢纽是飞机、高铁、高速能够快速中转的地方。在交通运输的交流当中，上海拥有全世界顶尖的交通枢纽。中国物流的潜力，未来真正降本增效的潜力在多式联运，空铁海之间的多式联运，它需要在大的宏观层面上做好前瞻性的基础研究，推动多式联运的实现。

另外，就是行业的标准化，物流上下游之间，仓配运之间必须要形成环节。真正要把上海基础设施的优势发挥起来，在“一带一路”的建设中，在国家经济发展中起到作用，还是要提一个理念，就是上海需要一个跟现代化国际化大都市相匹配的超级物流集群。我们要有“四通一达”的概念，即信息通、标准通、产业通、人才通，行业的兴旺发达。

国家发改委批准圆通公司，产学研合作，由圆通牵头成立国家物流信息共享国家工程实验室，定位是中国物流业互联、物联、智联序次推进工程技术的研发基地。目标是成为科技成果在物流行业创新应用的孵化器、加速器和倍增器。相峰希望物流行业的同行参与进项目，共同把物流领域的信息沟通共享做好。

**郝皓（上海市物流协会逆向物流分会常务副会长）：《来自于蓝海的创新，逆向物流》**

有一种创新型物流管理模式：逆向物流。据郝浩介绍，逆向物流是正向物流的胞弟，物流从下游往上游跑，另外产品从它的生命周期结束以后重新被使用。现在电商都不愿意做无理由退货这个事情，但这种情况越来越明显，挤压库存。逆向物流可以通过有效的去库存，降成本和低碳排放。苹果公司和华为公司都已经开始启动逆向物流。

未来的经济将从线性经济走向循环经济，未来的物流也应该从一个原来的单线变成全生命周期的物流，一家企业不仅能提供正向，还能提供逆向物流。现在和逆向物流相关的法规越来越多，一次性使用被循环使用替代，减量化和资源化成为主题，但逆向物流这一片蓝海还少有人做，我们需要帮助企业用逆向物流提升企业的核心竞争力。虽然中国的逆向物流成本比发达国家高很多，但我们还有机会弯道超车。

逆向物流需由核心企业把东西回收，并启动逆向物流的电商平台。顺丰已经在做第三方逆向物流，华为、苹果在做原厂逆向物流，京东、当当在做电商平台的逆向物流。逆向物流一定要有盈利点，才能做得下去。

此外，逆向物流对于上海循环经济和绿色发展具有非常重要的意义。逆向物流可以真实地反映循环经济的动态，也能够填补我国逆向物流指数的空白。逆向物流质量指数，包括产品功能和产品服务质量，电商当中大量的退货就可能源于这两个问题，因此，亟需电商帮助制造业提高产品质量。

**郑锦荣（上海电气临港重型装备有限公司党委书记、总经理）：**

物流业，按照经济新常态，贯彻新理念的要求，服务于国家大战略，要着力推进现代物流业和制造业的深度融合，从创新联合的模式，丰富联动的内涵和提升联动质量上进一步探索。要有五个方面的探索举措：第一，支持制造业企业的改造业务流程，分离外包的专业物流，降低成本；第二，支持物流企业做大做优，提高物流的服务能力之；第三，构建物流的市场体系，促进物流需求的有效衔接；第四，按照供应链管理的原则，整合建设物流业的配套设施；第五，利用互联网+等现代化信息手段，搭建物流信息和标准对接的共享平台。

**储雪俭（上海物流企业家协会副会长、郑明物流研究所所长）：**

冷链物流市场是一个大市场小企业，市场每年以 25% 的复合增长率在增长，但里面的企业相对比较小。对整个过程来说，未来的发展趋势是把海空陆进行整合的模式。要建一个全网的温控供应链的模式，这种模式一定是科技加上金融加上物流，这是未来的趋势。对整个物流的过程，是可视、可追、可控的。在这个基础上的战略是物流 + 科技 + 金融，形成一个新的全网的温控供应链生态，这是一个新的商业模式。在这个温控的模式下，把多式联运，把所有模式从物理形态的连接，最后形成一个化学的合编。它的核心是以供应链金融为主轴，实现整个供应链的全生态领域。

**刘建国（上海卓昕瑞供应链管理有限公司董事长）：**

卓昕瑞企业是传统制造型的企业，最早是从事产品外包装，在 2011 年转型做供应链的管理和服务。卓昕瑞专注于电子行业、快消品行业、机械制造行业和汽车零部件行业。希望企业减少浪费，提高效率，实现绿色运营，并将尝试做第三方配送的服务，如果能够优化流程，希望在未来能够实现供应链更大的增值服务。

**刘大力（上海银沛数据管理有限公司创始人）：**

随着金融科技的发展，银行未来会呈现出轻型化、智慧化和国际化的趋势，银行更适用于资金投入方的角色，通过技术的手段把这些资金投入到具体的供应链的场景当中去。所以人民银行也是适时推出数字货币。通过这样一个技术手段，未来的资金会更准确地投入到供应链场景当中。VFT 的标准是研发出的数据分析的方法，现在正在上海质量科学院的指导下，逐渐建立成为一个联盟标准。

**谢英华（龙工（上海）叉车有限公司总经理）：**

龙工不仅做工程机械，还涉及到物流、仓储、叉车。龙工叉车是 1993 年成立，1999 年来到上海，在上海一共有 19 家全资子公司。龙工主要的四大产品，首先是转载机，其次是叉车，龙工叉车在中国已经排名前三位，在全球排名第十四位。经过 11 年的发展，依靠先进的生产设备，高效的管理，目前龙工叉车迅速发展。物流用得最多的是电瓶车，目前电瓶车已经达到第三代，可以为更多的物流冷链存储运输提供很大的方便，性能达到国外同行业的高标准。龙工叉车实行全权委托的销售模式。

**沈琪（上海挚达科技有限公司副总经理）：**

上海挚达科技是一家专门制造新能源汽车充电桩的企业，也关注城市物流方面。公司专注于城市社区配送、城市电商快递、城市冷链物流。目前正从传统单一功能的粗放服务向创新驱动、合作共赢的模式转型。挚达科技将利用互联网应用，加强车辆的控制、降低车辆运营的成本、有效控制车辆的运输路线以及司机的一些行为，在车辆上面装一些产品，配合互联网，对车辆信息进行监控。挚达科技可以提供平台，开放给各类物流企业，包括第三方物流企业，建立公共的后台服务，包括运用程序端，后台云端的数据分析，分布式的服务，数据的存储等，同时开发客户端。

**生铁成（上海恒知物流有限公司副总经理）：**

恒知物流与品牌合作中具共仓、共配、集采的优势。恒知物流结合了现代化餐饮企业在后勤上有 N 个客户，就有 N 个仓库，N 个叉车，N 个餐馆员等无法产生效益，负担又重的痛点，做出了一个总仓的概念，解决末端配送的所有需求，并达到规模化的效应，既能节约成本，还能提高效率。同时，通过共配和集采，恒知物流提升了采购的效率，提高了客户的周转率，并降低了客户的成本。目前，恒知物流在上海覆盖了 200 多个商场，城市餐饮共配，同一商圈 2 个及以上客户覆盖率超过 85%，甚至达到了 7 个。每日两配，全程 GPS，满足了客户午市和晚市的需求。

### 1.2.7 长三角地区物流发展与合作大会在南京举行

2017 年中国（江苏）长三角物流发展与合作论坛会议于 5 月 26 日在南京市召开。来自两省一市百多家物流企业及长三角主要城市物流主管部门和物流协会参加了会议。

长三角物流发展与合作论坛是苏浙沪二省一市物流行业协会共同打造成的物流合作、交流、发展平台。创建至今已经持续了 15 年，在长三角区域乃至全国都产生了积极而深远的影响。对长三角区域物流行业发展与合作、模式创新、技术进步等起到重要推动作用。为区域经济发展发挥了重要的支撑作用。

本次会议以“转型、升级、变革——物流发展新趋势”为主题，参加本次会议的有江苏省经信委、上海市商务委、上海市物流协会、浙江省物流和采购协会以及苏浙沪重点物流企业的代表，会上，以会议致辞、演讲和书面材料交流的形式，回顾 2016 年两省一市物流业运营情况，展望 2017 年发展态势，并交流分享了物流企业在转型、升级、变革中的经验和体会。来自物流配送、电子商务、冷链物流、科技研发、交通管理企业的代表作了主题发言。

（来源：上海物流协会）

## 附录 1：《2016 年浙江省物流业发展情况分析》

2016 年，全省物流活动较为活跃，呈现稳中有升的发展态势。从后期走势看，物流企业转型升级将继续推进，物流运行处于“增速减缓、结构调整”的发展格局。

**一、我省物流业景气指数总体活跃**

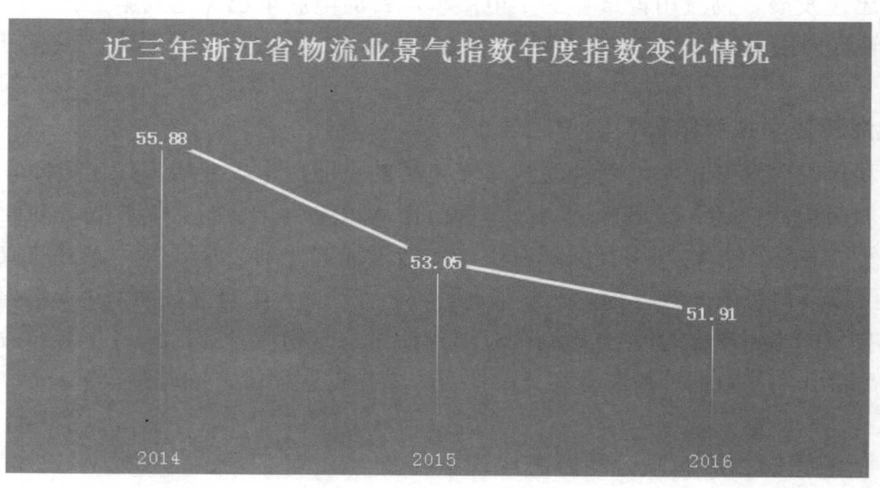


从上图 2014 年——2016 年三年的浙江省物流业景气指数可见，这三年，我国经济进入新常态，GDP 增速下行，矛盾叠加，工业品出厂价（CPI）连续 52 个月下降，制造业不景气，近三年浙江省物流业景气指数呈现连续下降的趋势，但总体仍在 50% 以上的扩张区间运行。分季度看，如下图所示，浙江省的物流业景气指数大部分在 50% 以上扩张期，表明浙江省的物流业景气度、活跃度不错，显示了物流业基础性、广泛性、韧劲和处在服务业增长周期的特征。

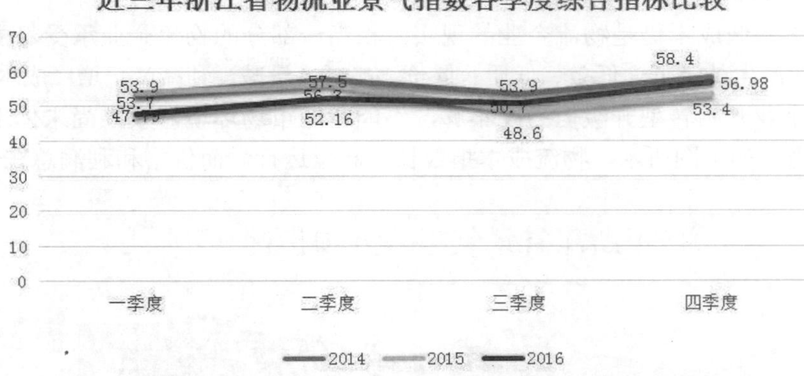


## 二、物流发展季节性明显

从发展趋势看，浙江省物流业发展变化情况与全国情况趋同，具有较强的季节性特征。今年1-12月份，浙江省与全国三大物流指数环比变化的情况来看，变化幅度处于合理的震荡区间。12月，中国物流业景气指数为56%，较上月回落3.3个百分点；中国仓储指数为52.7%，较上月回落1.8个百分点；中国公路物流运价指数为116.8，比上月回升0.06个百分点。

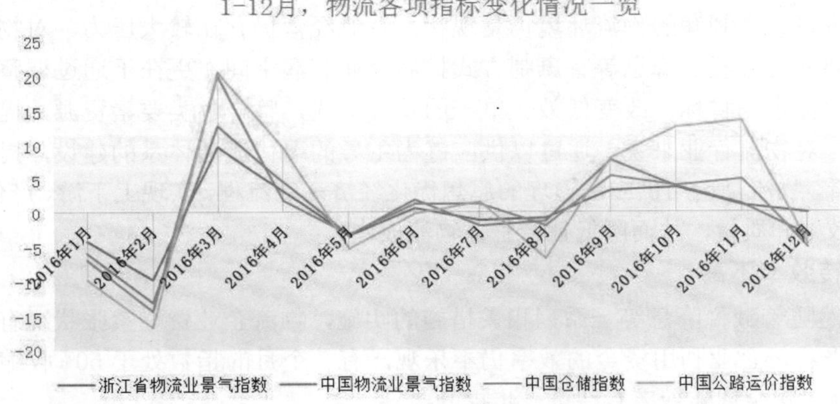


## 三、物流需求增长缓慢

因国内外市场需求不足，工业品出厂价格加速回落，传统产业加快转型升级，推动物流需求结构继续优化，反映物流需求的新订单指数增速缓慢，从近三年浙江省物流业景气指数变化情况看，基本趋平。

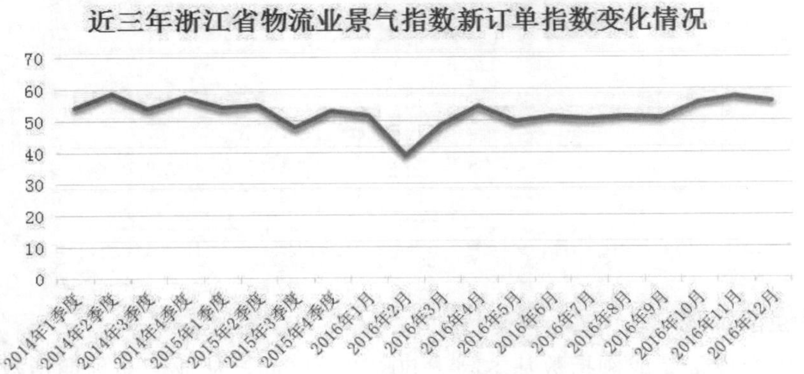

## 四、物流效益仍待提升

高成本、低价格、低成本仍是物流企业的现实。相当一部分的物流企业承受着由于经营业态老化、商业模式传统而产生的三低（低效、低质、低价）二减（量减、利减）一增（成本增高）的阵痛，且被动应付，有些企业开始转型升级但力度不够，不能适应市场环境，效果尚未体现，未形成有效且强劲的核心竞争力。如下图所示，物流成本指数长期高位运行，而价格和利润总在低位徘徊。

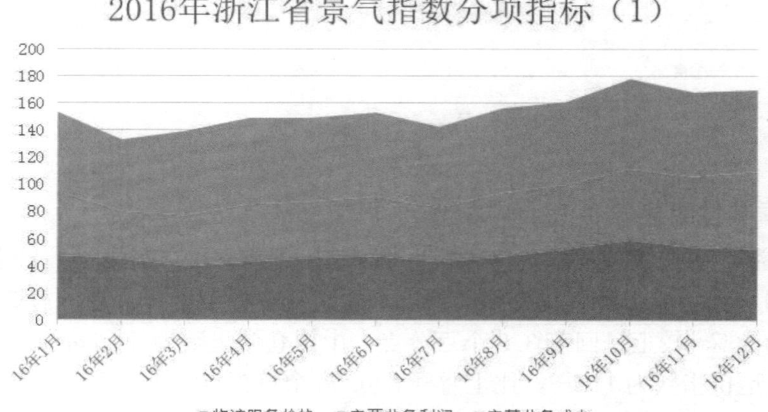


高成本、低价格、微利润的物流环境仍是现状，企业经营仍存在较大压力。对物流企业来说，降本增效不仅需要通过减税，降息等普惠制方式扩展企业利润空间，更在于通过调整转变企业发展模式，以满足客户需求为目标，改变低效、单一的发展模式，整合各类要素资源，提升服务能力，强化核心竞争力。对物流行业来说，通过以供应链为主导的现代流通体系的建设，提升物流效率。从国外的经验来看，物流是运用供应链管理的思想优化经济活动流程，实现上下游、产供销无缝对接，提高经济运行的效率和质量，从而降低社会整体物流成本。

## 五、资金周转效率不高

2016 年，虽然随着减税降息等一系列相关措施的实施，物流企业资金紧张状况有所缓解，但从资金周转率指数来看，企业利用资金的效率仍不乐观。有 7 个月的指数处于 50% 收缩区间，企业利用资金的效率不高，资金周转效率有待进一步提升。

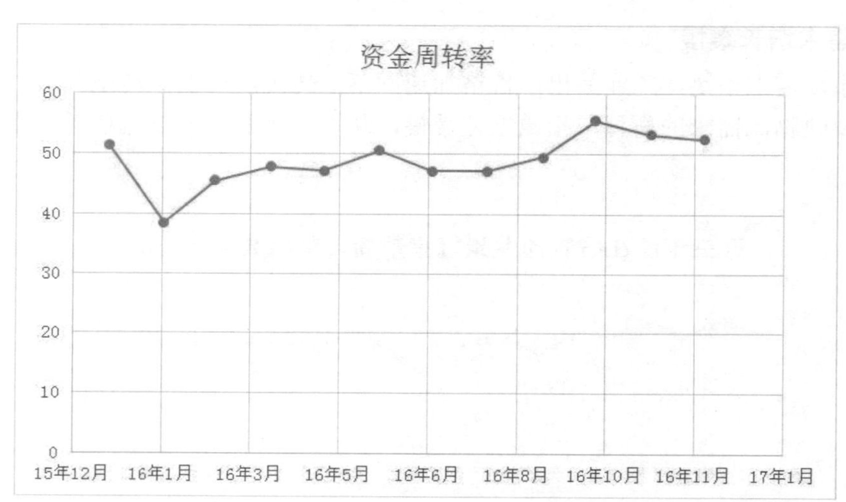


## 六、行业预期谨慎乐观

2016 年，固定资产投资完成额指数基本高于 50% 以上区间，从业活动预期指数也基本高于 50%

以上区间。固定资产投资完成额指数有 11 个月均保持在 50% 以上扩张区间，反映出物流运行的基础设施条件呈现持续改善态势。从业活动预期指数连续 9 个月处于 50% 以上扩张区间，预示着物流企业对物流行业发展仍然乐观，后期社会物流运行仍将保持较为活跃的发展态势。

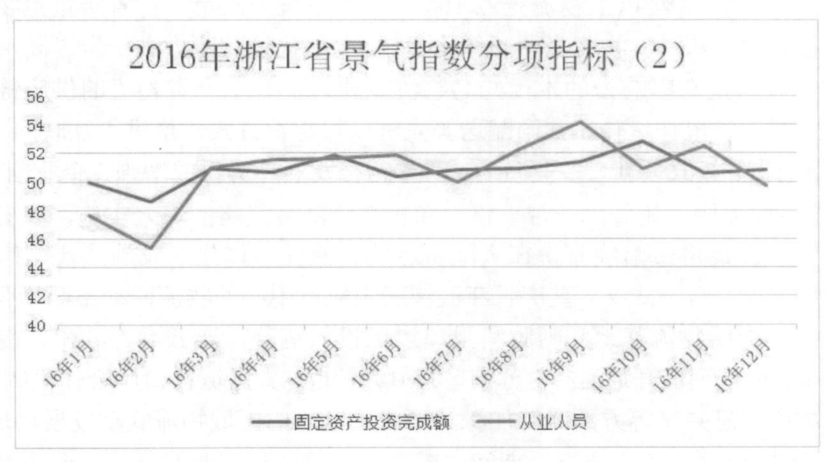


（作者：浙江省物流与采购协会）

## 附录 2：江苏省“十三五”物流业发展规划

物流业是支撑国民经济发展的基础性、战略性产业。“十三五”时期，是江苏深入贯彻落实习近平总书记系列重要讲话特别是视察江苏重要讲话精神、推动“迈上新台阶、建设新江苏”取得重大进展的关键时期，是率先全面建成小康社会决胜阶段和积极探索开启基本实现现代化建设新征程的重要阶段。加快发展现代物流业，对于我省贯彻落实创新、协调、绿色、开放、共享的发展理念，深入实施“一带一路”、长江经济带等国家战略、推进供给侧结构性改革、促进产业结构调整、转变经济发展方式，加快建设“强富美高”新江苏具有重要意义。为促进我省物流业持续健康发展，根据《物流业发展中长期规划（2014 － 2020 年）》《江苏省国民经济和社会发展第十三个五年规划纲要》，编制本规划。

**一、发展基础和环境**

（一）发展基础。“十二五”以来，随着我省综合经济实力的不断增强，社会物流需求快速增长，物流规模不断扩大，物流业对经济发展的支撑作用不断增强。

1. 规模效率稳步提升。2015 年全省社会物流总额达 23 万亿元，“十二五”期间年均增长 14.7%；物流业贡献份额逐步提高，2015 年全省物流业增加值 4720 亿元，占 GDP 比例 6.7%，比“十一五”末提高 0.2 个百分点。物流效率稳步提升，2015 年全省社会物流总费用与 GDP 比率 14.8%，低于全国水平 1.2 个百分点，比“十一五”末降低 0.7 个百分点。

2. 基础设施日趋完善。我省“四横四纵”综合交通运输网络布局进一步完善，综合立体交通走廊初步形成。至 2015 年底，全省高速公路里程达 4539 公里，铁路总里程达到 2755 公里，拥有 7 个亿吨大港，万吨级以上泊位达到 475 个，港口综合通过能力 18.6 亿吨，其中集装箱通过能力达 1446 万标箱，建成 9 个运输机场和 8 个通用机场。围绕重点物流园区、主要港口等物流枢纽，加快推进集疏运体系建设，中转联运能力进一步增强。

3. 平台建设成效显著。物流园区集聚效应不断增强，全省已建成一批布局合理、功能完善、辐射带动作用强的物流园区和物流基地，已逐步成为物流产业规模化、集约化、专业化发展的重要平台。

物流公共信息平台建设加快推进，涌现出惠龙E通、物润船联等一批融合电子交易、供应链金融等增值服务为一体的物流公共信息平台，带动了全省物流信息化与智能化水平的提升。

4．物流主体逐步壮大。至2015年底，全省共有国家A级物流企业421家，占全国A级物流企业数量的13%，其中国家4A级以上物流企业163家，数量居全国第一；省级重点物流企业264家，省认定物流企业技术中心65家。物流企业一体化运作、网络化经营能力进一步提高，涌现出苏宁物流、飞力达、林森物流等一批有影响力的本土知名物流企业，提升了全省物流的供应链管理水平。物流企业加快推广多式联运、甩挂运输、共同配送等先进运输组织方式，推进“互联网＋物流”“物流＋金融”“物流＋电商”等模式创新，多业联动、跨界融合发展趋势日益增强，企业创新能力不断提升。

5．区域合作步伐加快。随着“一带一路”和长江经济带战略的深入实施，我省与“一带一路”沿线国家和地区、长江经济带沿线省份在大陆桥运输、通关一体化、设施共建、信息互联等方面的合作步伐逐步加快，与上海、武汉、重庆长江流域三大航运中心的物流联动不断增强。上合组织（连云港）国际物流园、中哈物流基地和阿腾科里口岸已投入运营，连云港、苏州、南京、徐州等地至中亚、欧洲的国际货运班列已开通运行。苏南、苏中、苏北三大区域在口岸合作机制、基础设施建设、物流园区运营、物流信息共享等方面联动加深，形成了良好的区域物流联动发展格局。

6．发展环境不断优化。“十二五”期间，国家高度重视物流业发展，出台了《物流业发展中长期规划（2014－2020年）》及一系列物流业专项规划，进一步加大对物流业发展的政策支持，《国务院办公厅关于促进物流业健康发展政策措施的意见》政策效应已逐步显现，尤其是在物流短板建设、降本增效以及与交通运输融合发展等方面的支持力度不断增强。我省积极贯彻落实国家政策，强化规划引领，出台了《关于促进全省物流业健康发展的若干政策措施》等鼓励现代物流业发展的政策措施，制定了《全省“十二五”物流业发展规划》，并在物流园区、冷链物流、电商快递等领域制定出台了专项规划。全省部门合作协调机制基本形成，加快物流业发展的合力不断增强。

（二）存在问题。总体上看，我省物流业已进入转型升级的新阶段。但是，物流业发展方式仍然比较粗放，发展总体水平有待进一步提高。

1．物流成本依然偏高，行业盈利能力下降。受产业结构、运输方式、组织化程度等因素的影响，我省物流成本依然居高不下，影响了企业的盈利能力和经济效益。物流设施之间不衔接、不配套、信息不通畅等问题还比较突出，都直接拉高了物流业运营成本。全省社会物流总费用与GDP的比率虽然低于全国平均水平，但与发达国家相比仍存在较大差距，不仅高于美国、日本、德国等发达国家，也高于印度、巴西等新兴市场国家。

2．结构性矛盾突出，供给侧能力亟待增强。物流企业“小、散、弱”的格局尚未得到根本改变，专业化、一体化的综合服务能力不足。物流设施和装备的信息化、标准化、自动化水平不高，传统仓储设施比例较大，现代化的立体仓、标准仓相对缺乏，冷藏运输车辆、新能源运输车辆占比偏低，物流设施装备结构有待进一步优化。港口、机场等枢纽集疏运体系亟待完善，多式联运能力有待进一步加强。国际物流服务网络建设仍然滞后，境外服务能力亟待提升。物流供给结构不合理抑制了物流需求的释放，物流供给侧能力亟待增强。

3．政策落实缺乏统筹协调，体制机制仍需进一步理顺。物流政策法规体系不够完善，政策“碎片化”“落地难”等问题仍较为突出。物流业管理体制尚未理顺，部门之间、区域之间协调沟通不够，制约物流业快速发展的体制机制障碍仍然存在。物流业信用体系建设亟待加强，从业人员整体素质有待进一步提升。法规制定、从业监管、监测分析等有待进一步加强，市场无序竞争和低水平竞争现象尚未真正改观。政府及行业协会在政策、法律、咨询、市场信息等方面配套服务和指导仍需加强。

（三）面临形势。“十三五”时期，随着全面深化改革向纵深推进，“一带一路”、长江经济带、长三角一体化等国家战略在我省交汇叠加，为我省物流业发展带来了重要的战略机遇。同时，经济发展正处于“三期叠加”及新旧动能转换阶段，物流业也面临提质增效、转型发展的诸多挑战。因此，需立足全省物流业发展实际，主动适应经济发展新常态，巩固基础，补足短板，扩大有效供给，重塑产业链、供应链、价值链，全力推动物流业协同发展和创新驱动，为经济结构调整和产业转型升级提供重要支撑。

1．经济新常态和供给侧结构性改革对物流业转型发展提出新要求。我国正处于经济增长速度换挡期、结构调整阵痛期和改革开放攻坚期“三期叠加”的特殊阶段，经济下行压力增大。受国内外经济形势的影响，我省物流业进入温和增长阶段，长期掩盖在高速增长下的一系列问题开始浮现。面对新形势、新要求，我省物流业必须加快转型升级步伐，推动物流供给侧结构性改革，创新物流模式，减少无效和低端供给，扩大有效和中高端供给，提升物流效率与物流服务水平，推动物流业从数量扩张向质量提升转变，加快培育和形成物流业发展新优势。

2．“一带一路”与长江经济带战略为物流区域协同创造新机遇。随着“一带一路”和长江经济带战略的实施以及上海自贸区建设的持续推进，国际供应链物流与中转联运物流需求将快速增长，我省与“一带一路”和长江经济带沿线国家和地区的物流合作将进一步深化。面对新战略、新机遇，我省需要进一步优化物流业空间布局，加强区域物流合作机制创新，强化与“一带一路”和长江经济带战略的对接与融合，提升关键性物流节点的服务能力和多式联运组织能力，加快推进通畅、高效的综合运输大通道建设，打造区域物流联动发展新格局。

3．新一轮科技革命和绿色发展为物流创新驱动提供新动力。物联网、云计算、大数据、移动互联等信息技术的快速发展，对物流的信息化、智能化水平提供了有力支撑。我省物流业要加快应用新一代信息技术，推进实施“互联网＋高效物流”，推动物流业技术创新、管理创新、模式创新。积极探索物流与制造业深度融合新模式，挖掘物流数据价值，为“江苏智造”提供敏捷供应链服务。同时，随着资源约束趋紧、环境污染加重、城市交通压力加大，物流业迫切需要应用绿色低碳技术，推广甩挂运输、多式联运、共同配送等先进运输组织方式，提升物流绿色化水平。

4．新型城镇化和消费升级为物流需求拓展带来新空间。随着我省新型城镇化战略持续推进，城乡生产和生活资料物流需求将不断增长。同时，以消费新热点、消费新模式为主要内容的消费升级及其催生的相关产业发展，将持续释放新的消费需求。我省迫切需要加快建立便捷高效、规范有序的民生物流服务体系，大力发展电子商务、邮政快递、城乡配送、冷链物流等，进一步优化城乡物流资源配置，完善城市配送体系，健全农村物流网络，加快城乡互动的双向物流体系建设，为我省新型城镇化和城乡发展一体化提供物流保障。

**二、指导思想与目标**

（一）指导思想。全面贯彻党的十八大和十八届三中、四中、五中、六中全会精神，以邓小平理论、“三个代表”重要思想、科学发展观为指导，深入贯彻习近平总书记系列重要讲话特别是视察江苏重要讲话精神，紧紧围绕“四个全面”战略布局，主动适应和引领经济发展新常态，牢固树立和贯彻落实新发展理念，坚持以供给侧结构性改革为主线，以市场为导向，以改革开放为动力，以新一代信息技术为支撑，以提高物流效率、降低物流成本为重点，着力优化物流供给结构，着力提升物流业规模化、集约化、国际化水平，加快构建标准化、一体化、智能化、绿色化的物流体系，努力营造有利于物流业发展的市场环境，为促进产业结构调整和经济提质增效，建设“强富美高”新江苏提供坚实的物流保障。

（二）基本原则。

1．市场主导，政府引导。坚持市场在资源配置中的决定性作用，充分激发市场主体活力，促进物流资源的跨区域自由流动。进一步简政放权，放开市场准入，发挥政府在物流规划、标准制定、公共服务和营造制度环境等方面的引导作用，构建多元、开放、活力的物流市场体系。

2．创新驱动，融合发展。以技术创新、服务创新、管理创新和体制机制创新为核心，推动物流创新体系建设，发挥物流示范城市、示范园区、示范企业、示范平台的引领带动作用，推动物流与交通、制造、商贸、金融等的融合发展，培育物流业新增长点。

3．统筹协调，开放共享。坚持统筹发展，兼顾国际国内、城市农村，努力建设区域联动、多业联动、城乡互补的物流体系。对接“一带一路”与长江经济带战略，创新区域物流合作机制。充分整合社会物流资源，促进物流信息的开放共享、互联互通，加快建设物流公共平台，大力发展物流共享经济。

4．优化供给，绿色发展。推进物流供给侧改革，加强物流短板建设，完善物流服务功能，提升物流服务质量。倡导绿色物流理念，推广绿色低碳技术，提高物流资源利用效率，降低物流业的总体能耗和污染物排放水平，促进物流业绿色低碳发展。

（三）发展目标。到2020年，基本建成布局科学、技术先进、智慧高效、绿色环保、安全有序的物流服务体系，努力把江苏打造成现代物流强省、物流业创新发展的先导区和示范区。重点目标如下：

——物流智能化水平显著提升。基于“互联网+”的物流新技术、新模式、新业态成为行业发展新动力，仓储、运输、配送等环节智能化水平显著提高，物流市场信息与政府监管信息更加公开透明，全社会物流质量、效率和安全水平显著提升。

——物流国际化水平显著提升。物流市场主体的国际竞争力明显增强，国际物流服务体系更加完善，通关效率进一步提高，在全球范围内配置物流资源的能力显著提升。

——跨区域物流服务能力显著提升。协同运作的跨区域物流联动机制更加通畅高效，物流业营商环境进一步优化，基础设施、跨区域物流服务等更加融合，跨区域物流资源整合调配能力显著提升。

——民生物流保障能力显著提升。便捷高效的城乡配送体系与快递物流体系基本形成，再生资源回收物流网络布局更加合理，肉类、水产、蔬菜等全程冷链物流能力显著提升。

——物流与产业融合程度显著提升。物流与制造、商贸、金融、交通融合发展的新优势逐步显现，开放共享的物流体系初步形成，一体化、网络化的物流服务能力明显提高，物流综合效率效益显著提升。

表1 “十三五”期间江苏物流业发展主要预期指标

| 序号 | 指标名称 | 2020年预期目标 |
|---|---|---|
| 1 | 社会物流总额 | 33万亿元，年均增长7.5%左右 |
| 2 | 物流业增加值 | 6800亿元，年均增长7.5%左右，占GDP比例为6.8% |
| 3 | 社会物流总费用与GDP的比率 | 降至14%以下 |
| 4 | 港口货物吞吐量 | 26亿吨，年均增长2.3% |
| 5 | 集装箱吞吐量 | 2150万标箱，年均增长6% |
| 6 | 快递业务量 | 60亿件，年均增长21% |
| 7 | 省级示范物流园区 | 60家，其中打造10家竞争力全国领先和5家具有国际影响力的物流园区 |
| 8 | 重点物流基地 | 100家，其中年物流服务额超100亿元的物流基地30家 |
| 9 | 物流公共服务平台 | 建成一批具有区域影响力的物流公共服务平台，打造2－3家国家级骨干物流信息平台 |
| 10 | 物流示范企业数量 | 1000家，其中主营业务收入超亿元的300家，超50亿元的50家，超百亿元的10家 |

## 三、发展重点

（一）着力打造一批物流创新高地。积极实施“互联网+”国家战略，紧紧抓住江苏创新型省份试点和苏南自主创新示范区建设等重大机遇，以技术创新、模式创新、体制创新、政策创新为重点，大力推进“互联网+高效物流”，依托部分重点企业、园区和城市，推动智能技术应用、智慧平台建设、物流与金融融合、绿色物流发展，大力发展众包、众智、众扶、众筹等新模式，在物流管理、体制机制、区域联动等方面进行积极探索，培育和孵化一批物流创新高地，成为推动物流转型升级和创新发展的重要载体。

（二）着力建设两类物流服务平台。进一步加强物流园区基础设施建设，重点推进第三方、第四方物流企业在园区集聚，全面提升物流园区服务能力，打造一批辐射范围广、示范带动作用强的物流园区实体平台。应用移动互联网、物联网、大数据、云计算等新一代信息技术，结合物流园区实体平台建设，推动线上线下融合发展，打造一批集物流资源信息采集验证、发布交易、诚信评价、数据分析等功能于一体的物流大数据平台和智慧物流信息平台。

（三）着力构建三大中转联运走廊。以海铁联运、海河联运建设为重点，打通连接中亚、欧洲，面向日韩的新亚欧大陆桥双向物流走廊。以海陆联运、江海联运和港口共建共享为重点，打造面向东亚地区、连接中巴和孟中印缅经济走廊的海上物流走廊。以江海联运、水铁联运和集疏运体系完善为重点，打造对接上海、联通中西部地区的长江物流走廊。进一步完善多式联运基础设施，推进区域间交通基础设施的互联互通和通关便利，提升三大中转联运走廊的跨区域物流服务能力。

（四）着力完善四大民生物流体系。围绕新型城镇化战略，适应城乡居民消费升级需求，进一步完善四大民生物流体系。加快发展以配送节点、配送网络和配送公共信息平台建设为重点的城乡配送，以电商物流平台与快递配送网络建设为重点的电商物流，以温控仓储、全程可追溯建设为重点的冷链物流，以再生资源回收模式创新、回收网络建设为重点的逆向物流。培育一批民生物流服务龙头企业，加快构建便民、高效、绿色的民生物流服务体系。

## 四、主要任务

（一）优化物流空间布局。结合“一带一路”与长江经济带战略实施，围绕三大中转联运走廊，重点推进“五大通道、四大枢纽、九大节点”建设。

1. 五大物流通道。

（1）沿沪宁线物流通道。以苏南现代化建设示范区规划实施为契机，积极对接上海自贸区，发挥沪宁铁路、沪蓉高速公路、南京禄口国际机场、苏南机场、奔牛机场等综合交通优势和产业集聚优势，强化航空集散、铁路物流、智慧物流建设，提升跨境物流、国际供应链等的服务能力，建成联通国际、辐射国内的沿沪宁线物流通道。

（2）沿长江物流通道。抓住长江经济带建设的战略机遇，发挥连江通海的区位优势和临港产业集聚优势，以长江南京以下 12.5 米深水航道建设为契机，推进沿江港口一体化发展，强化与长江中上游的物流对接，进一步完善集疏运体系，提升区域物流、中转联运等的服务能力，建成联通上海和长江沿线、辐射中西部地区、连接“一带一路”的沿长江物流通道。

（3）沿海物流通道。以 21 世纪海上丝绸之路建设为契机，以沿海高速公路、铁路、港口为纽带，发挥区位、交通、产业的比较优势，强化港口服务功能和集疏运体系建设，提升连云港港、盐城港、南通港等沿海港口的服务功能，增强港口物流服务的渗透力与辐射力，建成北接环渤海、南融长三角、连接海上丝绸之路的沿海物流通道。

（4）沿东陇海物流通道。以“一带一路”战略的深入实施为契机，发挥连云港新亚欧大陆桥经济走廊东方起点及徐州淮海经济区中心城市的优势，强化国际物流合作基地、跨国供应链枢纽、区域集散中心建设，完善上合组织国家出海基地、国际物流联动平台的服务功能，提高西行班列运行能力和水平，建成陆海统筹、东西贯通的沿东陇海物流通道。

（5）沿运河物流通道。发挥沿运河港口、新长铁路、宁宿徐高速公路等综合交通优势，以内河集装箱运输、大宗物资中转集散为重点，强化公铁水多式联运枢纽建设，提升与沿长江、沿新亚欧大陆桥、沿海三大中转联运走廊、主要物流设施之间的互联互通水平，进一步增强运河作为省内水运主通道的运输能力，建成通江达海、干线成网、省际互联的沿运河物流通道。

图 1 物流通道布局图

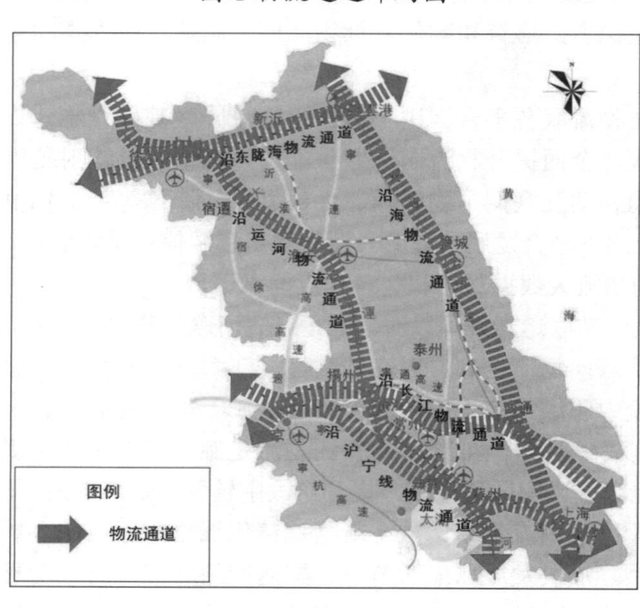


2. 四大综合性物流枢纽。

（1）南京。抓住南京江北新区上升为国家战略的有利机遇，发挥国家级综合运输枢纽优势，强化海铁联运、集散分拨等功能，推进国际航空、航运物流枢纽建设，加快构建高效的集疏运体系，重点打造对接上海，辐射中西部的区域性航运物流中心。

（2）徐州。发挥徐州综合运输枢纽和商贸中心的双重优势，强化区域分拨集散、公铁水联运枢纽功能，推进铁路国际集装箱中转中心、区域性国际陆港建设，建成沿东陇海重要的物流枢纽和区域分拨中心。

（3）苏州。发挥苏州毗邻上海的区位优势、发达的产业优势及综合交通运输优势，强化江海联运枢纽功能，推进集装箱物流、“苏满欧”货运班列、智慧物流平台建设，重点打造全球制造业供应链管理中心。

（4）连云港。发挥连云港“一带一路”战略交汇点优势，强化跨区域中转集散、大宗商品交易交割、跨境贸易等功能，推进上合组织（连云港）国际物流园、中哈物流合作基地建设，建成面向“一带一路”沿线国家的区域性国际物流枢纽。

3. 九大区域性物流节点。

（1）无锡。发挥无锡的综合交通、产业及物联网技术高地优势，强化区域集散与物流交易功能，推进航空快递、供应链物流、商贸物流建设，建成全国智慧物流创新发展示范基地。

（2）常州。发挥常州的综合交通优势、商贸集散及产业优势，强化多式联运及区域分拨功能，推进分销配送、电商物流、金融物流、供应链物流建设，建成长三角地区现代商贸物流转型创新示范基地。

（3）南通。发挥南通沿海开发、长三角一体化以及长江经济带等国家战略叠加优势，强化区域集散、江海联运功能，加快完善物流产业体系，推进南通港通州湾港区、洋口港区等联运枢纽建设，建成长三角北翼区域物流中心。

（4）淮安。依托涟水机场、京杭大运河等区域性综合交通枢纽优势，强化内河集装箱物流与快递分拨功能，推进区域分销分拨、内河集装箱物流、快递物流建设，建成服务苏北、辐射鲁南、豫南、皖北地区的现代商贸物流分拨中心。

（5）盐城。依托大丰港、南洋机场等综合交通枢纽优势及特色产业优势，强化港口集疏运体系及专业物流服务功能，推进临港物流、汽车物流、纺织物流、电商快递物流建设，打造长三角北翼面向“一带一路”的海上物流战略支点。

（6）扬州。依托扬州泰州机场、长江与京杭大运河交汇形成的水路枢纽优势、强化公铁水联运及专业物流服务功能，推进汽车物流、日化物流、物流装备交易平台建设，建成对接苏南、服务苏北的区域物流分拨基地。

（7）镇江。依托陆路、水路“双十字”交汇的交通优势，强化铁水联运、智慧物流功能，推进临港产业物流、汽配物流、物流公共信息平台建设，建成长江经济带下游重要的大宗商品物流基地。

（8）泰州。依托泰州长江岸线资源及临港产业优势，强化水陆分拨集散及电子交易功能，推进医药物流、粮食物流、大宗商品物流建设，建成长江经济带下游重要的大宗商品供应链物流基地。

（9）宿迁。依托京杭大运河、宁宿徐和徐宿淮盐高速公路的交通优势，强化内河水运物流与集散分拨功能，推进电商物流、农产品冷链物流、食品物流建设，建成黄淮海经济区和沿运河物流通道重要的物流节点。

图 2 物流枢纽布局图

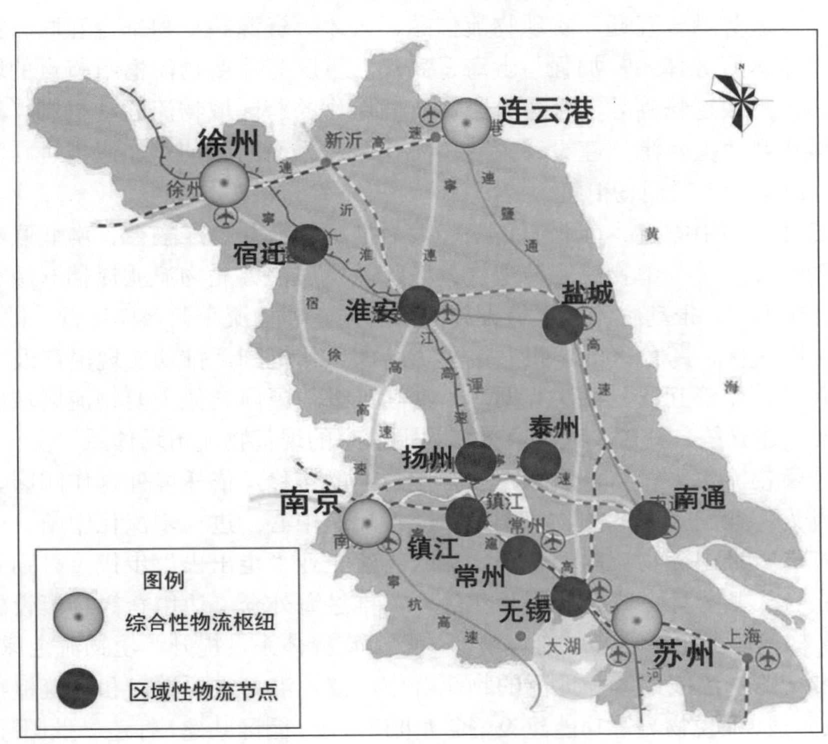


（二）完善基础设施网络。进一步完善跨区域物流通道体系。畅通沪宁、沿江等物流大通道，强化与上海、长江中上游的沟通联系。加快过江通道建设，助推物流跨江融合发展。加快沿海港口集疏运体系规划建设，加密国际海运航线，拓展深水大港服务范围，增强港口物流服务的渗透力与辐射力。强化沿运河物流通道对外交通联系，建设以水运与铁路运输为主的绿色集约运输通道。

提升枢纽节点物流服务能力。推进连云港港区域性国际枢纽港、南京长江区域性航运物流中心、太仓集装箱干线港和长江下游重要的江海联运港区等“一区三港”建设。围绕沿海、沿江、沿运河重点港区、多式联运枢纽、物流园区和重要空港等节点，以多种运输方式深度衔接为重点，推进入园、入港区铁路专用线、集装箱多式联运设施、内河航道建设以及航空货运站的改造扩建，进一步完善中转联运设施建设，加快实现中转联运设施互联互通，提升节点的中转联运能力。拓展加密与美国、欧洲等地区、国内区域性城市群主要机场的直达航线，增强南京禄口国际机场与无锡硕放机场两大航空枢纽的物流集散功能。

（三）培育壮大物流主体。鼓励物流企业通过参股控股、兼并联合、资产重组、协作联盟等方式做大做强，形成一批技术水平先进、主营业务突出、核心竞争力强的现代物流企业集团。培育一批区域服务网络广、供应链管理能力强、物流服务水平优、品牌影响力大的第三方、第四方物流知名企业。打造一批行业特色明显、区域影响力大的物流公共信息平台，提升平台的竞争力。引进一批国内外知名物流企业在江苏设立地区总部、采购中心和配送中心，努力使江苏成为国内外品牌物流企业的总部集聚地。

加快物流领域本土驰名商标、著名商标的培育创建工作，逐步扩大品牌效应，推动品牌物流企业做大做强做优，提升品牌价值。鼓励国家级和省级示范物流园区运营管理创新，对外进行模式复制和管理输出，推动品牌园区的网络化发展。加快推进物流咨询、规划、设计、物流金融、境外服务等服务品牌的建设，扶持一批物流品牌培育和运营专业服务机构，开展品牌管理咨询、市场推广等服务。

（四）推动区域物流联动。继续发挥长三角地区、丝绸之路经济带等区域物流联动发展合作机制作用，积极推进物流业的跨区域合作与资源共享。统筹长三角区域物流基础设施规划建设和功能对接，加速区域物流服务融合互通，实现物流信息、人才等资源共享和平台互联。完善长江经济带物流集疏运和多式联运服务体系，加强与上海、武汉、重庆等重要物流枢纽节点的联动，着力提升通道运营组织能力，形成通畅高效、服务融合、协同运作的跨区域物流联动机制。加强与西安、郑州和新疆等枢纽城市在“无水港”建设、大陆桥海铁联运方面的联动，加快推进与河南、安徽等东陇海沿线地区在内河运输上的通畅衔接。

围绕“苏南提升、苏中崛起、苏北振兴”，大力推进物流业跨江融合、南北联动。推动苏南物流业高端引领、创新发展，苏中物流业转型提升、跨越发展，苏北物流业提档升级、突破发展。创新三大区域物流合作模式，推动物流园区等设施的南北共建和物流企业合作运营。推进电子口岸“大通关”合作，建立跨关区、跨检区的申报、审单、验放协作机制，推动实现沿江及大陆桥口岸管理相关部门“信息互换、监管互认、执法互助”。继续推进与国内其他主要物流区域之间的深层次物流合作和联动发展，建立统一开放、通畅高效、协调共享的现代物流市场体系。

（五）提升国际物流水平。结合国际产业合作与产能转移，依托境外合作园区、重要交通运输枢纽等，建设一批为产业配套服务的物流园区、分拨配送中心。进一步深化中哈、中韩、苏港、苏台等物流合作，打造一批国际物流联动平台。加快物流企业“走出去”步伐，鼓励有条件的物流企业通过收购兼并、合作共营等方式开展国际化经营，推进海外仓、边境仓等物流设施建设，拓展国际物流服务网络，构建服务全球贸易、跨境电商的物流支撑体系，提升跨境物流全球配送能力。

加强与“一带一路”沿线国家和地区的物流合作，依托沿海重要港口和物流枢纽城市，加快推进国际中转、区域分拨、保税物流等功能建设，推动港口共用、园区共建，打造一批国际物流联动基地。进一步提高通关效率，建立口岸管理部门联动机制，提升重点口岸设施的国际化水平。加快中哈物流基地及霍尔果斯场站建设，拓展口岸直通、转关、多式联运业务。推进西行国际货运班列常态化运行，加快上合组织（连云港）出海基地建设，提升跨境物流大通道的服务能力。

（六）加快发展智慧物流。推进实施“互联网＋高效物流”，加快移动互联网、大数据、物联网、云计算、北斗导航、生物识别等现代信息技术在物流跟踪、认证、交易、支付、监管、信用评价等环节的应用推广。推进运输、仓储、配送等物流环节的智能化建设，大力发展产品可追溯、在线车辆调度、产品自动分拣、智能快递和智能配货。完善新一代物流信息基础设施建设，实现物流园区、配送中心、货运站等物流节点的设施数字化，形成可感知、可视可控的智慧物流设施体系。

加快建设汇集全省物流信息资源、沟通全国其他物流信息平台的智慧物流公共信息平台。依托移动互联、智能终端等手段，以第三方、第四方物流企业为载体，推动智能运输平台建设。加快推进物流公共服务云平台建设，深度挖掘物流大数据价值，提供数据租售、分析预测、决策支持等增值服务。

（七）推进物流标准化和绿色化。加强物流标准化建设。按照重点突出、科学适用的要求，加快物流信息标准、服务标准和管理标准的研究、制定与推广，推进全省物流标准信息库及信息服务平台建设，进一步完善相关标准和服务规范。支持仓储设施、转运设施、运输工具、停靠和装卸站点的标准化建设和改造，推广应用托盘、集装箱等标准化设备，推动条形码、RFID 等物流技术及智慧物流信息标准化建设。推进南京、徐州、无锡等市国家物流标准化试点，依托重点领域大型物流企业、配送中心以及物流园区开展物流标准化试点示范工作，推进物流标准的认定咨询、培训宣传和推广应用。

大力发展绿色物流。加快推广多式联运、甩挂运输、共同配送等先进的物流组织模式，推进低环境负荷的循环物流系统建设。加快推广绿色低碳技术，鼓励企业采用节能和清洁能源运输工具与物流装备，推广应用节能型绿色仓储设施，建立第三方标准化托盘循环共用网络。推进绿色物流评估标准和认定体系建设。加快发展回收物流，提高逆向物流服务水平。

**五、重点工程**

（一）园区示范工程。围绕物流园区的科学规划、合理布局、功能提升、企业集聚、模式创新，大力推进示范物流园区建设。着力培育一批辐射带动能力强、技术水平先进、集散能力突出、公共服务完善的示范物流园区，推动园区在多业融合、多式联运、共同配送、智慧物流、公共平台等领域开展试点示范，形成物流产业发展的创新试验区。

在南京、苏州、连云港、徐州等枢纽城市，重点培育一批物流组织化和集约化程度高、集聚辐射能力突出、对“一带一路”和长江经济带战略实施具有重要支撑作用的综合物流园区，并努力打造成在全国具有影响力的国家级示范物流园区。在大宗商品、汽车、电商快递、农产品等领域，重点培育一批产业特色明显、专业物流能力强、行业配套功能全、对产业转型升级具有重要推动作用的专业物流园区。

（二）多式联运工程。围绕“一带一路”、长江经济带等国家战略，重点依托五大物流通道，加强多式联运基础设施和信息系统建设，推广先进的装备技术，培育壮大多式联运经营主体。加快推进铁路货场、港口中转联运设施及机场货运中转站的新建和改造，发展铁路驮背运输和水路滚装运输等新型联运模式。着力构建中转联运设施高效衔接、信息资源整合共享、运营服务标准规范的多式联运组织体系。

重点依托五大物流通道沿线主要城市，大力发展大宗散货和集装箱的水陆联运、水水联运，加快南京、无锡等地区域性航空枢纽货运站的改造扩建。围绕“苏蒙欧”“连新欧”等西行班列推进国际多式联运模式的试点推广。加快实施多式联运示范工程。推进长江经济带多式联运公共信息与交易平台建设。

（三）供应链管理工程。围绕《中国制造 2025 江苏行动纲要》的深入实施，适应现代产业柔性、智能、精细发展要求，提升制造业供应链管理的精益化、定制化、一体化水平，推动物流业与制造业融合发展。大力发展第三方物流，加快培育一批具有供应链设计、咨询管理能力的专业物流企业，提高面向线上线下双重渠道的供应链整合能力，着力提升制造业供应链管理服务水平。

重点依托特色产业集群和先进制造业基地，支持建设与制造业配套衔接的公共外库等仓储配送设施。积极推广先进供应链管理经验，培育一批适应智能制造，具备精益物流、敏捷供应链、分布式仓储、全过程管理能力的供应链管理企业。

（四）共同配送工程。加快构建层级合理、需求匹配、覆盖城乡的三级配送网络。依托产销集中区、生活消费集聚区、中转分拨节点，统筹规划建设一批资源共享、干线运输与城乡配送有效衔接的配送中心。推进城乡配送公共信息平台建设，实现社会零散配送资源的统一调配和管理。积极推广“货的”、“定制化配送公交”、“网订店取（送）”、自动提货柜等新型末端配送模式。加强农村公共仓储设施建设，提升农村邮政网点、电商服务网点、三农服务站等物流服务功能。

重点推进大型连锁企业和第三方物流企业开展共同配送。加快推进生鲜电商直销平台建设，鼓励生鲜农产品经营主体加强与配送、快递等企业合作，开展冷链配送服务。在学校、社区、机关、商业街和电子商务集聚区等合理布局末端配送站，加强智能快递柜等末端配送设施建设。

（五）电商物流工程。加快构建与电子商务协同发展的物流服务体系。推进面向国际和区域的快递转运中心和分拨中心的建设。培育壮大一批电商物流运作主体，加快培育具备仓配一体、智能分仓、快递集散、电商孵化、展示体验等功能的电商物流园，推进电商物流综合服务平台建设。大力发展跨境电商物流，鼓励在条件成熟的国家和地区部署海外物流基地和仓配中心。积极推进电商物流企业渠道下沉，向中小城市和农村延伸服务网络。

重点推进南京、无锡、淮安等地加快建设国际、国内快件转运和分拨中心。结合跨境电子商务综合试验区和跨境电商试点城市建设，在南京、苏州等地加快建设跨境电商物流综合服务平台。做大做强本土电商平台，提升线下配套物流服务能力。在无锡、盐城、宿迁、常州等地创建一批电商物流示范园区。

（六）信息平台工程。以"互联网+"国家战略实施为契机，以资源共享、数据共用、信息互通为重点，加强物流信息资源整合，推动重点行业、重点物流园区公共信息平台建设，推进与物流相关的政务信息系统的开放共享。打造一批集信息发布、在线跟踪、展示交易、服务监管等功能为一体的物流公共信息平台。加快建设一批线上线下融合、具有行业和区域影响力的大宗商品交易平台、物流资源交易平台和口岸物流信息平台。

重点提升本土物流电商平台的竞争力和影响力，在无锡、宿迁等地推进智慧物流大数据中心和数据交易平台建设。围绕汽车、钢铁、医药、农产品等重点领域，加快建成一批提供全程智慧供应链物流服务的行业物流信息平台。

**六、实施保障**

（一）强化规划引导。加强对规划实施、政策落实和项目推进的监督检查与跟踪评估。对于智慧物流、多式联运、电商物流、物流标准化等重点发展领域，省有关部门要抓紧制定专项规划。各市要将现代物流业发展纳入本地区国民经济和社会发展总体规划及年度计划，物流枢纽城市要加快制定本地区的物流业发展规划。

（二）完善管理体制。进一步完善全省物流业管理体制，发挥全省现代物流工作联席会议工作平台作用，密切部门协作，加强统筹协调，形成推进全省物流业发展的合力。按照简政放权、深化行政审批制度改革的要求，进一步放宽对物流企业资质的行政许可和审批条件，落实物流企业设立非法人分支机构的相关政策，鼓励物流企业开展跨区域网络化经营。清理和废除妨碍物流统一市场和公平竞争的各种规定和做法，提高物流效率，降低全社会物流成本。充分发挥物流行业协会的桥梁和纽带作用，进一步完善物流统计制度，及时准确反映物流业的发展规模和运行效率，为政府宏观决策和企业经营管理提供参考依据。

（三）优化市场环境。进一步健全物流业相关法律法规体系，研究制定促进物流业健康发展的法律法规。加强物流业信用体系建设，健全物流企业和物流从业人员信用信息采集机制，建立跨地区、跨部门的信用信息交换共享机制，完善信用查询和应用制度，加强对市场主体的信用约束和失信惩戒，逐步实现物流信用系统的联网互通和共享应用。切实加大对运输领域"乱收费""乱罚款"的清理整顿力度，加强对物流业市场竞争行为的监督检查，依法查处不正当竞争和垄断行为。

（四）加大政策扶持。在财政扶持方面，加大对物流基础设施的投资扶持力度，特别是支撑"一带一路"、长江经济带战略实施的关键性、枢纽性物流设施建设。国家和省专项资金优先支持示范物流园区、重点物流基地、重点物流企业和列入规划的重点物流项目，支持智慧物流、制造业供应链管理、城市共同配送、物流信息平台、托盘循环共用体系等建设。在投融资方面，进一步拓宽融资渠道，鼓励股权融资、债券融资等融资方式。鼓励金融机构探索适合物流业发展特点的信贷产品和服务方式。研究设立物流产业发展基金。支持符合条件的物流企业通过发行公司债券、非金融企业债务融资工具、企业债券、上市等多种方式拓宽融资渠道。在用地保障方面，进一步落实和完善支持物流业发展的用地政策。各级政府应在土地利用总体规划调整完善、城市总体规划编制时统筹考虑物流设施用地的布局，保障物流业的合理用地需求。支持利用工业企业旧厂房、仓库和存量土地资源提供物流服务或建设物流设施。对示范物流园区、重点物流基地、企业和纳入规划的重点物流项目用地给予重点保障。在税收优惠方面，切实落实国家支持物流业发展有关税收优惠政策，进一步减轻物流企业税收负担。支持有条件的互联网平台企业开展无车（船）承运业务。治理和规范物流业行政事业收费和经营服务性收费，取消不合理收费项目。在车辆便利通行方面，完善配送车辆进入城区作业的相关政策，合理确定配送车辆通行时段、通行区域和停靠卸货区域。进一步落实鲜活农产品运输“绿色通道”政策。允许符合技术标准要求的电动三轮车等小型运输工具合法合规实施终端配送作业。在人才培养方面，支持高等院校物流相关学科和产学研基地建设，推动物流企业、园区与科研单位开展多种形式的合作，建立多层次、多元化的人才培养体系，为加快物流业发展提供有力的人才支撑。

（来源：江苏省政府办公厅文件：苏政办发〔2016〕117 号）

# 1.3 2015－2016 年上海物流业基本统计数据一览

## 1.3.1《2015 年上海市国民经济和社会发展统计公报》中交通运输、仓储和邮政业统计数据（节选）

### 一、交通、邮电和旅游

全年实现交通运输、仓储和邮政业增加值 1130.88 亿元，比上年增长 7.3%。

全年各种运输方式完成货物运输量 91238.68 万吨，比上年增长 1.0%。（见表 9）。

表 9 2015 年货物运输量及其增长速度

| 指标 | 单位 | 绝对值 | 比上年增长（%） |
|---|---|---|---|
| 货物运输量 | 万吨 | 91238.68 | 1.0 |
| 铁路 | 万吨 | 471.28 | -14.1 |
| 水运 | 万吨 | 49769.51 | 6.8 |
| 公路 | 万吨 | 40627.00 | -5.2 |
| 机场 | 万吨 | 370.88 | 2.6 |

全年上海港口货物吞吐量达到 71739.64 万吨，比上年下降 5.0%；集装箱吞吐量 3653.70 万国际标准箱，增长 3.5%。集装箱水水中转比例为 45.0%，国际中转比例为 6.9%。

至年末，全市拥有各类民用汽车 282.32 万辆，比上年增长 10.6%，其中私人汽车 208.71 万辆，增长 13.8%。

全年完成邮政业务总量 385.75 亿元，比上年增长 24.2%；电信业务总量 780.3 亿元，增长 30.5%。邮政业全年完成邮政函件业务 10.06 亿件、包裹业务 341.30 万件、快递业务 17.08 亿件；快递业务收入 455.25 亿元。

## 1.3.2 《2016 年上海市国民经济和社会发展统计公报》中交通运输、仓储和邮政业统计数据（节选）

### 一、交通、邮电和旅游

全年实现交通运输、仓储和邮政业增加值 1160.27 亿元，比上年增长 6.3%。

全年各种运输方式完成货物运输量 88689.16 万吨，比上年下降 2.8%。（见表 9）。

表 9 2016 年货物运输量及其增长速度

| 指 标 | 单 位 | 绝对值 | 比上年增长（%） |
|---|---|---|---|
| 货物运输量 | 万吨 | 88689.16 | -2.8 |
| 铁 路 | 万吨 | 460.51 | -2.3 |
| 水 运 | 万吨 | 48786.73 | -2.0 |
| 公 路 | 万吨 | 39055.00 | -3.9 |
| 机 场 | 万吨 | 386.92 | 4.3 |

全年上海港口货物吞吐量达到 70176.56 万吨，比上年下降 2.2%；集装箱吞吐量 3713.31 万国际标准箱，增长 1.6%。集装箱水水中转比例为 46.5%，国际中转比例为 7.2%。上海浦东、虹桥两大国际机场全年共起降航班 74.19 万架次，增长 5.1%。

全年完成邮政业务总量 564.25 亿元，比上年增长 46.3%；电信业务总量 1101.73 亿元，增长 41.2%。邮政业全年完成邮政函件业务 8.26 亿件、包裹业务 272.86 万件、快递业务 26.03 亿件；快递业务收入 709.51 亿元。

本篇供稿：张旭 陶惠民 张志坚； 编辑：张志坚

# 第二篇 物流业景气指数

## 2.1 中国物流业景气指数（LPI）正式发布

### 2.1.1 2013 年 3 月中国物流与采购联合会正式发布中国物流业景气指数（LPI）

2013 年 3 月 5 日，中国物流与采购联合会在北京召开了中国物流业景气指数（LPI）发布会，崔忠付副会长兼秘书长发布了中国物流业景气指数及分析报告。科技信息部何辉副主任主持会议并介绍了中国物流业景气指数的方法体系。今后，中国物流业景气指数将于每月 5 日上午 9 时通过媒体对外发布。中央电视台、中国新闻社、新华社、经济日报、经济观察报、中物联网、现代物流报、中国物流与采购杂志社等媒体参加了发布会。利丰发展（中国）有限公司卢慧玲高级研究主任、科技信息部有关同志出席了发布会。

中国物流业景气指数是中国物流与采购联合会在国家发展改革委、国家统计局的支持下取得的一项新的重要成果。作为贯彻落实国务院《物流业调整与振兴规划》的具体措施，中国物流与采购联合会于 2010 年完成了《中国物流业景气指数编制与研究》课题报告，于 2011 年完成了《中国物流业景气指数调查实施方案》，并开始组织调查。经过我会三年多的精心准备和一年多的试运行，取得了重要的成果。

中国物流业景气指数体系主要由业务总量、新订单、从业人员、库存周转次数、设备利用率、平均库存量、资金周转率、主营业务成本、主营业务利润、物流服务价格、固定资产投资完成额、业务活动预期 12 个分项指数和一个合成指数构成。其中合成指数由业务总量、新订单、从业人员、库存周转次数、设备利用率 5 项指数加权合成，这个合成指数称为中国物流业景气指数，英文缩写为 LPI。

中国物流与采购联合会副会长兼秘书长崔忠付发布了中国物流业景气指数。该指数从 2011 年 12 月份以来均保持在 50% 以上，平均值为 54.4%，反映出我国物流业总体仍处在平稳较快发展周期。

分月来看，2012 年上半年该指数波动较为明显，下半年则比较平稳。2013 年前 2 个月该指数分别为 51.3% 和 50.4%，呈现回落走势，反映出物流业在春节因素的影响下，增长势头进一步趋稳。

分地区来看，东部地区平均值为 55.3%，高于全国平均水平 0.9 个百分点，中部地区平均值为 54.2%，低于全国平均水平 0.2 个百分点，西部地区平均值为 51.4%，低于全国平均水平 3 个百分点，表明东部地区是我国物流活动最为活跃的地区。

分行业来看，受网购等电子商务快速发展推动，以快递为主的邮政物流业增长势头尤为突出，其指数平均值为 63.9%，明显高于其他物流行业，并且稳定性较好，反映出随着居民收入水平提高和消费方式改变，与人民生活密切相关的民生物流呈现快速发展势头。仓储业平均值为 56%，交通运输物流业平均值为 52.3%，也保持较快增长势头。

分单项指数看，2011 年 12 月份以来，新订单指数平均值为 55%，反映出当前我国物流业需求仍然较为旺盛；业务总量指数平均值为 57.9%，表明我国物流业务活动继续呈现相对活跃的状态，实体经济保持了稳定发展的态势；从业人员指数平均值为 50.8%，反映出当前我国物流业从业人员保持基本稳定的增长态势；库存周转次数指数平均值为 53.1%，反映出我国物流环节商品库存周转效率保持了不断提升的态势；设备利用率指数平均值为 53.4%，既反映出当前我国物流业务活动较为活跃，设备利用水平有所上升，也反映出物流业务管理水平有所提升；平均库存量指数平均值为 51%，反映出我国物流环节商品库存规模呈现稳步扩大态势；资金周转率指数平均值为 52.8%，反映出我国物流环节资金管理与利用水平有所提升，资金周转效率有所提高的态势；主营业务成本指数平均值高达 65.7%，主营业务利润指数平均值仅为 49.2%，反映出我国物流业经营成本快速上涨，企业效益持续下滑，行业总体经营困难的态势；物流服务价格指数平均值为 50.5%，反映出我国物流业在成本上升，企业效益下滑的情况下，收费价格只有微幅提升，整个行业处于缺乏价格话语权的弱势状态；固定资产投资完成额指数平均值为 55.3%，反映出我国物流投资保持较快增长，物流环境与条件不断得到改善的态势；业务活动预期指数平均值为 60.7%，反映出业内人士对未来物流业发展普遍看好。

中国物流业景气指数调查结果基本反映了我国物流业发展运行的总体情况，与货运量、快递业务量、港口货物吞吐量等物流相关指标，以及工业生产、进出口贸易、固定资产投资、货币投放等相关经济指标具有较高的关联性。中国物流业景气指数调查丰富了物流统计指标体系，有效弥补了现行物流统计的不足，增加了观察、预测、分析我国物流业运行发展趋势的新视角，为进一步加强物流运行与国民经济的关联性研究奠定了基础，为指导企业生产经营与投资等活动提供了依据。

（来源：中国物流信息中心网）

## 2.1.2 中国物流与采购联合会副会长兼秘书长崔忠付：《关于中国物流业景气指数 LPI 基本情况的介绍》（2013 年 3 月 5 日）

各位来宾，女士们、先生们、新闻界的朋友们：

大家好！

首先，我代表中国物流与采购联合会宣布，中国物流业景气指数（LPI）今天正式发布。今后定期于每月 5 日上午 9 点通过媒体对外发布。

中国物流业景气指数是中国物流与采购联合会在国家发展改革委、国家统计局支持下取得的一项新的重要成果。作为贯彻落实国务院《物流业调整与振兴规划》的具体措施，中国物流与采购联合会 2010 年 7 月完成了《中国物流业景气指数编制与研究》课题报告，2011 年 3 月完成了《中国物流业景气指数调查实施方案》，2011 年 9 月在全国物流统计工作会议上进行了省市培训；并于 2011 年 10 月开始组织调查。经过我会三年多的精心准备和一年多的试运行，具备了公开发布的条件。

下面我通报一下中国物流业景气指数试运行一年多以来的基本走势，并对此做一个简要分析。

中国物流业景气指数体系主要由业务总量、新订单、从业人员、库存周转次数、设备利用率、平均库存量、资金周转率、主营业务成本、主营业务利润、物流服务价格、固定资产投资完成额、业务活动预期 12 个分项指数和一个合成指数构成。其中合成指数由业务总量、新订单、从业人员、库存周转次数、设备利用率 5 项指数加权合成，这个合成指数称为中国物流业景气指数，英文缩写为LPI。

中国物流业景气指数用来反映物流业发展运行的总体情况。该指数从2011年12月份以来均保持在50%以上，平均值为54.4%，反映出我国物流业总体仍处在平稳较快发展周期。

分月来看，2012年上半年波动较为明显，下半年则比较平稳。2013年前2个月该指数分别为51.3%和50.4%，呈现回落走势，反映出物流业在春节因素的影响下，增长势头进一步趋稳。

分地区来看，东部地区平均值为55.3%，高于全国平均水平0.9个百分点，中部地区平均值为54.2%，低于全国平均水平0.2个百分点，西部地区平均值为51.4%，低于全国平均水平3个百分点，表明东部地区是我国物流活动最为活跃的地区。

分行业来看，受网购等电子商务快速发展推动，以快递为主的邮政物流业增长势头尤为突出，其指数平均值为63.9%，明显高于其他物流行业，并且稳定性较好，反映出随着居民收入水平提高和消费方式改变，与人民生活密切相关的民生物流呈现快速发展势头。仓储业平均值为56%，交通运输物流业平均值为52.3%，也保持较快增长势头。

在中国物流业景气指数体系中，新订单指数是反映物流业需求变化情况的一项重要指数。该指数2011年12月份以来，一直保持在50%以上，平均值为55%，反映出当前我国物流业需求较为旺盛。分行业来看，邮政物流业平均值为67.3%，高于全国平均水平12.3个百分点；仓储业平均值为55.7%，高于全国平均水平0.7个百分点；交通运输物流业平均值为51.7%，低于全国平均水平3.3个百分点。

业务总量指数是反映物流业务活动活跃程度的重要指数。该指数2011年12月份以来，一直保持在50%以上，平均值为57.9%，表明我国物流业务活动继续呈现相对活跃的状态，我国实体经济保持了稳定发展的态势。分行业来看，邮政物流业平均值为72.1%，高于全国平均水平14.2个百分点；仓储业平均值为59.3%，高于全国平均水平1.4个百分点；交通运输物流业平均值为53.8%，低于全国平均水平4.1个百分点。

从业人员指数是反映物流企业对从业人员需求增减变化情况的重要指数。该指数2011年12月份以来，平均值为50.8%，反映出当前我国物流业从业人员保持基本稳定的增长态势。分行业来看，邮政物流业平均值为 58.7%，高于全国平均水平7.9个百分点；仓储业平均值为53.9%，高于全国平均水平2.9个百分点；交通运输物流业平均值为48.5%，低于全国平均水平2.3个百分点。

库存周转次数指数是反映物流企业储存保管的客户货物周转次数变化情况的重要指数。该指数2011年12月份以来，平均值为53.1%，反映出我国物流环节商品库存周转效率不断提升的态势。分行业来看，邮政物流业平均值为52.8%，低于全国平均水平0.3个百分点；仓储业平均值为54.4%，高于全国平均水平1.3个百分点；交通运输物流业平均值为49%，低于全国平均水平4.1个百分点。

设备利用率指数是反映物流企业在经营活动中相关设备、设施利用程度变化情况的重要指数。该指数2011年12月份以来，平均值为53.4%，既反映出当前我国物流业业务活动较为活跃，设备利用水平有所上升，也反映出物流业业务管理水平有所提升。分行业来看，邮政物流业平均值为54.9%，高于全国平均水平1.5个百分点；仓储业平均值为55%，高于全国平均水平1.7个百分点；交通运输物流业平均值为52%，低于全国平均水平1.4个百分点。

平均库存量指数是反映物流企业储存保管的客户货物数量变化情况的重要指数。该指数2011年12月份以来，平均值为51%，反映出我国物流环节商品库存规模呈现出稳步扩大的态势。

资金周转率指数是反映物流企业流动资金周转次数变化情况的重要指数。该指数2011年12月份以来，平均值为52.8%，反映出我国物流环节资金管理利用水平有所提升，资金周转效率有所提高的态势。分行业来看，邮政物流业平均值为 59.2%，仓储业平均值为 51.6%，交通运输物流业平均值为 51%。

固定资产投资完成额指数是反映物流企业新增固定资产投入变化情况的重要指数。该指数 2011 年 12 月份以来，平均值为 55.3%，反映出我国物流业作为国民经济的基础行业，仍然保持较为快速的发展状态，物流环境与条件继续呈现改善态势。

主营业务成本指数是反映物流业成本费用变动的重要指数。该指数 2011 年 12 月份以来，一直保持高位，平均值为 65.7%，反映出我国物流业经营成本上涨较快。分行业来看，邮政物流业平均值为 70.7%，仓储业平均值为 63.8%，交通运输物流业平均值为 59.9%。分地区来看，东、中、西部普遍较高，均达到 60% 以上。反映出当前我国物流业发展正在承受着较为沉重的成本上升压力。

物流服务价格指数是反映物流业对外服务收费价格变动的重要指数。该指数 2011 年 12 月份以来，有 6 个月份位于 50% 以下，平均值为 50.5%。反映出我国物流行业在经营成本快速上涨、企业效益不断下滑的情况下，收费价格只有微幅提升，整个行业处于缺乏价格话语权的弱势状态。

主营业务利润指数是反映物流业效益变动的主要指数。该指数 2011 年 12 月份以来，平均值为 49.2%，位于 50% 以下。反映出我国物流业经营成本快速上涨，企业效益不断下滑，行业总体经营困难的态势。

业务活动预期指数是反映业内人士对行业发展趋势的预期看法。该指数 2011 年 12 月份以来，一直保持在 50% 以上，平均值达到 60.7%。这反映出业内人士对未来物流业发展普遍看好。

总体来看，试运行以来中国物流业景气指数主要表现出两大特点：一是主要指数普遍较高。在中国物流业景气指数体系中，只有主营业务利润指数低于 50%，其余各指数均保持在 50% 以上，尤以主营业务成本指数和业务活动预期指数最为突出，两项指数平均值均达到 60% 以上。二是从变化趋势来看，主要指数如业务总量指数、新订单指数虽有波动，但基本保持稳中有升态势。从中国物流业景气指数这些特点来看，当前我国物流业总体处于平稳较快发展周期，特别是与人民生活密切相关的民生物流呈现快速发展势头。

女士们、先生们、新闻界的朋友们，从调查结果看，中国物流业景气指数基本反映了我国物流业发展运行的总体情况，与货运量、快递业务量、港口货物吞吐量等物流相关指标，以及工业生产、进出口贸易、固定资产投资、货币投放等相关经济指标具有较高的关联性。中国物流业景气指数调查丰富了我国物流统计指标体系，有效弥补了现行物流统计的不足，增加了观察、预测、分析我国物流行业运行发展趋势的新视角，为进一步加强物流运行与国民经济的关联度研究奠定了基础，为指导企业生产经营与投资等活动提供了依据。

中国物流业景气指数在广泛调查研究、吸收并借鉴国内外相关经验的基础上，结合我国国情，建立了物流业景气指数指标体系，以科学地反映物流业的景气变化，对物流业发展和未来变化趋势进行总体的定量判断、动态监测和分析预警，从而推动我国物流统计工作的进一步发展，更好地适应我国现代物流业和与国际接轨的需要。当然，作为一项新生事物，中国物流业景气指数也有一个不断成熟和完善的渐进过程。由于调查数据时期尚短，中国物流业景气指数所反映的物流业周期性特点以及与实体经济的关联性还有待进一步的观察和研究。

建立中国物流业景气指数是一项基础性工作，我希望今后有更多的研究机构、专家、企业和新闻媒体共同关注这项工作，欢迎大家和我们进行广泛的交流和合作。我相信随着中国物流业景气指数数据的不断积累和完善，通过各方面的共同努力，中国物流业景气指数一定能够发挥对物流业乃至宏观经济的监测、预测和预警作用，成为观察和分析研究中国物流与中国经济的“风向标”。

（来源：中国物流信息中心网）

### 2.1.3 2015 年 1 月 –2017 年 8 月中国物流业景气指数（LPI）一览

表：2015 年 1 月 –2017 年 8 月中国物流业景气指数（LPI）一览（单位：%）

| 月份 | 2015 年 | 2016 年 | 2017 年 |
|---|---|---|---|
| 1 月 | 56.3 | 53.3 | 52.5 |
| 2 月 | 54.9 | 50.0 | 53.2 |
| 3 月 | 58.0 | 52.9 | 55.4 |
| 4 月 | 54.2 | 54.2 | 58.2 |
| 5 月 | 58.0 | 54.2 | 57.7 |
| 6 月 | 55.7 | 55.5 | 55.8 |
| 7 月 | 52.2 | 54.8 | 53.8 |
| 8 月 | 52.0 | 54.3 | 53.5 |
| 9 月 | 52.2 | 59.0 | - |
| 10 月 | 53.5 | 59.2 | - |
| 11 月 | 54.2 | 59.3 | - |
| 12 月 | 55.0 | 56.0 | - |

（数据来源：中国物流信息中心网）

## 2.2 中国物流业景气指数（LPI）主要指标说明

### 2.2.1 物流业景气指数 LPI 说明

1. 指标解释

物流业景气指数 LPI 指标体系，中国物流业景气指数体系，主要由业务总量、新订单、库存周转次数、设备利用率、从业人员、平均库存量、资金周转率、主营业务成本、主营业务利润、物流服务价格、固定资产投资完成额、业务活动预期指数 12 项指数构成，其中，前 5 项指数为权重指数，加权合成出中国物流业景气指数 LPI。物流业景气指数 LPI 反映物流业经济发展的总体变化情况，以 50% 作为经济强弱的分界点，高于 50% 时，反映物流业经济扩张；低于 50%，则反映物流业经济收缩。

2. 调查范围

涉及《国民经济行业分类》（GB/T4754-2011）中物流相关行业的 8 行业大类，抽取 316 企业进行调查。

3. 调查方法

物流业景气指数调查采用 PPS（Probability Proportional to Size）抽样方法，按照各物流行业对物流业主营业务收入的贡献度，确定各行业的样本数。在此基础上，兼顾样本的区域分布、企业类型、规模分布。

本调查由中国物流与采购联合会具体组织实施，利用统计联网直报系统对企业物流业务经理进行月度问卷调查。

4. 计算方法

物流业景气指数调查问卷涉及业务总量、新订单、库存周转次数、设备利用率、从业人员、平均库存量、资金周转率、主营业务成本、主营业务利润、物流服务价格、固定资产投资完成额、业务活动预期等 12 个问题。对每个问题分别计算扩散指数，即正向回答的企业个数百分比加上回答不变的百分比的一半。

5. 季节调整说明

物流业景气指数调查是一项月度调查，受季节因素影响，数据波动较大。目前，我国物流业景气指数 LPI 时间序列已满足季节调整的技术要求，自 2012 年 3 月起发布季节调整后的物流业景气指数 LPI 分类指数。

中国物流业景气指数 LPI 分类指数（经季节调整）

单位：%

| 年月 | LPI | 业务总量 | 新订单 | 库存周转次数 | 设备利用率 | 从业人员 |
|---|---|---|---|---|---|---|
| 2011 年 10 月 | 56.7 | 59.7 | 61.2 | 51.1 | 50.0 | 54.2 |
| 2011 年 11 月 | 60.3 | 64.2 | 60.8 | 55.5 | 61.7 | 55.8 |
| 2011 年 12 月 | 57.7 | 61.0 | 56.0 | 57.3 | 62.6 | 52.5 |
| 2012 年 1 月 | 53.3 | 54.9 | 54.4 | 56.5 | 52.8 | 48.3 |
| 2012 年 2 月 | 55.8 | 61.2 | 59.7 | 53.3 | 51.5 | 47.6 |
| 2012 年 3 月 | 59.5 | 63.9 | 61.0 | 57.5 | 58.5 | 53.7 |
| 2012 年 4 月 | 58.0 | 61.5 | 59.5 | 56.7 | 56.6 | 53.0 |
| 2012 年 5 月 | 54.2 | 59.2 | 54.8 | 51.5 | 50.0 | 51.5 |
| 2012 年 6 月 | 56.7 | 61.1 | 57.1 | 55.5 | 53.5 | 53.8 |
| 2012 年 7 月 | 53.3 | 56.8 | 53.9 | 48.8 | 49.5 | 53.1 |
| 2012 年 8 月 | 52.7 | 55.6 | 52.9 | 49.2 | 51.5 | 51.7 |
| 2012 年 9 月 | 52.9 | 56.9 | 53.6 | 50.4 | 51.5 | 49.1 |
| 2012 年 10 月 | 52.6 | 53.6 | 53.1 | 50.3 | 51.5 | 52.4 |
| 2012 年 11 月 | 54.5 | 55.7 | 54.1 | 56.1 | 54.6 | 52.6 |
| 2012 年 12 月 | 53.8 | 58.2 | 52.7 | 49.5 | 54.2 | 51.7 |
| 2013 年 1 月 | 51.3 | 55.9 | 51.3 | 52.1 | 51.6 | 44.6 |
| 2013 年 2 月 | 50.4 | 52.4 | 50.9 | 51.2 | 51.3 | 46.0 |

（来源：中国物流信息中心网）

## 2.2.2 物流业景气指数 LPI 主要指标解释

业务总量指数：物流企业完成物流活动的业务数量变化情况，可以折射出市场需求状况。

新订单指数：物流企业承接客户业务的订单数量变化情况，预示物流行业发展趋势。

平均库存量指数和库存周转次数指数：平均库存量指数反映物流企业储存保管的客户货物数量

变化情况，库存周转次数指数反映物流企业在一定时间内库存周转次数变化情况，表明流通领域中货物供需的活跃程度和市场需求的变动趋势。

资金周转率指数：物流企业在一定时间内资金周转次数变化情况。反映物流企业的资金利用效率，可以折射整个经济运行活跃状况。

设备利用率指数：物流企业在经营活动中使用的相关设备、设施的利用程度变化情况，反映物流活动对基础设施和设备的需求状况。

主营业务成本指数：反映物流企业的成本增减变化情况，能体现行业面临的成本状况。

主营业务利润指数：反映物流企业主营业务利润增减变化情况，体现物流行业整体经济效益的变动状况。

物流服务价格指数：物流企业从事物流活动所收取的费用变化情况，反映物流市场价格行情的变动状况和变化趋势。

从业人员指数：物流企业从事物流业务活动人员数量变化情况，反映整体物流行业的景气程度。

固定资产投资完成额指数：物流企业为满足经营活动需要而完成的固定资产投入变化情况，反映当期企业的经营投入状况，预示企业对未来发展前景的判断。

业务活动预期指数：物流企业在未来三个月内业务活动整体水平变化情况。预示短期内物流活动与经济发展的活跃程度。

（来源：中国物流信息中心网）

### 2.2.3 中国物流业景气指数调查问卷

中国物流业景气指数调查问卷

201 年 月

| 单位 | | 企业代码 | |
|---|---|---|---|
| 行业 | | 行业代码 | |
| 行政区划 | | 登记注册类型 | |
| 物流总监 | | 电话 | |
| A级企业分类 | | 企业类型 | |
| E-mail 地址 | | 企业规模 | |
| 调查问题 | | | |
| 01 业务总量：贵企业本月完成的业务总量比上月<br>□增加 □基本持平 □减少 | | | |
| 02 新订单（客户需求）：贵企业本月来自客户的新订单（客户需求）比上月<br>□增加 □基本持平 □减少 | | | |
| 03 平均库存量：贵企业本月平均储存的客户的物品库存比上月<br>□增加 □基本持平 □减少 □没有 | | | |
| 04 库存周转次数：贵企业本月储存的客户的物品库存周转次数比上月<br>□加快 □基本持平 □减慢 □没有 | | | |

|  | | | |
|---|---|---|---|
| 05 资金周转率：贵企业本月流动资产周转次数比上月 | | | |
| □加快 | □基本持平 | □减慢 | |
| 06 设备利用率：贵企业本月主要物流设备设施利用情况比上月 | | | |
| □增加 | □基本持平 | □降低 | |
| 07 物流服务价格：贵企业本月物流服务（收费）价格比上月 | | | |
| □上升 | □基本持平 | □下降 | |
| 08 主营业务利润：贵企业本月物流业务利润比上月 | | | |
| □增加 | □基本持平 | □降低 | |
| 09 主营业务成本：贵企业本月物流业务成本比上月 | | | |
| □增加 | □基本持平 | □降低 | |
| 10 固定资产投资完成额：贵企业本月固定资产投资完成额比上月 | | | |
| □增加 | □基本持平 | □降低 | □没有 |
| 11 从业人员：贵企业目前从事生产经营的人员数量（含临时工、合同工）比一个月前 | | | |
| □增加 | □基本持平 | □减少 | |
| 12 业务活动预期：贵企业在未来 3 个月内业务活动整体水平预计 | | | |
| □上升 | □差别不大 | □下降 | |
| 贵企业当前经营中存在的主要问题与建议： | | | |

填表人姓名：　　　　职务：　　　　电话：　　　　报出日期：201　　年　　月　　日

说明：1. 本表由物流企业主管生产经营的业务总监（经理）填报。

2. 本表为月报，调查时段为上月 26 日—本月 22 日。企业报送时间为每月 23—25 日。

3. 各调查单位通过指定网址（中国物流信息中心网：http://www.clic.org.cn）“物流景气调查系统”直接报送相关统计数据。

# 2.3 浙江、福建、甘肃等省市已相继率先制作和发布本地物流业景气指数

## 2.3.1 浙江省

### 浙江省物流业景气指数发布

2014 年 5 月，浙江省物流业景气指数终于出炉。从建立统计模型、进行典型企业调查、数据统计、数据分析，可谓来之不易。物流企业的积极配合，让我们深受感动。我们希望，通过物流业景气指数的变化，科学反映浙江省物流业的发展态势；我们希望，有更多的研究机构、专家、企业和新闻媒体共同关注这项工作，开展广泛的交流和合作，努力使该项指数发挥对物流业乃至宏观经济的监测、预测和预警作用，成为观察和分析研究浙江省物流业乃至经济动向的“风向标”。

浙江省物流业景气指数 2014 年 1 季度值为 53.7%，反映出浙江省物流业总体仍处在平稳较快发

展周期。

**分项指数**

业务总量指数是反映物流业务活动活跃程度的重要指数。该指数 2014 年 1 季度值为 54.2%，表明浙江省物流业务活动呈现相对活跃的状态。

新订单指数是反映物流业需求变化情况的一项重要指数。该指数 2014 年 1 季度值为 54.2%，反映出当前浙江省物流业需求较为旺盛。

从业人员指数是反映物流企业对从业人员需求增减变化情况的重要指数。该指数 2014 年 1 季度值为 52.1%，反映出当前浙江省物流业从业人员保持基本稳定的增长态势。

库存周转次数指数是反映物流企业储存保管的客户货物周转次数变化情况的重要指数。该指数 2014 年 1 季度值为 55.7%，反映出浙江省物流环节商品库存周转效率提升明显，流通领域中货物供需活跃，市场需求旺盛。

设备利用率指数是反映物流企业在经营活动中相关设备、设施利用程度变化情况的重要指数。该指数 2014 年 1 季度值为 52.6%，反映出当前浙江省物流业业务活动较为活跃，设备利用水平、业务管理水平有所提升。

平均库存量指数是反映物流企业储存保管的客户货物数量变化情况的重要指数。该指数 2014 年 1 季度值为 48.4%，反映出浙江省物流环节商品库存规模呈现出小幅下降的态势。

资金周转率指数是反映物流企业流动资金周转次数变化情况的重要指数。该指数 2014 年 1 季度值为 46.9%，反映出浙江省物流环节资金管理利用水平有所下降，资金周转效率有所下降的态势。

固定资产投资完成额指数是反映物流企业新增固定资产投入变化情况的重要指数。该指数 2014 年 1 季度值为 43.2%，反映出浙江省物流企业投资呈现谨慎状态，物流业投资环境与条件有待继续改善。

主营业务成本指数是反映物流业成本费用变动的重要指数。该指数 2014 年 1 季度值为 71.4%，反映出浙江省物流业经营成本上涨快速，行业发展正在承受着沉重的成本上升压力，特别是营改增后，交通运输业的税务负担普遍加重。

物流服务价格指数是反映物流业对外服务收费价格变动的重要指数。该指数 2014 年 1 季度值为 46.4%，反映出浙江省物流行业在经营成本快速上涨、企业效益不断下滑的情况下，收费价格反而呈下降趋势，整个行业处于过度竞争、又缺乏价格话语权的弱势状态。

主营业务利润指数是反映物流业效益变动的重要指数。该指数 2014 年 1 季度值为 36.0%，反映出浙江省物流业经营成本快速上涨，企业效益不断下滑，行业总体经营困难的态势。

业务活动预期指数是反映业内人士对行业发展趋势的预期看法。该指数 2014 年 1 季度值达到 64.6%，这反映出业内人士对未来物流业发展普遍看好，尽管当前行业形势比较严峻，但仍对未来持有乐观态度。

**指标解释**

浙江省物流业景气指数体系主要由业务总量、新订单、从业人员、库存周转次数、设备利用率、平均库存量、资金周转率、主营业务成本、主营业务利润、物流服务价格、固定资产投资完成额、业务活动预期 12 个分项指数和一个合成指数构成。其中合成指数由业务总量、新订单、从业人员、库存周转次数、设备利用率 5 项指数加权合成，又称为浙江省物流业景气指数。物流业景气指数反映物流业经济发展的总体变化情况，以 50% 作为经济强弱的分界点，高于 50% 时，反映物流业经济扩张；低于 50%，则反映物流业经济收缩。

（来源：新华网）

# 浙江省商务厅关于浙江省物流业景气指数采集单一来源采购公示（2017年08月10日）

公告概要：

| 公告信息： | | | |
|---|---|---|---|
| 采购项目名称 | 浙江省商务厅关于浙江省物流业景气指数采集采购 | | |
| 品目 | 服务／商务服务／其他商务服务 | | |
| 采购单位 | 浙江省商务厅（本级） | | |
| 行政区域 | 浙江省 | 公告时间 | 2017年08月10日 14:06 |
| 预算金额 | ￥40万元（人民币） | | |
| 联系人及联系方式： | | | |
| 项目联系人 | 浙江省商务厅（本级） | | |
| 项目联系电话 | 0571-87050859 | | |
| 采购单位 | 浙江省商务厅（本级） | | |
| 采购单位地址 | 杭州市 | | |
| 采购单位联系方式 | 0571-87050859 | | |
| 代理机构名称 | 浙江省商务厅（本级） | | |
| 代理机构地址 | 无 | | |
| 代理机构联系方式 | 无 | | |
| 附件： | | | |
| 附件1 | 53052_2017年浙江省物流业景气指数采集单一来源采购专家论证意见.pdf | | |

（来源：中国政府采购网）【显示公告概要】

# 浙江省嘉兴市首次发布物流业景气指数

2014年4月22日，嘉兴市首次发布物流业景气指数。3月份，嘉兴市物流业景气指数为48.75%，这也是该市首次统计发布物流业景气。

嘉兴市物流业景气指数调查采用抽样方法，对全市198家企业进行数据采集，涉及业务总量、新订单、库存周转次数、设备利用率、从业人员、平均库存量、资金周转率、主营业务成本、主营业务利润、物流服务价格、固定资产投资完成额、业务活动预期12个指标。从各项指标来看，嘉兴市物流业景气指数中，仅设备利用率指数和固定资产投资完成额指数略好于全省水平，分别为53.29%和51.2%，较全省分别高出0.42个百分点和0.28个百分点。而物流从业人员指数为52.99%，高于全省1.96个百分点，主营业务成本64.37%，高于全省2.3个百分点，表明嘉兴地区物流业高成本、低效率的状态有待进一步改善。

物流业景气指数反映了物流业经济发展的总体变化情况，以50%作为经济强弱的分界点，高于50%时，反映物流业经济扩张；低于50%，则反映物流业经济收缩。

（来源：浙江省交通运输厅）

## 2.3.2 福建省

**福建首次发布物流业景气指数**

2014 年 5 月，福建省经信委、省物流协会发布的全省物流业景气指数显示，在宏观经济保持稳定增长进一步巩固的背景下，福建省物流企业整体运行情况良好，当年 4 月份全省物流业景气指数为 56.5%，总体呈现出活跃扩张的倾向。这是福建省今年首次正式发布这一指数。

据介绍，该物流运行及景气指数调查主体为福建省 A 级物流企业和航运企业。福建省被调查企业需在每月 15 日前通过“福建省物流业景气指数网上直报系统”上报相关数据和填写调查问卷。福建省经信委、省物流协会将在每月 20 日左右对外发布上月景气指数。

据 2014 年 4 月份福建省重点物流企业运行及景气情况监测数据显示，12 个分项指数中除固定资产投资完成额指数、物流服务价格指数外，其余 10 项指数均在 50% 以上。但固定资产投资完成额指数为 41.9%，大大低于 50%，预示着物流业企业投资不是太活跃。

（来源：交通部网站）

### 福建省经济和信息化委员会关于<br>扩大全省物流业运行及景气情况调查范围的通知（闽经信服务〔2016〕34 号）

有关设区市物流牵头部门，省物流协会，各有关企业：

为及时掌握全省物流业生产经营状况，监测物流业运行及景气情况， 2014 年 4 月我委建立了全省物流业运行及景气情况调查制度，定期开展全省物流骨干企业运行情况调查，首批调查对象为省内 178 家 A 级以上物流骨干企业和部分航运企业。调查制度建立以来，在各级物流主管部门和有关企业的支持、配合下，迄今已开展了 23 次的调查、分析和发布工作，取得了较好成效。鉴于近两年来我省新获评国家 3A 级及以上的物流企业尚未纳入调查范围，为进一步提高我省物流景气指数的准确率，更为全面地反映我省物流产业运行状况，经研究，我委决定将 2014 年以来我省新获评国家 3A 级及以上的物流企业纳入物流运行景气情况调查范围（共 74 家，名单见附件 1）。有关事项通知如下：

一、调查方式。我委委托省物流协会具体负责调查工作，联系各设区市物流牵头部门、物流行业协会和物流骨干企业。新增调查企业应登录福建省物流产业服务网（http://www.fj56.org）“福建省物流业运行及景气情况网上直报系统”（网上直报系统使用说明见附件 2），注册并填报企业基本情况后，于每月 15 日前（从 2016 年 2 月起）通过该系统填报 4 项定量和 12 项定性数据（物流业运行及景气情况调查表见附件 3）。

二、信息发布。调查结果（月度物流业景气指数及重点物流企业总体运行情况）经我委审核后在“福建省物流业运行及景气情况网上直报系统”中发布，参与调查并填报数据的物流企业可登录系统查询。

三、工作要求。有关设区市物流牵头部门要会同当地物流行业协会督促各有关企业设立专职或兼职物流统计人员，及时准确报送调查表。对于不及时准确报送调查表的企业，将不予推荐申报我省物流业发展有关政策专项。

四、其他事项。对被调查企业提供的有关数据，我委将予以严格保密，调查结果仅发布全省和区域性物流业发展总体情况。各有关企业在填报调查表的过程中如有疑问和建议，可向我委或省物流协会工作人员咨询和反映。

联系人：省经信委生产服务业处　薛尚泉　0591-87551081

省物流协会　　　李洪洲　18559192901

附件：1. 新增物流运行景气调查企业名单

2. 网上直报系统使用说明

3. 物流业运行及景气情况调查表

福建省经济和信息化委员会

2016 年 1 月 27 日

### 2.3.3 甘肃省

**甘肃省首次发布物流业景气指数**

2014 年 10 月 21 日，甘肃省工信委发布消息称，2014 年 9 月甘肃物流业景气指数为 55.03%，这是甘肃省首次发布此类信息。

9 月份，在甘肃省物流业景气指数（LPI）各单项指数中，业务总量指数、新订单指数、设备利用率指数、库存周转次数指数均在 50% 以上，显示出由于进入“金九银十”的传统生产建设旺季，市场需求增势提速，供应链上下游企业的物流需求进一步增大。从后期走势看，业务活动预期指数达 64.5%，固定资产投资完成额指标为 55.62%，预示着后期我省物流业务活动运行将延续稳中有升的发展态势。但物流服务价格、主营业务利润指数均位于 50% 以下，反映出行业回款速度较慢、企业经营仍存在较大压力。

从全国物流业发展态势看，9 月份全国物流业景气指数为 56.40%。甘肃物流业景气指数虽低于全国平均指标，但高于中、西部地区平均指标。据介绍，甘肃省物流业景气指数的统计调查中，共有 28 户物流企业纳入了调查范围。

（来源：每日甘肃网 – 西部商报）

## 2.4 上海市物流业景气指数编制研究报告

**《上海物流业景气指数编制研究报告》**

2017 年 9 月

### 一、上海物流业景气指数编制说明

《上海市现代物流业发展“十三五”规划》提出，到 2020 年，全面构建高效链接全球、服务辐射全国、线上线下联动的开放式、一体化物流业发展新格局，吸引一批全球运作的跨国公司物流总部、大型物流企业总部和物流研发中心集聚，形成体现“智慧互联、高效便捷、绿色低碳、高端增值”特征的物流业发展新模式，实现物流业对建设“四个中心”和社会主义现代化国际大都市目标的有力支撑，对更高水平小康社会生活充分保障，成为具有全球影响力的国际物流枢纽城市和供应链资源配置中心。具体而言，在“十三五”期间要实现“五个显著”。

一是实现物流业国际竞争优势显著增强。物流业营商环境进一步与国际接轨，具有国际竞争力的物流市场主体更加聚集，基础设施、通关效率、货物跟踪、物流信息化等国际通行物流指标的竞争优势明显，在全球供应链资源配置中的作用日益凸显。

二是实现物流业服务长三角地区、服务长江流域、服务全国的辐射能力显著提升。与长三角地区、长江经济带的物流合作机制更加完善，跨区域物流资源整合与协调能力进一步提升，与长三角地区、沿江地区的物流通道衔接更加通畅。

三是实现物流业对城市运行和民众生活保障能力显著提高。城市配送、快递末端网络布局更加健全，快递寄取便捷安全、消费者权益有效保障；农产品、食品、药品等冷链物流服务品质显著提升、流通损耗进一步降低；物流车辆利用效率和环保水平明显提高，危险品物流更加安全规范，物流业发展与城市环境更加协调。

四是实现物流业信息化、智能化水平显著进步。物联网、互联网、云计算、大数据等技术在物流领域广泛应用；培育一批“互联网＋”高效物流的标杆企业；物流领域政府监管信息化、透明度进一步提升。

五是实现物流产业结构、整体运行质量与效益显著改善。以口岸和公路物流为重点的物流资源得到整合提升；物流市场更加公开透明，供需信息有效对接，物流资源配置更加优化；多种运输方式有效衔接水平得到改善；基本形成标准化托盘循环共用体系；物流仓储土地使用的效率效益进一步提高。

最早的景气指数是用于经济研究中，在19世纪末法国科学家开始用监测系统随后美国发布关于美国宏观经济状态的第一个指示器，即巴布森经济活动指数，接着美国哈佛大学的拍森斯教授组织编制了对以后影响较大的“经济晴雨表”和“哈佛指数”。随后英国、法国、意大利、奥地利、日本都以哈佛指数为基本模型编制了类似的经济景气指数。直到1929年，金融风暴席卷西方世界，而哈佛指数未能预测出，遭到沉重的失败。自20世纪60年代起，景气指数的研究在政府的重视下，又开始了新的研究并取得了很大的进展，提出了扩散指数计算与合成指数法计算方式，使景气指数更加精确。我国是在20世纪80年代中期由吉林大学的董文权教授开始倡导研究景气指数，并于20世纪90年代初投入使用。

上海物流业景气指数是把物流景气指标各自的波动幅度或变化率综合起来的景气指数。上海物流业景气指数的编制对物流业运行状态的监测和预警具有十分重要的现实意义。

（一）物流业景气指数界定

物流业景气指数是对上海物流业发展进行测度与评价，是一种对物流业运行情况监测的有效方法，其由一定的严密的指标体系构成，通过数据的相关处理，形成对市场与行业发展的定量与定性分析，达到监测、引导、调控的目的。

研究景气循环的分析方法有三种：古典循环法，主要是观察经济时间序列绝对量本身的波动，一般观察时间序列的长期趋势及循环要素（TC）的波动；增长循环波动也称离差循环方法，一般观察经济时间序列相对量的波动，将时间序列的长期趋势T和循环要素C分离，把循环要素C的变动看作是景气变动，即增长周期波动是循环要素C的波动；增长率循环，观察经济时间序列的增长率（与上年同月或同季比的变化率），分析其波动的规律性；同前两种方法一样，也要对时间序列进行季节调整，对增长率序列的长期趋势及循环要素（TC）的波动进行分析。

扩散指数（Diffusion Index，简称DI）主要是用来反映行业发展状态，即所处的景气区间，其实质是把保持上升或下降的指标占上风的动向看成是景气逐渐渗透的过程，将其综合，用来把握整个景气状况。其中以50%为界限，低于50%为不景气，高于50%为景气。

合成指数（Composite Index，简称CI）是用来反映行业波动的振幅大小，它与扩散指数综合起来分析行业的景气程度。合成指数CI的计算过程相当繁杂，就其过程可简单描述为以下5个步骤：求单个指标的变化率；求多个指标对称变化率的合成；求初始合成指数；趋势调整；求最终合成指数。合成指数的取值以100为界限，低于100为不景气，高于100为景气。

（二）物流业景气指标选取原则

景气指标选取是否合适决定了最终计算出景气指数是否准确。指标体系的选取是计算景气指数的基础。为了使景气指数更具有准确科学性，所选景气指标应满足以下性质：

（1）经济重要性

景气指标是能代表物流业的综合情况，所以所选指标在经济上有重要意义，综合起来能代表经济活动的主要方面。

（2）统计充分性

统计充分性是指指标具有较长的样本区间，比较完整，覆盖面广，数据的周期波动基本得到体现。并且指标统计口径应保持一致。

（3）敏感性

敏感性是指指标的变动与经济状况波动（基准指标）有密切联系，先行、同步、滞后特征比较明显。

（4）时效性和准确性

时效性和准确性指入选指标数据应能及时获得、并且能保证数据准确。因为指标主要用于分析和预测短期内物流业的发展情况，因此数据必须在短期内容易获得并且能保障其准确性。

（5）可获得性

进行景气指数计算的前提就是要有一系列的数据，所选指标必须可获得相应的连续数据。

（三）物流业景气指标体系的构成

基准指标是一组重要的、能综合反映物流业市场发展的指标组。它通常由与行业发展状况变化最紧密的影响因素加权而成。它是为从众多指标中筛选先行、一致、滞后指标而服务，同时在进行景气指数计算时，它属于一致指标。

（1）先行指标

先行指标是指在宏观经济在到达峰和谷之前，先行指标就已经到达峰或谷了。先行指标可用于预测未来物流业经济发展的趋势。先行指标是构成物流业景气指标体系的重要部分。比较敏感，对于景气指数的变化具有超前预测性，预警系统中需要的具有预警能力较强的指标都是由先行指标构成。先行指标应满足三个条件，一是指标的经济性质具备肯定、明确的先行关系。二是先行指标序列的各个特殊循环的峰和谷至少要比基准循环超前 3 个月；三是在近两次循环中，特殊循环的峰（谷）时点应保持一致，并且至少超前 3 个月。

（2）一致指标

一致指标是指也叫同步指标，它是指在宏观经济波动的峰（谷）出现时，一致指标也同时出现峰（谷）。一致指标是最能反映物流业综合经济整体所处的状况。这些指标与景气指数的变动具有一致性和同步性。在时点的对应上，一致指标与基准循环的时差应保持在前后三个月以内。基准指标属于一致指标。

（3）滞后指标

滞后指标是指在宏观经济波动达到峰和谷之后，滞后指标才达到峰和谷。它可以确认整体经济是否已出现高峰和低谷。它的特殊循环应滞后于基准循环 3 个月以上。这类指标可以验证景气指数的变化。

（四）基准指标及其权重的确定

由于影响市场变动的因素众多，单独由一个指标作为基准指标很难综合反映物流业的发展情况。因此本文选取用多个指标合成基准指标的方法。

设基准指标为 Y，

$$Y = Y_1W_1 + Y_2W_2 + \cdots + Y_nW_n$$

其中 $Y_1, Y_2 \dots Y_n$ 是所选的用来合成基准指标的标准化后的指标，$W_1, W_2 \dots W_n$ 为各指标的权重系数。

由于所选取的指标对物流业市场所影响的程度到底有多大，很难主观判断，运用权重系数均衡指标对物流业市场的影响程度。最常用的权重系数法有两类，主观赋权法和客观赋权法。主观赋权法主要有德尔菲法、层次分析法，但由于主观赋权法评判过程过于随意，主观性太强，而且耗费的时间也比较长，多以不予考虑。而客观赋权法运用比较广泛的有主成分分析法、因子分析法和变异系数法。主成分分析法和因子分析法都需要有相当大的样本容量，不适合本文。而变异系数比较简单，操作起来简洁易行，且直接用指标所包含的信息进行计算，准确性较高。

通过对各种赋权法比较，根据所要选取指标的实际情况，本文选取变异系数法对评价指标进行赋值，以消除主观因素对评价指标的影响。变异系数法即用评价指标的各项值计算其均值 $\mu$ 和标准差 $\sigma$，变异系数 $v=\frac{\mu}{\sigma}$。再用变异系数 $v_i$ 与各变异系数之和的商作为各指标的权重计算，公式 $W_i = v_i / \sum_{i=1}^{n} v_i$。

（五）初始指标的筛选方法

(1) 时差相关分析

时差相关分析法是先选取一个能敏感反应当前经济活动的经济指标作为基准指标，利用相关系数来验证所选指标与基准指标的时差，即一致、超前或滞后。

设基准指标 $y=\{y_1, y_2 \dots y_n\}$，被选指标 $x=\{x_1, x_2 \dots x_n\}$，r 为时差相关系数：

$$r_l = \frac{\sum_{t=1}^{n_l}(x_{t-1}-\bar{x})(y_t-\bar{y})}{\sqrt{\sum_{t=1}^{n_l}(x_{t-1}-\bar{x})^2 \sum_{t=1}^{n_l}(y_t-\bar{y})^2}}, l=0,\pm1,\pm2,\cdots,\pm L$$

其中 l 被称为时差或延迟数，表示超前或滞后期，当 l 取负数时表示超前，当 l 取正数时表示滞后。L 为最大延迟数，$n_l$ 表示数据取其后的个数。通常在选取景气指标时，计算几个不同延迟数的时差系数，再进行比较，选出其中最大的时差相关系数 $r_l'$；$r_l'$ 反应了基准指标与被选指标的时差相关关系，$l'$ 则表示超前或滞后期。

$$r_l' = \max_{-L \le l \le L} r_l$$

（2）K-L 信息量法

指标的选取必须要满足景气指标所具有的性质，同时也要考虑到指标数据是否方便获得，是否满足指标选择模型的要求。K-L 信息量方法是 20 世纪中叶，统计学家 Kullback 和 Leiber 提出了一个信息量，即 K-L 信息量，用来判断两个概率分布的接近程度，后来，K-L 信息量被用于景气指标选择过程中。K-L 信息量是以一个重要的能够敏感地反映当前经济活动的经济指标作为基准指标。规定基准指标不改变，其他被选择的指标在时间上相对于基准指标前后移动若干个月（季）。计算被选指标与基准指标的数量关系，根据所得结果的数量大小，判断指标的类型，即先行指标、一致指标、滞后指标。K-L 信息量越小，说明被选指标与基准指标越接近。一般情况下，当 K-L 信息量小于 50 时，可认为两个指标分布较为接近。其中注意的是被选指标的数据类型必须与基准指标的数据类型一致。

设基准指标为 $y=\{y_1, y_2 \dots y_n\}$，由于任意满足的序列 p 均可视为随机变量的概率分布，因此对基准指标作标准化处理，使得指标的和为单位 1，处理后的序列记为 p：

$$p_t = \frac{y_t}{\sum_{j=1}^{n} y_j}, t=1,\cdots,n\left(\text{其中假定} y_t > 0\right)$$

被选指标 $x=\{x_1, x_2 \dots x_n\}$，作标准化处理，处理后的序列记为 q：

$$q_t = \frac{x_t}{\sum_{j=1}^{n} x_j}, t = 1, \cdots, n\left(\text{其中假定} x_t > 0\right)$$

K-L 信息量计算公式 $k_l = \sum_{t=1}^{n_l} p_t \ln\left(\frac{p_t}{q_{t+1}}\right), l = 0, \pm 1, \cdots, \pm L$ 其中，l 被称为时差或延迟数，它表示超前或滞后期，l 取负数时表示超前，取正数时表示滞后。L 是最大延迟数，是数据取齐后的数据个数。当计算出 2L+1 个 K-L 信息量后，从所有的 $k_l$ 值中选出一个最小值作为被选指标 x 关于基准指标 y 信息量，$k_l' = \min_{-L \le l \le L} k_l$，其中就是被选指标最适当的超前或滞后月（季度）。

（3）时间序列转折点测定方法

时间序列转折点测定方法是 1971 年，美国国民经济研究局的成员布赖（Gerhard Bry）和鲍斯钦（Charlotte Boschan）开发的一种测定时间序列转折点的方法。简称 B-B 法。这种方法的原理是将原序列进行光滑，在光滑后的曲线上推测其峰和谷的出现时间，然后慢慢逼近原序列峰和谷出现的时间。在这个过程中必须满足两个条件，即相邻两个峰（谷）之间即收缩期（扩张期）的持续时间在 6 个月以上；相邻的两个峰（谷）之间即一个周期的延续时间在 15 个月以上。这是为了剔除短期波动的干扰。

（4）峰谷对应法

时差相关分析与 K-L 信息量法从不同的侧面描述了指标的一些整体性质，可以从大量的预选指标中筛选出合适的指标，但是缺乏对指标的特殊循环波动状态直观的描述，要进一步比较分析所选的指标还需要利用峰谷对应法来决定哪些指标可选取为最终的景气指标。峰谷法即利用上文所介绍的 B-B 法计算指标的转折点日期，然后比较与基准指标的转折日期，可以算出被选指标相对基准指标超前或滞后的时间。再用画图法，将基准指标与被选指标画在一张图上，比较其对应情况，可以很直观地看出峰谷对应的情况。

（六）初始指标的划分

（1）先行指标的划分

先行指标在进行时差相关分析与 K-L 信息量法计算中应满足：从实际意义上讲，先行指标具有明确的先行关系。在进行时差相关分析时，l 取负数时，相关系数 r 取得最大值。在进行 K-L 信息量分析时，l 取负数时，k 取得最小值，且 k<50。

（2）一致指标的划分

一致指标在进行时差相关分析与 K-L 信息量法计算中应满足：从实际意义上讲，一致指标与基准指标的波动有明显的同步性。在进行时差相关分析时，l=0 时，相关系数 r 取得最大值。在进行 K-L 信息量分析时，l=0 时，k 取得最小值，且 k<50。

（3）滞后指标的划分

滞后指标在进行时差相关分析与 K-L 信息量法计算中应满足：从实际意义上讲，滞后指标的波动明显滞后于基准指标的波动。在进行时差相关分析时，l 取正数时，相关系数 r 取得最大值。在进行 K-L 信息量分析时，l 取正数时，k 取得最小值，且 k<50。

在选择指标时，首先确定基准指标，然后计算时差相关系数和 K-L 信息量法，满足两者的选为备选指标，再利用比较转折点和画图法确定最终合成景气指数的指标。根据时差相关分析和 K-L 信息量法计算结果，划分先行、一致、滞后指标。

## 二、上海物流业景气指数主要指标说明

（一）物流业景气指标的确定

物流业除了自身的产业活动以外，其相关上下游产业的经济活动以及投资、物价和收入等宏观领域广泛的经济活动均会在一定程度上影响和反映物流业的景气波动情况。

上海物流业景气指数即要与中国物流与采购联合会、中国物流信息中心正式对外发布的 LPI 指

数存在一致性，又要突显上海物流业发展的先行示范作用，为此上海物流业景气指数主要由业务总量、新订单、从业人员、库存周转次数、设备利用率、平均库存量、资金周转率、主营业务成本、主营业务利润、物流服务价格、固定资产投资完成额、业务活动预期、物流技术、创新能力等 14 个分项指数和一个合成指数构成，如下图 1 所示。其中合成指数由业务总量、新订单、从业人员、库存周转次数、设备利用率、物流技术和创新能力等 7 项指数加权合成，称为上海物流业景气指数。上海物流业景气指数反映物流业经济发展的总体变化情况，以 50% 作为经济强弱的分界点，高于 50% 时，反映物流业经济扩张；低于 50%，则反映物流业经济收缩。

图 1 上海物流业景气指标构成

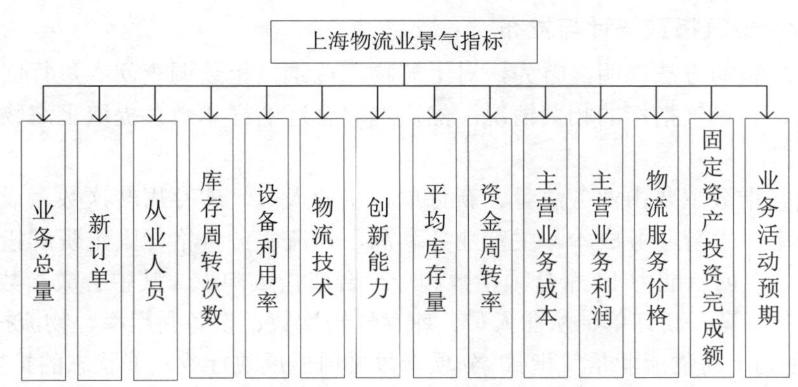


（二）物流业景气指标解释

业务总量指数：物流企业完成物流活动的业务数量变化情况，可以折射出市场需求状况。

新订单指数：物流企业承接客户业务的订单数量变化情况，预示物流行业发展趋势。

从业人员指数：物流企业从事物流业务活动人员数量变化情况，反映整体物流行业的景气程度。

库存周转次数指数：反映物流企业在一定时间内库存周转次数变化情况，表明流通领域中货物供需的活跃程度和市场需求的变动趋势。

设备利用率指数：物流企业在经营活动中使用的相关设备、设施的利用程度变化情况，反映物流活动对基础设施和设备的需求状况。

平均库存量指数：平均库存量指数反映物流企业储存保管的客户货物数量变化情况。

资金周转率指数：物流企业在一定时间内资金周转次数变化情况。反映物流企业的资金利用效率，可以折射整个经济运行活跃状况。

主营业务成本指数：反映物流企业的成本增减变化情况，能体现行业面临的成本状况。

主营业务利润指数：反映物流企业主营业务利润增减变化情况，体现物流行业整体经济效益的变动状况。

物流服务价格指数：物流企业从事物流活动所收取的费用变化情况，反映物流市场价格行情的变动状况和变化趋势。

固定资产投资完成额指数：物流企业为满足经营活动需要而完成的固定资产投入变化情况，反映当期企业的经营投入状况，预示企业对未来发展前景的判断。

业务活动预期指数：物流企业在未来三个月内业务活动整体水平变化情况。预示短期内物流活动与经济发展的活跃程度。

物流技术指数：物流企业在物流活动中所采用的自然科学与社会科学方面的理论、方法，以及设施、设备、装置与工艺。 预示企业在物流技术领域的水平和前景。

创新能力指数：物流企业在技术和各种实践活动领域中不断提供具有经济价值、社会价值、生态价值的新思想、新理论、新方法和新发明的能力。能全面反映自主创新型物流企业资本市场的整体表现。

（三）计算方法

上海物流业景气指数调查采用PPS（Probability Proportional to Size）抽样方法，按照各物流行业对物流业主营业务收入的贡献度，确定各行业的样本数。在此基础上，兼顾样本的区域分布、企业类型分布、规模分布。

上海物流业景气指数调查问卷涉及业务总量、新订单、从业人员、库存周转次数、设备利用率、平均库存量、资金周转率、主营业务成本、主营业务利润、物流服务价格、固定资产投资完成额、业务活动预期、物流技术和创新能力等14个问题。对每个问题分别计算扩散指数，即正向回答的企业个数百分比加上回答不变的百分比的一半。

## 三、上海物流业景气指数统计与发布

根据景气指数编制的方法说明，首先，对上海物流业景气指数调查问卷进行回收统计，确定物流企业主要经济指标、景气指标的相关情况。然后选取合适的样本数，提取上海物流业景气指数各项指标及其所需数据。

上海物流业景气指数主要由业务总量、新订单、从业人员、库存周转次数、设备利用率、平均库存量、资金周转率、主营业务成本、主营业务利润、物流服务价格、固定资产投资完成额、业务活动预期、物流技术、创新能力14个分项指数和一个合成指数构成。其中合成指数能反映行业波动的振幅大小，由业务总量、新订单、从业人员、库存周转次数、设备利用率、物流技术和创新能力7项指数加权合成，称为上海物流业景气指数。分项指数采用能反映行业发展状态的扩散指数计算方法，利用筛选出的一致、先行、滞后指标可以分别制作扩散指数，即得到14个分项指数。

（一）分项指数计算

分项指数采用能反映行业发展状态的扩散指数计算，扩散指数（Diffusion Index，简称DI）的内涵是把保持上升或下降的指标占上风的动向看成是景气逐渐渗透的过程，将其综合，用来把握整个景气状况。利用筛选出的一致、先行、滞后指标分别制作扩散指数。在计算的过程中，通常将指标加速上升的赋值为1，既没有加速也没有减速的指标赋值为0.5，减速的指标赋值为0，将各项加权平均即得到扩散指数。计算公式：

$$DI_T = \frac{\text{t 期中指标出现扩张的数目} \times 1 + \text{t 期中指标值持平的数目} \times 0.5 + \text{t 期中指标收缩的数目} \times 0}{\text{该类指标的总数目}} \times 100\%$$

其中 t=1, 2, …, n。

通常，判断指标是扩张还是收缩的标准，就是将指标值与上一个月或上一年做比较，但考虑到其中会受不规则因素的影响，通常可以将3个月或是3年作为一个比较间隔。

当 $0<DI_T<50\%$ 时，表示下降的指标多于上升的指标数，此时行业市场不景气。

当 $50\%<DI_T<100\%$ 前期时，表示上升的指标数明显多于下降的指标数，此时行业市场非常景气。

当 $50\%<DI_T<100\%$ 后期时，表示上升的指标数虽然多于下降的指标数，但是正处于行业市场景气后期，在走下坡路，整个行业市场处于降温阶段。

图1 扩散指数景气区间分布图

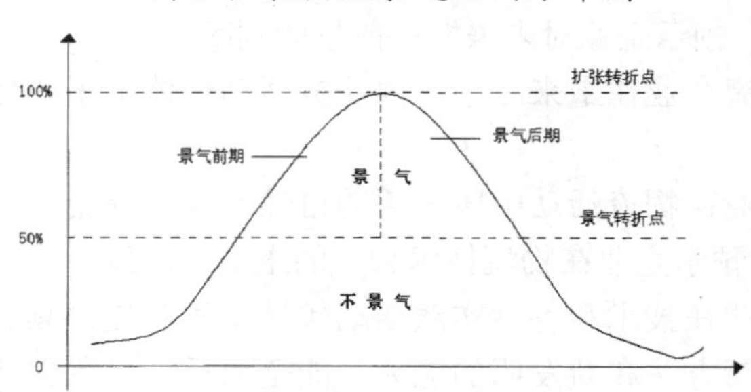

（二）合成指数计算

由于分项指数只能计算出物流业市场的大体发展趋势，不能体现波动的振幅到底有多强，采用合成指数便能弥补这一不足。合成指数能反映行业波动的振幅大小，由业务总量、新订单、从业人员、库存周转次数、设备利用率、物流技术和创新能力 7 项指数加权合成。

加权合成这步必须选取确定权重的方法，计算权重的方法可以分为三类：主观赋权法、客观赋权法、组合赋权法。

常用的主观赋权法有专家调查法（Delphi 法）、层次分析法（AHP ）、二项系数法、环比评分法、最小平方法等。

主观赋权法是人们研究较早、较为成熟的方法，主观赋权法的优点是专家可以根据实际的决策问题和专家自身的知识经验合理地确定各属性权重的排序，不至于出现属性权重与属性实际重要程度相悖的情况。但决策或评价结果具有较强的主观随意性，客观性较差，同时增加了对决策分析者的负担，应用中有很大局限性。

鉴于主观赋权法的各种不足之处，人们又提出了客观赋权法，其原始数据由各属性在决策方案中的实际数据形成，其基本思想是：属性权重应当是各属性在属性集中的变异程度和对其它属性的影响程度的度量，赋权的原始信息应当直接来源于客观环境，处理信息的过程应当是深入探讨各属性间的相互联系及影响，再根据各属性的联系程度或各属性所提供的信息量大小来决定属性权重。如果某属性对所有决策方案而言均无差异（即各决策方案的该属性值相同），则该属性对方案的鉴别及排序不起作用，其权重应为 0；若某属性对所有决策方案的属性值有较大差异，这样的属性对方案的鉴别及排序将起重要作用，应给予较大权重．总之，各属性权重的大小应根据该属性下各方案属性值差异的大小来确定，差异越大，则该属性的权重越大，反之则越小。

常用的客观赋权法有：主成份分析法、熵值法、离差及均方差法、多目标规划法等。其中熵值法用得较多，这种赋权法所使用的数据是决策矩阵，所确定的属性权重反映了属性值的离散程度。

客观赋权法主要是根据原始数据之间的关系来确定权重，因此权重的客观性强，且不增加决策者的负担，方法具有较强的数学理论依据。但是这种赋权法没有考虑决策者的主观意向，因此确定的权重可能与人们的主观愿望或实际情况不一致，使人感到困惑。因为从理论上讲，在多属性决策中，最重要的属性不一定使所有决策方案的属性值具有最大差异，而最不重要的属性却有可能使所有决策方案的属性值具有较大差异。这样，按客观赋权法确定权重时，最不重要的属性可能具有最大的权重，而最重要的属性却不一定具有最大的权重。而且这种赋权方法依赖于实际的问题域，因而通用性和决策人的可参与性较差，没有考虑决策人的主观意向，且计算方法大都比较繁锁。

组合赋权法，即主客观综合赋权法（或称组合赋权法）。主客观组合赋权法的两种常用方法是：“乘法”集成法、“加法”集成法。其公式分别是：

$$w_i = a_i b_i \Big/ \sum_{i=1}^{m} a_i b_i$$

$$w_i = \alpha a_i + (1-\alpha) b_i \text{，} (0 \le \alpha \le 1)$$

其中 $w_i$ 表示第 i 个指标的组合权重；$a_i$，$b_i$ 分别为第 i 各属性的客观权重和主观权重。前者的组合实质上是乘法合成的归一化处理，该方法使用于指标个数较多、权重分配比较均匀的情况。后者实质上是线性加权，称为线性加权组合赋权方法。当决策者对不同赋权方法存在偏好时，$\alpha$ 能够根据决策者的偏好信息来确定。

从上述方法分析可以看出，主观赋权法在根据属性本身含义确定权重方面具有优势，但客观性较差；而客观赋权法在不考虑属性实际含义的情况下，确定权重具有优势，但不能体现决策者对不同属性的重视程度，有时会出现确定的权重与属性的实际重要程度相悖的情况。针对主、客观赋权法各自的优缺点，为兼顾到决策者对属性的偏好，同时又力争减少赋权的主观随意性，使属性的赋权达到主观与客观的统一，进而使决策结果真实、可靠。

因此，合理的赋权方法应该同时基于指标数据之间的内在规律和专家经验对决策指标进行赋权。合成指数的加权合成，采用组合赋权法更合适。

通过分项指数、合成指数的计算，得到上海物流业景气指数，既可以全面反映上海物流业发展状态，又可以反映物流业波动的振幅大小。

**附录：上海物流业景气指数调查问卷**

上海物流业景气指数调查问卷

201　年　月

一、物流企业基本情况

企业名称（签章）：________________

组织机构代码：□□□□□□□□－□

法定代表人（负责人）：________________ 联系电话：________________

企业详细地址：________________ 行政区划代码：□□□□□□

企业主营活动：________________ 行业代码：□□□□

企业经济类型：1. 国有；2. 集体；3. 私营；4. 港澳台商投资；5. 外商投资　□

A 级企业等级：1. 5A；2. 4A；3. 3A；4. 2A；5. 1A　□

二、物流企业主要经济指标

| 指标名称 | 计量单位 | 代码 | 本年 | | 上年同期 | |
|---|---|---|---|---|---|---|
| | | | 本月 | 累计 | 本月 | 累计 |
| 甲 | 乙 | 丙 | 1 | 2 | 3 | 4 |
| 主营业务收入 | 万元 | 01 | | | | |
| 营业利润 | 万元 | 02 | | | | |
| 固定资产投资完成额 | 万元 | 03 | | | | |
| 新开工项目计划总投资 | 万元 | 04 | | | | |

三、物流企业景气指标

01 业务总量：贵企业本月完成的业务总量比上月

□增加　□基本持平　□减少

02 新订单（客户需求）：贵企业本月来自客户的新订单（客户需求）比上月

□增加　□基本持平　□减少

03 平均库存量：贵企业本月平均储存的客户的物品库存比上月

□增加　□基本持平　□减少　□没有

04 库存周转次数：贵企业本月储存的客户的物品库存周转次数比上月

□加快　□基本持平　□减慢　□没有

| |
|---|
| 05 资金周转率：贵企业本月流动资产周转次数比上月<br>□加快　　□基本持平　　□减慢 |
| 06 设备利用率：贵企业本月主要物流设备设施利用情况比上月<br>□增加　　□基本持平　　□降低 |
| 07 物流服务价格：贵企业本月物流服务（收费）价格比上月<br>□上升　　□基本持平　　□下降 |
| 08 主营业务利润：贵企业本月物流业务利润比上月<br>□增加　　□基本持平　　□降低 |
| 09 主营业务成本：贵企业本月物流业务成本比上月<br>□增加　　□基本持平　　□降低 |
| 10 固定资产投资完成额：贵企业本月固定资产投资完成额比上月<br>□增加　　□基本持平　　□降低　　□没有 |
| 11 从业人员：贵企业目前从事生产经营的人员数量（含临时工、合同工）比一个月前<br>□增加　　□基本持平　　□减少 |
| 12 业务活动预期：贵企业在未来 3 个月内业务活动整体水平预计<br>□上升　　□差别不大　　□下降 |
| 13 物流技术：<br>13-1 企业物流信息技术应用的整体情况：<br>□物流信息管理系统　　□物联网技术　　□物流信息平台<br>□物流自动化技术　　□大数据技术　　□无<br>13-2 贵企业通过自建或采用物流信息平台实现了哪些功能？（可选择多于一项）<br>□ 信息类功能（含信息查询、信息发布、信息撮合等）<br>□ 联络类功能（含联络客户、政府部门、合作伙伴等）<br>□ 运输管理与追踪类功能（含运力匹配、运输工具 / 货物追踪、供应链全流程可视化等）<br>□ 金融类功能（含保险、存货担保、质押融资、融资租赁、在线结算等）<br>□ 分析类功能（含生产 / 库存 / 需求信息分析、行业数据挖掘、物流方案策划咨询等）<br>□ 公益类功能（物流行业政策信息、行业动态信息、物流资讯发布等）<br>□020 类功能（含上门提货 / 卸货 / 分拨 / 发货、载具 / 设备维护、通报关服务等）<br>□ 无＿＿＿＿＿＿＿＿＿＿＿＿ |
| 14 创新能力：贵企业在未来 3 个月内创新能力整体水平预计<br>□上升　　□差别不大　　□下降 |
| 贵企业当前经营中存在的主要问题与建议： |

填表人姓名：　　职务：　　电话：　　报出日期：201　年　月　日

说明：1. 本表由物流企业主管生产经营的业务总监（经理）填报。

2. 本表为月报，调查时段为上月 26 日—本月 22 日。企业报送时间为每月 23—25 日。

本篇供稿：张旭　张志坚；编辑：张志坚

# 第三篇 物流基础领域

## 3.1 概述

1915 年阿齐 . 萧（A. W. Shaw）在其论文《关于市场流通的若干问题》中首次使用了物流概念。1997 年《物流术语国家标准》：物流定义为“以最小的总费用、按用户要求，将物资资料（包括原材料、半成品、产成品、商品等）从供应地向需求地转移的过程，主要包括运输、储存、包装、装卸、配送、流通加工、信息处理等活动”。2001 年国家标准《物流术语》：物流是指“物品从供应地向接收地的实体流动中，根据实际需要，将运输、储存、装卸、搬运、包装、流通加工、配送、信息处理等基本功能有机结合”。

本篇主要从本市的道路货运、水路货运、铁路货运、航空货运、仓储业方面入手，以文字和图表的形式，记录和分析了这五个物流基础领域方面的概况及数据统计。通过对这些物流基础领域的发展情况了解，试图比较全面地反映本市物流业细分领域的运作和成果。从中探索本市物流行业的发展趋势，从宏观角度推动本市物流行业和物流企业的发展经营、创新服务、全局意识。

## 3.2 道路货运

### 3.2.1 行业简况

道路货运是以载货汽车为主要运输工具，通过道路使货物产生空间位移的生产活动。货运汽车种类繁多，各自具有不同的性能和适用范围，不仅能够很好地承担其他各种运输方式所不能承担或不能很好承担的一些货运任务，可实现门到门的运输。从各种运输方式的运送效果看，由于公路网密度大，加上道路运输适应性强，机动灵活，对汽车货运选择最佳线路提供了便利条件，因而可以在一定的经济区域内相应地缩短货物运输距离，降低商品周转费用，加速资金流动，增加货物流动的时间价值，并相应节约了运力和能源，能够获得良好的社会效益和经济效益。

表 3.2.1 近五年道路货运基本情况一览表

| 指标名称 | 单位 | 2012 | 2013 | 2014 | 2015 | 2016 |
|---|---|---|---|---|---|---|
| 道路货运经营企业 | 万户 | 3.7 | 3.81 | 2.84 | 3.4 | 3.35 |
| 道路货物运输车辆 | 万辆 | 17.65 | 21.86 | 21.49 | 21.18 | 20.19 |
| 道路货物运输车辆总吨位 | 万吨 | 171.69 | 194.4 | 216.9 | 228.2 | 231.4 |

数据来源：上海市城市交通运输管理处

从表3.2.1来看，2016年，道路货运经营企业3.35万户，较上年减少0.05万户，同比下降1.5%；2016年，道路货物运输车辆20.19万辆，与去年基本持平，变化不明显；2016年，道路货物运输车辆总吨位231.4万吨，较上年增长3.2万吨，同比增长1.4%。

图 3.2.1 2016年道路货物运输车辆构成（%）

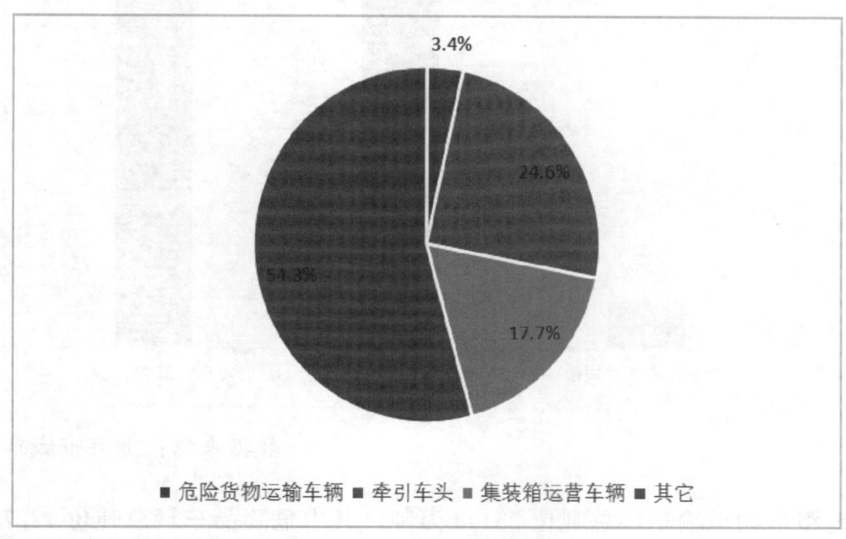


数据来源：上海市城市交通运输管理处

2016年，道路货物运输车辆20.19万辆，其中危险货物运输车辆6955辆，占比3.4%，较上年6454辆，同比增长7.8%；集装箱运营车辆3.57万辆，占比17.7%，较上年3.29万辆，同比增长8.5%。

图 3.2.2 2016年道路货物运输的业户结构（户）

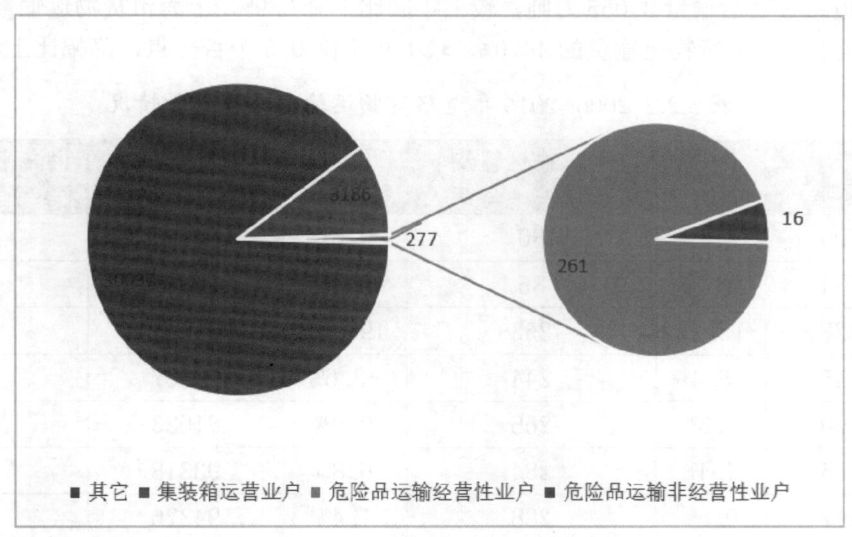


数据来源：上海市城市交通运输管理处

2016年，道路货物运输经营企业3.35万户，其中危险品运输经营性业务261户，较上年同比增长0.4%，危险品运输非经营性业务16户，较上年同比下降15.8%，集装箱运营业户3186户，较上年同比增长9.4%。

图 3.2.3 2016 年道路货物运输车辆吨位构成（万吨）

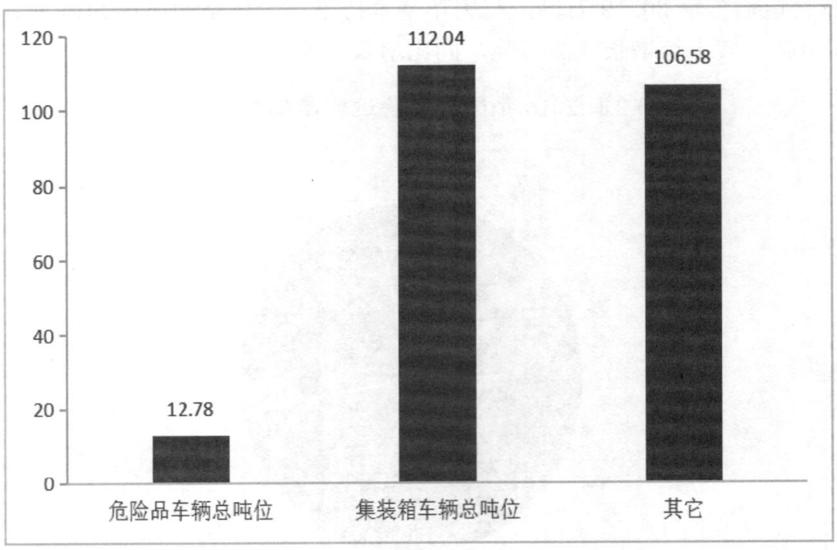

数据来源：上海市城市交通运输管理处

2016 年，道路货物运输车辆总吨位 231.4 万吨，其中危险品车辆总吨位 12.78 万吨，较上年 11.39 万吨，同比增长 12.2%；集装箱车辆总吨位 112.04 万吨，较上年 102.43 万吨，同比增长 9.4%。

### 3.2.2 货运量

2016 年，道路货物运输量 39055 万吨，较上年同比下降 3.9%，上海市货物运输量 88689.2 万吨，道路货物运输量占上海市货物运输量的 44.0%，较上年下降 0.5 个百分点，降幅比上年有所收窄。

表 3.2.2 2006-2016 年道路货物运输量及周转量情况

| 年份 | 道路货物运输量（万吨） | 同比增长 % | 道路货物运输周转量（亿吨·公里） | 同比增长 % | 上海市货物运输量（万吨） | 上海市货物运输周转量（亿吨·公里） |
|---|---|---|---|---|---|---|
| 2006 | 33799 | 3.4% | 80 | 9.6% | 72617 | 13837 |
| 2007 | 35634 | 5.4% | 85 | 5.9% | 78108 | 15949 |
| 2008 | 40328 | 13.2% | 253 | 198.5% | 84347 | 16031 |
| 2009 | 37745 | -6.4% | 244 | -3.6% | 76967 | 14436 |
| 2010 | 40890 | 8.3% | 266 | 9.0% | 81023 | 16173 |
| 2011 | 42685 | 4.4% | 284 | 6.8% | 93318 | 20367 |
| 2012 | 42911 | 0.5% | 288 | 1.4% | 94376 | 20427 |
| 2013 | 43809 | 2.1% | 299 | 3.9% | 91535 | 17868 |
| 2014 | 42848 | -2.2% | 301 | 0.6% | 90341 | 18691 |
| 2015 | 40627 | -5.2% | 290 | -3.7% | 91239 | 19553 |
| 2016 | 39055 | -3.9% | 282 | -2.8% | 88689 | |

（数据来源：《上海统计年鉴 2016》&《2017 上海交通行业发展报告》）

图 3.2.2 2006–2015 年道路货物运输量发展趋势

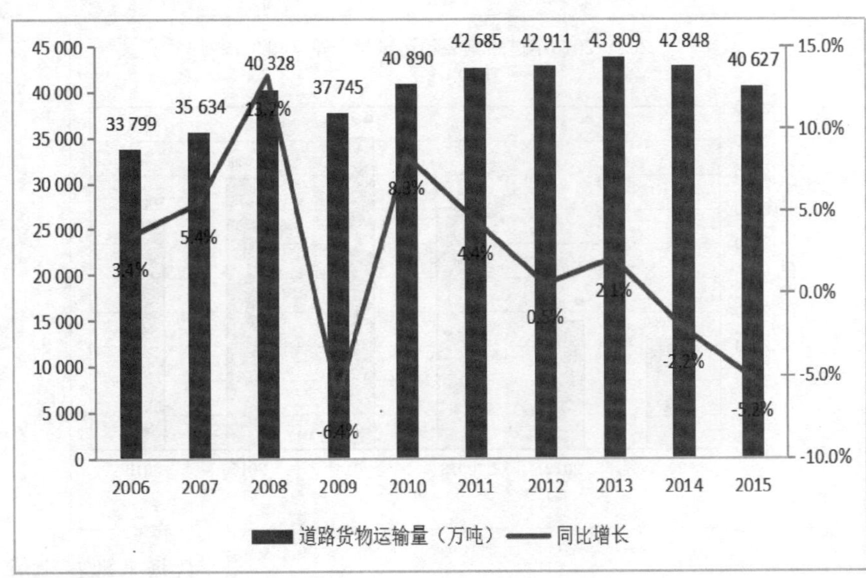


数据来源：上海统计年鉴 2016

2016 年，道路货物运输周转量 282 亿吨・公里，较上年同比下降 2.6%。

图 3.2.3 2006–2015 年道路货物运输周转量发展趋势

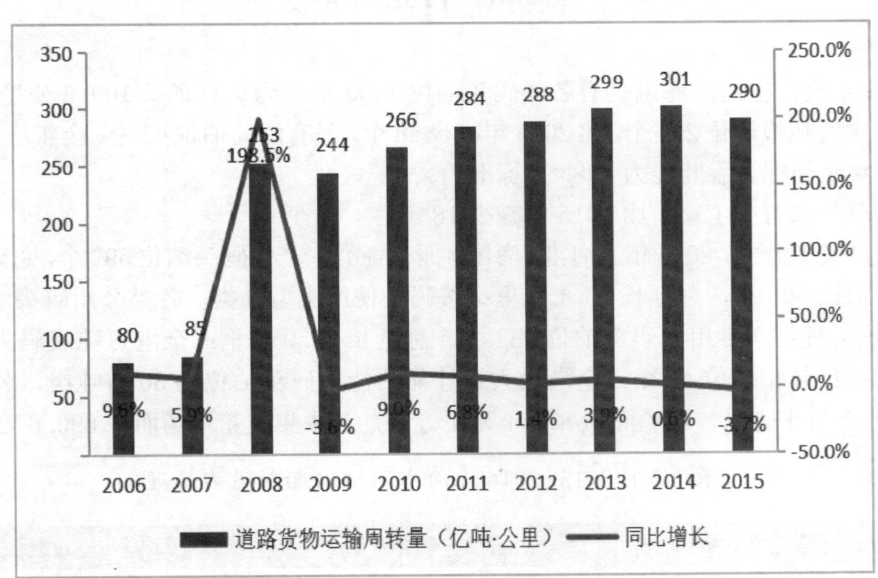


数据来源：上海统计年鉴 2016

### 3.2.3 道路集装箱运输

2016 年，道路集装箱运输量为 2234 万 TEU，较上年同比减少 2.7%，道路集装箱集的平均运距为 288 公里，较上年提高 6.6%，里程利用率约为 63.5%。

图 3.2.3 2011-2016 年道路集装箱运输量发展趋势

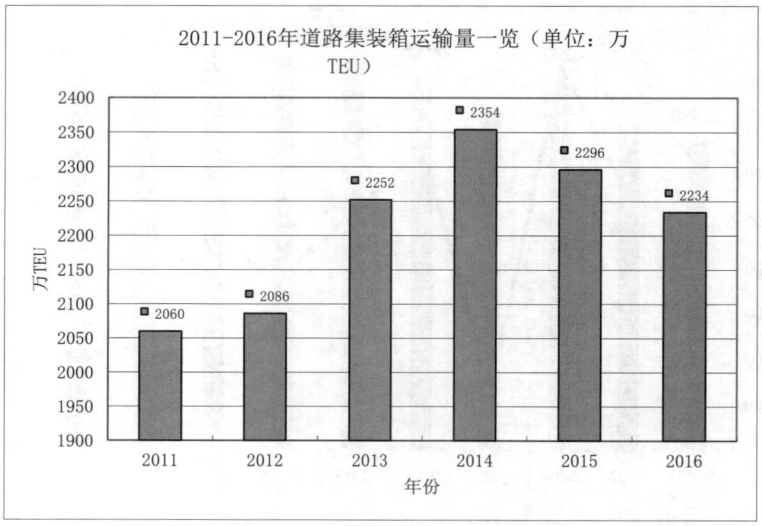

数据来源：上海市交通委员会

# 3.3 水路货运

## 3.3.1 行业简况

截至 2016 年底，上海港海港拥有各类码头泊位 1195 个，码头总延长 109.2 公里，比 2015 年减少 17.7 米。其中万吨级泊位 224 个，比 2015 年减少 48 个，另有浮筒泊位 43 个。全年综合吞吐能力 5.3 亿吨，其中：集装箱综合吞吐能力 1983 万标准箱。

港口码头单位共有 231 家，比 2015 年减少 18 家。

按码头生产类型分类，2016 年上海港（海港）拥有各类生产性码头泊位 592 个，总延长 74.1 公里，非生产性码头泊位 603 个，总延长 35.1 公里；按码头使用类型分类，各类公用码头泊位 213 个，总延长 28.3 公里，货主（专用）码头泊位 982 个，总延长 80.9 公里；全港万吨级码头泊位中，生产性泊位 172 个；集装箱泊位 42 个；全港最大设计靠泊能力码头泊位为 30 万吨级，公用码头企业拥有仓库面积 18.5 万平方米，堆场面积 879.1 万平方米，其中集装箱堆场面积 690.6 万平方米。

表 3.3.1 2015-2016 上海水路运输船舶运力情况

| 码头名称 | 2016 年 | 2015 年 | 同比增长（%） |
|---|---|---|---|
| 海港码头单位数（个） | 231 | 249 | -7.2 |
| 海港码头长度（千米） | 109.2 | 126.9 | -13.9 |
| 内：生产用码头长度（千米） | 74.1 | 75.2 | -1.5 |
| 海港泊位数（个） | 1195 | 1300 | -8.1 |
| 其中：万吨级泊位个数 | 224 | 272 | -17.65 |
| 内：集装箱专用码头泊位数（个） | 42 | 42 | 0 |
| 生产用泊位数（个） | 592 | 609 | -2.8 |
| 内：万吨级（个） | 172 | 174 | -1.1 |
| 公用码头泊位个数（个） | 213 | 213 | 0 |

| 码 头 名 称 | 2016 年 | 2015 年 | 同比增长（%） |
|---|---|---|---|
| 公用码头泊位长度（米） | 28270 | 28270 | 0 |
| 货主码头泊位个数（个） | 982 | 1069 | -8.1 |
| 货主码头泊位长度（米） | 80952 | 97774 | -17.3 |
| 海港码头货物年通过能力（亿吨） | 5.30 | 5.38 | -1.5 |
| 海港码头集装箱年通过能力（万标准箱） | 1983 | 1983 | 0 |

数据来源：上海市交通委综合规划处

纵观 2016 年上海港全港货物吞吐量，其在世界港口中排名仍显著，但总体较往年呈稍微下降趋势。全港货物吞吐量为 70195.3 万吨，较 2015 年下降了 1544.3 万吨。近两年上海港全港货物吞吐量呈负增长趋势，但 2016 年上海港全港货物吞吐量较 2015 年同比回暖较高。

图 3.3.1 2012-2016 年上海港全港货物吞吐量趋势图

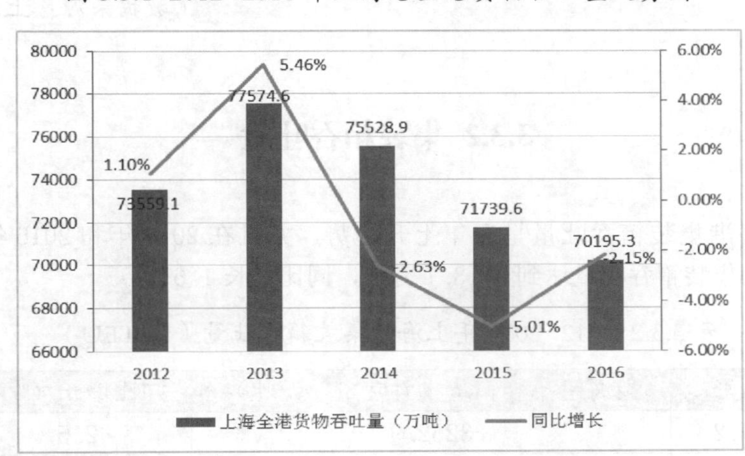


数据来源：上海港码头管理中心

2016 年上海港全年货物吞吐量总量为 70404.57 万吨，各月度货物吞吐量比较平稳，没有较大波动。

图 3.3.2 2016 年全港月度货物吞吐量趋势图

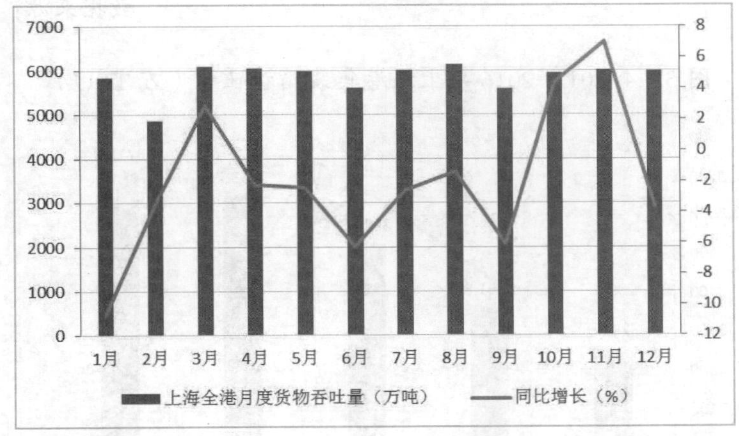


数据来源：上海统计年鉴 2016

近五年来，上海水路货运量呈现比较平稳的趋势，都在 90000 万吨左右浮动，其中 2016 年为五年来最低货运量为 88687.67 万吨，占总货运量的 55%。

图 3.3.3 2012–2016 年上海水路货运量（万吨）

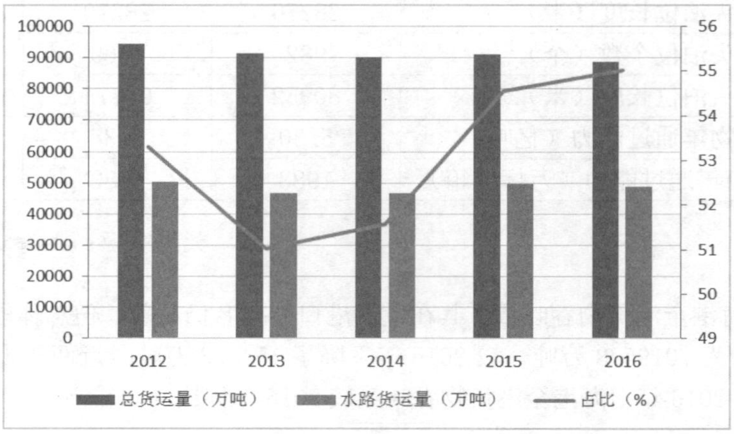

（数据来源：上海统计年鉴 2016）

## 3.3.2 集装箱吞吐量

近五年来，上海港集装箱吞吐量呈逐年上升趋势，并且在 2015 年和 2016 年上升幅度减小。2016 年的上海港货物集装箱吞吐量达到 3713.7 万吨，同比增长 1.6%。

表 3.3.2 2012–2016 年上海港集装箱吞吐量（万 TEU）

| 年份 | 上海港集装箱货物吞吐量（万吨） | 同比增长（%） |
|---|---|---|
| 2012 | 3252.9 | 2.5 |
| 2013 | 3361.8 | 3.3 |
| 2014 | 3528.5 | 5 |
| 2015 | 3653.7 | 3.5 |
| 2016 | 3713.3 | 1.6 |

数据来源：上海统计年鉴 2016

图 3.3.4 2012–2016 年上海港集装箱吞吐量（万 TEU）

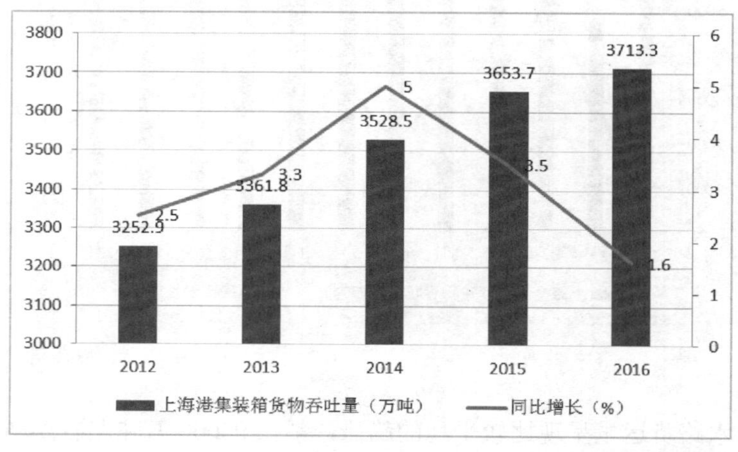


数据来源：上海统计年鉴 2016

2016 年全年上海港各月度集装箱吞吐量呈波动较小，每月的集装箱吞吐量较平稳。按照进出港划分的集装箱吞吐量，进港总量为 1357. 63 万吨，出港总量为 968. 25 万吨。

表 3.3.3 2016 年各月份上海港集装箱吞吐量（万 TEU）

| 时间 | 总量 | 按航线划分 | | | 按进出港划分 | |
|---|---|---|---|---|---|---|
| | | 国际航线 | 内支线 | 内贸线 | 进港 | 出港 |
| 2016 年 1 月 | 294. 5 | | | | 140. 59 | 153. 75 |
| 2016 年 2 月 | 259. 1 | | | | 138. 11 | 120. 94 |
| 2016 年 3 月 | 300. 6 | | | | 148. 85 | 151. 69 |
| 2016 年 4 月 | 312. 2 | | | | 150. 81 | 161. 39 |
| 2016 年 5 月 | 308. 7 | | | | 147. 61 | 161. 07 |
| 2016 年 6 月 | 314. 5 | | | | 154. 31 | 160. 14 |
| 2016 年 7 月 | 327. 3 | | | | 155. 99 | 171. 33 |
| 2016 年 8 月 | 331. 4 | | | | 162. 70 | 168. 71 |
| 2016 年 9 月 | 313. 3 | | | | 154. 24 | 159. 04 |
| 2016 年 10 月 | 321. 5 | | | | 159. 43 | 162. 03 |
| 2016 年 11 月 | 322. 0 | | | | 157. 36 | 164. 61 |
| 2016 年 12 月 | 308. 6 | | | | 155. 17 | 153. 44 |

数据来源：上海统计年鉴 2016

图 3.3.5 2016 年各月份上海港集装箱吞吐量（万 TEU）

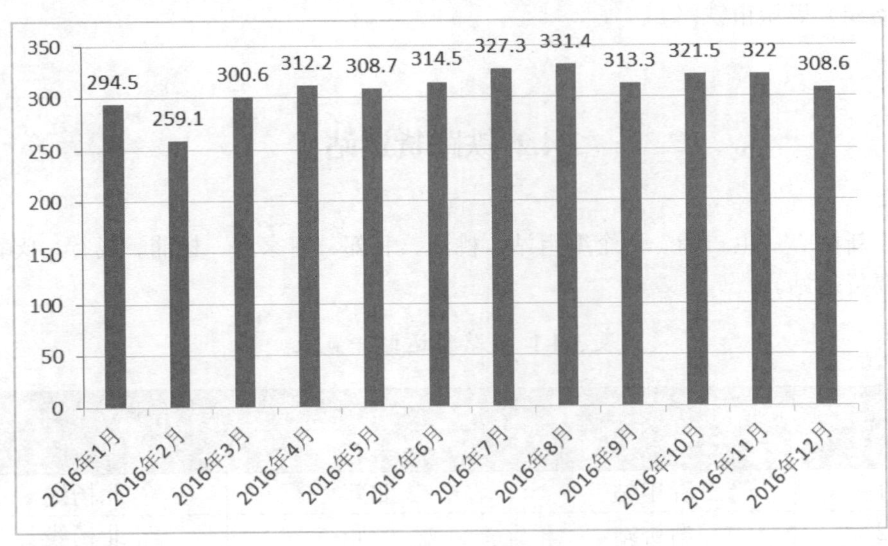


数据来源：上海统计年鉴 2016

### 3.3.3 危险品货物吞吐量

2016 年，上海港危险货物的吞吐量稳中有降。“十二五”期间，洋山深水港三期、液化天然气等新建码头、金山化工区和上海化学工业区等改扩建码头陆续正式投入使用；受近年来一些沿海港口地区的危险货物运输不畅和2015年天津“8. 12”危险货物爆炸事故影响，部分货物转至上海港装运，因此危险货物作业量依旧保持高位。此外，受上海中心城区、黄浦江两岸等地规划搬迁影响，良深贸易等危险货物港口企业陆续关停并转，使得整体危险货物港口作业量略有萎缩。全年完成危险货物吞吐量 4813 万吨，同比减少 83 万吨，降低 1.7%。

表 3.3.4 2015-2016 年上海海港货物危险品吞吐量（万吨）

| 年份 | 全港危险货物吞吐量 | 散装危险货物吞吐量 | 上港集团包装危险货物吞吐量 |
|---|---|---|---|
| 2015 | 4896 | 3410 | 1486 |
| 2016 | 4813 | 3332 | 1481 |

数据来源：上海市码头管理中心

## 3.4 铁路货运

### 3.4.1 铁路通道

至 2016 年底，上海地区铁路里程已达 465 公里，拥有京沪、沪昆 2 个方向 5 条通道（枢纽线有沪宁、沪杭），浦东铁路（一期）和 9 条铁路支线（南何、何杨、真西、淞沪、新日、金山、新闵、吴泾、芦潮港支线）等城市铁路。

### 3.4.2 铁路货运站

拥有南翔、新桥“一主一辅”两个编组站，桃浦、北郊、何家湾、杨浦、杨行、闵行、卢湾港、松江等 8 个主要货运站。

表 3.4.1 铁路货运站一览表

| 序号 | 客运站 | 货运站及所属线路 | |
|---|---|---|---|
| | | 车站 | 线别 |
| 1 | 春申站 | 北郊 | 北杨线 |
| 2 | 新桥站 | 张庙 | 北杨线 |
| 3 | 松江站 | 杨行 | 北杨线 |
| 4 | 上海站 | 安亭 | 京沪线 |
| 5 | 上海南站 | 黄渡 | 京沪线 |

| 序号 | 客运站 | 货运站及所属线路 | |
|---|---|---|---|
| | | 车站 | 线别 |
| 6 | 上海虹桥站 | 南翔 | 京沪线 |
| 7 | 上海西站 | 松江 | 沪昆线 |
| 8 | 南翔北站 | 何家湾 | 南何线 |
| 9 | 安亭北站 | 桃浦 | 南何线 |
| 10 | 松江南站 | 杨浦 | 何杨线 |
| 11 | 金山北站 | 闵行 | 新闵线 |
| 12 | 亭林站 | 新龙华 | 新龙华联络线 |
| 13 | 金山卫站 | 金山卫西 | 金山线 |
| 14 | 车墩站 | 叶榭 | 金山线 |
| 15 | 叶榭站 | 海湾 | 浦东线 |
| 16 | 金山园区站 | 漕泾 | 浦东线 |
| 17 | 海湾站 | 芦潮港 | 芦潮港线 |
| 18 | 芦潮港站 | / | / |

数据来源：上海市铁路局

### 3.4.3 铁路货运到发量

近 5 年，上海铁路货运量持续下滑。2016 年，上海完成铁路货物运输量 1197.45 万吨，较上年下降 13.3%。其中货物发送量 460.5 万吨，较上年下降 2.3%。完成货物周转量 100188.8 万吨公里，较上年提高 2.4%。

表 3.4.2 2006-2016 年铁路货物运输量及周转量情况

| 年份 | 铁路货物发送量（万吨） | 同比增长 % | 铁路货物运输周转量（亿吨·公里） | 同比增长 % | 上海市货物运输量（万吨） | 上海市货物运输周转量（亿吨·公里） |
|---|---|---|---|---|---|---|
| 2006 | 1223 | -4.3% | 55 | 17.0% | 72617 | 13837 |
| 2007 | 1143 | -6.5% | 35 | -36.4% | 78108 | 15949 |
| 2008 | 1012 | -11.5% | 29 | -17.1% | 84347 | 16031 |
| 2009 | 941 | -7.0% | 25 | -13.8% | 76967 | 14436 |
| 2010 | 959 | 1.9% | 26 | 4.0% | 81023 | 16173 |
| 2011 | 888 | -7.4% | 21 | -19.2% | 93318 | 20367 |
| 2012 | 825 | -7.1% | 18 | -14.3% | 94376 | 20427 |
| 2013 | 694 | -15.9% | 14 | -22.2% | 91535 | 17868 |
| 2014 | 549 | -20.9% | 12 | -14.3% | 90341 | 18691 |
| 2015 | 471 | -14.2% | 11 | -8.3% | 91239 | 19553 |
| 2016 | 460.5 | -2.3% | 10.0 | | | |

数据来源：上海统计年鉴 2016 上海交运发展研究中心

### 3.4.4 铁路主要货运站到发量

2016 年铁路货运量前五位车站依次分别是闵行站、杨行站、北郊站、何家湾站和杨浦站，其中闵行站和杨行站分别占铁路货物运输总量的 18.50% 和 17.20%。

图 3.4.1 2006-2015 年铁路货物运输量及周转量发展趋势

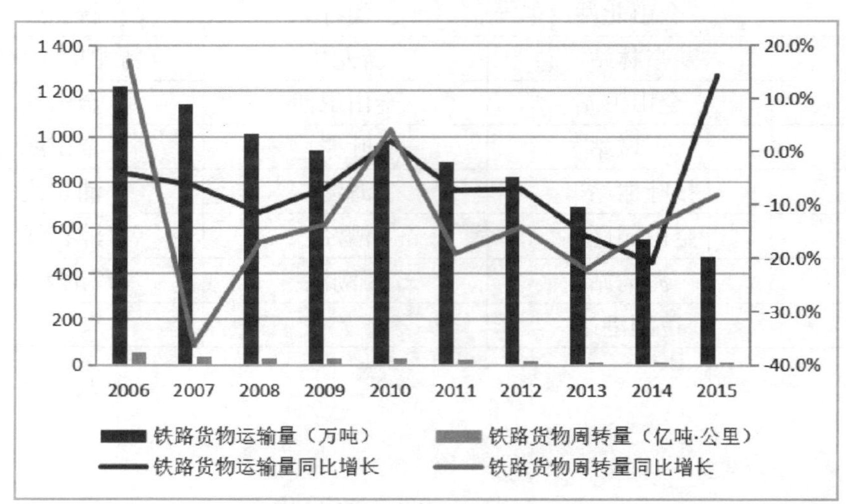


数据来源：上海统计年鉴 2016

## 3.5 航空货运

### 3.5.1 行业简况

航空货运是现代航空物流航空货运业务中的重要组成部分，同时也是国际贸易中贵重物品、鲜活货物和精密仪器运输所不可缺的方式。航空货运以其迅捷、安全、准时的赢得了相当大的市场，大大缩短了交货期，并提供了安全、快捷、方便和优质的服务。

依据上海机场“十二五”规划，上海机场的货运吞吐量将达到 500 万吨~550 万吨，跃升至全球第一。为此，上海机场制订了货运“争创第一”的行动方案，明确了 43 项行动任务，进一步增强浦东机场的国际门户枢纽能力，推动浦东机场年货运吞吐量全球排名快速提升。截至 2015 年底，根据国际机场协会（ACI）最新发布的全球机场排名，浦东机场货邮吞吐量达到 327.38 万吨，连续 8 年排名位居全球机场第三，仅次于香港机场和美国孟菲斯机场。

### 3.5.2 航空货运吞吐量

近 5 年上海航空货邮吞吐量基本保持增长态势。2016 年上海机场共完成货运吞吐量 386.92 万吨，较上年增长 4.3%，占全国货邮吞吐总量的 25.6%。其中，国内航线完成 21.10%，国际及港澳台航线完成 78.9%。

虹桥机场货邮吞吐量：虹桥机场的货邮到发量整体呈下降的趋势，其中，2016 年虹桥机场完成货邮吞吐量 42.8 万吨，较上年减少 1.4%，占上海机场货邮吞吐量的 11.1%，位列全国机场第 8 名。

浦东机场货邮吞吐量：浦东机场货邮吞吐量发展较为平稳，发送量大于到达量。2016 年浦东机场完成货邮吞吐量 344.09 万吨，较上年增长 5.00%，占上海机场货邮吞吐量 88.9%，位列全国机场首位。

表 3.5.1 两场货邮年发送量与到达量（万吨）

| 年份 | 虹桥机场 | | | | 浦东机场 | | | | 总计 |
|---|---|---|---|---|---|---|---|---|---|
| | 国内航线 | | 国际地区航线 | | 国内航线 | | 国际地区航线 | | |
| | 发送 | 到达 | 发送 | 到达 | 发送 | 到达 | 发送 | 到达 | |
| 2010 | 25.1 | 22.2 | 0.7 | 0.1 | 20.2 | 18.6 | 176.9 | 107.2 | |
| 2011 | 23.4 | 20.9 | 1 | 1.1 | 18.5 | 18.9 | 170.8 | 100.3 | |
| 2012 | 21.8 | 19.9 | 1.2 | 0.2 | 17.4 | 17 | 167.3 | 92.1 | 336.9 |
| 2013 | 22.7 | 19 | 1.6 | 0.2 | 17.8 | 17.5 | 159.8 | 97.7 | 336.3 |
| 2014 | 21.9 | 18.9 | 2 | 0.34 | 17.4 | 18.5 | 173.9 | 108.4 | 361.3 |
| 2015 | 21.2 | 19.3 | 2.4 | 0.5 | 17.6 | 21.8 | 176.5 | 111.7 | 370.9 |
| 2016 | 22.1 | 18.0 | 2.5 | 0.2 | 19.9 | 21.8 | 183.1 | 119.2 | 386.9 |

数据来源：机场集团、上海市交通运输发展研究中心

近 5 年来，上海机场货邮吞吐量呈平稳递增趋势。2016 年上海机场货邮吞吐量达到 385.4 万吨，同比增长 2.5%。

图 3.5.1 近 5 年上海机场货邮吞吐量（万吨）

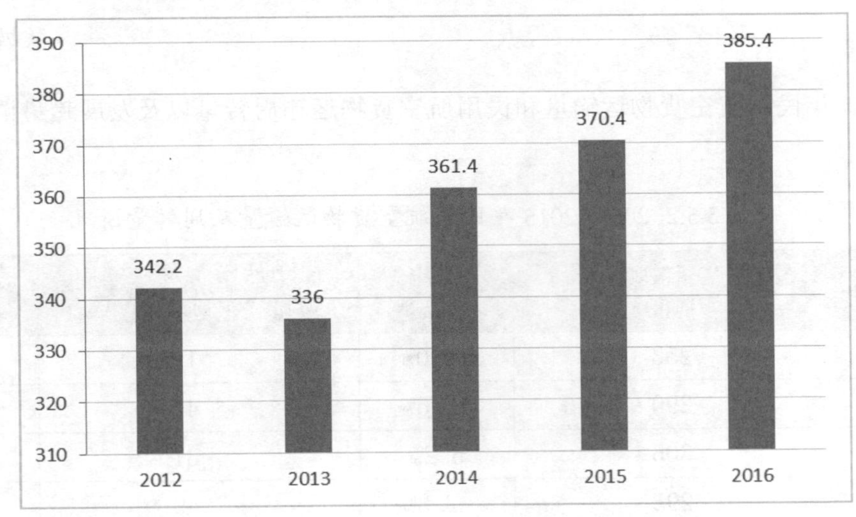


（数据来源：上海统计年鉴）

图 3.5.2 近 5 年虹桥机场货邮吞吐量（万吨）

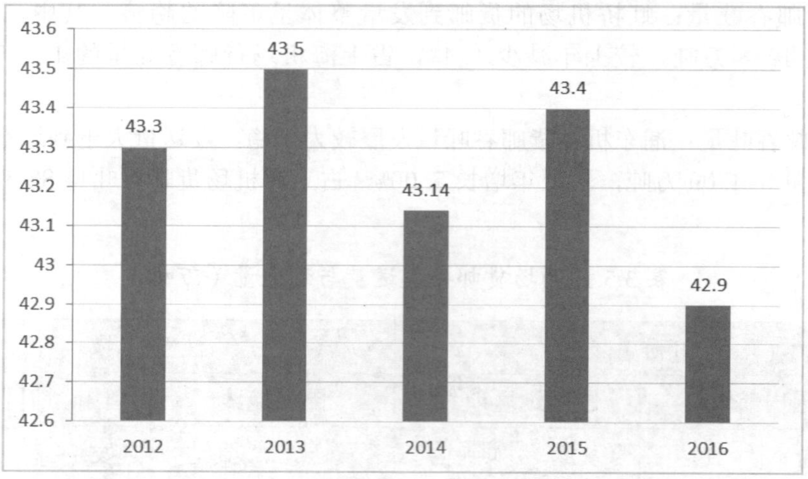

43.6
43.5
43.4
43.3
43.2
43.1
43
42.9
42.8
42.7
42.6
43.3
43.5
43.14
43.4
42.9
2012
2013
2014
2015
2016

数据来源：机场集团

图 3.5.3 近 5 年浦东机场货邮吞吐量（万吨）

350
340
330
320
310
300
290
280
270
260
293.8
292.8
318.2
327.5
342.5
2012
2013
2014
2015
2016

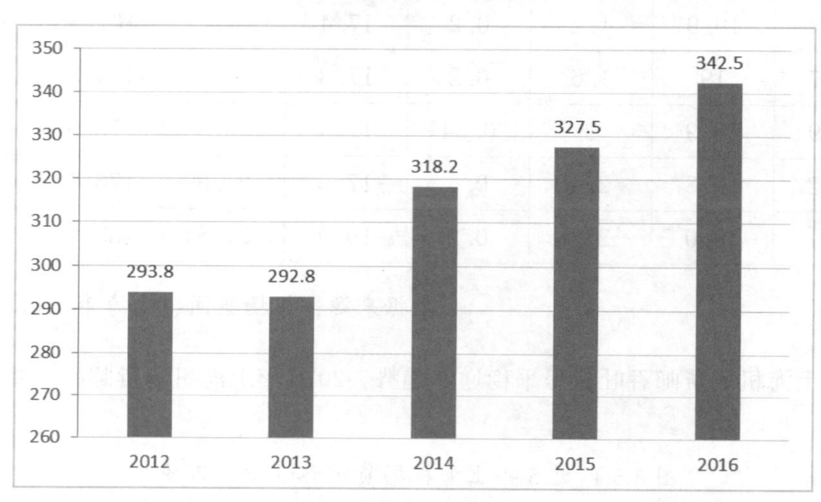

数据来源：机场集团

2006-2015 年民用航空货物运输量和民用航空货物运输周转量以及发展趋势请见表 3.5.2、图 3.5.4。

表 3.5.2 2006-2015 年民用航空货物运输量及周转量情况

| 年份 | 民用航空货物运输量（万吨） | 同比增长 % | 民用航空货物运输周转量（亿吨·公里） | 同比增长 % |
|---|---|---|---|---|
| 2006 | 253 | 14.0% | 19 | 29.6% |
| 2007 | 290 | 14.6% | 40 | 110.5% |
| 2008 | 305 | 5.2% | 37 | -7.5% |
| 2009 | 298 | -2.3% | 49 | 32.4% |
| 2010 | 371 | 24.5% | 63 | 28.6% |
| 2011 | 356 | -4.0% | 57 | -9.5% |

| 年份 | 民用航空货物运输量（万吨） | 同比增长％ | 民用航空货物运输周转量（亿吨·公里） | 同比增长％ |
|---|---|---|---|---|
| 2012 | 338 | -5.1% | 54 | -5.3% |
| 2013 | 335 | -0.9% | 57 | 5.6% |
| 2014 | 361 | 7.8% | 57 | 0.0% |
| 2015 | 371 | 2.8% | 57 | 0.0% |

（数据来源：上海统计年鉴 2016）

图 3.5.4 2006-2015 年民用航空货物运输量及周转量发展趋势

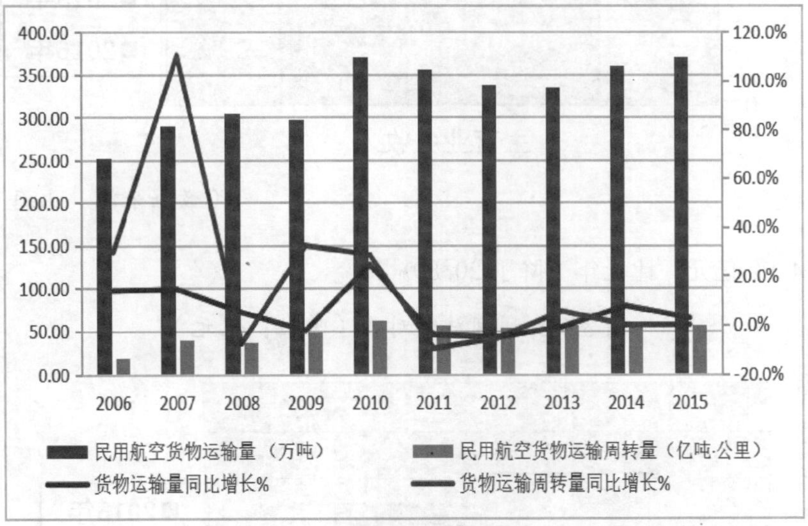

（数据来源：上海统计年鉴 2016）

# 3.6 仓储业

仓储业是专为他人储藏、保管货物的商业营业活动，是现代化大生产和国际、国内商品货物的流转中一个不可或缺的环节。到目前为止，仓储业者的作用有输送、保管、配送、理货，发展的趋势是连接起销售。

2016 年，面对经济发展的新形势和行业发展的新要求，面对仓储业已经成为国民经济中占据重要地位的服务产业，上海仓储企业积极融入现代仓储物流业的发展之中，坚持改革创新，积极调整应对，克服不利因素，加快转型升级。

## 3.6.1 典型仓储企业调查状况

根据上海市商务委抽查的 40 多家典型仓储企业所收集到的信息和数据，分析归纳如下：

（1）行业经营规模情况

仓储企业从业人数为 9630 人，比上年下降了 6.76%，从构成看，大型企业比上年下降了 0.91%；中型企业下降了 2.85%；小型企业下降了 38.86%。

本科及本科以上学历人数下降了 15.31%，其中：大型企业下降了 3.60%；中型企业上升了 5.42；小型企业下降了 63.30%。

（2）行业经营效益情况

主营业务收入为 53.35 亿元，比上年下降了 16.31%。

图 3.6.1 主营业务收入对比（单位：亿元）

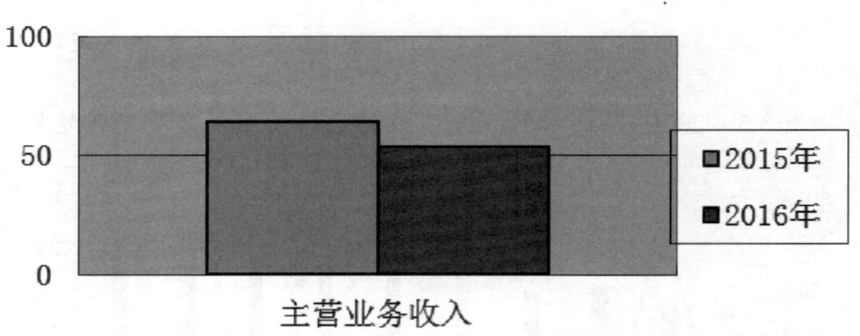


（数据来源：上海市仓储行业协会）

利润总额为 4.92 亿元，比上年下降了 20.89%。

图 3.6.2 利润总额对比（单位：亿元）

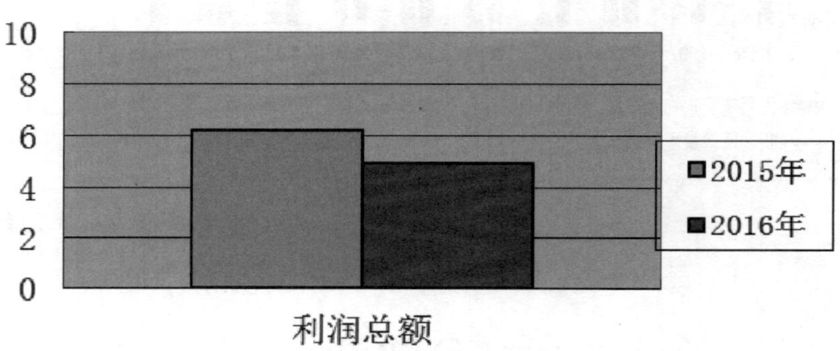


（数据来源：上海市仓储行业协会）

（3）效益分析

虽然主营业务收入和利润总额都有所下降，但是，其中主营业务收入同比增加的企业有 18 家，利润总额同比增加的企业有 19 家，反映了仓储行业整体经营状况还是比较好的。

根据以上典型仓储物流企业统计资料分析，虽然仓储行业整体发展水平仍处于比较好的状态，但是企业发展出现不平衡的现象，2016 年主营业务收入同比减少的企业有 21 家，利润总额同比减少的企业有 20 家，分别约占 50%。

## 3.6.2 外经贸仓储企业调查状况

2016 年上海市外经贸仓储企业紧紧围绕“平稳、提升、创新、服务”和“转型发展”的工作思路，坚持以优质服务为抓手，以市场经济为导向，积极调整方向，较好地实行了“安全生产稳定，经济效益稳定，员工收入稳定”的目标。通过对部分外经贸仓储企业调查，所收集到的信息和数据分析归纳如下：

（1）主要经营指标完成情况

表 3.6.2 2015-2016 年主要经营指标完成情况

| 项目 | 2016 年 | 2015 年 | 同比增长 % |
| --- | --- | --- | --- |
| 营业收入 | 61588 万元 | 62857 万元 | - 2.2% |
| 营业利润 | 3387 万元 | 3665 万元 | - 7.6% |
| 吞吐 | 547.88 万吨 | 574.99 万吨 | - 4.7% |
| 储存 | 55.97 万吨 | 58.93 万吨 | - 5.0% |

（数据来源：上海市仓储行业协会）

2016 年全年营业收入为 61588 万元，比 2015 年 62857 万元同比下降 2.2%。

图 3.6.2 营业收入对比（单位：万元）

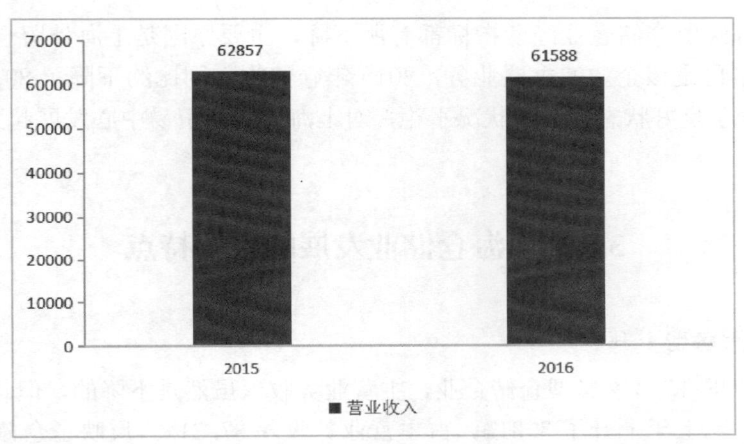


（数据来源：上海市仓储行业协会）

2016 年全年营业利润为 3387 万元，比 2015 年 3665 万元同比下降 7.6%。

图 3.6.3 营业利润对比（单位：万元）

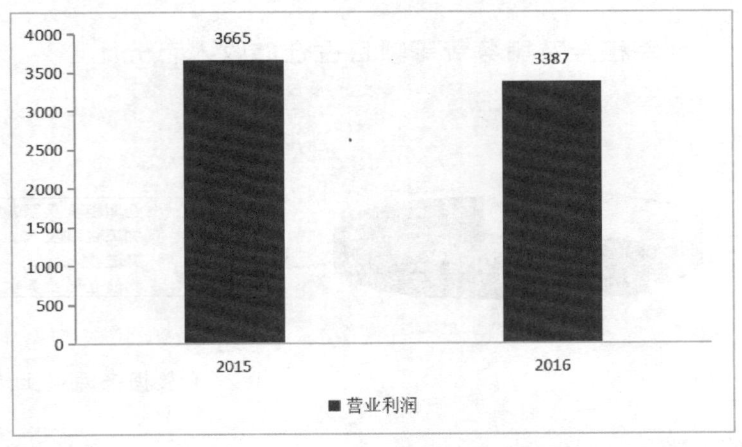


（数据来源：上海市仓储行业协会）

2016 年吞吐量为 547.88 万吨，比 2015 年 574.99 万吨下降了 4.7%。

2016 年储存量为 55.97 万吨，比 2015 年 58.93 万吨下降了 5.0%。

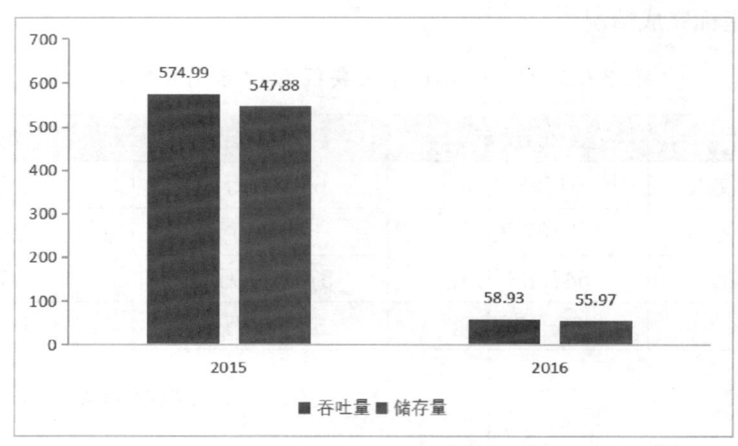


（数据来源：上海市仓储行业协会）

（2）效益分析

以上数据反映外经贸仓储企业经营指标都有所下降，主要原因是上海外贸仓储江湾储运公司整体转型，仓储业务不再是该企业的主要业务，2016 年仓储收入同比约下降了 80%。剔除该因素看，整体发展水平还是处于良好状态，经营状况平稳，对上海进出口贸易中心发展起到一定作用。

## 3.6.3 上海仓储业发展的主要特点

1、仓库租金及服务费上升

2016 年抽象调查的 40 多家典型仓储企业，主营业务收入虽然是下降的，但是所包含的仓库租金及服务费略有增加，比上年上升了 3.31%。占主营业务收入 37.21%。反映了仓储物流企业的经营收入还是以专业仓储业务收入为主打。如上海畅联国际物流有限公司 2016 年仓库租金及服务费比上年约上升了 16%，主要是通过提高仓库的出租率来提高企业经济效益，上年有 20% 的仓库空置率，2016 年仓库空置率为零。

图 3.6.4 吞吐量、存储量对比（单位：万吨）

仓库租金及服务费等项目占仓储收入百分比

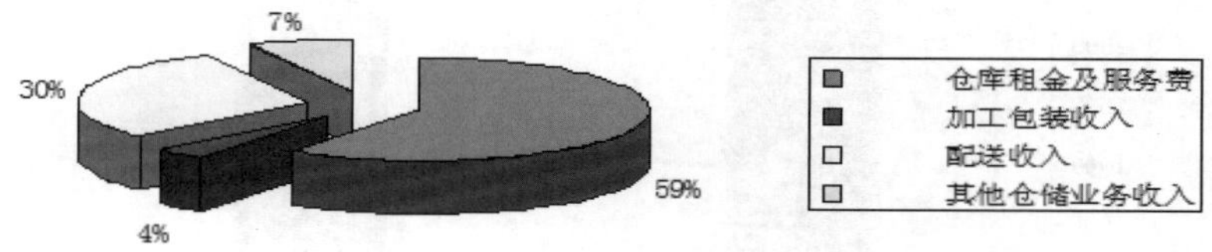


（数据来源：上海市仓储行业协会）

2、商品存储单价上涨

2016 年抽象调查的 40 多家典型仓储企业，每天每平方米存储单价是上涨的，其中：立体库比上年上涨了约 2.60%；楼房库比上年上涨了约 2.75%；平房库比上年上涨了约 4.04%。

3、通用仓库面积扩大

2016 年抽象调查的 40 多家典型仓储企业，通用仓库面积比上年增加了 19.05%，其中：立体库增加了 26.16%；楼房库增加了 12.21%；平房库增加了 20.04%。

4、上海电商物流扩展

电子商务是信息时代和现代服务业的重要产物，市场规模持续扩大，仓储物流业作为电子商务发展的关键因素之一，是信息流、资金流、商流的载体和基础。根据市商务委公布的数据显示，2016 年 1-12 月，上海电子商务保持平稳增长，实现电子商务交易额 20049.3 亿元，同比增长了 21.9%。其中，B2B 交易额 14445.6 亿元，同比增长了 17.3%；网络购物（B2C/C2C）交易额 5603.7 亿元，同比增长了 35.4%（其中，商品类网络购物交易额 2991.9 亿元，同比增长了 32.9%，服务类网络购物交易额 2611.8 亿元，同比增长了 38.4%）。

## 3.6.4 上海仓储业存在问题及发展建议

2016 年上海仓储业在市政府有关部门的指导和关心下，在仓储企业的共同努力下，整体发展水平从表面看还是比较平稳的。但是通过对抽象调查的 40 多家典型仓储企业所收集的数据分析，仓储企业经营状况、发展水平、发展速度不均匀，而且仓储行业的总体发展水平与我国现阶段经济发展水平和规模相比，仍然存在一定差距和问题。主要体现在以下几个方面：

1、仓储企业经营规模缩小

在抽象调查的 40 多家典型仓储企业中，企业从业人数和主营业务收入都分别下降了 6.76% 和 16.31%。特别是 100 人以下的小型企业下降较为明显，企业从业人数和主营业务收入都分别比上年下降了 38.86% 和 75.22%。

2、本科及本科以上学历下降

在抽象调查的 40 多家典型仓储企业中，本科及本科以上学历人数同比下降了 15.31%，其中：大型企业比上年下降了 3.60%；中型企业比上年上升了 5.42%；小型企业比上年下降了 63.3%。

3、仓储企业固定资产下降

在抽象调查的 40 多家典型仓储企业中，总资产同比下降了 7.57%，其中固定资产同比下降了 14.75%（大型企业比上年下降了 10.97%；中型企业比上年上升了 13.71%；小型企业比上年下降了 34.43%）。

4、仓储企业数据收集困难

仓储企业的经营业务具有一定的特殊性，一方面客户需求动态变化大，数据收集难度高；另一方面抽象调查对象不重视，人员变化大，影响数据正确性。如典型仓储企业调查对象去年上报数据有 70 多家，今年只有 40 多家，减少了近一半企业数，而且收集到的数据是不完整的。

仓储业是一个古老的行业，是商品流通体系的主要基础，随着社会经济的不断发展，仓储业已成为社会经济发展的重要组成部分，在国民经济体系中占有重要的地位。面对“十三五”物流业发展规划及仓储业发展中存在的问题，提出以下六点建议：

（1）提供增值服务，提高企业效益

仓储企业应根据市场需求和企业自身条件，除了提供传统意义上的仓储业务服务项目之外，可以选准自己的市场定位，选择适合自己的发展模式，加大企业在经营方式、技术装备的现代化建设力度，扩大增值服务功能，创新经营模式，提高企业竞争力，努力向客户提供配送、包装、加工、信息与咨询服务等各种符合客户需求的增值服务项目，以提升仓储企业的内在价值、保持竞争能力，赢得更多客户，增强仓储企业的市场竞争力，提高企业经济效益。

（2）注重人才培养，适应市场需求

随着“互联网 +”时代的到来，要求仓储企业充分应用信息网络技术，自动化、数字化、网络化、信息化等高科技技术，实现从传统仓储向智能仓储的转变，既需要掌握一定专业技术的人才，也需要操作型人才，更需要仓储管理型人才，仓储行业的发展需要这三种类型的复合型人才。所以人是企业发展的关键，仓储企业必须注重对人才的培养工作，将培养管理型、技能型及复合型人才落到实处，企业也应根据现状，想办法吸引人才，满足企业人才多样化的需求。

（3）实施行业标准，提高管理水平

仓储标准是保证物流系统的统一性、一致性，以及物流系统内部各环节有机联系的重要手段之一，积极推进仓储行业标准化建设，有统一标准规范的系统才能实现高效率的管理。仓储企业应认真贯彻实施与行业相关的各类标准，进一步提高企业经济效益，统一现代化仓储理念、促进仓储设施与技术进步、提升仓储管理与服务水平。

（4）满足客户需求，提升服务能力

现代仓储物流业在物联网 + 作用下，物流服务的范围内容已从单一的仓储扩大延伸了物流供应链的每个环节。个性化、定制化的物流服务已成了各界共同关论的话题。因此仓储企业必须要适应市场，充分了解客户需求；要主动争取积极措施，努力降低客户物流服务成本；要正确看待客户服务高要求，通过强化管理机制来不断加强和提升物流服务水平，从换位思考角度来理解客户的高要求，让挑剔客户成为忠实客户，使业务合作达到双赢共赢的目的。

（5）发展智能物流，提升信息系统

新一轮对外开放和“一带一路”战略的深入推进，为物流业发展提供了重大的历史机遇；国民经济的全面转型升级，基础设施的进一步完善，互联网、物联网等先进技术的发展应用，也为物流化转型升级提供了新动力。因此必须适时加快以下三方面建设：一是加快建设智能化立体仓库和深度感知的仓储管理系统，提升仓储、运输、分拣、包装等作业效率；二是加快建设面向不同层次和不同对象的智能化物流公共信息平台，如对仓储系统，整合现有仓储资源和仓储信息，推动仓储资源在线开放和实时交易，提高仓储利用率；三是进一步加快推进各类信息平台之间的互联互通和信息共享，引导行业协会，公共服务和高校科研机构采集和分析物流运行数据，支持公共服务机构，相关企业针对社会物流需求提供物联网、云计算、大数据等各类应用服务。

（6）加快推进步伐，建设绿色仓储

积极发展绿色仓储物流，是实施可持续发展战略，增强国家经济实力和现代化程度的战略选择。发展绿色仓储物流，实现仓储物流绿色化，是大势所趋，是摆在我们仓储物流行业发展中的一个急迫而重大的任务。当前可抓好以下几项工作：一是做好现代物流标准托盘公用体系建设，做到“托盘标准化”、“ 标准托盘社会化推广”、“标准托盘在供应链体系内的循环使用”；二是开展共同配送，统一集货、统一送货，提高货物运输效率，减少空载率，提高配送服务水平；三是树立企业绿色形象，实行绿色营销；四是在仓库基础建设中，积极采用太阳能光电技术；五是加强培训和教育，壮大绿色物流人才队伍。

本篇供稿：张旭 张志坚；编辑：张志坚

# 第四篇 互联网 + 与物流业

## 4.1 概述

两年前，国务院下发《关于加快发展生产性服务业促进产业结构调整升级的指导意见》，上海出台《关于上海加快推动平台经济发展的指导意见》，在鼓励大力发展电子商务的扶持下，一场借力电子商务变革传统模式的大幕开始拉开。不难看出，“互联网 +”代表着一种新的经济形态，似乎在一夜之间风行全国，各行各业都在寻找着自己的答案。那么“互联网 + 物流”等于什么呢？

现如今，上海正在集聚全球影响力的科技创新中心、建设智慧城市和国际航运中心的资源优势，提升上海市现代物流服务业的大力创新发展，上海物流行业成为“互联网 +”行动计划被加的一份子，未来将在“推动互联网、云计算、大数据、物联网等与现代制造业结合，促进电子商务、工业互联网和互联网金融健康发展，引导互联网企业拓展国际市场”中，提供现代物流最为本质的服务——低成本、对需求高效反应和增值的线下流通渠道。

2016 年 4 月国务院下发《关于深入实施“互联网＋流通”行动计划的意见》，三个月后，国务院总理李克强主持召开国务院常务会议，部署推进“互联网 +”高效物流。当前我国物流行业正处于增速放缓、效率提升、需求调整和动力转换的战略转型期。围绕“一带一路”战略，布局物流服务网络，我国正在加快“互联网 + 物流”快速发展。

物流行业是一个传统行业，是现代服务业中所不可或缺的一部分。可在互联网 + 的时代，我国物流行业不能仅仅成为配送的工具，物流业与金融业、制造业的多元融合将成为互联网 + 时代物流业发展的方向。“互联网 + 物流”真正想改变的是物流环节中信息不对等以及利益链条过长的问题，直接打通供给方与需求方之间的渠道，改变传统供应链中的落后环节。最终目的是完成商品流通体系的的转型，让物流社区更加智能化、智慧化、便捷化，最终构筑出透明、高效、信息对等的现代物流体系，完善的商品流通系统。

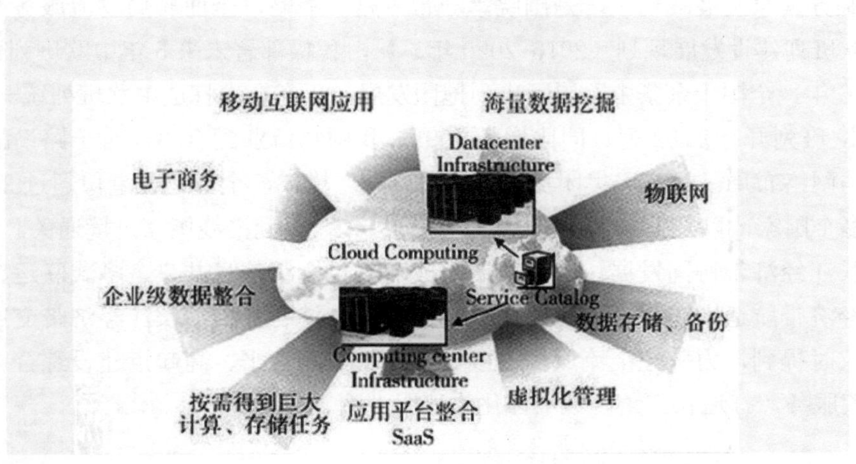

## 4.1.1 “互联网＋物流”发展现状

全球新一轮科技革命，为产业转型升级创造了重大机遇。互联网不仅作为一种技术手段，更作为一种思维方式，深刻影响着物流行业。一年来，我国“互联网＋物流”开始迅猛发展，以“互联网＋”高效物流为标志的“智慧物流”同样加速起步，开辟了物流业发展新路径，催生出一批新模式、新企业、新业态。

一是互联网＋高效运输。这两年，我国货运市场上出现了一批像互联网＋车货匹配、互联网＋货运经纪、互联网＋甩挂运输、互联网＋合同物流等的“互联网＋”创新模式，涌现了一批像运满满、货车帮、卡行天下、正广通等“互联网＋”代表性企业。传统企业积极触网，譬如：传化物流打造“物流＋互联网＋金融”的方式，构建中国智能公路物流网络运营系统；中国物资储运总公司依托自身资源优势，积极上线“中储智运”；国家交通运输部启动无车承运人试点工作，积极探索公路货运模式转型等。

二是互联网＋智能仓储。智能仓储在快递、电商、冷链、医药和应急物流等高端细分领域快速推进。比如京东商城、苏宁物流、顺丰控股等代表企业积极开发全自动仓储系统，使用智能仓储“机器人”管理，开展“无人机”配送，充分利用仓储信息优化订单管理，大幅提高物流仓储作业机械化、自动化和信息化水平。

三是互联网＋便捷配送。一批关注末端配送的物流平台型企业，比如，菜鸟物流、日日顺、速派得和云鸟配送等，尝试搭建城市配送运力池，开展共同配送、集中配送、智能配送等模式，致力于解决“最后一公里”的传统痛点。据统计，目前我国快递物流企业加强末端节点改造，全国布放智能快件箱已经累计超过10万组。随着本地生活服务的需要，美团、百度等推出即时配送模式，“共享经济”模式亦在物流领域积极试水。

四是互联网＋智慧物流。目前，货物跟踪定位、无线射频识别、电子数据交换、可视化技术、移动信息服务和位置服务等一批新兴技术在物流行业得到广泛应用，全国道路货运车辆公共平台入网车辆突破400万台。越来越多的物流企业将物联网、云计算、大数据等新技术作为企业战略重点。例如：“菜鸟网络”陆续推出物流预警雷达、大数据分单路由、四级地址库等数据服务，引领智慧物流发展趋势。百度打造“物流＋互联网＋大数据”三位一体的智慧物流云平台。

五是积极服务国家发展战略。一是围绕“一带一路”战略，全面布局物流服务网络体系，包括国家发布《中欧班列建设发展规划（2016-2020年）》，积极部署未来5年中欧班列建设发展任务。不容忽视，2016年，全国十余条中欧国际班列抱团发展，正在合力打造中欧班列统一品牌。据统计，2016年全年中欧班列开行1702列、同比增长109%。我国物流业配合“一带一路”战略，开始加大物流网点建设与网络布局。招商局集团实施“雁型出海”模式，全球运营港口超过30个，布局“一带一路”沿线多个国家，以及中国加入国际公路运输公约，便利沿线国家过境通关。

六是服务长江经济带协同发展。国家发展与改革委员会从信息共享、多式联运、创新驱动等多方面加快长江经济带航运中心协调建设。在交通运输部主持召开推动长江经济带交通运输发展部省联席第一次会议时提到，力争把全流域打造成黄金水道，高水平、高起点建设综合立体交通走廊，积极承接大物流服务，打造长三角区域一体化物流服务圈。

## 4.1.2 “互联网 + 物流”推进步骤

上海物流行业在积极拥抱“互联网 +”行动计划时，一定要在理念和行动上加快自身建设速度，以开放包容的心态真正融入其中，进而在转型升级中“脱胎换骨”，成为名符其实的现代化物流企业。

一是互联网 + 物流信息化。互联网时代是信息爆炸的时代。信息是互联网最为本质的东西，物流行业加入“互联网 +”行动计划，就得在信息上做好、做足文章，利用信息为上、下游“两化融合”铺垫好线下流通渠道。我国传统物流业能够成为“互联网 +”行动计划的根本原因，就在于物流过程中的每个节点都蕴含着大量取之不尽的信息，具备在仓储、物流、加工等全流程中实现信息化的条件。

当然，为顺应电子商务发展趋势，上海传统物流企业要积极主动利用互联网新技术，完善线下服务机制和网络。一些物流企业也可以通过购买 IT 技术服务和设施，在落实“互联网 +”行动计划中，打造一个全新的自我——在处理物流业务中，运用条码射频技术、电子订货、数据交换和客户管理等系统，实施搜索数据代码化、处理流程电子化、传输实时标准化、仓储品种数字化等技术，安全高效地满足供应链上、下两端的个性化实际需要，并通过大数据将各个节点获取的信息融为一体运作中不断挖掘“物”的增值潜力。

二是互联网 + 运行网络化。随着互联网技术普及应用，上海物流行业内大大小小的企业都配置了电脑设施，能上网查阅相关信息和处置一些日常事化，但与运行网络化还相差一段距离。运行网络化是信息化的基础，可以通过物联网技术将相关的节点有效联系起来，为物流智能发展决策提供所需的重要数据参考。

运行网络化在实际应用上主要包括两个方面：一个方面是物流配送系统的计算机通讯网络。其中，包括与物流相关的配送中心、供货商、采购商、仓储物流、加工企业相互联系的计算机网络。另一个方面是规划、组织和落实运行网络化的企业网络，属于企业内部运行的网络。当这两个方面的网络互为贯通应用时，才能擦出运行网络化的火花——将传统物流流程经过“线上线下”的互动，真实地落实到各个节点上去。

三是互联网 + 操作智能化。在互联网 + 时代，一些经济技术发达国家根据本国国情，相继提出了智能化发展计划。德国提出“工业 4.0”，日本提出“再兴战略”，以及法国的“新工业法国”等。这些计划的目标指向都是为了加快实现智能化。换言之，在互联网技术的推动下，一手抓工业化、一手抓信息化，“上海市两化融合发展”也正是在适应当前经济发展趋势的基础上提出来的，真正铺设了一条适合我国实际国情的、通达智能化之路。

而所谓智能化是信息化高层次的应用，结合到传统物流行业具体应用上，表现在物流作业过程中大量的运筹和决策上，可以根据客户需求提供灵活多样、具有可调节性的服务方式。比如：库存、运输路径、作业控制、自动存取系统运作等方方面面，都要在经过企业计算机集成制造系统、物流资源整合系统、企业资源计划及供应链概念和技术等等环节后，推出个性化物流活动的解决方案，并能运用智能化服务手段，满足不同客户多种不一样的需求。

四是互联网 + 人才专业化。在实现上海物流行业高度自动化过程中，一些传统岗位被削减，员工会出现阶段性过剩的情形。但要看到另一面：在传统物流产业拥抱“互联网 +”进程中，物流企业会引发多种需求，根据需要再设置一些新岗位，需要有相关专业技术人才来填补这一空缺，这就需要企业制订、完善现有的人才专业化长远计划。

通常来说，企业人才专业化计划的实施包括两个方面：一是向社会上招聘企业所需的专业人才；二是在企业内部挖掘有潜力的人才。这都需要企业事先做好员工转岗前的培训工作，为从传统岗位走下来的员工搭建走上新岗位的“天梯”。当然，随着“互联网 +”行动计划实施，传统物流行业将引发多样性创新岗位就业需求，需要一大批专业人才上岗，而员工培训则能在一定程度上缓解这一需求。与此同时，上海物流企业拥抱“互联网 +”以后，依靠经营创新将在做强图大的路上越走越远，这又会具体地反应在企业规模、物流增量和物流半径的持续扩张上。

### 4.1.3 “互联网 + 物流”创新发展

我们从上海统计局了解到，2016 年在对上海 100 家相关物流企业的调研中，多数调研企业对发展持较为乐观态度。其中，有 5 成企业年度研发经费投入比上期增加许多。此次调研的企业中，基于“互联网 +”技术新建立的物流企业占比 41.6%，在原有传统物流业务中引入“互联网 +”概念的物流企业占比为 52.4%。目前物流市场预期向好，上海“互联网 + 物流”领域正呈现出“积极进取、开拓创新”的态势，84.6% 的受访企业均打算未来进一步发展“互联网 + 物流”相关延伸业务。截至目前，上海地区已有 76.5% 的物流企业在经营中应用或涉及了互联网、物联网、移动互联、大数据和云计算等技术。具体而言：

一是在线连接战略，借助互联网手段，实现物流“在线化”和业务的“数据化”。譬如：上海汇通供应链技术与运营有限公司研发的“运东西”物流电子商务服务平台，将传统物流线下“配货站”的功能搬到了网上，通过实现“在线化”数据管理，可以快速匹配下单，还可以运用互联与移动互联技术和供应链管理原理为发货人提供安全、便捷、比价、可视的物流服务，同时为承运商提供在线揽货、物流金融、运营管理和城市配送等一系列的物流配套增值服务。

二是联动融合战略，利用互联网技术和思维来改造、优化和提升传统物流产业。譬如：西本新干线股份有限公司研发的西本新干线标准商品电子交易平台，属于物流科学与计算机科学相结合的前沿科学技术领域，通过创新BMB（Business Media Business）交易模式，集成经纪服务、物流服务、金融服务、公共服务等多种增值服务于一体，并通过“架构产业 IT 新经济”目标，为用户提供包含交易在内的一站式服务，真正有效实现了资源类标准商品产业链物流整合的第三方电子商务服务平台。

三是平台转型战略，积极搭建“去中心化、去边界化和去中介化”的互联网平台。通过大力优化物流产业链条，推进市场集中，“倒逼”传统物流产业加快转型变革。譬如：作为一家引领行业创新的“互联网 + 物流”平台，上海天地汇供应链管理有限公司打造的天地汇在业内率先提出中国公路物流行业的“物流淘宝平台”的发展方向，借助互联网及云计算等先进技术，以覆盖优质物流园区作为关键结点来组建覆盖全国的网络，确立以供应链为核心，打造“天网 + 地网 + 车网”的全新商业模式，目前天地汇已运营 32 个园区，2016 年运费交易额突破 600 亿人民币，相比 2015 年实现增长 440%，预示其所打造的全国公路港网络基础布局已初步完成。

四是智慧赋能战略，通过对物流赋能实现物流、信息流、资金流和商流合一。这样一种通过智慧物流发力打通产业链上下游瓶颈约束的方法，可以真正提升整个物流供应链的智能化水平。因为供应链是上下游结构，任何一个环节的变化都会影响到全局的变化，所以企业在发展的过程中需要加强智慧探索。尤其在物流环节，传统物流企业需要以“智慧物流”来实现供应链的变化。尤其是实现从“3A”到“3V”转变：“3A 供应链”强调敏捷、协作和适应，然而未来的物流供应链要加快朝向“3V”方向走，即透明、可视、灵活多变和响应。

五是开放共享战略，通过打破物流行业传统壁垒来重构物流产业的生态体系。换言之，我们要打破传统物流企业间、业务间、部门间壁垒，搭建合作共享、协作共赢的开放平台，重构物流产业生态体系。事实上，在中国几乎所有行业都已有共享经济发展的新模式，比如出行、空间、金融、二手交易和众包物流等方面都有这种新业态。比如物流巨头顺丰集团积极布局智能快递柜“蜂巢”，代表了解决“最后一公里”配送问题的共享思路。据统计数据显示，智能快递柜所承接的包裹量分别占 2015 年和 2016 年快递行业总包裹量的 2.2% 和 6.8%，预计 2017 年占比将会达到 11%，增速明显加快。

六是深度融合战略，优化运输行业的资源配给效率，推进流通体制改革。在当前国家创新驱动发展战略和供给侧结构性改革大背景下，全面提升社会物流服务功能，进一步优化运输行业的资源配给效率，也是国家大力推动物流行业与互联网深度融合的一部分。譬如：上海卡行天下供应链管理有限公司推出的“精准直通车”模式已在全国范围内被验证，目前已拥有 56 个枢纽中心，物流网络覆盖全国 26 个省份、280 多个城市、2300 多个县城、20000 多个乡镇，形成中国最大的物流运输网络，通过致力于线上线下交易协同、用数据驱动平台集约、推动全面的平台生态体系的建设。

最后是税改联动战略，“互联网 + 政务服务”助力公路运输“营改增”改革。2016 年，全面推进“营改增”已被列为国家深化财税体制改革、推进经济结构调整和产业转型的“重头戏”，是国家实现结构性减税和财税制度创新的重大举措。而公路运输业在“营改增”实施过程中出现了运输企业进项抵扣不足以及政府监管不到位等问题，成为困惑行业健康发展的瓶颈之一。公路运输业的“互联网 + 营改增”税收服务系统搭建后，一方面加强了与税务机关管理系统对接，为纳税人提供更多交易信息和交易机会，通过在线税收服务解决了纳税人开票问题。另一方面，服务平台可为税务机关提供纳税人全面、真实的经营数据，既降低了执法风险，又有助于提升税收管理质量和效率。

### 4.1.4 “互联网 +”助力智慧物流

这两年，伴随“双十一”来袭，网络购物受到很多人，特别是年轻人的青睐，但是从完成支付网络订单到收到已购商品这段时间，相信很多人都经历过一些配送速度“很慢”、让人备受煎熬的事情。我们把这种现象称作快递物流行业的“最后一公里”顽疾。

面对这一严峻形势，我国物流企业只有加大投入，进行智能化、信息化改造，大步实现“智慧”升级，才能从根本上解决这一困境。众所周知，在互联网经济时代，电子商务平台和支付平台已经比较成熟，而物流平台发展的滞后却成为了目前主要的瓶颈。物流成本居高不下，货物流失损耗严重，中间过程不可视，导致了消费者的投诉抱怨。

据统计，中国的物流成本占 GDP 的 18%，而美国只有 8.6%，整个物流企业的管理水平，特别是在智能化、信息化，包括运输的自动化方面，和发达国家有很大的差距。这也会降低货物送达的准确率，推高物流成本。况且，目前我国物流行业的集中度太低，缺乏统一的指导和标准，导致物流行业本身依靠低价无序竞争，造成社会资源重复建设和浪费。不管是物流企业还是企业的物流部门，对新的技术应用到物流领域的积极性低，停留在劳动力密集型阶段，物流环节的信息技术应用水平低，物联网、互联网、RFID、二维码、EDI 等信息技术未能广泛应用。

鉴于此，我们要建立和完善我国物流信息化和物流智能设备接口的标准，要从国家政策层面思考打造智能化第三方物流平台建设，通过专项资金和政策导向扶持智能物流网的建设，以行业内龙头企业为代表，建立智慧物流网示范平台，最终解决最后一公里的困境。当然，要解决最后一公里竞争力，就要关注用户体验，反过来倒逼物流体系的建设，所以要从国家层面思考大物流，或者说第三方物流的建设，这就要从政策范围内，标准接口方面要有一个整体规划。 时下，物联网、云计算、移动互联网等新一代信息技术的蓬勃发展，正推动着中国智慧物流的变革。可以说，智慧物流将是信息化物流的下一站，我们要把数字物流、智慧物流作为物流信息化的标志语。

所谓智慧物流，是指利用集成智能化技术，使物流系统能模仿人的智能，具有思维、感知、学习、推理判断和自行解决物流中某些问题的能力。智慧物流的发展与移动互联网、云计算、大数据、物联网等新兴技术密切相关，虽然我国的智慧物流发展尚处初期阶段，但物流企业对智慧物流技术和产品的探索已经全面展开。智慧物流理念的提出，顺应历史潮流，也符合现代物流业发展的自动化、网络化、可视化、实时话、跟踪与智能控制的发展新趋势，符合物联网发展的趋势。它标志着信息化在整合网络和管控流程中进入到一个新的阶段，即进入到一个动态的、实时进行选择和控制的管理水平。

不过，目前我国智慧物流才刚刚起步。随着物流业与互联网深度融合，智慧物流正在成为物流业发展新的增长点。主要特点：一是物流互联网逐步形成，二是物流大数据成为现实，三是协同共享助推模式创新，四是人工智能开始发展起步。 未来一段时间内，智慧物流必将帮助物流业开创中国物流发展的新时代。上海作为中国物流行业先行者，站在行业的前沿，以领先的 RFID 技术、得天独厚的资源条件，把握物流业的发展方向、整合资源，通过物流信息平台的搭建，率先实现物流行业信息化，为物流行业的变革起到示范作用，全面引领智慧物流时代的到来。

权威报告显示，2016 年我国智慧物流的应用对物流服务质量的提升产生了较大的积极作用。其中，智慧物流大数据发展指数全年均值为 40.9，尚处于快速安装阶段。从区域时效看，上海排名第一。以“双十一”为例，2016 年比 2015 年履约率提升了 25%；与 2013 年相比，1 亿包裹的签收时间减少近 3 倍，从 9 天减少到 3.5 天。基于上海货运物流事业的大力发展，“十三五”时期，上海将视角聚焦在智慧物流产业的发展，通过探寻上海智慧物流业的技术、模式，深入了解智慧物流如何助力上海发展建设世界一流航运中心。

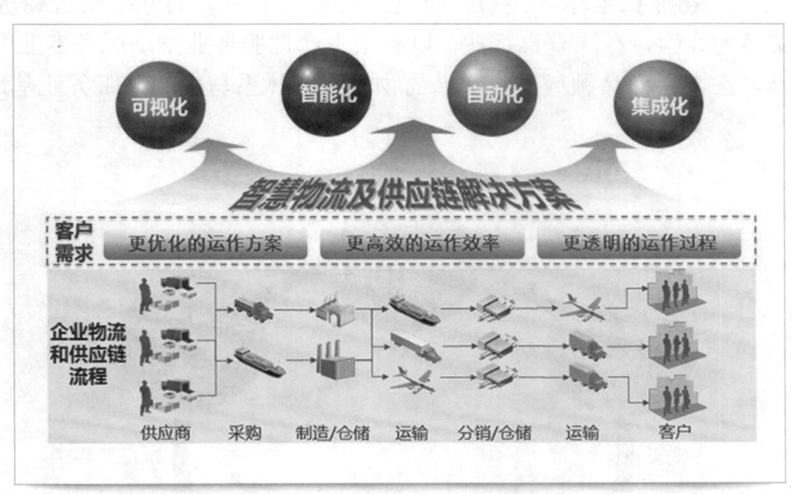


## 4.1.5 “云计算”创新物流模式

在国家推进“互联网 + 物流”进程中，云计算技术扮演着不容小觑的作用，在云端共建“大物流”生态体系，可以有效实现实物、资金和数据的云端汇聚和高效流通，最终实现“云领未来、物流天下”。具体而言，云计算技术是继个人计算机变革、互联网变革之后的第三次 IT 浪潮，也是未来 3-5 年全球范围内最值得期待的技术革命，将对未来世界产业经济格局产生深远影响。

这两来，上海市政府高度重视对云计算技术产业的发展，并把云计算技术列为重点发展的战略性新兴产业。上海浦东新区承接着面向互联网大型“云平台”建设、基于云计算技术的电子支付和电子商务综合服务平台等国家、市级云计算技术应用示范项目建设，已初步形成贯穿硬件与设备制造、基础设施运营、基础设施即服务、平台即服务、软件即服务和数据即服务等领域较为完整的云计算技术产业和应用发展的格局。

一是以云计算技术构建透明环境，转变传统物流商业模式。依托云计算技术创建透明数据环境，实现物流上下游资源、价格等信息的及时有效共享。彻底转变传统贸易商的价差盈利模式，转型为客户提供交易服务、物流服务、增值服务，以服务获取利润，实现贸易企业向生产性服务企业的根本性转变。

二是以云计算技术汇聚数据流，支撑由传统流通向现代物流转变。许多制造行业的流通企业要想降低物流费用，提高流通能力，增加流通利润必须发展现代物流。而云计算技术整合并打通贸易商、仓库、运输、工程、银行的全产业链，形成生产性服务业积聚、加速服务业细分，支撑传统流通向现代物流转变。

三是云计算技术优化“大物流”过程，促进产业链协同发展。我们依托移动互联等领先技术，信息技术在大物流过程中的每一个环节得以应用，每一个环节数据在云端汇聚，经过多层数据加工，成为每一个流通环节的指导性数据，不仅大大优化产业链，还提高制造业生产效率。

四是以电商平台结合线上线下平台，创新营销模式、定价模式、采购模式。线上现货直供，发展网络直销平台，集中采购、快速销售，借力电商平台提供物流配送、担保支付、金融服务等，与传统线下平台相互依托、优势互补，可以真正实现“线上平台与线下平台”的无缝对接。

值得强调的是，中国首个物流云产业基地已经落户上海。中国物流云产业基地是由中国物流与采购联合会和上海市浦东新区经济与信息化委员会联合签约，上海浦东物流云计算有限公司牵头创立的中国惟一的物流产业云计算技术基地，更是一个覆盖大宗商品全产业链的服务基地。未来基地主要立足“制造在区域，物流在全球，交易、研发、数据在上海”的网络平台经济模式，依托先进的云计算技术，以交易为线索，专注垂直行业，以积聚生产性服务业推动服务专业细分，力促服务、平台、标准三者融合，在大宗商品领域构建和谐的物流生态体系与生产性服务业基地。

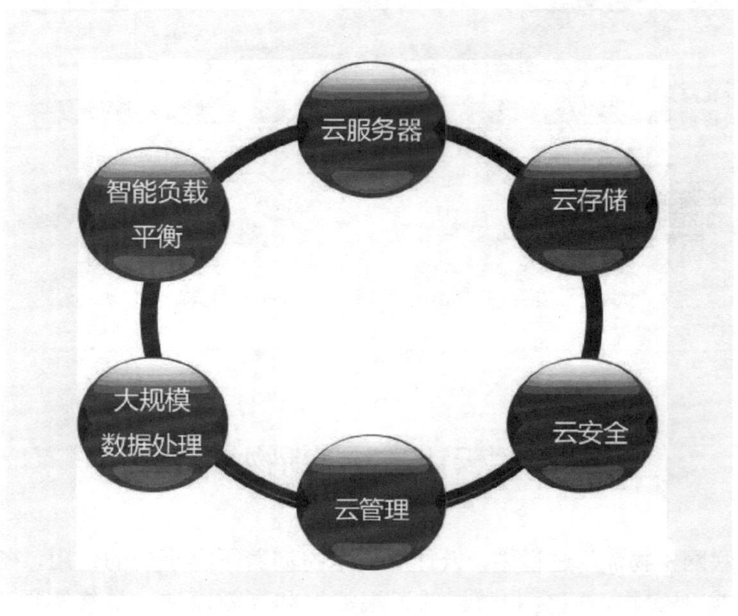


## 4.1.6 “互联网 + 物流”发展趋势

“互联网 + 物流”是这两年刚刚提出，也是国家在全力推进发展的产业。当前，我国物流行业的痛点包括物流要素有待加强连接、物流业信息化程度整体不高等问题，全国有 7000 万家中小企业和个体工商户之间缺乏信息互联互通，“信息孤岛”现象突出。而物流行业在此次推进“互联网 +”行动中，通过互联网技术构建“物流云”是未来发展大趋势之一，物流云不仅可以大大降低企业信息化建设成本，同时解决数据化程度不高的问题。

换言之，“物流云”可以实现物流行业“一切业务数据化、一切数据业务化”：一切业务数据化，即实现物流信息的可跟踪追溯，让供应链的各环节透明；一切数据业务化是指，通过大数据产品的开发，把大数据应用到具体业务，通过大数据产品应用于物流各个环节，实现提高效率和降低成本。

在此值得强调的是，实现“物流数据化”快速推进的典型是“电子面单”。“电子面单”是指由物流快递企业向卖家提供的一种物流信息服务，与贴在快递包装上的传统面单相比，电子面单只是一小张不干胶纸片，方便收件人撕掉，还可以通过“二维码”隐身收件人的信息。我们不妨以“菜鸟电子面单”为例，2016 年在主要快递订单平台渗透率接近 80%，与 2016 年初相比，提升近 1.6 倍。快递企业使用后，中转环节错分率平均降低了 40%，每年节约纸张消耗费用约 12 亿元。

除此之外，“互联网 + 物流”的发展趋势主要还在创新“智慧物流”。当前，我国物流业增速放缓。行业增速放缓主要面临供给侧结构性矛盾。智慧物流是物流业供给侧结构性改革的重要抓手。智慧物流在供给侧结构性改革中的作用，一是闲置资源的整合者，二是分散市场的集中者，三是紧缺人工的替代者，四是个性需求的满足者，五是绿色生态的创造者。不过，在推动“互联网 + 物流”持续发展的过程中，我国对物流领域的立法力度较弱，受物流管理体制的影响，许多部门或组织在各自制定物流标准，反而造成多种标准互相冲突、使用范围有限和实施力度不足等问题，也阻碍了“互联网 +”的融合进程。

“十三五”时期，国家实施“互联网 +”战略，我国智慧物流迎来发展机遇期，智慧物流加快转型升级成为必然趋势。包括连接升级、数据升级、模式升级、体验升级、智能升级、绿色升级全面助推物流供应链升级，将深刻影响社会生产和流通方式，促进产业结构调整和动能转换，推进供给侧结构性改革，为物流业发展带来新机遇。

总而言之，“互联网 + 物流”战略本着加快发展电子商务物流，通过降低物流管理成本和创新流通模式的新渠道，提高商品流通效率、转变经济增长方式和调整经济结构，对于优化产业结构、支撑战略性新兴产业发展和形成新的经济增长点具有非常重要的作用，对于满足和提升消费需求、改善民生和带动就业具有十分重要的意义，对于经济和社会可持续发展具有愈加深远的影响。

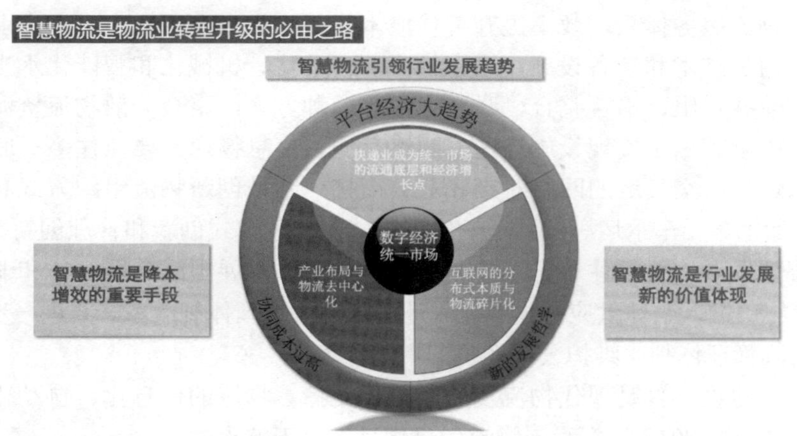


## 4.2 行业研究与实践案例

### 4.2.1 中国物流与采购联合会会长何黎明讲话：

### 平台经济下，中国物流产业智慧联接与融合

当前，我国正处于增速趋缓、结构调整、动能转换的重要拐点。以“互联网 +”为代表的新技术、新产业、新业态、新模式成为发展新引擎，助推中国“新经济”发展。2016 年 7 月，国务院发出《关于积极推进“互联网 +”行动的指导意见》，推动互联网与经济社会各领域深度融合，提出了“互联网 + 高效物流”等 11 项重点行动。通过对传统物流业的互联网化，推动产业转型升级，重塑发展生态圈，

这种更具实践指导意义的产业互联网化正在成为发展新方向。其中，以去中间化、去中心化和去边界化为特征的平台经济的兴起，为优化物流链条、推动跨界融合、促进市场集中提供了重要思路。本次会议以“平台经济下，物流产业的智慧联接与融合”为主题，就是要探讨在“新经济”时代，“互联网 +”对物流业细分领域的市场机遇和发展趋势，具有鲜明的时代特征和积极的实践指导意义。

当前，我国物流业正处于重要的战略机遇期。2015 年我国社会物流总额达到 219.2 万亿元，“十二五”时期年均增长 8.7%，社会物流需求规模持续扩大。受国民经济影响，我国物流业呈现出一些新的特点。

从增长速度看，随着经济增速放缓趋稳，物流业增速持续放缓。1~5 月，全国社会物流总额为 86.4 万亿元，同比增长 6.1%。社会物流总费用为 4.18 万亿元，同比增长 2.6%。各项指标与上年相比增幅均有所下降。调研显示，2016 年上半年，重点企业主营业务收入都有不同程度增长，但增幅普遍放缓，多数企业利润率有所下降。从需求结构看，与居民生活相关的物流需求保持了较快增长，1~5 月，单位与居民物品物流总额为 2632 亿元，同比增长 47.3%。快递、电商、冷链物流需求较为旺盛。生产资料类需求增势减弱。1~5 月，工业品物流总额为 80.6 万亿元，同比增长 5.9%。煤炭、钢铁、建材等大宗生产资料物流需求持续低迷。从资源条件看，物流基础设施网络对物流运作的“硬约束”开始减缓，劳动力、土地、资本等要素约束越来越明显，资源环境负担进一步加重，各种隐性成本的外部化正在快速抬高物流成本。从增长动力看，新技术、新业态、新模式不断出现，特别是“互联网 + 高效物流”成效显著，平台型物流企业快速兴起。

今年是“十三五”时期的开局之年。总体来看，“十三五”时期，物流业增速将继续保持趋稳放缓态势，行业进入以转型升级、提质增效为主线的发展新阶段，产业结构调整加快，发展动能培育壮大，行业逐步从追求规模速度增长向质量效益提升转变。“十三五”时期，我国物流业将聚焦“高效、集约、连通、创新、协调和改革”等六大战略重点。

一是打造高效物流服务体系。效率提升替代成本降低将成为今后一个时期产业发展的着力点。要充分利用现代化信息技术和装备设施，增强物流的自动化、机械化和智能化水平。二是引导物流集约发展。要通过兼并重组、平台整合、联盟合作等多种方式，整合分散物流资源，促进市场优化配置，提高市场集中度。三是实现设施连通、网络互通、信息畅通。要抓住多式联运发展机遇，推动铁路、公路、水运、航空货运的网络对接和业务衔接。四是创新物流组织方式和运营模式。要推行多式联运、甩挂运输、无车承运等多种运输组织方式，加强模式创新和管理创新。五是统筹区域、国际、国内物流协调发展。要抓住“一带一路”战略机遇，开展国际产能合作和兼并重组，提升国际物流服务能力，加快融入全球供应链体系。六是深化物流管理体制改革。要进一步理顺政府关系，建立统一高效的物流管理体制，维护公平竞争的市场环境。

我国物流信息化建设一直是现代物流发展的重要支撑。物流的信息化、自动化和智能化也是行业发展的必然趋势。回顾 2015 年，我国物流信息化呈现以下特点：

一是信息化投资逐年增长。当前，市场投资方向正处于调整的关键时期，信息化相关投资显著增长。2015 年物流信息化监测显示，物流企业在信息化上的投资力度加大。2015 年，大部分企业都有信息化方面的投资，其中，三分之一的企业信息化投资率超过 10%。除构建内部信息系统外，越来越多的企业将物联网、大数据、云计算等新技术作为信息化建设的投资重点。物流信息化已经渗透到物流业各个环节和领域，为物流互联网转型奠定了信息基础。

二是新技术加快推广应用。当前，正是新一轮科技革命孕育时期，物联网、云计算、大数据等新兴技术在物流行业得到推广应用。嵌入物联网技术的物流设施设备快速发展，车联网技术从传统的车辆定位向车队管理、车辆维修、智能调度、金融服务延伸。云计算服务为广大中小企业信息化建设带来利好。大数据分析帮助快递企业预测运力需求，缓解了“双 11”等高峰时期的“爆仓”问题，各项新技术在物流领域的应用取得积极成效。

三是信息技术应用成效显著。近年来，货物跟踪定位、无线射频识别、电子数据交换、可视化技术、移动信息服务、智能交通和位置服务等先进信息技术在物流行业应用效果明显。2015 年物流信息化监测显示，物流企业信息化应用 KPI（关键绩效指标）表现突出，平均订单准时率达到 93.5%，80% 的企业订单准时率超过 90%。88.9% 的企业实现了对自有车辆的追踪，89% 的企业实现了全程透明可视化。良好的应用效果为新技术的推广应用提供了重要支撑。

四是“互联网 +”赋予行业新使命。随着“互联网 +”战略的提出，物流信息化发展的重点正在从技术创新向模式变革和产业升级层面转移。跨界竞争、共享经济、智慧物流、联动融合、互联网平台等新模式、新业态为物流信息化提供了广阔的发展空间。“互联网 + 高效物流”利用信息通信技术和互联网思维，推动互联网与物流业实现广泛联接和深度融合，重构产业流程，提升运行效率，将创造开放共享、合作共赢的发展新生态。

五是平台经济成为发展亮点。近年来，利用互联网手段整合分散资源，发挥集约集聚效应成为行业趋势。资源平台化、运力社会化成为平台经济发展的方向。菜鸟网络、京东商城、安得物流、智通三千等平台型企业借助互联网络实现模式复制和业态创新。特别是在市场不集中、信息不对称的公路货运行业成为平台经济的热点领域，货运互联网平台一度达到 200 多家。随着平台经济从简单的车货匹配向更具价值的无车承运模式转变，物流领域互联网平台将进入产业平台化的新阶段。

我们也看到，物流信息化建设还面临较多问题，主要是物流信息化需求层次不高，信息技术应用水平还有较大差距，信息标准和使用规范不统一，信息资源的整合利用还刚刚起步，“互联网 +”的商业模式还不成熟，特别是各类互联网平台还刚刚起步，基于真实交易信息的诚信机制还不完善，不同平台间的协作共享机制尚未建立，严重制约了互联网平台的进一步发展。

“十三五”时期，随着“互联网 +”战略的实施，我国物流信息化建设迎来重要的发展机遇期。物流信息化投资将进一步扩大，投资重点从初级的数据信息化逐步向流程信息化、服务网络化和供应链一体化转移；物流新技术将加快推广应用，物联网、云计算、大数据、移动互联、位置服务等新兴技术成为应用热点，带动物流新模式、新业态、新产业创新发展；“互联网 +”高效物流将变为现实，智慧物流通过产业链上下游的广泛联接和深度融合，创造开放共享、合作共赢的新生态；平台经济将进入新阶段，单纯的信息匹配型平台逐步向更具价值的业务交易型平台转型，资源平台化、运力社会化助推产业平台化发展。总之，随着物流信息化建设的深入推进，产业互联网化将成为物流业转型升级和提质增效的重要方向。

（来源：《现代物流报》）

### 4.2.2 专访上海浦东物流云计算有限公司董事长虞钢：

## 中国物流业跨入移动互联时代

“随着互联网技术在日常生活中的广泛应用和普及，无论是 PC 端的技术还是移动端的技术，都将对传统物流行业产生颠覆性的影响。” 中国物流与采购联合会副会长、上海浦东物流云计算有限公司董事长虞钢日前在接受本报记者采访时坦言。

虞钢强调，互联网技术在物流行业的应用，赋予了参与者更丰富的功能。以运送货物的车辆为例，“原来它只是一个货物的载体，而通过互联网技术，它还具备了纽带的功能，可以将发货方的指令和收货方的指令关联起来，使其之间形成有效的实时互动”。

事实上，“物流和互联网技术的结合，最深远的影响是使消费场景和生产场景的结合更加紧密”。虞钢对《现代物流报》记者表示，未来的物流不仅使用户的消费体验更直接，更有效，还将深刻影响企业的生产。尤其通过对大量物流信息中有关产品规格、款式等商品信息的抓取和分析，可以为企业领导者的判断和决策提供参考和支持，可以有效地指导企业按照市场需求进行科学的排产，从而避免企业脱离市场需求的盲目生产。

本报记者：如何看待当前的互联网经济，作为传统的物流行业如何抓住这一机遇，真正开启“物流互联”科技新引擎？

虞钢：新技术的出现必然带来新的商业模式。云计算技术是我比较关心的。目前云计算产业已获得国家重点支持，被“十二五”规划作为新一代信息技术产业的重要部分来强调。将来所有的IT技术业务在云计算的结构中是以服务的形式来提供，它意味着软硬件资源和各种丰富的应用服务，都将像城市用水、用电一样方便地被使用，做到即插即用，费用低廉，更高效、节能。对传统产业来说，这将是一次革命性的创新，也是一块巨大的商业蛋糕。

而对于物流业而言，今年陆续有企业推出互联网车队、互联网整合物流园区、互联网的物流交易平台、钢贸互联等开始应用到物流领域，这一切都是互联网模式融入到传统物流的商业模式。

互联网正在颠覆传统物流模式，物流企业迎来新型的管理工具，现在我们可以通过手机互联网终端打造自有车队管理平台，可以通过互联网实现全国仓库的数字化、可视化管理，可以通过手机互联网终端直接与客户做成生意。

互联网升级了传统企业间的分工协同模式，实现商流、物流、资金流、信息流四流合一，构建起新的开放的产业生态圈。物流作为一个非常传统的行业，在互联网化的今天，新的互联网思维会给物流行业的发展和变革带来更多想象空间。

本报记者：这几年，随着国内电子消费盛行，像顺丰、申通等小件物流公司出现高速发展，但大宗商品物流似乎一直发展缓慢，个中原因是什么？

虞钢：我国大宗商品物流发展不顺利，我觉得原因是多方面的，其中最主要原因还是物流外包水平偏低，制造业物流我国外包比例多年来一直维持在15%以内，大大低于国际平均水平。由于大宗商品物流需求企业往往是大生产企业，相对来看第三方物流企业发展较为缓慢，对大宗商品企业缺乏整体物流解决方案，导致大宗商品物流企业更倾向于自营物流。

企业愿意自营物流的原因各异：有些国有企业以前就有自己的仓库、车队甚至船队，一旦物流外包，将带来原有物流环节的人员安置问题；有的企业则对库存、销量、配送的物流信息过分谨慎，对信息共享过分担心，从而导致对物流外包的排斥；还有的企业，出于税收因素考虑，也不愿意把物流业务外包；更有不少企业，尤其是国有大型制造企业，为了利润增长，更愿意对公司内部分散的物流业务进行内部整合，进行统一规划和调度运作。

此外，国内物流业发展政策环境的不完善，也制约了第三方物流的发展。中国各地物流管理政策不统一，不同主管部门政策不一致，有的地区为了加强地方税收和保护地方利益，制订了一些地方性物流管理法规，有的行业主管从本行业管理方便出发，制订管理政策，这使物流这样一个需要全盘统筹规划、实行网络化服务的行业，在实际运作中受到诸多限制，尤其在道路通行管理、税收管理、物流仓储设施购置与安全管理等方面，问题尤为突出。

本报记者：新时期，移动互联时代的到来将会给物流带来全新变化，这种变化甚至是革命性，作为物流行业一线专家如何看待这一观点？

虞钢：随着移动终端普及率的迅速提升，移动互联对各个行业的经营模式的改变都是颠覆性的。2014年伊始，以移动互联为基础的线上与线下（020）互动式的企业经营这个话题在各个行业都越来越热，实际的此类经营活动和成功案例也越来越多，其中最为大家熟知的一个是“嘀嘀打车”与“快的打车”之争。从历史上来看，每次产业浪潮的变迁，都会出现与之相适应的物流模式，形成新的物流龙头。

随着移动互联技术的不断发展，电子商务与物流之间的关系更加紧密。电子商务颠覆了购物体验，迅速融入了消费者的生活习惯，进而带动网下的实体物流层面迎来了需求端的爆发。移动互联网不仅在消费端引领物流结构的变迁，生产端也开始出现变革趋势。随着小米和乐视等互联网企业越来越多地介入制造业，固有的大而全、小而全的物流模式被合同物流和制造外包所取代。

与此同时，众多制造业企业在互联网思维的引导下，也将以前封闭的自营物流体系对外开放。我认为在移动互联网时代，物流的第三方化和社会化趋势将会加快，B2B 物流有机会从幕后走到台前。因此，中国物流业在移动互联时代来临时，更要抓住变革带来的机遇，促进物流业更好的发展。

本报记者：具体而言，互联网的介入将对目前国内物流行业带来怎样的影响？哪些行业会消失，哪些行业会得利？

虞钢：谈不上消失，互联网时代的到来，起码一些传统的物流管理经营模式会受到严重冲击，而带来的利好改变也是很明显的。

对于运输企业来说，通过借助物联网技术，可以实现货物配送的全流程跟踪；对于仓储企业来说，通过推进仓储企业的数字化管理，实现仓储企业操作的可视化、便捷化、信息化。与此同时，运输企业车辆使用情况、驾驶员信息以及仓储企业的存量信息等物流信息也可以在网络平台上实时呈现，大大提高物流效率。

要说行业，现在物流业作为目前电商行业发展的瓶颈之一，提升物流业的生存质量，将有利于为电商企业的配送服务带来积极的影响。在此，需要强调的是，电商与物流运营商应该是唇齿相依的关系，电商行业应该注意保护物流行业，特别是区域性物流行业。

尤其是中小企业无需再购买繁杂的 IT 设备，就可随时获取、按需使用那些过去只属于大企业的 IT 技术或者获得处理大数据的解决方案，费用大大降低。

本报记者：当前国内中小物流企业的运营情况并不乐观，竞争激烈，盈利空间窄小，现在互联网的介入能改变这种局面吗？

虞钢：当互联网和引导互联网融入到物流行业，必然会对这个传统行业带来革命。互联网时代信息技术的应用可以使制造企业的供应物流、生产物流、销售物流趋于合理，从根本上降低中小物流企业总成本，提高企业市场应变能力，使供应链不断增值。

譬如，物流企业的管理系统，指令的逐级下达和信息的逐级上报的模式将被各级用网络直接连通的模式所代替，至少可以大大降低企业管理成本。再譬如：作为大宗商品，钢铁运输成本很大，从东北到上海，一吨钢所产生的物流费用至少在 370 元，最高甚至可达 1000 元。

而借助互联网信息技术，上海西本网络科技公司研发了一个“钢贸互联”产品，在平台上，供应商、客户、工程、业务组和日期等信息可实现“五维查询”，供应商、客户、物流企业对于每笔业务的采购利润、 财务利息、物流利润和其他费用等内容也会在平台上清晰显示。

本报记者：国内物流行业里，比如冷链运输、危险品运输等，长期以来在监管和安全方面一直存在隐患，移动互联技术的介入会带来改变吗？

虞钢：食品从生产到流通，最后到达消费者手中环节众多，相应的主管部门各不相同，在目前现行体制下，他们之间信息缺乏共享和沟通机制，流通又缺乏溯源机制，多头管理，条块分割，责权难以厘清，导致全流程缺乏有效衔接，使不法分子有机可乘。

可以把钢铁物流管理有关的成功经验和做法推广到冷链流通领域，从源头杜绝有质量问题食品进入流通领域。譬如，建筑钢材品质的好坏，同样事关民生，不容小觑。近年来，由中国物流与采购联合会钢铁物流专委会与西本新干线联合认证的“优质钢材品牌推荐名录”被业内称之为“放心钢”。

它的操作主要是，通过电子商务平台形成电子备案式的全方位流通监控体系。并通过采取“优质商品认证品牌”制度，使得市场变“被动对来样负责”为“主动参与品质监控”，为钢铁产品流向监控和“逆向品质追溯”创造了有利条件。

本报记者：移动互联的大数据产生后，使得物流行业更加透明，这会否对物流供应链金融带来一定影响？

虞钢：自 2013 年以来，“大数据、大金融和大物流”已经成为当前新经济的最大特点。当今的物流企业是抱着金饭碗讨饭吃。如何理解？物流企业通过提供物流服务获取微薄的利润，其实物流作为商业通路，拥有重大的大数据价值。物流平台企业应该学习阿里巴巴生态模式，不赚取上下游的钱，而是从平台角度延伸出数据、金融、流量、营销等商业价值，其实物流平台交易的资金池是足够大的，物流金融的价值很明显。

当前，一些平台型物流企业实现了对产业链信息流、资金流和物流的有效掌控，通过与金融资本进行有效结合，创造出具有广阔市场前景和强大生命力的互联网金融新模式，以大数据为基础，以供应链为载体，向中小企业提供高效率、低成本、无抵押的生产资金，解决扩大再生产的资金短缺问题，从而实现物流平台、金融机构和中小企业的三方共赢。

（来源：《现代物流报》 作者：王京）

### 4.2.3 专访上海钢联物流股份有限公司董事长杨刚：**杨刚的“钢铁快递”梦**

商海澎湃，谁主沉浮，唯有敢于波折斩浪，掌握方向者才能尽得先机，成为行业的舵手和引领者。日前本报记者应邀来到“钢联物流”，一进门首先映入视线的就是儒雅的杨刚和他一旁的“领航舵”。

杨刚，上海钢联物流股份有限公司（简称“钢联物流”）董事长，致力打造“钢铁快递”的领航舵。而多年前，他还曾是弄潮上海滩的钢铁贸易大咖，现今他更是物流商海中的“激流勇士”。不过，无论他扮演着什么角色，无论身处什么行业与领域，始终不变的是那份平易近人和追求物流梦的决心。

“问题的提出者就是问题的解决者，每个问题带两个解决方案。”在会客厅里，杨刚朴实而热情的指着自己桌上的标示，向《现代物流报》记者娓娓道出组建钢联物流的初心。他说，企业“无规矩不成方圆”，严格管理才能提升效率，钢联物流是专注于钢铁供应链的综合服务商，核心目标就是通过智能科技提升中国钢铁物流行业总体竞争力。

不难看出，这是杨刚多年来追寻与恪守的核心理念，也是他重构钢铁物流格局与打造“钢铁快递”梦的雄心和责任体现。当然，物流业是生产性服务业的重要组成部分，大力发展现代物流业对于提高服务业比重、优化产业结构与转变经济发展方式具有重要意义。

在两个多小时的采访中，杨刚留给本报记者印象最深的是谦逊和真诚。他说：“在钢铁物流领域，通过科技创新实现智能物流变革，应该说是每一个物流人渴望追求的，我们亦如此。可是这一过程十分艰辛，要求我们始终要有不满足于现状的精神，要付出加倍的努力，要以顽强的意志应对各种挑战。”

说完这句话的时候，杨刚慢慢瞭望了下窗外后，把目光投向一旁的“领航舵”。只有好的发展环境和平台，才能为每一个想干事、能干事、干成事的人带来实现梦想的机会。

据悉，钢联物流成立于 2003 年，是一家主要通过科技创新、智能数据为钢铁生产、贸易和加工制造企业提供原材料、半成品和产成品运输管理的现代化钢铁供应链物流综合服务型企业，目前拥有 2 万多家中小客户，业务范围远达新疆、内蒙。

“将变革视为常态，让创新超出想象。”在同《现代物流报》记者的互动访谈中，杨刚无时不刻地透着一份坚持：通过借助“互联网 +”技术，将传统钢铁物流架构于电子商务之上，以工业 4.0 智能改造为依托，贯通钢铁物流纵深产业链，逐步推动企业向高科技电子商务与综合物流服务商转型发展。

**物流梦：打造“钢铁快递”**

本报记者：前两年我国钢铁形势严峻，钢联物流销售收入却依然保持了稳步增长，这主要基于哪些方面原因？

杨刚：钢材不同于其他商品，它有着明显的金融属性，市场价格有涨定会有跌，这很自然。不过，对于钢铁物流来讲，无论钢材市场价格如何，物流都是存在需要的，这两者之间直接影响甚微。另外，目前钢联物流主要服务于宝钢集团和江苏大明集团的不锈钢流通，市场波动较少，订单相对稳定。

去年，钢联物流全年实现物流货物2000万吨，营业收入 4.2亿元。当然，取得这样好的业绩，钢联物流除了服务业务专注外，还注重研发并应用物流信息技术与调度优化技术，在钢铁企业原料物流、厂内物流、成品物流、联运物流等方面有着丰富经验，可以提供“门到门联运”物流一体化解决方案，迄今为止，这一方案在我国大宗生产资料流通领域仍然有着首屈一指的地位。

本报记者：竞争力是企业经营之本，钢联物流在钢铁物流领域有哪些具体的个性化服务与物流解决方案呢？

杨刚：长期以来，我国钢铁物流领域存在着严重的资源配置不合理现象，导致重复物流成本的居高不下。为改变这一现状，这几年钢联物流构建起强大的物流实体与物流网络，并整合社会物流资源与优化资源配置，已逐渐形成完整的钢铁供应链条综合服务体系，正通过优化协调物流中间环节。现在传统配送只是将钢材送到仓库比较多，“钢铁快递”是要送到工地、车间，实现“门到门”，真正解决最后一公里，从而降低制造业物流成本。

2013年至今，公司已累计投资约1亿元进行实体建设，目前自有钢材运输车辆80余辆、船舶10艘（载重量3万多吨）、实体仓储近12万方，还有上百辆和超过60艘的社会车辆、船舶资源，物流网络辐射全国各主要省市。具体业务上，钢联物流专注钢铁供应链，有钢材运输、仓储、剪切加工、物流配送和物流金融等服务，客户可选其一，也可多选，甚至包括选择多式联运和门到门全程综合物流服务。基于首创自助生成订单的钢铁“门到门快递”服务，今年钢联物流正在向中国物流与采购联合会评定的“AAAA”级物流企业行列迈进。

**创智造：构建“智慧物流”**

本报记者：作为物流实践专家，在“互联网+”时代下，您对钢铁电子商务平台和物流发展方向有何看法？

杨刚：我国钢铁电子商务平台发展速度已远远超乎大家预想。可不容忽视的是，钢铁电商平台虽然在数量和交易量上成绩斐然，但滞后的物流体系仍是制约钢铁电商平台发展的一大“瓶颈”。长期来看，发展钢铁电商平台关键是在物流。只有电子商务发展到具有物流平台支撑时，电子商务的概念才会发生变化，而这一进程推进的关键在于解决好大宗电商的物流半径与物流成本。目前我国钢铁物流成本占整个钢铁产品成本的20%～30%，而发达国家只占10%左右。我们要抓住这一难得的历史机遇，加速实现战略性调整，以应对日趋激烈的国际市场竞争。

我国钢铁电子商务平台只解决了商流的问题而根本没有解决物流问题。当然，要破解钢铁电商的物流瓶颈，实现长期可持续的发展，还需要自建仓储基地。受到钢铁物流半径的限制，钢铁消耗终端离钢厂距离越远，吨钢物流成本就越高。未来更要借助现代物联网技术，全面提高物流企业的信息化水平，通过技术手段实现钢铁电商平台和传统物流企业之间的融通。如此一来，不仅可以有效消除二次流通成本，还可以实现平台物流、信息流和资金流的“三流合一”。

本报记者：在提升中国钢铁物流行业信息化技术方面，钢联物流有哪些值得借鉴的经验介绍？

杨刚：现代物流行业属于高科技产业。这些年，钢联物流特别重视在物流信息化上发力，通过积极研发和引进具有科技含量的信息技术与设备，不断提升物流作业标准化、自动化和信息化水平，实现了钢联物流全流程、全环节的透明化和可视化监控，为构建“智慧物流”奠定基石。尤其是钢联物流在业内首创的自动生成运单、自助查询平台与客户数据共享系统，可以实现信息精确、便捷查询，并通过汽运GPS和船运AIS卫星定位系统，能够对所运货物的物流在途情况进行全程跟踪，而钢联物流TMS运输管理系统更加提升了物流运营管理效率。

“在信息化时代，互联网与传统行业的结合对各行业的发展都会产生颠覆性改变。”公司发展初始，我们就树立了“打造钢铁行业快递，提升中国钢铁物流行业竞争力”的发展思路。2015年初，钢联物流还组建了上海运钢网络科技有限公司，专注打造国内最专业的第四方钢铁物流服务交易平台，公司成立之初已获得复星数千万元A轮投资。此平台依靠IT专业人才，借助信息技术手段，通过大数据推进着仓储管理的数字化，实现了仓储企业操作的可视化、便捷化和信息化，并通过钢联物流对全产业链上资源的融合能力建设，来促进我国钢铁物流行业提早步入“智慧物流”云时代。

（来源：《现代物流报》记者 王京 王立华）

### 4.2.4 运东西网：打造 B2B 商品交易平台物流交付“菜鸟”

现代物流业是国民经济发展的基础性产业和生产性服务业，据 WIND 和兴业证券研究所的数据显示，从 2007 年至今，国内社会物流市场规模呈现稳步的线性增长，2014 年就已超过了 11 万亿，在这万亿级规模的市场中，中国公路物流货运量占到了整体货运量的 80%，而其中 30% 的份额是由零担货运市场贡献的。

零担货运的主体大致分为网络型零担物流公司和专线公司，目前零担市场 90% 的份额由专线公司占据，以德邦和佳吉为代表的网络型物流公司占据的市场份额不到 10%。我国零担市场规模足够大、企业分布极为分散，开拓空间极为广阔，而行业内的信息极度不对称、集约化程度低，加之零担货运计划性差，使得货主方与承运方都有苦难言：货主方找不到质优价廉的承运方，承运方也面临着车辆闲置带来的成本。

“互联网 +”是否能为这一信息化极度落后的行业带来一丝改变？日前，成为国家商务部首批确定“智慧物流配送示范单位”的互联网电商平台“运东西网”引起了行业关注。作为国内首家物流电商运营平台，运东西网平台运用了互联与移动互联技术和供应链原理为发货人提供安全、便捷、比价、可视的物流服务，同时为承运商 / 人提供在线揽货、物流金融、运营管理和城市配送等一系列的增值服务。

运东西主要专注于快消、五金、纺织、服装、工具、机械、仪器、环保等领域的 200KG—5 吨的公路干线零担物流运输，“运东西网的优势在于利用供应链原理，结合互联和移动互联技术，给货主用户提供更有效率、更低成本、更加便利的门对门一键发货物流服务”。

**一键发货，全程最低**

运东西网的灵感来源于早期携程网的便捷体验：用户能够在平台上随时随地查找出行信息、比较并选择供应商，在极大方便了人们出行的同时，又能够源源不断引流用户给供应商，解决了航空公司和酒店等获取潜在顾客难的烦恼。为何不能把携程模式运用到零担物流领域？有了这个想法，运东西网的雏形呼之欲出。

2014 年 7 月，运东西正式上线运营，是目前国内首家定位于物流行业的垂直搜索、交易与运营平台。运东西通过运用互联与移动互联技术、电子商务技术和其他行业优秀的商业模式和节点，为货主用户提供安全、便捷、比价、可视的全程运营服务。同时为承运商 / 人提供在线揽货、物流金融、运营管理和城市配送等一系列的增值服务。

事实上，“一键发货”功能让运东西与单纯的信息匹配平台有了本质的区别。用户成功下单后，系统会将订单细分为“提货配送 + 干线运输 + 送货配货”三段进行运营，城配司机和干线商均只针对自己擅长的环节进行操作。比如在平台上进行下单体验，在输入起始点与货物的重量、体积等信息后，平台会提供多个干线服务商供客户选择，并从干线运输 / 时效、交易评价和预估总费用三个维度为客户提供参考标准。

在提货配送与送货配送两个阶段是由运东西平台根据服务与性价比以滴滴发单、司机抢单的模式为客户选择城配承运商，这两段的费用已经包含在“预估总费用”中，“通过竞价与比价方式为客户提供的价格，能够低于市场价格的 30% 以上”。并且这些司机都是经过平台严格审核过的，可以保证用户的美好体验。在这个过程中，运东西平台所做的就是为中小企业提供安全、低价、便捷的发货服务。为干线物流商承揽货源并扁平中间环节，为他们降低成本。

**价格驱动和服务驱动**

"不管是物流电商走 IT 还是物流企业拼硬件，更好地服务用户才是最终核心。"运东西网 CEO 印健表示，在供应商方面，运东西的做法是考核、培训、管理；在用户方面目前运东西已经实现了全国门到门服务，用户在下单时可以选择上门取货、送货上门、货物包装、装货卸货、进出仓与代收款等服务，除了负责从确认订单到城配、干线、落地配等一系列配送问题，还会有针对货物的安全保障与先行赔付。

在合作方面，平安银行橙 e 网是平安银行旗下供应链生意平台和金融电商平台，致力于为供应链企业提供线上融资服务，为中小企业提供免费的生意管理平台，为企业和个人提供投资理财，保险等综合金融服务；平安银行橙 e 网为实现"订单、运单、收单"一体化的发展战略，推出橙 e 发货宝。并且与运东西网结成战略合作伙伴，运东西网负责为平安银行橙 e 发货宝提供技术、运营、营销工作。

对于目前平台的盈利模式，印健表示，运东西网实现物流服务渠道的扁平，不赚差价，而是通过一系列增值服务获得收益。"以往行业重货主轻承运商，运东西在为货主提供全程运营服务的同时，也为干线商提供在线揽货，城市配送，物流金融，软件系统等一系列服务，以期打造'互联网 + 物流'的智慧物流良性生态。"

作为一家行业领先的物流电商平台，运东西网除致力于为企业用户提供"比价神器、发货工具"外，同时也致力于为商品交易的 B2B 交易平台和 SAAS 级平台打造嵌入式的物流服务 。随着 B2B 电商行业的迅猛发展，电商物流也成为了行业痛点之一。对于 B2B 电商平台而言，由于货物多以零担等方式发运，信息化程度不高，标准化程度低，因此普遍仍采用线下传统方式运作。但在互联网的快速发展下，传统运作方式明显已经无法满足新的发展需求，产生的问题如：发货流程线下操作繁琐复杂、效率低，信息不透明、不及时，手工对账开票等，无疑会给用户带来非常差的体验。与运东西网的合作，无疑让许多中小网购平台在创立伊始即具备了强大的竞争力。运东西网"嵌入"B2B 电商平台后，平台即轻松实现商品交易交付一站式服务，从此 B2B 平台的收发货也能像 B2C 平台一样轻松。

据公开资料显示，目前，运东西网开放平台提供的功能包括：运费查询与计算、新增订单、订单取消、订单跟踪等。运东西网自身提供大包快递、快运、物流零担等多元物流产品的运营服务。运东西已在上海、广州、深圳、成都、重庆、武汉、郑州、天津、无锡和泸州等城市开通了服务，并已和平安银行、慧聪网、买卖机械网、上海有色网、富金机网、找原料网等数十个平台达成合作，未来运东西网将继续开放连接战略，与更多的 B2B 电商达成合作。

在印健看来，互联网企业打造生态其实就是承担社会责任，而打造生态和承担责任的本质是"利他"。不"利他"的平台是没有价值的，只有"利他"才能"达己"，才有获得成功的可能。（托比网）

（来源：《现代物流报》）

## 4.2.5 "互联网 +"、电商化、大数据战略成为物流国企市场化改革新突破口
## ——汇聚全球多元资本开创国企混改新篇

2016 年度结束前夕，12 月 27 日下午，华能能源交通产业控股有限公司（以下简称 "华能能源交通公司"）与全球领先的现代高端物流服务商普洛斯集团下属普洛斯投资管理（中国）有限公司（以下简称"普洛斯"）战略合作签约仪式在京隆重举行，现场同时举办了上海华能电子商务有限公司（以下简称"上海华能电商"）成功引入战略投资人的签约仪式。

签约仪式上，产业界与资本界各方人士与央企真诚携手、共谋未来，打造了一场2016年混合所有制改革年末的“压轴盛典”。

此次以产业升级、价值创造为导向的战略合作与投资协议的成功签约，标志着华能能源交通公司在落实国务院关于发展混合所有制经济要求、落实业务创新转型要求、落实市场化体制机制改革要求等方面迈出了坚实一步。

**华能携手普洛斯布局“大物流”战略**

会上，华能能源交通公司首先与普洛斯举行战略签约仪式，双方致力于在品牌、客户、资源、社会影响力等方面发挥战略协同，实现优势互补和强强联合，共同布局“大物流”战略。

在合作层面，华能能源交通公司将继续发挥其在物流土地资源储备、物流装备制造、物流运输服务等方面的产业优势，而普洛斯则注重将自身在现代物流地产及物流服务领域的多年丰富经验注入本次合作。

在物流地产开发深度合作方面，双方将在华东、中西部、华南、华北等区域中的相关物流节点城市和区域开展全面合作，甄选建设合适的运营基地；在物流园区配套服务方面，双方将为园区客户提供包括融资租赁、供应链金融等各种金融服务及其他增值服务在内的一站式综合配套服务解决方案。

业界人士普遍认为，此次签约将为双方在全国性物流地产与物流服务专业市场的战略布局与快速发展方面奠定良好基础。

华能能源交通公司执行董事、总经理吴永钢表示：“华能能源交通公司和普洛斯对于物流产业深耕细作、精益求精的共同追求，促使两家大企业携手走到了一起，希望华能能源交通公司的资源优势与本土化服务经验与普洛斯的国际化专业开发管理优势相融合，进一步促使双方在合作领域优势互补、携手共进。”

普洛斯首席投资官陈雷先生则表示，作为亚洲最大的现代高端物流设施开发商与服务商，普洛斯一直致力于同世界顶级企业开展全方位战略合作，此次与华能能源交通公司的成功携手，将给中国物流仓储设施市场的发展带来积极影响。

据悉，普洛斯是全球领先的现代物流设施提供商，公司总资产360亿美元，拥有5200万平方米的物流基础设施，2002年进入中国，旗下普洛斯物流在我国拥有及管理237个物流园区，2670万平方米的物流设施，遍布38个城市，目前为中国最大的物流地产开发商。

**“电商化”成物流国企改革新突破口**

随后举行的上海华能电子商务有限公司引进战略投资人签约仪式，将会议又一次推向高潮。会上，上海华能电商公司与长城证券等金融机构和民营机构的投资人签署了亿级战略融资协议，这是2016年大宗商品B2B行业的一次“压轴”融资事件，同时也标志着国有企业通过电商化创新来转型传统业务的举措再一次获得市场资本的认同，“互联网+”、电商化、大数据战略成为国有企业市场化改革新突破口。

据了解，上海华能电商公司是华能集团贯彻“国企改革”新思路、顺应产业“互联网+”大潮、结合业务转型需求而批准成立的市场化试点公司，也是继中国五矿之后，国内第二个实施物流与贸易电商化彻底转型的央企试点。公司以在煤炭、冶金、铁矿石、备品备件等大宗商品领域多年的丰富服务经验为基础，为客户提供智慧物流、线下线上交易、金融、大数据应用等供应链一站式集成服务，推动产业结构升级优化，目前业务网络已覆盖长三角、珠三角、环渤海湾三大核心区域。“电商化与大数据应用是‘互联网+’时代的大势所趋。传统业务电商化的第一步，就是全体员工都必须首先具备变革创新的意识，用电商化创新和市场化手段来加快冲破原有体制机制的束缚，而通过引进战略投资人改变企业治理机构、推动对等的契约化精神，十分关键”，上海华能电商公司总经理李波表示。

他认为，一方面B2B产业互联网创新虽然有别于B2C业务；另一方面也要在观念、技术、体制等多重创新层面学习B2C的先进标杆企业。当然，也要看到国企特别是大型央企在线下资源整合领域的优势。这些优势有利于吸引人才、有利于新的商业模式快速完成市场布局。上海华能电商公司的目标是——成为“资源优势与市场创新优势互补”、央企“互联网+业务”创新转型的典范。

上海华能电商公司一年多的成功发展经验验证了上述观点，公司旗下的华能大宗于2016年3月正式试点上线运营不到一年，大宗商品销售额就已突破200亿元，成为2016年B2B行业的一匹黑马。央企的资源优势与市场化管理团队专业性相结合，使得华能大宗平台建设团队能够站在行业生态的角度，以“合作”与“普惠”思维，深入挖掘与研究大宗商品贸易物流行业上下游的参与者痛点，满足产业参与者和产业生态发展的深层次需求，精心打造高效、贴心、个性化的平台客户体验。

目前，华能大宗利用云计算、物联网、大数据等新技术，已初步实现了线下大宗交易业务与智慧物流平台、供应链集成服务云平台、供应链金融平台三大系统的互联互通，其最终目标是在两年内成功打造供应链金融3.0开放型生态大平台。

长城证券负责投行业务的副总经理李翔在会后接受采访时表示，继消费互联网后，国内正迎来产业互联网的发展浪潮，与前者“烧钱做流量”不同，产业互联网的商业模式更强调“价值创造”，而上海华能电商公司在战略确定之后的一年半时间，在未烧钱做广告和推广的情况下，通过创新商业模式推进业务电商化转型，做到了流量和价值“双丰收”，成绩的取得实属不易，这也增加了我们投资上海华能电商的信心和决心。相信长城证券的参与，将进一步加快华能大宗电商业务在并购整合发展和对接资本市场的步伐。

（来源：《现代物流报》记者 王伟）

## 4.3 “互联网+物流”政策文件

### 4.3.1 国家发展改革委等部门：《“互联网+”高效物流实施意见》

国务院有关部委、直属单位，各省、自治区、直辖市及计划单列市人民政府：

为贯彻落实《国务院关于积极推进“互联网+”行动的指导意见》（国发[2015]40号），发展改革委会同有关部门研究制定了《“互联网+”高效物流实施意见》，经国务院同意，现印发你们，请认真贯彻执行。

附件：《“互联网+”高效物流实施意见》

国家发展改革委

2016年7月29日

### 附件：《“互联网+”高效物流实施意见》

物流业是现代服务业的重要组成部分，也是当前经济和社会发展中的突出短板。发展“互联网+”高效物流，是适度扩大总需求、推进结构性改革尤其是供给侧结构性改革的重要举措，对有效降低企业成本、便利群众生活、促进就业、提高全要素生产率具有重要意义。为深入贯彻落实《国务院关于积极推进“互联网+”行动的指导意见》（国发〔2015〕40号），大力推进“互联网+”高效物流发展，提高全社会物流质量、效率和安全水平，经国务院同意，提出以下实施意见。

**一、总体要求**

（一）指导思想。

全面贯彻党的十八大和十八届三中、四中、五中全会精神，牢固树立和贯彻落实创新、协调、绿色、开放、共享的新发展理念，深入推进供给侧结构性改革，顺应物流领域科技与产业发展的新趋势，加快完善物流业相关政策法规和标准规范，推动大数据、云计算、物联网等先进信息技术与物流活动深度融合，推进“互联网+”高效物流与大众创业万众创新紧密结合，创新物流资源配置方式，大力发展商业新模式、经营新业态，提升物流业信息化、标准化、组织化、智能化水平，实现物流业转型升级，为国民经济提质增效提供有力支撑。

（二）基本原则。

——深化改革，激发活力。着力打破制约“互联网+”物流发展的体制机制障碍，加快调整完善政策法规，统一相关行业标准，创新制度供给，最大限度地释放企业创新发展的内生动力，增强市场活力。

——互联互通，开放共享。推动政府物流数据信息向社会公开，完善信息交换开放标准体系，促进企业间物流信息以及企业商业信息与政府公共服务信息的开放对接，实现物流信息互联互通与充分共享。

——市场主导，政府引导。充分发挥市场在物流资源配置中的决定性作用，强化企业主体地位，激发企业活力和创造力。深入推进简政放权、放管结合、优化服务改革，加快转变政府职能、提高效能，为物流新模式、新业态发展营造良好的制度环境。

——技术引领，创新发展。以先进信息技术为依托，优化物流企业业务流程，创新物流活动组织方式，发挥新技术引领的经营管理创新在物流业转型升级中的关键作用。

（三）发展目标。

先进信息技术在物流领域广泛应用，仓储、运输、配送等环节智能化水平显著提升，物流组织方式不断优化创新；基于互联网的物流新技术、新模式、新业态成为行业发展新动力，与“互联网+”高效物流发展相适应的行业管理政策体系基本建立；形成以互联网为依托，开放共享、合作共赢、高效便捷、绿色安全的智慧物流生态体系，物流效率效益大幅提高。

**二、主要任务**

（四）构建物流信息互联共享体系。

推动传统物流活动向信息化、数据化方向发展，促进物流相关信息特别是政府部门信息的开放共享，夯实“互联网+”高效物流发展的信息基础，形成互联网融合创新与物流效率提升的良性互动。

——引导物流活动数据化。加快物流企业信息化建设，通过电子化、数据化方式采集物流交易和物流活动信息，推广应用电子面单、电子合同等数据化物流活动信息载体，为“互联网+”高效物流发展创造基础条件，促进物流活动和物流交易传统模式革新。

——加强物流信息标准化。加快物流技术、装备、流程、服务、安全等标准制修订工作，建立健全物流数据采集、管理、开放、应用等相关标准规范，重点完善包装、托盘、周转箱、货品编码等标准。加强基础共性标准、关键技术标准和重点应用标准研究，制修订一批行业急需的企业间物流信息交互标准以及物流公共信息平台应用开发、通用接口、数据传输等标准，并加强推广应用。

——推动物流数据开放化。研究制定政府物流数据开放目录，规范数据开放的具体方式、内容、对象等。促进公安、海关、质检、港口、铁路、路政、工商、税务等部门信息共享，推动公路、铁路、水运、航空等不同交通运输方式之间的信息衔接。引导行业协会、公共服务和科研机构等采集和分析物流运行数据，支持公共服务机构、大型企业针对社会化物流需求提供基于物联网、云计算、大数据的各类应用服务。探索制定物流数据商业化服务规则。

——促进物流信息平台协同化。加快推进国家交通运输物流公共信息平台建设与应用，加强综合运输信息以及物流资源交易、车货匹配、安全监管等信息平台建设，推动平台之间数据对接、信息互联，促进互通省际、下达市县、兼顾乡村的物流信息共享，实现物流活动全程监测预警、实时跟踪查询。鼓励物流龙头企业搭建面向中小物流企业的物流信息服务平台，促进货源、车（船）源和物流服务等信息的高效匹配，有效降低运输载具空驶率，为优化社会物流资源配置提供平台支撑。

**专栏 1 物流信息互联互通工程**

1、物流大数据信息集成工程。依托国家交通运输物流公共信息平台，按照开放、公益的原则，综合政府、企业与社会各类基础和专用信息，形成物流大数据中心，实现物流信息资源的互联共享，并加强对数据的挖掘应用。

负责单位：发展改革委、交通运输部、网信办、海关总署等。

目标及完成时限：2016 年底，完成物流大数据中心相关信息集成系统设计调整，2017 年底试运行，开展数据汇集分析工作。

2、互联交换标准推广工程。完善综合运输信息互联交换标准体系，依托国家交通运输物流公共信息平台，建设铁路、水路、公路、航空、邮政等物流信息交换节点，拓展与东北亚、东盟、欧盟国家（地区）港口的物流信息共享交换。

负责单位：交通运输部、发展改革委、海关总署、铁路局、民航局、邮政局、中国铁路总公司。

目标及完成时限：到 2018 年底，初步构建起多种运输方式间信息互联交换。

标准体系，物流信息互联交换基础网络基本建成，实现充分有效的互联互通。

3、水路便利运输电子口岸信息平台工程。依托电子口岸平台，构建服务于对外开放港口海关、检验检疫和边检机关，以及相关企业的分布式港航信息交换共享体系，按统一标准对接融入口岸国际贸易“单一窗口”、“三互”（监管互认、执法互助、信息互换）体系；建立覆盖所有对外开放港口的港航综合信息服务平台、电子联检服务平台，提高各单位业务协同服务效率。

负责单位：交通运输部、海关总署、质检总局、公安部。

目标及完成时限：到 2018 年，基本建成服务于对外开放港口的分布式港航信息交换共享体系，有效支撑口岸监管部门联合执法，提高协同服务效率；初步建成港航综合信息服务平台，面向港航企业、航运船舶提供准确权威的进出港相关信息服务。

（五）提升仓储配送智能化水平。

利用互联网等先进信息技术手段，重塑企业物流业务流程，创新企业资源组织方式，促进线上线下融合发展，提高仓储、配送等环节运行效率及安全水平。

——完善智能仓储配送设施网络。鼓励物流骨干企业、行业协会、公共服务机构等各类市场主体参与云（云计算）、网（宽带网）、端（各种终端）等智能物流基础设施建设。支持物流企业建设智能化立体仓库，应用智能化物流装备提升仓储、运输、分拣、包装等作业效率和仓储管理水平。鼓励建设低耗节能型冷库。大力推广应用智能快（邮）件箱，新建或改造利用现有资源，组织开展智能快（邮）件箱进社区、进机关、进学校、进商务区专项行动。整合利用现有邮政、供销、交通等物流网点和渠道，推动县级仓储配送中心、农村物流快递公共取送点建设，支持农产品标准化包装和保鲜设施建设，打通农资、消费品下乡和农产品进城高效便捷通道，切实解决好农产品进城“最初一公里”和工业品下乡“最后一公里”的配送难题。

——加强先进仓储配送技术研发与应用。围绕产品可追溯、在线调度管理、智能配货等重点环节，开展货物跟踪定位、无线射频识别、可视化、移动信息服务、导航集成系统等关键技术研发应用。在各级仓储单元推广应用二维码、无线射频识别、集成传感等物联网感知与大数据技术，实现仓储设施与货物的实时跟踪、网络化管理以及库存信息的高度共享。鼓励物流机器人技术开发，促进机器人在物流领域应用，重点突破机器人影像识别拣选、高密度存储机械臂拣选、语音拣选等技术，开展仓内机器人多模式应用。

——提升智慧物流配送水平。鼓励建设物流配送云服务平台，依托大数据、云计算、北斗导航等技术采集交通路况、气象等信息，加强对物流配送车辆、人员、温控等要素的实时监控，统筹利用相关数据资源，优化配送路线和运力，并依据实时路况动态调整，做好供应商、配送车辆、网点、用户等各环节信息的精准对接，大幅提高配送效率。加强智能冷链物流能力建设。鼓励企业使用符合标准的低碳环保配送车型和智能化托盘等集装单元化技术，提升配送的标准化、智能化水平。

**专栏 2 智能仓储和协同配送工程**

1、国家智能化仓储物流示范基地。结合国家级物流园区示范工作，引导企业在重要物流节点和物流集散地规划建设或改造一批国家智能化仓储物流示范基地（园区），推动仓储设施从传统结构向网格结构升级，建立深度感知智能仓储系统，实现存、取、管全程智能化。

负责单位：发展改革委、商务部。

目标及完成时限：2017 年上半年，在全国重要物流节点首批选取 10 个左右的物流基地（园区）开展示范，统一存储物品编码体系，推广应用二维码、无线射频识别等感知技术，实现仓储设施与货物的实时跟踪和在线管理，提高库存周转率。

2、城市共同配送工程。结合共同配送试点、物流标准化试点和现代物流创新发展城市试点等，完善城市物流配送服务体系，推广应用智能快（邮）件箱，利用城市配送互联网平台和车联网技术，培育城市配送服务平台，整合城市配送运力资源，提升城市配送管理水平。

负责单位：商务部、交通运输部、发展改革委、公安部、邮政局。

目标及完成时限：到 2016 年底，培育一批城市配送互联网平台，建设一批智能快（邮）件箱系统。到 2018 年底，试点城市建立完善的物流配送三级体系和末端配送网络。

（六）发展高效便捷物流新模式。

依托互联网等先进信息技术，创新物流企业经营和服务模式，将各种运输、仓储等物流资源在更大的平台上进行整合和优化，扩大资源配置范围，提高资源配置有效性，全面提升社会物流效率。

——“互联网 +”车货匹配。发展公路港等物流信息平台，整合线下物流资源，打造线上线下联动公路港网络，促进车货高效匹配，拓展信用评价、交易结算、融资保险、全程监控等增值服务。组织开展道路货运无车承运人试点，完善相关管理政策，鼓励利用物联网等先进技术优化业务流程，提高物流流程标准化和物流过程可视化水平，促进公路货运的集约化、高效化、规范化发展。

——“互联网 +”运力优化。鼓励企业利用大数据、云计算技术，加强货物流量、流向的预测预警，推进货物智能分仓与库存前置，提高物流链条中不同企业间的协同运作水平，优化货物运输路径，实现对配送场站、运输车辆和人员的精准调度。

——“互联网 +”运输协同。制定出台多式联运发展推进办法，支持多式联运公共信息平台建设，加快不同业务系统之间的对接，推动多式联运信息交换共享。培育多式联运经营主体，在重点领域探索实行“一票到底”的联运服务，研究应用电子运单。探索完善海关多式联运监管模式。

——“互联网 +”仓储交易。鼓励企业依托互联网、物联网等先进信息技术建立全国性或区域性仓储资源网上交易平台，推动仓储资源在线开放和实时交易，整合现有仓储设施资源，提高仓储利用效率，降低企业使用成本。探索建立全国物流金融网上服务平台，完善仓单登记、公示及查询体系，有效防范仓单重复质押等金融风险。

——“互联网 +”物流企业联盟。支持以资源整合、利益共享为核心的物流企业联盟，依托互联网信息技术整合社会分散的运输、仓储、配送等物流业务资源，推动实现合同签订、车辆调度、运费结算等统筹管理，规范运营流程，提高货运组织化水平，提升物流服务能力和效率，带动广大中小企业集约发展。鼓励依托企业联盟的跨区域甩挂运输发展。

——“互联网 +”供应链管理。鼓励物流企业依托互联网向供应链上下游提供延伸服务，推进物流与制造、商贸、金融等产业互动融合、协同发展。支持供应链管理综合服务商建设智慧供应链管理服务体系，发展适应“互联网 +”大规模定制的智能集成式物流模式，面向小批量、多品类、快速生产、快速交货和连续补货等新需求，提供物流服务解决方案。

**专栏 3 便捷运输工程**

1、无车承运人试点。鼓励依托互联网平台的无车承运人发展，通过开展试点，对符合条件的无车承运企业赋予运输经营资质，整合货物运输资源，提高运输组织化、规模化水平。

负责单位：交通运输部、发展改革委等。

目标及完成时限：到 2016 年底，编制试点方案，启动相关准备工作。2017 年上半年，确定首批无车承运人试点名单，正式开展试点。

2、骨干物流信息平台试点。探索打造适应物流信息平台创新发展的政策环境，支持现有车（船）货匹配、仓储资源交易等物流信息平台发展和优化整合。依托国家交通运输物流公共信息平台等，建立国家骨干物流信息网络，打通物流信息链，实现物流信息全程可追踪。

负责单位：发展改革委、交通运输部、网信办等。

目标及完成时限：到 2016 年底，制定试点工作方案，启动相关准备工作。2017 年上半年，确定试点信息平台名单，并制定平台互联互通方案，正式开展试点。2018 年，依托试点平台，初步建立国家骨干物流信息网络。

3、多式联运示范。研究制定统一的多式联运服务规则和标准，完善信息交换通道和技术标准，依托多式联运示范项目实施，促进物流信息在不同运输方式之间的衔接共享，探索、加快专业化、综合性多式联运信息平台建设，完善多式联运运输组织一体化解决方案，提供全程无缝衔接的一体化运输服务。

负责单位：交通运输部、发展改革委、中国铁路总公司。

目标及完成时限：2016 年 8 月前，确定多式联运示范企业和示范线路，完善实施方案，组织开展示范工作。到 2017 年底，总结示范经验，研究制定统一的多式联运服务规则和标准，初步实现信息有效共享。

4、铁路物流综合提升工程。发挥铁路干线运输和互联网信息集成优势，提高铁路资源利用率，支持铁路货运场站向综合物流基地转型升级，加强铁路与邮政、快递设施的衔接协同，积极发展高铁快运及电商快递班列等铁路快捷货运产品，推动铁路资源开放共享，提高铁路物流服务质量，加快构建绿色环保、安全高效、综合能耗低的铁路物流体系。

负责单位：发展改革委、交通运输部、铁路局、邮政局、中国铁路总公司。

目标及完成时限：到 2018 年底，铁路运量在中长距离货物运输中的占比进一步提升，基本建立与公路、水路运输分工协作、优势互补、合作共赢的货物运输新格局。

（七）营造开放共赢的物流发展环境。

加快调整不适应“互联网 +”高效物流发展的管理规定，利用先进信息技术提高物流行业的监测、预警和管理水平。

——创新管理体制机制。深化物流相关领域改革，系统梳理、修订、完善相关政策法规，打破地方保护和行业垄断，破除制约互联网与物流业融合创新发展的体制机制障碍，促进物流新业态、新模式发展。在保障安全的前提下，简化物流企业设立和开展业务的行政审批手续，最大程度减少对物流企业业务创新的限制，培育骨干物流企业，增强物流发展新动能。在边境省（区）建设国际道路运输管理与服务信息系统，为从事跨境运输的车辆办理出入境手续和通行提供便利和保障。

——提升行业监管水平。探索建立基于互联网的物流政务信息资源共享和业务协同机制，充分发挥大数据在物流市场监管体系建设运行中的作用，通过数据收集、分析和管理，完善事中、事后监管，提高物流运行监测、预测预警、公共服务能力，推动实现货物来源可追溯、运输可追踪、责任可倒查、违法必追究。加强物流服务质量监测，推进物流服务质量提升。指导各地开展城市配送需求量调查等前瞻性研究，为科学配置城市配送资源，实现城市配送精细、高效管理提供基础依据。充分发挥行业协会和产业联盟在行业自律、产业研究、标准宣贯、统计监测、人员培训、宣传推广等方面的作用，助推行业健康发展。

——维护网络和数据安全。按照国家网络和信息安全等级保护制度要求，加强“互联网 +”高效物流重要信息系统的安全保障。建设完善集网络安全、态势感知、实时监测、通报预警、应急处置、信息安全等级保护于一体的综合防御体系。落实网络数据采集、传输、共享、利用、销毁等环节的安全管理和技术保护措施，完善数据跨境流动管理制度，保障重要数据安全。

——构建公平有序市场环境。完善相关领域市场准入制度，鼓励各类社会资本参与互联网和物流业的深度融合，推动物流业规模化、集约化、网络化发展。探索电商物流企业等级评定和信用分级管理，支持建立以消费者评价为基础，以专业化第三方评估为主体的市场化电商物流信用评级机制。加强部门协作，推动信用信息公开共享，提供一体化、集成化物流信用信息服务。完善物流行业信用信息披露机制，研究将大型物流信息平台的用户信用状况纳入全国信用信息共享平台，通过“信用中国”网站依法公开，为物流业务开展创造良好环境。

**专栏 4：物流行业管理提升工程**

1、物流信用体系建设工程。依托全国信用信息共享平台，积极发挥国家交通运输物流公共信息平台、各大型经营性物流信息平台和社会征信机构作用，加快推进物流业法人单位和从业人员信用记录建设，整合交通、运管、路政、工商、税务、银行、保险、司法等信用信息，推动物流信用信息的共享和应用，构建守信联合激励和失信联合惩戒机制。

负责单位：发展改革委、公安部、交通运输部、人民银行、工商总局、网信办、标准委。

目标及完成时限：到 2016 年底，形成物流行业信用信息系统建设方案；2017 年，与相关经营性物流信息平台进行数据汇集整合，实现物流行业信用信息系统的试运行。

2、国际道路运输管理与服务信息系统建设工程。在边境省（区）开展国际道路运输管理与服务信息系统建设，形成国际道路运输数据中心，实现行车许可证管理、路单运单管理、出入境运输车辆备案管理、口岸现场查验等业务数字化管理，完善汽车出入境证件网上申请、业务咨询等国际道路运输公众信息服务功能。

负责单位：交通运输部、海关总署、公安部、质检总局。

目标及完成时限：到 2018 年底，基本建成 50 个以上公路口岸信息管理与服务系统，升级改造现有各口岸信息管理系统，实现与海关、检验检疫、边检等口岸管理部门数据共享和交换，以及与交通运输部国际道路运输管理系统有效对接。

## 三、组织实施

（八）加强组织协调。

充分发挥“互联网 +”行动部际联席会议和全国现代物流工作部际联席会议等重要工作机制作用，建立健全“互联网 +”高效物流工作协调推进机制，促进互联网与物流业融合发展。国务院各有关部门要按照职责分工，认真落实各项工作任务，强化服务意识，加强协调配合，为“互联网 +”高效物流发展创造良好条件。发展改革委要加强统筹协调，做好督促检查和跟踪分析，定期总结推广试点示范经验和国内外先进做法，重大问题及时向国务院报告。各地区要结合实际制定配套措施，抓好政策落实，形成政策协同效应和工作合力。

（九）加大资金、土地、税收、金融等政策支持力度。

进一步落实支持物流业发展的用地政策，对符合土地利用总体规划要求的物流设施建设项目，加快用地审批进度，保障项目依法依规用地。中央和地方财政资金通过现有渠道积极支持符合条件的智能仓储配送设施，物流云、网、端等应用基础设施以及物流标准化信息化等项目建设。结合全面推开营改增试点，创新财税扶持方式，落实好无运输工具承运业务按照交通运输服务缴纳增值税政策，研究完善交通运输业个体纳税人异地代开增值税专用发票管理制度。引导银行业金融机构在风险可控、商业可持续的前提下，加大对物流企业特别是小微企业和个体运输户的信贷支持力度。在双创示范基地和支撑平台建设过程中，对"互联网+"高效物流项目给予重点倾斜，通过众创、众包、众扶、众筹等支持平台，加大对物流企业创业创新活动的引导和支持力度。充分利用高速铁路等轨道交通运输系统，建立开放共享、公平竞争的物流平台，实现货物快速运输以及铁路与物流企业互利共赢。

（十）加强人才队伍建设。

鼓励企业与高校、公共服务机构、行业协会等合作设立培训基地与研发机构，联合培养互联网和物流领域复合型专业人才，完善激励机制，培育一批物流新技术、新设备研发应用领军人才和技术带头人。充分利用现有人才引进计划，引进国际物流领域高端人才，为大力推进"互联网+"高效物流发展提供高水平的智力支持。

## 4.3.2《上海市人民政府关于印发<上海市推进"互联网+"行动实施意见>的通知》（沪府发〔2016〕9号）中的物流部分

**《上海市推进"互联网+"行动实施意见》物流部分节选**

为贯彻落实国务院《关于积极推进"互联网＋"行动的指导意见》和市委、市政府《关于加快建设具有全球影响力的科技创新中心的意见》，现就本市"互联网＋"行动提出以下实施意见：

**二、专项行动**

专项4：互联网＋供应链。利用互联网同步信息流与物流，提高采购效率和透明度，推动供应链管理向互联网模式转型。推动供应链的电商化，借助云平台和互联网技术，推动供应链节点网络化，优化改变供应链流程，形成全新商业模式。打造垂直电商供应链，培育个性化需求的多品种、小批量智能制造新模式，发展面向个性化市场的垂直电商。建立供应链管理平台，借助物联网的感知信息，监控智能供应链的专业工具和智能化供应链决策系统，推动供应链网络协同规划和自动制定决策。（责任单位：市商务委、市经济信息化委、市发展改革委）

专项14：互联网＋交通。借助互联网平台，促进交通出行信息的开放与共享，改善市民的出行体验，提升城市交通规划和管理水平，形成"线上资源合理分配，线下高效优质运行"的新业态和新模式。推进智能化公共交通系统建设，推出多种客运方式整合衔接的出行服务APP，通过新媒体手段多平台及时发布路况、交通运行等信息，提供停车信息服务、车载信息服务，提高公共交通服务质量。完善电子收费系统，扩大高速公路不停车收费系统（ETC）覆盖面，推进公交卡长三角区域互联互通，扩大公交车WLAN覆盖范围。探索"三网合一"智慧交通体系，以智慧照明系统为信息物理载体，在全市道路上设置大量智能交通控制端，推动智慧照明与车联网、交通网、位置网的融合，探索形成未来智慧城市的信息物理系统。（责任单位：市交通委、市公安局、市住房城乡建设管理委）

本篇供稿：王京； 编辑：张志坚

# 第五篇 口岸与自贸区物流

## 5.1 上海口岸物流综合信息

### 2017 年上海口岸工作领导小组会议：上海口岸 2016 年运行逆势上扬

2017 年 2 月 13 日召开的 2017 年上海口岸工作领导小组会议上传出信息：上海口岸去年运行逆势上扬，2017 年外贸形势稳中见好。2016 年，在国际贸易总体低迷的形势下，上海口岸运行保持平稳增长，货物贸易呈现增长，集装箱量保持增长，出入境旅客和邮轮业务大幅攀升。口岸进出口货物总值 6.9 万亿元，同比增长 1.5%，占全国的 28.3%，其中出口 4.1 万亿元，增长 0.3%；进口 2.8 万亿元，增长 3.3%。港口外贸货物吞吐量 3.83 亿吨，增长 0.6 %；集装箱外贸吞吐量 3188.8 万标箱，增长 0.6%；集装箱水水中转比率达 46.5%，其中国际中转比率 7.2%。航空外贸货邮吞吐量 303.5 万吨，增长 4.6%。口岸出入境旅客 3845.3 万人次，增长 12.7%，其中航空口岸 3547.7 万人次，增长 9.6%；邮轮出入境旅客 287.5 万人次，增长 75.6 %；铁路口岸 10.1 万人次，下降 13.2%。口岸出入境（港）国际邮轮 1013 艘次，增长 48.97%。

上海国际贸易单一窗口建设实现三年目标任务。全面实施单一窗口 2.0 版，23 个部门参与建设，形成了“监管 + 服务”的 9 个功能板块，实现了三年建设方案的目标任务。上海口岸 95% 的货物申报、全部的船舶申报通过单一窗口办理，平台用户近 5000 家，服务企业数 17 万家。上海单一窗口建设，在去年列为国务院第三次全国大督查发现的典型经验做法给予通报表扬，得到李克强总理称赞。

上海自贸试验区分线分类监管有效运行。口岸监管单位不断探索实施“一线放开、二线管住、区内自由”监管制度，形成了一批可复制推广、具有国际竞争力的口岸监管创新制度和模式。自贸区一线进境货物入区通关时间平均缩短 2-3 天、成本平均降低 10%。积极扩大货物状态分类监管试点，物流业务类型的试点范围覆盖自贸区所有海关特殊监管区，试点企业扩大到 35 家，贸易企业也已开展试点，赋予企业一般纳税人资格。

“三互”大通关建设取得积极进展。口岸查验单位积极推进“信息互换、监管互认、执法互助”，全面提升执法效能和贸易便利化水平。上海海关率先启动全国通关一体化改革试点，试点的范围已拓展至长江经济带区域海关，“一次申报、分步处置”通关模式基本实现。深化完善长三角、上海与中部六省、川渝沪区域大通关建设。在上海航空、邮轮和铁路口岸及南京、杭州航空口岸之间的 144 小时过境免签政策，落实外国旅游团乘坐邮轮入境 15 天免签政策。

上海口岸服务环境不断优化。各口岸单位深化“放管服”改革，优化监管服务流程，提效降本。在单一窗口公布通关流程和作业时限，提高可预期性，建立进出口货物口岸放行时间指标。取消各类口岸申报数据处理等收费约 2.8 亿元 / 年，政府承担海关查验作业服务费约 2 亿元 / 年。海关、检验检疫、海事不断推进全程无纸化，边检建设 26 条自助查验通道，邮轮旅客自助通关率达到 30%。

**会议明确，2017 年上海口岸将在四个方面加以重点推进落实：**

一是全面实施上海国际贸易单一窗口 3.0 版。按照建设具有国际先进水平的国际贸易单一窗口的要求，研究制定 2017-2020 年全面深化建设方案。进一步覆盖口岸执法和贸易管理应用，探索更多的服务贸易业务办理，促进监管信息共享。进一步深化区域单一窗口建设和探索推进国际间交流合作项目。

二是进一步优化平台和扩展口岸服务功能。进一步深化自贸区分线分类监管。探索“区港一体”自由贸易港区建设，推动特殊监管区保税作业和口岸作业高效顺畅衔接。扩大货物状态分类监管的业务类型和规模。支持新业态和贸易平台发展，完善跨境电子商务的监管和通关流程。

三是深化“三互”大通关建设。依托单一窗口，全面推进信息互换，完善信息共享合作机制。完善口岸信用体系建设的合作机制，探索推行“守信联合激励、失信联合惩戒”。扩大“一次申报分步处置”通关模式的范围，推进法检货物报关报检并联作业。推进无纸化进程，不断提高通关效率。

四是不断加强口岸服务协调保障。落实“十三五”口岸开放项目规划，组织虹桥国际机场T1航站楼扩建工程等年内计划对外开通启用项目验收，推进洋山四期工程、浦东国际机场卫星厅和吴淞口国际邮轮码头后续工程等口岸查验配套建设。加强联系服务企业，运用新媒体平台积极回应社会关注的口岸热点，完善口岸查验单位为企业提供改革创新政策宣讲和咨询服务的工作机制。

中共上海市委常委、常务副市长、上海口岸工作领导小组副组长周波出席会议并讲话指出，2016年在全球经济低迷的情况下，上海口岸无论是吞吐量、进出口总额还是出入境人次都创出新高，并且占全国份额分别提高了0.4个百分点，本市进出口贸易总量口岸增加了0.6个百分点，相当不易。周波要求，口岸相各单位要顺应互联网经济“跨界融合、垂直细分、共享经济”的新形势，紧紧围绕“四个中心”（国际经济、金融、贸易、航运中心）建设和科创中心建设，聚焦重点，抓住关键，着力深化货物状态分类监管试点；提高通关效率，降低通关成本，抓紧研究自由贸易港区的建设方案。周波强调，上海口岸不仅要对标国内更要对标国际，按照习近平总书记的要求，争当改革开放的排头兵，创新发展的先行者，为上海经济社会和经济转型的发展作出应有的贡献，以优异成绩迎接党的十九大胜利召开。

会议由上海市政府副秘书长、上海口岸工作领导小组秘书长俞北华主持，上海口岸工作领导小组33家成员单位负责人出席会议。市口岸办主任张超美报告了上海口岸2016年工作总结和2017年工作安排建议，会议讨论审议《上海国际贸易单一窗口（2017-2020年）深化建设方案（征求意见稿）》。

（来源：央广网2017年2月14日新闻稿）

## 上海市口岸办：《2016上海口岸发展报告》物流部分（节选）

（一）货物贸易呈增长态势，集装箱量略有增长。上海口岸全年实现进出口总值6.9万亿元人民币，同比增长1.5%（全国进出口降幅0.9%），上海口岸占全国比为28.3%。其中，出口4.1万亿元，增长0.3%；进口2.8万亿元，增长3.3%；贸易顺差1.3万亿元，收窄5.9%。上海口岸外贸货物吞吐量累计达3.83亿吨，同比增长0.6%，其中水运口岸3.80亿吨，增长0.6%，占上海港货物吞吐量（7.02亿吨）的54.2%；航空口岸货邮吞吐量承接去年以来的新一轮增势，达303.5万吨，增长4.6%，占空港货邮吞吐总量（385.4万吨）的78.7%。浦东国际机场货邮量达342.5万吨，连续9年保持全球第3。口岸集装箱吞吐量完成3188.8万标准箱，增长0.6%，占上海港集装箱吞吐总量（3713.3万标箱）的85.9%。上海港集装箱吞吐量连续七年保持世界第一。上海港集装箱水水中转比率为46.5%，其中国际中转比率7.2%。

（二）口岸辐射功能呈放大梯度状态。2016年，本市企业经上海口岸进出口2.5万亿元，增长2.2%，占同期口岸进出口总值的35.9%，比重提升0.2个百分点。同期，外省市企业经上海口岸进出口4.4万亿元，增长1.1%，占64.1%。其中，江苏企业经上海口岸进出口2.5万亿元，微降0.1%；浙江企业进出口7103.2亿元，增长3.7%。

（三）口岸出入境旅客人数继续保持增长。（略）

（四）入（过）境免签政策发挥效应。（略）

（五）口岸开放和基础设施不断完善。编制形成上海口岸“十三五”开放项目规划表。完成国家口岸办委托的上海港崇明三岛港区长兴岛作业区（长兴岛东岸）正式扩大开放验收工作。截止年底，上海水运口岸共有 96 座开放码头、310 个泊位。全年共协调办理开放范围内上海水运口岸 4 座码头临时接靠国际航行船舶，保障了本市能源供应、援外项目、科研考察、生产建设等需求。洋山深水港区四期工程、吴淞口国际邮轮港后续工程、虹桥 T1 航站楼改建等基础设施建设项目有序推进。

2016 年上海口岸运行情况数据统计表

| 大类 | 项　目 | 2016 年 | 同比（%） | 2015 年 | 同比（%） |
|---|---|---|---|---|---|
| 货物 | 上海口岸进出口货物总值（亿元） | 68,820.4 | 1.5 | 67,821.8 | -3.3 |
| | 出口 | 40,699.7 | 0.3 | 40,596.4 | -2.4 |
| | 进口 | 28,120.7 | 3.3 | 27,225.4 | -4.5 |
| | 上海关区进出口货物总值 | 52,334.8 | 3.3 | 50,838.2 | -4.2 |
| | 出口 | 31,651.1 | 2.1 | 31,065.7 | -3.3 |
| | 进口 | 20,683.8 | 5.1 | 19,772.4 | -5.4 |
| | 上海市进出口货物总值 | 28,664.4 | 2.7 | 28,060.9 | -2.1 |
| | 出口 | 12,105.5 | -0.5 | 12,228.6 | -5.3 |
| | 进口 | 16,558.9 | 5.2 | 15,832.3 | 0.5 |
| | 上海口岸货物吞吐量（万吨） | 38,315.8 | 0.6 | 38,087.4 | -1.1 |
| | 航空口岸货邮量 | 303.5 | 4.6 | 290.3 | 2.1 |
| | 水运口岸货物量 | 38,012.3 | 0.6 | 37,797.1 | -1.1 |
| | 上海口岸集装箱吞吐量（万标箱） | 3188.8 | 0.6 | 3,170.4 | 4.3 |
| | 出口 | 1392.8 | 1.9 | 1,366.3 | 2.0 |
| | 进口 | 1306.5 | -1.9 | 1,331.5 | 7.7 |
| | 内支线 | 489.5 | 3.6 | 472.6 | 1.8 |
| 交通工具 | 上海口岸出入境交通工具总数 | 260,042 | 6.6 | 244,000 | 8.1 |
| | 飞机（架次） | 234,047 | 7.3 | 218,077 | 9.0 |
| | 船舶（艘次） | 25,633 | 0.3 | 25,557 | 1.7 |
| | 列车（车次） | 362 | -1.0 | 366 | 0.0 |
| | 进出上海口岸国际航行船舶（艘次） | 41616 | -1.3 | 42,181 | 2.8 |
| | 货船 | 40402 | -2.2 | 41,303 | 2.5 |
| | 邮（客）船 | 1214 | 38.3 | 878 | 20.6 |

（来源：2017 年 9 月 14 日上海市口岸办向本编辑部提供的特稿）

## 上海海关：2016 年上海海关改革成果综述

面对日益严峻复杂的国际贸易形势，2016 年，上海海关主动服务国家经济社会发展大局，解放思想、大胆探索、敢破敢立，以全面深化改革为抓手，不断提升上海口岸的贸易便利化水平。

**自贸区建设三周年成果丰硕**

上海自贸试验区成立三年以来，上海海关始终坚持把制度创新作为核心任务，立足于可复制可推广，大胆闯、大胆试、自主改，不断推进自贸区海关监管服务制度“优化、完善、升级、再创新”。

经过三年的创新试验，上海自贸区已基本形成了一套对标国际贸易通行规则的通关监管制度框架，全面建立了国际自由贸易园区通行的“一线放开、二线管住、区内自由”的作业制度和监管模式，在接轨国际方面实现了“全面对标、总体达到、局部领先、个别特殊”。

目前，以便利化为核心的通关监管制度已基本确立，上海通关便利化水平进一步提高。31 项海关创新制度全部落地生效，21 项获得复制推广；全球 17 个高水平自由贸易协定的 60 条贸易便利化核心措施中，有 55 条已在上海自贸区实施。

同时，上海海关以信息化为依托的简政放权改革深入推进，“放管服”成效逐步显现。截至目前，上海海关共取消、下放、让渡、放开 22 项前道审批事权或限制，从账册备案到核销企业等操作环节共减少 70.6%；一线进出境风险自动判别、自动验放比例超过 90%，一线进、出境平均通关时间分别较区外缩短 79.1% 和 11%，一线进境货物通关成本平均降低 10%。

卓越的贸易便利化程度，让上海成为备受瞩目的投资热土。上海自贸区成立至今，区内已新增海关注册企业 1.6 万家，总数达 2.6 万家。2016 年，上海自贸区进出口货值达 1.2 万亿元，占全市进出口总值的 41.1%。

**全国通关一体化改革试点稳健起步**

上海海关坚持边试点、边完善、边推进，全力以赴打造全国通关一体化改革“样板间”。2016 年 6 月 1 日，上海海关在全国率先启动“全国通关一体化改革”试点，试点范围已覆盖上海关区所有海运、空运进口业务现场，并扩大至长江经济带 12 个海关。截至目前，参与试点的企业达 2.53 万家，受理一体化模式报关单 24.3 万票。

全国通关一体化改革成效显现，通关作业“前推后移”效果明显。“两中心”试点运作，实施“一次申报、分步处置”模式后，70% 以上的报关单可实现快速放行。多项举措保驾护航下，通关效率显著提升。全国通关一体化报关单海运平均通关时间较传统模式缩短 10 小时；24 小时放行率达 72.4%，提升 12 个百分点，得到企业的充分认可。

**多领域通关改革成效显著**

上海通关便利化改革的着力点，绝不止自贸区和全国通关一体化。

截至 2016 年底，上海海关共参与建设和完善上海国际贸易“单一窗口”项目 21 项，为企业减负，货物申报项由 135 个缩减至 75 个。“单一窗口”平台目前开户企业达 2400 余家，全年申报进出口货物 401.4 万票、船舶离港许可 2.1 万艘次，同比分别增长 30.2 倍和 32.5%。

如今，关检合作“三个一”（一次申报、一次查验、一次放行）制度已全部覆盖到上海关区所有口岸及特殊监管区域。2016 年，上海口岸有 2400 余家企业参与了“一次申报”，同比增加 19 倍，“一次申报”已占报关单总量的 8 成以上。该年，上海海关和检验检疫部门共受理“一次申报”货物 1766.6 万批，同比增长 6.3 倍；实施“一次查验”1.7 万批，“一次查验”率达 100%；实施“一次放行”1761.7 万批。

经过一年的努力，上海海关通关作业无纸化改革已覆盖关区所有业务现场和业务领域，无纸化率提高至 93.4%，参与企业达 35.5 万家，业务规模居全国海关首位。同时，上海海关税收电子支付率达 98.1%，同比提高了 3.4 个百分点。

同时，“三自一重”（自主报税、自助通关、自动审放、重点稽核）改革规模进一步拓展，上海海关全年受理“三自一重”报关单 5243 票，货值 78.5 亿元，同比分别增长 3.5 倍、2.2 倍。

2016 年 9 月 1 日起，作为上海海关先试先行的成功改革经验，海关总署开始向全国海关推行汇总征税及其无纸化作业核批。“集中汇总征税”实现了“先放行、后缴税”，使得应税货物通关时间节省 70%，2016 年上海海关受理的该模式报关单和征税额同比分别增长 5.4 倍和 3 倍。

推进货物状态分类监管，上海海关还将试点范围从物流型企业拓展至贸易型企业，参与货物状态分类监管的企业增至 35 家，2016 年共运作相关货物 1.26 万票、货值 33.5 亿元。

**多举措助推地方经济转型升级**

放眼全国的同时，上海海关更不忘为地方经济转型升级服务。

2106年，上海海关落实支持科创中心建设的8项措施，推出支持临港地区新一轮发展的10项措施，促进了上海自贸区与张江国家自主创新示范区的“双自联动”发展。

在上海海关的推动下，浦东新区还设立了张江跨境科创监管服务中心。为促进创新要素自由流动，上海海关开设了战略性科研项目减免税特快通道，积极为大专院校、科研机构办理相关减免税业务。

服务电子商务产业发展，上海海关去年共监管跨境电商进口模式订单 1131.9 万单、货值 21.6 亿元，同比分别增长 4 倍和 4.2 倍。

## “互联网 + 自贸区海关”

上海海关在推进上海自贸区改革过程中，坚持以科技创新引领管理再造，积极运用“互联网 +”理念和大数据、物联网等新技术，立足用户实际体验，优化完善海关监管服务业守法自律能力，积极营造可预期、透明稳定的贸易环境。

**智能化卡口——“软硬兼施”高效率**

自 2014 年 4 月以来，上海海关先后分两期，对上海自贸区内 4 个特殊监管区域的海关卡口通道实施智能化建设和管理应用，目前共建成 108 个智能化卡口通道，完成上海自贸区海关智能化卡口的全覆盖，实现对进出区车辆及货物监管信息的自动识别、自动比对、自动验放，智能化验放车辆平均过卡时间大幅压缩 96%。

同时，上海海关还上线了“货物配载平台”，支持企业根据物流需求自主拼载货物、安排车辆，促进上海自贸区多元物流模式的发展，降低了物流成本，提升了企业参与改革的积极性。目前，“货物配载平台”已有注册企业 855 家、运输车辆 3043 辆，服务进出区货物 2.4 万批（车）次。

针对海关卡口传统作业涉及单证复杂、人工环节偏多、操作手续繁琐及监管资源紧张等缺陷，上海海关在智能化改造过程中再造流程，嵌入业务管理需求，建立了统一验放凭证、统一管理单元、统一控制系统、统一监管数据、统一布控模式的“五统一”卡口智能化管理模式，将卡口管理信息化系统与监管车辆备案、物流监控、机场货站管理等系统联通，实现了物流数据的联动和共享。

通过软硬件集成联动，上海自贸区海关卡口实现了“车辆识别、数据集成、风险提示、道闸抬杆、货物验放”的连贯自动化作业。截至目前，上海自贸区智能化卡口完成自动化验放作业 20 余万车次，其中一线进境集装箱智能化验放率可达 87%，二线进出智能化验放率可达 70.5%。

## “通关宝”——无纸扫码易通关

上海海关开发建设了集互联网站、微信、手机 APP（包括安卓和苹果 IOS 系统）于一体的移动互联网通关综合信息服务平台“通关宝”，陆续推出了报关单、舱单、个人邮包、无纸化查验等通关状态查询功能，以及企业年报状况、反倾销反垄断政策法规、规范申报要素等政策法规类的查询功能，既方便了企业物流运作，又为海关通关管理提供了有力支撑。

目前，“通关宝”平台已上线了上海自贸区核放单二维码手机扫描过卡的功能，海关依托上海自贸区智能化卡口启动核放单无纸化试点，对原有纸质核放单实现无纸化远程加载。企业可依托海关“通关宝”平台，在智能手机终端远程获取卡口无纸化核放单二维码及相关货物、单证实时通关信息，在卡口通道时扫描二维码即可自动验放，无需再打印扫描纸质核放单。

该模式改变了传统“二上二下四敲章”的人工作业流程，实现了“零上零下零敲章”的自动过卡，车辆平均过卡时间从6分钟缩短至45秒，有效提高了海关通关监管效率，卡口拥堵现象基本消除；切实减轻了企业物流运输成本，企业物流运输能力提升25%至50%。

目前“通关宝”平台注册用户超4万个，每日活跃用户超过5000个，2016年平台上的各类查询超过380万次。

**“易归类”——掌上查询无难题**

“商品易归类服务”是上海自贸区海关创新制度之一，“上海海关易归类”微信公众号是其中的重要内容。为向社会提供通俗易懂、便捷高效的专业服务，帮助企业依法归类、提高申报准确性，上海归类分中心整合归类化验政务公开信息，发挥商品及编码大数据库优势，于2015年6月推出“上海海关易归类”微信公众号。用户通过该微信公众号可查询商品税号税率、查询化验进度、查看重点商品归类指引、参与在线归类知识测试等。

上海海关以该微信公众号为平台，集成各类归类指引功能，并将主要功能从微信网页版逐步升级为移动终端版，与“上海海关12360服务热线”微信公众号查询功能关联，提供一站式“掌上归类”服务。上海海关发挥微信平台实时互动优势，梳理用户咨询热点和意见建议，及时推送热点信息解读贴，对关注度较高的重点商品归类问题加大解析力度，并根据用户反馈优化查询界面，不断提升服务质量。

“易归类”进一步强化了传统信息渠道与移动终端渠道的关联，把上海海关门户网站增设的“商品易归类服务”栏目，与“易归类”微信号使用同一架构并保持内容同步，形成“两位一体”服务平台，满足用户在不同场景下的查询需求。

运行一年多来，“上海海关易归类”微信号关注用户达1.3万人，“税号税率”查询模块受理用户查询15万余次，发布“机电商品归类ABC”、“协调制度入门”、年度税则调整案例、重点商品归类指引、海关总署公告、归类行政裁定等信息140余期，获阅读转发23万余人次，“归类考场”参加测试用户近千人，获评“2016年政府网站政务微信卓越奖”。

**上海自贸区货物状态分类监管试点突破万票**

2016年，上海自贸区货物状态分类监管模式试点企业增至35家，全年运作相关货物1.26万票、货值33.5亿元。

上海元初供应链管理有限公司是最早参与上海自贸区货物状态分类监管试点的企业之一。“一个仓库、一个系统、一套设备、一套人员，就可以做好我们所有的相关业务，分类监管给我们带来的是实实在在成本的减少。”企业负责人高度评价改革带来的红利。

2015年起，元初公司开始采用“货物状态分类监管”业务模式，企业取消了区外仓库，货物清关后依然可以存储在保税仓库内，保税货物与非保税货物在一个仓库内实现了“双卡双待”。通过整合区内外仓库，企业可以有效节约运营成本，提升运转效能，实现30%以上的利润增长。

2014年11月，上海海关正式启动“货物状态分类监管”业务模式试点，通过对试点企业软硬件的升级改造，实现对货物进、出、转、存情况的实时掌控和动态核查，实现了保税仓库增加非保税货物“同仓共管”的功能，使得上海自贸试验区真正成为国际国内货物中转自由转换的综合物流服务平台，大幅提升了仓储企业的运营效率，降低成本，提升企业竞争力。

自2014年启动以来，上海海关不断推进上海自贸区“货物状态分类监管”业务模式，目前改革试点运作票数已突破万票。上海海关在稳步拓展物流配送模式试点范围和商品类型的同时，还支持企业通过对不同状态货物的一体化运作统筹，开展内外贸业务。同时，上海海关不断完善上海自贸区海关监管信息化系统专用模块，指导企业加快系统建设，并联合上海自贸区管委会建设“保税区域企业公共服务平台”，便利中小微企业参与试点。

（来源：2017年1月23日《解放日报》）

## 上海海关："快到不可思议"的3小时40分自贸区海关创新制度叠加运用

2016年9月7日早晨6时30分，运载着一批服装的CK218航班在上海浦东机场降落。卸货后，中远物流的地面代理迅速开始理货，并确认海关舱单。

7时02分，中远物流向海关提出了"先进区，后报关"申请，3分钟后收到审核放行回执。14分钟过后，第一车货物驶入上海自贸区海关卡口并入库理货。

8时28分，企业理货完成后，向海关进境申报，12分钟后收到放行回执，打包装车。

9时53分，装车完毕，企业申请货物出区，2分钟后收到回执，车辆出库。

10时10分，货物通关出区，进入国内。此时，距离飞机落地，仅过去3小时40分钟！上海自贸区一项全新的空运物流运作速度纪录就此诞生。

"快到不可思议！"上海中远空港保税物流有限公司副总经理孟路明兴奋地说。在他印象中，如果不采用"先进区，后报关"，这批服装从到港卸货到完成所有手续通关出区，至少要花上一到两天。

而"不巧"的是，这批服装是西班牙某著名快时尚品牌的货物，对于"以快取胜"的快消品牌来说，时间就是生命。通关慢上个把小时，就可能断送物流企业的大订单。

对于过去的繁琐，孟路明"如数家珍"：以前是"先报关，后进区"，手续没办清楚，货物别想入区。因此，货物到港后，要先进机场货运站，再到一级监管仓库，再到二级监管仓库，这么挪来挪去，没有六到八个小时完不成。与此同时，报关员要在场所之间疲于奔命，一个报关员至少要跑3次，费时费力。

而如今，企业可先凭进口舱单信息将货物提运入区，再在规定时限内（自运输工具进境14日内）向海关办理进境备案清单申报手续，这让企业几乎可以同时处理提货入区作业与申报备案手续，办事效率大幅提高。

企业的物流成本也大幅降低，"我们区域的监管场所和货站的距离超过6公里，现在机坪到自贸区仓库最多2公里"。孟路明表示，许多企业的货站和监管场所的距离更远，如果不能直接提货进入区内仓库，物流成本更高。

"先进区，后报关"，已成为上海自贸区在通关便利化领域的国际名片。

由上海美国商会所作的2014年度上海口岸《贸易环境满意度调查报告》显示，多达87.8%的企业认可"先进区，后报关"。这份调查报告的受访美国在沪投资企业中，注册资金超过1亿美元的超大型企业占到了58%。

其实，"3小时40分钟"的背后，出力的不只是"先进区，后报关"，还有"批次进出，集中申报"、"货物状态分类监管"、"汇总征税"等一系列海关创新制度的贡献。

"就好像多块'积木'，叠加在一起的积木越多，通关效率就越高。"上海浦东机场海关综保区筹备办主任程红梅表示，从2013年上海自贸区成立后，海关推出了31项创新举措，这些举措并非孤立，通过巧妙叠加，可以产生巨大的政策红利，这体现出上海在通关便利化创新制度设计上的精心。

据透露，为更好地满足企业需求，上海海关设立了专门的课题攻关组，研究上海自贸区海关创新制度的叠加运用。

2015年7月，上述快时尚品牌在机场综保区正式开展首批业务。上海海关从货物账册备案环节就开始简化手续加速流程，进而指导企业叠加运用上海自贸区海关创新制度节省通关时间，当月就创造了5小时通关的惊人速度。据统计，该品牌今年上半年累计进口货值近6.5亿元、报关单票数超过1万票，较去年下半年分别增长了50.5%和108.5%。

（来源：《现代物流报》）

# 上海出入境检验检疫局：对标国际 拓展功能——上海自贸区三周年检验检疫改革第三方综合评估报告出炉（2016 年 09 月 23 日）

时光荏苒，上海自由贸易试验区建设已历时 3 年。

这 3 年，上海检验检疫改革取得了一些成果，圆满完成了国务院《总体方案》和《深化方案》中规定的任务，切实助推了自贸区建设与发展。

按照中央部署，上海自贸试验区成立 3 周年，其建设工作要进行全面总结和评估，作为自贸试验区建设与管理的重要一环，上海检验检疫要交上自己的答卷。即日起，本报特辟专栏，对上海检验检疫的这份答卷进行系列报道，希望能为全国检验检疫制度改革与创新提供借鉴。

经历了三年的探索与成长，作为改革开放“试验田”和“排头兵”的上海自贸区，一大批趋向成熟的创新政策正在开花结果。8 月下旬，由上海社会科学院组织开展的中国（上海）自由贸易试验区上海检验检疫局改革创新举措第三方综合评估结束。评估报告显示，上海局针对上海自贸区建设推出了多项突破性创新制度，效果显著。上海局以制度创新为核心，全面对标国际通行规则，提升了治理能力，改变了行政理念，大幅提高了行政效率。

**落实 25 项任务措施**

本次评估主要从总体推进情况和分类分重点领域推进两个视角进行评估。从总体推进情况来看，评估从三个层面开展：一是从落实国务院总体方案的层面，二是从促进货物进出口通关流程优化角度的层面，三是从复制推广的层面。

据了解，《中国（上海）自由贸易试验区总体方案》（简称《总体方案》）和《进一步深化中国（上海）自由贸易试验区改革开放方案》（简称《深化方案》）中与检验检疫部门相关的任务要求有 25 项。其中，《总体方案》涉及 15 项任务要求，《深化方案》涉及 14 项任务措施，特别是“推动生物医药等外包业务”等 4 项任务措施同时出现在两个方案中。报告认为，25 项任务措施都得到不同程度的有效落实。

目前，上海检验检疫部门已对自贸试验区内第三方检验结果采信制度、全球维修产业监管等 13 项创新制度向上海口岸或全国海关特殊监管区域内复制推广；另有“先进区后报检”制度、跨境电子商务监管模式制度等 24 项制度已具备复制推广条件，准备在上海全境复制推广。报告指出，从制度创新的适用性来看，上海局既有在全国具有普遍创新意义的制度创新，也有符合上海地区经济发展特点的针对特定产业的制度创新。

**对标国际取得重要创新**

分类分重点领域从监管制度创新、贸易便利化和贸易功能拓展三个方面进行评估。

报告从货物贸易安全和监管角度进行了梳理总结。报告指出，上海局建立了一套覆盖事前、事中、事后各阶段的安全监管制度，在守住风险底线的前提下推动贸易便利化；其次，探索实施清单管理制度，提升透明化监管，提高了政策的可预见性；第三，以信息化监管为主要手段和基础，符合国际上关于货物贸易监管的发展趋势；第四，探索建设了基于企业和产品分类监管相结合的风险管理制度；第五，部分制度创新由检验检疫系统和其他系统相关部门共同推出，体现了制度创新的协同性。

对贸易便利化的评估，报告主要对标 WTO《贸易便利化协定》，看自贸试验区对各条款的履行和试点情况。经比照，14 条与检验检疫有关的贸易便利化条款中，自贸区已率先在国内试点推出了 8 个条款的创新措施。其中，“风险管理”等 7 条创新措施与 WTO《贸易便利化协定》的要求吻合，实现了 WTO 框架下对应的贸易便利化条款；“先入区、后报检”和“中转货物产地来源证签证制度”

等创新措施甚至超越了WTO《贸易便利化协定》的基本要求。

期间，上海局在贸易功能拓展方面进行了许多创新探索。报告主要选择国际中转集拼便利化，全球维修、再制造产业检验检疫便利化，生物医药进口检验检疫便利化和跨境电商检验检疫便利化四个重点领域进行评估并给予高度评价。

在肯定上海局一系列创新制度成效的同时，报告也从WTO《贸易便利化协定》的重点和难点领域突破，继续完善企业分类和货物分类相结合的风险管理制度，争取国家和部委层面的法律法规修订三个方面提出了意见和建议，为制度持续完善提供了决策依据。

（来源：上海出入境检验检疫局网）

## 上海洋山检验检疫局：更开放的口岸 更高效的服务——服务自贸区建设三周年侧记

2016年9月29日，中国（上海）自由贸易试验区迎来成立三周年。

三年来，上海洋山检验检疫局借助上海自贸区发展的东风，按照2014年质检总局局长支树平考察洋山局时提出的“争做践行党的群众路线教育实践活动的排头兵，种好质检事业改革创新的试验田”的要求，紧紧围绕“简政放权、放管结合、优化服务”的思路，以职能转变推动检验检疫工作改革创新，交出了一份又一份靓丽的答卷。

三年来，洋山局推出多项服务自贸区建设创新举措，不仅有利于破解监管瓶颈、提升监管效率，也有助于走好服务企业的“最后一公里”，这些“接地气”“补短板”的创新举措大大激发了口岸活力，为自贸区建设注入了新的动力。

**“管”——让政策开花落地**

随着检验检疫自贸区新政的不断推出，洋山检验检疫局迅速响应，将推出的新举措、新制度对企业进行宣传，并安排专职工作人员耐心回答企业疑问，确保新制度得到落实，推动自贸区内进出口贸易健康发展；针对质检总局和上海局下发的各类针对自贸区的规定，洋山局积极开展讨论，提出修改意见并及时上报；积极参加上海检验检疫局“自贸区推进工作通气会”“自贸区检验检疫研讨会”等会议，参与研讨，发表意见，让洋山局的声音和意见能够参与到政策制定。

**“放”——为企业注入新动能**

2014年4月，洋山局开始筹建上海自贸区洋山保税港区进境水果指定口岸，经过11个月的紧张筹备，于2015年3月完成建设，迎来了质检总局动植司专家组的现场考核，得到了专家组的肯定。2015年6月3日，中国（上海）自由贸易试验区（洋山保税港区）进境水果指定口岸正式获批开放，成为了全国第一个设立在自贸区内、并具有跨境电商功能的进境水果指定口岸。洋山保税港区进境水果指定口岸的获批，大幅简化了进口水果物流环节，节约进口水果运输费用，降低贸易成本，每标箱平均为企业节省港区费用500元，降低物流成本30%以上。水果从靠泊码头到查验后放行，全程仅需6小时，给企业带来极大的便利。指定口岸自试运行开始，共完成水果查验276批次、286个40尺集装箱，重量共计5613.48吨，总金额1705.93万美元，包括秘鲁鲜葡萄、智利鲜樱桃、智利蓝莓、美国鲜橙、美国葡萄柚等。

针对跨境电商新政，洋山局积极应对新形势，指导电商企业充分做好转型升级发展，“边发展、边规范”。一是创新服务举措，支持多品类跨境电商发展。针对跨境电商品类多、品类新、需求复杂的特点，制定出台一系列支持网购保税模式发展措施，不仅涵盖普通消费品、食品、化妆品，还包括水果、肉类、水产品等生鲜产品以及简单加工业务，形成全方位、全产业链政策支持。二是探索新型监管模式。依托“跨境电商企业和商品备案系统”以及“特殊区域物流监管系统”建立事前事中事后监管模式。下放备案审批权限，缩短企业商品备案时间；适应电子商务发展，实行跨境电商电子申报；建立“商品入库核查+订单出库抽查”监管模式；开展风险监测管理，指导企业制定产品质量安全制度，建立商品召回及溯源通道。2016年“6.18“活动当天，仅京东全球购设立于洋山保税港区一家货仓，出库订单高峰达到日10万单。截至目前，跨境电商共产生订单108万，金额21432万元人民币。三是加强检验检疫口岸建设。依托其得天独厚的区位优势，洋山保税港区已吸引京东、上港商城等近十家跨境电商企业落户，并与苏宁签订战略合作备忘录，产业集群效应初显。

按照上海局的统一部署，洋山局在自由贸易试验区（洋山）范围内全面推行进口货物预检验制度，企业可在货物入境进区或在区仓储时申请预检验，对预检合格的货物实施核销放行，免于再次检验。洋山局按照方便进出、严密防范质量安全风险的原则，“一线”最大限度予以便利，“二线”在完善检验检疫便利化措施基础上，做好进出口货物的检验检疫监管工作。在全面推行预检验制度过程中，遵循“企业自愿、操作便利、全面普惠”的原则，主动走进企业，深挖企业需求，与企业探讨商品的具体预检验流程，让企业吃透政策，主动享受政策提供的便利条件，切实感受预检验制度对缩短货物物流时间，提高进口货物通关效率带来的巨大实惠。此举得到区内企业和相关机构的高度评价，并且探索形成了一套可复制、可推广的特殊监管区域预检验制度的操作办法。目前，根据企业申请，已开展预检验涉及的产品类别有：食品、化妆品、成品油、饲料等动物源性食品，发动机等机电产品，玩具等消费品，水果、棉花等植物产品，共计八大类20余种商品，受惠企业有40余家。

自贸区（洋山）企业对原产地证的需求日益增多，特别是中转货物签证需求，洋山局根据企业提出的需求积极深入调研，走访企业，研究解决方案，推出实施“进出境核销监管”“国际中转植物产品可签发证书”“多种原产地证书”等多项措施，支持企业开展国际中转业务，将优惠政策具体落到实处。对于国际中转植物产品，洋山局制定了签证操作规程，支持推进国际中转集拼业务发展。下一步，洋山局将按照上海局统一部署，根据《自贸区中转货物原产地签证管理工作规范》（沪检通函〔2014〕355号），参与制定上海局相关操作规程，促进该项业务的推广。

根据企业的反应，经过一年多探索，洋山局已实施提货单电子化，报检时取消验核提货单正本，企业每票单证至少减少2天通关时间，降低300元费用。

2014年4月16日起，洋山局试点对于进入洋山保税港区的保税入境海运（空运）货物，在受理报检时无须验核正本海运（空运）提货单，利用海港版（空港版）物流监管系统完成货物放行，此项措施也是大大加快了货物通关速度。

**“服”——把通关效率再提高**

2016年初，乐高玩具正式在洋山保税港区运营。该项目开始前，洋山局积极支持帮扶该项目落地，帮助企业建立合理顺畅工作流程，在中文标签、CCC证书、CCC标签、CIQ标签等关键查验环节上为客户提出了最佳方案，并在查验，检验及出具证书上出台了一系列措施以提高企业通检效率。考虑到乐高将会从区内大量进口玩具，洋山局提前制定了应对预案，为乐高量身打造了一套服务策略，确保当天查验，当天送样，收到实验室结果后当天出证，及时满足了企业需求，获得了企业高度赞誉。2015年8月，洋山局试点开展玩具“先检后放”模式，新模式将检验检疫流程从原先的20天缩短到1天，提高了乐高公司对市场的响应速度，可以更快地满足消费者的需求；同时，降低了公司安全库存和其他物流营运成本。项目运行至今，共进口乐高玩具596批次，达203.46万件，货值6798万美元。

德国MAN集团（曼恩集团）下属“曼恩供应链管理（上海）有限公司”入驻自贸区，申请在自贸区（洋山）内开展船舶发动机保税维修业务，为得到洋山深水港及中国船厂的全球船东提供船舶发动机及其相关设备、控制系统的高端维保服务，该产业附加值高，可带动船舶零备件生产和船舶维修等关联产业链。经过多方沟通与协调，2016年，曼恩公司的船舶发动机保税维修业务在洋山保税港区开始试运行。该模式入境检疫采取“即查即放”查验模式，流程规范，有效处理后即时放行；要求企业建立维修件和料件流转数据库，并向洋山局开放；帮助企业建立废弃物处理装置等措施，将节省维修保养工时 50%，使得曼恩公司和船公司都得到了实惠，获得了广泛好评。

得益于我国汽车保有量的不断增长，汽配产品更换等“售后服务市场”正面临着历史性的发展机遇，而通关效率已逐步成为影响汽配产品进出口贸易的重要指标。注册于上海自贸区（洋山）内的摩派汽车零配件贸易有限公司 2014 年共申请免办产品 507 批次，2015 年上半年已达 382 批次，增长势头明显。企业未来 4 年的经营目标为累计营业收入达到 4 亿美元以上，累计缴纳工商税收总额达到 1000 万美元以上，累计进出口货值达到 2 亿美元以上。基于此不断增长的运营情况，洋山局及时督促摩派汽车零配件贸易有限公司比对《免于办理强制性产品认证管理细则》，完善内部管理制度运行情况，建立能追溯进口产品流向的企业库存管理或 ERP（企业资源管理系统）。目前，企业已初步达到免办 CCC 认证诚信企业要求。

不忘初心，才能深化改革。企业受益，才是改革要义。作为国内第一个自贸试验区、全国改革创新的“试验田”，3 年来，洋山局以制度创新为核心任务，在洋山自贸区这片土地上，为企业构造了便利化、国际化的通关环境，实现了尝试、改革与创新的有机结合。

（来源：上海出入境检验检疫局网）

## 上海机场检验检疫局：架起“空中桥梁”
## ——上海机场检验检疫局支持“一带一路”建设

2017 年 3 月底，国务院印发的《全面深化中国（上海）自由贸易试验区改革开放方案》提出，将为建设服务“一带一路”市场要素配置功能的新枢纽，发挥上海唯一海上丝绸之路、沿海运输通道和长江黄金水道交汇点的区位优势，把上海港建设成为连接国内外重点口岸的亚太供应链中心枢纽。包括提高浦东机场货运和客运服务能力，建设门户复合型国际航空枢纽。

“2016 年，上海浦东、虹桥两大机场旅客吞吐量首次突破 1 亿人次，为全球第 5 个跨入亿人次的城市。”上海机场检验检疫局工作人员介绍，该局立足空港，积极推动富有特色和优势的“空中丝绸之路”建设。

目前，上海机场开通“一带一路”沿线国家直航航线从 2013 年的 38 条增至 50 条。对于各航空公司提出新开航线需求，属于“一带一路”沿线国家的，上海机场局优先组织风险评估，优先予以审核登记。2016 年 9 月，上海机场局研发并试运行“航空器卫生检疫监管系统”，优先对“一带一路”沿线国家出入境航空器实行电子申报、电子审核、电子放行。目前，该系统运行覆盖率达 97.4%，使入境检疫时间缩短，重点航班监管强化，疫情防控力度加大。

2016 年，在上海 42 所高校（科研机构）就读的 6 万余名外国留学生中，来自“一带一路”相关国家的有 1.6 万余名，占来沪留学生总数的 26.6%。上海机场局工作人员说，上海作为“一带一路”重要节点城市，与沿线国家人员交往、贸易往来频繁。凡沿线国家使领馆人员、自用物资、外交邮袋，该局优先给予专窗报检、免予检验、绿色通关等便利服务。沿线国家商务人员进出境，优先给予适当便利。

5 月 14 日，“一带一路”国际合作高峰论坛在北京开幕，包括 29 位外国元首和政府首脑在内的来自 130 多个国家和 70 多个国际组织约 1500 名代表出席。按照既定方案，浦东、虹桥机场被指定为高峰论坛备用机场。

“我们组织了应急保障队伍，完善联防联控机制，开展了突发公共卫生事件、核辐射反恐事件应急处置等演练。”上海机场局工作人员说，“针对此次论坛，我们为两大机场的三个国际入境大厅开通了与会人员专用入境通道，为参加高峰论坛人员及入出境用品实施检疫、核销放行等便利措施。”

近年来，浦东、虹桥两大机场在全国乃至全球航线网络中的枢纽作用日益凸显。作为我国直航国际航线最多的空港，许多国内城市迫切需要借道上海空港这一枢纽中转，拓展与本地与国际航线联程互通。上海机场局给予“一带一路”沿线国家进出境货物便利化措施，支持上海参扩大与“一带一路”沿线国家的经贸往来。2016 年，沿线国家通过上海空港口岸入境货物共 11094 批次。该局坚持内外联动，与国内“一带一路”沿线重要城市，优先开展“联程中转”合作，先后与兰州、沈阳、郑州、西安等机场检验检疫部门签署中转航班监管备忘录。截至目前，上海已与国内机场开通中转航线 114 条，积累了“内部代码共享”“联程中转”“跨楼中转”“国际航空公司间互转”等经验。随着上海与国内其他地区互联互通程度加深，与“一带一路”沿线国家和地区的往来日益频繁，一条“空中丝绸之路”逐渐延伸拓展。

（来源：上海出入境检验检疫局网）

## 上海港：2016 世界集装箱港口 100 强出炉 上海港高居榜首

2016 年 9 月，英国《劳氏日报》公布了 2016 世界集装箱港口 100 强榜单，上海港以 3653 万标箱吞吐量继续高居榜首。据悉，该榜单吞吐量是以 2015 年集装箱吞吐量进行排列的。

《劳氏日报》公布的 2016 世界集装箱港口 100 强榜单显示，前十榜单中，中国军团豪取七大席位。其中，上海港以 3653 万标箱吞吐量继续高居世界集装箱港口 100 强榜首；分别是上海港（第一）、深圳港（第三）、宁波舟山港（第四）、香港（第五）港、广州港（第七）、青岛港（第八）和天津港（第十）。深圳港以 2420 万标箱吞吐量稳居第三；宁波舟山港以 2062 万标箱吞吐量取代香港跃居第四；香港港以 1946 万标箱吞吐量位居第五；广州港、青岛港和天津港分别以 1762 万标箱、1751 万标箱、1410 万标箱吞吐量分别位列第七位、第八位和第十位。

上海港位于长江三角洲前缘，居中国 18000 公里大陆海岸线的中部、扼长江入海口，地处长江东西运输通道与海上南北运输通道的交汇点，是中国沿海的主要枢纽港，中国对外开放、参与国际经济大循环的重要口岸。上海市外贸物资中 99% 经由上海港进出，每年完成的外贸吞吐量占全国沿海主要港口的 20% 左右。

上海市向社会公示了《上海市城市总体规划（2016-2040）》草案（以下简称《规划》）。根据规划，至 2040 年上海港集装箱吞吐量保持在 4500 万 TEU 左右，国际货物中转比例达 15% 以上，年客运吞吐量达到 500 万人次左右。上海今后还将优化完善港口功能布局，逐步调整黄埔江沿线、长江口货运码头功能，构建以长江黄金水道为干线、“一环十射”高等级航道为支线、内河港区为转动枢纽的内河航运网络。

世界集装箱港口 100 强的中国港口中，对比去年世界集装箱港口 100 强榜单，中国 24 港口上榜。除上述七个港口外，还有大连港位居第 15 位，厦门港紧随其后位居 16 位，营口港位居第 23 位，连云港第 28 位，太仓港位居第 39 位，东莞虎门港位居第 43 位，南京港位居第 51 位，日照港位居第 53 位，第 55 基隆 + 台北，烟台港位居第 65 位，福州港位居第 75 位，泉州港位居第 77 位，丹东港位居第 84 位，唐山位居第 94 位，台中第 97 位。

（来源：物流云仓网）

## 洋山保税港区：加速冷链物流发展

2016 年年初，上海全惠寅仓储有限公司在中国（上海）自由贸易试验区洋山区域宣告成立。该公司占地面积 12000 平方米，储量为两万吨，低温库和超低温库俱全。记者了解到，在洋山加大拓展和建设冻品国际中转集拼业务的机遇下，冷链物流正在洋山快速发展。

作为上海全惠寅仓储有限公司的母公司，大有恒集团目前拥有多间大型冷库和现代化生产加工车间及设备，业务覆盖全国多地的水产品批发市场、大型商超、连锁餐饮等领域，是沃尔玛、家乐福、华润、人人乐和物美超市等大型商超的水产品供应商。

该集团拥有两座日加工量超百吨、储量超万吨的日照岚山渔港加工厂及舟山渔港加工厂，并在北京、广州、深圳、成都、济南、沈阳等省会城市及区域中心建立了50多个销售分部、冷链仓储中心，全面构建了国内行业一流的水产品供应链管理网络。

2015年，我国大部分行业增长低迷，但冷链物流和电子商务保持了迅猛的增长势头，电子商务与物流配送相互推进，共同发展。作为冷链物流中心环节与核心设施的冷藏库的建设，更是发展迅速。

此外，自贸区建设的推进，极大地促进了贸易便利化，同样给物流仓储等基础设施企业带来市场空间。如国家"跨境通"电子商务平台，最大创新在于物流方面采用上海自贸区的"仓储保税进口"模式，在保证货物源自国外的基础上，可以实现物流成本的大幅降低。而随着跨境电子商务的发展，物流运输等配套服务需求也将大幅提升。

洋山保税港区办事处提供的数据显示：洋山保税港区区内冷库面积已达26571平方米，依托洋山保税港区日臻完善的区港一体功能、航线配置和硬件设施，国际采购及物流分拨配送类业务已稳步成为洋山保税港区具有代表性、发展成熟且具成长性的功能业态。

在数量提升的同时，这类冷链物流的"硬件"也在对标国际化需求标准，以新落户的上海全惠寅仓储有限公司为例，该冷库为确保自身运行的安全以及所储存货物的新鲜品质，采用先进的制冷技术和控制系统，库内采用先进的储藏货架，库区装卸设备设施先进，商品快进快出，装卸效率极高，同时，冷库设置了高压电桩，可为大型冷冻冷藏车提供及时补冷。

2016年，洋山保税港区还将推动展华冷链等项目落地，搭建洋山冷链市场交易中心等平台。

（来源：《现代物流报》）

## 外高桥物流园区：日本邮船集团（NYK）旗下物流服务中心落地外高桥

全球最大物流企业之一的日本邮船集团（NYK）旗下子公司——日邮汽车物流（中国）有限公司2016年1月宣布，成立日邮汽车技术服务中心，并正式落地外高桥，成为外高桥物流园区二期的标志性项目之一。

日邮汽车技术服务中心由日邮汽车物流（中国）有限公司和台湾东立物流股份有限公司、东旭实业股份有限公司共同投资，自2012年开始筹建，投资总额达上亿元人民币，建筑面积近13万平方米。中心总室内外库存量近5000辆，可以为客户提供进口商品车仓储、安全项目检测、洗车和质检、商品车PDI检验、机械维修等多项功能。技术中心安装了太阳能光伏发电设备，采用先进的废水处理系统等。

来自中国汽车工业协会的数据显示，截至2015年上半年，中国汽车保有量已突破1.6亿辆。随着汽车市场规模的日益增长，汽车维修、零配件更换乃至翻新美容等汽车后市场产业，将迎来巨大的发展空间。数据显示，未来5年，国内汽车后市场将保持10%—15%的发展增速。预计到2020年，将形成1万亿元的市场规模。

而随着移动互联网的迅猛发展，汽车配件行业终将实现电子商务化已经是业内公认的趋势，越来越多的企业以互联网的经营方式，涉足汽车维修配件行业市场。淘气档口、车蚂蚁、中驰车福、会养车、养车无忧、途虎等不同经营模式的汽配电商如雨后春笋般涌出。

这个巨大的市场，吸引着国际企业的关注。日邮集团成立于1885年，是世界顶尖物流企业。自

1995年进入中国市场以来，经过20年的发展，日邮集团已发展成为可提供海运、空运、陆运、仓储、汽车物流、集装箱相关业务、滚装船码头等多种业务的本土综合物流解决方案供应商。

日邮汽车物流（中国）有限公司总裁兼CEO谢烈在接受采访时表示："中国是日邮最重要的市场之一，中国汽车后市场的巨大发展潜力将为我们带来更多机会。我们将依托原有的整车物流领域优势，将互联网创新思维融入传统汽车物流产业，探索B2C模式，深耕个人汽车物流细分市场。"

据日邮方面介绍，该服务中心将面向终端消费者，提供车辆改装、加装定制、钣金喷漆、上门保养等一系列增值服务。目前，日邮已与特斯拉在中国展开业务合作，未来将向客户提供送车上门等个性化服务。

（来源：《现代物流报》）

## 附："口岸物流"解读点滴

口岸物流（Port Logistics）是指利用口岸货物集散的优势，以先进的物流服务基础设施、设备为依托，以进出口贸易和转口贸易为支撑，以现代信息技术为手段，以优化物流资源整合为目标，强化口岸周边物流辐射功能的综合物流形态。 口岸物流的最大特点是换载、接驳货物。

**口岸物流的特点**

口岸物流由于其特殊性，因此具有以下特点：

涉及的管理机构多且相对集中。口岸管理工作中相当部分涉及国家主权，无论是检验检疫部门还是海关监管部门，均是在国与国之间进行贸易时所不可或缺的重要部门。因此，从物流活动的角度，涉及的管理部门较多，除与商品的进出口管理直接相关的检验检疫和海关等机构外，还有运输等物流行业相关的管理部门，而且管理机构因口岸管理需要，在设置上也相对较为集中。

适宜进行规模经营与管理。多年的改革开放造就了口岸的发展与国际贸易相关的产业的发展和壮大，也因物流规模的不断扩大和物流本身所具有的宏观及微观经济价值，使得在口岸地区进行物流经营和管理，既存在物流管理本身的微观经济需求，也因物流管理可以降低口岸总体物流成本，提高进出口贸易的经济效益、进出口企业的国际竞争力。因此，口岸物流具有很高的国民经济价值。

效益对经济的影响较大。以口岸物流活动的集中程度和较大的物流活动规模，加上口岸地区物流活动涉及内陆集疏运输、仓储、保税加工、通关、港口服务等多个环节和过程，口岸物流成本在整个对外贸易额中将占有相当的份额。加之我国经济的外向型发展仍将保持一定的速度、我国经济的国际依存度亦较高，因此，物流效率将对经济的发展产生重要的影响。

集中度较高。我国水路、陆路和航空口岸是对外经济和贸易的重要通路，进出口贸易均是在口岸实现的，物流规模相当可观，并且因货物通过口岸的时间、场所相对集中，无论是运输、仓储、通关还是保税、加工，均具有较大规模，这些工作环节都是物流活动的重要组成部分。

**口岸物流的功能**

装卸搬运功能　装卸搬运是影响货物流转速度的基本要素，专业化的装载、卸载、提升、运送、码垛等装卸搬运机械，可以提高装卸搬运作业效率，减少作业对商品造成的损毁。

堆场功能　集装箱堆场是现代港口不可或缺的部分，其服务主要包括备用箱储存管理、提箱及还箱服务、重箱堆存、集装箱货物查验以及拆拼箱。

仓储功能　仓储功能是指转运和库存的功能，具体是指各种运输方式转换的临时库存和原材料、半成品和产成品提供的后勤储存和管理服务。

运输功能　主要体现在货物的集疏运上，方式包括公路运输、铁路运输、水路运输，以及不同运输方式之间的转运功能，是一种能对港口内外腹地具有辐射服务的运输网络。

加工、包装、分拣功能　加工一般分为流通加工和组装加工，前者指黏贴标签，销售包装作业等，后者是指产品零部件的组装和满足客户个性化需求；包装分商品包装和运输包装，以及商品包装和运输包装的快速转换；分拣在货物和里存放的基础上完成客户的需求，进行快速分类。

配送功能　配送功能在库存仓储、存货管理的基础上为企业生产提供后勤服务，即时配送企业所需原材料、零配件等物料。

信息处理功能　包括物流信息处理、贸易信息处理、金融信息处理和政务信息处理等。

**发展的对策**

提高口岸物流效率是一个系统工程，不仅受到通关效率的影响，还与政策环境、物流设施、市场潜力、技术进步等方面的因素密切相关。中国物流与采购联合会会长陆江认为，当前提高口岸物流效率尤其需要从以下几个方面作出努力。

积极培育具有国际竞争能力的枢纽港口。从目前我国口岸物流的组织现状分析，港口扮演着重要角色，无论在总量和效率方面均对口岸物流具有重要影响。联合国贸易发展组织在评价港口在物流发展中的作用时指出，“随着国际贸易的发展和贸易方法及运输的现代化，港口由原先海陆交界的转运点发展成为贸易供应中心。在有些港口这种新活动生成的港口收入，占全部收入的1/3以上。实质上第三代港口是以物流中心为载体，集国际商品、资本、技术等于一身的资源配置型港口。”

许多口岸城市建设了一批以市场信息为基础，以产品配送为主业，以现代仓储为配套，以多式联运为手段，以商品交易为依托的大型多功能综合物流中心或物流基地，并成为区域性的物流中心城市。

如广州港在发展主业的同时，利用港口的优势，兴办了水产品交易市场。青岛港依托煤炭、原油、矿石、集装箱四大支柱货种的物流优势，大力培育矿石、原油、煤炭及化肥、粮食等港口现货市场和区域性航运交易所。从国际物流发展趋势看，我国应积极培育具有国际竞争能力的大型枢纽港口，努力发挥其在推动我国现代物流跨越式发展中的重要作用。

**改善口岸物流发展环境**

为客户提供一流的口岸物流管理服务。要进一步完善口岸物流相关的法律、法规，努力与国际惯例相衔接。要在加强海关进出口监管、提高口岸各项管理职能的同时，强化职能部门的服务意识，尽量简化手续，提高效率，最大限度地方便客户。当前要研究尽早推广“口岸电子执法系统”，实现企业“网上报关”，简化进出关手续，缩短通关时间，方便企业合法进出。

同时，对于口岸的其他各项管理，应该遵循“一个窗口”服务的原则，尽量使商检、卫检和动植检在一个窗口内实施检查、检疫。要尽力缩短货物口岸滞港时间，在出口退税、外汇核查、核销等金融管理方面也应尽可能为客户着想，提高企业从事进出口贸易的积极性。要大力发展口岸保税物流，以吸收周边国家和地区的中转物流货源。

引入国外先进的信息流技术。建立口岸物流信息网络，加快口岸物流信息化进程。信息技术是构成现代物流体系的重要组成部分，也是现代物流赖以生存的根本技术保障。要尽快建立口岸物流信息网络，包括以物流流转数据处理为主要功能的电子数据交换系统（EDI）；以物流信息系统中信息收集、仓储库存控制为主要功能的条形码系统（BAR-CODING）；以物流流程监控为主要功能的全球卫星定位系统（GPS）。

在信息系统建设的基础上，尽快建立一个公正的、高效的口岸物流共同数据（公共信息）交换平台，以实现口岸物流信息资源共享的要求，提升口岸物流信息管理和服务水平。在口岸物流信息网络建设的同时，充分运用各种物流新技术手段，大力发展EC（电子商务）物流和IT（信息）物流，不断提高口岸物流技术含量。

努力促进口岸物流的资源整合。积极培育国际一流的现代口岸物流服务市场。要引进市场机制，改善经营方式，紧紧围绕用户各种需求，提供优质高效和丰富多样的口岸物流服务，特别是强化口岸物流的货物集散功能，抓好集货、存货和配货，努力培育一个完善的物流服务市场，以满足口岸物流服务的需求。

要根据口岸的特点，加速物流产业结构调整，促进口岸物流资源整合，在对口岸物流全行业开展协调和前瞻性的规划工作的基础上，推进行业联盟和企业联合经营，逐步使物流业务向规模化、集约化方向发展，更大程度地发挥口岸物流的潜在综合优势。

要根据现代物流发展趋势，大力培育社会化、专业化的第三方物流企业，努力将现代物流同商流、信息流、人才流、资金流紧密结合在一起，形成-个以第三方物流服务为核心的口岸物流综合服务系统。

（来源：百度百科）

# 5.2 自贸区物流

## 5.2.1 自贸区航运物流产业平稳发展

保税不仅具有国际贸易、保税物流、保税加工的功能优势，而且坐拥临近海港、空港的区位优势，港口物流功能优势突出，是上海建设国际航运中心的重要载体。2016 年保税区域加快推进国际航运综合试验区建设，努力提升贸易便利化水平，促进物流运作效率进一步提高，充分发挥分拨配送、供应链管理等功能优势，不断增强航运服务专业化程度，确保了航运物流产业在市场需求持续萎缩、个别重点企业业务转移的情况下仍然保持平稳发展。据统计，2016 年保税区域完成航运物流服务收入 1200.56 亿元，与上年基本持平。

1、从区域上分析：机场航运物流服务收入增长较快

(1) 机场综保区完成航运物流服务收入 3972 亿元，比上年增长 23.9%，占保税区域航运物流收入 3.3%。其中以“近铁中国”为代表的仓储物流企业、以“国银飞机租赁”为代表的航运设备融资租赁企业和以“波音航空维修”为代表的航运服务企业服务收入规模较大，上述三家重点企业合计完成 24.80 亿元，占机场综保区航运物流服务收入 62.4%。同时，“交银系”航运设备融资租赁“异军突起”，共涉及飞机租赁业务 23 项，服务收入合计 1072 亿元，比上年增长 2.1 倍，是推动机场综保区航运物流服务收入增长的主要方面。

⑵洋山保税港区完成航运物流服务收入 963.52 亿元，比上年下降 1.0%，占保税区域航运物流服务收入 80.3%。主要是港口运输业完成收入 708.56 亿元，下降 1.9%，占洋山航运物流服务收入 73.5%，其中中远海运（业务转移）、泛亚航运（业务转移）、浦海航运等船运企业均出现较大幅度下滑；航运服务产业完成收入 254.96 亿元，增长 1.6%，占洋山航运物流服务收入 26.5%，真中冠东、明东、沪东等码头公司出现不同程度增长。

⑶外高桥保税区完成航运物流服务收入 197.32 亿元，比上年下降 2.2%，占保税区域航运物流服务收入 16.4%。其中，以货代、仓储等第三方物流企业为主的航运服务产业完成 186.86 亿元，增长 1.0%，占外高桥航运物流服务收入 94.7%；7 家航运基础产业企业完成收入 754 亿元，下降 12.6%，占外高桥航运物流服务收入 3.8%；17 家港口运输企业完成收入 2.91 亿元，下降 64.6%。

2、从行业上分析：港口运输业规模较大

（1）2016 年保税区域港口运输业完成收入 711.47 亿元，比上年下降 2.6%，占保税区域航运物流服务收入 59.3%。①洋山 31 家从事水上运输业务的船运企业完成收入 638.85 亿元，下降 2.9%，其中 22 家企业收入超亿元。从事远洋运输的中远海运集装箱运输有限公司 438.80 亿元（增长 39.9%）、从事沿海及国内沿海运输的上海中谷物流股份有限公司 40.96 亿元（增长 32.6%）和从事远

洋运输的中远海运发展股份有限公司有限公司 37.60 亿元（下降 73.5%），三者合计占水上运输业务企业收入 72.7%。② 78 家港口内陆运输企业完成收入 72.62 亿元，下降 0.1%，其中 10 家企业收入超亿元。安吉汽车物流（上海）有限公司收入 34.21 亿元增长 12.7%，占内陆运输企业收入 49.1%。

2016 年保税区域航运物流服务收入完成情况

| 产业类别 | 营业收入（亿元） | 增长（%） | 比重（%） |
|---|---|---|---|
| 航运物流服务收入合计 | 1200.56 | -0.6 | 100.0 |
| 其中：1、航运基础产业 | 10.28 | -19.0 | 0.9 |
| 其中：航运设备制造与维修 | 10.28 | -19.0 | 0.9 |
| 2、港口运输业 | 711.47 | -2.6 | 59.3 |
| 其中：水上运输 | 638.85 | -2.9 | 53.2 |
| 港口内陆运输 | 72.62 | -0.1 | 6.0 |
| 3、航运服务产业 | 478.80 | 3.2 | 39.9 |
| 其中：港口经营与管理 | 249.41 | -0.7 | 20.8 |
| 航运专业服务 | 204.93 | 3.1 | 17.1 |
| 航运金融服务 | 17.58 | 91.1 | 1.5 |
| 航运教育与科技 | 6.88 | 41.2 | 0.6 |

（2）2016 年保税区域航运服务产业完成收入 478.80 亿元，比上年增长 3.2%，占保税区域航运物流服务收入 39.9%。①包括码头公司、仓储企业在内的港口经营与管理业完成收入 249.41 亿元，与上年基本持平，其中 30 家企业收入超亿元。港务集团系统内的“盛东”“冠东”“明东”“沪东”“浦东集装箱”“海通”等码头公司合计完成收入 162.00 亿元，占港口经营与管理业收入 65.0%。②以专业货物运输、代理等业务为主的航运专业服务业完成收入 204.93 亿元，增长 3.1%，其中 20 家企业收入超亿元。主要是外高桥的全球国际货运代理（中国）有限公司收入 76.88 亿元、洋山的中海国际船舶管理有限公司收入 22.72 亿元、机场的近铁国际物流（中国）有限公司 17.50 亿元，这三家合计占航运专业服务业收入 57.1%。③以航运设备租赁为主的航运金融服务业完成收入 17.58 亿元，增长 91.1%，主要是机场融资租赁企业所完成。④包括培训、航运机械设备检测服务等业务在内的航运教育与科技业完成收入 6.88 亿元，增长 41.2%。主要是上海东方飞行培训有限公司 6.16 亿元，增长 47.3%，占航运教育与科技业收入 89.6%。

（3）2016 年保税区域航运基础产业完成收入 10.28 亿元，比上年下降 19.0%，由 8 家航运设备制造与维修企业所完成。其中，耐克森（中国）线缆有限公司和上海波音航空改装维修工程有限公司收入降幅分别达到 28.4% 和 32.5%，两家合计占航运基础产业收入 65.8%。

3、货物进出区规模较大

保税区域航运物流产业的深化拓展和监管制度的不断创新，促使货物通关和物流运作效率不断提升，确保了进出园区的货值稳步增长。据统计，2016 年保税区域海关围网区域合计完成一线进出口货值（指海关围网区域与境外之间的“进出境备案”货物）5998.4 亿元，比上年增长 2.0%，其中外高桥进出口货值 4475.7 亿元，占 74.6%，洋山、外高桥保税物流园区和机场综保区分别占 10.5%、7.9% 和 7.0%。二线进出口货值（指海关围网区域与国内一般区域之间的“视同进出口”货物，含转关货物）9968.6 亿元，下降 6.2%，其中外高桥 5518.9 亿元，增长 5.1%；外高桥保税物流园区 2588.7 亿元，下降 23.7%；洋山 1137.2 亿元，下降 17.4%；机场综保区 723.8 亿元，增长 20.0%。

4、保税物流业务平稳增长

随着贸易便利化水平的进一步提升以及总部经济集聚作用的不断显现，保税物流货物进出口保持平稳增长，完成 5612. 68 亿元；比上年增长 2. 5%，占保税区域进出口总额 71. 6%。保税物流货物进口额大，完成 3951. 56 亿元，下降 1. 8%，占保税区域进口额 71. 6%；保税物流货物出口额 1661. 12 亿元，增长 14. 2%，占保税区域出口额 71. 7%。

此外，2016 年保税区域物流货物进出口额占全市保税物流业务 95. 1%，比上年提高 0. 4 个百分点；占全国保税物流业务 33. 7%，所占比重比上年提高 3. 4 个百分点。

（来源：《2016 中国（上海）自由贸易区经济发展统计公报》）

## 5.2.2 自贸区航运物流服务收入保持一定规模

航运物流产业是外高桥保税区主导产业之一。2016 年保税区加快航运物流功能的拓展，不断创新物流业务模式，通过完善航运物流配套环境的软硬件建设，努力提升航运物流运作效率和联动发展水平，尽管受到个别重点企业波动影响，航运物流服务收入小幅回落，但仍保持一定规模。据统计，2016 年外高桥保税区完成航运物流服务收入 197. 32 亿元，比上年下降 2. 2%。

1、航运服务产业所占比重超过九成

（1）2016 年保税区航运服务产业完成收入 186. 86 亿元，比上年增长 1. 0%，占保税区航运物流服务收入 94. 7%。①主要是包括专业货物运输代理等业务在内的航运专业服务业稳步增长，完成收 119. 96 亿元，增长 4. 0%。其中，“全球国际货代”76. 88 亿元，增长 2. 6%，占保税区航运专业服物业收入 41. 1%。此外，“汎韩物流”完成收入 5. 92 亿元，增长 18. 8%。②包括仓储业务在内的港口经营与管理业业务有所波动，完成收入 59. 92 亿元，下降 7. 4%，主要是“畅联物流”和“联成国际”分别完成 6. 51 亿元和 3. 29 亿元，下降 2. 1% 和 23. 4%。③包括培训、航运机械设备检测服务等业务在内的航运教育与科技业收入迅速增长，完成 6. 37 亿元，增长 30. 8%，主要是“东方飞行培训”完成收入 6. 16 亿元，增长 47. 3%，占航运教育与科技业收入 96. 7%。

（2）2016 年保税区航运基础产业完成收入 7. 54 亿元，比上年下降 12. 6%，由 7 家航运设备制造与维修企业所完成。其中“耐克森”和“柯林斯航空维修”完成 4. 02 亿元和 1. 12 亿元，分别比上年下降 28. 4% 和 10. 8%，而“卡特彼勒船用柴油机”完成收入 1. 38 亿元，增长 29. 1%，这三家企业合计占航运基础产业收入 86. 5%。

（3）2016 年保税区港口内陆运输业完成收入 2. 91 亿元，比上年下降 64. 6%，占保税区航运物流服务收入 1. 5%。主要是“东航供应链”“世盟”和“中国铁路贸易中心”合计完成收入 206 亿元，占港口内陆运输业收入 70. 8%。

2、货物进出区小幅增长

随着保税区航运口岸功能的拓展以及物流通关运作效率的提升，货物周转速度不断加快，同时在全球外贸市场温和复苏以及大宗商品价格回升的推动下，保税区货物进出区规模小幅增长。据统计，2016 年保税区完成一线进出口货值（指外高桥保税区与境外之间的“进出境备案”货物）4475. 7 亿元，比上年增长 3. 1%；二线进出口货值（指外高桥保税区与国内一般区域之间的“视同进出口”货物，含转关货物）5518. 9 亿元，增长 5. 1%。此外，年末区内仓库面积 407. 79 万平方米。

3、保税物流业务小幅增长

虽然整体外贸形势严峻，但保税区不断拓展航运物流功能，进一步提升保税物流业务便利化程度，促进了保税物流业务实现小幅增长。据统计，2016 年保税区物流货物进出口额完成 4551. 25 亿元，比上年增长 1. 5%，占保税区进出口额 68. 4%。其中，物流货物进口额 3363. 59 亿元，下降 2. 1%，占保税区进口额 69. 5%；物流货物出口额 1187. 66 亿元，增长 13. 4%，占保税区出口额 65. 4%。此外，2016

年保税区物流货物进出口额占全市保税物流业务 77.1%，占全国保税区保税物流业务 56.3%。

2016 年外高桥保税区航运物流服务收入完成情况

| 产业类别 | 营业收入（亿元） | 增长（%） | 比重（%） |
|---|---|---|---|
| 外高桥保税区合计 | 197.32 | -2.2 | 100.0 |
| 1、航运服务产业 | 186.86 | 1.0 | 94.7 |
| 其中：航运专业服务 | 119.96 | 4.0 | 60.8 |
| 港口经营管理 | 59.92 | -7.4 | 30.4 |
| 航运教育与科技 | 6.37 | 30.8 | 3.2 |
| 2、航运基础产业 | 7.54 | -12.6 | 3.8 |
| 其中：航运设备制造与维修 | 7.54 | -12.6 | 3.8 |
| 3、港口运输业 | 2.91 | -64.6 | 1.5 |
| 其中：港口内陆运输 | 2.91 | -64.6 | 1.5 |

（来源：《2016 中国（上海）自由贸易区经济发展统计公报》）

### 5.2.3 保税物流园区加快转型升级步伐

上海外高桥保税物流园区是我国首个实施“区港联动”试点的区域。2016 年保税物流园区继续借助自贸试验区建设的制度创新和贸易便利化等先发优势，积极推进园区全面转型升级，不断完善投资环境和物流通关环境，园区运作呈现多元化发展。

1、园区开发建设进入成熟阶段

上海外高桥保税物流园区整体开发面积 1.2 平方公里，封关面积 1.03 平方公里，可经营性土地 77 万平方米，其中已开发土地 57 万平方米。园区基础设施建设完成，建设道路总长度 9 公里，隔离围网总长 6 公里，拥有 14 万平方米集装箱转运区、三座卡口和查验场地等配套设施。

物流园区的土地集约化利用和物流运作效率保持较高水平。目前，园区一期、二期仓库均已建成并投入使用，其中一期单层仓库 10 万平方米租赁率 95%，二期双层仓库 28 万平方米租赁率 69%；1 万平方米商务中心大楼租赁率 45%。此外，K6 地块近 10 万平方米多层综合物流仓库项目建设顺利推进中。

截至 2016 年底，保税物流园区累计已完成固定资产投资额超过 37.6 亿元。

2、重点功能项目稳步推进

(1) 国际中转集拼业务试点取得新突破。物流园区与进区企业积极研究立足自贸试验区特色的国际中转集拼直客模式，并得到相关管理部门的认可。通过“中外运物流”等 6 家企业的业务试点，2016 年中转集拼直客模式的拼箱量约为 8000TEU。此外，“中外运外高桥”“大创贸易”等企业进入第二批国际中转集拼试点企业名单。

(2) 完成跨境电商公共平台的试点准备工作。2016 年 3 月，保税物流园区被授予“上海市跨境电子商务示范园区”的营运资质，拉开了园区参与跨境电商试点的实质性步伐。园区与上海市跨境电商公共服务平台合作，探索形成了适合物流园区跨境电商的营运模式与业务流程。外高桥物流中心公司作为园区跨境电商平台的营运主体，将以“保税进口备货模式”为依托，形成跨境电商 B2B、B2C 的综合服务平台，确保货物出入园区都有海关、检验检疫等部门的严格监管与申报，使商品的来源和品质更有保障，并充分利用外高桥港区毗邻日韩航线的优势，吸引了诸如苏宁、天猫、卓志等电商平台的关注，年内已与苏宁云商签署了合作协议。

截至 2016 年底，保税物流园区已引进国际物流、国际配送、国际采购各类专业企业 86 家，其中独立法人单位 60 家，吸引投资总额 7. 06 亿美元，其中合同外资 3. 33 亿美元。

3、投资企业经营收入小幅增长

2016 年保税物流园区投资企业充分发挥制度创新和功能拓展的比较优势，促进园区经营收入出现小幅增长。据统计，2016 年保税物流园区 26 家正式开展经营活动的独立法人企业合计完成经营收入 18. 12 亿元，比上年增长 5. 8%。主要是“松下电器机电”和“日锦升贸易”分别完成经营收入 3. 27 亿元和 2. 82 亿元，增长 1. 9% 和 13. 8%。“富威贸易”“中外运”“世天威物流”和“外高桥物流中心”的经营收入也均超过 1 亿元。这 7 家企业合计收入占物流园区企业经营收入 75. 8%。

4、进出口运营结构呈现多元化发展

保税物流园区多数企业在经过一年多的业务调整后逐步挖掘出新的业务模式，园区进出口货种结构逐步呈现多点开花的局面，虽然有色金属、危险品等的进出量因宏观环境以及相关政策影响大幅减少，但是日用品、食品、电子产品、乐器以及服饰、轻奢品等消费类商品的比例在不断提高，反映出园区进出口运营呈现多元化趋势。

2016 年，园区共有 25 家企业直接开展进出口业务，合计完成进出口额 233. 74 亿元，比上年下降 26. 4%，占全国保税物流园区进出口额 30. 3%，所占比重比上年减少 8. 3 个百分点。“世天威物流”“盟通”“东方嘉盛”“园区服务贸易”等 4 家企业进出口额超过 10 亿元。其中以铜制品及镍制品进出口为主的世天威物流（上海外高桥保税物流园区）有限公司完成进出口额 138. 23 亿元，下降 33. 0%，占保税物流园区进出口额 59. 1%。

据统计，2016 年保税物流园区完成一线进出口货值（指保税物流园区与境外之间的“进出境备案”货物）467. 4 亿元，比上年下降 14. 5%；保税物流园区完成二线进出口货值（指保税物流园区与国内一般区域之间的“视同进出口”货物，含转关货物）2588. 7 亿元，下降 23. 7%。全年保税物流园区完成海关部门税收 170 亿元，下降 23. 9%，占保税区海关部门税收 26. 5%。

（来源：《2016 中国（上海）自由贸易区经济发展统计公报》）

## 5.2.4 外高桥港区货物吞吐量继续攀升

2016年外高桥港区在总体航线资源没有增加的背景下，继续发挥区位优势和口岸功能，深挖潜力，完善服务，进一步强化对长江、内河流域的辐射作用，促使港区货物吞吐量和集装箱吞吐量继续攀升。目前，外高桥港区 1-6 期共拥有泊位 24 个，已配备桥吊 80 台，码头总长度达到 5959 米，陆域面积达到 581 万平方米。2016 年外高桥港区停靠各类船舶 42029 艘次，比上年下降 3. 5%，其中外籍货轮达到 9772 艘次，比上年增长 1. 1%，占外港停靠船舶数量 23. 3%；完成货物吞吐量 1. 64 亿吨，增长 0. 3%，占上海港 23. 4%，所占比重比上年提高 0. 5 个百分点；集装箱吞吐量 1827. 9 万标箱，增长 0. 6%，占上海港 49. 2%。另据测算，外高桥港区“水水中转”箱量约占 45%；“国际中转”箱量约占 5%。

1、港口二、三期吞吐量所占比重最大

由“上港集箱 - 振东”公司负责运作的港口二、三期停靠船舶数量多、作业量大，是外高桥港区吞吐量中的重要组成部分。2016 年完成集装箱吞吐量 601. 7 万标箱，比上年下降 4. 2%；货物吞吐量 4837. 3 万吨，下降 5. 7%：箱量和货量分别占外高桥港区 32. 9% 和 29. 4%。

2、港口五、六期吞吐量保持稳步增长

由“明东集箱”负责运作的港口五、六期保持稳步增长态势，所占比重逐年提高。2016 年完成集装箱吞吐量 590。0 万标箱，比上年增长 40%；完成货物吞吐量 5784.2 万吨，增长 3.4%；箱量和货量分别占外高桥港区 32.3% 和 35.2%，所占比重分别比上年提高 0.9 和 1.1 个百分点。

3、港口一期和港口四期吞吐量稳中有升

由“浦东集箱”公司负责运作的港口一期和由“沪东集箱”公司负责运作的港口四期均呈现稳中有升的态势，2016 年分别完成集装箱吞吐量 255.6 万标箱和 380.7 万标箱，比上年增长 1.9% 和 2.8%；港口一期完成货物吞吐量 2289.3 万吨，下降 1.1%，港口四期完成货物吞吐量 3518.7 万吨，增长 5.2%；两者合计箱量和货量分别占外高桥港区 34.8% 和 35.3%。

此外，由上海海通国际汽车码头有限公司负责运作的全国第一家汽车专用滚装码头——海通码头发挥自身专业化功能优势，业务保持一定规模。2016 年海通码头停靠各类船舶 1624 艘次，比上年下降 6.0%，其中外轮 741 艘次，占 45.6%；滚装汽车达到 129.51 万辆，下降 6.6%；吞吐量 248.15 万吨，下降 7.7%。

（来源：《2016 中国（上海）自由贸易区经济发展统计公报》）

## 5.2.5 洋山深水港航运口岸枢纽功能持续提升

目前，洋山深水港 1-2 期的业务运作主要由上海盛东集装箱码头有限公司负责，包括 9 个 7-10 万吨级大型深水集装箱泊位，码头岸线 3000 米，堆场面积 140 万平方米；洋山深水港 3 期的业务主要由上海冠东集装箱码头有限公司负责，包括 7 个 7-15 万吨级大型深水集装箱泊位，码头岸线 2600 米，堆场面积 238 万平方米。

正在建设的洋山深水港四期工程，2016 年基建工程已完成，并进行了设备联调，预计 2017 年投入试运营。洋山四期拥有 2 个 7 万吨级泊位和 5 个 5 万吨级泊位，码头岸线 2350 米，总用地面积约 223 万平方米，平均陆域纵深 500 米，设计吞吐能力初期达到 400 万标准箱，远期将达到 630 万标准箱，可满足多艘大型集装箱船同时靠泊。

2016 年，洋山保税港区继续深化国际航运综合试验区建设，优化洋山航线配置及货源资源，推进海运国际中转集拼规模化运作，积极完善便捷高效的口岸通关环境，促使航运口岸枢纽功能进一步提升。

2006-2016 年洋山港集装箱吞吐量完成情况

| 年份 | 总吞吐量（万标箱） | “水水中转”（万标箱） | “国际中转”（万标箱） |
|---|---|---|---|
| 2006 | 323.6 | - | - |
| 2007 | 610.8 | 301.10 | - |
| 2008 | 822.8 | 394.5 | - |
| 2009 | 784.9 | 385.2 | 81.4 |
| 2010 | 1010.8 | 435.3 | 83.6 |
| 2011 | 1309.9 | 601.5 | 93.0 |
| 2012 | 1415.0 | 660.8 | 120.0 |
| 2013 | 1436.5 | 715.0 | 158.0 |
| 2014 | 1520.2 | 755.5 | 167.0 |
| 2015 | 1540.7 | 763.7 | 148.7 |
| 2016 | 1561.6 | 804.8 | 167.4 |

1、口岸国际中转功能快速发展壮大

洋山深水港积极利用“区港合一”的区位优势和政策叠加优势，进一步发挥水水中转、国际中转的枢纽作用，促进集装箱吞吐量继续稳步提升。据统计，2016 年洋山保税港区完成集装箱吞吐量 1561.6 万标箱，增长 1.4%，占上海港集装箱量 42.1%。其中，体现对国内经济腹地辐射服务作用的“水水中转”集装箱量 804.8 万标箱，增长 5.4%，占洋山港箱量比重从上年的 49.6% 提升到 51.5%；体现对国际市场中转功能的“国际中转”集装箱量 167.4 万标箱，增长 12.6%，占洋山港箱量比重从上年的 9.7% 提升到 10.7%。完成货物吞吐量 14298.8 万吨，增长 3.8%，占上海港货物吞吐量 20.4%（上海港货物吞吐量下降 2.2%），此外，全年洋山港国际干线集装箱进出港 9119 艘次，增长 1.0%；国内航行船舶 38216 艘次，增长 2.5%，其中内支线集装箱船 9945 艘次，下降 11.2%。

2、口岸外贸进出口货值占全市四分之一强

洋山港积极参与上海国际贸易“单一窗口”“先进区、后报关”等各项贸易便利化创新举措的试点实施，在航运物流和口岸通关配套环境进一步完善，以及分拨配送等配套功能大力发展的推动下，口岸外贸进出口货值实现稳步增长，占全市比重超过四分之一。据统计，2016 年全国各地的投资企业通过洋山外贸口岸完成进出口货值 17373.6 亿元，比上年增长 0.8%，占上海口岸外贸进出口货物总值 26.1%。其中口岸外贸出口货值 12283.9 亿元，增长 0.6%，占上海口岸外贸出口货物总值 31.3%；口岸外贸进口货值 5089.8 亿元，增长 1.2%，占上海口岸外贸进口货物总值 18.6%。

此外，2016 年全国各地的各类外贸企业为通过洋山口岸进出口货物而向洋山海关缴纳的各类关税和代征税 325.2 亿元，占上海海关征税入库总额 9.0%。

2016 年洋山保税港区口岸业务完成情况

| 指标 | 单位 | 2016 年 | 2015 年 | 增长（%） |
|---|---|---|---|---|
| 洋山港集装箱吞吐量 | 万标箱 | 1561.6 | 1540.7 | 1.4 |
| 其中：水水中转 | 万标箱 | 804.8 | 763.7 | 5.4 |
| 国际中转 | 万标箱 | 167.4 | 148.7 | 12.6 |
| 口岸外贸进出口货值 | 亿元 | 17373.6 | 17236.8 | 0.8 |
| 其中：进口货值 | 亿元 | 5089.8 | 5029.1 | 1.2 |
| 出口货值 | 亿元 | 12282.9 | 12207.7 | 0.6 |
| 海关口岸征税 | 亿元 | 325.5 | 356.5 | -8.7 |
| 其中：洋山海关征税 | 亿元 | 325.2 | 356.2 | -8.7 |
| 国际干线集装箱船进出港 | 艘次 | 9119 | 9032 | 1.0 |
| 国内航行船舶 | 艘次 | 38216 | 37290 | 2.5 |
| # 内支线集装箱船 | 艘次 | 9945 | 11205 | -11.2 |
| 口岸检验检疫 | 万批 | 22.96 | 22.41 | 2.4 |
| 口岸检疫处理 | 万批 | 15.07 | 13.84 | 8.9 |
| 边检船舶出入境（港） | 万艘次 | 0.94 | 0.96 | -1.6 |
| 边检船员出入境 | 万人次 | 22.5 | 23.0 | -2.1 |
| 洋山公安接处警数 | 起 | 3222 | 3994 | -19.3 |
| 东海大桥车流量 | 万辆 | 601.1 | 564.3 | 6.5 |
| 其中：集卡车辆 | 万辆 | 485.6 | 459.5 | 5.7 |

注：自 2015 年洋山港关口征税统计口径进行了调整。

（来源：《2016 中国（上海）自由贸易区经济发展统计公报》）

# 5.3 “一带一路”与物流业拓展

## 5.3.1 上港集团三步落子“一带一路”核心节点

站在位于上海东大名路的国际港务大厦远眺，陆家嘴金融贸易区隔江相望，外滩风光一览无遗。上海国际港务（集团）股份有限公司（以下简称“上港集团”）便坐落于此，位置堪称得天独厚。这份独到同样适用于上海港。位于我国海岸线与长江“黄金水道”T型交汇点，上海港毗邻全球东西向国际航道主干线，以广袤富饶的长江三角洲和长江流域为主要经济腹地，集疏运网络四通八达。

一直以来，上港集团将这一区位优势发挥得淋漓尽致，公司母港集装箱吞吐量自2010年起连续七年位居世界第一，主要经营指标居行业前列。在“一带一路”倡议和长江经济带国家战略中，上海港是21世纪海上丝绸之路与长江经济带相互连接的江海联运重要节点，处于“龙头”位置。肩负新使命，上港集团正在谋划新的创新发展之路。

上港集团投资发展部总经理周峤，称得上“上港操盘手”，近日接受了上海证券报记者专访。他透露，未来3年，上港集团将通过实施长江战略、东北亚战略和国际化战略，力求保持集装箱产业持续较快健康发展，实现中转业务突破，致力于“成为全球卓越的码头运营商和港口物流服务商”。

**长江战略：深入推动港口整合**

2003年起，上港集团开始布局长江战略，拟逐步提升长江流域集疏运体系的集装箱化，助力上海港拓展业务空间。10多年来，上港集团通过控股、参股以及介入经营等形式，已在长江流域投资了逾11个港口。从长江上游的宜宾、重庆，到九江、武汉以及长沙等港口，都有上港集团在码头资产、股权等方面的投资。

截至2016年底，整个长江流域“水水中转”的集装箱量已突破1000万标准箱，而2016年上港集团完成集装箱吞吐量3713万标准箱。长江战略的实施为上海集团目前仍能保持世界第一大港战略地位作出了必不可少的贡献。

除了码头运营商，上港集团还扮演着船公司和物流公司的角色。其中，上港集团子公司-上海集海航运有限公司是长江流域最主要的集装箱支线班轮营运商之一。上港集团下属的物流公司也从2003年就已开始在长江布局。“我们通过点、线、面结合的模式，对整个长江流域物流体系进行辐射。其中，点是码头，线是船公司，面是整个物流综合服务。”

时间在变，环境在变，上港集团长江战略重心也在逐渐转移。10年前，“长江战略”更多是推广货物的集装箱化，比较追求业务量，更多强调对母港的贡献。现在，同时追求业务量和经济效应，更看重各个码头及物流资源所在地自身的盈利，以及对当地经济环境和就业环境的贡献。

不过，随着社会各界对港口航运业投资的加大，如今长江流域的码头、航运资产规模都快速膨胀，各地的地方规划之间或多或少存在冲突，客观上加剧了各港口以及航运业之间的竞争局面。看到了这种竞争，处于“龙头”地位的上港集团勇立潮头，主动扮演着整合的角色。周峤介绍，过去2年，上港集团参与了长江流域部分港口整合项目。例如于5月22日挂牌的江苏省港口集团所辖区域，上港也有很多合作项目。

上海港站在长江流域总体布局的角度，更愿意见到各个地域的港口能够形成像目前江苏省港务集团那样的合理管控竞争、资源统一管理的格局。根据上港集团“十三五”规划，将制定“长江战略”深化方案，通过实施资产、业务重组和管理整合，整合沿江6省2市港口资源，全面深化长江战略，推进上海国际航运中心建设。

**国际化战略：锁定成熟码头资产**

相比“长江战略”的快速布局，上港集团的国际化战略走得非常稳健。站在上市公司层面考虑，上港集团的国际化战略既会服从国家利益，也会追求一些必要的经济回报。

在这种稳健思路下，上港集团目前一共有两个境外投资项目。一是比利时 APM 码头泽布吕赫港项目，另一个则是上港集团独立投资的以色列海法新港项目。两者都属于“一带一路”重要节点。其中，泽布吕赫港是亚欧航线的末端，为丝绸之路欧洲端的出海口，处于西欧、北欧航运体系的枢纽位置。海法新港则辐射整个中东和东欧地区，全部建成后码头设计年吞吐量 186 万标准箱，至少能占到以色列全国集装箱吞吐量的四分之一到三分之一。

截至目前，泽布吕赫码头已持续经营了 8 年，对上海港这几年的发展有很大作用。上港集团由此加深了和亚欧航线船公司的战略联系，并和世界其他码头运营商建立了很好的合作机制，积累了丰富的项目经验。

2015 年，上港集团成功中标以色列海法新港自 2021 年起的 25 年码头经营权，成为公司积极响应国家“一带一路”整体战略的又一重大实质性举措。海法新港项目预计将在今年底或明年初开始开工建造，预计 2020 年下半年可提早开展运营 。

近 2 年上港集团在关注码头方面的海外投资，主要方向是成熟码头资产。2008 年经济金融危机对整体航运市场影响很大，不过码头资产显示出了优质避险资产的属性，受到金融机构热捧。未来随着“一带一路”倡议推动，上港集团在海外投资方面会继续加码。

**东北亚战略：自由港建设引领上港再腾飞**

除了长江战略与国际化战略，上港集团还有一张王牌——东北亚战略。东北亚战略的核心，正是以洋山为中心，通过提高东北亚集装箱中转市场的占有率，实现上港集团跨越式发展，进而确立上海港的国际航运中心地位。

3 月底国务院推出的方案提出，上海自贸区要在洋山保税港区和上海浦东机场综合保税区等海关特殊监管区域内，设立自由贸易港区。按照国务院批复的方案框架，今年底前上海将形成自由港的建设方案。这对处于龙头地位的上海港来说，又是一次展翅高飞的契机。

全国“两会”期间，上港集团董事长陈戌源在接受上证报记者采访时明确表示，设立自由贸易港区对上海港发展具有决定性意义，可以进一步增强枢纽港的地位，也可以更好地服务海上丝绸之路和长江经济带建设，提高上海港在全球航运市场的话语权。

毫无疑问，上海自由港建设将会促进洋山吞吐量进一步增长。不过，这其中的潜力有多大？周峤给了记者一组数据：新加坡港 90% 吞吐量来自于国际货物中转，10% 来自本地货源。上海港则正好相反，本地货源占到 90% 以上，国际中转货物占比不到 10%。

带动规模有多大，要看上港集团对周边市场的穿透力有多深。其中一大关键是看自贸区政策如何突破。从政策上来讲，上海相较于新加坡、釜山等地，主要是在外汇流通、对航运企业或者港口企业税收政策方面的支持，以及“一关三检”口岸环境等方面的进一步完善。

另一大关键因素是洋山本身的运力提升。洋山港区的集装箱吞吐量基本占到上海港吞吐量的半壁江山。从运力上看，现在已处于完全饱和状态。此外，东海大桥的运力也基本进入瓶颈状态。

为了缓解上海周边的交通压力，上港集团目前力推港区之间的“穿巴”业务，即通过水上穿梭巴士在外高桥、太仓等地与洋山之间进行水水中转。上港集团鼓励原来通过陆路进入外高桥和洋山的江苏方向货物，通过太仓港转乘“穿巴”。2016 年在太仓正和码头中转的货物已达到 100 万标准箱。

提升运力的另一大工程则是洋山四期工程。这一工程预计 2017 年底明年初进入试运行。洋山港的中长期规划中，还有洋山二桥，而这和大洋山港开发是联系在一起的，上港集团对洋山整个地区的开发预留了余量。

放眼全球港口，总是在竞合中实现着平衡。上港集团正是如此地追求着，无论对内对外，它都在平衡中积聚力量，随时准备再一次腾飞。

（来源：2017 年 05 月 22 日《上海证券报》）

### 5.3.2 “一带一路”是城市物流发展推动力

“一带一路”建设是我国全方位对外开放的战略决策，也是我国适应经济全球化发展的重大布局，旨在促进经济要素自由流动、资源高效配置和市场深度融合，在更大范围、更高水平、更深层次上推动区域合作。

**战略机遇期**

随着“一带一路”建设的深入推进，我国“一带一路”沿线各中心城市的国际物流节点建设和整体效能进一步加强，逐渐形成以港口、航空口岸为中心，以铁路、公路、水路为网络的境内国际物流体系。

首先，沿线城市的物流规模迅速扩大

随着“一带一路”进出口贸易总量的增加，我国沿线城市各口岸物流规模的迅速扩大，已经形成一个全面连接“一带一路”的沿海、沿江水运，铁路、航空运输的全方位开放、立体交叉的大物流格局。尤其是内陆口岸，近年来，在打通向西跨境的“一带一路”通道中，不仅贸易增速很快，而且物流体系也逐步形成。

如“渝新欧”“蓉欧快铁”“义新欧”“郑新欧”班列，目前已成为亚欧大陆国际物流大通道的主要班列，开行密度不断增加，在活跃经济、发展贸易方面，起着重要的带动作用。

一些中西部内陆城市，如成都、兰州、武汉、西安、合肥等，也纷纷拓展面向亚欧的跨国物流。同时，一些沿海口岸城市，也开始上岸，除了像从连云港出发的，连接徐州、郑州、西安、兰州、乌鲁木齐等主要城市，一路向西到终点站荷兰鹿特丹港的新欧亚大陆桥铁路运输线外，其他物流中心城市，如厦门、宁波、上海、青岛、天津、大连也在谋划“一带一路”的陆海联运。

其次，沿线城市的物流竞争也日趋激烈

“一带一路”为物流发展展示了远大的愿景，但能否借助“一带一路”的大通道建设成为沿线的物流中心城市，也面临着强大的竞争。从口岸方面看，目前全国共有 285 个对外开放口岸。东部地区有 187 个，其中水运口岸 118 个；中部地区 20 个，其中空运口岸 10 个，公路口岸 9 个；西部地区 78 个，其中公路口岸 41 个。

从流通方面看，我国流通节点城市分为国家级、区域级和地区级共 3 级，目前国家级流通节点城市 37 个，区域级流通节点城市 66 个，地区级由各省市确定。这些节点城市的选择，是根据商流、物流、资金流、信息流的聚集、辐射、带动能力来确定的，其战略地位、区域布局、功能作用等基础条件也相当雄厚。这么多口岸和节点城市来加入“一带一路”物流中心城市的竞争，既有“一带一路”所带来的澎湃动力的一面，也显示出竞争激烈的一面。

最后，沿线城市的物流设施将日益完善

随着交通基础设施和各种物流园区的大规模建设，现代大型综合性港口、机场连接其铁路枢纽，正以强大的综合能力和广阔的区域影响，成为当今物流综合运输网络和现代物流发展中心。

这些物流中心在电子商务、数据系统的“互联网＋”配合下，创造出了更加高效畅通的物流服务，并通过不断降低的生产成本、流通成本以及高效率的信息速度，使这些沿线中心城市成为“一带一路”的重要节点，产业布局得到更广泛地拓展，物流服务范围也因此进一步扩大。

有的中心城市，通过开展跨境贸易电子商务，以信息化手段推动内陆地区和“一带一路”沿线国家的商贸往来，不仅使跨境贸易突破了地域限制，而且为亚欧大陆间国际贸易的开展，搭建了一条便捷的“网上丝绸之路”。

最典型的是重庆，这个不沿边、不靠海、不产一粒咖啡豆的山城，竟然通过长江黄金水道、东盟国际公路物流大通道，连通咖啡生产大省云南和占世界咖啡产量1/3的东南亚地区，取道“渝新欧”直达德国杜伊斯堡，形成一个影响广阔的大陆地区国际咖啡交易中心，打造出全国最大、世界第三的贸易平台。开业至今，重庆咖啡交易中心累计实现咖啡现货交易额已在50亿元人民币以上。

**提高综合竞争力**

“一带一路”沿线中心城市要从战略高度认识物流建设的重要意义，除了积极做好各种基础设施建设等硬环境外，还要积极培育好物流业的软实力基础，提升综合竞争能力，打造发展的软环境。

**一方面，要继续推动物流网络的互联互通**

物流业作为战略性、基础性产业，当前面临的主要问题分为两方面：一是产能过剩问题开始凸显，市场配置资源效率降低，导致供给质量下降和有效供给不足；二是市场集中度较低，据统计，2016年我国共评定A级物流企业3625家，其中业务收入超过16亿元的5A级企业有223家，仅占A级企业总量的6%。

我国道路运输经营户达810万家，其中个体运输户超过90%，小微企业在物流业中大量存在。这是当前物流业面临的主要矛盾。解决这一问题，需着眼于全链条、一体化地推进不同物流企业、不同运输方式之间的协同发展，突破各环节间的瓶颈，培育社会化的、多式联运的市场主体，实现全产业链的、多主体的协同发展，提升物流配置效率。

同时，要支持物流中心城市建设一批多式联运的枢纽，构建多种联运衔接工程，加强铁路与公路、水运、航空货运的规划衔接和网络对接。

**另一方面，要全力支持智慧物流的创业创新**

物流中心城市要广泛运用新技术、新模式，来推动物流中心枢纽的建设。如制订“互联网＋”物流行动计划，推动物流业与互联网融合发展；鼓励互联网平台创新、创业，推动智能仓储、智能交通、智能配送等智能物流发展；建立物流信息系统，推动各种物流企业和方式的互联互通。

特别是要鼓励物流企业研发创新，应用物联网、云计算、大数据、移动互联等先进技术，以及推进物流云服务示范工作，减少环节、降低成本，增强盈利能力和提高竞争水平。

同时，要统筹“一带一路”物流的协调发展。围绕国家“一带一路”倡议，沿线中心城市要科学规划和建设国际、国内物流通道路径，搭建内陆向东到沿海、向西跨境到亚欧的国际物流大通道，发挥铁路、水路运输优势，降低内陆地区的国际物流成本。

这也需要“一带一路”沿线城市要合作共赢，采取措施进一步改善物流大环境，加大合作力度。口岸城市要简化通关手续、延长服务时间、提高贸易便利化水平。“有容乃大”，要以开放的大格局来做物流的大产业。

**资源高效配置**

当然，沿线中心城市还要有计划地培育跨国物流集团和专业化物流企业群体，鼓励开展国际运能合作，融入全球供应链，加快形成与“一带一路”建设相适应、相匹配的国际物流基础，提高在“一带一路”配置全球物流资源的能力。

总之，沿线中心城市是“一带一路”物流大通道建设的主力，各方面的工作能否再超前一步，则需要沿线中心城市的独特眼光和战略格局。

（来源：2017年8月14日《现代物流报》）

## 5.3.3 中欧中亚班列从厦门出发，打造“一带一路”物流新通道

中欧、中亚国际班列厦门集货中心一派繁忙景象：1#、2# 仓库的货架内堆满了货物，仓库外堆满了各种颜色的集装箱；一箱箱眼镜盒正被装进集装箱内，准备发往德国汉堡。这是中新社记者近日探访厦门集货中心时看到的一幕。这批东南沿海制造的眼镜盒，经由中欧班列（厦门－汉堡），从厦门出发途经阿拉山口、哈萨克斯坦、俄罗斯、白俄罗斯、波兰波兹南，16 天就可以直达德国汉堡，全程跨越 11866 公里。

中欧、中亚班列是由福建自由贸易试验区厦门片区内开出的福建省内唯一贯穿欧亚大陆的直通物流通道，也是中国第一条陆路“安智贸”（中欧安全智能贸易航线试点计划）线路。自 2015 年 8 月 16 日开行以来，经过两年的发展，这两条国际班列已成为中国运行质量最好的班列之一。

官方统计数字显示，截至 2017 年 8 月 15 日，厦门中欧、中亚班列已累计发运 156 列，共 4400 个 40 尺集装箱，累计货值约 24 亿元（人民币，下同）。其中，2017 年来已累计发运 52 列，共 1568 个 40 尺集装箱，累计货值 8.5 亿元，涉及的货物主要包括机电、轻工、服装鞋帽等品类。目前，从厦门开出的国际班列固定线路已增至 3 条，分别是中欧班列（厦门－汉堡）、中欧班列（厦门－莫斯科）和中亚班列（厦门－阿拉木图）。

厦门中欧班列运营平台负责人姜敬东告诉中新社记者，中欧、中亚班列通过海铁联运，把东南沿海、中西部及港澳台相连，将东盟十国、中亚地区及欧洲相连，打造了“一带一路”沿线国家物流新通道，搭建了对接欧亚大陆、加快“引进来”和“走出去”的新平台，成为厦门参与国际产能合作的重要桥梁。

2016 年 4 月，中欧（厦门）班列通过海铁联运，将来自台湾的货物顺利运抵欧洲。2017 年 7 月，中欧（厦门）班列开行的直通线路再次搭载台湾货物抵达汉堡；7 月底，一批韩国、越南货物搭载直通线运往欧洲。从运行效率上来说，直通线从厦门至汉堡仅需 16 天。现在到德国汉堡的中欧班列是每周一列，中欧的需求比较旺盛，近期正在申请增开一列。

相对于传统的海运和空运，中欧（厦门）班列在运输时间和成本上有独特的优势：与海运相比，可以节省一半甚至三分之二的时间；与空运相比，中欧（厦门）班列的成本是空运的四分之一到五分之一。

中欧（厦门）班列开行改变了中国大多数班列货运“有货去无货回”的局面，从欧洲运回了饮料、饼干、啤酒、奶粉、伏特加、白兰地等商品。在中国目前开通同类班列的城市中，厦门成为唯一的“一带”与“一路”联结点。接下来班列将通过海铁联运拓展东南亚到中亚、欧洲货源，实现台湾货物、东南沿海货物转运至中亚、欧洲，做好做强跨越海峡、横贯亚欧大陆的国际物流新通道。

预计在 8 月 26 日，一批越南货物将通过海运连接中欧班列直通线运往欧洲。届时，中欧班列拓展东南亚到亚欧洲的物流新通道将正式开启，并实现常态化运行。

（来源：2017 年 8 月 17 日中新社新闻稿）

## 5.3.4 附：“一带一路”简释

“一带一路”（The Belt and Road，缩写 B&R）是“丝绸之路经济带”和“21 世纪海上丝绸之路”的简称。它将充分依靠中国与有关国家既有的双多边机制，借助既有的、行之有效的区域合作平台，一带一路旨在借用古代丝绸之路的历史符号，高举和平发展的旗帜，积极发展与沿线国家的经济合

作伙伴关系，共同打造政治互信、经济融合、文化包容的利益共同体、命运共同体和责任共同体。

2013 年 9 月 7 日，习近平在哈萨克斯坦纳扎尔巴耶夫大学发表演讲时表示：为了使各国经济联系更加紧密、相互合作更加深入、发展空间更加广阔，我们可以用创新的合作模式。共同建设“丝绸之路经济带”，以点带面，从线到片，逐步形成区域大合作。

2013 年 10 月 3 日，习近平主席在印尼国会发表演讲时表示：中国愿同东盟国家加强海上合作，使用好中国政府设立的中国—东盟海上合作基金，发展好海洋合作伙伴关系，共同建设 21 世纪“海上丝绸之路”。

2014 年 5 月 21 日，习近平在亚信峰会上做主旨发言时指出：中国将同各国一道，加快推进“丝绸之路经济带”和“21 世纪海上丝绸之路”建设，尽早启动亚洲基础设施投资银行，更加深入参与区域合作进程，推动亚洲发展和安全相互促进、相得益彰。

2014 年 11 月 8 日在加强互联互通伙伴关系对话会上，习近平指出共同建设丝绸之路经济带和 21 世纪海上丝绸之路与互联互通相融相近、相辅相成。如果将“一带一路”比喻为亚洲腾飞的两只翅膀，那么互联互通就是两只翅膀的血脉经络。他在《联通引领发展伙伴聚焦合作》讲话中指出第一，以亚洲国家为重点方向，率先实现亚洲互联互通。“一带一路”源于亚洲、依托亚洲、造福亚洲。中国愿通过互联互通为亚洲邻国提供更多公共产品，欢迎大家搭乘中国发展的列车。第二，以经济走廊为依托，建立亚洲互联互通的基本框架。“一带一路”兼顾各国需求，统筹陆海两大方向，涵盖面宽，包容性强，辐射作用大。第三，以交通基础设施为突破，实现亚洲互联互通的早期收获，优先部署中国同邻国的铁路、公路项目。第四，以建设融资平台为抓手，打破亚洲互联互通的瓶颈。中国将出资 400 亿美元成立丝路基金。丝路基金是开放的，欢迎亚洲域内外的投资者积极参与。第五，以人文交流为纽带，夯实亚洲互联互通的社会根基。未来 5 年，中国将为周边国家提供 2 万个互联互通领域培训名额。

2015 年 3 月 28 日，国家发展改革委、外交部、商务部联合发布了《推动共建丝绸之路经济带和 21 世纪海上丝绸之路的愿景与行动》。

2017 年 5 月 14 日至 15 日，中国在北京主办“一带一路”国际合作高峰论坛。这是各方共商、共建“一带一路”，共享互利合作成果的国际盛会，也是加强国际合作，对接彼此发展战略的重要合作平台。29 位外国元首、政府首脑及联合国秘书长、红十字国际委员会主席等 3 位重要国际组织负责人出席高峰论坛，来自 130 多个国家的约 1500 名各界贵宾作为正式代表出席论坛。高峰论坛期间及前夕，各国政府、地方、企业等达成一系列合作共识、重要举措及务实成果，中方对其中具有代表性的一些成果进行了梳理和汇总，形成高峰论坛成果清单。清单主要涵盖政策沟通、设施联通、贸易畅通、资金融通、民心相通 5 大类，共 76 大项、270 多项具体成果。

（来源：新华社）

本篇供稿：白焕耀 陶惠民 张志坚； 编辑：张志坚

# 第六篇 制造业物流

## 6.1 钢铁物流

“钢铁物流”是以“钢铁”为载体，以“物流”为运作，以“信息”为核心，集钢材贸易、电子商务、三方物流为一体，客户流、资金流、信息流、物流相互促进、相互融合，涵盖建筑工程、冶金工业、信息产业和现代物流四大行业的交叉行业。

目前，中国已经发展成为世界上钢铁物流规模最大的国家。据测算，中国钢产量与物流量之比为1:5，即每生产1吨钢，需要5吨物流量。2016年，中国粗钢生产总量达到8.08亿吨，产生了超过40亿吨钢铁物流量，这一物流量同样居中国国民经济行业之最。不仅如此，中国钢铁物流量增长速度也位居世界前茅。预计在“十三五”期间，中国钢铁物流量仍将以10%以上的速度增长。到2020年，我国钢材物流产业规模有望到达2000亿元左右，这将是一个非常庞大的市场，钢铁物流市场前景可期。

钢铁物流产业链

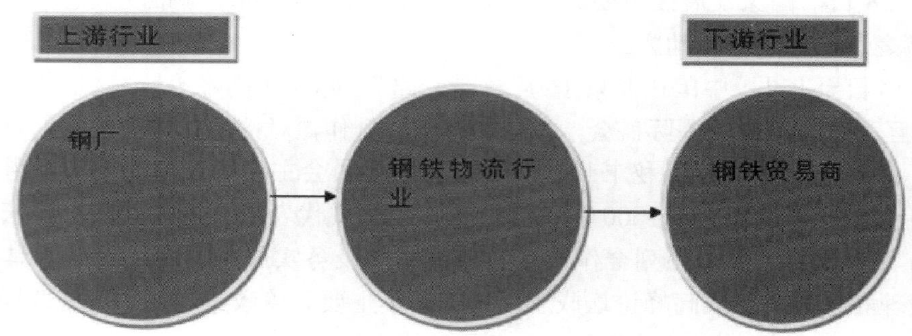


### 一、上海钢铁物流行业发展现状

全球钢铁看中国，中国钢铁看上海。经过三十年的改革发展，上海不仅已经成为我国重要的钢铁制造业基地和钢铁消费集散地。这一发展过程中，长三角钢铁物流行业尤其是以上海为主的钢铁物流企业在经济建设中发挥了很大的作用，做出较大贡献。

在繁荣时期，上海钢铁物流企业超过12000家，300多座钢材仓库，100多家钢材加工中心，60余家钢材交易市场，其中最大的一家，驻场的钢铁企业达到1200多家，最小的一般也有100-200家，而整个银行信贷规模达到2000亿元，所需的物流能折合超过400亿吨公里。

这两年，我国钢铁行业发展形势日益严峻，产能过剩、资金紧张、亏损严重等问题成为行业顽疾。截至2016年底，上海有接近72%、全国其他地区近40%的钢铁贸易流通商退出行业，全国企业数量已从繁荣时期的20万家迅速缩减至之前的五分之二，行业集中度已经出现大幅提高。在此背景下，钢铁生厂商，贸易商和流通商纷纷“触网”。上海也正在成为我国钢铁电子商务集中崛起“沃土”。

经过多年发展，如今上海钢铁物流行业已经形成明显特征：一是产地性，主要围绕钢铁生产企业，如宝山区域，围绕宝钢形成上海北郊的钢铁服务产业圈；二是消费地性，主要围绕制造工业带，如上海的松江、金山、闵行、嘉定的沿海工业带；三是交通枢纽性，上海是南北交通枢纽，港口、铁路、公路环网发达。因此，上海的钢铁物流行业具有复合型特征，已经形成产业集群，发展潜力巨大。

1、上海钢铁物流行业地位

上海是我国最大的集钢材生产、消费和贸易为一体的钢材产业物流集聚地。上海地区的钢铁物流产业群为上海及周边地区经济发展做出重要贡献，对中国及全球钢铁贸易产生重要影响。

从进出口贸易上来看，上海是我国最大的钢材进出口贸易区。上海位于长江入海口，具有海洋运输和内河运输的优势，钢铁贸易首先选择水路运输方式，并且，许多内陆省份的钢材产品出口都会选择上海。在繁荣时期，上海地区进口和出口钢材分别占全国总量的20.7%和21.2%。从市场规模来看，上海钢铁物流行业年均贸易量已经超过1.5亿吨，贸易总额约6000亿元。上海拥有60多家钢材现货交易市场，300多家钢材仓库，使全国规模最大的钢铁贸易产业聚集地。从国内钢材的定价机制来看，2009年3月，钢材期货在上海期货交易所郑重上市，加上早已存在的国内最大的电子信息交易平台和远期交易市场，上海在国内钢材市场的中心定价地位进一步得到确立。

上海钢铁物流行业是上海经济增长的重要支柱产业。2016年上海钢铁物流产业对上海地区生产总值的贡献超过5.68%，如果把衍生产业、新兴配套产业如金融、仓储、物流、加工配送等也计算在内的话，经济贡献远不止于此。从新兴的钢铁贸易配套产业来看，上海地区拥有全国最大的钢铁贸易衍生服务群。上海有钢铁贸易产业凭借得天独厚的优越条件率先发展各种新兴配套服务产业。目前，上海拥有国内规模最大的钢铁电子交易中心，同时拥有分工最为专业的钢铁贸易物流产业和加工配送产业。多年来，随着上海钢铁物流配套产业的发展，上海钢铁物流行业对全国的影响越来越大。

2、上海钢铁物流产业发展

2016年，在我国钢铁行业供给侧结构性改革的宏观环境下，受政策性钢厂停产、限产以及终端需求复苏等多重因素的影响，我国钢铁物流业进入产业转型的关键阶段。与此同时，我国钢材市场价格正逐渐迎来趋势性回暖行情，为改善我国钢铁物流行业的盈利空间和能力提供了基础环境。

据统计数据显示，2016年全年我国钢材价格综合指数涨幅高达75%，行业盈利水平大幅改善，我国钢铁物流企业生存现状从之前“温水煮青蛙”过渡到“暴风雨过后的宁静”，曾经的“无人问津”一度出现“门庭若市”的前兆。

与此同时，44%的受访上海钢铁物流企业反映年均利润为0-50元/吨；26%在50-100元/吨，亏损比例为8%。而在2014年这一统计数据是：18%亏损，17%盈利在1-5元/吨，29%盈利在5-10元/吨，35%盈利在10元/吨以上。鉴于此，2016年我国钢铁物流企业的盈利水平普遍有显著好转。

钢铁物流促使区域间运输总量平稳恢复，可以有效降低空仓、租船平均成本、港杂费等物流公司的固定成本。钢铁物流企业纷纷向物流产业进行投资，兴建各种仓储中心加工配送中心、码头和港口等促进了上海物流基础设施的进一步完善。但目前上海地区钢铁物流业仍存在着发展取法全局性科学规划，市场信息不够流畅、交易成本偏高、产业集中度低、合作多停留在初步合作阶段等问题。

3、上海钢铁物流企业规模

截止2016年底，上海市共有在册登记钢铁物流企业不足5000家，而这一数据在2009年为12100家，其中多数为中小贸易物流企业。其中，46%的企业分布在宝山地区，占比近一半。除宝山区之外，浦东、杨浦、松江和闵行等地区也使上海较为重要的钢铁物流企业集聚地。其他各区钢铁贸易流通商集中比例普遍在5.4%以下。上海钢铁区域化的发展与其地理位置、城市化程度、下游用户分布的等密切相关。

从上海钢铁物流企业的规模来看，公司注册资金在300万以下的占比最大，占42.67%；注册资金在300万到500万之间的企业占比6.56%；注册资金在500万到1000万之间的企业数量占比17.72%；注册资金在1000万到1500万之间的企业占比13.57%；注册资金在1500万到2000万之间的企业占比 4.63%；注册资金在 2000 万以上的企业占比 14.85%。

从交易情况来看，这两年我国钢铁生产企业通过钢铁贸易流通商销售的钢材占比已在明显萎缩，这主要是因为直供、出口和零售等其他渠道的崛起，都在逐渐蚕食传统的市场份额。据调查，全国通过钢铁贸易流通商分销的长材比例，从 2012 年的 52% 降至 2016 年的 48%。而同期直供销售比例则从 29% 上升至 30%；出口销售比例 3.6% 上升至 6.8%；零售销售比例一直维持在 6%；分支机构销售比例一直维持在 9%。通过钢铁贸易流通商分销的板材比例，从 2012 年的 38% 降至 2016 年的 31%；而同期直供销售的比例则从 39% 上升至 43%；零售销售比例从 2.4% 上涨至 3.9%；分支机构销售比例从 16% 降至 13%；出口销售比例从 6.9% 上升至 8.8%。

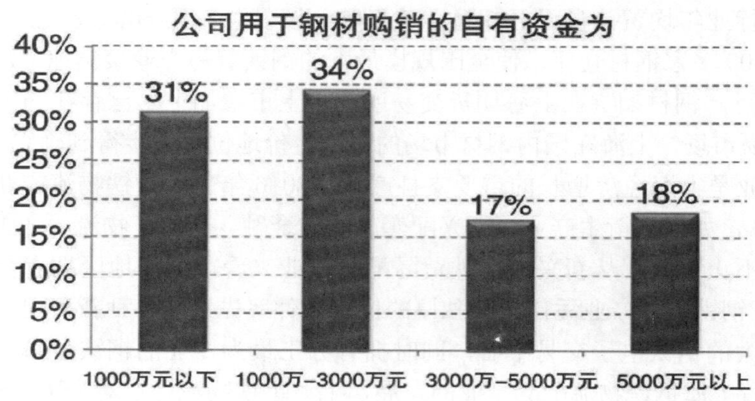


4、利息成本高、融资难

进入“十三五”时期，资金紧缺仍然是悬在我国钢铁贸易流通商头上的一把“利剑”。这两年来，我国一些钢铁贸易流通商的失信行为造成的行业信誉度大打折扣，引致其在银行机构的贷款缩减比超过七成。不过，本次调研中发现，现在上海许多钢铁贸易流通商仍然存在帮钢厂、下游垫资或进行存货融资现象，至少 52.6% 的企业存在垫资行为，资金需求仍旧较为强烈。

可以说，目前我国钢铁贸易流通商对资金的强烈需求程度和银行资金供给短缺极度不匹配，大量企业很难得到贷款。未来利息成本高、融资难的顽疾仍将长期存在，换句话说，融资难度大、融资成本高造成的大量资金缺口，是上海钢铁贸易流通商面临的最严峻挑战。

众所周知，我国钢铁贸易流通业属于典型的资金密集型产业。以往一个普通的钢铁贸易流通商一天账面上至少需要十几万的资金周转，大型钢铁贸易流通商则需上千万日常周转备用金。不过，本次调查统计发现，65% 以上的企业自有资金量低于 3000 万元，若去掉包含在其中的注册资金、固定资产等，实际用于经营的流动资金或不足注册资金的十分之一。

在钢铁行情整体较差情况下，我国钢铁贸易流通商依靠利润积累的自有资金已经有限，很多企业的自有资金已甚至无法支持日常运转。这也是造成当前罕见低价位阶段社会库存不断降低怪相的原因之一。当前，即便市场出现大好行情，以他们的自有资金量也难以发动大的“战役”。

5、钢材仓库分布

截止 2016 年末，上海共有各类钢材仓库 203 家，其中约 85% 分布在宝山区，其次是杨浦区，占比 8.25，闵行区占比 1.65%，其他地区相对数量占比较小。从上海仓库较为集中的几个区来看，在宝山区罗店镇，钢材仓库多集中在富锦路附近，其中富锦路北边较为集中约为 40 家。

宝山区杨行镇也是钢材仓库集聚地之一，从地图上可以看出，蕴川路以西，富锦路以北的钢材仓库密集度最高，聚集了约 20 家左右的仓库，其余各仓库零散分布在整个杨行镇。吴淞地区也集聚了相当一部分钢材仓库，仓库数量也有 20 多家。

6、钢铁物流模式

现货贸易模式：随着我国钢铁行业的迅速发展，钢铁贸易流通模式也随之日趋完善和成熟。按照贸易商与钢厂的代理关系划分，钢铁贸易物流企业大致可以分为代理商和中间商两大类。按业务范围分又可分为单纯的以赚取差价为主的现货贸易模式和从事加工配送的现货贸易模式。今后综合化的钢铁物流模式将成为主流。

电子交易模式：钢材电子交易作为一种新兴的交易模式逐渐兴起，并逐渐被众多钢铁物流企业所接受。贸易模式主要有：远期现货挂牌交易模式、在线现货挂牌交易模式、专场交易模式、网上招标采购和上海期货交易所的钢材期货市场等。

7、钢铁物流成本

近两年来，由于钢铁产能严重过剩，而经济增速下滑，钢材需求减弱，钢材价格下跌明显，厂商经营困难，钢铁行业盈亏一线挣扎，降低物流成本成为企业降本增效的重要途径。

据发改委、统计局及中物联调查，我国钢铁行业物流成本费用率为 12.0%，仍然处于较高水平，比调查的全部工业企业高出 2.2 个百分点。若按调查的钢铁行业物流成本费用率水平推算，钢铁企业吨钢物流费用约为 924 元。其中，在物流成本构成中，运输成本占 58.9%，仓储成本占 2.9%，配送及物流加工成本分别占 12.6% 和 7.8%。运输环节是控制物流成本的关键。

钢铁物流成本结构图

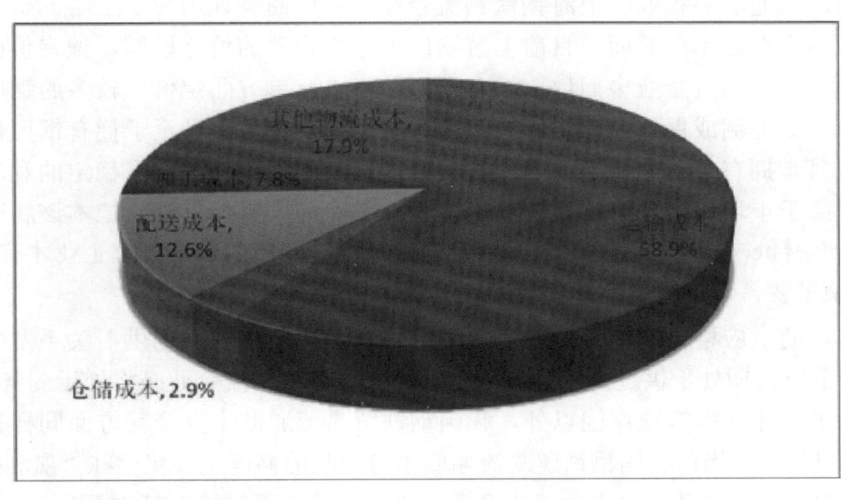


## 二、上海钢铁物流行业存在问题

新形势发展下，伴随我国钢铁供给侧结构性改革有序推进，在同业竞争依旧激烈之时、融资成本尚未彻底解决之前、下游需求解决更加考验智慧之际，上海传统钢铁物流企业要加快摈弃旧的经营与盈利模式，毕竟这个行业的传统阶段已经结束。

1、集中度不高，促使产业处于弱势

历经两年洗牌后，现有上海仍有 5000 多家钢铁物流企业，而且大多数为中小型企业。上海钢铁物流企业年营业额在 1 亿元以上的，仅占不到 1.5%，年营业额额超过 50 亿元的企业，不到千分之一，有一定规模和实力的企业很少，能够走出同质化竞争、建立差异化竞争模式的企业有限，很多企业没有创新意识和能力，在经营思路、理念、产品等诸多方面存在“跟风”意识。而在产业结构调整，经济全球化、与世界接轨过程中，上海钢铁物流企业必然面临新的深度转型升级。在这一转变中，容不得市场的无序和恶性竞争。

2、面临资金“瓶颈”，难以根本解决

我国钢铁贸易物流行业是资金密集型行业，资金是企业的经营之本，也是企业赖以生存的生命基础。在我国钢铁贸易物流行业内，中小型企业数量的比重超过90%。另外，我国钢铁贸易物流企业资产负债率高，绝大部分资产构成为流动资产，负债主要是流动负债，资产周转快，自有资本根本无法满足需求。正是由于这些企业绝大部分资金为流动资产，对银行而言存在信息不对称，且出于控制风险及规避过高监控成本之考虑，银行往往不愿给这些企业授信。但在实际经营中，这些企业对钢厂提供需要全额付款，对下游企业需要开出应收款，当这上下两端吃紧，又没有任何政策扶持时，所承担的风险就会迅速增大。

3、亟待政策扶持，缺乏相关机构关注

上海钢铁物流企业是在上海经济高速增长的背景下，随着钢铁行业高速增长而成长的。与上下游行业充分享受国家政策扶持不同，物流行业则完全通过自身的积累发展壮大的。政府往往关注钢铁产业的上游即生产企业，关注下游即终端用户。而对于服务行业企业中，处于钢铁供应链中间企业的钢铁物流企业关注较少，在政府相关报告和研究课题中很少提及，相应政策也极少看到。例如，在城市规划方面，没有为钢铁物流行业保留必要区域地理位置，一些使和频率比较高的仓库及码头，因事先没有规划而拆除，致使钢铁贸易环节的复杂化及相关费用的增加。目前许多企业涉及加工、配送、仓储、包装等多个领域，物流企业的网络化构架经常造成企业下属点与点之间的重复纳税等不合理现象。

4、缺少价格话语权，钢材定价机制不完整

作为上海钢铁流通服务行业，上海钢铁物流企业上接厂商下连用户，上游的资源和下游的需求是钢铁物流企业的生存之本。然而，目前上游钢厂未形成合理的价格机制，擅定价格，也不顾下游用户的承受能力，利用物流企业多而散、没有合力的特点，单方面定价。较多的钢厂制订了更贴近市场的销售政策（如追溯或保值），将经销商的利润压缩到最小。以至于拥有钢厂代理资质的上海钢铁物流企业也只是拥有了一个相当可靠的进货渠道，并不一定就拥有了稳定的利润。钢材市场价格大跌时，钢厂高于市场价格，而钢材市场价格大涨时，钢厂实行追溯，把本该属于经销商的利润抢走了。只有在钢材价格相对平稳的情况下，拥有钢厂代理资质的钢铁物流企业才有一些盈利。

5、市场环境多变，传统行业问题仍然存在

当前钢铁市场的供应格局和所处的环境发生了根本变化。钢铁市场供需关系发生根本变化，钢铁产能严重过剩市场长期处于供过于求的行情中，使上海钢铁物流企业必将处于弱势。

事实上，除了上述许多客观原因以外，我国钢铁贸易流通商本身经营方面同样存在五大深层次问题。据调查结果显示，当前我国钢铁贸易流通商本身面临的问题主要集中在“赢利模式单一”“管理方式粗放”“服务意识淡薄”“人才流失严重”“厂商关系不对等”等方面。

一是赢利模式单一。长期以来，我国钢铁贸易流通商主要依靠传统的、单一的“时贱而买，时贵而卖”赢利模式来赚取价差，而随着互联网+时代到来，现货市场价格变的更加透明、波动更加频繁，且方向难把握，同质化操作手法，尤其传统的单一赢利模式受到越来越多的挑战，在当前市场环境中几乎失效。

二是管理方式粗放。从企业管理结构来看，许多钢铁贸易流通商内部管理粗放，缺乏必要的服务规范和内部管理规程，物流作业效率不高，且大多数企业都存在冒险主义因素，这让企业产生思维定势，不容易接受变化，创建新的赢利模式时，旧的管理结构就成了最大的障碍，导致利润空间缩小。

三是服务意识淡薄。从本质上来说，我国钢铁贸易流通商具有服务性行业属性，其商业价值应该是和服务价值配套的。但由于流通商产生于资源相对匮乏的年代，总认为有渠道、手里有资源才是硬道理，从而忽略了服务，只向客户提供简单的运输和仓储服务，信息技术应用水平较滞后。终端客户对其服务水平的认知主要来自具体的员工，一旦员工辞职，客户的订单也会随着流失。

四是人才流失严重。人才流失是我国钢铁贸易流通业目前难以做大的重要因素之一。由于经营模式简单并可复制、行业门槛低，一些优秀员工在掌握一定客户资源之后，便开始自己创业。事实上，行业内绝大多数小企业都是这样出现的。可反过来，对于大中型钢铁贸易流通商来说，这无疑是一种损失。

五是厂商地位不对等。长期以来，我国钢铁产品一直没有一个科学的定价机制，钢厂定价主导整个行业。当行情上涨的时候，钢厂不发货；当钢价下跌时，钢厂则会把风险全转移给流通商，这种做法不仅损害流通商利益，也会损害到自身的长远健康发展。

**三、“钢铁物流 + 互联网”时代**

目前，我国钢铁物流行业尚处于由粗放式向集约式发展的重要阶段，上海钢铁物流的市场份额存量依然很大。紧跟钢铁行业调整产品结构，不断转型升级发展的步伐，钢铁物流行业未来的发展趋势，也离不开兼并重组、转型升级、提高行业集中度，做大做强企业的路子，并通过创新经营模式，由传统物流企业向多功能、一体化的综合物流服务商转变。

而在这个过程中，当下较大规模的钢铁物流企业无疑占据着有利的，在行业整合的过程中，规模企业将会分享更大的市场份额。而大力发展第三方物流，拥抱互联网，凭借现代物联网技术，开拓“互联网 + 钢铁物流”的第四方物流等将是钢铁物流行业的重要发展方向。

在 2015 年，国务院下发《关于加快发展生产性服务业促进产业结构调整升级的指导意见》，上海出台《关于上海加快推动平台经济发展的指导意见》，在大力鼓励发展电子商务的扶持下，上海“钢铁物流 + 电子商务”开始迅猛发展，一场借力电子商务变革钢铁交易模式的大幕正在拉开。据统计，2016 年仅上海市钢铁电子商务交易平台的交易额就达到 6789 亿元，较去年增长 33.86%，在上海电子商务交易总额中占比 41.5%。

对于整个钢铁供应链上的企业来说，要想长久立足于这个行业，要做的无外乎就是，在整个钢铁产业链上挖掘出自己的核心竞争优势。尽管这种竞争优势可以多种多样，但都离不开 IT 信息化技术的渗透。

近年来，随着 SaaS（Software-as-a-Service，软件即服务的简称）、PaaS（Platform-as-a-Service，平台即服务的简称）为代表的云计算技术的出现，整个钢铁电子商务平台模式的变革与创新开始不断加快。

钢铁电子商务业务模式和云计算技术架构体系的有机结合，已经突破了原有基于 Web 技术面向信息发布和交易撮合的简单电子商务，现在通过向上游产业链延伸与生产系统集成，向下游产业链延伸与物流和终端管理系统集成，使得供应链中各个环节的信息在云中汇集、交互，让交易方式发生颠覆性的变化。

譬如：上海西本新干线电子商务平台项目属于物流科学与计算机科学相结合的前沿科学技术领域，通过创新 BMB（Business Media Business）交易模式，集成经纪服务、物流服务、金融服务、公共服务等多种增值服务，依托先进 IT 手段，为用户提供包含交易在内的一站式服务，是有效实现资源类大宗商品产业链整合的第三方电子商务服务平台。

总而言之，这两年通过云计算和大数据技术，我国钢铁电子商务平台基本可以整合行业内的商流、物流、资金流和信息流，将钢铁在线贸易的零星活动转换成碎片化数据，数据集约后不断演进，成长为企业战略资源，以此指导钢铁供应链上各企业进行高效化的统筹管理和有计划性的生产经营。

目前，上海的钢铁电子商务平台发展速度已远远超乎大家预想。可不容忽视的是，钢铁电子商务平台虽然在数量和交易量上成绩斐然，但滞后的物流体系仍是制约钢铁电子商务平台发展的一大“瓶颈”，目前钢铁物流与真正意义的现代物流相比，还存在很大差距。

据统计，目前我国钢铁物流成本占整个钢铁产品成本的 20% ～ 30%，而发达国家只占 10% 左右。而降低钢铁物流成本，电子商务是一个非常重要的手段。

事实上，任何一家成功的大宗商品电子商务平台无外乎遵循三个原则：基础在平台、发展在金融、关键在物流。现在电子商务最重要的不是信息而是物流，我国的钢铁电子商务目前只解决了商流的问题而没有解决物流的问题。

那么，如何破解钢铁电子商务物流瓶颈呢？首先，要全面提高物流企业的信息化水平，通过技术手段实现钢铁电子商务平台和传统物流企业之间的融通。借助先进物联网技术，钢铁物流企业建立与电子商务平台相匹配、可衔接同时也契合自身业务和管理流程的信息化管理系统，在便于电子商务平台客户的管理和查询的同时，提高物流企业信息化水平，减少因物流、仓储信息不透明而造成的钢铁跨区域重复流通。

具体而言，物流企业需借助二维码技术和物联网技术，实现货物配送的全流程跟踪；仓储企业要推进仓储管理的数字化，实现仓储企业操作的可视化、便捷化、信息化。与此同时，物流企业车辆使用情况、驾驶员信息以及仓储企业的存量信息等物流信息也可以在平台上实时呈现，为电子商务平台用户提供参考，从而提高物流效率。

其次，除了软件上的升级，传统物流企业还需加强区域协同合作，建立完善的综合交通运输网络和仓储体系。

例如：在钢铁运输方面，通过将上海铁路、公路、水运等基本运输方式的长处有机结合起来，实行多环节、多区段、多运输工具相互衔接的一体化“通运”，实现无缝运输，减少中转环节，降低物流成本；在仓储方面，钢铁电子商务发展初期可以联合一定区域内的仓储企业，相互之间在实现信息共享同时，建立相同的服务标准和价格体系，进一步提升仓储企业服务能力，扩大电子商务配送物流的辐射范围。

当然，要破解钢铁电子商务的物流瓶颈，实现长期可持续的发展，还需要自建仓储基地。受到钢铁物流半径的限制，钢铁消耗终端离钢厂距离越远，吨钢物流成本就越高。通过电子商务平台自建仓储中心不仅可以有效消除二次流通成本，还可以实现平台物流、信息流和资金流的三流合一。

总而言之，破解钢铁电子商务物流瓶颈，绝非一日之功，需要多主体、多角度、长时间的共同努力。只有电子商务发展到具有物流平台支撑时，电子商务的概念才会发生变化，被平台经济取而代之。平台经济的出现意味着大宗电子商务的创新到了一个新的阶段，而这一进程推进的关键在于解决好大宗电子商务的物流半径与物流成本。

**四、未来钢铁物流行业发展方向**

进入“十三五”时期，我国钢铁物流行业生态环境已然发生变化，之前的暴利时代已经一去不复返，传统的贸易流通盈利模式也不能再适应时下经营环境。鉴于此，伴随本轮钢铁供给侧结构性改革深化，未来摆在上海钢铁物流企业面前的两条路无非就是“转行”还是“转型”。

当然，可以预测的是，未来上海钢铁物流行业面对的市场将是一个“渠道为王、服务至深”的市场，面对的主体客户将由钢厂全面转型到终端客户，新的角色定位是要由“贸易流通商”向“物流服务商”快速转变。未来不能再单纯追求规模快速扩张，要努力实现从规模效益型向服务效益型转变，要更加突出经济效益，切实提高核心竞争力水平。从长远生存和发展来看，这才是我国钢铁物流企业转型发展的必由之路和必然趋势。

1、延伸产业链

近年来，我国钢铁业的迅速发展带动了钢铁物流业的快速发展。作为钢铁产业链上的不同环节，每个企业扮演的角色不同，分工也不同。行业未来的发展趋势只会越来越细分，产业链上的各个环节都将面临巨大竞争压力，每个环节都得做精、做专，才能保持自己的竞争力。俗话说，“三流企业靠产品，二流企业靠品牌，一流企业靠服务”。当前我国钢铁行业正处在供给侧结构性改革的重要时期，作为钢铁产业链上的重要环节——钢铁物流行业自然也要跟随大势，由原来的“赚差价”转型为“靠服务”，只有紧跟市场步伐，才能在本轮钢铁市场“大洗牌”浪潮中幸免于难。

而对于长期以来夹在钢厂与终端用户之间的钢铁物流企业来说，要做好衔接上下游的活儿十分不易，毕竟两头都是“大爷”，谁都得罪不起。要想衔接服务好上下游两端，必然要求我国钢铁物流企业加快延伸钢铁产业链服务。众所周知，随着我国钢铁产业布局的完成，钢铁集群的建立也将告一段落。钢铁行业产业升级正迫使贸易流通商向着更高层次的经营模式转变与发展，向供应链管理要效益，向产业链升值要效益。

2、拓展网络化

“钢材直销到终端、服务到终端”是当前最为时髦的话题。不光钢铁物流企业在做，钢厂也在做，针对终端市场，上海钢铁物流企业彼此在拼的同时，还与上游钢厂在搏。可不管怎样“拼”与“搏”，钢厂不可能把钢材全部直销到终端，大型钢铁物流企业也不会把小微钢铁贸易商全部洗牌出局，钢铁行业内资源重新配置是必然的。但资源能量的发挥是有条件的，它掌握在那些加快构建现代钢铁贸易流通服务平台，并极具前瞻性的企业家手里。

我们历经多次调研发现，面对钢铁行业未来较长一段时期内供大于求的事实，传统的企业经营模式显然已经不能适应。除了建立第三方监管机制以外，行业企业要想适应新的环境，还应该在相互信任基础上，通过优化互补，打造战略合作供应链体系，加快市场网络化、服务终端化。在此，我们不得不提到，网络化连锁经营是钢铁贸易流通商实现规模经营的最佳途径。它不但能降低运营成本，还能利用原有的市场资源，为“直销”终端用钢市场网络化打下良好的基础。

3、加速区域化

伴随钢铁供给侧结构性改革稳步推进，可以有效促进我国钢铁行业进一步整合力度，大力提高钢铁产业集中度。近年来，从河北钢铁集团的重整到宝钢、武钢的联姻重组，一场如火如荼的整合大潮席卷而来。然而，与之相关的上海钢铁物流领域“散、小、乱”的经营格局仍如死水一潭，无闻春风。尽管早期亦有上海钢铁物流企业试图重组，但均以无果而终。其实我国钢铁物流行业的集中度远低于钢铁生产领域，加快实现钢铁物流业实质整合更显得尤为迫切。

2009 年底，这一僵局被彻底打破。据多方调查求证：当时，由温州市金属流通行业协会牵头，历经 88 次会议，真正优化整合了旗下 71 家钢铁物流会员企业，这一伟大壮举无疑成为了全国钢铁物流行业加速整合的成功“样本”。而钢铁物流行业加速抱团整合的真正目的还在于走“集中采购、分摊销售”之路。因为这定将会大大提高其与上游钢厂之间的定价权，从钢厂博取批量低价的优势，充分实现钢材流通服务型企业的角色转变，进而改变多年来钢铁物流行业所做经济贡献与身处社会地位不相称的局面。

4、借力互联网

伴随“互联网 +”国家战略实施，上海钢铁物流企业要想健康、快速发展，一定要学会“借力”，在“借力”上动脑筋、想办法。未来借力“电商平台”发展，必将成为大势所趋。这两年我国钢铁电子商务交易平台迎来突飞猛进发展，钢铁贸易流通商借力于它，就会插上腾飞的翅膀。

因为随着信息技术及电子商务技术的迅速发展，电子商务及信息化平台建设越来越被重视。一批优秀的电子商务平台，利用先进的电子商务及信息化技术，通过建立现代现货电子交易与信息服务平台，聚合了钢铁原辅材料、生产、加工、配送、仓储、运输以及金融、服务和钢铁终端用户，涵盖采购、生产、物流、资金流、营销和服务的企业流程，通过产品在供应链上的增值，可以最大限度地降低运营成本，增加企业利润，赢得用户、提高企业在市场上的竞争力。如果钢铁贸易流通商与电子商务平台合作，通过“借力”其品牌、资源、资金、技术、配置、服务、人才、管理等优势，实现“借力发展、合作共好”，将大大实现企业间资源优化配置，促进企业健康、快速发展。

5、延伸深加工

在过去的资源时代，钢材商品销售是不会过多的考虑服务增值，但这个时代已经成为历史，现在对于钢铁物流企业来说，通过钢材商品的深度精细化加工、物流综合配套服务等利润将远远大于简单的价差博取来的钢材商品销售利润。结合国外经验，在“终端为王”时代，我国钢铁贸易流通商之间的竞争已不完全是为争夺客户，而是能够为客户提供专业化和一体化的流通型服务。尤其是当前价格信息极其透明，钢铁贸易流通商的传统“赚价差”模式已经终结，未来只有通过产业深化和产业延伸来实现战略转型和升级，进而才能实现成本节约和规模优势。当然，由于工业分工的进一步细化、客户对钢材的规格要求也越来越趋向多样化和复杂化，就要求钢铁贸易流通商加快向深层服务型企业转变。

譬如：上海百营钢铁集团通过开发现代钢铁贸易物流体系，组建集钢铁加工、仓储、配送等功能一体化的大型加工配送中心——上海万汇物流有限公司，并形成区域配送规模，向上延伸，与钢厂建立直接联系，稳定货源和大幅节省成本，获得优价资源。如此一来，还可以通过钢材产品精加工、深加工、个性加工等二次加工，专业化配送等节约客户成本和产品周转时间，降低客户原材料库存跌价的风险。当然，还有早期具有代表性的华冶集团，十年前便已提出建立全国钢材大型深加工超市的规划。

**五、上海钢铁物流发展建议**

现代物流是实现现代流通的主要途径。“十三五”时期，上海要以《物流业产业调整和振兴规划》为契机，遵循上海打造国际金融中心和航运服务中心的目标，按照“政府营造环境，企业自主经营”的原则，加速发展现代物流业，巩固物流业作为上海现代服务业支柱产业的地位，努力构建上海国际重要物流枢纽和亚太物流中心。

具体来讲，上海将构建“两大类型、五大园区”的物流发展格局，即建设西北、西南两大内陆口岸型综合物流园区和浦东空港、外高桥、海港新城三大沿海口岸型综合物流园区，形成布局合理、层次多元、功能配套、有机链接的现代物流服务体系。

尤其是国家级重点工程上海大虹桥交通枢纽项目的建设，将大力带动上海长宁、闵行、青浦、普陀、嘉定、松江六个区域的发展。“虹桥交通枢纽区域”规划面积是26.26平方公里，而“环虹桥枢纽”各区规划的面积已经远远超过86平方公里，几乎涵盖了环大虹桥各区大部分地区。

而上海南部地区，长期以来都是物流业聚集的地方，但多年来一直缺乏规划，发展进程中多次遇到瓶颈。目前物流业尤其是钢铁物流业还存在诸多问题，主要表现在管理和经营模式尚较传统、效率低下、信用缺失、人才素质不平衡、标准化工作滞后等方面。

1、加快上海钢铁物流区域合理规划

以闵行地区为例，这个地区的钢铁物流企业多、小、散、乱，长年来缺少有关部门重点培育和规范物流市场体系，推进物流产业化，引导和扶持行业发展的相关政策。值得提到的一种现象是，现在许多企业物流部门附属于企业内部，物流部门规模小、效率低、成本高，流通费用占生产成本的比例居高不下，社会化、专业化的第三方物流尚未真正发展和普及。

建议通过改造和提升，培育大型、超大型的第三方钢铁物流企业和企业集团，促使传统钢铁物流企业经营模式转换、升级。同时，政府也应鼓励引进物流发展资金、技术和管理，加强对外合作，实现“经济全球化”、“物流无国界”，使上海的物流业在短期内实现跳跃式发展。并能逐步取消对国内特别是国有钢铁物流企业的保护措施，对所有钢铁物流企业，不论国有、民营还是外资，都采取同等的税收、银行贷款、地租优惠，创造公平竞争的市场环境。

此外，物流企业也应利用上海南部的铁路专用干线，通过建立企业联盟型或合作型新体系，实现综合物流链管理，共享物流设施，提高物流效率，最大限度节省社会投资和经营成本，实现系统最优化、整体成本最小和效益最大化。上海铁闵钢材市场就是一个例子，有5条铁路专用线，与国内的钢铁生产地直接相连，这里还有3000吨级和6500吨级的两个专用水运码头，使铁闵钢市具有“坐拥沪中南，辐射长三角”的功能。

2、加快推进钢铁物流标准化、信息化建设

上海钢铁物流系统是流通系统的“桥梁、纽带”，连接着生产与再生产、生产与消费，钢铁物流系统的运行需要多地区、多部门、多行业相互衔接，多种设施、多个操作系统分工协作，因此需要统一的标准化体系。由于制造物流装备的厂家分属各部门，以致目前各个部门、各个地区、各个物流作业环节使用的设备，如各种运输工具、包装容器、托盘、集装箱、仓库等物流设施和装备的标准还没有形成有利于物流活动的标准化体系；在包装、运输和装卸等一些流通环节，缺少必要的行业规范和行业标准；物流用语、计量标准、技术标准、数据传输标准、物流作业和服务标准等基础标准的制定工作还未完全开展起来，特别是没有形成一个与国际接轨的标准体系。

这种状况导致钢铁物流成本上升和服务质量降低，影响了上海钢铁物流活动的质量、效率和效益的提高以及国际物流活动的通畅。我们要尽快淘汰已落后于经济技术发展水平的标准，大力推行钢铁物流业的新型标准化体系建设，实现钢铁物流标准的国际化和体系化，并在统一标准的基础上，不断改进钢铁物流技术，实现钢铁物流活动的合理化。据悉，由全国物流标准化技术委员会发起的“重点物流领域关键技术标准研究”项目已正式启动。项目涵盖了钢铁物流、家电物流等重点项目，其中钢铁物流项目由中国物流与采购联合会钢铁物流专业委员会牵头组织，整个钢铁物流标准的制定预计会在两年内完成。

3、大力倡导发展上海绿色物流

绿色物流是物流发展的又一趋势。上海钢铁物流虽然促进了上海经济的发展，但是钢铁物流的发展同时也会给城市环境带来不利的影响，如运输工具的噪声、污染排放、对交通的阻塞等，以及生产及生活中的废弃物的不当处理所造成的对环境的影响。21 世纪提出了绿色物流的要求，即对物流系统污染进行控制，在物流系统和物流活动的规划与决策中尽量采用对环境污染小的方案，如采用排污量小的货车车型，近距离配送，夜间运货（减小交通阻塞，节省燃料和减小排放）等。

上海钢铁物流业的发展应高瞻远瞩，在规划、发展初期就制定相关环境保护措施，建立工业和生活废料处理的物流系统，大力倡导绿色物流，将钢铁物流乃至所有物流对环境的负面影响降至最小。

4、加强物流人才的培育与引进

上海现代物流的发展对物流人才提出了新的要求，而目前能满足市场需求的物流人才严重短缺。因而政府在制定物流业发展规划的同时，也应该重视物流人才的培养与引进，通过采取长期培养与短期培训相结合、正规教育和在职培训相结合的多层次、多方面培养方针，扩大高素质物流人才的供给，尤其是精通国际物流的复合型人才，如物流企业经理、物流部门经理、物流策划人员和物流信息系统开发人员。

同时，建议上海钢铁物流行业企业要积极面向全国和全世界引进高素质物流人才，通过人才的引进，加速上海钢铁物流技术更新、管理更新和人才的培养。还可采取召开全国或国际物流研讨会的方式，提高上海钢铁物流业的战略地位和科研管理水平，全面提升钢铁物流产业健康高效发展。

5、发展现代物流实现产业升级

现代流通主要包含商流、物流、资金流、信息流。由于现代科技的发展，特别是信息技术的突飞猛进，大大加快了商流、信息流、资金流的速度。商务活动可以通过互联网联结方便、快捷地实现，货币支付可以通过电子交易系统瞬间完成，但是唯有物的移动不能像信息传输那样转瞬间实现，物流只能依靠科学合理的设计和提升技术含量来提高效率。

正因为如此，从生产到流通，90% 的时间集中在物流过程，10% 的时间集中在生产过程；工业品的物流成本占商品价格的 50%，农产品的物流成本占商品价格的 60% 至 70%，汽车零部件的物流成本占商品价格的 70% 甚至 90%。因此，生产资料流通要降低流通费用和提高流通效率，必须发展现代流通技术，而现代物流是现代流通的核心。只有大力发展现代物流，才能实现生产资料流通由传统流通业向现代流通业转型。尤其进入钢铁行业后危机时代，我国钢铁物流业能否迎来新的机遇与发展，需要加快转变模式，实现产业升级发展。

## 六、行业研究与企业案例

**中国物流与采购联合会会长何黎明：《推进供给侧结构性改革 培育钢铁物流发展新动能》**

当前，我国物流业总体平稳增长，钢铁行业面临去产能的艰巨任务，钢铁流通和物流行业作为重要的生产性服务业，发挥好产业支撑作用，助推钢铁产业转型升级是我们的历史使命。

“十二五”期间，我国物流业实现平稳增长。2015 年，我国社会物流总额为 219 万亿元，“十二五”时期年均增长 8.5%。社会物流运行效率有所提升。2015 年，社会物流总费用占 GDP 的比率为 16.6%，比 2010 年的 17.8% 有较大幅度下降。物流市场规模持续扩大。2015 年，物流业总收入为 7.6 万亿元，物流业已成为支撑国民经济社会发展的基础性、战略性产业。

国务院印发《物流业发展中长期规划》，各部门支持物流业发展的政策措施陆续出台。同时我们也要看到，我国物流业存在一系列矛盾和问题：有效需求不足和供给能力不够矛盾交织；社会物流成本居高难下和企业盈利能力每况愈下问题突出；物流基础设施总量过剩和结构性短缺并存；市场环境和诚信体系建设有待加强；制约物流业发展的具体政策问题迟迟不能解决。总体来看，物流业的主要矛盾在供给侧结构性问题，物流业调结构、补短板、降成本、增效益，推进供给侧结构性改革任重道远。

当前，钢铁行业下行压力加大。受钢铁行业市场需求不振影响，我国粗钢产量出现 34 年来首次同比下滑的局面，观消费量延续 2014 年下滑态势，下降幅度有所加大，意味着我国钢铁生产消费已过峰值，进入了弧顶下行区。预计“十三五”期间，钢铁表观消费类将每年下降 5% 左右。“十三五”规划纲要强调要突出抓好供给侧结构性改革，并提出了去产能、去库存、去杠杆、降成本、补短板的五大任务，钢铁行业成为化解过剩产能的重点领域。2016 年初，国务院印发了《关于钢铁行业化解过剩产能实现脱困发展的意见》，明确了今后一个时期压减粗钢产能的具体目标。2016 年一季度，我国粗钢产量 1.9 亿吨，同比下降 3.2%，降幅扩大 1.5 个百分点。化解过剩产能政策初见成效。

随着钢铁产能下降和价格下滑，钢铁流通和物流企业加速洗牌。全国原有 15 万家钢贸企业，目前约有一半左右退出了市场，迎来优胜劣汰和转型升级的浪潮。钢铁流通和物流行业作为重要的生产性服务业，是钢铁行业的重要支撑，受钢铁行业去产能影响，也面临供给侧结构性改革的迫切任务。从根本上看，流通和物流是连接供给和需求不可或缺的市场体系要素，商流、物流、信息流、资金流等资源有效配置构成了供给侧改革的核心。当前，钢铁流通和物流领域出现了企业规模较小、流通方式落后、专业水平不足等主要问题，主要体现在产业供给不适应钢铁产业转型的需要，这是我国经济进入工业化中后期，产业形态向中高端发展后出现的新问题。在钢铁流通和物流领域加强供给侧改革正当其时。

在新的形势下，我国钢铁流通和物流行业要推进供给侧结构性改革，抓住行业发展的主要矛盾，利用时代发展的战略机遇，沿着转变发展方式，推动行业转型升级和提质增效的主线，提高运行质量和效益，培育行业发展新动能，满足国民经济对行业发展的新要求。

一是增强有效供给，提升服务质量。钢铁流通和物流企业要通过服务深化提升钢铁物流转型速度。2015 年，国务院印发《中国制造 2025》的通知，其中，明确提出发展服务型制造和生产性服务业的战略任务。钢铁流通和物流是支撑产业转型的生产服务业。要大力发展钢材加工与个性化服务，打造专业化程度较高的钢材加工中心，服务高端制造型企业。要大力发展钢铁物流与集成服务。建设钢铁物流园区，开展钢材仓储、加工配送、钢材交易、电子商务等集成化服务，满足一体化、集约化的综合服务需求。要大力发展供应链金融服务。有实力的大型钢铁流通企业，可以利用自身雄厚的资金、知名的品牌等综合优势，掌控钢铁全产业链条，实现效益最大化。

二是创新流通模式，推进“互联网 +”。当前，阳光采购行动正在被整个钢铁行业接受和提倡。2015 年，国务院印发了《关于积极推进“互联网＋”行动的指导意见》，提出推动互联网由消费领域向生产领域拓展，拓展互联网与经济社会各领域融合的广度和深度。这为钢铁流通和物流行业创新发展指出了一条新路。近两年来，我国钢铁电商数量在全国大宗商品电商企业中占比将近 30%，钢铁电商平台线上钢材交易量占总交易量的 10% 左右，钢铁电商已经成为国内发展最快的电商领域。随着“互联网 +”行动计划的推进，传统钢贸模式与电子商务融合发展已成大势所趋。钢铁电子商务迅速发展是商业模式的创新和转型，也会带来钢铁产业采购模式、营销模式、管理模式、盈利模式的深刻变化，需要行业采取措施、积极应对。

三是重塑供应链关系，实现合作共赢。长期以来，我国钢铁行业的生产和流通环节存在明显脱节。钢铁生产企业负责生产环节，钢贸企业采购钢材库存，开展流通业务，成为钢铁产业重要的“蓄水池”。生产和流通分割导致供应链难以有效融合，随着钢铁行业需求下行、价格下滑，生产企业直供比例加大，钢贸企业大批退出，导致供应链关系紧张。当前，随着产业转型升级，企业间的竞争已经上升到供应链与供应链之间的竞争，因此要重塑钢铁供应链关系，打破钢铁生产和流通环节的隔阂，实现资源共享、强强合作，建立互补合作的新型厂商关系，形成联动融合的新型钢铁生态圈，推动产业转型升级。（讲话在 2016 年 5 月发表于第九届中国钢铁物流合作论坛）

**中国物流与采购联合会钢铁物流专业委员会主任虞钢：《加快推进钢铁物流服务化转型》**

从“寒冬”到“严冬”，我国钢铁物流业遭遇了前所未有的困境：行业发展严重受阻、交易经营困难、信贷体系紊乱、公司债务纠缠、司法诉讼大增、节能环保和淘汰落后产能压力不断加大、几乎一半的钢贸企业被淘汰出局。

此次行业危机和困境，影响之广、时间之长，给行业企业带来了刻骨铭心的惨痛，在钢铁物流行业发展史上留下了深深的一道痕迹。面对现实和挑战，更多的钢铁贸易、流通、加工企业开始积极寻求逆势突围之道。其实，钢铁物流行业出现的困难，是我国进入经济增速减退周期后的必然结果。虞钢认为，钢铁行业危机给我们带来阵痛的同时，也蕴含着重大机遇。要改变这一局面，固然需要企业自救，但更重要的是加快改变传统的发展方式，努力实现钢铁物流业服务化转型升级。

**服务化转型大势所趋**

在当前激烈的市场竞争中，仅做某一点或某一方面无法驾驭市场，必须打通钢铁贸易流通的产业链。一年来，通过两大行业协会平台，我们以“规范行业、发展产业”为宗旨，加快对钢铁物流业服务化转型升级进行了一次探索，为广大会员企业带来借鉴经验。

比如钢铁贸易流通企业，要由过去依赖“卖产品”赚取差价，转变为围绕贸易主业提供增值服务，靠“卖服务”获取利润，拓展企业生存发展的空间，实现贸易商向服务商的根本转变。

随着钢铁流通现代化的发展，钢铁物流的核心功能和赢利模式是流通增值服务，比如剪切加工、物流配送、物流金融等，因此需要实施提升供应链竞争战略，使常态流通服务为基础，机会贸易为利润。

必要的时候，企业要通过集成服务功能，为客户提供点对点、门对门、零库存、一站式服务；通过主动为客户创造价值，拓展服务深度；要建立集钢材贸易、仓储运输、加工配送、质量监管、电子商务等为一体的加工配送服务体系，为终端用户提供全方位的服务，形成企业的市场竞争优势。

**钢铁物流难题亟待解决**

我国钢铁物流发展不顺利，其实原因是多方面的，其中最主要原因还是物流外包水平偏低，我国钢铁物流外包比例多年来一直维持在 15% 以内，大大低于国际平均水平。由于钢铁物流需求企业往往是大型钢铁企业，相对来看第三方物流企业发展较为缓慢，对这些大型钢企缺乏整体物流解决方案，导致钢铁物流企业更倾向于自营物流。

当然钢企愿意自营物流的原因各异：有些国有企业以前就有自己的仓库、车队甚至船队，一旦物流外包，将带来原有物流环节的人员安置问题；有的企业则对库存、销量、配送的物流信息过分谨慎，对信息共享过分担心，从而导致对物流外包的排斥；还有的企业，出于税收因素考虑，也不愿意把物流业务外包；更有不少企业，尤其是国有大型制造企业，为了利润增长，更愿意对公司内部分散的物流业务进行内部整合，进行统一规划和调度运作。

此外，我国钢材资源相对集中，但是市场需求是相对分散的。为此，也造成了钢铁物流行业长期面临“两低一高”的状况，即 “两低”是管理水平和物流效率较低，“一高”是运营成本高。

**提升钢铁物流融合服务**

应该说，让变革视为常态、让创新超出想象。面对日益严峻的行业形势，传统的钢铁、流通企业经营模式显然已不能满足现实的需要，对于一般的企业而言，我们要加强钢铁物流行业对于全产业链资源的融合能力建设。

物流是连接生产与消费的直接枢纽，是位于产业链最中间一环，也是最有效率的一环。可以这么说，物流企业的核心竞争力就是资源的融合能力。而钢铁作为大宗商品，除了要走高端产品差异化发展道路，还应该紧密联动物流行业。

这几年，不景气的钢铁行业现状给我们创造了进入市场门槛相对较低、成本较低、竞争较小的历史性机遇。我们可以合理布局钢铁电商落地平台——物流网络与节点，建设现代物流园区，融合钢材产业链资源，努力打造企业向钢铁物流供应链高端融合服务商方向发展。

**开启物流互联服务引擎**

新技术的出现必然带来新的商业模式。随着互联网技术在日常生活中的广泛应用和普及，无论是 PC 端的技术还是移动端的技术，都将对传统钢铁物流行业产生颠覆性的影响。而对于钢铁物流业而言，通过借助 IT 产业，将传统钢铁物流架构于电子商务之上，以网上交易为依托，贯通钢铁物流纵深产业链，逐步推动企业向高科技电子商务及综合物流服务商发展。

去年陆续有企业推出钢贸互联、互联网物流交易平台等，这一切都是互联网模式融入到传统钢铁物流行业的商业模式。有了这些，我们可以通过手机互联网终端打造车队管理平台，也可以通过手机实现钢材仓库的数字化、可视化、便捷化管理，可以通过手机互联网终端直接与客户做成生意，大大提高经营效率。

可以说，钢铁非常适合电子商务，因为相对于其他传统商品，钢材具有标准化、非时尚特性、规格繁杂、价格波动频繁等特点。在大部分钢铁交易中，传递的都是表单信息，而大规模信息的数据化处理正是电商的强项。未来钢铁行业要实现企业间资源的优化配置，可以通过电子商务平台来实现，这也会迫使行业缩短供应链条，提升整体竞争力。

**力推优质商品认证服务**

事实上，钢铁物流和互联网技术的结合，最深远影响是使消费场景和生产场景的结合更加紧密。之前，他们之间信息缺乏共享和沟通机制，流通又缺乏溯源机制，责权难以厘清，导致全流程缺乏有效衔接，钢材质量难于保证。现在通过物联网对钢材物流信息中有关产品规格、款式等商品信息的抓取和分析，形成电子备案式的全方位流通监控体系。

譬如，近年来，由中物联合钢铁物流专业委员会与西本新干线联合认证的“西本优质钢材认证推荐名录”（俗称“放心钢”），它的操作主要是通过采取“优质商品认证品牌”制度，使得市场变“被动对来样负责”为“主动参与品质监控”，为钢铁产品质量监控和“反追溯”创造有利条件。

此外，我们可以通过钢铁商品现货电子交易平台，对生产和消费进行有效统筹，让行业最终实现不以牺牲环境为代价谋求企业发展、不以牺牲环境的长远利益来换取企业的短期效益，支持高效利用能源、支持环保绿色的生产方式，从根本上引导钢铁物流行业健康、有序发展。

**现代物流报记者王京：《国内首部钢铁物流行业标准呼之欲出》**

“钢铁物流关键技术标准在历经两年多研究、调研、起草工作后，目前已经全面进入标准论证阶段。考虑行业现状需求及各项工作进展，有望提前向全国钢铁行业推广。”中国物流与采购联合会钢铁物流专委会秘书长王建中如是说。

据了解，“钢铁物流领域关键技术标准”研究项目（201010242-03）属于全国物流标准化技术委员会发起的“重点物流领域关键技术标准研究”项目子项目之一。在2010年5月得到财政部立项，规划在梳理国内外钢铁物流相关理论和标准的基础上，通过分析我国现有、应有和预计发展的钢铁物流标准项目，构建一个层次分明、覆盖内容全面且科学合理的现代钢铁物流关键技术标准体系和重点标准项目规划。

资料显示，目前由工信部等部门制定的行业标准多达1万多个。尽管我国钢铁物流量已位居国民经济各行业物流量之首，但至今仍没有一个属于自己的标准。

**行业标准亟待出台**

近年来，钢铁物流业在国内迎来突飞猛进式发展，但其标准化表现出的严重滞后现状却成了制约我国钢铁物流业发展的瓶颈。目前各主要钢厂虽然主要品种的标识接近，但是仍未达成行业统一标准，渐而造成产品接收和验货往往要依靠惯例和经验来操作。

此外，“由于钢材产品的标准化程度不高，同样的钢材品种，由于产自不同的厂家，其价格在市场上往往存在着巨大的差异。”盛志诚告诉现代物流报记者，要想从根本上解决这一问题，就必须加快“钢铁物流标准化”体系的建设，从根本上淡化这种贸易壁垒，强调商品本身的品质和标准化流通，为企业的竞争创造一个公平的环境。

事实上，除了钢铁产品的标准化程度不高，钢铁资源配置物流体系不完善、钢铁供需物流脱节、钢铁物流质检效率低下、钢铁产业布局与外部运输环境的矛盾突出、钢铁物流标准缺失、信息共享较差等问题广泛存在于钢铁物流行业。

加快推出钢铁物流标准，规范钢铁物流和相关行业经营活动，此时此刻显得刻不容缓。中国物流与采购联合会会长何黎明此前表示：“目前我国的钢铁行业在流通和物流环节中的运输、仓储、管理和信息化等方面都没有规范，流通企业相比于钢厂来说集中度更低，并且小而散乱，急需制定相关标准加以规范。”

这一观点也得到了有着多年从业经验的钢铁物流企业代表的认同。上海东之鸣物流有限公司副总经理曾鹏表示，只有标准化才能实现钢铁物流各环节的有效整合，最终达到维护行业秩序、合理配置钢材资源的目的。

物流标准化工作是现代物流发展的基础，它直接影响着物流行业的规范化和高效化发展进程。在王建中看来，钢铁物流标准体系的建立，旨在有效改善钢铁消费与生产信息不对称的局面，实现钢铁物流全过程供应链集成效应。这将对提升我国钢铁物流运作效率、社会效益发挥重要作用，对钢铁物流产业的健康、有序发展发挥重要战略意义。

**标准力求全面可行**

每一项标准的制定背后都是巨大付出。“钢铁物流关键技术标准制定涉及内容广泛，更是历经多次调研和论证。”该标准不仅包括钢铁物流作业规范、物流验货标准、包装标识的质量要求等，还包括钢铁现货电子交易平台建设标准、钢铁产品与互联网信息交互技术等新兴技术多个方面内容。

据了解，自2010年10月“钢铁物流关键技术标准化研究”计划下达以来，标准起草小组已经先后在江西新余、辽宁营口和上海分别举办过专家研讨会。在此基础上，标准起草小组还召开了十多次的内部研讨和两次起草小组会议。

此外，在对相关包装和标识方面的标准进行认真研究之后，起草小组还深入相关物流企业进行实地调研。目前，调研组我们已经对鞍钢集团公司、中国远洋物流有限公司、营口港务集团第六分公司、上海国际港务（集团）股份有限公司、新余钢铁公司和上海标准化研究院等相关企业进行了实地调研。

据了解，此标准起草成员单位包括国家建筑钢材质量监督检验中心、冶金工业规划研究院、国家建筑工程材料监督检验中心、鞍钢股份有限公司、中国铁路物资总公司及西本新干线股份有限公司等权威机构和知名企业。这一标准只是钢铁物流标准化建设进程中的一部分，整个钢铁物流标准化体系共涵盖了22个标准项目。预计未来5年内，还将分两个阶段完成钢铁物流标准17个标准项目。

**钢铁物流标准项目制定路线图首次公布**

5月11日，在钢铁物流关键技术标准论证上，《现代物流报》记者从中物联钢铁物流专委会获悉，我国首部钢铁物流标准项目的制定工作已经有了初步的路线图。中物联钢铁物流专委会及各参与单位将分别在近两年及未来三五年乃至八年内，通过一系列标准化项目的制定实施，来逐步实现钢铁物流作业的规范化、标准化，并最终形成钢铁物流标准化体系。

1、时间节点：2010年至2012年

制定项目：4大规范1个平台

《钢铁物流作业规范》、《钢铁物流验货操作规范》、《钢铁物流包装标识规范》、《钢铁物流互联网公共商务信息平台建设》、《钢铁物流互联网信息交互技术规范》。

最终效果：钢铁物流作业规范化。

制定统一的物流作业、验货、包装标识、互联网信息交互技术等四大规范，消除流通环节出现人为改变产品质量的可能，减少作业误差，同时，解决国内钢铁信息平台交互关系复杂、交互方式不一致，造成的信息化成本高、周期长、质量差的情况，建公共信息平台，形成钢铁物流各环节信息的追溯体系。

2、时间节点：2013年¯2015年

制定项目：6大规范

《钢铁物流运输操作规范》、《钢铁物流仓储操作规范》、《钢铁物流加工配送操作规范》、《钢铁物流货运代理操作规范》、《钢铁物流装卸操作规范》、《钢铁物流（分类）作业规范》

最终效果：钢铁物流作业标准化。

总结各类钢铁产品在物流操作上的特殊之处进行规范，进而形成完善的钢铁物流操作标准，改变钢铁物流操作的不规范将会造成货损货差和给企业带来的经济损失，提升物流运作效率，降低物流成本。

3、时间节点：2015年¯2018年

制定项目：3规范4要求1评估1准则1体系。

《钢铁物流设施规范》、《钢铁物流设备技术要求》、《钢铁物流信息技术应用》、《钢铁物流安全要求》、《钢铁物流统计指标体系》、《钢铁物流管理绩效评估》、《钢铁物流服务质量要求》、《钢铁物流服务组织规范》、《钢铁物流服务人员要求》、《钢铁物流服务环境规范》、《钢铁物流服务合同准则》。

最终效果：形成钢铁物流标准体系。

从钢铁物流设施、安全、服务、统计、环境等方面入手，完善钢铁物流标准体系，最终使得钢铁物流的每个作业环节都有相应的标准进行规范的目的。

**五矿物流助力钢铁电商跨越发展**

伴随着我国现货商品交易市场由数量型扩张转向质量效益型发展，大宗商品电子交易市场如雨后春笋般迅速发展。

2014年，五矿集团酝酿之久的钢铁电商平台——“鑫益联（www.xinyilian.com）”，在业界期盼中如期问世。

鑫益联定位于通过借助数码网络技术提高仓储信息化水平，实现货物安全监管及交易，并通过统一标准和异构整合，实现多区域的资源、信息、渠道交互共享，最终通过有效集成上述业务，构建和谐共生的平台生态圈。

而这一愿景也注定离不开物流，五矿物流（上海）有限公司（简称“五矿物流”）是集团构筑电商战略的重要组成部分。

据了解，五矿物流作为五矿发展股份有限公司的全资控股公司，是五矿发展股份有限公司（简称“五矿发展”）在华东地区打造的综合性的钢铁物流服务商，于 2014 年建成并开始试运营。截至目前，其库存量已达 30000 吨，月加工量 5000 多吨。

事实上，五矿物流的出现不仅仅是五矿发展布局电商战略的一步，更是助力集团实现跨越发展的必备基石。

据悉，在“新机遇、新战略、新发展”背景下，未来五矿发展将积极实施发展战略，致力成为国内最大金属矿产品专业流通商，提供一站式综合物流服务，通过积极发展通运业和储运业，加强区域物流中心建设，优化仓储布局，不断提高核心竞争力。

**电商与物流融合发展**

据中物联钢铁物流专业委员会与《现代物流报》最新调研数据显示：目前全国钢铁类电子交易平台已增至 178 家，在全国大宗电商平台总数中占比 27.6%，呈现“井喷”态势。初步统计，2016 年 1-10 月全国第三方钢铁电商平台交易量（自营 + 撮合）超 6000 万吨，总交易额破 2000 亿元大关，全国钢材网上销售量占比高达 8.47%。

这意味着越来越多的钢铁企业重视发展电子商务平台，互联网时代，日新月异的电子商务平台代表着行业未来的新兴生产力。而大宗商品电子交易市场的兴起对我国现货贸易流通的发展起到了不可替代的作用，已发展成为我国现代商品市场流通体系的重要组成部分。

“网上交易、就近提货”，有效的缩短交易环节和交易成本。正是这一便捷的交易特点，引来买卖双方的一致追捧。作为一种新兴的面向批发业的现货流通业态，大宗商品电子交易市场可以通过计算机互联网技术，使得大宗商品能够在同一平台上实现集中交易、同货异地交易、资金在线支付以及优化仓储物流等业务需求。

具体而言，未来五矿物流将充分融入五矿发展电商平台——鑫益联建设，并推动项目的数字化运营管理，方便客户的交易形成、货源追踪以及信息共享，同时加强行业决策分析与市场引导，最终实现物流、资金流、商流和信息流的融合，并促进业务效率以及盈利能力的提升。

据介绍，除鑫益联电子平台之外，五矿物流还同上海钢铁交易中心达成初步合作意向，未来会有更多的钢铁电子平台加入。

对此，业内研究专家认为，这些年中国大宗商品交易无论在规范标准、交易模式还是系统建设、交易效率上都取得了长足的发展，而大宗商品电子商务在其发展过程中，与物流等领域的结合也越来越紧密，大宗商品电子商务最直接的优点是能大幅降低产业链的综合成本，提高效益。而现代物流恰恰又是大宗商品电子商务交易能够得以实现的重要载体，大宗商品电子商务与现代物流服务模式的创新与融合已成为当前大宗商品电子商务发展的主流。

**五矿物流为电商护航**

大宗商品电子交易市场作为一种新兴的现货交易模式，是在我国传统现货批发市场的基础上，融合电子商务技术优势发展而来，虽然在我国的发展速度非常快，可同样面临着电商行业长期无法挣脱的物流瓶颈束缚。

其实，早在 2012 年，五矿发展就联合国内部分钢材仓储物流、钢贸等企业成立了“钢铁流通 e 联盟”，根本目的就是为钢铁电商平台保驾护航。

五矿物流和鑫益联的关系可以定义为：通过现代物流与电子商务的有效结合，充分解决市场秩序规范问题，最终形成“物流基地 + 电子平台”一体化配套服务、全流程可视化监管的供应链管理模式。

不仅如此，近年来，随着物流业的现代化发展，正在有效改善着大宗商品电子交易的流通效率。五矿物流定位为黑色金属流通服务平台与基地，服务于黑色金属流通供应链的各个环节，未来还将为鑫益联平台上的钢厂、终端产品制造商和中小贸易商搭建起一个真的全产业链服务“金桥”。

记者在采访现场发现，坐落上海宝山罗泾港配套产业园区的五矿物流，占地 161.8 亩，拥有 26 万吨的静态仓储能力，金属板卷材年周转能力为 148 万吨，冷轧及涂镀板等年加工能力 34 万吨，酸洗板年剪切加工能力 15 万吨，金融物流能力在 48 万吨左右。

据介绍，五矿物流在短短运营半年时间里，已经和宝钢、首钢、鞍钢等十余家大型钢厂建立战略合作关系。这主要基于五矿物流秉持“服务创造价值，诚信拥有未来”的经营理念，从市场实际出发，始终力求为客户提供全面周到的服务。

特别值得关注的是，未来五矿物流将精心打造旗下五大业务板块：仓储服务、加工配套服务、配送业务服务、金融物流、电子商务。

中国物流与采购联合会钢铁物流专委会秘书长王建中告诉《现代物流报》记者说，以现代物流为基础的电子商务已经成为当前国民经济发展的重要战略，我国大宗商品交易市场加快发展现代物流，不仅有利推动信息化和工业化深度融合，还可以加快促进产业结构调整，提升产业核心竞争力，为电子商务的真正“落地”保驾护航。

本部分供稿：王京

## 6.2 危化品物流

### 6.2.1 《2015 年危化品物流行业热点盘点》

2015 年国家各部门相继出台了带动危化品物流信息化发展，以及专门提高危化品物流安全性的各项政策和规章制度，包括《国务院关于积极推进“互联网 +”行动的指导意见》、“关于深入开展危险化学品和易燃易爆物品安全专项整治的紧急通知”、《铁路危险货物运输安全监督管理规定》，以及 2014 年国务院办公厅发布关于印发 《推进长江危险化学品运输安全保障体系建设工作方案的通知》中规定，自 2016 年 1 月 1 日起，长江干线全面禁止单壳化学品船舶和 600 载重吨以上单壳油船进入，危险化学品运输船舶船型标准化率达到 70% 等内容。

**◆铁路危险货物运输安全监督管理规定**

交通运输部 2015 年 3 月发布《铁路危险货物运输安全监督管理规定》，自 2015 年 5 月 1 日起施行。本规定目的是加强铁路危险货物运输安全管理，明确由国家铁路局及地区铁路监督管理局（统称铁路监管部门）负责铁路危险货物运输安全监督管理工作，强化和落实铁路运输企业、专用铁路、铁路专用线等危险货物运输相关单位（以下统称运输单位）的主体责任。

同时，国家鼓励采用有利于提高安全保障水平的先进技术和管理方法，鼓励规模化、集约化、专业化和发展专用车辆、专用集装箱运输危险货物。支持开展铁路危险货物运输安全技术以及对安全、环保有重大影响的项目研究。

**◆加快信息化促进物流业发展的政策**

2015 年 7 月，《国务院关于积极推进“互联网 +”行动的指导意见》出台，意见鼓励通过互联网 + 建立高效物流体系，加快建设跨行业、跨区域的物流信息服务平台，提高物流供需信息对接和使用效率。鼓励大数据、云计算在物流领域的应用，建设智能仓储体系，优化物流运作流程，提升物流仓储的自动化、智能化水平和运转效率，降低物流成本。

**◆加强危化品管理的规定**

2015 年 8 月，8 • 12 天津港特大安全事件后，国务院安全生产委员会发布“关于深入开展危险化学品和易燃易爆物品安全专项整治的紧急通知”。通知强调，立即组织对所有危险化学品和易燃易爆物品生产、经营、仓储、运输企业进行一次全面排查。

整治重点场所中，危险品物流渠道以及物流中转场所是整治重点。通知要求各地按照“全覆盖、零容忍、严执法、重实效”的总体要求，组织对辖区内所有危险化学品和易燃易爆物品生产、经营、仓储、运输企业进行一次全面彻底排查，重点排查居民集中居住区、人员密集场所以及危险货物站场、港区、机场、车站、危险品运输物流中转场所、油气罐区等。

在应急措施中，针对危化品物流领域，提出”加快整合危险化学品物流企业 GPS 监控平台、高速公路交通运行监控系统、公安交警交通安全管理系统等信息系统资源，统一和规范地方政府危险化学品事故接处警平台“等要求。

◆刑法修正案正式将违规运输危险化学品入刑

2015 年 9 月 1 日，全国人民代表大会常务委员会第十六次会议通过《刑法修正案（九）》，对刑法第一百三十三条之一的危险驾驶罪作出修改完善：从 11 月 1 日开始，违反化学品安全管理规定运输危险化学品，危及公共安全的，处 1 个月以上 6 个月以下拘役，并处罚金。机动车所有人、管理人对上述行为负有直接责任的，依照前款的规定处罚，也可被追究刑责。

从条款可以看出，如果有严重的违法行为，不仅仅是驾驶员，负有直接责任的车主和管理者将同样被追究刑事责任。

◆ 2016 年长江干线全面禁止单壳化学品船舶进入

2014 年，国务院办公厅发布关于印发 《推进长江危险化学品运输安全保障体系建设工作方案的通知》，部署建设长江危化品运输体系，要求长江沿江化工园区布局优化，合理控制上游地区沿江石化、化工产业发展，并且长江沿线取水口水源保护区防控措施要完备。

根据安排，自 2016 年 1 月 1 日起，长江干线全面禁止单壳化学品船舶和 600 载重吨以上单壳油船进入，危险化学品运输船舶船型标准化率达到 70%。同时，强化对危险化学品运输船舶的监督检查，保障运输安全。

◆ 在上海从事危化品运输的车辆必须接入监管平台

上海明确规定，凡在上海市从事危险化学品运输（包括起讫地一方在沪）的车辆，必须能够正常接入交通运输部全国重点营运车辆联网联控平台，并向上海市运输管理机构申请接受查验，经查验符合条件被录入《上海市重点营运车辆联网联控平台接入车辆目录》的，方可在上海从事危险化学品运输。

本项规定从 2015 年 9 月 10 日起开始实施。

未按照规定，被查获的违法车辆，交通执法部门将会同公安部门，拒绝其入境上海市，并要求其原路返回。

◆ 国家安全生产应急救援指挥中心危化品应急救援模式设计方案

在 10 月 20 日主办的第一届全国危险化学品救援技术竞赛上，国家安全生产应急救援指挥中心副主任王海军透露，国家安全生产应急救援指挥中心正在考虑继续从四个方面做顶层设计。

一是合理布局救援力量。结合国家经济社会发展战略部署，科学合理布设危险化学品应急救援力量，在油气长输管线集中汇聚点、长江流域和沿海地区危化品产业聚集区等危险化学品生产、使用、储存、运输企业集中地区，建设危险化学品专业救援队伍和实训基地，配备大型、先进适用应急救援装备，开展区域危险化学品应急救援服务。

二是进一步完善区域应急联动机制。危险化学品的产业布局、石油天然气管道交汇布局，以及以此形成的产业聚集区都有区域集中的特点，针对这个特点着力完善区域安全生产联动机制建设。探索京津冀地区、一带一路周边地的安全生产联动机制，主要是区域信息通报、决策会商、指挥调度和联合处置机制，提升区域协同应对生产安全事故的能力。

三是加强危险化学品应急处置相关机理与理论研究。开展各类危险化学品事故应急处置的技战术和物资储备理论研究，有利于指导事前各项准备。我国是能源消耗大国，在很多地方都有储存成品油、原油、天然气等储存设施，要研究大型储罐火灾、长输管道泄漏等事故发展机理，同时组织开展对先进装备进行科研攻关。

四是提升救援装备科技保障水平。国家正积极协调各级财政加大应急救援事业的投入，为救援队伍配备专用消防车、消防炮、侦检防护设备、通信指挥设备等先进救援装备，以此提升他们的战斗力。

他认为，当前最急迫的问题就是切实提高这些企业第一时间应对和处置事故的能力：

一是要加强岗位技能培训。保证员工在遇到事故以后第一时间的处置到位。

二是要强化救援力量建设。按照新《安全生产法》规定，100 人以上的危化企业要建立应急救援队伍，100 人以下的企业也要建立兼职救援队伍或与周边专职救援队伍签订服务协议。

三是要加强队伍训练。通过举办救援技术竞赛、观摩学习、实训演练等方式，提高企业的应急救援能力和水平，加强队伍间的交流。

四是要完善应急预案、演练和培训。预案的制定要有一个基础，就是风险评估。有些企业还没有了解企业的危险是什么就制定了预案，缺乏针对性和可操作性。更重要的是，有了预案以后不能束之高阁，要定期组织一线员工开展事故应急处置演练，开展应急知识普及和应急技能培训。

五是要完善应急物资储备。

## 6.2.2 《2016 年我国危化品物流智能化建设推进情况分析》

2015 年，国务院出台了《关于积极推进“互联网 +”行动的指导意见》，《指导意见》围绕转型升级任务迫切、融合创新特点明显、人民群众最关心的领域，提出了 11 个具体行动，其中，第一个具体行动既是“互联网 +”高效物流，《指导意见》要求构建物流信息共享互通体系，建设智能仓储系统，完善智能物流配送调配体系；第二个具体行动是“互联网 +”便捷交通，提升交通基础设施、运输工具、运行信息的互联网化水平，创新便捷化交通运输服务。

《指导意见》的出台，在物流服务理念上，力图改变传统被动服务的物流理念，通过“互联网 +”的形式，变被动服务为主动服务，以满足客户需求为导向，通过数据统计、分析，筛取客户和商家需求，为合作物流企业量身定制适合企业发展的战略方案，为物流行业注入新鲜的理念和思维模式。

传统物流主要采用传统运作方式，运输工具和承载设备标准化和规范不统一，管理装备和管理手段都较为原始。随着无线射频技术、全球定位系统、地理信息系统、电子数据交换、物联网、云计算等信息技术的不断发展，通过“互联网 + 物流”，可以实现信息管理，大幅提升物流管理能力、促进物流管理效率。

此外，2014 年国务院还下发了《物流业发展中长期规划（2014—2020 年）》，明确强调进一步加强物流信息化建设：加强北斗导航、物联网、云计算、大数据、移动互联等先进信息技术在物流领域的应用。加快企业物流信息系统建设，发挥核心物流企业整合能力，打通物流信息链，实现物流信息全程可追踪。加快物流公共信息平台建设，积极推进全社会物流信息资源的开发利用，支持运输配载、跟踪追溯、库存监控等有实际需求、具备可持续发展前景的物流信息平台发展，鼓励各类平台创新运营服务模式。进一步推进交通运输物流公共信息平台发展，整合铁路、公路、水路、民航、邮政、海关、检验检疫等信息资源，促进物流信息与公共服务信息有效对接，鼓励区域间和行业内的物流平台信息共享，实现互联互通。

在国家政策的推动下，近年来我国危化品物流信息化及智能化水平不断提高。

**一、信息化产品应用现状**

（一）仓储企业信息化及智能设备普及情况

在被调查的仓储企业中，视频监控设备的普及率已经在仓储企业中达到 100%；仓储管理系统的普及率在 67%，比上一年提高约 5%；此外，供应链协同管理系统（SCC）普及率也有明显上升，提升至 59%。

（二）运输企业信息化设备普及情况

目前，我国大部分地区都开始强制性要求危险化学品运输车辆必须安装 GPS 实时定位系统，以最大化的降低车辆事故的发生以及能即使在事故发生后进行救援。

在国家相关管理政策严格规定和企业自身管理需要的背景下，在我国从事危化品运输的车辆基本上（大中型企业 100%）都安装了卫星定位车载终端。

但是除了 GPS 安装较为普及外，其他传感监控装置，在被调查的运输企业中，普及率较低。

此外，目前各个省份、部门之间的监控平台尚未有效打通，难以实现对境内危化品车辆的全面、实时、无缝监控。

（三）危化品物流行业信息化及智能化面临的问题

首先，危化品物流信息化及智能化建设领域，目前遇到的最大问题是各类智能化平台未能有效连接、信息共享的问题，既是所谓的“四跨”问题难以解决，即跨政府主管部门、跨区域、跨运输方式、跨企业的信息共享问题。

具体表现在：（1）危化品物流的各项业务分属公安、商务、交通、环境、消防、卫生、海关等多个政府部门管理，跨政府主管部门的信息统计口径和标准不一致，没有形成完整的信息监管大数据库；（2）危化品物流多是跨区域运输，不同区域间的危化品通行政策不统一。比如，江苏省要求危化品道路运输车辆凌晨 2 时至 5 时高速公路限行，而在吉林省要求危化品道路运输车辆晚 18 时至次日早 6 时禁止上路；（3）危化品进出口贸易涉及到多式联运，但是不同运输方式之间的信息共享不容乐观。铁路和公路，港口和公路间缺乏危化品信息的实时共享，存在同一集装箱危化品在不同运输方式间转换时信息被篡改的现象；（4）政府主管部门对于企业危化品实时信息掌握不够，数据没有进行云存储，例如，天津港“8·12”特别重大火灾爆炸事故抢险救援过程中对于企业台账里的危险品种类、数量和仓库布局都缺乏信息支撑，对抢险救援工作造成很大的障碍。

“四跨”问题的存在，背后主要是体制原因和标准化未能统一。目前我国缺乏统一的行业信息化标准，行业应用整体水平有待进一步提高，不同运输方式、不同运输主体的信息系统存在一定程度的“各自为政”，相互之间的信息沟通交流不畅，表现在不同运输方式（如水路、道路、铁路和空路）信息无法有效对接，甚至不同省市之间信息也无法有效互通（如 GPS 信息互通的地域限制）等。

例如，我国的基础危化品监控系统是全国重点营运车辆联网联控系统，联网联控系统要求决定行业基本信息化水平，较低的行业信息化水平又反过来制约联网联控系统，恶性循环制约了行业信息化发展。该系统主要起监督作用，通过收集车辆动态位置信息、车辆运政信息、以及车辆货物运输信息对危化品运输车辆进行监控，本身不含辅助决策、预测预警等高级作用。作为我国危化品运输行业基本监控系统，提高数据要求会提高整个行业的信息化成本，而行业整体信息化水平落后又成为了目前我国联网联控系统数据质量不高的根本原因，因此其数据质量与国外的国家危化品监控系统相比还有一定差距。以加拿大为例，该国以集装箱为支点管控危化品，沿路设置道路检查点，每隔一定距离就对危化品运输车辆的位置、危化品状态及车辆状态进行全面检测，再结合危化品车辆运输系统，可以得到车辆的 CAN 总线数据以及危化品状态数据等。加拿大相比我国的联网联控系统，数据类型更丰富、质量更高。

此外，从 2016 年我们走访调研情况看，影响企业信息化及智能化建设的主要原因除缺少专业人才外，还包括企业缺少投入资金，虽然企业认识到信息化及智能化建设的重要性——我们调研中有 32% 的危化品物流企业反映缺少资金，这比 2015 年升上了一倍。

总体而言，对于我国危险化学品物流事故在整个危化品事故中占比过高的实际情况，危化品物流信息化作为行业发展的必然趋势，在我国仍然步履蹒跚，当前发展水平难以面对大数据时代的时代挑战，也无法适应人民群众日益增长的安全需求。因此，目前亟需认清危化品物流信息化发展所存在的问题，找出危化品物流信息化发展面临的瓶颈，提出解决的方法。

## 二、技术前沿

危化品物流涉及的物流高新技术应用众多，目前在国家“互联网+”政策推动下，物联网技术、大数据技术和云计算技术是应用热点。

### （一）物联网技术在危化品运输环节的应用

运输物联网是物联网在交通运输行业的具体表现形式。物联网可以理解成任何时间任何地点条件下任何物与物自发进行联结的互联网络，而运输物联网，一般表述为智能运输，常表现为车辆的智能识别、智能监控和位置跟踪。运输物联网对于危险品运输过程监管有着极为重要的意义，从运输车辆和运输人员的资格审查到天气路况的考察，从危险品出库装车、中途转运、到终点卸货入库整个运输流程，从车辆的出车登记、路径规划、应急处理到货物防盗等方方面面，运输物联网都能有效辅助多方部门对危险品运输的全方位联合监管。

在危险品运输方面，联合国于20世纪中期就成立了危险品运输专家委员会，编纂的《关于危险货物运输建议书·规章范本》一直沿用到现在；运输物联网方面，中国、美国、德国、法国、日本、新加坡等国家都将物联网相关研究提升到国家重大发展战略高度，相继制定了交通物联网发展规划并投入实施，如美国的车路协同系统（vehicle infrastructure integration，VII）和IntelliDrive计划、欧洲的eSafety计划、日本的SmartWay和i-Japan计划等。

在新一代的运输物联网中，运输车辆将作为运输物联网中一个个独立的数据节点存在，车辆之间通过基于云计算的网络相连并相互传递数据。以欧盟eSafety计划为例，eSafety计划利用信息通信技术为道路交通安全提供全面保障，相关子研究项目包括车载智能终端、安全驾驶辅助系统、紧急救援系统、事故分析机制、人为因素研究等。参加试验的智能车已于2010年进行了道路测试，有望在几年内投入使用，届时将有效缓解交通拥堵并降低事故发生率。

美国的VII计划在经过长时间酝酿后，逐渐演变成了现今的V2X（vehicle to X，车辆与周边环境），即车辆与周边车辆、行人和基础设施的交互和通信。如今V2X产品在欧美发展已经成熟，并逐步进行实际测试和投入使用。鉴于危险品运输的主要威胁是交通事故，车路协同系统的实现将有效降低交通事故的发生率，从而间接提升危险品运输的安全水平。

我国的运输物联网研究与国外相比起步较晚，如今的安全管理重点尚处在事后处理阶段，但相关部门及业界有识之士，已经意识到了运输物联网对于危险品运输的重要意义，并进行了一系列的探索和实践，例如，形成统一前端信息采集能实现真正的物物相连，移动危险源监测技术可实现远程监测平台的跨区域自动切换，便于多地区的协同监测。

过去的几年，我国运输物联网在危险品运输监控的应用方面也是实现了飞跃式的发展，例如，我国交通通信信息中心启动的《全国重点营运车辆联网联控系统研发项目》，该系统主要负责车辆联网率、疲劳驾驶率、超速车辆率等实时监控数据的动态上传、监控、保存和管理，能有效实现部、省、市、企业的四级联动，便于企业和各级地方政府对车辆的监管和事故的预防。

目前，继上海、江苏等华东地区物流大省率先实现危险品运输的联网和跨区域监控后，我国正在对30个省级监控平台资源进行整合，但主要问题是新旧系统的更替和监管系统的安装与维护成本都影响到了新政策的快速实施。

### （二）大数据在危化品物流领域的应用

所谓大数据，是指涉及的数据量规模巨大，无法通过传统数据库软件实现获取、存储、管理和分析的数据集合，具有海量的数据规模、快速的数据流转、多样的数据类型和价值密度低等特征。大数据的目的，是要把这些分布在各区域、各行业、各节点的非结构化或半结构化且含有意义的数据，依托云计算的分布式数据库和云存储进行专业化处理，实现深度数据挖掘。

面对海量数据，物流企业在不断加大大数据方面投入的同时，也在把大数据看作是一项战略资源，力争更加充分发挥大数据给物流企业带来的发展优势，在战略规划、商业模式和人力资本等方面作出全方位的部署。大数据的挖掘分析，在危化品物流企业日常管理运营中主要价值体现如下：

1、提供依据，帮助危化品物流企业做出正确的决策。

传统的根据市场调研和个人经验来进行决策已经不能适应这个数据化的时代，只有真实的、海量的数据才能真正反映市场的需求变化。通过对市场数据的收集、分析处理，危化品物流企业可以了解到具体的业务运作情况，能够清楚地判断出哪些业务带来的利润率高、增长速度较快等，把主要精力放在真正能够给企业带来高额利润的业务上，避免无端的浪费。同时，通过对数据的实时掌控，企业还可以随时对业务进行调整，确保每个业务都可以带来赢利，从而实现高效的运营。

2、培养客户粘性，避免客户流失。

危化品物流企业，特别是大型企业，在数据中心的支撑下，通过对数据挖掘和分析，合理地运用这些分析成果，进一步巩固和客户之间的关系，增加客户的信赖，培养客户的粘性，避免客户流失。

3、物流中心的选址，优化配送线路。

物流中心选址问题要求物流企业在充分考虑到自身的经营特点、商品特点、交通状况、周围环境等因素的基础上，在确保安全的前提下，使配送成本和匿定成本等之和达到最小。针对这一问题，可以利用大数据中分类树方法来解决。

此外，配送线路的优化是一个典型的非线性规划问题，它一直影响着包括危化品物流企业在内的所有物流企业的配送效率和配送成本。企业运用大数据来分析商品的特性和规格、客户的不同需求（时间和金钱）等问题，从而用最快的速度对这些影响配送计划的因素做出反映（比如选择哪种运输方案、哪种运输线路等），制定最合理的配送线路。而且企业还可以通过配送过程中实时产生的数据，快速地分析出配送路线的交通状况，对事故多发路段的做出提前预警。精确分析配送整个过程的信息，使物流的配送管理智能化，提高了物流企业的信息化水平和可预见性。

4、用大数据，提升危险品物流安全管理水平。

目前，危险品物流中的多头管理是其中最严重的问题之一。交通、公安、质检、安监、工商、环保、卫生、税务、海关等部门分头管理、职能交叉，形成的所谓闭环管理机制，容易存在争利时一哄而上而出现事故时则诿过推卸管理责任的可能，但目前还难以形成一个统一管理的体系，只能依靠技术工具来实现协同管理。

其中，大数据就是提高部门之间协同管理最便利的工具之一。危险品物流管理体系的主要目标是安全，其次才是效率；而危险品物流运营企业关注的主要是效益，安全则是约束的门槛。因此，利用大数据实现物流安全管理的需求在于各级管理部门，特别是很多部门还都有非常庞大的数据在手。例如，储存在交通部门的运输工具安全管理、从业人员资格等数据；储存在公安部门的危化品安全管理、剧毒化学品购买许可证、道路运输通行证、运输车辆的道路管理等数据；储存在质检部门的危化品及其包装物/容器的工业产品生产许可证以及储存在安监部门的危化品安全生产许可证、仓储危化品建设项目的安全条件审查、危化品安全使用许可证等数据。

而通过各个区域、各级政府部门建立的大数据平台，可以高度共享协同以往分散存储的安全管理信息数据，从管理源头上实时杜绝任何不符合危险品安全仓储和运输条件的企业、设施装备、从业人员以至安全管理体系，有效规避多头管理中的客户信息数据冲突，让法律法规和标准在企业管理中落地生根。

利用大数据可以进行深度数据挖掘，从危险品的采购、生产制造、包装、分拣、储存、运输、配送等全供应链环节上实现企业级、区域级和国家级的安全风险识别、控制和规避。利用大数据建立强大的分级危险品物流安全监控中心，实时对所有危险品的生产、仓储和运输，实施严格的全流程信息管理，包括货品及货物盛装物的RFID识别标签、车载移动终端、仓储终端、作业人员识别标签等，并建立基于风险识别的预警和报警系统，这有利于危险品物流安全事故发生的应急处置和救援互助。

大数据依赖于各个分散在区域、部门和企业内部的数据库，也取决于各区域、各部门和各企业的信息化水平。不过，借国家大数据建设的东风，首先可以在已有庞大数据源的各区域、各管理部门构建大数据平台；其次可以利用危险品物流企业利润相对较高的优势，强力推行企业级信息化及智能化。大数据不仅仅是作用于危险品物流的安全管理，还能作为物流企业经营获利的利器，在危险品分级标准逐步科学合理的基础上，可以利用大数据实现的全供应链物流整体优化带来效益与利润，让企业乐于建设自身的数据平台，从而实现大数据在危险品物流管理部门与危险品物流运营企业间的融合共享。

### 6.2.3 《关于危化品物流信息化发展的几点思考》

大数据、物联网等新技术最终都要为“人”服务。对于我国危险化学品物流事故在整个危化品事故中占比过高的实际情况，危化品物流信息化作为行业发展的必然趋势，在我国仍然步履蹒跚，当前发展水平难以面对大数据时代的时代挑战，也无法适应人民群众日益增长的安全需求。因此，目前亟需认清危化品物流信息化发展所存在的问题，找出危化品物流信息化发展面临的瓶颈，提出解决的方法。

**一、我国危化品物流信息化发展面临挑战**

(一) 危化品物流行业尚需规范

道路运输信息化水平与我国危化品物流运输行业发展不相匹配。我国通过道路运输的危化品逐年提高，2015 年已达 3 亿吨以上。国家安监总局统计数据表明，2010 年至 2014 年，我国共发生各类危化品事故 326 起，其中约 77% 是在运输阶段发生的。我国危化品运输企业准入门槛低，2015 年公路危化品运输企业准入门槛仅为 5 台车。且目前危化品运输行业整体运输能力严重不足，截至 2013 年年末全国具有危化品运输资格的运输企业仅有 1 万余家，注册运输车辆总吨位在 500 万吨左右。巨大的市场需求导致了大量小规模运输企业涌入市场。由于危化品运输行业对危化品储运设备成本的较高要求，这类企业难以研发、定制专业的危化品运输信息化管理系统，而目前的全国重点营运车辆联网联控系统（以下简称联网联控系统）又主要起监控监管作用，不能根据企业需要针对性的提供安全管理服务。同时，行业中政出多门的问题导致监管不力，不少缺乏危化品运输资质的物流企业也参与危化品运输，不但压缩了正规企业的经营空间，同时也将部分危化品运输车辆置于联网联控系统的管控之外。

(二) 国内危化品运输监控系统有待发展

国内外危化品监控系统的差距主要体现在物联网技术的应用上。目前国外关于危化品运输监控系统的研究，主要是利用物联网技术将 GPS、无线通信系统、车辆 CAN 总线系统和各类车载危化品状态探测器结合起来，并利用 GIS 地理信息系统整合处理信息，进行路径规划并辅助决策。国内物联网技术应用还不成熟，缺乏统一管理办法和设备标准，成本问题也制约着国内危化品运输监控系统的发展。目前来讲，规模较大的危化品运输企业和省、市地方政府的物联网应用水平与国外相近，如中国石油天然气运输公司的车辆 GPS 监控系统、湖北省北斗 4G 危化品车辆监控终端及管理系统等。中型企业和基层政府部门则倾向于使用成熟技术，利用 GPS、北斗导航系统进行定位、利用 GIS 辅助决策，如重庆市南岸区建立的危化品运输车辆监控系统等。小型企业则倾向于使用汽车行驶记录仪等传统技术，满足于达到联网联控系统要求的最低数据要求。因此，行业中正规企业的最低安全水平实际上是由联网联控系统的数据需求决定的，联网联控系统对行业具有指导性作用。然而，为满足小型企业的成本要求，联网联控系统本身对数据质量的要求并不高。

（三）利用大数据有利于危化品物流数据平台建设

目前我国是世界第二大危化品生产和使用国，与大部分的国家、地区、企业的监控系统相比，联网联控系统具有数据量上的极大优势。由于危化品运输车辆位置信息的保密性，没有自己的数据库就无法进行大数据研究，因此对我国来讲，通过联网联控系统获得的全国危化品运输信息数据库就显得极为重要。

我国目前对联网联控系统的使用程度还不够。从大数据研究角度来看，可以利用数据挖掘方法，结合其他数据库进行宏观规划和辅助决策，更好的规划车辆运输路线并减少事故发生。由于企业、地区级监控系统数据量与联网联控系统有很大差距，在这一点上联网联控系统的作用是无可替代的。因此对我国来讲，使用危化品运输信息数据库进行大数据分析，并以分析结果反哺地方政府和企业，是大数据时代的必然要求。

## 二、我国危化品物流信息化发展的瓶颈

（一）法规“双刃剑”制约行业发展

我国危化品运输管理政策法规仍存在政出多门、法规滞后的现象，一定程度上阻碍了行业整体发展。在 2013 年 12 月 7 日施行的《危险化学品安全管理条例》中，危化品安全监督责任分属数个部门，并由安监部门牵头负责。该法规与《道路危险货物运输管理规定》、《汽车运输危险货物规则》等十多个行业标准和 63 个行业技术标准一起，对危化品运输管理工作提出了严格要求，是危化品运输安全的有力保障。2014 年以来，我国每年 80% 的危化品通过道路运输，且 95% 以上为异地运输。在使用多种交通工具进行长途、跨省市运输危化品的过程中，危化品运输企业不但要去数个不同政府部门办理手续，还要受到各省市地方危化品管理办法的再次制约，政出多门的管理方式给正规危化品物流企业的日常工作造成了很大困难。不仅如此，部分法规、标准陈旧，已不符合现有市场要求；部分地区危化品运输管理法规公开程度不够，不利于正规企业开展工作。在此情况下，不正规、无资质的危化品运输机构则趁机占据了部分市场，为我国危化品物流规范化、信息化管理造成了困难，为人民生命安全造成了威胁。

（二）危化品运输路线审批规则陈旧

危化品运输路线的审批，是国家对危化品物流行业进行风险管控的主要手段之一。目前主要通过设置禁行区域、禁行路段对危化品运输路线进行约束。而现今国外的先进做法则是将路径信息与城市人口密度数据相结合，对路线进行动态规划和审批。随着近年来我国城市规模快速发展、经济中心的扩大和移位、人口流动越加频繁，静态管理方法越来越难以满足人民群众的安全需要。以北京市为例，2014 年末北京常住人口 2151.6 万人，其中三环至六环路间常住人口数为 1228.4 万人。《北京市化学危险物品道路运输管理办法》在 1993 年 10 月 1 日颁布并实施至今，其中明确规定的禁止区域仅为三环路以内。此外，人员稠密地区位置和禁行要求由北京市消防局、市公安交通管理局负责确定，而这些要求在网络上并不公开，不利于群众监督和企业执行。同时，危化品车辆也可以通过在公安机关办理危险化学品运输车辆禁行区域通行证的方法进入禁行区域。在办理该通行证时，主要进行的是车辆资质、危化品信息及驾驶员资质的审查，对于路线则是根据一般道路禁行要求、对机关设施和交通安全是否造成影响进行审查的。由于目前联网联控系统缺乏根据人口流动情况进行动态道路规划的能力，且不由地区公安机关管控，审批后的危化品运输路线难以保证人民群众的生产生活安全。大数据时代，是人民群众用隐私换安全的时代，目前的静态管理方法难以为人民提供充分的保护，与大数据时代下人民群众对政府工作能力不断提高的要求格格不入。

（三）信息化监控系统有待升级

我国的基础危化品监控系统是全国重点营运车辆联网联控系统，联网联控系统要求决定行业基本信息化水平，较低的行业信息化水平又反过来制约联网联控系统，恶性循环制约了行业信息化发展。

该系统主要起监督作用，通过收集车辆动态位置信息、车辆运政信息、以及车辆货物运输信息对危化品运输车辆进行监控，本身不含辅助决策、预测预警等高级作用。作为我国危化品运输行业基本监控系统，提高数据要求会提高整个行业的信息化成本，而行业整体信息化水平落后又成为了目前我国联网联控系统数据质量不高的根本原因，因此其数据质量与国外的国家危化品监控系统相比还有一定差距。以加拿大为例，该国以集装箱为支点管控危化品，沿路设置道路检查点，每隔一定距离就对危化品运输车辆的位置、危化品状态及车辆状态进行全面检测。再结合危化品车辆运输系统，可以得到车辆的CAN总线数据以及危化品状态数据等。相比我国的联网联控系统，数据类型更丰富、质量更高。

**三、相关建议**

（一）统一管理政策，增强政务公开度

一是尽快收集、整理各类、各地危化品运输管理政策，形成国家危化品运输管理法规总集；二是吸收美国、加拿大及欧盟等发达国家和地区危化品管理经验，建立信息化的法规总集查询平台，并定期进行法规总集的更新和公示；三是整合监控力量，建立危化品运输管理联运机制，结束政出多门的现状；四是建立专门的危化品物流信息化标准体系，并将信息化监控系统要求纳入危化品物流管理标准中。

（二）提高行业准入门槛，保护正规企业发展

提高行业准入门槛，有利于行业规范发展。首先需要提高行业准入的安全要求，要根据已有法律法规的安全要求、企业申报的运输车辆数目、安全监督系统的建立及运营成本等，设置相应的行业准入资金标准，通过提高企业运行的基本安全成本提高企业准入的基本规模。其次是提高对违规运营的处罚力度，增大违规成本，保护中小企业市场份额。

（三）利用大数据优势，科学规划危险品运输路线

危险品运输路线选择应当做到科学合理，动静结合，逐步向动态管理迈进。一是动中有静，以确定禁止区域、禁止路段为主要管理方式，在监管过程中不断积累数据，定期对禁止路段和禁止区域进行考察，依托静止的公安社区警务工作确定片区人口密度分布，依靠警务数据库及企业注册信息获得人口流动情况，将数据在地理信息系统中进行累积和定期评价，以此定时更新、公布禁止区域列表；二是静中有动，根据积累的数据，结合联网联控系统危化品运输车辆数据进行大数据分析，并与大型危化品物流企业合作试点，在遵循禁止区域规则的基础上进行动态管理，实现人流规避和路径的动态规划。

（四）提高联网联控系统数据质量，提升行业信息化水平

为提升行业信息化水平、打破互相制约的恶性循环，应逐步提高全国重点营运车辆联网联控系统收集数据的质量要求。一是根据中小企业信息化发展情况，确定数据质量下限，提高行业的基本信息化水平；二是根据行业科研现状，确定数据质量上限，对满足要求的企业提供奖励政策，鼓励行业高端信息化发展；三是对提供数据不能满足数据质量上限、但能满足数据质量下限的企业提供技术支持及专项贷款，跟踪监督款项用途，促使其提高自身信息化水平。

## 6.2.4 上海市危化品物流综合信息

*** 上海新建危化品项目只能进“特区”**

2016年5月，上海市危险化学品安全管理办法修订草案正公示并接受公众意见。记者获悉，这是该办法制定十年来首次予以修订。根据规定，上海市明确将建立危化品集中区域，今后新设的危

化品建设项目原则上只能在此"特区"中进行。

根据草案，上海拟进一步加强上海市危化品的布局控制和集聚区域管控，设专章明确上海市设置危险化学品集中区域，新设危化品建设项目原则上只能在该区域内建设。危化品集中区域管理机构应当委托安全评价机构，每5年进行一次整体性安全风险评价，核定安全容量，实施总量控制，降低区域风险。

不仅如此，上海还将明确通过信息化手段进一步加强危化品安全监管，明确建立危化品监管信息交互平台，汇集危险化学品生产、经营、储存、使用、运输和处置等环节的相关信息，探索危化品平台化交易。各危化品监管部门应当对危险化学品违法信息予以公开，并将有关信息纳入上海市公共信用信息平台；对有多次或者严重违法记录的，增加监督检查频次，并在政府采购、工程招投标、授予荣誉等方面予以限制。

### * 上海强化危化品防控体系：目录管控＋大数据监控＋信用监督

上海市安监局相关负责人2016年11月在"高危物品安全与职业健康风险管控"研讨会上表示，上海强化对高危物品安全的防控力度，落实安全生产主体责任，提升企业的"本质安全度"。上海此前已推出新修订的危化品安全管理办法，实施"目录管控＋大数据监控＋信用监督"的创新举措。

上海市安监局副局长曹俊说，对于企业特别是涉及高危物品行业的企业来说，安全生产永远要放在第一位。上海的做法是，坚持"本质安全"的理念，在硬件上加大安全投入，同时建立安全生产长效机制，"将安全工作做实，将管理工作做严"，对安全生产遇到的难题，要集中财力、人力和精力加以解决，不能留下"事故的种子"。

据了解，上海近期正式发布了新修订的《上海市危险化学品安全管理办法》，明确了全市危险化学品实施"区域化目录管控"，具体规定了对不同区域、种类危险化学品禁止、限制和控制的要求，同时设定了相应的罚则。新建、改建、扩建危险化学品项目，原则上只能在集中区域内进行，确需在集中区域外进行的，区级政府应当召开听证会和专家论证会。

上海在危险化学品领域还在探索应用大数据进行监控，鼓励危化品生产、经营企业通过危化品电子交易平台开展危化品交易，要求相关企业采用电子标签等自动识别手段，实现危化品出入库信息的动态管理，要求运输企业通过卫星定位系统或者船舶自动识别系统，对危化品运输车辆、船舶进行运输全程监控。

同时，上海还在深化危险化学品行业的信用制度建设。上海规定，各危险化学品监管部门应当对危险化学品单位及相关责任人员的违法信息予以公开，纳入上海公共信用信息平台。对有多次或者严重违法记录的，增加监督检查频次，并通报有关部门依法在政府采购、工程招投标、国有土地出让、授予荣誉等方面予以限制。实施工伤保险浮动费率，将危险化学品单位工伤保险费率与企业生产安全事故发生情况及安全生产标准化达标情况挂钩。

中国工程院院士汪旭光、上海天谱安全技术公司负责人高振新等业内专家认为，对于高危物品的安全，应进一步通过综合治理、系统治理和依法治理方式，实现标本兼治和长效治理。

### * 上海市安监局推进危险化学品电子标签试点

根据上海市领导有关启动建设危险化学品电子标签自动识别系统的部署要求，结合该市危险化学品企业实际，2016年以来，上海市安全监管局积极推进危险化学品电子标签试点工作。目前，已基本完成危险化学品单品身份标识二维码和RFID标签规范、有源车载标签规范、仓储增强现实技术(AR)技术规范，形成了针对危险化学品生产、仓储和运输环节的工作框架以及危险化学品电子标签监控运行平台建设和运维方案；明确危险化学品企业生产发货管控和仓储企业管理与政府信息平台的对接原则；会同上海化工区选定3家危险化学品生产企业和3家危险化学品仓储经营企业作为试点单位，并根据实际确定将试点范围扩至危险化学品使用企业。

近期即将启动试点，年内将重点抓好以下工作： 一是制定上海市危险化学品生产的单品标识规范和单品编码体系，建立健全危险化学品信息管理数据基础。

二是组织制定危险化学品企业信息上报标准和信息交互规程，推动形成行业应用标准。

三是建立危险化学品管理涉及的企业信息自动采集终端，实现数据的自动化采集与上传，并完成试点企业的应用。

四是建立基于物联网技术的危险化学品管理监控平台，结合危险化学品车辆GPS运行轨迹监控，构建上海市危险化学品统一监控体系。

市安全监管局将会同上海化工区细化试点方案和措施，推动落实试点经费，密切跟踪试点过程，及时研究解决试点遇到的新情况、新问题，及时总结试点经验并向上海市危险化学品积聚区域复制推广，进一步提升上海市危险化学品本质安全水平。

### * 上海市安全监管局深入开展危险化学品企业执法检查

2016 年一季度，上海市安全监管局深入开展危险化学品企业安全生产执法检查。共组织检查危险化学品企业 2477 家次，查处隐患 2002 条，已完成整改 1832 条，整改率 91.51%。

下一步，市安全监管局将继续深入开展危险化学品企业执法检查。

一是采取“四不两直”、暗查暗访、随机抽查、交叉检查以及联合执法等方式，督促企业严格落实安全隐患整改措施、责任、资金、时限和预案，抓紧完成已发现隐患的整改；对非法违法行为和重大安全隐患坚决采取“四个一律”执法措施；对安全管理制度不健全、安全管理不完善、安全法规不宣贯、安全培训不落实、“三不伤害”理念不扎实、违章违规现象时有发生的企业，加大媒体曝光力度。

二是继续开展隐患排查整治“回头查”行动，严防已排查治理的隐患反弹回潮；对危险化学品领域非法违法行为严重的地区和企业、场所进行重点督查，巩固整治成果。

三是推动本市第三批危险化学品禁限控目录抓紧颁布实施，实施危险化学品品种、物流等总体调控和全面管控，严格落实危险化学品“区域性目录清单”精细化管理；分步建立健全禁限控目录以外危险化学品的使用申报登记制度，推动落实化工行业危险化学品使用企业分类管理措施，对达到使用数量及适用行业规定的颁发安全生产许可证，其他企业落实评价报告备案制度。

四是在危险化学品储存企业的储存品种全面筛选比对基础上，组织相关部门开展安全专项整治工作，提升危险化学品储存企业安全管理水平。

五是在上海化学工业区开展试点，探索利用物联网手段强化“三区联动联控”，研究形成危险化学品信息监控管理平台建设方案，启动建设危险化学品电子标签自动识别系统，为加强危险化学品过程管控和提升应急处置能力提供保障支持。

六是配合有关各方推进本市生态环境综合整治区域内且不在工业园区的危险化学品企业布局调整工作。

### * 上海市 2017 年前 5 月查处危化品运输违法案件 540 余件

新修订的《上海市危险化学品安全管理办法》，自 2017 年 1 月 1 日正式施行已 5 个月。市交通执法总队依法有针对性地加强对道路危险化学品运输环节执法监管力度，截至目前，已查处危运行业各类违法案件 540 余件。

根据《办法》第四十三条规定，危险化学品运输车辆进出本市，应当经指定道口接受检查。市交通执法总队切实加强对全市 14 个危险化学品运输车辆指定通行道口的执法监管力度，对危运车辆、人员相关资质开展查验。截至 5 月 30 日，共计检查危险货物车辆 2450 余辆，已查处危运行业各类违法案件 540 余件（其中，道口查处案件 440 余件，约占全市案件 81%）。

危险化学品运输专用车辆，按规定应当配置车载卫星定位系统，并接入全国和本市重点营运车辆联网联控平台。为进一步强化对危运行业的动态监管，市交通执法总队会同公安、安监等横向管理部门开展专项整治，查处监控平台未接入联网联控系统或未按规定上传道路运输车辆动态信息的违法案件 390 余件，约占案件总数 71%。同时，查处恶意人为屏蔽卫星定位装置信号案件 1 件，企业未按规定通过卫星定位系统对危险化学品运输车辆进行运输全程监控案件 3 件。

除了按照新法新规对危险化学品运输行为加强执法监管外，市交通执法总队还积极会同本市运管部门强化对企业源头管控，联合运管部门开展上户检查。截至 5 月 30 日，共计上户检查危运企业 150 余户次，并对三类高危企业做到上户检查全覆盖。同时，对部分存在安全隐患的企业开展联合约谈，督促企业加强内部管理。对约谈、责令整改、复查后，仍存在严重安全隐患的企业，坚决吊销其经营资格，树立行业规矩和执法威信。

下阶段，市交通执法总队将按照《上海市危险化学品安全管理办法》相关规定，会同公安、安监等部门，加强对危运行业安全执法监管，重点对收、发危险化学品的生产、销售、仓储企业查验承运人资质的行为实施执法监管，从源头上防范无营运资质的车辆或人员从事道路危险化学品运输。

## 6.2.5 《危化品及危化品物流亟须标准科学化》

2016 年 11 月底，国务院办公厅印发了《危险化学品安全综合治理方案》，部署在全国范围内组织开展为期 3 年的危险化学品安全综合治理，提出了 40 条具体任务，对开展危险化学品安全综合治理做出明确要求。这是天津港“8.12”危险品仓储特大火灾爆炸事故后一次大的政策调整，意味着化工园区将面临行业大洗牌，而与其配套的危险化学品物流体系的规划建设也面临前所未有的落地难题。

虽然中国经济进入了新常态，但高端化工市场却处在高速增长期。数据显示，有 48 家化工行业企业进入全国工商联发布的“2016 年中国民营企业 500 强”，同比增长 31.3%，这说明中国化工行业整体处于飞速增长期；同时，“2016 中国化工企业 500 强”企业的主营业务收入总和同比增长 10.4%，占全行业主营业务收入的 54%，标志着中国化工企业开始进入了聚集期。

由于高产值和高税收，过去化工行业成为地方财政收入的支柱，因而受到各地政府的追捧。而今，随着中国经济发展变缓和环境问题凸显，党的十八届三中全会提出，GDP 不再是政绩考核的唯一指标。与此同时，对安全生产事故的追责和领导干部的问责也越来越严厉，许多地方政府官员开始谈“危”色变，部分省市对保障危化品生产和销售的危化品物流也以禁止的方式一避了之。

虽然这些措施能让危化品物流得到短期的安全保障，但长期下去必然会导致中小型企业千方百计躲避监管，加上市场需求巨大、运力紧张，从而使得更多的“小、散、乱、差”危化品物流企业滋生和蔓延，给危化品物流带来更大风险。

显然，谈“危”色变无助于危化品物流系统安全的提升，危化品市场需求的快速增长是不可避免的，对政府来说，因地制宜、因势利导、顶层设计、总体规划、标准建设、科学管理才是提升系统安全的正途。

笔者认为，可以依赖大数据信息平台和问责制的定向区分来提升危险品物流安全系统，另外，标准化和规模化也是提升危险品物流安全系统的两个关键点。

危险化学品生产及其物流过程并非没有标准，而是标准的制定整体上科学性不足，从危险化学品的危险等级标准到危险品运载工具标准、仓储装卸标准乃至体制机制中的管理标准，往往都因为制定过程和对事物认识的科学性不足而导致标准科学性不足。

标准是企业发展的支点，但危化品品种繁杂，特征各异，甚至在不同外部环境变化时呈现特性变化，因而对危化品及危化品物流的科学认识也极为复杂。例如，25 摄氏度环境下部分危化品会呈现液体气化或气体液化等属性变动，而这在现有的危化品运载工具标准中却没有体现。

危化品运输的“一车一罐一品” 规定，由于极大地提高了危化品运输的成本，促使“小、散、乱”企业为躲避此项监管而冒险采用普通运输方式，反而加大了潜在安全风险；但事实上部分类型危化品运输中只要通过专业的清洗蒸罐处理，就完全可以保证一车一罐多品（有限制性）运输的安全，而处理费用仅需几百元，这样一来，不仅大大增加了危化品运输“重去重回”的概率和收益，也通过科学且适用的标准管理提高了系统安全性。

危化品物流中多头管理是危化品物流安全的一大制约因素。目前来看，交通、公安、质检、安监、工商、环保、卫生、税务和海关等部门还难以真正形成协同管理，而在标准化制定过程中，却需要各相关部门的协同，特别是应该有危险品物流企业的参与，才有可能让标准具有科学性。

导致目前在危险品和危险品物流标准化过程中科学性缺失的最大原因就是个别部门闭门造车，脱离实际。一方面，危化品生产及危化品物流企业因为不了解标准的制定过程而缺少参与制定标准的主动性，往往是到了标准实施后才会四处抱怨标准的不合理；另一方面，标准制定的个别管理部门往往在自身控制的资源空间里进行专家配置，缺乏对整体专门知识的把握能力，如某危险品运输标准评审中，仅有客运管理部门、客运企业和普通道路运输专家参与，这如何能保证该标准的科学性？同时，在标准制定的过程中，虽然周期可能历时两年，但由于编制成本的控制，实际往往只有几周，征询意见范围极为狭窄和片面，多数文本属于文件的摘抄，严重影响了标准的科学性。

危化品及危化品物流中，次生灾害往往高于原生灾害，导致运营企业自身也对安全不够重视。这样的情况下，危化品物流安全标准的制定，就特别需要邀请具有相关领域技术能力和专业知识的专业人士参与。以危险品运输货车的防钻撞装置为例，其安全距离、尺寸厚度应该在制造时就有别于普通货车的设计标准，而目前货车制造厂、交通运输管理部门乃至运营厂家，没有一个单位能了解或者认识到这一危害，还谈何标准制定的科学性？

因此，应该由国家安监总局、国家质检总局、国家标准化管理委员会组成关于危险品及危险品物流的专门标准化委员会，会同危化品及危化品物流企业，重新修订和完善危化品标准体系。

临渊羡鱼不如退而结网，危化品及危化品物流标准的科学性才是保障危化品安全综合治理最有效的“围网”。

## 6.2.6 《危化品运输车发展趋势大剖析》

危险品运输车顾名思义涵盖油罐车、化工液体运输车等易燃易爆罐式运输车、腐蚀性物品罐式运输车等。它与国民经济是发展息息相关的，对经济建设的发展起着促进作用。近年来，随着国民经济的快速发展及我国汽车工业的飞速发展，尤其是石油和化工行业在国民经济中所占的比重越来越大，化工生产企业对运输的需求也随之大幅增长，对物流服务的要求也越来越高，我国危化品运输车也得到迅速发展并呈现出繁荣的景象，对满足国内各种需求和促进国民经济的发展做出了重要的贡献。但是，凡事都有两面性，近年来危化品在存储、运输过程中频频发生的安全事故给国家敲响了警钟，安全这个根弦牵动着亿万人的神经，危化品运输也步入到了不得不大整顿的深水区。

**一、危化品运输的范围**

危化品运输是特种运输的一种，是指专门组织或技术人员对非常规物品使用特殊车辆进行的运输。一般只有经过国家相关职能部门严格审核，并且拥有能保证安全运输危险货物的相应设施设备，才能有资格进行危化品运输。危化品运输具有：运送货物化学性质特殊、危险性及危害性大、专业性和技术性强等特点。危化品具有易燃、易爆、有毒、有害和放射性等物质，在运输装卸和储存保管过程中易造成人员伤亡和财产损毁而需要特别保护的物品。危险货物的分类以联合国《关于危险货物运输的建议书规章范本》为依据，根据GB6944—2005《危险货物分类和品名编号》将危险货物按期主要特性和运输要求分成9类：第一类，爆炸品；第2类，压缩、液化或加压溶解的气体；第3类，易燃液体；第4类，易燃固体、易自燃或遇湿易燃物品；第5类，氧化剂和有机过氧化物；第6类，毒害和感染性物品；第7类，放射性物品；第8类，腐蚀品；第9类，杂类危险物质和物品。正是在这种情况下，为确保安全，用于装卸酸、碱、盐等具有腐蚀性、危险性介质的危化品运输专用车便应运而生。

## 二、危化品运输车的分类

危化品运输车属于专用车的一种，由二类汽车底盘、危化品运输车专用罐体、化工泵等部件组成，是运输危化品的专用车，广泛运用于装卸酸、碱、盐等具有腐蚀性、危险性介质。罐体常采用碳钢内衬滚塑或不锈钢罐、铝罐等材质。主要包括罐式危化品运输车，这类产品在整个行业内占绝对比例，另外还包括厢式类危化品运输车，这类产品比例较小，像郑州红宇专用汽车有限责任公司生产爆破器材运输车。在我国危化品运输车细分市场中，主要分为液化气体运输车、加油车、运油车及化工液态运输车和其他类危化品（易燃、易爆、辐射性）运输车。根据中国汽车工业协会专用车分会数据，在国内市场，加油车和化工液态运输车是最大的细分市场，国内的石油公司、化工企业等都选择该类产品，该类产品占整个危化品运输车的50%的市场，而液化气（液化石油汽、环氧乙烷、丙烷、丙烯、液氨）运输车占35%，其他类占15%。

## 三、危化品运输的特点和现状

### (一)特点

危险化学品运输具有易爆、易燃、毒害、腐蚀、放射性等特性。特别是危险化学品运输车辆不确定性强，是流动的重大危险源，更具有易扩散、易污染、危害大、损失大、影响大等特点，极易造成重大人员伤亡、环境污染和经济损失。危化品运输涉及到所有运输行业，包括铁路、公路、民航和管道，运输总量不大，在整个运输量中的比重是三分之一，它跟普通货物不一样，对货物包装及装载方式有特殊要求，运输时需要对货物进行分类分项，并且按类按项进行包装装载运输。运输时必须在包装运输的外表加贴标签标记，这些标签标记表示一定危险性的类别和项别。危化品是属于政府主管部门禁止运输或者限制运输的品种，像奥运会期间或者上海世博会期间，首当其冲的就是一些危化品限制运输，爆炸品、放射性物质和矿石油物品不能经过哪些道路和城区等等。它的另外一个特点就是，危化品运输成本较高，容易发生事故，对操作人员、管理人员的业务技术要求比较高。

### (二)现状

近年来，危险品运输取得较大发展，成绩斐然。从改革开放以来，我国危化品的生产、运输和使用每年都以10%以上的速度迅速增加。危化品物流业企业的数量增多，规模逐步扩大，技术水平快速提升，对外开放力度加大，标准化体系正在逐步健全。但是也存在一些问题，一是没有建立覆盖全国的快捷高效的危险化学品运输事故信息网络。部分运输企业无视国家法律法规，非法营运，违章行驶，硬件投入不够，车辆没有装载GPS卫星监控仪，即使装了，由于GPS监控平台各自独立，没有全国联网，对跨区域运输车辆及驾驶人员难以监管，使运输事故信息、物质特性及救援急需数据等难以互通。危险化学品事故发生后，事发地又往往未及时报告，更缺乏事故宏观分析和预警预测指导，耽误了事故救援的最佳时机。二是人员技术业务素质比较低，没有建立强大的危险化学品运输事故专业救援队伍。目前，一些危险化学品企业的专（兼）职救援队伍仅能满足企业自身一般事故救援要求，而且人员数量少，技术素质低，救援能力弱。危险化学品运输事故救援有时调动这些危险化学品企业的专（兼）职救援力量，但主要还是依靠消防部门力量。三是企业管理水平普遍较低，缺乏功能齐全的危险化学品运输事故救援装备。危险化学品一般具有易燃易爆、有毒有害、腐蚀放射、高温低温等性质，需要专用工具、救援器材及特别防护用品，目前大多数的危险化学品企业专（兼）职救援队伍装备落后、数量较少，远不能满足救援需要。另外，相当一部分企业制度不健全，落实不到位，跟发达国家相比差距比较大。四是危化品运输的法规不健全，有的存在过度管理，职责交叉推委、执法不严、乱收费等等，有的执法是打着管理的旗号实际上是行乱收费之实，企业也是怨声载道。

## 6.2.7 我国危化品仓储现状分析

2016 年各类型仓储形式大致占比：储罐约 55%，立体仓约 25%，平仓约 15%，其他类型仓储约 5%。

**危化品仓储规模及类型分析**

由于危化品仓储基础建设投资大、技术门槛高、审批周期长、安全风险大等原因，危化品仓储能力一直滞后于市场需求的步伐。目前，我国约有各种类型的仓储企业共 5000 家，危化品仓储面积在 1 亿平方米的规模，危化品仓储需求则在 1.3 亿平方米左右，供需缺口大约在 30% 以上，部分区域甚至更高，尤其是对危化品高端仓储的需求缺口更大。危化品仓储发展的速度跟不上我国的石化产业增长迅速，再加上天津港“8.12”事故之后，各级政府对危化品存储管理更加严格，在仓储建设审批、建设周期变长，严控或暂停了仓储的增量，因此，也进一步加大了危化品仓储供需缺口。预计未来，危化品仓库短缺情况，在短期内仍难以缓解。

从我国危化品仓储能力分布看，我国东南沿海、长三角、珠三角、环渤海湾地区占我国危化学仓储业的 70% 以上，中西部地区不足 30%，且大多分布在大中城市和能源产地，地域性集中分布的特点非常明显。

我国危化品仓储业，大型仓库数量占 30%，仓库容积可达上万平方米，多为大型石化企业自己建造小型及以下仓库数量占 70%，但储量仅占 40%。从仓储类型上看，随着我国原油产量和原油加工量不断增长，煤化工、天然气、油页岩化工发展速度加快，其产品多为液体和气体，储罐需求量不断增加。

**危化品仓储管理现状分析**

目前，我国危化品仓储能力与满足需求之间还有较大差距，更为严重的是仓储管理水平落后，安全管理意识较差，导致事故频发。尤其是一些中小仓库，以及普遍存在的黑仓库，带来了严重的安全隐患。包括《危险化学品安全管理条例》在内，我国相关部门出台了众多规章制度，涉及危化学生产、运输、储存、使用等各个环节，但重特大事仍然再三发生，这其中与仓储能力跟不上危化品行业发展速度、设备简陋、人员管理水平和能力不够等诸多因素相关。

整体而言，我国危险化学品仓储业仍然未完全摆脱“小、散、乱、弱”的局面，企业数量多、规模小、布局分散，加之管理混乱、设备老化等。其中，专业人才匮乏更是制约我国危化品仓储管理水平提升的主要因素之一。具体表现在高管人才不足、仓储管理人员专业不对口、业务水平和技能地下。

安监部数据显示，目前我国危险化学品仓储业一线保管人员中，农民工占有 33.57% 的比例，他们文化素质普遍较低，对专业知识、商品养护、科学管理知之更少，只能从事简单的出入库业务和装卸搬运作业。另据调查，有 70-80% 的一线保管员没有进行过正规的职业技术培训，只是在企业内部进行简单的岗前培训或职业教育就上岗了。

此外，危化品仓库选址阻力大、投资风险高也是制约我国危化品仓储业发展的因素之一。

例如，危化品仓库因其特殊性，存在较高安全风险，不少地方出于安全考虑不愿为危化品仓库立项，选一个合适的地址成为很多仓储企业的难题。企业在选址上总不能一帆风顺，这也造成了危化品仓库建设缓慢。与普通仓库相比，危化品仓库防火、防爆等设施的安全等级高出很多，一般投资要高出 30% ～ 40%。

**重点危化品仓储基地及企业介绍**

“十二五”期间，包括危化品在内的化工园区成为我国石化行业发展的亮点，尤其是 2014 年，发改委发布了《石化产业规划布局方案》，在各级政府的推动下，化工园区成为化工项目建设与搬迁改造的主战场。

据中国石化联合会园区委统计，截至 2016 年底，全国重点化工园区和以石化、化工产业为主导的工业园区达到 502 家，其中国家级 47 家、省级 262 家、地市级 193 家。产值超千亿的超大型园区有 8 家、产值 500 亿—1000 亿元的大型园区有 35 家，100 亿—500 亿元的园区有 129 家。全国化工园区内规模以上石油和化工企业约为 1.5 万家，企业入园率达到约 51%。

根据中国石化联合会编制的《石化行业“十三五”发展指南》资料显示，预计到 2020 年，我国将形成 10 个左右年产值超千亿元的世界级化工园区。未来，我国危化品仓储业，必将向着规模化、集约化、基地化的方向发展，并随着化工企业“进园入区”，化工园区数量激增，园区将成为危化品储运、交易的重要载体。

（来源：2017 年 9 月 8 日 物流指闻）

# 6.3 汽车物流

## 6.3.1 近万亿市场的汽车物流三大模式之争

汽车物流以汽车产业相关产品为服务目标，实现原材料、汽车零部件、汽车整车以及售后配件等的实体流动和空间转移，为整个汽车产业链提供物流支持。正因为其渗透于汽车产业的每一个环节，汽车物流的发展与汽车产业息息相关。我国汽车物流行业的发展经历了四个主要阶段，目前正朝着第三方汽车物流和综合型汽车物流的方向发展。

汽车物流运什么？

汽车物流以汽车产业相关产品为服务目标，实现原材料、汽车零部件、汽车整车以及售后配件等的实体流动和空间转移，为整个汽车产业链提供物流支持。

汽车物流融于汽车产业，与 IT 物流、钢铁物流、石化物流一样，是专业型物流的一种。另外，由于运输物品和环节的不同，汽车物流可分为零部件物流、整车仓储和整车物流 3 个大类。零部件物流又可按服务环节的不同，细分为零部件采购物流、生产物流、零部件进出口物流、售后备品件物流等；整车物流可细分为商用车物流、乘用车物流和二手车物流。

**融于汽车产业，贯穿始终**

在汽车产业链中，汽车物流贯穿始终：从零部件供应商到制造商的零部件采购物流、从制造商到经销商的整车物流和整车仓储、以及从经销商到消费者的销售物流等。正因为其渗透于汽车产业的各个环节，汽车物流行业的发展与汽车产业息息相关。

**向第三方和综合型物流发展**

我国汽车物流随着汽车工业的进步不断发展，从其组织形式和经营模式来看，主要经历了四个主要阶段：

● 阶段一（20 世纪 80-90 年代）：该阶段处于国内汽车工业的起步阶段，汽车物流规模不大，汽车制造企业往往设立物流部门以满足自身物流需求。一般的通用型物流企业在专业性方面还存在一定欠缺。

● 阶段二（20 世纪 90 年代中后期）：随着国内汽车制造企业的成熟扩大，其逐渐意识到物流的重要性，并纷纷设立物流子公司辅助汽车生产。例如，上汽集团成立安吉物流，一汽集团成立一汽物流等。

● 阶段三（21 世纪初期）：国内第三方物流向着专业化、规模化的方向发展，并且逐渐渗透汽车产业。由于其产权独立于汽车制造企业、不在局限于单一客户，具有较好的效率和规模优势。在此阶段，汽车制造企业也倾向于将部分物流业务外包，从而专注于汽车生产和营销。

● 阶段四（2010 年左右）：综合型汽车物流企业基本成熟。大型汽车物流企业逐渐将运输环节外包给承运商，专注于物流方案设计和物流网络优化等附加值较高的环节。由于其自身运力较少，经营灵活性提高，由行业景气波动带来的经营风险大大降低。

**行业需求：6000 亿盛宴，随汽车市场周期波动**

预计国内汽车物流市场规模为 6000-8000 亿元，2015 年增速为 9.8%，市场规模增速跟随汽车工业总产值稳中有降。从汽车物流企业收入来看，其增速随着全国汽车销量增速周期波动，国内汽车市场供需基本平衡且产业链需求传导顺畅是汽车物流和汽车销售同步波动的主要原因。另外，汽车物流市场与汽车销售市场一样具有季节性特征，4 季度为旺季。

**6000 亿 + 市场规模，增速稳中有降**

汽车物流市场规模为 6000-8000 亿，增速随汽车工业产值稳中有降。我们对汽车物流市场规模进行测算，测算的方法为以汽车工业总产值乘以汽车物流费用率：根据国家统计局和汽车物流年鉴的数据显示，2014 年我国汽车工业规模以上销售产值为 6.63 万亿，同比增长 13.3%，2011 年汽车业物流费用率为 9.6%。估计：1）2015 年汽车工业产值随着汽车销量增速的下滑而走低，达到 11.0%；2）2015 年汽车业物流费用率（较 2011 年）小幅下降 0.6 个百分点至 9.0%。综上，估计 2013 年、2014 年和 2015 年国内汽车物流市场规模为 5445 亿、6037 亿和 6628 亿元，增速分别为 14.7%、10.9% 和 9.8%。

**汽车产业链需求传导顺畅，汽车物流随消费市场波动**

汽车物流企业收入增速随全国汽车销售市场周期波动。我们对全国第二大汽车物流企业一汽物流收入增速与国内汽车销量增速进行对比研究后发现：前者基本随着后者的波动而波动，例如，2011 年 -2013 年期间，全国汽车销售市场回暖，一汽物流收入增速亦呈现明显上升趋势。同时，随着 2013-2015 年汽车销售市场景气度下滑，一汽物流收入增速亦大幅走低。

国内汽车市场供需基本平衡，且产业链需求传导顺畅。我们认为，汽车物流企业收入增速随汽车销售市场波动的主要原因是：1）我国消费的汽车基本在国内制造，比例达到 98% 以上；2）国内汽车每年制造量和销售量基本维持平衡，产销率在 100% 左右波动，意味着无论是汽车制造企业和销售市场之间的整车物流，还是汽车制造企业和零部件供应商之间的零部件采购物流，都保持的相同的周期变化节奏。

**汽车物流市场呈现季节性，4 季度为旺季**

汽车物流市场呈现季节性波动特征，4 季度为旺季。传统的汽车销售市场和汽车零部件市场在每年的 1、3、11 和 12 月份销量较高，整合为季度来看，4 季度无疑是一年中的销售量高点。由于汽车物流市场与汽车销售市场相关性较高，汽车物流市场亦呈现明显的季节性特征：我们对长安民生物流 2007 年 -2012 年（2013 年之后不披露季度数据）的季度收入平均值进行对比后发现，4 季度收入明显高于其他 3 个季度，是年内收入高点。

**行业供给：寡头垄断格局，客户资源为上**

国内汽车物流企业可以分为 3 类：汽车厂商自己设立的下属物流子公司、第三方物流公司和中小型物流公司，其在公司背景和经营特点上有明显的差异。汽车物流市场为寡头垄断市场，与上游汽车制造行业格局一致，2013 年行业前四大汽车物 流公司承运量占比分别约为 29%、11%、7% 和 8%。同时，汽车物流行业客户资源重中之重，是一个“得客户者得天下”的行业。另外，由于上游汽车制造企业较为集中而下游消费市场分布全国，汽车物流企业需要大规模运力和仓储设施提供物流支持。

**三大模式：自设物流子公司、第三方物流和中小型公司**

国内汽车物流企业主要分为3类：汽车厂商自己设立的下属物流子公司、第三方物流公司和中小型物流公司。其中，汽车厂商下属物流子公司代表主要有安吉物流、一汽物流等，其主要采用自有运力和承运商模式相结合的方式，以集团内部业务为主要客户资源；第三方物流公司的代表为长久物流，采用承运商模式，主要依靠外部运力提供服务，由于独立于汽车制造厂商，其可以服务于多家汽车制造企业。众多的中小型物流公司物流能力较低，在获取客户资源方面较为困难，一般作为外协运力与大型汽车物流企业合作，进而参与到汽车物流服务中。

**寡头垄断市场，与上游格局一脉相承**

汽车物流市场为寡头垄断市场，与上游汽车制造行业格局一致。根据中国物流与采购联合会披露的2015年中国物流企业50强名单显示，安吉物流、一汽物流、长安民生物流和长久物流分别以176亿、65亿、61亿和34亿元收入占据汽车物流企业收入规模排名前四位。另外，根据其官网披露的2013年承运量数据和2013年全国汽车市场总销量计算，前四者承运量占比分别为29%、11%、7%和8%，呈现寡头垄断格局，与上游汽车制造业的行业格局一致：2013年，上汽集团、东风集团、一汽集团、长安集团和北汽集团汽车销量分别占全国汽车总销量的23.1%、16.1%、13.2%、10.0%和9.6%。

**客户资源重中之重，得客户者得天下**

客户资源是重要的行业壁垒，亦是企业核心竞争优势所在。由于上游汽车制造企业集中度较高，导致汽车物流行业订单来源非常集中。同时，由于汽车制造企业JIT生产模式下对汽车物流效率、成本和安全等方面的高要求，使得其在选择物流企业时标准较高，一旦选择完毕，则倾向于长期合作。因此，从某种意义上来说，汽车物流行业是一个“得客户者得天下“的行业。

以前三大汽车物流企业为例，汽车承运量排名与其主要客户的汽车销量排名相一致，同时，其主要客户亦为其控股股东。另外，客户资源的重要性也同样解释了为何汽车物流市场与汽车制造市场的格局一致，皆为寡头垄断市场。

**运力提供物流保障，仓储网络增强竞争力**

由于上游汽车制造企业较为集中而下游消费市场分布全国，汽车物流企业需要大规模运力和仓储设施提供物流支持。汽车制造业在规模经济的作用下呈现区域集聚现象，目前国内主要有6大汽车产业群：东北、京津、长三角、中部、西南和珠三角汽车产业群，一汽集团、北汽集团、上汽集团、东风集团、长安集团和广汽集团分别立于其上。然而，下游汽车销售市场遍布全国且销售网点众多：国内整车企业共380家左右，而品牌汽车4S店数量达到约20000家，远多于前者。

为了提供及时、高效的汽车物流服务，汽车物流企业往往需要控制大量的运力，并且在全国布置广泛的仓储网络。以长安民生物流为例，其整车客户点共14个，主要分布在重庆、南京等地。然而，其在全国设立的分支机构就达到29个，广泛分布在中部和东部沿海地区。

**竞争优势：轻资产化运营，关注回款能力**

在长久物流和重庆长安民生物流的对比中，我们发现：1）两者都孕育于汽车产业集群之上，享受汽车产业集群提供的优质客户资源；2）客户集中度较高，“大客户”业务特征下，汽车物流企业议价能力较弱，毛利率较低。因此，从杜邦分析结果来看，提高资产周转率是公司运营的关键。3）汽车物流企业大多采用承运商模式，将运输环节外包，由于资本性支出减少，从DCF模型角度来看，企业的商业模式明显改善。4）在“大客户”特征下，企业应收账款增长迅速，因此一方面应收账款的回款能力显得尤为重要，另一方面对下游资金的占用是该类公司生存艺术的体现，也只有大规模的汽车物流企业才能实现，这在无形之中亦构筑了一定的行业壁垒。

**寡头割据一方，立足汽车产业集群**

孕育于汽车产业肥沃土壤。长安民生物流和长久物流注册地分布具有明显的特征：都立足于不同的汽车产业集群之上。前者（长安民生物流）主要由长安汽车集团物流需求所致，后者（长久物流）主要由于汽车产业集群提供了较为优质客户资源，为其成长提供肥沃土壤。同时，从两者前五大客户业务占比来看，第一大客户皆为注册地所在企业，在其业务中具有举足轻重的影响：长安民生物流和长久物流第一大客户分别占到其总收入 56% 和 26%。

**大客户特征难享高毛利率，提升周转率是关键**

“大客户”业务特征下，汽车物流企业议价能力较弱，毛利率较低。长安民生物流和长久物流的客户集中度较高：长安民生物流和长久物流前五大客户的收入占比分别为 86% 和 75%，而前五大供应商成本占比分别为 29% 和 25%。在“大客户”的业务特征下，汽车物流企业议价能力较弱，毛利率低于物流行业平均水平。2011 年 -2015 年，长安民生物流和长久物流平均毛利率为 11.90% 和 15.44%，低于物流板块的 19.96%。

由于利润率较低，提高资产周转率是公司运营的关键。在对长久物流和长安民生物流进行杜邦分析时发现，两者权益乘数水平一般，并且，都拥有较低的净利润率和较高的资产周转率：长久物流和长安民生物流净利润率分别为 9.1% 和 4.4%，资产周转率分别达到 1.57 和 1.45，高于物流板块平均水平。

**采用承运商模式，实现轻资产经营**

汽车物流企业大多采用承运商模式，将运输环节外包，实现商业模式改善。21 世纪初以来，国内大型汽车物流企业逐步采用承运商模式经营，自有运力在总运力中的比重逐渐降低，大多依靠外协运力。2013 年，长久物流和长安民生物流的营业成本中，支付给承运商的成本占比分别 96.5% 和 63.1%。伴随而来的是，在其总资产结构中，固定资产和非流动资产的比重逐年降低。实现轻资产运营有利于汽车物流企业经营风险的降低、商业模式的改善：一方面，由于自有运力较少，可以避免行业景气波动所导致的经营风险；另一方面，因为不再需要大量的资本性支出来购置运力，从 DCF 模型角度来看，企业的商业模式明显改善。2011-2015 年，随着长久物流收入的快速增长，资本性支出处于低位，导致经营活动现金流净额与资本性支出的差额逐步走高。

**应收账款增长迅速，重点关注回款能力**

汽车物流企业应收账款增长迅速，风险控制能力重要性逐渐凸显。虽然汽车物流企业逐步实现轻资产经营，但是其资产周转率并无明显提升，并且应收账款在总资产中的比重逐年攀升。我们认为，这再次反映了“大客户”业务模式下的经营特征：由于缺乏对上游的议价能力（上游汽车制造企业对物流企业往往会有 1-5 个月的账期），汽车物流企业应收账款回款能力显得尤为重要。

凭借对下游的较高议价能力，减少自有资金占用，实现风险转移。大型的汽车物流企业虽然对上游的议价能力较弱，但是，由于下游大多为中小型承运商，议价能力不高，大型汽车物流企业通过将应付账款账期与应收账款账期的匹配，减少自有资金占用，将汇款压力转移给下游承运商。2010 年之后，长久物流和长安民生物流应收账款 / 应付账款比率呈现明显的下降趋势，反映了其依靠大量占用下游资金，减小回款压力。

在“大客户”特征下，一方面应收账款的回款能力显得尤为重要，另一方面对下游资金的占用是该类公司生存艺术的体现，也只有大规模的汽车物流企业才能实现，这在无形之中亦构筑了一定的行业壁垒。

**投资策略：收入跟随汽车市场，投资踩准周期节奏**

汽车物流企业收入增速随汽车销售市场周期波动。2005 年 -2015 年，长久物流和长安民生物流收入增速与全国汽车销售增长率保持一致。我们认为，其主要由于汽车物流企业（长安民生物流）收入与主要客户（长安汽车集团）汽车销量息息相关：由于客户资源集中度高，后者销量决定后者的承运量。并且，在汽车市场同质化趋势和寡头垄断格局下，长安汽车集团汽车销量与全国汽车市场景气度相关性较高。最终，汽车物流企业收入亦受全国汽车销售市场景气度的影响。

投资需踩准汽车市场需求周期节奏：股票超额收益与集团（客户）和全国汽车销量增速相关性较高，同时以年度和季度频率数据较为显著，月度数据参考性相对较弱。以长安民生物流为例，对影响股价的相关因素进行研究：从结果来看，长安民生物流股票的年度超额收益与公司收入、长安汽车集团年销量增速以及全国汽车年销量增速的相关性较高，与公司净利润增速的相关性较弱，相关系数分别为 0.80、0.78、0.81 和 0.34。另外，从年度、季度和月度数据来看，股价季度超额收益与集团和全国汽车季度销量增速的相关性较年度明显走低，但是其走势依然保持一致；月度数据相关性明显低于年度和季度数据，参考性相对较弱。

**未来展望：汽车市场有望回暖，汽车物流亦将受益**

随着小排量汽车购置税减半，2016 年汽车销售市场有望回暖，汽车物流市场亦将明显受益。2015 年 9 月 29 日，国务院常务会议决定推出促进新能源汽车和小排量汽车发展的一系列政策，将从 2015 年 10 月 1 日至 2016 年 12 月 31 日起，对购买 1.6 升及以下排量乘用车实施减半征收车辆购置税优惠政策。由于小排量汽车占比超过 60%，且多为中低端车型，消费者价格敏感性较高，随着购置税由 10% 下降到 5%，将带来 3000-4000 元左右的优惠幅度，消费积极性将得到明显提升。根据长江证券汽车行业研究小组的测算，2016 年国内汽车销量增速将达到 6.00%，同比上升 1.29 个百分点，2017 年增速将小幅回落 1.50 个百分点至 4.50%。因此，我们预计，2016 年和 2017 年汽车物流市场规模将达到 7456 万亿和 8239 万亿，同比增速分别为 12.5% 和 10.5%。

（来源：2016 年 12 月 21 日 盖世汽车网 & 现代物流产业网）

## 6.3.2 汽车物流企业介绍：安吉汽车物流股份有限公司

**企业概况**

安吉汽车物流股份有限公司成立于 2000 年 8 月，是上汽集团所属专业从事汽车物流业务的全资子公司，是国内最大、国际领先的第三方汽车物流供应商。在多年的发展历程中，安吉物流不断挑战自我，勇于创新，形成了整车物流、零部件物流、口岸物流、航运物流、国际物流、信息技术等几大业务板块，配送网络覆盖全国 562 个城市，为国内外主要主机厂和零部件厂家及 6000 家 4S 经销店、6000 家维修站提供智能化、一体化、网络化的汽车物流供应链服务，并为 3500 家 4S 经销店提供质押监管服务。2016 年安吉物流承运的商品车超过 932 万辆，市场占有率 30%，全年实现汇总营业收入 188.7 亿元，位列中国物流行业第 13 位，继续领跑汽车物流行业。

**一、整车物流**

安吉物流整车物流网络覆盖 4000 多条公路、26 条铁路、7 条沿江沿海水路；拥有 26 个中心仓库、仓储管理面积超过 1000 万平方米的运作资源。年承运能力超过 600 万辆，整车运输市场份额超过 30%，位列国内整车物流行业第一。

【国家公路整治应对】 2016 年，根据国家有关部门发布的《车辆运输车治理工作实施步骤具体安排》，自 9 月 21 日起，全面禁止双排车通行，暂时允许上下单排装载、尾部未伸出货厢的单排车过渡运行。该政策对于传统“以空间换取利润”的整车物流行业影响深远。如何在新政下实现运能的平稳过渡成为了各整车物流企业所面临的巨大难题。

根据年初数据统计，安吉物流单排运力占比约为 50%，在不改变公铁水运输结构比例、双排禁行的背景下，公路运能缺口超过 120 万辆，客户供应链保障面临严峻挑战。

上半年，安吉物流整车事业部成立交通整治好联合工作小组，通过对现有公路运输公司运力进行排查、水铁富余运力的可行性研究、成本变化测算、完成各业内品牌客户方案，与客户保持积极沟通，告知整治工作对现有物流服务可能带来的各类影响，并提前在8-9月完成铁水新线路试运作，全年铁、水运能分别提升190%、60%，消化公路运能缺口约100万辆。此外，还制定了运力补充计划，核心供方全年新增单排驳运车超过400辆。

由于新规实施，又恰逢国家小排量汽车销售政策到期的影响，从9月中旬开始，各主机厂同时增量，客户订单以12月高峰预测的节奏下达。整车物流出现东北运力富余，华中运力紧缺，主力供方碰到内部纠纷事件，水路班期因台风延误，铁路因线路拥挤造成线路停装或限装以及车皮资源紧张等，原有及模拟方案中的运作网络布局被打乱，运作困难多点同时爆发，运能急速消耗，大部分区域告急。面对多重压力，整车事业部及各分区立即进入“奋战百天保障上汽产销”状态，成立921整治运作联合指挥部，整车事业部及下属各分区确保24小时运作，现场及时解决问题。一天两会，早会关注措施落实结果及问题，晚会汇报问题解决措施。为保证客户订单发运，在水路班期紧张、铁路方向受限的情况下，运输方式频繁紧急切换，力求充分利用水铁运能，释放公路运能，以应对客户紧急需求。11月初，客户剩余订单恢复至921公路整治前水平，10-12月整车整体产能提升20%（较1-9月均量），客户供应链安全得到有效保障。

【公铁水联运】 在国家公路整治背景下，多式联运在整车物流中扮演的角色将愈发重要。通过干线铁水长距离规模化运输、支线标准驳运车“MILKRUN”敏捷化配送，可充分发挥各运输资源优势，打造顺应时代发展需求的“绿色”物流体系。

安吉物流已提前预判到此轮治限的到来。在“十二五”期间已开始主动求变，在全国布局十几个物流枢纽，为干线使用铁水运输方式做铺垫；于2015年起在全国建设Cross-Dock，通过网点下沉，逐步加强最后一公里服务网络覆盖，并实现从B2B向电商、社会车辆等B2C业务的发展。

此外，安吉物流已经在全国完成“T”字型走廊的水运网络布局，通过合资合作的形式把水路网络覆盖至全国主要滚装水运码头。从“十二五”开始，安吉物流便一直践行“大力发展水路”的战略举措，推进海通、武汉、大连等共计7个码头枢纽建设，并自行建造6艘江轮、7艘海轮，2016年更是有2艘江轮、2艘海轮下水，安吉物流还一直注重与航运企业的合作，双方通过共享舱位和航线的方式提高船舶利用率。多管齐下，2016年水路年运能超过100万辆。

2016年，安吉物流还与中铁特货开展数次研讨会，在原有的15个铁路站台基础上新增13个，丰富铁路运输网络来提升铁路运输比例，铁路运输线路从20条增加到80条，铁路运能提升190%。

随着干支线骨架逐渐壮实、铁水路网络日益完善，是年安吉物流整车事业部制定了多项联运方案，包含沈阳－大连－上海－江浙沪公铁水联运、武汉江海联运等。根据方案设计切换部分线路运作模式，为客户降本约4000万元／年，获得客户广泛好评。

【业务模式、物流技术、管理方式创新】 为应对瞬息万变的行业市场，安吉物流致力于“内功修炼”，通过干支线模式推广、社会车辆及B2C业务探索、中置轴及智能立体库研发、运营服务中心构建等创新手段，力争站在行业趋势的前沿，充分抵御外部风险：

1、构建面向C端的服务能力。为达成公司整车板块“十三五”规划目标，确保安吉物流在新车及社会车辆市场上处于行业领先地位。以下沉物流服务网络、构建二三级枢纽、推广干支线管理模式、形成城市配送能力为实施路径，以全国范围内基本可实现从枢纽到最终客户300KM“一日达”、西北地区可实现从枢纽到最终用户600KM“次日达”为目标，整车事业部开展了干支线模式推广工作。计划于3年内在全国新增约20个物流枢纽。2016年3月18日第一个Cross-Dock在郑州启动运作，每日收发量约为120辆／天，90%的商品车实现当天进库当天出库，支线形成定班化运作，并实现“时刻表”运作模式。对于前端多库拼装及零散订单和超期订单，OTD改善效果显著，延误3天及以上订单由4%下降至0.5%；经销商到店所赔率商品车到店索赔率下降86%。

截至12月底，福清、济南、兰州、北京、昆明、重庆、南沙CDC相继启用，共计形成8个区域物流平台，构成120条干线和127条支线的社会车辆骨干网络，在127个城市实现的“一日达”配送服务。

此外，为向经销商提供一体化物流相关服务，并以整合统筹考虑零部件等业务为目标，安吉物流计划成立社会化网络项目组，旨在加强全国网络布局建设。项目计划未来覆盖城市约160个，建设网点约190个。

2、探索社会车辆、B2C业务。在合同物流日趋饱和的形势下，整车事业部为提高企业核心竞争力，挖掘市场潜力，拓展业务领域，积极推动新业务模式开展。结合“互联网+物流”的创新思维，以提升客户体验为最终目标，提前抢占C端市场。

3、研发物流技术

1)中置轴轿运车。随着9月21日公路治超在全国范围的全面实施，超限半挂车无法开展运输作业，中置轴轿运车的装载量较标准半挂车更高，是超限半挂车的替代车型。鉴于国内市场上没有可以直接应用的适用车型，为防御公路限行风险，研发低成本、质量可靠的中置轴轿运车成为公司的迫切需求。中置轴轿运车的开发以低TCO为导向，研发装载数量多、轻量化设计、装车效率高、维护费用低的车型。整车事业部联合上依红和海鹏，确定上依红底盘和各改装厂技术方案，完成中置轴底盘和中置轴挂车的产品开发和样车制造，完成试车场7000公里可靠性试验，并进行产品公告申报，参加中置轴轿运车各项国家标准GB1589、GB/T26774的制定与宣贯，积极参与工信部、交通部各种技术咨询与研讨，推动标准往有利于物流企业的角度发展。在北京车展上，安吉物流联合知识产权的短轴距中置轴轿运车广受好评。

除传统中置轴轿运车研发外，安吉物流还进一步着手整零协同中置轴轿运车研发。通过将中置轴轿运车和中置轴货车两种车型部分载货车身重新组合，开发能同时满足整车和零部件运输需求的中置轴运输车，实现整零协同，满足终端配送个性化需求，降低总体配送成本。

2）智能立体仓库。为提高土地利用率，解决库容缺口，减少临时外借库的租用，降低短驳费用，降低质损率，整车事业部致力于商品车智能立体仓库的研发。组建安吉物流商品车自动化立体库项目小组，完成立体库选型、供应商评估等工作，最后确定在安亭总库建设安吉物流第一个全自动立体化仓库。截至年底，项目已完成相关分析及可行性研究报告。

3）智能钥匙柜。为替代传统人工管理模式，提升库内商品车钥匙管理的效率、安全性、准确性，安吉物流于2016年起着手智能钥匙柜研发。在引进智能钥匙柜硬件设备的基础上，开发钥匙管理APP，包含计划创建、钥匙移交等共计7个功能模块，可实现钥匙自动存取、快速对账等功能，使钥匙管理由人工化转向半自动化，并将钥匙房作业人员压缩至1人，从而大幅降低人力成本。

4、打造全国程透明化管理平台。随着安吉物流的全国化布局，整车物流网络覆盖范围逐年扩大，离线管理要求越来越高。而现有整车物流过程监控困难，部分关键节点信息滞后或缺失，造成对供应商质量管控较弱，客户投诉较多。基于此，2016年整车成立了全过程透明化项目，打造安吉物流的P2M工作模式，进一步加强实物流和信息流的同步，实现运作管理的实时跟踪、监控和异常处理，提升精益管理能力。2016年实现以下成果：

1）梳理出共计200多个作业节点，并制定各节点信息采集技术手段及数据接入方式。

2）设计新模式下的业务流程方案。通过结合RIFD、运输APP等新型信息采集技术、社会车辆等新型业务，将整车未来的仓储、运输作业划分为30多个独立的模块。各模块相互串联后可形成针对不同业态、不同品牌的整车作业流程，形成个性化的方案配置。

3）创新信息系统功能。根据P2M工作理念，在仓库运作环境下，新增手机APP功能，为传统运作监管难题提供了解决方案，包括：手机端短驳监控、现场调度等。在项目落地过程中，通过项目组成员与现场工作人员的不断沟通和解释，使得先期上线的几个模块得到圆满成功。手机端短驳APP已经在落地仓库100%应用，可以做到对仓库短驳速度的实时监控，解决了客户十多年来对短驳质量的抱怨和投诉，同时，在客户的认可下，短驳APP还从下线短驳进一步推广至了水铁短驳和库内短驳。

4）进一步推广RFID自动扫描。在沈阳、烟台、上海、武汉VDC成功完成RFID自动扫描项目上线，通过在仓库重要作业节点（如商品车出入库、PDI等）配备RFID自动扫描设备，结合仓储管理系统实现商品车无人值守不停车自动扫描，从而提升作业效率、增强对商品车管控力度。

5）开发全过程可视化界面，构建面向不同层次用户的应用功能。

5、构建运营服务中心。2015 年整车事业部以某客户为试点建立运营服务中心，打造“管家式贴身服务”模式。在赢得客户认可，经销商满意度较同期提升 3 个百分点的背景下，2016 年初业内、业外、社会车辆运营服务中心相继搭建完成，通过 6+1 标准化配置，将计划监控、运输控制、特殊订单协调、KPI 分析、仓储运作、质量改进等功能聚合，调整工作方式，减少重复劳动，提升效率。模式的变革带来了服务质量的飞跃。2016 年安吉物流获得了诸多客户颁发的优秀供应商奖。

## 二、智能物联

当前，在全球工业 4.0 的大浪潮下、在安吉物流亟待从传统第三方物流转型的背景下，打造智能物流的迫切性日益突出。所谓智能物流，是指主要通过互联网、物联网、物流网，整合物流资源，充分发挥现有物流资源供应方的效率，而需求方，则能够快速获得服务匹配，得到物流支持。

为了完善安吉物流的产业布局，提升安吉物流在智能物流领域的综合实力，为安吉物流的发展提供强劲动力，安吉智能物联在这样的大背景下应运而生。安吉智能物联的宗旨是成为物联网时代，智能技术与解决方案的首选平台，主要提供智能物流与仓储系统集成服务，包括智能仓储系统集成，智能物流系统集成，智能分拣排序系统集成。此外依托自身从事项目的经验，可以提供物流规划、物流设计、物流仿真、物流咨询、维修保养等服务。

目前由安吉智能物联牵头的天窗机器人排序项目已在上汽通用金桥工厂成功实践。天窗机器人排序项目在汽车零部件物流范围内首次运用了 3D 视觉识别技术、双层高精度存储料架、机械手臂与 AGV 系统对接等技术，实现将天窗排序人员需求降为 0，物流区域面积降低 50%，同时大大降低了排序作业的运作成本，保证了天窗排序作业的质量水平。在天窗机器人排序项目中“一种自动对接料架（运输料架）”荣获第二十九届上海市优秀发明选拔赛“优秀发明项目奖铜奖”，继该机器人项目之后，安吉智能科技将机器人排序的技术在安吉零部件各运作点进行推广，上半年已经实现了无锡大通的前挡排序。

安吉智能物联在金桥牵头的另一个无人驾驶叉车项目，是第一次在物流范围内运用激光导航技术和高精度限位装置、第一次运用无人驾驶技术和无人驾驶叉车在线充电技术、第一次使用无人驾驶高位前移式叉车，为无人叉车技术在汽车物流行业的推进起到了至关重要的作用。在金桥无人驾驶叉车项目中，“无人驾驶叉车限位装置”荣获 “职工技术创新成果奖银奖”。

此外，安吉智能物联在通用烟台实现了国内汽车物流行业首个自动分拣中心项目，结合自主开发的自动化设备智能调度系统，智能高效地打通了零件入库、拣选、出库的一体化作业流程。

这些项目的成功实践标志着安吉智能物联在物流技术装备自动化、智能化探索实践的道路上迈出了坚实的一步。未来，安吉智能将会继续对智能物流新设备，不断探索和引进，同时也不再局限于入厂物流的业务范围，售后业务、零部件供应商业务都在积极地进行尝试和拓展。同时，将致力于不断努力大幅提升汽车物流行业自动化、信息化水平，实现汽车零部件物流行业从劳动密集型向智能自动化的逐步转型。

## 三、B2C 转型

近几年，移动互联网风头正劲，除了原有的一线阵营（百度、阿里、腾讯、京东）的领军企业，行业新秀如滴滴、摩拜、ofo 等又引发了一波互联网浪潮。在这个百花齐放的背景下，传统企业面临着时代的拐点，同时，也基本上形成了一个共识，即：互联网转型之路势在必行，尤其是以移动互联网为目标的企业转型，必须将其纳入企业战略，颠覆或助力原有产品服务体系，为用户提供可持续的核心价值。

国家在转型，经济在转型，市场在转型，这一切对于企业而言意味着企业依靠原有传统大规模生产、大规模销售的增长模式来获取人口红利的日子难以为继。无论是现在还是将来，4 亿多 80 后、

90后是市场的绝对消费主力，而他们天生亲近互联网，尤其90后更是互联网的原住民。如果传统企业不及时进行互联网转型，这就意味着今后的消费主力跟他们不会产生交集。互联网技术的迅猛发展推翻了信息不对称，带来了人与信息的无限自由连接，意味着过去所有依靠信息不对称的盈利模式将瞬间坍塌。

安吉物流作为上汽集团的全资子公司、汽车物流行业的领军企业，同样面临着传统企业向互联网转型的局面。一直以来，安吉物流致力于为上汽集团的整车生产企业（如：上汽大众、上汽通用）的汽车运输保驾护航，但是，在国内二手车行业异军突起的背景下，安吉物流敏锐地嗅到了行业的机遇，成立了“车好运”项目，开放了上汽集团之外的社会业务，开始真正面向C端，向互联网企业转型。2015年7月，“车好运”产品正式发布，安吉物流通过这款产品连接了C端市场，为用户解决运车的痛点。

二手车行业发展迅猛，国家政策也在进一步开放，但是，其中的竞争也异常激烈，客户普遍对运输价格和运输时间的要求非常严格。安吉物流作为一家传统的物流企业，长期致力于新车的运输和仓储，在这样一个市场环境下，转型过程中经历了不少阵痛。

在运力和线路方面，安吉物流成立了干支线网络，为主线的运营提供了丰富的资源，节约了拼装时间，提升了运作效率，形成了干线+分拨的运作模式，为客户的运输时间提供了有力保障。在价格方面，安吉物流参考了市场价格体系，针对不同的线路定制了亲民的价格体系，选择多样化，包括大板车运输、救援车运输、以及代驾服务，不仅如此，安吉物流更是在“车好运”APP中设置了用户积分，该积分可用于价格抵扣，每次消费之后又可以获得一定的积分，大大提升了用户粘性。同时，“车好运”APP可供用户一键下单，只需填写相关交接人信息、车辆信息，就可以实时查询价格并完成下单，并且全国大部分区域可以运达，覆盖所有上市的车型，如此全面而细致的服务，很大程度上提升了用户感受，真正为用户提供了便捷。除此之外，在线下，安吉物流培训了一大批有专业素养的驾驶员，他们严格按照交接流程进行车辆的交接，确保车辆在运输过程中的每一个交接环节的质量，为用户的放心托运提供了有效保障。如果发生质损，安吉物流也有标准化的质量理赔措施，由第三方保险公司定损，由专业的4S店维修，为用户快速赔付，尽最大可能减少用户的时间损失。

与此同时，安吉物流在互联网营销方面也力争做到最好。在线上，通过“车好运”微信公众号定期发送相关行业资讯、业态信息，以及不定期的线上粉丝互动活动，为“车好运”赚足了粉丝，吸引了眼球。在线下，安吉物流积极参与汽车流通协会的各项大会，与行业内的同行们积极地沟通交流，把握行业动向；同时，抓住每一次机会参与各种线下地推，大力宣传“车好运”的各项优质服务，提高影响力。

截至12月底，“车好运”APP注册用户达超11000个，订单完成量超16万单，整体满意度达到98%。此外，在与原有大客户一嗨、车置宝、GMAC完成合同续签后，新增签署“车享”、“易车-易销通”、“要买车”运输服务协议。

以上的种种努力，不仅提升了安吉物流的品牌影响力，在行业内树立了标杆，同时也为广大用户提供了便捷。安吉物流由原来服务于B端整车厂到现在转型服务于C端用户，要真正转型成功，还有很长的路要走，因为在提升用户体验方面，永远没有尽头。安吉物流由一个传统企业向互联网企业转型，需要经历一些阵痛，马云说：“没有传统的企业，只有传统的思维，传统思维只有一条就是捍卫信息不对称带来的既得利益。”所以判断企业互联网化正确与否的唯一标准就是，你是在巩固和强化信息不对称带来的既得利益，还是在消减和释放信息不对称带来的既得利益。很明显，安吉物流的所作所为属于后者。通过“车好运”这个产品以及相关服务，安吉物流正在向全社会释放一个信息：“让天下都是好运的车。”从此运车不再是难事。今后，安吉物流会继续打磨“车好运”的产品和服务，延伸服务广度，提供相应的增值服务，力争打造一体化的车生活服务平台。

**四、非汽车物流业务**

为了完成安吉物流“十三五”规划发展目标，进一步拓展经营服务范畴。安吉汽车物流股份有限公司与广西柳工机械股份有限公司于 2016 年 6 月进行了双方高层领导的第一次会晤，并在同年 8 月签署了战略合作备忘录。此后，双方围绕零部件厂内物流，国内整机运输服务等项目进行了多次业务沟通与探讨，并一致同意将安徽柳工起重机厂作为零部件物流试点单位。

2017 年 5 月 8 日，双方经过前期的充分沟通和互相多次的互访会晤，建立良好合作关系的前提下，安吉物流接到了柳工的整机道路运输招标通知书。在江苏安吉的积极配合下，安吉物流参与了 5 月 20 日在柳州举行的招投标大会，并在述标环节中表现优异，荣获此次柳工招标会技术标第二名，让柳工高层看到了安吉物流在大件物流运输行业中的雄厚实力。6 月 15 日，安吉物流收到了广西柳工的中标通知书。此次中标的有柳工的常州、镇江和江阴工厂发送到华东及沿海地区的运输线路以及柳工蚌埠起重机厂发送到全国的运输线路。这是安吉物流参与柳工整机运输服务的第一步，也为开启双方合作共赢打下坚实的基础。

今后，安吉物流将继续秉承“以诚行道，以信载物”的企业文化，以诚实守信行道载物，以卓越服务为客户创造价值、成就未来，成为可以托付的一体化智能供应链服务商。

（来源：安吉汽车物流股份有限公司）

## 6.3.3 汽车物流综合信息

**铁总将建百个商品汽车物流基地**

由中铁特货运输有限责任公司主办的 2016 中国铁路商品汽车物流发展座谈会 2016 年 9 月 26 日在北京召开。中国铁路总公司副总经理、党组成员杨宇栋表示，铁总将在全国规划建设 108 个具有装卸、仓储、中转、配送功能的商品汽车物流基地。

统计数据显示，近年来，铁路商品汽车物流业务以年均 47.6% 的增长率快速发展，2012 年突破 100 万台，2015 年完成 190.3 万台，2016 全年预计完成 260 万台。

随着铁路运量的不断增长，装备技术和装备能力快速扩充。从 2006 年将进港班列选用的家畜车改造为商品汽车运输专用车，到 2016 年共研制开发了 8 代产品。初步估算，2017 年铁路商品汽车运输专用车保有量将达到 2 万辆，具备运输商品汽车 500 万台的能力。

自 2006 年进入商品汽车物流市场以来，中国铁路总公司充分发挥 18 个铁路局的运输组织优势、中铁特货运输有限责任公司的专业化经营优势，在全国设立北京、上海、广州、哈尔滨、郑州、南宁、乌鲁木齐等 16 个分公司，在各主要城市设立 33 个经营部，铺设定时、定点开行的商品汽车运输班列线路 24 条，设立装卸站 164 个，打造了覆盖全国的铁路商品汽车全程物流网。

（来源：2016 年 9 月 27 日 经济日报）

**创新物流服务模式 铁路商品汽车运量创历史新高**

中国铁路总公司深入推进铁路供给侧结构性改革，大力拓展和延伸商品汽车物流市场，铁路商品汽车运量呈现持续递增的良好态势。截至 2016 年 10 月 20 日，商品汽车发送量已突破 200 万台，其中 10 月 19 日商品汽车装车 1438 车、发运 13744 台，创单日装车数和发运量历史新高。

加大市场开发力度　根据运量大小、发运方向、不同季节、区域特点等情况，灵活调整运价，更多地惠及企业客户。与商品汽车、农用车制造企业和进出口经销商等合作对象逐一对接，提供全程物流服务。到目前，一汽、上汽等6个大客户发运商品汽车135万台，同比增长42.8%；主动开发新客户，新开辟了沈阳宝马、北京奔驰等10个品牌商品汽车物流业务；积极发展国际联运业务，以公铁、海铁联运的物流总包方式开发国际物流市场；大力强化运输组织，商品汽车专用运输车全程物流时间压缩了2至3天，有效保障了运到时限，赢得了客户好评。

加快物流设施建设　加快柳州雒容、重庆鱼嘴等铁路商品汽车物流基地建设进度，在九江、武汉等地增加了17万平米的仓储面积；充分利用铁路既有场地，开辟了鹧鸪江、北塘西等22个铁路商品汽车装卸作业站，延伸了铁路商品汽车物流覆盖区域；与16家社会物流企业开展合作，有效推动公铁、水铁衔接，构建了覆盖全国230多个城市的铁路商品汽车物流配送网络。

创新物流服务模式　坚持以市场需求为导向，大力创新物流服务模式。与汽车厂商深度合作，采用“库前移”模式，即充分利用铁路商品汽车物流基地和新开辟的作业站场，为企业量身定制全程物流解决方案，既解决了运输服务“最后一公里”的问题，又大大降低了车企仓储、物流成本。到目前，经“库前移”模式累计发运商品汽车56万台，同比增长88.2%。与27家汽车厂商和物流商签订了全程物流总包合同，覆盖了我国绝大多数汽车品牌，全程物流项目运量超过总运量的90%。

（来源：2016年11月4日 中国网）

### 滴滴代驾开启“互联网＋汽车物流”新模式

继包时服务、跨城包司机项目之后，滴滴“代驾＋”计划再落一子。5月10日，滴滴代驾宣布与中联物流达成合作，为其提供汽车末端配送驾驶服务，打造“互联网＋汽车物流”新模式。这也意味着，滴滴代驾服务领域延伸至物流行业，用户范围也从个人车主扩展至企业和商家。据透露，除了物流企业之外，滴滴代驾未来还将为二手车平台、租车平台解决汽车末端配送驾驶需求。

据介绍，车辆的传统配送方式主要是板车运输。对于物流企业而言，购买板车费用再加上车辆折旧费，是个巨大的成本开支。此外，由于各地对大型板车进市区有严格的限行措施，一般都要求板车只能在夜间通行，所以板车运输的效率造成影响，把车辆从分拨中心运送到4S店需要花上较多时间。

为了解决成本和效率问题，中联物流选择了滴滴代驾作为其重要的合作伙伴。根据双方合作模式，中联物流作为一站式服务主体，为汽车厂提供整车物流服务，通过公路干线运输＋最后一公里配送完成多段联运。滴滴代驾作为运输过程中的末端人工送车环节，负责将车从中联分拨中心配送至经销商和4S店。据悉，滴滴代驾目前主要为中联提供二手车和商用车的末端驾驶配送服务。

中联物流方面表示，滴滴代驾独具优势的规范、安全的专业驾驶服务，为中联物流提供了更高效、更便捷、更灵活的配送运输模式，为汽车物流行业的标准化、规范化管理提供了良好的基础。

对于滴滴代驾来说，与物流企业的合作也扩大了代驾的应用场景，为代驾司机带来了日间订单。与此同时，二手车交易发展迅猛，汽车末端配送成为刚需，这当中无疑酝酿了巨大的服务空间。滴滴代驾方面表示，将继续打磨服务，提升服务标准，为各大物流企业提供汽车末端配送服务。

据悉，滴滴代驾已覆盖国内200多个城市，拥有超过218万的注册司机。CNIT发布的《2015年10月中国在线代驾市场研究报告》显示，滴滴代驾的用户覆盖率达70.4%，上线仅三个月即居行业首位。

（来源：2016年5月11日 中国新闻网）

### 长久物流与泽布鲁日港签署合作协议

比利时当地时间6月2日，北京长久物流股份有限公司董事长薄世久和泽布鲁日港主席Joachim Coens签约一带一路相关项目。根据项目合作协议，长久物流将以“黑龙江－比利时”的中欧专列为基础，在比利时的泽布鲁日港建立“中欧汽车物流中心”，服务于中国和欧洲之间的汽车整车及零部件的运输，仓储，配送等相关业务。

据悉，长久物流是国内首家A股上市的汽车物流企业，近年来，为响应“一带一路”倡议，其通过控股子公司哈欧国际物流股份有限公司大力发展国际铁路货物运输，继2015年6月13日开通哈欧班列，2016年2月27日开通哈俄班列后，于2017年5月13日正式启动了“沃尔沃专列项目”。

（来源：2017年6月5日 人民网）

### 蔡进出席2016汽车物流中国会议

2016年4月20日，中国物流与采购联合会副会长蔡进出席了由中国物流与采购联合会汽车物流分会与英国《Automotive Logistics》杂志共同在成都举办的“2016汽车物流中国会议”并发表精彩演讲。

蔡进在演讲中从经济增长、产品价格、企业利润、投资力度、产业结构五个方面简要介绍了目前中国的宏观经济环境。在供给侧改革的大背景之下，物流所发挥的作用可总结为四点。一是降成本：供给侧改革的重要的目标就是降成本，从国外发达国家的转型升级中可以看出，提升物流管理水平是降低整体生产经营与流通成本的最佳方式。二是提高供给能力：我国目前的供给能力是比较分散的，汽车领域产能无序扩张，供给分散，能力弱小，造成产能过剩，提高供给能力是当前供给侧改革中的一个重要内容。三是提高供给效率：中国需要通过优化流程去解决供给效率偏低，供给环节众多等难题，从而提高整体供给效率。四是转型升级：现在的供给的方式实际上是停留在现代物流发展过程当中的第一阶段向第二阶段过度的水平，需要整合汽车供应链，提高生产经营过程当中供给侧的效率、能力与质量。信息化手段能够帮助企业进行全流程监控，从而提高供给产品的质量。

本次会议以主分会场结合、演讲互动交替的方式进行，涉及的话题涵盖我国经济发展和趋势对物流行业的影响、我国汽车市场形势分析、中国汽车物流供应链战略、汽车制造企业物流战略、中欧铁路连接等热点领域。在会上发表演讲的中外嘉宾还有中国汽车流通协会会长沈进军、成都市口岸与物流办公室主任、党组书记陈仲维、德尔福亚太区供应链总监张伟松、沃尔沃汽车中国公司入厂物流项目主管Magnus Ödling、集保汽车主要客户全球总监Sharon Gray、捷富凯中国销售总监Andrew Liao、捷富凯汽车市场线路经理Yves Suinat、上汽通用有限公司物流工程与运行管理总监徐广清、中甫（上海）航运有限公司总经理葛晓青、INFORM业务发展部总监Ruud Vossebeld、奇瑞捷豹路虎汽车公司材料与物流总监朱瑞、中国汽车技术研究中心政策研究中心主任吴松泉、中铁特货汽车物流有限责任公司董事长总经理高峰、龙泉驿区人民政府副区长王伟、宝马中国整车物流与关税部长Al Cardona、CTM国际公司首席执行官Bill Pawluk、北京汇通天下物联科技有限公司副总裁方浩、安吉汽车物流有限公司海外事业部业务经理顾铭骥、北京长久物流股份有限公司市场部兼国际业务部总监刘大为、重庆长安民生物流股份有限公司国际货运公司总经理杨明、华轮－威尔森商务总监刘德新、东风日产乘用车公司供应链管理部备件物流科科长王根才、斯堪尼亚中国零部件部门经理Abraham Yue、雷诺中国售后部门总监Lemon Liu、大陆汽车投资有限公司亚太区供应链管理物流总监Andreas Subbe、长安福特物料计划与物流部副总监Abutan Lindsay等。

其中，2016年新增的自动化、创新与全球化的内容引起了在场嘉宾与参会代表的热烈讨论。21日进行的汽车物流创新论坛主题为“供应商的供应链”，与会人员就汽车供应链运营、技术、管理等方面的问题进行了热烈的互动沟通。

每年一度的汽车物流中国会议是国内国际化程度最高的汽车物流交流活动，共有来自海内外的400余位代表参与此次活动。

中国物流与采购联合会汽车物流分会组织的第九届汽车进出口物流国际研讨会作为会议的专题论坛于 21 日同期召开。

（来源：2016 年 4 月 27 日 中国物流产业网）

# 6.4 医药物流

## 6.4.1 2.2 万亿市场医药物流市场发展探析

2015 年，在各项政策的严控及全球经济波动影响下，我国医药行业虽然发展速度放缓，但市场规模始终在扩大、增长，据统计，2019 年我国医药市场规模有望超过 2.2 万亿元。在此背景下，医药物流市场将保持快速发展态势。

医药物流物流运行已成为衡量产业经济发展的标杆，商务部数据：医药行业物流发展较快，反应出医药产业的蓬勃发展态势。市场的持续扩大化，将使得医药物流在未来几年出现巨大变化。

医药物流发展迅猛　商务部《中国商贸物流运行报告（2015 年上半年）》数据显示：2010 ～ 2014 年，我国医药市场规模从 6750 亿元增长至 12413 亿元，年均复合增长率为 16.5%。由于人口老龄化、疾病负担能力增强、健康意识提高等多个因素刺激，我国医药市场仍将维持较快增长，2019 年我国医药市场规模有望超过 2.2 万亿元。在此背景下，医药物流市场保持快速发展态势。

1、医药物流项目投资依然强劲

大型医药企业加快建设城市医药物流配送中心，提高自身竞争力。如国药控股在上海建立大型流中心，九州通在武汉建设全球最大的单体医药物流中心等。目前资本相继在医药物流平台、冷库 / 信息平台等医药冷链的基础设施建设方面投入巨资。

2、医药物流加快精益化管理

随着医药流通环节毛利逐步降低，国药物流、华润医药、上海医药均已开展物流精益化管理，以期达到降本增效、提高自身竞争力的目的。

医药物流的未来发展趋势　医药物流市场保持快速发展态势，佐证了医药市场空间的巨大，也体现出医药作为朝阳产业的特点，而目前市场上医药物流鱼龙混杂，市场、品牌等都尚未整合完毕。在吸引巨大投资、追求精益化管理的同时，未来医药物流领域将出现

1、医药物流市场的继续扩大

商务部的预测，2019 年医药市场规模达 2.2 万亿。巨大的医药市场也将带来巨大的医药物流市场。此外，人们购买部分医药的途径在逐渐向网购转变，天猫医药馆的数据显示了这一强烈的转变趋势，而目前网购医药规模仍小，未来有很大的发展空间，这位医药物流市场的继续扩大提供了保证。

2、医药物流行业规则的出台

医药物流，先天存在有别于平常物流要求的独特性，这一点随着医药物流市场的发展愈发明显。而目前该领域内尚未有完备系统的规章制度，甘肃等省出台过该省试行的冷链医械物流规章，虽然起到一定作用，但完备系统的规章制度随着市场的扩大显得尤为必要。

3、市场、资本的有效整合

从市场的发展规律来看，医药物流市场鱼龙混杂的局面，将在未来出现整合，资本、资源的有效整合重组将在这一领域诞生巨头企业。巨头企业的出现也将主导医药物流规章制度的建立，这将是资本竞相追逐的焦点。

（来源：2016 年 10 月 11 日 北京物流公共信息平台）

## 6.4.2 社会物流开展第三方医药物流路在何方

从中国医药物流发展进程来看，企业物流的发展占据了主导地位，社会物流占据的份额少之又少。面对中国医药物流发展水平与发达国家仍有一定差距的现状，除了企业物流的开放，更需要社会物流在第三方医药物流开拓进取。

2015 年，全国七大类医药商品销售总额 16613 亿元（单位：人民币，下同），对批发企业销售额为 6936 亿元，占销售总额的 41.8%；对终端销售额为 9677 亿元，占销售总额的 58.2%；其中对医疗机构销售额为 6907 亿元，占终端销售额的 71.4%，对零售终端和居民零售销售额为 2770 亿元，占终端销售额的 28.6%。（以上摘自商务部《2015 年药品流通行业运行统计分析报告》）根据最新统计，2016 年 3 大终端，6 大市场药品销售，中国药品终端市场销售额实现同比增长 8.3%，达到 14975 亿元，同比 2015 年增速明显放缓。

1、中国医药物流现状与规模几何？

虽然中国医药物流集中度有所提高、流通环节有所减少、但总体来看由于医院终端不允许跨区域配送及异地设库（已经开始逐步放开）、医药流通各环节订货习惯、医药流通企业传统管理观念等因素的影响，流通环节还是较多，渠道库存透明度不够，渠道库存一直居高不下。企业物流社会化程度低，物流网络化一体化运营程度低、规模小、效率低、成本高。

以 2015 年数据为依据，根据不同业态行业区间费率估算（如下表所示），目前中国医药物流总体费用预估在 90~200 亿元之间（应该在 150 亿左右，这个数据不包括广大常慢病患者去医院取药的相关物流费用），其中：仓储费用在 30~50 亿元之间，运输费用在 90~130 亿元之间。根据行业对标，单件物流成本达 10~20 元 / 箱。

现代医药物流网络及运营体系建设进一步合理与完善，2015 年直报企业共拥有 958 个物流中心，仓库面积超过 900 万平方米，其中常温库占 32.5%，阴凉库占 64.3%，冷库占 3.2%；托盘数量超过 500 万个，物流设备完好率达到 99% 以上；拥有专业运输车辆 15363 辆，其中冷藏车占 11.9%，特殊药品专用车占 8.8%。（以上摘自商务部《2015 年药品流通行业运行统计分析报告》）

2、社会物流开展第三方医药物流现状如何？

社会物流开展第三方医药物流有如下几种模式：

首先是单纯承接医药生产流通企业的运输配送模式：社会物流开展医药物流运输业务，无需单独申请 GSP 证照，由于医药流通企业在干线、支线及边远山区的运输配送能力较弱，所以大多数医药流通会将自身能力较弱的运输配送业务外包给社会物流（如：中邮、荣庆、顺丰、华人等），规模应该超过医药流通总体运输费用的 30%，该模式是目前社会物流开展第三方医药物流的主要模式。

还有就是承接医药生产厂家存储配送模式：伴随着二类疫苗一票制的推进，目前有些社会物流企业开始承接从厂家到 CDC 的存储配送业务，但开展此业务社会物流需要取得药品经营许可证及 GSP 证（在 2016 年国务院取消从事第三方药品物流业务批准之前还需要第三方物流资质批复），因此资质门槛要求高，目前社会物流只有顺丰、中邮等通过收购或者自建药品经营企业获得相关资质后开展，2017 年顺丰和赛诺菲合作算是一个经典案例。

另外一种模式为通过设立药品经营企业开展第三方医药物流：中邮在福建、宁夏通过设立药品经营企业直接开展医药经销业务（目前社会物流开展此种模式的几乎没有），而且业务规模不断扩大，同时利用资源开展第三方医药物流服务。

此外还存在承接医药经营企业 B2C 配送模式：大多数医药 B2C 电商的配送都是快递企业，严格意义上讲需要有资质的医药物流企业配送（但目前大多数企业都是在打擦边球），顺丰、京东还开展药店送药到家的业务。

简而言之，目前社会物流开展第三方医药物流总体规模其实不小，但基本还没有进入医药物流的核心地带，虽然顺丰、中邮、京东等做了大量的尝试与创新，也未对目前医药经营企业产生实质性的威胁，毕竟医药物流的资质门槛较高、专业要求高、前期投入高、见效时间长。不过从长期来看，由于第三方医药物流相对其他行业物流来说利润率相对较高、规模较大，社会物流企业涌向第三方医药已成为必然趋势。

3、社会物流开展第三方医药物流机会何在?

伴随着“一票制”、“两票制”、常慢病分级诊疗、处方外流等医疗医药改革政策的推进，医药经营企业对社会第三方物流的需求日益加剧，主要来自医药生产企业和医药流通企业、各级医院以及医疗企业经营企业等。

对于医药生产企业而言，其面对的下游经销企业将越来越多，无论是中国企业还是国际企业，无论大企业还是中小企业，都需要有全国物流网络运营能力的物流企业为其做全国物流网络一体化配送服务（如疫苗的全国存储配送），对于大中型生产企业还可能需要物流企业为其提供多仓联动服务（包括存储），对于国际企业可能需要物流企业为其提供进口相关业务服务及贴标、换包等流通加工服务。

对于医药流通企业而言，则分为如下几个类型。第一，对于全国型大企业及区域龙头企业，一般在地市级以上的物流网络较为完善，但在县级及其以下网络覆盖及服务能力较差，需要具有县级及其以下终端网络能力强的社会物流企业作为其能力的补充。另一方面，在 NDC、RDC 及 FDC 之间的干线运输也是社会物流的重要机会；第二，对于区域中小型企业，要么继续扩大规模，做强做大，要么转型，其中转型的一个方向就是成为区域纯医药物流服务商，社会物流可以通过包括资本运作在内的各种方式与这些企业进行合作。另一方面，社会物流可以通过提供共同配送、集中存储等物流服务，帮助中小企业降低物流成本，让其更加关注于业务，提高其业务核心竞争力，帮助其扩大业务规模；第三，对于零售企业及 B2C 电商平台，随着分级诊疗、处方外流的推进，送药及健康服务到家将是一个广泛的需求、规模巨大（以糖尿病 8000 万患者到医院取药的相关车费、时间成本，按每次 10 元估算，平均每人每月到医院取药 1.5 次，估算约为 144 亿，实际整个医药 B2C 的物流市场规模还要远大于这个数字，但这块往往由于患者自行取药被业内低估和忽视），对社会物流而言在这方面物流配送服务能力上比医药流通物流企业要强很多，有一定的差异性竞争优势，但需要加快专业能力建设。对社会物流而言在这方面物流配送服务能力上比医药流通物流企业要强很多，但需要加快专业能力建设。

对于各级医院而言，逐步会缩小甚至取消中心药库、门诊药房，对于剩下的药房可能会外包给药品经营企业或者社会物流企业。目前中国医疗器械经营企业数量远远超过医药企业，行业散、小、差，极其不规范，需要具有很强医疗器械专业物流能力的企业进行行业物流整合。

4、社会物流开展第三方医药物流方向何在?

通过上述需求的分析，结合目前实际现状，社会物流企业要更好地开展第三方医药物流需要重点关注以下几个主要方向：为大中型国内外医药生产企业提供多仓仓配一体化物流服务；为小型国内医药生产企业提供整合存储与深度覆盖运输服务；为区域内中小医药流通企业提供共同存储及配送（到医院）服务；为一票制下的医药生产企业提供全国多仓仓配一体化物流服务；随着对运输温控要求的提高，提高多层级控温运输（冷藏、冷冻、控温、阴凉等）服务，包括干线运输及同城配送；为医药分销、纯销、零售、B2C 电商、医院提供 2C 到个人的送药及送其它健康产品服务；为医药分销、纯销、零售、B2C 电商、医院（SPD）提供仓储、配送的外包（含人力外包）物流服务与管理；以及为散、小、差的医疗器械企业提供专业的第三方物流服务与管理。

5、社会物流开展第三方医药物流如何突破?

由于第三方医药物流资质门槛较高、专业要求高、前期投入高、见效时间长，因此社会物流企业要想在第三方医药物流取得突破，需要做好以下几点工作。

首先需要充分分析行业机会点和风险点，结合自身的优劣势，根据企业中长期战略规划方向，找准开展第三方医药物流的定位，努力做到与竞争对手进行差异化竞争（不要试图取代或者消灭目前的医药经营企业物流，要用社会物流网络资源丰富、相应速度快、用人用工方式灵活、成本低、服务方式多样等优势进行差异化运作），精心谋划、稳步推进，更要有一定战略定力（要明白第三方医药物流从投入到见效往往需要半年甚至一年的时间），往往坚持就是胜利；

其次医药物流的专业性相对较高，需要加强企业医药物流专业人才、团队和能力建设，提专业、练内力、强机体；

此外还需要加强满足医药行业法律法规（如 GSP、GMP 等）的相关软硬件建设，做到统一规划、分步实施，要非常重视信息化建设，只有高于现有医药经营企业的信息化水平，才有更强的竞争力，才有更好的整合各种资源的能力与手段；

最后需要熟悉医药工业、商业、医疗机构的思维方式、经营方式、管理方式，了解行业文化，这样才能用相同语言、思维、文化沟通与交流，最后才能走到一起。

从现实情况及未来趋势来看，社会物流开展第三方医药物流前途光明，道路曲折，且行且珍惜！

（来源：2017 年 7 月 7 日 浙江物流网）

### 6.4.3 药企自建物流还需政策扶一把

从特征上看，医药产品在实物形态上具有体积小、重量轻、价值高等特点；在市场环节上，则具有生命周期短、有失效日期限制、用户供货要求时间紧等特点；在流通环节上，由于本身性能上的原因，使其对储存、包装、运输有着特殊的要求，并对医药物流的质量提出了更高的要求。

医药企业要想提供专业化物流服务，就应该避开物流仓储、运输方面的价格战。只有建立自己独特的竞争优势，才是走向成功的捷径。越来越多的医药企业开展了配套物流设施的建设，以巨资打造现代物流体系，医药物流供应链扁平化的趋势越来越明显。

自建物流的方式，是医药企业延伸产品采购和配送范围的有效途径。就目前来看，我国现有的自建物流体系还不足以实现医药物流的所有功能，其在发展过程中还存在很多问题：

一是我国医药流通企业多而小，其市场占有率和市场集中度较低，导致了企业的经营成本偏高、经济效益低下。而在现行的医药流通企业中，其商业运作模式还不能完全符合现代流通企业的要求。

二是国内大多数医药流通企业均缺乏市场开发和市场服务的能力，这将在一定程度上阻碍着医药流通企业向着规模化、集约化发展。

三是制药企业、医药批发企业、医药零售企业各自为政的现象较为突出，造成了医药物流资源浪费严重。而信息化水平低下的问题，也使得医药物流体系的建设水平不高。

四是由于医药物流体制分割，缺乏统筹和整体协调，使得医药企业在自建物流方面缺乏统一规划，造成了重复建设问题，形成了较大的资源浪费。

综合来讲，这些问题的存在，致使目前我国医药物流市场结构处于过度的分散竞争状态。而这种分散竞争型市场结构，又给我国医药经济的运行带来了诸多不利的影响。

由此可见，发展现代医药物流体系，仅靠企业自身的力量是远远不够的，还需要政府和行业协会在政策及经营环境方面给予一定的扶持。

一是要建设与培育规范化、法制化的医药物流市场。作为政府部门，应该组织制订相应的行业标准和行业法规，积极推进医药物流的标准化工作和透明化监管，对医药流通企业进行统一的规范管理，从而更好地促进医药物流市场健康有序地发展。

二是要做好医药物流的规划和审批工作。目前，我国医药物流的发展现状主要表现为地域分割、客户独立、信息不畅、品种不全、价格差大。鉴于此，国家应当结合行业协会，充分发挥市场机制作用，改善我国现有的体制条件和面临的环境问题，对医药企业自建物流的规划和审批进行全面改革与升级，以实现医药物流市场结构由分散竞争到寡头垄断的转换，使物流体系更趋向于专业化、多元化、市场化发展。

三是要加快物流信息化建设、引导医药流通企业积极转型。国家应当鼓励医药企业打破原有封闭式的物流系统架构，引导企业正确使用信息化技术，并对医药物流信息技术的研究给予一定的资金扶持，以加快医药企业打造现代物流的建设步伐，形成健全的医药物流发展体系。（本文作者单位系中信物流有限公司）

（来源：2015 年 3 月 13 日 中国物流产业网）

## 6.4.4 中物联副会长崔忠付在 2016（第五届）中国医药冷链物流峰会上的讲话节选

2015 年以来中国经济下行压力继续增大，多数物流企业营收增速有所放缓、运营成本增加、毛利率降低。但从医药冷链物流领域板块来看，大型药品流通企业的主营业务收入、利润增长、费用控制等普遍优于行业整体水平，对行业发展起到引领作用。随着医药冷链物流需求迅速提升，医药冷链物流进入快速增长期。

最近大家谈论最热的话题，莫过于不久前发生的震惊全国的山东疫苗事件，该事件涉及到 24 个省市，影响范围大，涉案人员多，再次把药品冷链物流推向了风口浪尖。短短几天时间，全社会的老百姓认识到了医药冷链物流对于药品安全的重要性，但是，医药冷链的发展绝不能靠事件来推动。下面我就医药冷链物流这个行业存在的问题和发展建议谈几点想法。

一是冷链物流监管体系不完善。这次山东的疫苗事件中，未经冷藏的疫苗通过非法渠道流向 24 个省市，反映出疫苗在运输和配送环节的监管缺失。目前国家食品药品监督总局主管药品的生产和流通企业，而疾控中心、各个医院则由卫生行政部门管理，这种分段监管的现状本身就存在监管的漏洞。此外，药企在配送冷藏药品的过程中，药监部门还无法实现使用信息手段进行有效跟踪，建立药品追溯体系。本次峰会的主题是“大数据下，医药冷链风控与资源配置”，就是希望利用大数据的手段使得医药冷链的流通过程更加完善。

4 月 13 日，国务院总理李克强主持召开国务院常务会议，会议上正式审议通过了《疫苗流通和预防接种管理条例》的决定（草案），这个条例总体思路上把握两点：坚持问题导向和坚持突出重点。国家卫计委同日出台新规：第二类疫苗由省级疾病预防控制机构组织集中采购，接种单位不得直接向疫苗生产企业购买第二类疫苗，加强疫苗冷链管理，推进疫苗全程追溯体系建设，建立完善预防接种异常反应补偿保险机制等。

二是医药冷链物流相关的法规标准内容不统一。首先 GSP 和 GMP 的冷链标准不统一，GSP 中有对冷链要求的明确规定，但个省市解读不一样，企业自律性差，并没有完全按照国家的法规来执行，医院和疾控中心也同样面临这些要求，这在很大程度上造成医药物流企业发展举步维艰。

针对药品冷链运输与配送的趋势，中物联医药物流分会在 2015 年就成立了全国物流标准化技术委员会医药物流标准化工作组，牵头开展医药冷链物流的国家标准、行业标准和团体标准的修订工作，现在已经启动了《药品冷链物流运作规范》、《药品物流服务规范》，并在全国范围开展试点和达标企业认证工作。截止到目前，《药品冷链物流运作规范》的达标企业共计 19 家，《药品物流服务规范》试点企业共计 26 家。

三是医药冷链基础设施建设落后。我国医药冷链的分销模式主要是小批量、多批次的的运输，难以形成一定的规模开展集运，尤其是在不发达的三、四线城市，物流市场落后，具备冷藏品运输条件的设施设备寥寥无几，此外大型医药冷链物流企业数量太少，制度化水平不高，在药品冷藏、运输、分拣、包装等方面效率不高。

四是第三方医药冷链物流发展相对滞后、行业市场化程度低，出现多、小、散、乱现象。一般有实力的大型药品流通企业能保证药品质量，一些小的物流公司缺乏药品冷链运输的意识，再加上成本因素的影响，难以保障冷链运输，尤其当药品送到二、三线城市或者偏远地区，就存在安全隐患。国务院在 2016 年 2 月取消了第三方药品物流审批认证，引发行业强烈关注，但取消是否意味着全面放开，还是监管更加严格，具体工作实施，后续还期待具体细则出台，从社会整体上来来看，取消从事第三方药品物流业务审批，无疑是符合社会发展趋势，对于进一步激发药品物流市场活力，降低物流运营成本，提高行业效力具有重要意义。

五是信息化程度滞后。由于受技术条件限制，我国医药冷链物流从供应链顶层到底层涉及医药制造商、供应商、分销商、零售商等，由于受技术条件制约，这些物流节点没有实现完全联网，难以实现信息共享，无法对药品温度进行实时监控。多数物流公司采用在出货和进货时进行温度测定，这种人工确认温度的方法不能实现温控数据的连续性和准确性， 只有提高信息化程度才能保证医药产品全程温度可控。

2016 年 3 月 1 号国家发布《关于促进医药产业健康发展的指导意见》，明确要完善企业物流信息系统，要充分利用审批药品集中采购的平台信息资源，构建全国药品信息平台，向社会公开药品的价格、用量、质量、流通等信息，接受社会监督，建立信息共享和法规追溯机制，我们也期待医药物流信息化的进程能够加快。

六是专业人才匮乏。近年来中国物流产业蓬勃发展，企业对物流人才的需求量也逐年增加，但与之相应的物流人才教育却跟不上产业发展的步伐，全国各地医药物流人才缺口很大，至于物流领域的新兴产业——药品冷链物流，人才缺口则更加严重。

医药冷藏品具有高时效、高价值、容易变质的特性，这就要求员工具有较强的物流专业水平，既要懂物流又懂医药，但是目前而言，学校的教育方式与企业结合相对少，学生只有较高的理论水平，而往往实践能力较差，很难胜任企业所交给的岗位任务。

2016 年，中国医药冷链物流处于发展机遇期，市场需求稳步增长，政策驱动明显，为医药供应链上下游企业都带来了巨大的发展空间。构建服务医药的网络化、规范化和定制化的全程冷链及可追溯物流体系，确保药品安全，是未来发展的大方向。

本届峰会主题围绕“大数据下，药品冷链风控与资源配置”，在当前环境下，诚信体系建设、药品冷链风险防控、药品冷链救援体系的建立都离不开大数据的支持，医药冷链物流正迎来由大数据主导的“大时代”，进入转型升级的发展新阶段！

（来源：2016 年 4 月 20 日 中国物流产业网）

## 6.4.5 医药物流综合信息

《药品冷链物流运作规范》国家标准试点企业培训（上海站）举行

2016 年 6 月 4、5 日，由中物联医药物流分会举办的《药品冷链物流运作规范》国家标准试点企业培训（上海站）圆满举行。50 余人参加了此次培训。

本次培训由国药集团医药物流有限公司质量管理部副部长张劲梅作为主讲老师。中物联医药物流分会秘书长、国药集团医药物流有限公司副总经理宋军在致辞中提到，今年发生疫苗事件以后，行业内疫苗采用一票制，取消了中间环节，这对医药冷链物流企业是一个很大的机遇，同时也是一个很大的挑战，冷链疫苗运输要求全程不断链，温度必须控制在2-8度，实时监控和追踪，而作为第三方的物流企业如何做才能符合《药品冷链物流运作规范》国家标准要求，做好医药冷链配送业务，这也是今天培训的主要内容。

张劲梅从质量管理体系、组织机构设置与各部门质量管理职责、人员与培训、设施与设备、质量体系文件、运输配送要求、达标企业现场评审细则7方面就《药品冷链物流运作规范》国家标准中运输方面的内容进行了详细的解读，讲到很多企业硬件配置都很好，但是管理方面做得不到位，从建立到实施再到评价，全过程的把控不够。她也希望通过两天接地气的培训，让学员了解到医药冷链物流行业的专业性、特殊性以及需要做好的一些工作。

培训结束后，全体成员参观了上海九州通医药有限公司。上海九州通医药集团有限公司物流管理部部长付雯从冷链概况，全程温度监控，冷链软件系统、硬件设施设备，冷链物流运作情况及自主验证四方面对集团冷链业务进行了详尽的讲解。现场向学员展示了冷藏保温箱、温度监测、无线温度数据打印、医药冷藏车等设备。

（来源：2016年6月28日 中国物流产业网）

## 《上海医药物流中心通过国家级标准化试点项目验收》

上海医药其旗下上药控股的全资子公司上海医药物流中心有限公司（以下简称“上药物流”）的国家级医药物流服务标准化试点项目通过了验收。

上药物流是上海第一批现代物流综合实验基地，2013年通过上海市医药物流标准化试点验收后，便开始申报国家级医药物流服务标准化试点项目，逐步建立了综合法律法规、ISO质量管理体系和新版GSP“三位一体”的医药物流服务标准体系，内容覆盖医药物流服务通用基础标准、服务保障标准、服务提供标准等方面，涉及国家、行业、地方和企业各类标准与规范共计415项。

目前，上药物流已拥有1个物流中心和5个分拨库区，各大区域物流中心共拥有近10万多平方米的库房，运输车辆100多辆，其中冷藏车13辆。整个物流中心拥有3万多个托盘货位，日均配送客户600余家，日均处理订单明细1.2万条，自有物流配送网络覆盖全国13个省市、1200个县级城市、3000家商业公司、8000家医院和1万家药店。

（来源：解放网 2016/1/4）

## 《史必诺SPEEDLOG助力药品储运 打造高效物流》

上海史必诺物流设备有限公司（SPEEDLOGTM）因在医药、物流领域的巨大贡献，荣获“2015年度医药物流仓储设备最佳供应商”。

史必诺SPEEDLOGTM以品质卓越、技术创新、服务一流而享誉全球，除了国内市场，史必诺SPEEDLOGTM每年向全球60多个不同国家及地区出口1000个以上集装箱产品，并累计向全球市场提供了超过1万个物流解决方案。

中国药品配销通路具有时代的特殊性和复杂性，随着市场的开放，国际医药业的大举进入，已促使国内医药通路产生极大的变革，加大医药物流的投资与整改。为此，史必诺SPEEDLOGTM发出自己的声音，为生命健康产业以及中国药都的发展贡献智慧与力量。经努力，已成功地为施贵宝、恒瑞医药、神隆医药等大型医药物流配送中心提供了物流解决方案。

## 《快递蓄势突围第三方药品物流》

国务院发文规定取消从事第三方药品物流业务批准，同时国家食品药品监督管理总局发布《国务院决定取消从事第三方药品物流业务批准等 7 项中央指定地方实施的食品药品行政审批事项》的通知。

“原来是只允许取得《药品经营许可证》的药品批发企业或取得《开展第三方药品物流业务确认件》的物流企业开展第三方药品物流业务，药品质量管理把控能力较强，易于监管，但是限制了第三方药品物流的壮大，药品生产经营企业在药品储配方面可选择的企业较少。这次取消第三方物流审批，有利于促进第三方药品物流业的发展，提高药品物流效率。但是由于各种技术上的限制，短期来看能够开展药品物流的企业不会井喷。”医药行业观察员逄海鹏在接受法治周末记者采访时说道。

**快递业蠢蠢欲动**

第三方物流是指为公司提供全部或部分物流服务的外部供应商。自 2006 年以后，国内部分省份的药监部门以“代储”“代运”的名义为第三方药品物流打开了大门。

四川省医药商业协会副秘书长李长山曾公开表示，“医药流通企业选择第三方医药物流是顺势之举”。作为医药流通企业，选择第三方医药物流，把医药商品的仓储、养护、出库、配送外包给第三方医药物流企业，可以节省储运费用。一个医药流通企业，节省下来少则几十万，多则几百万。全国 13000 家医药流通企业，每年可节省 200 亿元低水平重复投入，整个医药物流行业的盈利能力至少翻一番。

事实上，早在 10 年前，原国家药监局就开展药品第三方物流的试点工作，但是一直进展缓慢。

此前，各省都是以《开展第三方药品物流业务确认件》批复的方式，只允许少量企业开展药品第三方物流业务试点工作，直到此次彻底放开行政审批。

截至 2014 年底，全国取得由省级药监部门核发的开展第三方药品物流业务确认件的第三方物流企业有 123 家，其中绝大部分都是药品经营企业。其实快递企业也早就瞄准了药品物流。

但是目前也只有位于内蒙古、甘肃、宁夏的中国邮政、顺丰速运以及 UPS 位于杭州的萧山国际机场物流公司获得进入医药物流市场的资质。

而顺丰早在 2014 年初就正式成立专门的事业部专注于医药物流领域，目前已经实现“仓干配”一体化。但目前顺丰的医药冷运干线仍仅限于广州－厦门－上海线。

就连近年来退出中国快递市场的 DHL，近期也高调宣布继续加大投资中国的医药物流领域，希望在潜力巨大的医药第三方物流占据一席之地。

在 DHL 看来，在中国人口老龄化问题日趋严重以及医疗需求快速增长的影响下，冷链物流在新兴市场的发展机会广泛。

**高成本门槛低渠道渗透**

“目前取消行政资格审批并不意味着全面放开，医药物流仍有各种规范，后续也会有相应的细则出台。”逄海鹏说道。

医药物流运输的门槛包括药品的分拣、储存和运输的温度等都需要有严格的控制，这会考验第三方医药物流企业的专业能力和经济实力。

清华大学经济管理学院医疗管理研究中心曹健向记者介绍，第三方药品物流只是运输药品，仍然需要运输过程符合 GSP 认证要求。对于一般的胶囊、口服类药品的运输并没有过多的要求，但是特殊药的药品运输需要冷冻、保鲜。“一个外行企业想要建立一个全程的冷链运输仍需要较高的成本投。”

据介绍：GSP 认证一次性投入总额超过 100 亿元，每年还要投入维护费用 100 亿元以上。

“完善的药品流通行业需要大量的基础建设，具有高人力资本以及固定资产的特点，更重要的是行业毛利润极低，净利润最高也只有 2%-3%。”医药投资并购俱乐部吴林（化名）告诉法治周末记者。

除了对企业自身的高实力要求，想要进入药品物流行业还面临着原有行业巨头的挤压。

吴林提出，“国药集团、上海医药（601607，股吧）集团、华润医药集团、九州通（600998，股吧）医药集团是目前在药品物流行业有着绝对优势的药品经营企业，他们自身就有着完善的物流配送系统，以及各省、地区的龙头物流平台，格局已经相对稳定，外行企业在短时间内很难打破僵局。”

曹健也表示，对于大的药品批发商来说，他们在自己的核心市场都建有完善的物流体系，除非是在较为偏远或市场规模较小的地方才会选择与第三方物流合作，快递企业可开施展的空间相对有限。

2015 年 5 月 15 日，上海医药公司与京东签订了《战略合作框架协议》，双方将在处方药线上销售及线下配送、打造医药电子商务和移动医疗的生态系统以及非处方药、医疗服务等领域开展合作。

上海医药就此表示，本次合作将有利于公司迅速把握处方药电商的市场机遇，在流量导入、IT 系统、物流体系方面，快速建立市场竞争优势。

也有不愿具名的业内人士表示这一合作模式很难复制，“能够说服传统医药企业让出自己的资源优势绝非易事，快递企业与医药企业的合作盈利分配也很关键”。

**网络售药打开新市场**

“快递企业目前最大的优势就是利用点对点的网络体系，配合医药电商的物流配送需求。取消第三方药品物流审批，对于医药电商来说也是一个大利好，增加了 B2C 网上药店选择物流企业的范围。一旦未来处方药对互联网开放，这方面的市场也将会更大。”曹健说道。

随着医药电商的崛起，自建物流成为药品经营企业的发展重点，但是自建物流对医药电商来说，不仅前期需要烧钱，实际运营成本相对偏高也是一个问题，药品第三方物流就成了不二选择。

有业内人士分析，一旦网售处方药放开，由于减少中间环节，市场规模达 1 万亿元的处方药将有 30% 转投线上。

面对如此诱人的蛋糕，传统医药企业都已经开始布局。

国内医药物流巨头企业九州通医药集团物流有限公司总经理张青松在 2015 年介绍，集团已将公司物流部门单独列出来，成立了独立的物流公司，除承接集团自身的医药物流配送业务外，还承接第三方的医药物流业务。

据悉，目前九州通的上游供货商已经将近 5600 家，下游客户达到 7000 余家，全国的省级大型医药物流中心达到 23 个，地市级医药物流中心也有 32 个，终端配送点达到 400 多个。

不过，与国内快递行业“龙头”顺丰相比，九州通则处于劣势。目前顺丰的营业网点已经将近 8000 余家，覆盖全国 31 个省市、直辖市；每天的仓库单日出库条数超过 6 万条。除了陆路运输之外，顺丰还有专机运输，在整个运输网络中装载 GPS 与 GIS 货物定位系统。

吴林认为，随着网络售药市场的发展，药品第三方物流，尤其是快递企业将会有越来越大的可开拓市场，但这一发展过程仍然较为缓慢，预计五年内仍不会对行业造成大的冲击。

（来源：法治周末 2016/3/3）

**《医药冷链物流温控设施设备验证性能确认技术规范通过审查》**

2016 年 5 月 26 日全国物流标准化技术委员会组织召开了《医药冷链物流温控设施设备验证性能确认技术规范》国家标准审查会。审查组由来自政府部门、行业协会、科研院所、医药生产企业、医药流通企业、医药物流企业等 13 名专家组成。

专家在听取了标准起草组关于起草过程、主要技术内容确定的依据、与其他标准的相关性、以及制定过程和征求意见过程中存在的重大分歧处理等介绍后，对标准文本进行了逐条审查，一致认为：

一、该标准规定了医药产品冷链物流中使用的温控仓库、温控车辆、冷藏箱或保温箱、温度监测系统性能确认的内容、要求和操作要点，解决了验证管理执行过程中认识不一致，方法不统一等问题，降低了医药产品存储和运输过程中的风险，提高了对国家相关法律法规执行力度。

二、该标准结构合理、内容完整规范，具有普遍的适用性和较强的可操作性，达到国内先进水平。

三、该标准送审资料齐全，标准的起草符合GB/T 1.1-2009的相关规定，标准制定程序符合要求。

四、标准名称建议改为《医药冷链物流温控设施设备验证性能确认技术规范》。

审查组一致同意通过对该标准的审查，要求标准起草组根据审查会上专家提出的修改意见，对标准送审稿的有关内容进行修改和完善，尽快形成报批稿报批。

（来源：中国物流与采购联合会 2016/5/31）

**《医药品产售量增长，医药冷库冷链或临新挑战》**

年初疫苗事件的爆发，将医药低温安全贮存及运输推到风口浪尖，过去不为民众所熟知的医药冷链成为颇受关注的话题。

在讨论医药冷库冷链前，我们先看一下医药低温冷库的相关政策：

国家食药监总局发布的最新《药品经营质量管理规范》(GSP)，对于医药企业和行业的冷库仓储温湿度实时监测以及冷链物流运输等领域，均提出了更高的要求，其中第八十五条规定："企业应当根据药品的质量特性对药品进行合理储存，并符合以下要求：（一）按包装标示的温度要求储存药品，包装上没有标示具体温度的，按照《中华人民共和国药典》规定的贮藏要求进行储存（国药典规定：常温库 10℃ -30℃，阴凉库 0℃ -20℃，医药冷库 2℃ -10℃）;（二）储存药品相对湿度为35% ～ 75%。"

浩爽制冷针对医药低温仓储，可为医药品提供各类不同类型的医药低温仓储型冷库，根据相关规定中的贮藏要求，若无相关具体要求，医药品包括低温仓储包括医药阴凉库和低温医药冷库。

**医药冷链成本之痛**

据统计，我国药品生产企业超过5000家，药品零售企业40万余家，而医药冷库库存数量却不能满足所产医药品的需求，可见尤其是疫苗、血浆类等医药制品，由于冷库低温仓储、冷链运输成本的高昂，导致很多小型企业因成本问题而放弃合格的低温冷库和冷链，而血液、生物制剂、疫苗之类的医药制品，因其药品的特殊性，国家对其生产、流通、存储、运输过程中都有非常严格的要求，昂贵的医药冷链成本与严格的规范制度，医药制品冷链断链造成的各类医药品隐患问题也格外尖锐。

目前我国整个医药制品的冷链，可分为首段、中段和末段。浩爽制冷据统计调查发现，医药冷链中，首段冷链检测数据多半较为完整，低温管理亦可控，中段冷链虽缺乏效率，数据也相较完整，但仍亦可追溯，唯有末段冷链，数据完整性易出现空白，而众多医药贮存不达标事故，也多出自这最后一段。

**医药冷库建造或迎小高峰**

医药制品安全为民众所关注，直接从终端消费到舆论刺激了医药冷库和冷链的建设：医药冷库的建造，医药低温物流，终端零售医药制品贮存柜，医院、科研机构血浆、疫苗、生物制剂、试剂冷库的建造与配套。

随着安全监管的加强，医药制品行业的整套低温冷链系统也会不断完善，同理对医药低温冷库工程等配套冷链设施的质量要求也随之上升，相信在政策监管、舆论影响及行业相关企业的一同配合努力下，完善规范的医药冷链体系建设将不会太远。

（来源：中国冷链物流网 2016/6/1）

本篇供稿：张瑞坤 王京 王立华 张志坚；编辑：张志坚

# 第七篇 城市配送

## 7.1 连锁超市、卖场物流

### 《介绍 7-11 便利店背后的物流配送系统》

在美国电影《火拼时速 II》(RushHourII) 中，唠叨鬼詹姆斯·卡特有一个绰号叫 7-11，意思是他能从早上 7 点钟起床开始一刻不停地唠叨到晚上 11 点钟睡觉。

其实 7-11 这个名字来自于遍布全球的便利名店 7-11，之所以叫这个名字是因为这家便利店在建立初期的营业时间是从早上 7 点到晚上 11 点，后来它成为全球最大的便利连锁店，在全球 20 多个国家拥有 2.1 万家左右的连锁店。到 2016 年 1 月底，光在中国台湾地区就有 2690 家 7-11 店，美国 5756 家，泰国 1521 家，日本是最多的，有 8478 家。

是什么原因使得 7-11 取得如此骄人的成绩呢？除了其先进的经营方式与独特的品牌营销外，支撑其快速发展的另一重要因素就是其高效的物流配送系统。

#### 一、高效的共同配送

典型的 7-11 便利店非常小，场地面积平均仅 10 平方米左右，但就是这样的门店提供的日常生活用品达 300 多种，所有商品必须能通过物流配送中心得到及时补充。7-11 便利店这种多品种小批量高频率的物流特点需要高效的共同配送。

(一) 什么是共同配送 (Common Delivery)

共同配送就是改变以往供应商直接往店铺送货的配送方式，由供应商先将货物送到店铺指定的配送中心，再由指定的配送中心于适当时间往店铺配送。它以计划订货和计算机系统支持为基础。

7-11 便利店自创业以来，一直采取的是在特定区域集中设店的高密度发展战略，而不是到处撒网来求得影响力的提升，这就使得共同配送就成为可能。共同配送模式可以大幅度节省物流成本，据悉，7-11 通过集中化的物流管理系统成功地削减了相当于商品原价 10% 的物流费用，从而为其树立便利店业的霸主地位奠定了基础。

由于特许经营的单店都是由特许经营总部进行统一领导、授权、管理、培训，同时对各单店的经营进行协调，并作为信息中心为各单店提供后台支持，因此，建立由特许经营总部指导下进行管理的共同配送中心，为不同的特许经营单店进行集约配送与共同配送不但成为可能，更是特许经营便利店的一大优势。7-11 在建立其全球零售网络时正是利用了这种优势，几乎所有由 7-11 总部制定的具体物流战略都必须依靠共同配送中心来实现。

7-11 按照不同的地区和商品群划分，组成共同配送中心，由该中心统一集货， 再向各店铺配送。地域划分一般是在中心城市商圈附近 35 公里，其他地方市场为方圆 60 公里，各地区设立一个共同配送中心，以实现高频度、多品种、小批量配送。为每个单店有效率地供应商品是配送环节的工作重点。配送中心首先要从批发商或直接从制造商那里购进各种商品，然后按需求配送到每个单店。

7-11 的物流体系并非独自完成，而是凭着企业的知名度和经营实力，借用其他行业公司的物流、配送中心，采取集约配送、共同配送方式的道路，实现自己的特许经营战略。

合作的生产商和经销商根据 7-11 的网点扩张，根据其独特的业务流程与技术而量身打造。根据

7-11 与各生产商、批发商达成的协议，生产商和批发商对各自所在地区内的闲置土地、设施或运转率较低的设施， 投资设立共同配送中心，由参加投资的公司共同经营。生产商和批发商将配送业务和管理权委托给共同配送中心，7-11 与参加共同经营的生产商、批发商密切协作，以地区集中建店和信息网络为基础，创造成独自的系统。

此外，7-11 公司还提供联机接受订货系统和自动分货系统，来协助配送中心实现运作的系统化和高效化。

（二）实施共同配送的好处

从 7-11 便利店方面来说，实施共同配送可保证商品的新鲜度，减少来店车次，增加服务时间，减少库存储量，增加商品品种，减少商品因过期而产生浪费的现象，降低了物流成本。

对供应商来说，共同配送系统的使用，可使其及时根据 7-11 便利店订货情况来组织生产，使原材料库存降至最低；同时，随着配送店铺的不断增加，其物流成本越来越低。

当然，要实现共同配送，是要有以下措施为支撑前提的，这就是区域集中开店政策、计划订货和计划配送政策、建立高效的物流信息技术系统。

## 二、高效的物流信息技术系统

信息技术系统是便利店提高运营质量的强大后盾。信息技术系统主要包括订货、销售信息记录分析、货架管理、订单处理的信息化。先进的信息技术系统可使公司对市场需求及时全面地获得反馈，并与供应商及物流服务提供商建立了强大的合作网络，可以极大地提高供应链以及便利店运营效率，加快订单流动。

早在 1978 年，7-11 就开始了信息系统的建设。在 20 世纪 80 年代中期 7-11 已经使用能够监控顾客购买行为的 POS 系统，取代了老式的现金出纳机。1987 年安装了条形码识别系统。7-11 的网络平台充分地发挥了它的功能。目前，7-11 已发展为日本零售业信息化、自动化程度最高的企业。

通过其发达的信息系统，借助于卫星通讯，7-11 可以对商品的订货情况进行细分，对店铺给予积极的指导，而且能分时段对商品进行管理，真正做到了单品管理。这种能密切联系供应商、商店、员工和银行的物流信息技术系统，对许多零售企业来说，建设成本和复杂程度之高，甚至在互联网技术已经降低了的今天仍然是个梦想。

先进的物流信息技术系统帮助 7-11 收集详细的销售点数据，包括产品识别、数量、购买时日及对客户的年龄和性别的估计。这些数据在 ISDN 线路上集合并传送至 7-11 总部，控制便利店全部电脑设备和外设的便利店计算机系统对数据进行处理。便利店计算机可使便利店经理对每小时销售趋势及客户群体的全部库存单位（SKU）脱销率进行分析。

7-11 总部使用统计方法对这些详细数据进行分析，预测每年的市场趋势， 向供应商提供产品情况，以便生产厂家作出生产安排。有关客户喜好的预测及趋势信息将和供应商共享，共同制定引进新产品、进行货源补给的计划。

高效的综合信息系统为 7-11 公司各部门有效沟通和紧密配合提供了强有力的保障， 使以顾客需求为出发点的生产、物流、销售三个环节紧密结合。为准确、迅速地掌握客户需求，为给客户提供优质服务，7-11 不惜投巨资构筑生产—物流—销售综合性网络从接受订货到数据处理，从传票发行到货款结算以及赊销管理等，均采用信息网络自动处理；使厂家、供应商、物流、店铺、总部各部门等各环节在商品信息上实现共享，形成信息上的互动，真正意义上实现了业务处理的自动化，工作效率因此而大幅度提高。

## 三、高效的细分物流配送

7-11 目前已经实现了全球范围内的不同温度带物流配送体系，针对不同种类的商品设定了不同的配送温度，并使用与汽车生产厂家共同开发的专用运输车进行配送。

从商品本身的角度来看，7-11 便利店主要销售食品和日杂商品，而且有大量的熟食，根据商品品质对温度的不同要求，7-11 把食品分成冷冻型、微冷型、恒温型和暖温型，据此，公司建立了 3 个配送中心，即冷冻配送中心、冷藏配送中心和常温商品配送中心，将不同温度的商品分组管理。采取不同的配送方法，不仅有利于物流效率的提高，也满足了顾客对商品新鲜度和高质量的要求。

常温商品和冷冻商品运作方式大体相同，在配送中心都设有库存商品，由配送中心代为管理，配送中心对供应商的库存商品负有管理责任。在店铺订货后，订货信息直接由配送中心打印出配送单据和送货单据，配送中心根据配送单据配送好商品后，携带送货单据将商品按要求送到店铺。店铺验收完货物后，在配送单据上签字并盖章。此票据根据需要配送中心、供应商、店铺和总部各留一联， 以作为记账凭证。

冷藏供应商运作方式有所不同，为证商品新鲜度，配送中心没有库存，也不打印配送单据。由单店直接向供货商发送订货信息，然后由供货商打印送货单据，并根据订货信息安排生产，并于当晚将货物与送货单据送到配送中心，配送中心再按店铺分装好货物送到店铺。店铺验收完货物后，在配送单据上签字并盖章。此票据根据需要配送中心、供应商、店铺和总部各留一联，以作为记账凭证。

7-11 便利店凭借高效的物流配送系统，成功实现了物流低成本、高效率，在与其他零售企业的竞争中处于优势地位，是便利店业界的成功实例，其物流配送方略对我国便利店发展有着深刻的借鉴意义。

（来源：《京东仓储物流》2016/3/23）

**《物流成本居高不下 共同配送模式成不二选择》**

如何降低企业成本？视角需从供应链上找病根，而物流是供应链上不可或缺的环节，然而，我国物流行业仍存在物流服务品牌繁杂、物流设施建设重复、资源利用率不高等问题，物流成本居高不下，成为制约发展的短板。

2016 年 8 月，国务院发布《降低实体经济企业成本工作方案》，提出要从合理降低企业税费负担，有效降低企业融资成本，着力降低制度性交易成本，合理降低企业人工成本，进一步降低企业用能用地成本，较大幅度降低企业物流成本，提高企业资金周转效率，建立推进降成本机制等 8 个方面帮助企业降成本。

降低企业的成本，视角需从供应链上找病根，而物流是供应链上不可或缺的环节，物流成本占生产成本的比例高达 30% ~ 40%，若把物流成本降下来，就可以大幅降低企业总成本。

然而，我国物流行业仍存在物流服务品牌繁杂、物流设施建设重复、资源利用率不高等问题，物流成本居高不下，成为制约发展的短板。弥补这一短板，共同配送模式为不二选择。

**共同配送三层面**

从广义上讲，共同配送是将多个客户联合起来，在不同客户之间进行有序配送的服务。其模式分为多对一、多对多两种形式，是将来自不同货源的货物集约起来，由一个或多个配送企业对一家或多家用户按指令进行配送。其中间的物流——第三方承运商，可以同时为多家货源统一配送，按其配送规模可以划分为三个层面。

第一层面，大型共同配送（多对多）。多应用于海运、空运和铁路等长途运输领域的大宗货物的共同运输，即多家物流公司联合配送来自多家货源的货物。以地中海和马士基两大航运知名企业为典型代表。

通过共享仓位降低空载率，降低物流成本，提高物流资源利用率。海运在运载同一地点不同类别的货物的同时，可以在同一航线不同地点卸货后，再补充搭载新的顺路货物，大幅减少空载率。前提是有一个信息大平台为支撑，对订单进行全面、综合的智能调配，随时随地接收与调配。

第二层面，中型共同配送（一对多）。在商超和医药等领域应用较为广泛。商超主要涉及快消品和药品，因多频次、多品种、小批量等特征，导致配送成本提高。提高的成本要么通过降低配送中心利润率来承担，要么通过提高商品价格转嫁给客户，不利于企业发展。

共同配送模式一方面能够合理计划配载单元，充分考虑一次性装车时容积与重量对配送的互补性，提高配送效率；另一方面，制定有效的运输计划，安排合理的配送路线，充分发挥配送车辆的整体优势，改变车辆使用率偏低的现状。

目前，沃尔玛、7-ELEVEN的配送系统获得了显著成效，“北京朝批商贸模式”更是行业典范。九州通医药集团也正探索把共同配送模式应用到医药配送领域。

第三层面，小型、微型共同配送，即“最后一公里”。国内“最后一公里”的配送服务，尤其是涉及城市郊区和农村的物流服务，满意度不尽如人意。

对此，可利用大数据进行科学分析，在物流量大的地方建立分拨中转中心，这对城市和城际间的配送尤为重要。在城市需求密集的地方、城市交界处乃至延伸到农村，建立能够及时响应的分拨中心。在这方面，菜鸟驿站、小麦公社乃至鸟箱的出现和兴起开辟了先河，奠定了基础。

上述配送模式有如大海、江河和河流，既一脉相承，又优势互补。

**建分拨配送中心**

商务部流通业发展司发布的数据显示，截至目前，国内已有城市共同配送试点22个。各省也在辖区内积极开展相关试点工作，成都、青岛、厦门、海口等城市率先垂范。

然而，共同配送在落地阶段的实施情况并不理想，诸多不确定因素成为制约发展的绊脚石。一方面，物流配送面向整个供应链上不同类型的客户，上至制造商、生产商，下至零售商、消费者。不同客户对货物配送的时间、地点、方式、货物的安全保障措施等要求不同，给第三方物流企业标准化配送带来了很大困难。且各物流企业间的利益不同、文化不同、经营方式不同，协同一致难度加大。

另一方面，城市共同配送在实施过程中缺少客观精准的核算和管理体系，项目实施前，各企业付出成本难以分摊，实施后每个企业获益多少也很难计算量化，容易导致企业因利益不均而产生合作过程中的人为矛盾。此外，物流配送体系延伸到农村的触角“反应滞后”，农村“最后一公里”很难打通。

针对这些问题，我们可从已有的成功案例中寻找解决之道。参考日本零售商7-ELEVEN的共同配送模式，其核心在于通过数据中心收集各门店的销售信息，在门店产品信息低于存储安全线时，系统自动发送发货需求指令，分拨配送中心即时响应，第三方物流企业定时、定点、定批量配送，降低了各门店的自有库存积量，提升整体配送效率。

**商业链整合设计**

当然，打通农村“最后一公里”，可以效仿大型船公司或航空公司的舱位共享共同配送模式，以人员流动最频繁的客运中心为中心，建立末端小型的分拨配送中心，以城乡之间的往返车辆为仓库和运输载体，定时、定点、定班配送。

建议利用最快捷、方便的网络，参考滴滴、优步平台的做法，对整个商业链进行设计整合。首先，从源头产品的生产点分类整合，以距离远近分片组合，用云计算模拟，速度效率最佳的距离为一片。

其次，将商品分类，能一起运输的才能用同一运输工具，这一步可将商品分为几大组。

第三，按到达地点的顺序，分拣分装商品，这涉及装箱先后和卸货问题。当然，也可考虑将配送车改造成立体式自动仓库，可一边配送，一边收货。

第四，用先进的自动化设施、云计算等，请物流专家设计，从供应链入手，进行整体设计，将各行各业不同种类的商品进行整合，通盘考虑，全局兼顾，提高速度，减少交通堵塞，降低运输成本。另外，建议成立协议签约式车船飞机综合运输公司，既可分开独立运行，也能衔接上共同发力，确保打通整个物流链条。

未来的物流配送体系应朝着信息化、标准化、组织化、智能化的方向发展，通过大数据、云计算、物联网等先进信息技术，把控、整合物流资源和信息，开发智能配送运输调配软件，特别是APP软件的开发，从而推动物流体系服务有序稳健地向前发展。

同时，未来国家能够出台更多物流相关的扶持政策，助推物流业快速健康发展，为我国经济繁荣发挥物流先行的积极作用。现代社会分工越细越明确，商品源头不负责运输，交给专业的运输企业来完成，如前述提到的共同配送、统一调配将成为发展趋势。

（来源：《中国物流与采购》2016/9/26）

### 《盒马鲜生 PK Amazon go 同城配送是商超核心还是鸡肋》

新零售下，传统商超明显已经不能满足用户消费升级的需要，那么未来商超究竟要变成什么样才能真正受用户青睐？阿里此前推出了充分整合线上线下的盒马鲜生体验店，亚马逊则在日前推出充满人工智能范儿的AI超市Amazon GO。

二者都是对未来超市的一种践行，究竟谁的模式更受用户青睐呢？

Amazon Go 的秘诀在人工智能

最近一两年里亚马逊不断曝光的让人惊呆的研究成果，例如清洁能源，火箭回收，人工智能……这间AI超市，将是亚马逊在其智能仓储机器人之后，在人工智能领域的又一重大突破。

Amazon GO运作起来是个什么效果？其宣传语是“Just Walk Out Shopping”。“拿完直接走人！”就是字面上的意思，不用结账，拿完想要的东西直接走人，也没有收银员，听起来十分炫酷，那他究竟是怎样运作的呢？

1、人工智能在线下商超的运用

进超市：当用户进入超市时，先打开Amazon GO的APP，然后会弹出一个二维码，超市门口会设立几个闸口，闸口可以扫描二维码，将二维码对准扫描区扫后，可进入超市。

这个闸口类似于地铁刷票的闸口一样，平常是关闭的，只有检测到二维码后才会打开。当然，扫描过后，APP内用户的个人信息肯定会被读取的，所以说，自进门以后用户就在超市系统的监控范围内了。

购物：当用户走进超市内部时，各个地方安装的摄像头会实时记录用户的行为轨迹，货架墙壁上安装多个摄像头，货架的底部或顶部埋藏多种传感器。摄像头负责拍照以供图像分析，传感器则用来确定商品的位置和状态，因此当用户来到货架前拿走一个商品的时候，这个动作就会被检测到，然后通过通信模块传输到手机APP中，购物车被会被更新。

除了视频采集，Amazon Go还有音频采集系统，通过麦克风采集到的声音，判断消费者处于超市的什么位置，所有这些信息都会同时传递给Amazon Go的中心系统进行处理，确保每位消费者的购物行为都不会发生信息延迟。

出超市：当用户购物完成后，通过出闸口的特定区域时，闸口会自动打开，用户可直接走出商店，Amazon Go 就会自动从你的亚马逊账户直接扣款，无需收银台和收银员。

2、大数据应用依然是亚马逊的强项

Amazon GO中所有的摄像头、红外传感器、麦克风等设备将计算机视觉、深度学习、无线射频识别、图像分析和感测等一大批技术融合成了一个完整的系统。

在整个购物过程中，亚马逊收集到了大量的消费者数据，未来亚马逊将会利用其大数据功能，分析消费者偏好，据此调整相应货品的位置与库存。

因为大数据是亚马逊整个电商链条的终极武器。并且亚马逊已经为其新技术申请了专利。所以，这不是概念店，是实打实已经试营业的超市。

目前亚马逊正在测试这家占地1800平方英尺的实体店，位于西雅图第七大道 2131，顾客可在商店购买即食类商品，如三明治、蛋糕、面包、巧克力、果汁饮料、牛奶等。预计将于明年初期开业。

**盒马鲜生的强项在整合线上线下**

1、用户线下体验：

首先，盒马鲜生线下体验店的布局跟传统商超很不一样，店铺设计比较现代化，整洁透亮大气，不仅有生鲜购物区，还把“餐厅”体验业态纳入实体店，让用户不仅可以现场购物，还可以现场制作美食并就餐。

在面积 4500 平方米的门店里，盒马鲜生售卖的产品十分丰富，包括肉类、水产、水果素材、南北干货，米面油粮、烘培、熟食、烧烤以及日式料理等。并且货源优质，盒马鲜生售卖的商品来自 103 个国家，超过 3000 种商品，其中 80% 是食品，20% 是生鲜产品，后者未来可能发展到 30%。

2、线上购物交易：

与其他生鲜商超不同的是，盒马鲜生不接受现金付款，只接受支付宝付款。消费者到店消费时，服务员首先会指导消费者安装“盒马鲜生”的 APP，然后再注册成为其会员，最后再通过 APP 或者支付宝完成付款。

盒马鲜生能将线上线下数据充分打通，消费者既可以单独线上、线下消费，也可以实现线上线下智能拼单。例如，你在店铺购买完成后，在回家的路上突然觉得不够，这时可以立刻打开手机中的盒马鲜生 APP，实现加单，系统会自动把两个单拼接在一起，然后一起配送。

3、高效的同城配送：

盒马鲜生体验店拥有一套自动化运货设备，在店内设置了 300 多平方米的合流区，从前端体验店到后库的装箱，都是由物流带来传送。所以在门店，消费者头顶就是飞来飞去的快递包裹，用户下单，商品就能通过传输带立刻出店。

盒马鲜生宣称五公里内半小时送达。无论是在门店购买，还是 APP 线上下单，均能保证“五公里范围，半小时送达”。这种配送效率不仅能保证生鲜产品的新鲜度，而是能满足用户的即时性消费需求。

并且盒马鲜生采用的是自建物流，据称第一家线下店是有七八十位自营配送员。

**Amazon GO 与盒马鲜生的较量**

二者的模式比较来看，Amazon GO 侧重人工智能，而盒马鲜生侧重线上线下的整合，其中一个鲜明对比就是，Amazon GO 没有提物流配送环节，而盒马鲜生则一定要用极致的物流配送来提高用户体验。

我们也可以这样说，Amazon GO 是让传统商超变得更加智能；而盒马鲜生却是在改变传统商超的运作模式，让线上线下成为一体，以此来更好地服务消费者。所以同城配送与商超的结合与否也成为二者的核心区别。

目前，盒马鲜生线下店已经冲出上海走向北京了，亚马逊的 Amazon GO 还没有真正向用户开放，如果有一天 Amazon GO 能够真正实现，谁的模式更有竞争力呢？或许，二者的合作互补会多余竞争，Amazon GO 将学习盒马鲜生加强线上线下的整合，盒马鲜生则要学习 Amazon GO 运用更多人工智能。届时，最大的受益者应该是消费者，因为那时候购物应该会成为一件炫酷的事情。

（来源：《第一物流网》2017/1/5）

**《“陆鲸”上海推新物流 构建服务共同体》**

2 月 20 日，马云现身上海宣布与当地零售巨头百联集团达成战略合作，作为线上最大的电商平台与线下传统零售豪强跨界联姻的结晶，“新零售”一词一时风头无两。

然而，媒体关注之外，同样在这座有着“魔都”之称的超级城市中，传化物流集团旗下，国内领先的物流 020 服务平台陆鲸早已迈出线上线下开放融合的革新脚步，联袂上海传化海江公路港，推出了与“新零售”相辉映的“新物流”。

**构建新物流服务共同体**

传化物流致力构建“中国智能公路物流网络运营系统”，打造中国生产性服务业的基础设施平台。重资建设的线下实体公路港组成了一张覆盖全国的“地网”，不仅成为了全国物流高效集散地，更为陆鲸线上智能服务平台与线下资源深度融合，构建新物流服务共同体创造了前提条件。

新物流服务共同体的形成，是基于物流大数据和互联网技术，围绕着增加用户规模、升级用户体验、创新服务生态，对人、车、货三大要素进行优化重构，扭转传统物流业小、散、乱、差的低效形象，疗治成本之殇。

传化物流集团副总裁、陆鲸总经理孙方明表示：“线上陆鲸和线下公路港的融合，不是简单的机械叠加，而是生态型互补，技术和资源的深度化学反应，将引领整个物流行业进入全场景服务时代。”

构建服务共同体是新物流发展的外在特征，纯线上物流平台和纯线下物流园区的服务单体，因无法提供更快、更好、更有想象力、更具场景性的物流服务将逐渐被资本和市场所抛弃，物流服务线上和线下的界限正在消失。

**打造上海物流新地标**

上海代表了中国城市发展的高度，是长三角的物流中心，与马云选择上海的战略一致，陆鲸希望把新物流的星星之火，从此燎原。不一样的是，陆鲸线上平台与线下园区深度融合的新物流模式，已经在上海初露锋芒。

“对我们上海的货代来说，新年最大的变化就是货运交易的地方变了，以前上海大部分的货运单子都在鸿宝物流园，我在那待了十多年，现在都搬到传化海江公路港来了。”来自安徽的周士云刚进驻了宽敞明亮的公路港信息交易大厅，在她身后的电子大屏幕上，不断更新着实时的货源、车源信息。

目前，鸿宝物流园区的货代客户已搬迁至传化海江公路港，物流基础设施加速现代化，依靠陆鲸线上服务的全面渗透，以及线下有效的营销组合拳，坐落于嘉定区北部的传化海江公路港已经成为上海物流新地标。

（来源：中国网 2017/2/22）

**《阿里联手百联后 零售的逻辑真的要变天了！》**

阿里结盟百联后，有个评论非常有趣。零售会是阿里的天下吗？零售界已然形成三座大山：掌握数据资源的阿里系好比外国列强、掌握位置资源的房地产商好比大地主、把持市场准入的地方势力好比大军阀。而红军在哪里？

我们看不到红军，也许这个尚且弱小的势力还远在主流视野之外。我们可以看到的是，阿里在连横房地产商和地方势力，构建强强联合的零售新逻辑。

我们更关心的是，这个巨无霸会给零售带来怎样颠覆性的想象，亦或者响雷过际而已。

**阿里＋百联有多大想象空间？**

本质上，阿里捆绑百联与阿里入股三江购物，没有区别。

百联是上海国资委背景，虽然这次协议没有资本运作，但早在去年年末，阿里系投资的易果生鲜通过接手永辉超市出售的2.37亿股联华超市（百联股份旗下超市）内资股股份，已经获取了联华超市21.17%的股份，成为联华超市二股东。

过去一年阿里在零售领域有8次资本活动，基本的做法是要成为大股东，有重要话语权。

从资本层面，阿里在百联和三江购物都是直接或间接的第二大股东，获取了对方线下的地产资源和区域市场准入权利。

**这个场景资源到底有何价值？**

按照业内普遍对未来零售随时随地、所见即所得的设想，全场景资源的覆盖和全用户信息的掌握是实现的必要条件。这也是阿里巴巴 CEO 张勇所说的人、货、场的统一。

例如，Ann 网购了一本书，她正坐在一个购物中心的星巴克咖啡馆，送货地址就在咖啡馆。网购的货要送到 Ann 手里，无论是无人配送车还是快递小哥，都需要获取进入商场、进入该星巴克的权限。尤其未来的无人车配送场景下，在阿里的场里，菜鸟的小 G 可能就可以畅行无阻，京东的无人配送车就可能被商场拒之门外。

反之，如果 Ann 在逛商场的时候购买了一双鞋，不想自己拎着麻烦，想直接从店里寄到家里。这同样需要商场准许品牌能在场内实行发货、快递可以进入场内取货。否则品牌商只能从后端网购仓库配货，那一双鞋就不再是 Ann 亲自挑选的这一双。

从用户层面，阿里有线上最全的用户购物数据，如果通过支付宝接入百联、三江购物线下场景的支付，就可以获取用户全场景消费数据。这一直是马云自从两年前提出要做 O2O 就想实现的目的，并推出了喵街和口碑双品牌进攻线下，挖掘数据。

通过口碑，阿里已经获取了不少餐饮类用户消费数据，但限于喵街的模式并不成功，百货类的场景，阿里并没有切进去。

和百联合作后，双方明确提到首先会互相打通支付渠道——百联线下门店将向支付宝开放，同时百联旗下安付宝 / 联华 OK 卡将全面接入支付宝。

这意味着阿里终于可以拿到全场景的用户消费数据，可以准确地判断该用户的消费偏好、消费渠道，为之提供精确的商品推荐和服务。反向指导商场调整品类结构、提供更多符合用户需求的增值服务，实现真正线上线下的互补和协同效应。

这时候，品牌要进什么场子卖货，布什么样的货，也都在阿里的全景掌控中。

在这样的结构里，阿里成为零售的数据大脑和线上渠道巨头，商场成了商品陈列室，品牌成了设计营销公司，用户得到了更无需动脑、机器大数据精准预测推荐的购物体验。

**淘宝便利店将成为整合第一步**

如果说上述到店的想象目前还只在支付宝整合用户阶段，到家的整合或许会很快展开。据了解，百联股份 2015 年收入 492 亿中超市占 62%，百货类占 36%，旗下 3796 家联华超市是其主要资产，也是此次阿里看中的肥肉。联华超市 80% 集中在长三角，网点密集，比照阿里入股三江购物后的第一步动作，可以预见这些店很快会进入淘宝便利店体系。

亿邦动力网观察到，阿里对线下零售的到家能力整合主要通过淘宝便利店入口，主切快消品生鲜类目。目前，淘宝便利店已低调进入北京、上海、杭州、宁波和深圳五个城市。淘宝便利店入口位于手机淘宝首页淘宝头条之下的横屏一栏，独立存在，没有折叠在其到家入口。目前也只对开放城市店铺覆盖区域用户可见。

在淘宝便利店覆盖区域的用户，打开手机淘宝首页会自动显示淘宝便利店入口，不在覆盖区域的用户则看不到该入口。如果所覆盖区域的店铺不提供服务，入口也会自动隐藏。如春节期间，很多便利店停止送货上门服务，用户手淘首页的入口就不再显示。

亿邦动力网了解到，北京地区的淘宝便利店目前接入了闪电购、每日优鲜、社区直销鲜驿站等服务商，宁波则主要由三江购物提供服务，上海和杭州目前独家接入了闪电购，深圳也主要由闪电购提供服务。

闪电购成立于 2014 年，是一个主打一小时送达的 O2O 服务，最初与爱鲜蜂等上门到家类创业项目一样。但在这两年 O2O 快速调整的浪潮里，闪电购试过自建配送、供应链等多种方式后，最终转型为一家专门为线下超市便利店提供信息化和线上代运营的 O2O 服务模式。2016 年 8 月，闪电购拿到了阿里 2.67 亿元人民币 C 轮融资。

目前，闪电购前端对接淘宝便利店流量入口，后端与饿了么的蜂鸟、达达、生活半径等众包配送合作，帮线下便利店建立线上线下一体化的运营机制。这里面，闪电购有 10 万 SKU 的云商品库，可以帮商家实现线下便利店商品的快速线上化；根据线上用户的价格敏感性特点制定促销；通过整合主流的第三方即时配送平台，为商家提供一键订单分发系统和优惠的配送价格。

目前，所有通过闪电购接入到淘宝便利店的线下便利店，在手淘页面都只显示闪电购品牌，但随着与连锁品牌如步步高等合作，未来在品牌的露出上也逐渐将以步步高等品牌形式露出。

闪电购方面称，目前在杭州地区，闪电购与联华超市有单店的合作。上海地区的淘宝便利店入口由闪电购独家运营，未来联华超市是直接独立整合进淘宝便利店，还是通过闪电购整合并不清楚。

据亿邦动力网了解，闪电购还与三只松鼠、良品铺子等纯线上品牌合作，帮助这些品牌进入线下便利店。也跟易果生鲜战略合作，为便利店提供进口生鲜水果供应链。从闪电购提供的服务可以看到，目前淘宝便利店在做的事情，是为线下超市、便利店提供到家的流量入口，让线下门店在线化。但未来真正要做的，是快消品供应链的深入整合。

线下超市和便利店们将更难了

淘宝便利店 1 小时送达与已有的京东到家、美团到家、淘宝的到家有何不同？

据了解，淘宝便利店采用的是划定区域的网格式覆盖，每个网格区域只选定一家便利店提供服务，不像其他到家入口采用列表排序，展示全部该区域提供服务的商家。

例如在杭州区域目前入驻的商户有 18 家，如果把它画成网格，每家店预计覆盖半径 2 公里左右。这种划分相当于把便利店 500 米的辐射能力扩大了范围，帮助线下店做增收。

这两种不同做法显示的是两种不同的思路，淘宝便利店明显将便利店作为了一个前置仓价值，因为有流量的独家给予，未来可以在供应链上展开更深入的整合。而京东到家等到家则主要是流量分发，赚取的是营销费用。以联华超市为例，店铺规模比普通便利店要大，可以承载的 SKU 和仓储运力优于便利店，更符合阿里在快消品上的前置仓这一设想。

其实在快消品类的争夺上，此前天猫超市和京东的快消事业部正面厮杀过一场。京东快消事业部老大冯铁曾正面回应京东已成最大线上商超，未来还将成为线上线下第一大商超，并将在三年内结束商超之战，直言天猫超市无法追赶。京东的模式是通过提升品牌到用户之间供应链的流转效率，例如从品牌仓库直接配送到离消费者近的前置仓，而不是经过总仓再统一调配，从而缩短商品流转次数，降低履约成本。

从目前来看，B2C 模式里，京东的供应链效率已经是最优。阿里要在商超品类有所作为，新的淘宝便利店模式是一种全新的尝试。

这种模式因为直接深度整合了已有的门店资源作为前置仓，离用户端相当于有了布点的优势，如果从前往后，将后端的供应链以电商的模式深度整合，用大数据来预测、指导配货，调整货品结构，其效率上或许可以和京东达到异曲同工的结果。

而且因为有门店，还可以覆盖到店用户，在用户需求覆盖上相比就更丰富更深入。但对线下便利店和商超来说，如果不能抱上阿里的大腿，在京东和阿里双向夹击之下，生存只会更艰难。

（来源：亿邦动力网 2017/2/22）

**《破解城市配送难题》**

城市配送业务是久信“外贸物流综合服务”体系中的重要环节，主要货物为工业品。近年来业务量增长快速，运输准点率始终保持在 98% 以上。

目前在城市配送方面存在两大问题：

一、城市配送成本高，已成为推高整体物流成本最关键的因素；主要体现在：作业方式落后，作业效率低下；社会物流资源浪费严重，成本意识不高；资源分散严重，缺乏高度集成。

二、城市配送效率低，已成为影响城市功能正常发挥的重要因素，主要体现在：城市化进程加快和交通拥挤问题的加剧；城市配送需求的多样化加大了城市配送组织的难度。

久信的应对方案是：在软硬件系统及操作流程方面加大投入，通过苦练内功来降成本、增效益。

软件系统方面，久信自主研发的 TMS 系统于 2007 年上线，并与报关、仓储、外贸代理、国际货代等模块实现无缝对接，2008 年实现无纸化，所有的信息流转、单证留存、业务结算、业务归档、业务报表等全部系统化。近期还在开发基于智能手机的移动端应用，在订单跟踪、电子签收等方向上持续努力提高。

在提送货流程上，将以往出现过问题的业务总结成案例，形成解决方案和操作流程。

所有车辆装备 GPS 定位系统，实时了解车辆情况，建立驾驶员微信群，在安全驾驶的前提下，方面沟通联络。

对供应商择优录用，优胜劣汰，并积极协作，信息共享，取长补短，降低运输成本。

2017 年上半年，业务量较 2016 年同比上升 42%，较 2015 年同比上升 67%。业务量的上升对日常管理工作提出了更高要求，久信将继续坚持系统化、流程化的发展理念，持续改善软硬件系统，着眼于提升外贸物流综合服务的整体效率和服务质量。

（来源：东方久信集团 2017/5/18）

# 7.2 邮政、快递物流

## 7.2.1 上海快递业行业协会：《2016 上海快递行业发展报告》

### 一、2016 年快递行业发展综述

我国经济领域中的一匹“黑马”——中国快递业，近年来取得了令人瞩目的发展业绩，连续 6 年增长率超过 50%，业务量稳居世界第一，在全球的占比超过四成，对世界快递业务量增长的贡献率达到 60%，我国已经成为全球快递市场发展的新引擎。

2016 年，我国的快递业继续保持了高速发展的态势。全国快递业务量达到 312.8 亿件，同比增长 51.4%；快递业务收入完成 3974.4 亿元，同比增长 43.5%；快递业务收入占行业总收入的比重为 73.9%，比上年提高 5.3 个百分点。实现了“十三五”良好开局，对社会经济增长的贡献显著提升，为国家“稳增长”战略作出了积极贡献。正如李克强总理所说：“快递业服务实体经济、拉动消费促进生产，是生产性服务业，是新经济的代表。快递业‘新动能’和‘撬动大市场’的作用日趋明显，我相信，它一定能够成为供给侧结构性改革的一支生力军，未来发展潜力仍然巨大。”

党和国家对我国的快递业给予了高度的重视，近年来，在全国人大、政协历次全会上，“快递”成了不可或缺的热词。2014 年全国人大十二届二次会议政府工作报告提出“促进物流配送、快递业和网络购物发展”；2015 年十二届三次会议政府工作报告明确要“发展物流快递，把以互联网为载体、线上线下互动的新兴消费搞得红红火火”；2016 年十二届四次会议政府工作报告部署“完善物流配送网络，促进快递业健康发展”；十二届五次会议政府工作报告又提出“促进电商、快递进社区进农村，推动实体店销售和网购融合发展”。这说明，政府对于快递发展的要求不断提升、侧重点愈发明确、推动力日益聚焦，彰显了中央的密切关注与大力支持。

为引导、帮助快递业实现更好发展，国家各级政府部门连续制定公布了一系列法律法规：2015 年，经李克强总理签批，国务院印发了第一部全面指导快递业发展的纲领性文件《关于促进快递业发展的若干意见》；2016 年，国家邮政局、国家发展改革委、交通运输部联合印发了首部由三部门联合印发的《邮政业发展“十三五”规划》；市邮管局与市发改委联合印发了《上海市邮政业发展“十三五”规划》，与市交通委联合印发了《上海市邮政业中长期规划》，牵头编制了《长江三角洲地区快递服务发展“十三五”规划》。这些法律法规和规划的制定公布，对于我国快递业把握发展机遇、明确目标任务、汇聚各方力量，统筹引导快递业持续健康发展具有重要意义。

在党和国家的关心支持、有关法律法规的引导规范下，我国快递业的服务范围正在向更广更深的层次发展。在农村，全国快递服务现代农业示范工程已经启动，洪湖的藕、查干湖的鱼、阳澄湖的大闸蟹等一批知名农产品都通过快递远销国内外，快递直接拉动的农业产值达1000亿元以上，不仅为国家精准扶贫作出积极贡献，也为农业供给侧结构性改革增添助力。在工业领域，全国已累计开展快递服务制造业联动试点项目322个，直接服务的制造业年产值超1200亿元，为制造业企业降本增效、转型升级提供了有效支撑。在社区，部分实体商业已经尝到了与快递合作的甜头。在社区便利店中搭载快件代收服务早已不是什么新鲜事。部分快递企业还将服务对象锁定为社区实体商业，通过大数据为特定社区的消费者“画像”，指导店家备货，并负责城市配送。“快递+”这篇大文章才刚刚起笔，快递网点跟城市商业网点的合作仍处于初级阶段；快递仅衔接着生产和流通两个环节，还没有完全嵌入制造业生产环节；医药配送仍处于待开发阶段。但是，随着行业供给侧结构性改革不断深入，今天的痛点将会成为发展的亮点。届时，快递对经济社会发展的促进作用将更加凸显。

2016年，上海的快递业也保持了与全国快递业同步发展的大好态势。各快递企业紧密围绕国家邮政局、上海市邮政管理局的工作部署，紧紧抓住改革发展机遇，加快推进供给侧结构性改革，取得了长足的进步，实现了跨越式发展。全市快递业务量累计完成26.0亿件，同比增长52.4%；业务收入累计完成709.5亿元，同比增长55.9%。全年快递业务量、快递业务收入分别在全国各省市中名列第4位和第2位；2016年快递企业上缴本市税费超过30亿元，创造了30多万人直接和间接就业。上海的快递业已成为上海现代服务业中最具活力的新兴产业之一，促进了上海的社会消费和商贸繁荣，为上海经济社会发展作出了重要贡献，在上海国际航运中心建设和国家电子商务示范城市创建中发挥了重要作用。

2016年，对我国的快递业而言，是一个具有标杆意义的历史阶段：圆通、申通、中通等民营快递企业先后上市，正式进入资本市场，充分体现出我国快递业转型升级、提质增效、努力打造世界级“快递航母”的远大目标。快递公司的成功上市，能使快递公司借助资本的力量，通过融资、并购等方式来达到企业跨越式发展，实现产业链的实质性整合，对推动我国快递行业的高速发展、满足客户日益增长的快递服务需求有重要的意义。

上海是全国各大主要民营快递公司及部分国际快递公司的总部聚集地。经过多年发展，全市快递企业总部数量约占品牌总数的70%，大体形成了“外资在东、国有在中、民营在西”的快递企业总部格局。

上海市在我国经济社会中的重要地位和地域优势，使上海的快递行业呈现出有别于其他省市的独特优势。具体体现为：快递业务量呈现高速增长势头，市场规模持续扩大；总部经济效应显现，区域战略地位凸现；市场主体多元化，经营模式多样化；基础设施较为健全，企业综合实力较强；服务覆盖范围广，服务产品多样化。这对上海成为我国快递业“领头羊”，实现《快递业发展“十三五”规划》提出的积极打造“快递航母”，形成3-4家年业务量超百亿件或年业务收入超千亿元的快递企业集团，培育2个以上具有国际竞争力和良好商誉度的世界知名快递品牌打下了坚实的基础。

## 二、2016年上海快递行业发展现状

2016年，上海市快递业在全市建设国际经济、金融、贸易、航运、科创中心“五个中心”所带来的良好外部条件下，结合新一轮的城市总体规划，紧抓“一带一路”、长江经济带、自贸区扩建等国家重大战略部署的发展契机，积极落实国家邮政局“创新、协调、绿色、开放、共享”理念，全力推动产业的转型升级。发展活力不断迸发，产业总体规模不断扩大，呈现出业务量收持续增长、结构调整加速深化、动能转换协同推进、资本科技创新驱动的有利态势，行业整体“稳中有进、进中向好”，成为上海“新经济”发展的亮点。

### （一）上海快递行业发展现情况

#### 1、市场规模

2016 年全市快递服务企业业务量累计完成 26.0 亿件，同比增长 52.4%；业务收入累计完成 709.5 亿元，同比增长 55.9%。其中，同城业务收入累计完成 66.2 亿元，同比增长 35.1%；异地业务收入累计完成 167.1 亿元，同比增长 34.1%；国际及港澳台业务收入累计完成 49.8 亿元，同比增长 12.8%。快递业务收入占本市邮政行业收入的 92.6%，快递业的产业地位已经跃升为对邮政行业具有决定性影响力的基础性、战略性地位，成为地方经济的新支柱、新动力源。在全国城市快递情况统计中，2016 年上海快递业务量排名第二；业务收入排名第一，实现了跨越式发展

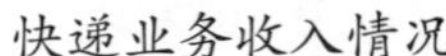
快递业务收入情况

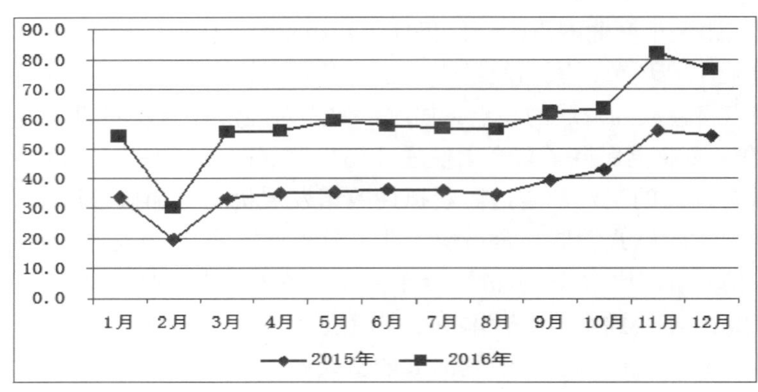


分专业快递业务收入比较（单位：亿元）

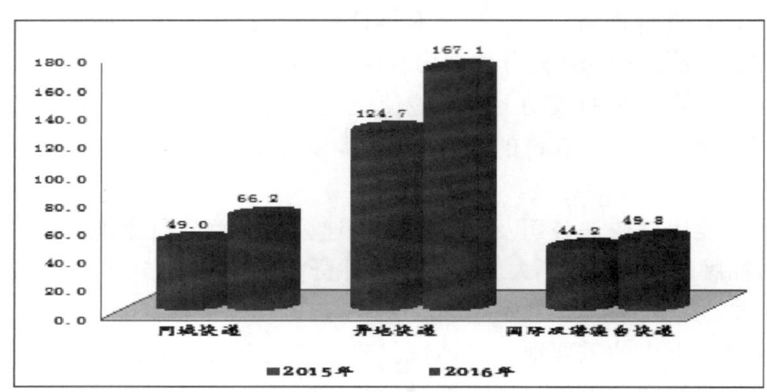


2016 年同城、异地、国际及港澳台快递业务收入分别占全部快递收入的 9.3%、23.6% 和 7.0%；业务量分别占全部快递业务量的 34.1%、63.4% 和 2.6%。与去年相比，同城快递业务收入的比重下降 1.4 个百分点，异地快递业务收入的比重下降 3.8 个百分点，国际及港澳台业务收入的比重下降 2.7 个百分点。

快递业务量结构图

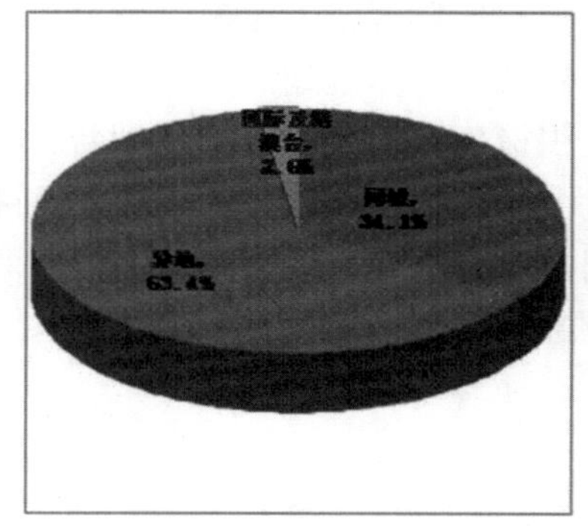

快递业务收入结构图

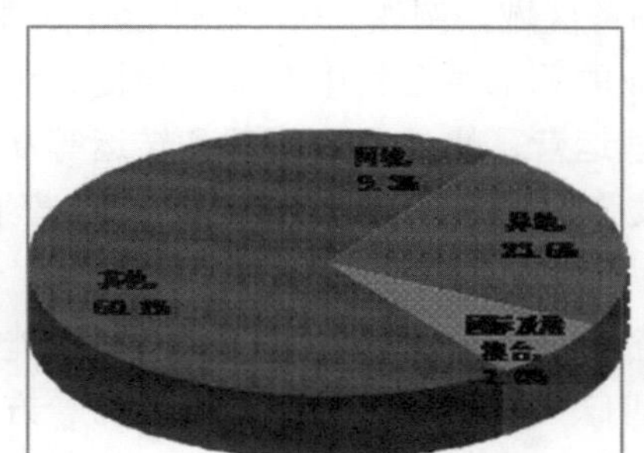

2016年上海市快递服务企业业务量和业务收入情况表

| | 快递业务量累计（万件） | 同比增长(%) | 快递收入累计（万元） | 同比增长(%) |
|---|---|---|---|---|
| 上海市 | 260274.4 | 52.4 | 7095143.5 | 55.9 |
| 浦东新区 | 31150.5 | 25.7 | 474751.2 | 28.0 |
| 黄浦区 | 5317.6 | 34.9 | 120275.8 | 10.6 |
| 虹口区 | 2630.7 | 15.8 | 20780.4 | 11.3 |
| 杨浦区 | 4095.9 | 23.2 | 44102.7 | 14.7 |
| 长宁区 | 4093.9 | 60.2 | 156476.6 | 35.9 |
| 宝山区 | 14838.4 | 47.9 | 126495.0 | 30.1 |
| 闸北区 | 7083.5 | 23.1 | 54070.0 | -6.2 |
| 崇明区 | 740.4 | 61.5 | 7487.2 | 43.6 |
| 静安区 | 2959.1 | -66.9 | 54200.0 | -57.5 |
| 青浦区 | 74489.5 | 102.0 | 4833164.9 | 73.8 |
| 嘉定区 | 31557.2 | 83.6 | 252043.8 | 116.2 |
| 普陀区 | 4368.5 | 16.1 | 32885.5 | -4.9 |
| 松江区 | 28852.3 | 56.5 | 208338.2 | 41.6 |
| 闵行区 | 31008.3 | 36.3 | 582393.8 | 29.1 |
| 徐汇区 | 3581.8 | 16.1 | 31501.3 | 11.5 |
| 金山区 | 3600.0 | 85.9 | 29034.8 | 61.8 |
| 奉贤区 | 9906.9 | 112.0 | 67142.3 | 79.9 |

2、总部经济

截止2016年底，上海市已拥有20家国有、民营、外资快递企业总部和2346家许可、备案的快递企业。UPS、FedEx、OCS和雅玛多等全球知名快递品牌在上海市设立了中国区总部，申通、圆通、韵达、中通、百世、国通、优速、德邦、快捷、全峰等国内知名快递品牌设立了全国总部，另有DHL、邮政EMS、顺丰、天天、速尔、宅急送等快递品牌设立了子公司或分公司，全市快递企业总部数量约占全国快递品牌总数的70%。

上海地区外资快递企业的运营中心，主要集中在面向国际业务有速度优势的浦东国际机场附近，地区管理办公中心则设在市中心商务区域。例如UPS，快件运营处理中心在浦东机场，但上海公司总部在陆家嘴金融区。民营快递企业的总部主要集中在陆运便捷、土地价格相对较低、政府配套服务较好的青浦区，总部兼有企业管理运营、快件分拨处理和转运等功能，且总部占地空间特点以快递企业基础生产活动为主，土地开发强度不高，但符合快递企业运营生产方式的特点。

3、资本运作

一方面，在国家经济下行、各行业增速大幅下滑、大面积产能过剩的经济背景下，高速发展的快递业得到了资本市场的追捧和青睐，融资和上市成时髦。另一方面，同质化严重的快递企业为了快速扩张大打价格战，资金需求较多，也就有了上市融资的需求。

2016年掀起了快递业引入资本投资的高潮，各大快递企业与资本接触频繁，佳讯频传。圆通、申通、韵达、中通、顺丰纷纷上市成功。上市对快递公司而言，意味着可以大规模地融资，为企业发展注入新血液，进而强有力的对抗其他快递公司的竞争，扩大企业自身影响力，在快递行业内占据有利的竞争地位。同时，引进资本也可以帮助规范企业营运，完善法人治理结构，加快信息化、一体化、集约化、标准化、自动化、智能化和国际化建设的步伐，并进一步整合加盟商和分拨中心资源。

4、服务能力

（1）基础能力

2016年，上海市快递服务企业不断加大基础能力建设步伐，目前本市规模以上快递企业形成了较为健全的转运配送网络，新建成投入使用的大中型快递分拨中心达到10个，总面积约为10万平米，主要分布在青浦、浦东和闵行。在提升服务能力和增强安全保障方面，韵达、中通、百世等快递服务企业配置了10条自动化分拣设备流水线，申通、天天、圆通、优速、快捷等纷纷新建扩建一批半自动化流水线。

上海市快递服务企业也越来越重视信息化的投入和更新，将科技信息作为转型升级、提质增效的重要手段。圆通快递研发了行者APP，为各网点人员的操作提供了便利。韵达快递完成了微信应用和新型监管系统的建设，提高了为客户服务的能力和水平。国通快递扩大了信息技术中心人员数量，与外部公司合作研发了国通核心管理系统，有效提高了企业的运营效率、降低了经营风险。

（2）末端能力

上海市快递服务企业积极拓展快递“最后一公里”服务范畴，打造多元化、差异化、个性化的末端服务体系，不断融入新业态和新模式。一方面，在物业中心、社区服务中心、写字楼公共服务中心、产业园区中心、超市、轨道交通车站、公交枢纽站、公交首末站等区域设置智能快件箱等寄递辅助设施，实现派送和揽收的智能化服务。另一方面，实现与邮局网点、院校、社区服务中心、小区物业、超市、便利店及专业第三方合作，努力促进快递末端网点按照1公里覆盖半径全覆盖。2016年投入使用智能快件箱19466组，使用智能快件箱派件量占总业务量的7.5%。

与上海东方网股份有限公司共同推进末端综合服务站建设；积极参与市商务委电子商务联席会议，将快递末端网点综建纳入本市500个电商快递配送综合服务站试点工程，启动了《上海市快递末端综合服务站标准》标准的编制工作。

5、优化发展环境

（1）政策制定情况

注重双轮驱动，积极争取地方政策资源，《上海市国民经济和社会发展第十三个五年规划纲要》《上海市推进“互联网+”行动实施意见》《中国（上海）跨境电子商务综合试验区实施方案》《上海市危险化学品安全管理办法》《本市大力发展电子商务加快培育经济新动力实施方案》等多项市级政策文件中纳入邮政、快递业相关内容，政策红利的集中释放，将进一步推动上海市邮政、快递业供给侧结构性改革。

（2）规划编制情况

市邮管局与市发改委联合印发了《上海市邮政业发展“十三五”规划》。积极推动规划衔接，加强与上海市综合交通运输体系规划、《上海市现代物流业发展“十三五”规划》和《上海市加快国际航运中心建设“十三五”规划》对接、衔接。《上海市邮政业发展“十三五”规划》首次列为28个市级层面专项规划之一。

（3）政策扶持情况

完成了《关于促进上海市快递业健康发展的实施意见》编制和意见征求工作，并上报上海市政府。2017年3月，该实施意见以市政府21号文形式通过市政府常务会议审定发布执行。

（二）上海快递行业重大项目进展情况

近年来，上海快递业在上海市政府的支持、政府各委办的协调、市邮管局的努力及各快递企业的配合下，扎实推进有利于本市快递业发展的实事项目建设，取得了明显的成绩。据2016年情况统计，以下10项工作进展顺利。

1、实现乡镇快递网点全覆盖

按照国家“构建完善服务网络”的要求，经过一段时间的努力，在上海市现有的109个乡镇中，已设立快递网点570个，实现了快递网点乡镇全覆盖，构建了完善的快递服务网络。

2、网点标准化建设有成效

据统计，上海市现有快递网点1400个。2016年，标准化网点数为1135个，网点标准化率达81%，本市的快递网点标准化建设工作很有成效。

3、深入推进“三进”工程

国家邮政局要求大力推进快递进校区、进商场、进社区的“三进”工程，进一步改善在城市范围对于末端网点的网络铺设。上海快递业首先在快递进校园方面作了努力。上海市现有高校数量为67个，2016年规范收投的高校数量达到了63个，规范收投率达94%，“三进”工程在高校方面取得长足进步，进商场、进社区工程也正在努力实施中。

4、扩围推动快递服务制造业

据不完全统计，上海市现有快递服务制造业项目56个，服务形成的累计业务量为9986万件，服务形成的累计业务收入9.02亿元，直接服务的制造业累计产值达54.36亿元，重点服务的制造业领域为电子制造业、汽车制造业、食品业等，代表企业有伊利、蒙牛、上好佳、夏普、苹果、小米、上汽通用、张江科技园等。

5、建成青浦“全国快递行业转型发展示范区”

在前期工作基础上，市邮管局会同本市发改委、经信委、商务委和交通委等相关部门，大力推进青浦区建设“全国快递行业转型发展示范区”步伐。经申报，2016年，上海市青浦区正式被国家邮政局命名为“全国快递行业转型发展示范区”。

6、加快建设航空快件“绿色通道”

据不完全统计，上海市航空快件领域，目前使用航空运输的有EMS、申通、圆通、中通、韵达、国通、百世、速尔、顺丰、天天、DHL、OCS、TNT等快递企业，航空货运量约11290万件，涉及上海的快递全货机数量13架，涉及上海的快递航线数量399条。

同时，市邮管局与上海机场集团签订合作备忘录基础上，支持国内民营快递企业入驻浦东机场建设区域转运中心，拓展航空快递业务，深化国际中转集拼业务，打造快递“向外”航空枢纽高地。市交通委在《上海国际航空大都市发展三年行动计划（2016-2018）》和《上海国际航运中心建设2016年重点工作安排》中明确市邮政管理局负责推进优化航空快件中转集拼监管流程，推进浦东机场国际快件转运中心建设等重点任务。

7、协同引导跨境寄递

据不完全统计，2016 年上海市跨境快件进口业务量约为 3087 万件，其中保税部分约 2026 万件、直邮部分约 878 万件、其他部分约 52 万件；上海市跨境快件出口业务量约为 1509 万件。跨境业务量占快递业务量的比重约为 3%，从事跨境业务的快递企业数量约 39 个。

8、继续推进快递专用车项目

2016 年继续推进快递专用车项目的实施，经统计，3990 张快递专用车额度中，本市快递企业已申领 1514 张，延期使用余下 2400 多张额度。市邮管局会同上海市快递行业协会召开上海市 2016 年快递专用车项目总结会暨新一轮推进会，宣传快递专用车项目的相关政策和优势，推进本市城市快递配送体系建设。

9、做好新能源车推广工作

市邮管局及市快递协会认真落实国务院办公厅开展对新能源汽车推广应用情况的专项督查工作，排摸统计本市邮政、快递行业新能源汽车购买、租赁及使用现状，组织快递企业开展 2016 年度上海市交通节能减排专项扶持资金申请工作。目前，该项工作仍在继续进行中。

10、开展本市快递专用电动自行车课题调研

市邮管局和市快递行业协会会同市自行车行业协会开展本市快递专用电动自行车运用课题调研，并完成了快递专用电动自行车样车的设计和制作；在制定推广运用方案的基础上，出台了《快递揽投专用电动自行车》（上海团体标准）；经过努力，符合上海团体标准的电动自行车已经进入上海市电动车目录；与有关方面密切配合，制定出台了《快递揽投专用电动车管理办法》；召开了快递揽投专用电动自行车推介会，促进快递企业推广使用；与各方协商，采取多种措施降低快递企业购置、使用专用电动自行车成本。

（三）创新驱动发展面临的机遇和挑战

2016 年，在本市快递业高速发展的同时，与 2015 年相比，仍然存在以下五个不容忽视的深层次问题：

1、行业发展要素支撑仍显不足

上海快递业的发展对关键要素需求与日俱增。与 2015 年相比，2016 年土地、人才、资金等资源要素对快递业的支撑力度仍显不足。土地资源紧缺，快递业发展所需的工业用地量难以得到满足；快递企业“招人难、引进难、稳定难”的用工问题仍然存在，尤其缺乏有经验、懂技术、擅管理的高级人才；尽管五大民营快递企业得以上市融资，但中小型快递企业的资本要素瓶颈仍未突破，限制了一批潜力企业的快速成长。

2、快递行业价值未得到充分发挥

近年来快递行业虽然一直保持着高速发展的态势，但产业链仍处于发展的初级形态，网络经济尚未完成走向平台经济和渠道经济的转变，行业价值未得到充分体现。快递业务对电商行业依赖过高，尽管与一、二、三产业的联动发展有进步，但业务结构不够多元化，同质化竞争愈演愈烈，特别是高附加值的服务产品培育滞后。服务全市经济发展的作用还不明显，行业价值仍有待进一步发挥。

3、快递企业核心竞争力尚需提高

快递企业的经营模式依旧较为粗放，核心竞争力不强，整个行业“大而不强”的状态尚未得到明显改善。快递企业数量虽多，但优秀品牌和盈利情况好的企业不多，而企业以技术、品牌、质量、服务为核心的竞争力与国际老牌快递企业相比也有一定差距。打造快递业航母、培育快递领军企业尚处于起步阶段，要形成“品牌优、竞争实力强、连锁网络全、具有国际竞争力”的大型企业，仍有较长的路要走。

4、快递安全管控有待进一步加强

本市绝大多数民营快递企业采取加盟制度，使企业总部对网点的管控难度很大；此外，快递网点数量多、分布散，也使落实三项快递安全管控制度存在差距，造成快递安全生产的潜在风险。快

递企业的法规意识、对安全问题的重视程度仍需要进一步提升。政府监管力度在 2016 年虽然得到了明显的加强，但执行能力有限、科技手段运用不足，因此，仍须进一步加快构建快递可监控、可追溯、可追踪、可预警、可应急、可联控的综合监管体系。

5、快递服务质量有待进一步提升

随着快递企业业务量的不断快速增长，消费者投诉量也在不断上升。2016 年快递服务质量问题仍屡被媒体曝光，对整个快递业造成了较大的负面影响。对于如何提升服务质量、保障消费者权益，相关政府部门、行业协会、各快递企业要更加重视。同时，针对跨境网购等新业态、新情况、新问题，目前还缺少系统性研究，必须加大解决问题的协调联动，与时俱进地改善服务质量。

未来五年，是推动快递行业由大到强的重要关键时期，上海快递业将遵循国务院对行业发展“现代”、“关键”、“先导”的新定位、十八届五中全会“创新、协调、开放、绿色、共享”的“五个理念”和《国务院促进快递业发展的若干意见》，顺应上海“四个中心”和国际特大型城市建设的需要，当好全国快递业改革开放和创新发展的先行者和排头兵，培育一批千亿、百亿级总部企业和航母军团，推动上海快递业成为经济发展新的支柱产业、中国快递向西向下向外的航母基地。为实现这一目标，从现在起就要着力做好以下三个方面的工作：

一是向深度广度拓展市场。近年来，网络消费的增长呈现出放缓趋势，有机构预测，未来五年，我国电子商务的交易额增速将降至 20% 左右。作为与电商息息相关的快递业，应时刻保持危机意识，勇于转型升级，“开源拓流”。

首先是继续与电商深度结合。快递业与电商密不可分，目前业务量的 70% 来自电商，业务增长快，社会影响大，但也有困扰。一是与网购的价格机制没有理顺，快递费被普遍压低，长久下去将影响快递业的积极性，反之也会影响网购市场发展。二是消费型网购的物流费用目前仅占社会物流总额的小头，而工业品物流总额占到社会物流总额的九成。

其次，快递业在加快理顺与网购价格机制的同时，要努力加快与先进制造业、现代农业等的多业融合，积极做大快递规模，争取在更多领域扩大快递市场影响力。

二是聚焦核心价值、延伸服务链。目前快递企业过多、无序竞争严重。解决之道，既需要提高快递业的市场准入门槛，加强分类指导，引导生产要素合理流动；更需要现有企业主动调整，转型升级。快递企业不能再满足于在供应链条中单纯地扮演配送者的角色，而是应该开始向产业上游的生产、仓储等环节延展产业链，为客户提供高价值、高效率、低成本的供应链解决方案，重构快递生态圈。

大中型快递企业要通过资源整合、兼并重组、战略合作、多元化经营等途径做优做强，向资本、技术加劳动密集型的综合型物流服务提供商转型，提质增效，显著提高在国内、国际两个市场的竞争力。小企业则应该更加专注于细分市场领域的开拓，或是通过创新模式、创新业务来实现弯道超车。目前，速尔、优速、天天、全峰等都在寻求差异化、细分化、专业化的突围之路。以速尔为例，其凭借“企业件 + 零担快递”的市场定位，以中小工厂为核心客户群体、主打 3-50 公斤重量段，服务于专业的细分市场。通过与制造业企业的融合，速尔在增值服务方面已积累了丰富经验，日均代收货款已超过 5000 万元。

三是要加快科技创新步伐。随着国家实施“互联网 +”行动，大数据、云计算、物联网的广泛应用，快递行业的自动化、智能化、信息化水平不断得到提升；全自动或半自动分拣、传输设备的应用得到加速推广；数据分单、智能派单等技术也得到普遍使用。2016 年“双 11”当日，在业务量井喷的情况下，平均每一个包裹的传送时间比去年快了 15 个小时，这其中，提前布货、智能分单、聚单直发等大数据技术的运用功不可没，智能发货的准确率达到 99.2%。中通上海两条自动化分拣流水线一天可以操作 50 万个快件，工作人员从 500 人减少至 50 人，切实起到了降本增效的作用。

2016 年，在快递行业中出现的一系列现象，如资本与科技的结合将成为快递企业发展的新动能，信息化水平与运用能力的提高将成为快递企业制胜市场的核心竞争力。此外，具有互联网特征的新型快递服务模式的涌现，网络运营和管理水平的显著提高，快递业标准化建设的提速发展，“互联网 + 快递”生态体系的初步建立，必将对今后上海快递行业的健康、快速发展奠定良好的基础。

## 7.2.2 快递行业创新转型案例

**圆通速递有限公司**

圆通速递有限公司成立于 2000 年 5 月 28 日，是一家主营国内、国际快递及第三方物流的综合性服务企业。

自成立以来，圆通始终秉承“客户要求，圆通使命”的服务宗旨，以“领先”核心价值观为指导，追求速度，担当责任，诚信服务，致力共赢。现已在全国建立了 82 个转运中心，68000 余个派送网点，地市级城市网络覆盖率近 100%，县级城市网络覆盖率近 96.2%。同时辐射东南亚、美国、日本等海外市场。现拥有 35 万余名员工，为客户提供市场开发、物流配送、快件收派等全方位、领先的供应链解决方案。2016 年 10 月，圆通成功登陆上交所（600233），成为中国民营快递企业第一股。

**拥抱终端，打造更加开放平台**

早在 2014 年夏季达沃斯论坛上，李克强总理第一次提出“大众创业、万众创新”，强调要借改革创新的“东风”，在 960 万平方公里的土地上掀起“大众创业”、“草根创业”的浪潮，形成“万众创新”、“人人创新”的新态势。

当前，大众创业、万众创新的理念正日益深入人心。各种新产业、新模式、新业态不断涌现，有效激发了社会活力，释放了巨大创造力，成为经济发展的一大亮点。快递业无疑是体现“大众创业、万众创新”的典型例子，是大众创业的缩影，“百万快递大军”通过辛勤劳动和创新，成就了千千万万客户，创造出千千万万社会价值。圆通是民营快递企业中第一个提出“全年无休”，现成为快递行业惯例；第一批与淘宝合作的快递企业之一，为中国快递业发展开拓新增长；第一个成功向国家教育部申请开办了快递服务和管理专业，为行业输出更多快递专业人才等等。

各种新兴技术尤其是“互联网”的快速发展，已经让普通人有了更多的创新创业机会。2016 年 5 月 19 日，圆通速递开启“大众创业、天下加盟”项目，与连锁企业、个体商户、个体农杂货铺、残疾人、下岗工人、大学生、物业保安等合作伙伴，通过圆通妈妈驿站、店中店 / 代办点以及行者（业务终端 APP）的形式开展合作。

平台通过信息化手段将企业、个体、个人进行战略互联，以快递服务为切入点，逐步融入居民日常生活，打造惠及百姓民生的社区“好邻居”，使得参与主体获得社会认可，实现每个人的创富梦想。

圆通将提供强大的信息化系统、智能化终端 、标准化设备、专业化培训、便捷化结算等全方面的平台支持；合作伙伴将以妈妈驿站的形式服务社区，提供代收代派代寄的便民、利民快递服务，让快递更高效，让快递成本更低，也让家庭服务更便捷。

与此同时，圆通速递“大众创业、天下加盟”项目的海外方案也已经启动。圆通速递授权韩国、泰国、澳大利亚、德国、美国、俄罗斯等地区的快递企业、海外仓及代购个体等海外加盟商使用圆通速递品牌，让遍布世界的海外游子有更多的创业机会，用快递联通内外，推动“中国制造”更多走出国门，“中国服务”更好走向世界，既让创业触手可及，又让世界因我们触手可得。”

**“快递 + 电商”，助力农产品先行**

2014 年初，国家邮政局就提出启动“快递下乡”工程，推动广大农民享受网购服务。在 2016 年的政府工作报告中也提到：“促进电商、快递进社区进农村”。

可是，对于农村地区来说，人口居住分散，业务量相对较低，对快递公司而言，有成本大于利润的“忧虑”。为解决这一矛盾，圆通速递从 2016 年 3 月便开始在全国启动了“快递 + 电商”的创新发展模式，不仅串起了快递与电商深度融合的新型产业业态，更加速了农产品进城，引导大众创业，促进快递业多元化发展等等。

圆通速递的“快递 + 电商”模式就是向大众传授如何做电商，引导大众创业的过程中也让更多的农产品触网销售，而对于圆通速递来说，则增加了可持续性的快递业务量，提升农副产品附加值。圆通速递的该模式重点是孵出更多的电商企业，承担着农村资源与城市需求之间的“中介人”角色，突出快递的增值服务和延伸服务。

众所周知，农村拥有丰富的优质农产品资源，而城市消费者对农产品有着刚性需求，以前农产品由于缺乏完善而畅通的流通渠道，常常造成农产品滞销“烂市”，或只能依靠收购商低价收购的现象。

圆通速递“快递 + 电商”现已在全国铺设镇级和村级服务站，建设“一市一心”、“一镇一站”、“一村一点”，以此优势可以让各地农产品快速通过全国各服务站铺开，将“快递下乡”直接引导至田间地头，从而打造农特产品 O2O 体验店，实现全国农特产品的线上线下互动融合发展。

同时，通过培训村民用互联网实现本地产品的上行，学会使用互联网来增加收入，直接解决农村电商人才少和产品上行难的难题，解决就业，为返乡青年提供了回乡创业机会，也有效地解决了空巢老人和留守儿童的社会问题。

据统计，目前该项目已帮助数百个乡镇解决“农产品”销售的问题如邹东山区的核桃、湖南永兴的橙子、湖南汨罗富硒鸡蛋、山东邹城张庄镇的地瓜等等。

电子商务正在打破农村原有消费的局限，拉近其与城市的距离，网购为农村快递市场带来一片蓝海。随着“快递 + 电商”工程的不断推进，越来越多的农土特产品通过圆通速递走出田间地头，频繁出现在老百姓的餐桌上。

### 申通快递股份有限公司

申通快递创建于 1993 年，经过二十多年的发展，已成为一家集快递、电子商务服务商为一体的大型企业集团，形成了集团化、网络化、规模化、品牌化经营的新格局，为客户提供安全、快速、优质、便捷的快递服务和产品。

公司致力于民族品牌的建设和发展，不断完善终端网络、中转运输网络和信息网络三网一体的立体运行体系，立足传统快递业务，全面进入电子商务物流领域，以专业的服务和严格的质量管理来推动中国物流和快递行业的发展。目前，申通快递是国内重要的电子商务物流商，也是深受客户喜爱、市场欢迎、有广泛影响力的民营快递品牌。

2016 年，申通快递以转型升级为动力，通过牵手中国钢研、中经社快递产业发展研究院、浙江立镖等科研实体和高端智囊，创新企业管理机制、服务机制、运营机制，提升科技研发能力，不断提高企业发展质量和效益。

#### 产品创新

为了跳出民营快递同质化竞争泥潭，申通快递在优化产品结构、产品创新上下工夫，在细分市场方面投入更多精力，2016 年，企业先后推出了“次日递、次晨递”等核心产品。为了确保两个核心产品顺利达成，申通快递推出了五项重要举措：一是用标准提升速度，二是用考核提升速度，三是用投资提升速度，四是用责任提升速度，五是用坚持提升速度。

#### 服务创新

主要包括：一是寄递咨询服务承诺，对咨询客户，耐心细致、深入浅出地解释寄递政策和相关公司规定；二是首问首办负责制，首问首办责任人，接到服务对象提问时要做好解答；三是文明高效服务承诺；四是分公司客服人员与申诉中心保持密切联系，遇有投诉案件，尽早介入，尽早解决，及时处理消费者的投诉问题，重大问题第一时间上报总公司。五是申诉较高的省份，派专人进驻管局申诉中心，及时处理投诉，并对处理过程进行监督，避免有效申诉的产生。近几年，申通快递客户满意度连年攀升，2015 年快递服务申诉率比 2014 年降低 30% 以上，而 2016 年又相比 2015 年降低 20%。

### 科技创新

一是研发环保袋。2016 年 5 月，经过 2 年多的研制，总计投入 600 多万元后，公司研发成功“灰色拉链款”快递环保袋。该环保袋具有六大优点：防水耐磨　降低破损，循环利用节约成本，定位追踪安全可靠，系统结算对账便捷，环保材质统一规范，植入芯片处置自动化。申通公司规定，2017 年底前，全公司各网点一律使用环保袋，每年可减少 93520 吨垃圾，节省将近 1 个亿元成本。

二是研发分拣机器人。为了解决快递企业用工荒问题，提升快件分拣效率，减少人工操作差错，2016 年，申通快递牵手浙江立镖机器人公司成功研发了快递分拣机器人。操作时，快递分拣机器人会自动到排队区进行排队，通过智能相机进行扫码获取包裹的相关地址，每个地址会对应不同的下落口，每个下落口对应一个地级市。目前，申通快递义乌、天津、临沂等三家公司已投入使用分拣机器人，郑州公司分拣机器人项目也将上线。据义乌申通相关负责人介绍，在 2000 平米的操作场地，机器人每小时可分拣快件 18000 件，且分拣准确率高达 99.99%。按每天工作 8 小时计算，一天就是 14 万多件。14 万件按正常一人一个班操作 1000 件计算，需要 140 个人，而使用自动化分拣流水线之后只需要 25 人。除了上线自动分拣机器人，申通还将在大型转运中心投资自动化分拣、自动化扫描、自动化称重、自动化计泡，实现库内操作无人化，在前端推广普及自动化分拣，在装卸货格口全部安装伸缩机，在仓储库房推行 AGV 自动引导车、堆垛机、RGV 穿梭车等设备，全面推进公司自动化及智能化发展布局。

### 运营创新

2016 年，申通快递总公司面向全网网络推出了新能源车租赁服务。租赁的新能源车品牌有虎威、中车、佳宝、金龙 E7 等。据测算，按 5 年计，租赁新能源微型面包车比自购油车总使用成本便宜约 10 万元，年均节约 2 万余元，且租赁新能源车的前期一次性资金投入只有传统车辆的 45%；租赁 4.2 米厢式新能源车比自购油车总使用成本便宜约 15 万元，年均节约 3 万余元，且租赁新能源车的前期一次性资金投入只有传统车辆的 40%。

该项服务推出后，反响强烈。申通快递上海嘉定某网点第一批租赁了 2 台新能源车，该网点经理算了一笔账：“面包车每公里成本在 0.6 元左右，新能源车 20 度电可以开 150 公里，每公里成本一毛多。如果行驶路程不超过 170 公里，充一次电可跑两天，电量足够让快递员配送包裹，而且，220V 的民用电源可随时充电，很方便，更重要的是还能为提高社会绿色效益出一份力。”

种种创新举措推动了企业的转型升级和提质增效。2016 年，申通快递有限公司以 9.86 亿元税收收入位居本市第三产业税收第 59 位，成为 2016 年上海市第三产业税收排名前 100 位上榜的唯一一家快递企业。

截至目前，申通快递在全国拥有加盟商 1600 余家，大型转运中心 90 余家，服务网点及门店 25000 余家，从业人员超过 30 万人。

## 中通快递有限公司

### 企业基本情况

中通快递是一家集快递、物流、电商、投资、印务等于一体的大型集团公司，注册商标“中通®”、“zto®”。

中通快递自成立以来，被业内认为是中国快递第一方阵中起步较晚、发展最快、发展势头最好的企业之一。2011 年至 2015 年，中通快递业务量年度复合增长率超过 80%，为行业主要快递企业之最；经营利润率领先全球规模型企业且远高于国内其他快递同行；2015 年，中通市场份额增长至 14.3%；2016 年，中通全年业务量跃居全行业第一，且服务质量连续 3 年排名行业前三甲。数据表明，中通快递是中国快递行业中市场份额、盈利能力和服务质量三项指标都稳步提升的企业。

2016 年 10 月 27 日，中通快递成功登陆美国纽约证券交易所，创当年美国证券市场最大 IPO，也是继阿里巴巴 2014 年赴美上市以来最大规模的中国企业赴美 IPO。

**创新转型发展模式、做法以及取得的成效**

新技术、新设备的推广和应用。以伸缩皮带机为例，原来一部 9 米 6 的车，可装 65 方货，大概需要 4 个人花费 40 分钟卸完；今天同样一部车，利用伸缩机只需要 2 个人花费 15 分钟就可以卸完，节省 50% 的人工，缩短 60% 以上的时间。

2016 年，中通在上海、北京、东莞、杭州、长沙、常州、南充、淮安等多个转运中心启用了自主研发的全自动分拣系统。一条自动化分拣流水线每小时可分拣 18000 件，且分拣准确率高达 99.99%。按每天工作 8 小时计算，一天就是 14 万多件。14 万件按正常一人一个班操作 1000 件计算，需要 140 个人，而使用自动化分拣流水线之后只需要 25 人。

配合全自动分拣系统的上线，中通在全国各大转运中心及网点推出了绿色可循环使用帆布袋。据悉，一条帆布袋可重复使用 4-6 个月，成本为 26 元左右，“以每条帆布袋最低可使用 100 天为例，每天的使用成本只有 0.26 元；而以往的编织袋使用一天便无法再次使用，价格为 1 元 / 条”。平均下来，每天的单条编织袋使用成本可下降 0.74 元甚至更低。

运输环节，中通大力推广高运力牵引车的使用。据了解，一部牵引车载货量超过 130 方，平均运输成本为 5.5 元 / 公里，一部 9.6 米的货车每公里平均运输成本大约 3.8 元，它的容量只有牵引车的 1/2。也就是说，使用牵引车每公里大概可以省 2.1 元。

不断加大信息科技投入规模。“掌中通”是由中通自主研发，专为中通快递员量身打造的一款工作应用 APP，新签收模式、第三方签收功能、订单分配推送、派件任务总览、专属二维码智能下单并直达、电子面单录单打印等最新的业务功能“掌中通”全都能实现。

末端派送方面，中通则积极推进电子面单和三段码的使用。目前中通全网的电子面单使用率已接近80%。三段码是在二段码的基础上，增加了以网点业务员分拣为维度的分拣码。只要区域编码正确，错分概率基本为零。并能节省时间三分之一。

推出快运产品。中通快运业务主要产品结构为 20kg 以上的大件，以商业厂家发货为主，同时也涉及电商业务。中通快运自 2016 年 8 月 26 日正式运营以来，当前业务已覆盖 29 个省，249 个地级市，全国已开通分拨中心 49 家，集配站 24 家，服务网点已近 2000 家。2017 年 3 月，中通快运完成了与阿里巴巴平台的对接。

推出仓配一体服务。中通云仓是中通集团旗下一家致力于搭建供应链平台生态圈的公司，专注于构建拥有成长活力和盈利潜能的生态圈，凭借雄厚实力和先进科技为互联网电商大客户提供便捷高端的仓储、运输、配送等服务。中通云仓现已在上海、杭州、武汉、成都、广州、福建、南京等地设立仓储基地，已经拥有仓储 11 个，仓储面积 16 万平方米，员工 1000 多名，班车 50 辆，日均发货单量突破 15 万单，已和众多知名电商和物流企业合作，例如三棵树、云集、心怡、好孩子等。

### 韵达控股股份有限公司

**企业概况**

韵达控股股份有限公司成立于 1999 年，在“韵达 +”发展理念的引领下，韵达以科技为驱动力、以大数据能力为载体，通过多样化的快递产品、“最后一公里”、“末端 100 米”的配送和信息化技术的建设，致力于构建以快递为核心，涵盖仓配、云便利、跨境物流和智能快递柜为内容的综合服务物流平台。

韵达于 2017 年 1 月 18 日在深圳证券交易所正式完成重组更名（韵达股份；002120）。

韵达现为中国快递协会副会长单位。

**创新转型发展模式和做法**

（1）聚焦快递业务增强核心竞争力

一是提升基层网络覆盖率。韵达积极推动“向西向下向外”工程，实现了突破性进展“向西”开通了四川九龙县，甘肃碌曲县、广河县，新疆乌什县、柯坪县，青海乌兰县等中西部县级城市，县级以上城市覆盖率已达到近95%；“向下”新开通了4849个乡镇网点，网络覆盖面特别是在乡镇农村地区的服务范围得到了极大拓展，进一步夯实了国内业务发展的根基；“向外”相继开拓了包括荷兰、加拿大、新西兰、新加坡、韩国、日本、香港、台湾、泰国等16个国家和地区在内的国际快件物流网络。

二是推进精细化运营降本增效。韵达借助大数据分析和数据化管理，通过车辆信息化平台，实时掌握路由货量信息，整合转运枢纽，及时调整车线，科学降低干线运输车辆车次，促使路由网络更加精简高效。韵达通过采用甩挂运输、路由优化、加盟商自跑等方式，有效提高装载率、成本显著降低，全程时效进一步缩短。

三是加大对加盟商支持及标准化建设。韵达搭建总部与加盟伙伴的沟通平台，在全国范围定期举办加盟商“经营改善特训营”和“战略研修班”活动，共计培训3000余人次，提升加盟商的运营质量、效率和盈利能力。同时，韵达开展转运中心、网点标准化推广建设，主要包括全网转运中心三区分离、目视化看板、定制定位、场地6S等静态标准化全面落地，对加盟商网点的门店门头、车身、工服等统一更新推广。已完成标准化门店超过7500余个，标准化车辆超过6400余辆，持续提升公司品牌形象。

四是加大对场地及先进设备投入。韵达通过对主要枢纽、省会城市转运中心进行扩容改造，使得转运中心的操作能力、效率不断提升。韵达继续实施物业自持，通过购买或租赁土地，自建转运中心，扩大运营规模和业务处理能力。根据需要持续投入高科技分拣设备，并依托信息网络平台和互联互通的操作、运输、分拣、信息识别管理系统，使转运中心的分拣速度、准确性、安全性和人均效能提高到行业较高水平。

五是提升服务质量和客户体验。韵达围绕“主动服务，以客户为中心”的服务理念，通过一对一项目服务、呼叫中心系统、CRM客户关系管理体系等举措，探索精细化、专业化、多元化快递服务，在快件时效、损坏率和遗失率等多项服务指标方面达到行业领先水平，极大地提升客户粘性，获得客户高度认可。根据国家邮政局相关数据统计，截至2016年12月，韵达每百万件快递有效申诉率为3.95件，远低于全国12.68件的平均水平，12305申诉率改善显著，达到行业领先水平。

（2）布局快递产业链积极发展衍生业务

2016年，韵达在快递产业链上开拓以智能快递柜、仓配一体化、配送增值服务等为内容的延伸服务。

智能快递柜：2016年，韵达对深圳市丰巢科技有限公司进行增资，持续发展面向所有快递公司、电商物流使用的24小时自助开放平台“丰巢”智能快递柜业务，以提供体验最佳的平台化快递收寄交互业务。目前，韵达已和深圳丰巢、速递易、云柜、中集、富友等各大智能快递柜公司开展合作，合计日均投递量可达55万件。

仓配一体化：依托韵达强大的运输配送资源及网络资源，旨在为客户提供一站式仓储配送服务。仓储与配送作为电子商务后端的服务，主要解决卖家货物配备（集货、加工、分货、拣选、配货、包装）和组织对消费者的配送。

配送增值服务：仓配一体化服务体系提供多种配送增值服务，一站式解决多变的供应链挑战，客户可灵活搭配各类定制化服务，打造客户专属的供应链解决方案。

**创新转型取得的成效**

2016年，韵达新业务不断孵化成长，国际业务、云仓、商业等各项新业务先后起航，蓬勃发展。

国际业务：截至2016年底，韵达已在16个国家或地区开通国际业务，海外主要国家网点布局初步成形，有力支撑着公司进出口业务、海外仓、保税仓清关等相关业务量持续增长。

云仓业务：借助庞大的网络平台和领先的信息化管理系统等，将仓储、运输、配送、数据服务等业务互联互通，形成“万仓联盟”，为上下游客户提供全方位的仓配一体化解决方案，目前运动大可利用仓库资源达200余个，面积超过70万平米。

韵达商业：韵达UDA网上购物商城平台全新调整升级，国际馆、国内馆齐头并进，年货特产、骑士装备、全球购等主题性、元素性活动精彩呈现。

投资方面：韵达相继完成对菜鸟、丰巢的投资增资等股权投资项目。

## 顺丰速运集团（上海）速运有限公司

### 企业基本情况

顺丰速运集团（上海）速运有限公司于2002年4月成立，是顺丰全资控股子公司。总部在深圳，是一家主要经营国际、国内快递及相关业务的服务性企业。公司自成立以来，始终专注于服务质量的提升，不断满足市场的需求，在国内（包括港、澳、台地区）建立了庞大的信息采集、市场开发、物流配送、快件收派等业务机构，建立服务客户的全国性网络。同时，也积极拓展国际件服务，目前已开通美国、日本、韩国、新加坡、马来西亚、泰国、越南、澳大利亚等国家的快递服务。

十多年来，公司一直致力于打造成为最值得信赖和尊敬的速运公司，秉承诚信经营，客户至上的理念，努力实现员工满意、客户满意和社会满意的目标，积极研发和引进具有高科技含量的信息技术与设备，不断提升作业自动化水平，实现了对快件流转全过程、全环节的信息监控、跟踪、查询及资源调度工作，促进了快递网络的不断优化，确保服务质量的稳步提升。公司被评为五星级诚信创建企业、上海市名牌企业、中国快递示范基地、信用评价3A级企业、全国先进物流企业、上海市重点道路货运物流企业等荣誉称号。

### 创新转型发展模式和做法

（1）智能物流方面。顺丰自主研发了一套完整的运营管理体系（订单管理系统、分拣支持系统、时效管理系统、指挥调度系统等），实现订单全生命和可视化管理。自2016年开始建立以大数据驱动的仓库选址、商家销量预测、库存分仓策略和智能调拨方案。同时推出快递行业面向企业客户的首款大数据产品——数据灯塔，融合顺丰海量数据和外部数据，运用大数据计算与分析技术，做到实时统计、即时分析、专业模型、清晰呈现，聚焦智慧物流和智慧商业，为客户提供物流仓储、市场推广、精准营销、产品运营等方面的决策支持，助力客户优化物流和拓展业务。

（2）内部管理方面。顺丰实现人（人力资源）、财（财务资源）、物（物资管理）管理集成一体化。在横向上，打破过去人财物各模块相互独立的壁垒，转变为以“流程”为主导的全新管理模式，实现前端业务到财务端到端流程的打通。在纵向上，实现总部到地区再到分点部全层级信息透明和实时共享，一方面为地区提供更及时的经营数据支持和指导，同时便于总部及时掌握前线运营最新数据、快速响应和决策。全面启用SAP后，大幅提升了公司系统内部控制的有效性、数据的及时性和质量，同时，通过不断提升端到端流程自动化水平，以及大力推广丰声等移动办公门户，充分利用员工碎片化时间，进一步提升内部管理效率，降低人工成本。

### 创新转型取得的成效和经验

收入方面：公司坚持“中高端”产品定位，十分注重客户服务体验，进一步优化产品体系，优质的服务带来了高于同行的品牌溢价，以公司2014年度、2015年度和2016年度近三年的票均收入看，顺丰快递业务票均收入分别为23.61元、23.83元和22.15元，远高于行业平均水平。稳定的收入增长、以及高质量的票均收入，共同保证了公司持续健康的利润水平。

成本费用管控方面：在营运成本端，公司采用各种手段，不断提升营运资源使用效率，包括不限于：

不断优化线路规划、网点设置，提升营运底盘工具的科学化和智能化水平，以及不断优化人工、运力、车辆、物料等资源投入模型，积极管控营运资源投入效率等等。此外，在管理成本方面，公司通过优化内部组织架构，大力推广移动办公自动化管理工具，持续提高三线管理效率，降低管理成本。

公司一贯重视对信息系统投入和建设，不断致力于信息系统的优化，持续加强信息系统基础架构建设，积极研发和引进具有高科技含量的信息技术与系统。主要开发项目为各类营运管理系统、SAP 财务系统、及决策支持系统，旨在通过打造简洁高效的业务流程，提升业务时效、资源效能，降低公司运营成本，提升集中管控能力；打通人、财、物的一体化管理，提升集中管控能力；建立统一的、多方位的、基于大数据分析的决策支持平台，为企业战略决策提供高质量的数据挖掘和支撑能力。

## 7.2.3 邮政、快递行业 2016 年大事记

＊ 1 月，上海市智慧城市互联网 + 末端投送创新服务联盟正式成立。“联盟”创始成员共 26 家，涉及多个快递关联行业，包括电商企业、智能快件箱运营企业、快递企业、新能源车生产企业、互联网企业、落地配企业、传统信报箱企业、电动车生产企业和部分中小型创新型企业。

＊ 1 月，上海市邮政管理局制定出台了《邮政业企业申诉处理质量考核办法（试行）》。该办法从考核原则、主体、周期、范围、内容、指标、评分、表彰、管理、其他等十个方面对申诉处理工作进行全方位考评。

＊ 2 月 1 日，上海市发布《上海市国民经济和社会发展第十三个五年规划纲要》，快递业相关内容首次纳入上海市国民经济和社会发展规划。

＊ 2 月 3 日，上海市邮政管理局与上海东方网股份有限公司签署战略合作协议，全力推进本市“六化”快递收派服务体系建设，进一步推进解决本市快递收派端问题。

＊ 3 月 15 日，上海市跨境电子商务示范园区举行启动仪式。上海市跨境电子商务示范园区作为 2016 年 1 月 12 日国务院批复同意在上海等 12 个城市设立国家跨境电子商务综合试验区之后本市设立的第一批示范园区，标志着上海市跨境电子商务综合改革试点进入一个新阶段，也是自贸试验区先行先试、深化改革的又一重大举措。

＊ 3 月，上海市寄递安全管理工作领导小组研究制定《上海市邮政业安全管理实施纲要（2016-2020）》。要求本市各寄递企业结合《关于本市进一步加强邮件、快件寄递安全管理工作的实施意见》要求，实施寄递安全管理三项制度，把上海建成全国邮政业安全最优质、最满意、最放心的城市。

＊ 4 月 11 日，上海市发展改革委印发《上海市跨境电子商务发展 2016 年重点工作》，提出创新邮路监管措施。文件提出，协调邮政企业参与试点，推进邮政快件产品与公共服务平台对接，对主要通过邮路实现进出口的重点平台纳入跨境电子商务业务范围；积极创新对邮路的监管模式，满足邮路渠道快速增长的通关、仓储等需求。

＊ 5 月，上海市智慧城市建设领导小组办公室印发《上海市 2016 年智慧城市建设重点工作计划》，明确纳入邮政业相关内容。上海市邮政管理局负责推进“提升快递业信息化水平和快件末端投递智能化水平，加快邮政、快递门店和综合服务站建设，全面推进收派端网络化发展”相关重点工作。

＊ 6 月 20 日，上海市人大常委会副主任薛潮率市人大相关部门负责同志考察调研本市快递行业贯彻执行《上海市禁毒条例》情况。薛潮充分肯定了快递行业在邮政寄递渠道方面贯彻落实条例所做出的努力，并对下一步工作提出了三点要求。上海市政法委、上海市综治委、上海市禁毒委、上海市公安局、上海市邮政管理局、青浦区政府等相关单位负责人陪同考察。

＊ 6 月，上海市印发《关于深入贯彻落实中央城市工作精神，进一步加强本市城市规划建设管理工作的实施意见》，明确提出：鼓励有条件的社区将快件收派服务纳入社区服务中心服务范围。该政

策为推进快递综合末端体系建设，切实解决社区派送“难点”、寄送渠道的“堵点”和行业提质的“痛点”再添政策保障和工作推力。

＊ 7月15日，上海市邮政管理局组织召开全市邮政业专用车辆监管平台建设专题研讨会，就平台模块设置、功能分类、权限管理以及界面显示等问题进行深入探讨与研究。全市邮政业专用车辆监管平台建成后，将把包括全市快递货运机动专用车辆与快递电动专用车辆等邮政业专用车辆纳入其中，在充分运用互联网、数据库以及4G通讯等技术的基础上，实现车辆运行轨迹管理、车辆违规行为管理、车辆运行分析等功能。

＊ 8月1日，《上海市推进国际航运中心建设条例》正式施行，这是国内第一部关于航运中心建设的地方性法规，为推动上海邮政快递打造“向外”航空枢纽提供了利好支持。

＊ 8月，上海市邮政管理局组织召开《上海市快递末端综合服务站标准》专家评审会。评审专家审议认为该《标准》框架结构合理，研究充分，符合编制要求，是全国首部快递末端综合服务站标准。标准的制定符合上海市快递业末端建设的实际和趋势，在引导和规范快递末端服务，探索“互联网+”快递创新实践，促进快递业与其他行业深度融合，提高社会有限资源运行效率等方面具有重要意义，并一致同意通过评审。

＊ 8月，上海市发布《“十三五”时期上海国际贸易中心建设规划》。规划在“专栏8: 生活性服务业提质工程”中首次提及快递相关内容，明确提出要“整合社区服务网点资源，布局100家左右集养老、家政、洗衣、餐饮、维修、理发、生鲜、寄存、快递等为一体的社区便民生活服务示范区，解决‘最后一公里服务难题’”。

＊ 10月，上海市政府公布新修订的《上海市危险化学品安全管理办法》，全面明确危险化学品运输单位的资质要求，寄递企业不属于危险化学品运输单位范畴，禁止承运危险化学品。办法首次明确危险化学品单位通过邮件、快件寄送危险化学品违法行为未向邮政管理部门报告的，可处以1万元以上5万元以下罚款。这是地方立法层面重大突破，对于加强综合治理具有重要意义。办法于2017年1月1日起施行。

＊ 10月，上海市邮政管理局授予中国邮政速递物流股份有限公司上海市分公司浦东区域公司陆家嘴营业部等18家单位为2014—2015年度“上海市快递行业文明单位”，在全行业中树立典型、表彰先进，进一步引导、激励广大从业人员奋发进取，推动精神文明创建活动深入开展。

＊ 10月20日，圆通速递有限公司鸣锣上市，证券代码600233，成为我国民营快递企业登陆上海证券交易所A股市场第一股。

＊ 10月27日，由上海市邮政管理局指导、上海市快递行业协会主办、申通快递有限公司承办，主题为“聚焦快递行业与资本市场”的2016• 上海快递论坛隆重举行。政府官员、专家学者和快递企业领导共同探讨快递企业如何上市、上市企业如何走好上市后的发展之路和政府部门如何做好新形势下的管理工作等重要课题。

＊ 10月27日，中通快递有限公司在美国纽约证交所鸣锣上市，成为我国民营快递企业海外上市第一股。

＊ 11月，上海市人民政府办公厅转发市发展改革委制订的《上海市现代物流业发展“十三五”规划》，规划首次将邮政快递业作为重点内容纳入其中，明确将快递业作为专业物流基地之一，纳入“5+4”空间布局即五大重点物流园区和四类专业物流基地中。

＊ 11月，上海市正式发布实施《上海15分钟社区生活圈规划导则（试行）》，导则服务篇中明确将快件收发功能纳入社区生活服务中心，并明确了相关建筑面积标准。其中，快递收发功能纳入品质提升类的生活服务中心项目，要求5分钟的步行可达距离（200—300米），建筑面积最小规模每处不少于100平方米。

＊ 12月7日，上海市委常委、政法委书记姜平率领市委政法委调研组深入调研本市寄递业安全管理工作，并实地视察圆通速递公司。

* 12 月 30 日，上海市邮政管理局与市发展改革委联合印发《上海市邮政业发展“十三五”规划》，规划指明了“十三五”时期上海市邮政业发展的方向和路径，对推动行业健康发展和促进邮政业与地方经济深度融合具有重要指导意义。规划提出了六个重点任务、十大工程和五项保障措施。

* 12 月 30 日，申通快递有限公司鸣锣上市，登陆深圳证券交易所中小板市场，证券代码 002468。

## 7.3 生鲜、冷链物流

**《看生鲜电商大佬如何布局冷链》**

“生鲜电商”、”冷链物流“绝对是 2015 年食品行业的热名词，互联网颠覆大家的生活模式后，衣食住行都开始对接“互联网”，生鲜电商的崛起首先要面对的就是冷链物流的短缺。据统计 2015 年，我国果蔬、肉类、水产品的冷链流通率已分别达到 10%、26%、38%，这些数字虽有所提升，但与欧美发达国家相比还有很大差距，它们的冷链流通率基本都在 95% 以上。冷链物流成生鲜电商拦路虎，这也倒逼各大电商纷纷自建冷链体系。

**京东：2016 年底建立 7 个一级冷藏和冷链中心**

“过去台湾水果通过批发商层层加价卖到大陆，到消费者手里，价格往往让人望而却步，且中间的物流损耗非常多，导致水果不够新鲜。”京东集团创始人兼首席执行官刘强东在第二届世界互联网大会“海峡两岸暨香港、澳门互联网发展论坛”上表示，未来希望通过覆盖两岸的冷链网络，让大陆消费者以实惠的价格消费台湾的食品，促进两岸经贸发展。

过去 10 年，京东建好了大件物流网和中小件常温产品网两张网络。目前已经覆盖大陆 42000 多个乡镇，2500 个区县，42 万个村庄。“到明年年底，除游牧民的小村庄之外，基本上每个村子都会有京东公司的一个配送员。所以，这两张网络已经基本打造完毕。”

不过，对京东来说，还有一个网络同样重要，那就是——冷链网络。2016 年一年，京东直接从台湾进的食品类商品就多达 20 多亿，如果算上全部台湾品牌，则将近 100 亿。

因此，冷链网络显得非常必要。京东从去年开始筹建冷链仓配一体化网络，预计到 2016 年底，建立 7 个一级冷藏和冷链中心，以及 150 个终端冷链临时库。

“一旦建成之后，相信到那时候，海峡两岸的生鲜食物贸易额会大幅度提升。通过跨境电商模式，可以让大陆消费者以实惠的价格消费台湾安全、好吃的食品，促进两岸经贸发展。”

**我买网：2 亿美元布局冷链建设**

中粮我买网依托于母公司中粮集团的资源，以及不断创纪录的融资规模，重资产投入、体系化建设的冷链物流，正是其近年来稳步推进的最重要战略之一。

“2015 年我买网有望突破 30 亿销售额，在未来两年中，我买网将投入 1 亿美元，用于冷链物流体系的布局和建设。”2015 年 10 月，中粮我买网获得 2.2 亿美元融资时，CEO 赵平原曾如此公开表态。

从我买网了解到，目前我买网已经完成华北、华东、华南、华中四大区域的仓储布局，到 2016 年还会加快在全国范围大范围落地建仓的力度。“随着仓储冷链建设的进一步推进，可保证生鲜商品的 48 小时直达。”我买网相关负责人表示，“我买网也将加大对冷藏冷冻包装材料品质的投入，提升仓储标准化作业程度和规模效应，进一步缩短中粮我买网与消费者的距离。”

**苏宁：“苏鲜生”上线全程冷链配送**

2015 年 3 月 9 日，苏宁超市公司正式进军生鲜电商市场，开售自营生鲜产品，并将此命名为“苏鲜生”。据苏宁超市生鲜负责人介绍，“苏鲜生”销售的产品将采取海外直采和全程冷链配送。

"苏鲜生"最先以上海、杭州为试点，产品涉及蔬菜、水果、海鲜、禽蛋、肉类等，覆盖了线下超市的所有生鲜品类。同时，依托上海冷仓，在上海和杭州全境实现苏宁物流全程冷链配送。未来，苏宁超市还将逐步推进北京、广州、深圳、成都等重点城市的自营生鲜业务。

苏宁超市生鲜相关负责人表示，目前上海冷仓库存量50000件，配送日均作业量2500件，峰值5000件，足以满足上海、杭州两地的日常需求。在配送过程中，生鲜产品在冷库完成分拣包装后配送至快递点，再由快递点配送至客户，最后100米快递员使用温控箱配送。

**沱沱工社：搭建全程冷链宅配体系**

沱沱工社在北京搭建了全程冷链宅配体系。生鲜食材从采摘、多温区存储、加工、订单分拨，到末端配送，均采用专业的冷藏设备及冷链措施，使得食品始终处于低温状态，保证食品品质和安全。沱沱工社供应链中心刘宇表示："在工业革命进入4.0时代之际，物流供应链体系也应契合步入物流4.0时代，即物流互联网时代。"在此背景下，沱沱工社通过物流模式的创新来实现和打造柔性供应链。

具体做法是，将冷链B2C供应链中的3PL（第三方物流）、4PL（第四方物流，即供应链集成）、5PL（第五方物流，众包配送平台），组合形成一个全新的供应链管理模式，这个模式被刘宇命名为Trinemode，即三位一体模式。这三者之间的关系是相互支撑、相互组合、相互补充。

沱沱工社的这一"智慧冷链"在今年6月份的时候，作为生鲜领域的成功案例入选了《中国冷链物流发展报告》。该报告已连续出版五个年头，记载了中国冷链行业的发展变化，报告指出，冷链行业正在迎来一些积极的变化，生鲜电商的崛起更是给行业带来生机。

**结语**

我国冷链物流行业是从2008年北京奥运会之后，开始逐渐发展起来，作为食品电商里的最大的一片"蓝海"，生鲜电商以其"毛利率高""市场需求大"成为各路电商争抢的"大蛋糕"。当前，"一带一路"国家战略的实施，上海、广东、天津、福建自贸区的发力，中澳、中韩等贸易协定的签署，使得跨境冷链业务日益频繁，这些无疑给冷链物流带来新的市场机遇。

## 《生鲜电商平台遭遇发展瓶颈 标准化之路任重而道远》

近年，随着电子商务兴起，生鲜产品被搬到网上，方便了许多人。但保质期短、冷链物流成本高等难题，使得生鲜产品的"触网"之路并不顺畅。

**网购生鲜逐渐兴起**

近年，越来越多人喜欢在网上购买蔬菜水果及海鲜肉类等。调查发现，性价比、便利性以及品类丰富度是驱动消费者网购生鲜的三个主要因素。

随着消费者消费习惯的变化，生鲜电商在这两年发展迅猛，大大小小经营生鲜的电商遍布各地。

艾瑞咨询最新发布的《2015年中国生鲜电商市场研究报告》显示，2015年中国生鲜电商市场规模将突破400亿元，预计2018年将突破千亿元。因此，生鲜电商被称为电商领域的新"蓝海"。

**火爆交易后遭遇发展瓶颈**

然而，火爆的交易背后，逐渐暴露出这个行业存在的问题。采访中，不少消费者告诉记者，在网上购买生鲜要十分小心"踩地雷"，运气好，买东西还算如意，运气不好，商品品质不如预期也只好自认倒霉。

记者对一些生鲜网店的投诉做了大概统计。像蔬果等产品，消费者的投诉主要集中在货品与商家的图片描述不符、有烂果、次果等；海鲜等生鲜品类，消费者的投诉主要集中在冰袋已经化水、海鲜的肉质已变软甚至渗水、有异味等。

万擎咨询CEO鲁振旺认为，生鲜食品是网购食品中的"高危产品"，因为保质期短，容易出现腐烂变质，但这通常不是商家"故意"的行为，大多是在物流运输中出现的问题。因为目前国内还没有一个完整的生鲜物流配送体系。

就供应链来说，配送、包装，还有仓库里的温度，是非常关键的。冷链运输方面，关键是冷藏车的建设，还有网点要有一定的保鲜措施。这些都要做好目前是比较难的。现在大部分生鲜电商采用“冰块+泡沫箱”的形式，而这种冷冻方式是有时间局限的，超过时间上限就无法保证新鲜度。

业内人士认为，除了冷链建设是生鲜电商的发展瓶颈之外，网购生鲜食品的标准缺失是目前生鲜电商发展的最大瓶颈。同一款产品，今天买到的是甜的，明天就可能是酸的，大小、口感、品质都不稳定，就很难留住消费者。

相关数据显示，在目前国内　农产品　电商接近4000家的体量中，仅有1%能够盈利，7%有巨额亏损，88%略亏，4%盈亏持平。这意味着，绝大部分生鲜电商处于亏损状态。

现在没有一个第三方的标准，就是说从采购端到整个运营，到配送，基本上是靠自己。

专家表示，我国生鲜电商市场还处于初级阶段，有许多问题需要解决。和发达国家相比，我国从农业生产源头的缺乏标准、供货商的小而散，到包装与冷链的标准不一，使得各生鲜电商的标准化之路任重而道远。

（来源：经济参考报 2016/1/23）

**《生鲜电商面临的六大难题》**

在O2O浪潮的推动下，生鲜电商开始跨入“战国杀”时代，竞争将更加残酷。那么问题来了，进入O2O火拼时代，生鲜电商将要面临哪些死穴？

1. 模式过重，站风口上也飞不起来

目前，生鲜电商普及率刚过两成，线下渠道还是消费者首选。渠道下沉成为生鲜电商的一门必修课。然而，线下布局并非一朝一夕能够做好的。目前有生鲜电商在线下环节，供应、冷链、物流、门店等全部亲力亲为，以期形成闭环，抬高竞争壁垒。这是非常重的模式，投入成本大，建设周期长，管理难度大，很难做精做专。“轻快”是生鲜电商的突破口，这种“超重”模式，对于盈利困难的生鲜电商，极有可能造成“经营不能承受之重”，一旦某个环节崩溃，就会牵一发动全身，想要飞起来就更加难上加难了。

2. 资金不足，烧钱过后难以为继

对O2O的烧钱大战，看官们已经见怪不怪，你不烧钱都不好意思说自己是做O2O的。生鲜电商还处于市场普及的初级阶段，培育市场、烧钱圈地在所难免。但众所周知，受大经济环境的影响和行业泡沫的刺激，融资寒冬已然到来，投资商越来越谨慎，想要拿到投资不再像2014年那么容易。如果生鲜电商自家粮草储备不足，极有可能陷入资金困局，难度寒冬，等不到春天。

3. 有需求无购买，烙大饼却没人吃

高频、刚需、市场容量大、电商仅存的“处女地”……从诞生之日起，生鲜电商就与这些诱人的字眼捆绑在一起。但生鲜电商的高死亡率证明，这些“优势”并没有让生鲜电商过上好日子。

企鹅智库最新的研究报告表明，生鲜电商普及率还很低，只有两成的消费者表明在网上买过生鲜，而对网购生鲜完全不感兴趣的却接近三成；接近五成的调查对象表明没网购过生鲜但有兴趣尝试，这是生鲜电商的主要潜在用户，但转化难度不容小觑。

与此同时，生鲜的高频购买习惯远未形成：一周买一次（或更多）的用户占12.4%，半月买一次的用户占11.1%，偶尔购买的用户占高达65.8%。

可见，生鲜的高频次消费并非通过电商渠道产生，“有需求，无购买”将继续成为生鲜电商难啃的硬骨头。不像数码产品、服饰等产品，农产品本身差异化并不明显。对于生鲜电商来而言，生鲜产品主要依赖上游供应商。而供应商无法做到只给某家生鲜电商“独供”，即供应商可以同时供应多家生鲜电商；同一种生鲜产品，供应商A可以提供，供应商B也可以提供，产品差异不明显。

比如，众生鲜电商都在卖同样的新西兰奇异果，对消费者来说，唯一的差异就是价格。

4. 生鲜产品“有产品，无品牌”的困局

生鲜产品的品牌属于产地或供应商，不属于生鲜电商。因此，“有产品，无品牌”的困局，对生鲜电商来说，很难塑造品牌。而一些已经小有名气的生鲜电商，也还是停留在营销层面上，产品的权重并不明显。对一个企业来说，没有让消费者记住的产品很难产生粘性，而没有品牌能走多远？

5. 服务跟不上，容易造成用户流失

生鲜 020 的核心是什么？不同的人会给出不同的答案。在三郎看来，生鲜 020 的核心在于让用户可以最低的成本享受最优质的产品和服务。

生鲜是一种非常特殊的产品，新鲜度非常重要；同时它作为一种即时需求产品（如临时有做饭需求，需要买菜），对配送时效要求严苛。因此，消费者对品质、时效非常敏感，只要稍有瑕疵就会严重影响消费体验，而消费体验直接影响用户的去留。

6. 成本居高不下，盈利空间有限

全程冷链、冷库仓储、物流配送、高损耗率……生鲜电商的每个环节都会产生成本，需要高价来填平，才能确保盈利，至少不亏本。但是，用户对生鲜电商最显著的诉求却是“低价”。如果保持高价，毫无疑问会直接将用户拒之门外，难以形成大众消费；而若价格过低，则自身盈利空间非常有限，直接影响生存和发展。这对生存压力居高不下的生鲜电商来说极其棘手。

（来源：思路网 2016/1/28）

《2015 年国家冷链相关政策梳理》

政策作为一个国家的意志，对行业的发展充当着风向标的作用。那么在 2015 年的中国冷链物流领域又有哪些重大的政策呢？对物流行业又带来了怎样的影响？下面冷链马甲就带大家盘点一下 2015 年冷链物流行业的相关政策。

**一、《国务院办公厅关于印发国家标准化体系建设发展规划 (2016-2020 年 ) 的通知》**

发布时间：2015 年 12 月 17 日

发文机关：国务院办公厅

政策要点：到 2020 年，基本建成支撑国家治理体系和治理能力现代化的具有中国特色的标准化体系。标准化战略全面实施，标准有效性、先进性和适用性显著增强。标准化体制机制更加健全，标准服务发展更加高效，基本形成市场规范有标可循、公共利益有标可保、创新驱动有标引领、转型升级有标支撑的新局面。“中国标准”国际影响力和贡献力大幅提升，我国迈入世界标准强国行列。主要任务：优化标准体系、推动标准实施、强化标准监督、提升标准化服务能力、加强国际标准化工作、夯实标准化工作基础。

**二、《超市生鲜食品包装和标签标注管理规范（征求意见稿）》**

发布时间：2015 年 11 月 25 日

发文机关：国家食品药品监督管理总局

政策要点：对生鲜食品进行包装应当符合生鲜食品在运输、贮存、陈列和销售等过程中保障食品安全的需要，防止生鲜食品遭受机械损伤、腐败变质和二次污染。

**三、《国务院办公厅关于加快发展生活性服务业促进消费结构升级的指导意见》**

发布时间：2015 年 11 月 22 日

发布机构：国务院办公厅

政策要点：优化城市流通网络，畅通农村商贸渠道，加强现代批发零售服务体系建设。合理规划城乡流通基础设施布局，鼓励发展商贸综合服务中心、农产品批发市场、集贸市场以及重要商品储备设施、大型物流（仓储）配送中心、农村邮政物流设施、快件集散中心、农产品冷链物流设施。

**四、《国务院办公厅关于推进线上线下互动加快商贸流通创新发展转型升级的意见》**

发布时间：2015 年 09 月 29 日

发布机构：国务院办公厅

政策要点：转变物流业发展方式。运用互联网技术大力推进物流标准化，重点推进快递包裹、托盘、技术接口、运输车辆标准化，推进信息共享和互联互通，促进多式联运发展。大力发展智慧物流，运用北斗导航、大数据、物联网等技术，构建智能化物流通道网络，建设智能化仓储体系、配送系统。发挥互联网平台实时、高效、精准的优势，对线下运输车辆、仓储等资源进行合理调配、整合利用，提高物流资源使用效率，实现运输工具和货物的实时跟踪和在线化、可视化管理，鼓励依托互联网平台的“无车承运人”发展。推广城市共同配送模式，支持物流综合信息服务平台建设。鼓励企业在出口重点国家建设海外仓，推进跨境电子商务发展。（发展改革委、商务部、交通运输部、邮政局、国家标准委）

**五、国务院总理李克强主持召开国务院常务会议，部署发展现代流通业建设法治化营商环境**

发布时间：2015 年 8 月 19 日

会议要点：做强现代流通业这个国民经济大产业，可以更好对接生产和消费，促进结构优化和发展方式转变。创新流通领域市场监管，推行企业产品质量承诺制度，以农产品、食品、药品等对消费者生命健康有较大影响的商品为重点，建立来源可追、去向可查、责任可究的全程追溯体系。完善流通设施建设管理，对公益性农产品批发市场等创新投资、运营机制，优先保障农贸市场、社区菜市场、再生资源回收等微利经营设施用地需求，鼓励社会力量参与投资。

**六、《交通运输部国家发展改革委关于开展多式联运示范工程的通知》**

发布时间：2015 年 8 月 19 日

发布机构：国家发展改革委、交通运输部

政策要点：先期开展 15 个多式联运示范工程建设，形成具有典型示范意义和带动作用的多式联运枢纽场站、组织模式、信息系统以及多式联运承运人；不断完善多式联运设施、装备、信息化、运营组织等方面的技术标准和服务规范；探索托盘集装单元等管理运营模式；逐步充实推进多式联运发展的政策与法规，加快推进多式联运发展。在此基础上，不断归纳形成典型经验和做法，制定完善多式联运发展顶层设计，建立多式联运持续、有序发展的体制机制，加快推进物流大通道建设，促进我国多式联运加快发展。

**七、《冷链即食食品生产审查实施细则 (2015 版 )》**

发布时间：2015 年 7 月 15 日

实施日期：2016 年 1 月 1 日

发布机构：北京市食品药品监督管理局

细则要点：本细则适用于企业申请使用粮食、畜禽肉、水产品、果蔬等为主要原料，采用冷链工艺生产，经预先定量包装或者预先定量制作在密封的包装材料或容器中，提供给消费者的可直接食用的冷链即食食品（包括主食菜肴类、饭团寿司三明治汉堡类、其他类），对企业生产条件的审查及其相关检验要求。

**八、《关于进一步加强畜禽屠宰检验检疫和畜禽产品进入市场或者生产加工企业后监管工作的意见》**

发布时间：2015 年 7 月 10 日

发布机构：农业部、食品药品监管总局

相关要点：畜禽屠宰企业、采购畜禽产品的食品生产经营者自行或者委托第三方贮存畜禽产品，要保证贮存场所环境整洁，与有毒、有害场所以及其他污染源保持规定的距离，在贮存位置标明畜禽产品品名、产地、生产者或者供货者名称、联系方式等内容。贮存、运输和装卸畜禽产品，所使用的材料和容器、器具、工具要做到安全、无害，防止污染，并配备必要的冷藏、冷冻设施或者设备，保证畜禽产品质量安全所需要的温度、湿度等特殊要求。

**九、《关于打击走私冷冻肉品维护食品安全的通告 (2015 年第 29 号 )》**

发布时间：2015 年 7 月 12 日

发布机构：食品药品监管总局海关总署公安部

相关要点：食品药品监管总局要求所有冷冻仓库、肉食品经营企业、加工企业、餐饮企业严格依照有关法律规定，不得承储、购买、销售来源不明的冷冻肉品。食品药品监管总局要求北京、天津、辽宁、上海、安徽、福建、山东、河南、湖北、湖南、广东、广西、云南等省（区、市）食品药品监管部门对行政区域内所有冷库进行排查，重点检查 2014 年以来承储冷冻肉品的来源、数量和销售去向。

**十、《国务院办公厅关于促进跨境电子商务健康快速发展的指导意见》**

发布时间：2015 年 6 月 20 日

发布机构：国务院办公厅

相关要点：建设综合服务体系。支持各地创新发展跨境电子商务，引导本地跨境电子商务产业向规模化、标准化、集群化、规范化方向发展。鼓励外贸综合服务企业为跨境电子商务企业提供通关、物流、仓储、融资等全方位服务。支持企业建立全球物流供应链和境外物流服务体系。充分发挥各驻外经商机构作用，为企业开展跨境电子商务提供信息服务和必要的协助。

**十一、《全国流通节点城市布局规划 (2015–2020 年 )》**

发布时间：2015 年 5 月 25 日

发布机构：商务部等 10 部门

相关要点：《规划》根据国家区域发展总体战略及“一带一路”、京津冀协同发展和长江经济带战略等战略部署，结合国家新型城镇化规划、全国主体功能区规划等，确定 2015-2020 年“3 纵 5 横”全国骨干流通大通道体系，明确划分国家级、区域级和地区级流通节点城市，并提出完善流通大通道基础设施、建设公益性流通设施、提升流通节点城市信息化水平、建设商贸物流园区、完善城市共同配送网络、发展国家电子商务示范基地、提升沿边节点城市口岸功能、促进城市商业适度集聚发展、强化流通领域标准实施和推广等九项重点任务。

**十二、《关于开展全国道路运政管理信息系统互联互通工作的通知》**

发布时间：2015 年 05 月 04 日

发布机构：交通运输部办公厅

相关要点：按照“整体规划、统一接入，统一开发、复制推广，重在主体、兼顾个体”的联网思路和“先联后统再提升，边联边用出成果”的工作原则，自 2015 年 5 月起，全面启动各地运政系统建设和联网工作，在 2015 年度内全面实现全国道路运政基础数据的共享交换，基本实现运政业务跨区域、跨部门的业务协同。到 2016 年底前，实现全国部、省、市、县四级运政系统业务的全面协调联动，为构建“省际联动、行业协同、资源共享、互联互通”的道路运输行业信息化体系奠定基础。

**十三、《国务院关于改进口岸工作支持外贸发展的若干意见》**

发布时间：2015 年 4 月 17 日

发布机构：国务院

相关要点：依托口岸优势，建设海关特殊监管区域、边境经济合作区、跨境经济合作区及现代物流园区等平台和载体，打造集综合加工、商贸流通、现代物流、文化旅游等于一体的口岸经济增长极。推进内陆与沿海沿边口岸之间的物流合作和联动发展，发展国际物流，构建集仓储、运输、加工为一体的现代物流体系。

**十四、关于印发《2015 年流通业发展工作要点》的通知**

发布时间：2015 年 3 月 20 日

发布机构：商务部办公厅

相关要点：深入推进城市共同配送试点，总结推广试点地区经验，完善城市物流配送服务体系，促进物流园区分拨中心、公共配送中心、末端配送点三级配送网络合理布局，培育一批具有整合资源功能的城市配送综合信息服务平台，推广共同配送、集中配送、网订店取、自助提货柜等新型配送模式。加强商贸物流标准化建设，组织实施《商贸物流标准化专项行动计划》，抓好托盘标准化试点，研究提出托盘循环共用、城市配送等商贸物流重点领域标准体系框架，推进物流信息平台标准化建设，加快重点标准制修订工作。加强电子商务、生产资料、冷链等重点领域物流建设。继续开展两岸冷链合作试点，深入推进两岸产业务实合作。加大重点标准制修订力度，增强标准覆盖面和实效性、先进性，突出商贸物流、电子商务、农产品冷链等重点领域。

十五、《关于加大改革创新力度加快农业现代化建设的若干意见》

发布时间：2015 年 2 月 1 日

发布机构：中共中央国务院

相关要点：加快全国农产品市场体系转型升级，着力加强设施建设和配套服务，健全交易制度。完善全国农产品流通骨干网络，加大重要农产品仓储物流设施建设力度。加强农产品产地市场建设，加快构建跨区域冷链物流体系，继续开展公益性农产品批发市场建设试点。

（来源：中国大物流网 2016/2/14）

**中物联副会长崔忠付讲话：《2016 中国冷链回顾与 2017 展望》节选**

注：这是中国物流与采购联合会副会长兼秘书长崔忠付 2016 年 11 月 24 日在 2016 第十届中国冷链产业年会上的讲话节选

2016 年我国经济发展所面临的内、外部环境依然复杂，世界经济虽已呈现出回暖迹象，但步履维艰，贸易保护主义风潮仍旧有蔓延趋势。国民经济处于潜在增长率下移、结构调整和深层次改革的叠加阶段，结构性矛盾突出，经济运行存在着特有的复杂性和不确定性，仍然存在较大的下行压力。

1-10 月，全国社会物流总额为 187.2 万亿元，同比增长 6.1%。社会物流总费用 8.6 万亿元，同比增长 3.3%。物流业总收入 6.3 万亿元，同比增长 4.8%。总体来看 1-10 月份，我国物流运行稳中有进，稳中提质，新动能加快成长，物流需求结构继续改善。社会物流总费用持续低速增长，增速持续回落，运行质量显著提升，物流服务价格回升态势明显。

在宏观经济和物流大环境之下，冷链物流市场中部分传统业务受到一定的影响，但由于国家对食品安全的监管和消费水平的不断上涨，整体依然处于稳步发展态势，呈现出几方面的发展特点。

一是市场需求进一步扩大，基础设施建设更趋理性。据中物联冷链委统计预测，2016 年全国冷链物流市场需求将达到 2200 亿元，同比增长 22.3%。2016 年全国冷库预计新增 305 万吨，总量达到 4015 万吨（折合 10037 万立方米），同比增长 8.2%。冷库市场结构趋于合理，冷库扎堆建设情况有所改善。产地冷库建设增多，冷藏库、保鲜库、气调库体量也有所增加。2016 年全国冷藏车保有量预计新增 22000 台，将达到 115000 台，比 2015 年同比增长 23.6%。随着新国标 GB1589 的出台实施，对规范和推动冷藏车市场发展将提供新的驱动力。

二是政策和标准环境持续改善。2016 年以来中央和地方政府因势利导出台多项冷链产业政策，《财政部、商务部关于中央财政支持冷链物流发展的工作通知》、《福建省冷链物流发展规划》等等，明确提出了"十三五"冷链产业发展方向。标准方面，商务部和国标委出台了《关于开展农产品（000061，股吧）冷链流通标准化示范工作的通知》，进一步建立健全冷链流通标准体系。国家发改委正式发布了《肉与肉制品冷链物流作业规范》、《道路运输 食品冷藏车功能选用技术规范》等行业标准，细分领域的标准更加完善。

三是企业自建冷链物流体系逐步走向第三方服务。过去很长时间，企业自建物流往往服务于内部业务体系，随着专业能力的提升和体量的增大，很多企业的内部物流部门被剥离出来成为单独企业，内外服务比例开始倾斜。比如原来的双汇物流、领鲜物流、蜀海供应链，到现在的京东物流、安鲜达物流…都是如此，物流的资源正在被最大化的挖掘。

四是流通渠道变革导致冷链企业服务对象和服务方式在发生转变。移动互联网 + 零售、餐饮，衍生出多元化、全渠道的流通模式和消费场景，比如生鲜电商、零售 O2O、餐饮外卖等。这也给冷链企业带来了新的机遇和挑战，机遇在于服务的客户更加多样，挑战在于传统的服务方式不能满足新需求。有很多冷链企业已经感知到这种变化，并积极去拥抱这种变化。

五是成本的不断上涨使得甲方企业更加重视供应链优化。以零售企业为例，随着租金、人工、物流费用的上涨，企业开始在供应链管理上寻求破解之道，而自建冷链 DC 就是其中妙招。以前是由厂家或者经销商直接送货给各地门店，现在则需要将货物送到 DC，再统一配送到门店，降低成本的同时也提高了效率。这种由供应商直配门店方式，向零售企业主导的配送中心模式转变，沃尔玛、大润发、家乐福等都开始尝试。

六是行业竞争加剧企业抱团发展。“抱团合作”是今年冷链圈内的“热词”，为什么要抱团？一方面因为行业竞争越来越越激烈，另一方面客户需求正在发生变化，客户从单一的服务需求上升到全面的需求，从区域的需求发展到全国性的需求。像海航冷链产业基金、全可冷链，都是抱团发展方面的实践者。

七是传统物流大鳄跨界冷链物流市场。近几年，顺丰、圆通、中国邮政、中远等相继进入冷链物流市场，铁总和各地铁路局更是开通多条线路的冷链班列，未来还将有更多的传统物流企业分羹冷链市场，他们有庞大的基础网络和设施，有雄厚的资金，有大量的人才，必将对今后的冷链物流市场格局产生影响。

八是自贸区和跨境电商带动冷链新业务增长。上海、福州、广州、天津自贸区的食品贸易业务日益增多，很多冷链企业和设施已经在自贸区建立并运营，比如洋山港冷链交易中心、福建马尾电子保税冷链库。而继杭州之后，国务院于 2016 年同意在天津市、上海市、重庆市、郑州市等 12 个城市设立跨境电子商务综合试验区，也给冷链发展提供了绝佳的发展机会，大连港 (601880, 股吧 )、郑州机场等也已经率先开展冷链布局。

九是与冷链相关的平台型企业陆续出现。随着冷链行业向精细化、细分化方面不断发展，平台型企业的价值越来越凸显，一类是物流平台型企业，如码上配、唯捷城配；一类是信息流平台企业，比如昨天刚上线的链库、冷链马甲；一类是商流平台型企业，比如良中行、格利食品网、美菜。它们利用各自掌握的核心平台价值，正在影响和改变现有的冷链模式。

“春江水暖鸭先知”，这些行业变化在坐的各位企业应该有着更早、更为深刻的感受。2017 年，中国的冷链行业势必还将迎来全新的变化，我们分析将呈现以下发展趋势。

一是行业整合加速。政府监管力度的加大，竞争的加剧，资本的大量投入，加快了行业的整合。未来没有核心竞争力和差异化服务的中小企业生存将愈加困难。冷链行业竞争还处在小组赛，全国性、综合性冷链龙头企业还没有出现。企业想要迅速脱颖而出，进入半决赛甚至决赛的竞争，加速整合势在必行。

二是网络化扩张。物流是规模经济，健全的网络是物流企业降本增效、升级转型的基础前提。只具备单点或区域服务能力的企业，越来越无法满足客户扩张需求，价值越来越小。

三是国际化发展。食品进出口贸易、食品跨境电商的爆发，是冷链国际化发展的主因。有能力的冷链企业逐步在“走出去”，先是空运、航运、铁路，然后是公路运输。一带一路沿线国家和地区，将是企业未来布局的重要地区，比如广西就是要发展成为东盟冷链物流中心。同时将会有更多国外冷链企业涌入国内市场。

四是集约化发展。提高资产的运营效率是未来的方向，集约化是很好的方式，在一定区域或范围内，把个别的、零碎的、分散而同质的客户集中形成规模。GB1589 治超的实施，再次倒逼运输领域走向集约化，不断提高效率。

五是向多元化和个性化发展。冷链物流因其专业化程度高、前期投入大、回报周期长，决定了它进入门槛高、经营难度大。但一旦做好，其关联好的网点布局、上下游渠道、客户资源、设施设备等优势便体现出来，往往可以另辟蹊径，拓展贸易、快递、医药物流等新的领域。

六、冷链物流人才越来越稀缺。随着更多竞争者的进入，不管是一线的驾驶员和操作工，到中层的运营管理人员，还是高级管理者，都会越来越难招，企业必须建立自己的人才培养梯队。

各位代表！本届年会的主题是“回归本质”，物流企业一切新的发展变化都要建立在踏踏实实做好服务的基础之上，否则都是空谈。利用本次年会提供的交流平台，希望大家围绕“回归本质”展开深入讨论。冷链是民生产业，希望大家不忘初心，用工匠之心做好冷链，为食品安全保驾护航。

（来源：中国物流产业网）

**《冷链物流运输的七种形式》**

在冷冻食品的生产销售链条中，冷链物流是非常重要的一环，它又可以分解为仓储、运输、配送等环节。在产业风口的推动下，冷链物流行业的每个环节都涌现出了很多颇具特色的代表企业。纵观国内冷链服务商，共有仓储型、运输型、城市配送型、综合型、供应链型、电商型和平台型等七种模式。

目前该市场的竞争者可分为四类，分别为：由传统物流企业转型，生产商自建自营的冷链部门，专业冷链服务商，国外冷链巨头联手国内企业设立的合资企业。

**模式一：仓储型：冷库分布不均行业集中度低**

提及冷链物流，就不得不说其中的仓储环节，即人们常说的冷库。作为冷链物流的主要基础设施，我国冷库资源依然不充足，与欧美发达国家仍有一段差距。据业内人士分析，我国冷库方面还呈现出资源分布不均衡、制冷技术落后、仓储设备陈旧等现象。

此外，冷库方面还存在着行业集中度低的问题，目前仍无具有超强整合能力的巨头。根据中国仓储协会冷链仓储分会统计，排名 10 的冷链仓储运营商 2014 年冷库保有量为 930 万立方米，占整个市场的 10.5%；排名前 30 的运营商 2014 年冷库保有量为 1531 万立方米，占整个市场的 17.3%。运营分散现状使得企业各自为政，无法形成规模效应进行优化调度，以致拖累行业整体盈利水平。

在仓储型模式中，太古冷链和普菲斯发展迅速，堪称行业代表。除了太古集团和普菲斯这些外资企业之外，中国本土也涌现了一批优秀的冷链仓储运营企业，诸如河南鲜易供应链、上海郑明现代物流、上海锦江国际低温物流、成都银犁冷藏物流等。

**模式二：运输型 – 从企业物流到物流企业**

所谓运输型，主要是指从事货物低温运输业务为主，包括干线运输、区域配送以及城市配送。目前中国冷链物流行业按此种模式运营的代表企业有双汇物流、荣庆物流、众荣物流等。

在上述企业中，除了荣庆物流属于传统物流转型之外，双汇物流和众荣物流都是从企业物流逐步发展成物流企业的。据了解，双汇物流隶属于双汇集团，而众荣物流脱胎于众品集团。双汇和众品在其发展的过程中，离不开冷链物流的支撑。随着企业规模的不断扩大，之前的物流部门逐渐演变成了物流企业。

**模式三：配送型 – 倡导集约共配构建全国网络**

在冷链物流行业中，最为常见的便是配送型企业，诸如北京快行线、上海唯捷物流、深圳曙光等企业。他们以从事城市低温仓储和配送一体业务为主，其冷链物流车穿梭在城市的大街小巷。

据了解，北京快行线不仅推出了冷链城市配送、冷链零担业务和冷链宅配三种业务，还针对三个业务板块分别推出了恰时达、约时达和准时达三个冷链产品，主要服务于超市供应商、超市配送中心、连锁餐饮配送中心、生鲜电商等四类客户。

**模式四：综合型 – 多元化运行加码配送比重**

所谓综合型是指以从事低温仓储、干线运输以及城市配送等综合业务为主，代表企业有招商美冷、上海广德、北京中冷等。和单一的冷链物流企业不同，其业务比较广泛，涉及到仓储、运输和配送等各个方面。

**模式五：供应链型 – 后来居上稳居风口核心**

所谓供应链型是指围绕核心企业，通过对信息流、物流、资金流的控制，从采购到终端整个过程提供低温运输、加工、仓储、配送服务，然后由分销网络把产品送到消费者手中。总的来说，就是将供应商、制造商、物流商和分销商连成一个整体的功能网链结构。这种商业模式比较先进，是国内最近两年才兴起的。在美国冷链市场，企业代表如SYSCO、US FOOD；国内代表有鲜易供应链、九曳供应链等。

据了解，鲜易供应链成立于2009年，是中国温控供应链标杆性企业之一，依托网络化温控仓储及冷链运输两大基石，以IT信息、供应链金融为核心优势，围绕供应链优化，开展国内外贸易、流通加工、温控仓储、干线运输、城市配送、终端连锁、网络营销、展示交易等，为客户提供温控供应链服务。

“物流分为企业物流和物流企业，服务范围以仓储和运输为主。生鲜供应链则是物流企业进化的新高度，包括供应链管理、供应链服务和供应链金融，而物流则是供应链服务的基础服务，是供应链链条的一个环节。供应链公司是没有车辆的物流公司，没有牌照的金融公司，没有货物的贸易公司。”众品集团董事长朱献福说。

**模式六：电商型 – 势头强劲优化资源整合**

近两年，冷链物流发展如此强劲，有一个重要因素不得不提，那就是生鲜电商的推动。自2012年生鲜电商元年启幕，生鲜电商开始蓬勃发展，与之配套的冷链物流也随之发展。因此，在冷链物流的商业模式中，电商型冷链物流是一种新兴模式，主要指的是那些生鲜电商企业自主建设的冷链平台，他们除了自用之外，还可以为电商平台上的客户提供冷链物流服务。这其中，尤以顺丰冷运和菜鸟冷链为代表。

经过两年的发展，顺丰集团又于今年发布了顺丰冷运食品陆运干线网。相较于顺丰冷运的高举高打，菜鸟网络则低调了很多。据了解，菜鸟网络专门为生鲜行业出台了一套解决方案，已经在北京、上海、广州、成都、武汉建了冷链分仓，并且保证36个城市24小时必达。

据介绍，菜鸟网络将通过搭建全国冷链分仓体系，减少中转环节，缩短配送路径，提升配送时效；末端通过落地配网络实现冷链配送及生鲜配送两种配送方式，保障服务质量。主要服务水果、海产、肉类等生鲜类目。同时，也可根据商家实际业务需求提供上门揽收的生鲜配送服务。

**模式七：平台型 – 搭建平台引领集约化发展**

在冷链物流迅猛发展的今天，依然存在着散乱的问题。面对资源信息的不对称，有一些平台型冷链脱颖而出。该模式是指以大数据、物联网技术、IT技术为依托，融合物流金融、保险等增值服务，构建“互联网+冷链物流”的冷链资源交易平台。

（来源：2017年7月3日 中国物流网）

**《上海：网络送餐无冷链条件不得送冷菜生食》**

自从“饿了么”等网络订餐平台风行以来，其食品安全问题就一直是众所瞩目的焦点，网络订餐食品安全也成了此前上海两会的一个高频词。上海市食品药品监督管理局就起草的《上海市网络订餐食品安全监督管理办法（征求意见稿）》公开征求意见。

市食药监表示，2016年将联合工商、电信等部门，鼓励网络订餐平台对接监管大数据，加强对网络订餐的监管和治理。

**外卖网店应证照相符**

2015 年下半年，本市抽检互联网订餐平台发现，不少平台上有店家涉嫌无证经营或证照信息与实际并不相符，甚至还有假借他人证照实际上并无实体店的案例。

此次征求意见稿规定，从事网络订餐的餐饮服务经营者应当按照《食品安全法》及食品经营许可有关规定，取得食品经营许可证以及网络经营许可项目。从事网络订餐的餐饮服务经营者实际经营地址、经营项目等应当与其取得的许可证核准的一致。

从事网络订餐的餐饮服务经营者应当按照在其网站首页或者经营活动主页面醒目位置公示营业执照、食品经营许可证和经营地址。公示的信息应当真实准确，画面清晰，容易辨识。当规定公示的信息发生变化的，餐饮服务经营者应当及时在相关信息的公示网页更新。

**无冷链条件不得送冷菜**

在网络订餐的过程中，送外卖是很重要的一个环节。征求意见稿要求，送餐人员应当按规定取得有效健康证明后上岗工作，一旦出现发热、腹泻、皮肤伤口或感染、鼻咽部炎症等有碍食品安全病症的，不得从事相关送餐活动。

除了送餐人员的资质和身体状况外，在送餐过程中不具备冷链配送条件的，不应当配送冷菜、生食、冷加工糕点、预拌色拉等需要冷藏保存以保障安全的食品。也就是说，如果“外卖小哥”仅仅是提着饭盒塑料袋上门送饭，那这家店就没有资格送餐醉泥螺、醉虾、醉蟹等腌制生食水产品、生鱼片、拌黄瓜等食品，也不能送奶油糕点、提拉米苏、芝士蛋糕、寿司等糕点。

对于委托第三方平台或者第三方物流送餐的，网店经营者也应负起责任，对其是否具备上款规定的条件进行检查； 不应当委托不符合条件的第三方平台或者第三方物流送餐。

另外，意见征求稿鼓励在送餐容器的外包装上标示食品制作烹饪时间和安全食用时限，如 10-60℃条件下，烹饪至食用时间应在 2 小时以内；并鼓励从事网络订餐的餐饮服务经营者在其网站或第三方平台公布厨房照片或者实时视频，即“明厨亮灶”。

**应建店家信用评价体系**

在此前的抽检中，一批网络订餐的第三方平台屡次申辩称证照不全或不符是因核对的工作量太大，整改需要时间。此次意见征求稿再度强调了网络订餐第三方平台的义务。

第三方平台应当建立入网餐饮服务经营者主体资质审查及其经营活动检查、交易管理规则、食品安全应急处置、投诉举报处理、消费者赔偿等食品安全管理制度，并按照规定在平台上公开这些制度。

第三方平台应当对申请加入平台的餐饮服务经营者进行资质审查，并及时更新食品经营许可证等资质证明材料。必要时，应到餐饮服务经营者所在地进行现场核实。此外，应当对入网餐饮服务经营者进行实名登记，记录其社会信用代码、食品经营许可证号、许可证有效期、核准名称、地址、经营项目等信息。同时，应当设立专门的管理部门或者指定专门的管理人员，对入网餐饮服务经营者在平台上发布的食品安全信息进行检查，并在开展入网餐饮服务经营者资质现场核实和平台送餐人员到入网餐饮服务经营者取食品时，对其实际加工地点与平台标示的地址是否一致进行核对。

一旦发现入网餐饮服务经营者存在超范围经营、发布虚假信息等违法行为的，第三方平台应当及时制止并向监管部门报告；发现入网餐饮服务经营者存在无许可证经营、经营禁止生产经营食品、发生食品安全事故等严重违法行为的，应当立即停止提供网络交易平台服务。

第三方平台还应当建立平台内入网餐饮服务经营者信用评价体系，鼓励将食品药品监督管理部门对入网餐饮服务经营者的监督管理情况作为评价体系的重要内容； 对于存在食品安全违法行为的入网餐饮服务经营者，应采取调整搜索排名、暂时或永久停止提供平台服务等措施。

（来源：新闻晨报 2016/3/15）

**《不出门搞定三餐 智能生鲜食品配送网未来或覆盖上海》**

不出小区大门即可完成生鲜食材的采买，从而搞定一日三餐，这一图景或许在不久的将来就成为现实。上交会参展企业，上海厨易配菜有限公司今天宣布，其正在搭建的生鲜食品配送网络将于2017年末覆盖上海中心城区及远郊大型居住区，届时公司研发的智能无人售菜机将达到3000台的规模，并配备1500辆物流车。

厨易公司目前正打造的“厨易时代·城市生鲜食品配送网”，是一整套集生鲜供需交易平台、城市物流配送、社区智能售菜与提货无人终端于一体的都市生鲜类食品采供服务解决方案。通过这一网络，客户可以直接向供应商购买各种生鲜食品，实现田间地头直通餐桌。

据介绍，“厨易时代”项目融合了物理网、大数据等信息技术，并与现代农业有机结合，目标客户主要是普通市民和餐饮企业。其中，市民可通过网上订购或自动售菜机现场购买的方式，提取定点定时配送的各种生鲜食品；而餐饮企业则同样可通过网络，选购所需食材，次日上午就可由厨易时代直接配送到企业所在地。

上海市商务主管部门表示，将大力支持“厨易时代”项目的未来发展。上海市商务委副主任吴星宝表示，“厨易时代”生鲜食品配送网能够极大方便老年市民，同时也符合年轻都市白领的快节奏生活，其供应链模式也能很好解决食品安全追溯问题。希望这一项目加快覆盖速度和推广进度，真正惠及广大市民。

（来源：东方网 2016/4/15）

**《易果、海尔强强联手，打造家庭场景化生鲜消费新模式》**

厨房里的生鲜蔬果吃完了，用冰箱就能选购，次日便可送到家？这不是科幻畅想，而是由易果生鲜与海尔冰箱共同打造的现实。

2016年4月27日，生鲜电商行业领先品牌易果生鲜与国内家电巨头海尔冰箱联合签署了战略合作协议。据了解，易果将独家植入海尔馨厨互联网冰箱终端，共同建立新型厨房场景商务平台，让用户能在冰箱上一键购买，享受一站式生鲜消费体验；并实现用户数据的共享共通，联合开发RFID食材识别、内容消费等模块，搭建大数据分析模型，建立用户生活习惯大数据库，为用户提供个性化的推荐。

“平时孩子爱吃肉，隔三差五就要补货。”上海的王女士看到冰箱智能显示屏的食材短缺提醒后，当即通过显示屏，在易果生鲜上订购了一份澳洲和牛，第二天就送到家了。

目前，易果生鲜与海尔已展开用户数据共享，当用户食材短缺时，海尔冰箱进行智能提醒，易果为用户推荐食材，并配送到家，还能形成周期供货，对用户来说购买生鲜食材就像订购牛奶一样方便。显然，生鲜电商正在逐渐通过与家庭场景的结合，形成家庭场景化生鲜消费新模式。

**RFID技术让每一份食材可追根溯源 实现食品安全可视化**

据透露，易果生鲜和海尔还通过图像识别，气味识别，RFID 等黑科技实现食物全程追溯。易果将对每一个食材从生长源头到采集、检验、出入库、运送等每个环节的数据进行采集，并将通过智能冰箱、易果app等终端反馈给用户，实现食品安全可视化。

可以想象，不久将来便能实现这样的场景：当你从冰箱里拿出一块牛肉。关于这头牛的产地、品种、年龄、检疫信息、储藏时间、新鲜度、烹饪方法等所有信息一应俱全。毒水果、僵尸肉等劣质食材将无所遁形。

据海尔介绍，选择与易果合作，一方面是易果完善的供应链，将成为海尔馨厨互联网冰箱平台建设的重要一环；另一方面，易果与全球生鲜供应商紧密合作，进行源头直采，掌握每一份食物的数据源头，保障了食品安全。

易果生鲜联合创始人、联席董事长金光磊表示，易果作为国内领先的生鲜电商平台，与海尔强强联手，把生鲜消费延伸到每一个家庭场景，共同打造基于厨房场景的一站式产品及服务。此次跨界合作，打通了一条新的商业生态价值链。而海尔在中国冰箱市场占比份额达 30%，也将在很大程度上拓展易果用户群。

**分期买生鲜套餐免费送冰箱**

从 4 月 23 日起，订购易果生鲜食材套餐，即可免费获得海尔馨厨互联网冰箱。据了解，该套餐包括鸡蛋、水果、蔬菜、牛羊肉、海鲜等各类丰富食材，按需求进行配送，满足家庭餐桌的高品质需求。

关于易果生鲜

易果生鲜创立于 2005 年，作为全国领先的新一代全链路生鲜运营平台，致力于为都市家庭提供全品类生鲜食材与全年无休贴心服务。易果买手团队踏遍全球 7 大产区、147 个地区、100 多个基地源头直采，自有冷链仓储配送，3 种温控全时保鲜，让热爱生活的消费者尽享“品质、便利”的全球美食。

（来源：商业电讯 2016/4/29）

**商务部办公厅、国家标准化管理委员会办公室：《关于农产品冷链流通标准化试点城市及企业评估结果的公示》**

商务部办公厅、国家标准化管理委员会办公室发布了《关于农产品冷链流通标准化试点城市及企业评估结果的公示》，《公示》内容如下：

关于农产品冷链流通标准化试点城市及企业评估结果的公示

根据《商务部办公厅 国家标准化管理委员会办公室关于开展农产品冷链流通标准化示范工作的通知》（商办建函〔2016〕699 号）要求，按照“公平、公开、公正”的原则，经专家评估，确定了农产品冷链流通标准化试点城市及企业。现将评估结果予以公示：

| | |
|---|---|
| 63 | 上海农产品中心批发市场 |
| 64 | 上海爱森肉食品有限公司 |
| 65 | 上海都市生活企业发展有限公司 |
| 66 | 上海清美绿色食品有限公司 |
| 67 | 上海菜管家电子商务有限公司 |
| 68 | 上海郑明现代物流有限公司 |
| 69 | 上海领鲜物流有限公司 |
| 70 | 上海交荣冷链物流有限公司 |
| 71 | 上海顺衡物流有限公司 |
| 72 | 上海新天天低温物流有限公司 |

**《冷链物流市场需求加大 制冷设备前景可观》**

随着科技水平的提升，冷链物流行业成功地脱颖而出。不管是新鲜的瓜果蔬菜，还是海鲜水产品，更或者是医药药品，血液，化工原料等都可以利用冷链物流行业来进行更好的存放；冷链物流行业一方面能够帮助延长物品的保鲜周期，提高物品的经济效益，另一方面还可以为这些物品创造最佳的储存环境，避免各项安全事故的发生。

**冷链设备：未来 3 年维持 10% 左右的较快增长**

我们测算 2015 年我国工业制冷设备及食品冷冻冷藏设备合计产值约为 735 亿元，其中食品冷冻冷藏设备产值约为 455 亿元。随着食品冷冻冷藏需求占比的不断提升，冷链物流行业的快速发展将推动冷链设备未来 3 年维持 10% 左右的增速。

其中螺杆压缩机向下部分替代活塞压缩机，向上挤压离心压缩机的替代趋势仍将延续，储运环节中的冷柜、冷库和冷冻冷藏车三大类设备将受益于冷链物流和生鲜电商大发展，保持较快增长。

批发市场模式是我们较常见的农产品物流模式，它是依托于一定规模的批发市场，由生产者或中间收购商将分散的产品集中到批发市场被批发商收购，然后再通过零售商销售，最终到达消费者手中的农产品物流模式。此种物流模式比较符合我国农产品行业的发展现状，因为可以规避产品分散经营，实现规模化，降低了物流成本。相比于其他商品的普货物流，冷链物流的特征就是流转的任一环节都需要配套的冷链设施，否则“掉冷链子”的流通会使得后续环节的流转腐损率增加，也就不能很好地得到规模化经营产生的优化收益。

据制冷大市场记者了解，2016 年全国冷链物流市场需求将达到 2200 亿元，同比增长 22.3%。2016 年全国冷库预计新增 305 万吨，总量达到 4015 万吨（折合 10037 万立方米），同比增长 8.2%。

**冷链物流市场需求加大，制冷设备行业发展也可观**

冷链物流市场需求加大，也将带动制冷设备的需求。其实，从冷链的规模上来说，我国还落后欧美发达国家，但是随着国家对食品药品安全问题的重视，势必将推动我国医药冷链的建设规模，也将带动我国制冷设备行业的继续发展。

专家表示，医药冷链物流的各个环节均离不开制冷设备，尤其是储藏环节的冷库建设和流通环节的低温运输车是目前医药品冷链物流的薄弱环节。但是近年来，已有不少企业针对性进行建设，带动市场升级。

制冷大市场记者了解到，在 2016 年年报中，顺丰控股有三大业务应收实现高速增长，分别为重货运输业务、国际快递业务和冷运业务。其中服务的业务覆盖食品、医药行业生产、电商、经销、零售等多个领域。

而中集集团作为冷藏车制造者之一，以制造并销售各类冷藏箱、保温箱、铝质集装箱、冷藏半挂车、保温车和其他运输设备为主，也是目前国内唯一一家瞄准海内外高端市场的冷藏半挂车研发、制造企业。

**国外企业深耕中国市场，国产制冷设备面临挑战**

我国制冷设备行业经历了一个高速增长期，国产制冷产品在制造技术、成本控制、市场占有率等方面拥有众多优势。然而，随着中国制冷市场的逐渐升温，国外制冷设备企业也开始纷纷今日中国“淘金”，并且取得了不错的发展成果。国外企业在中国市场的深耕和开拓，让我国制冷设备行业企业面临巨大的挑战。

目前，在我国的工业制冷中，主要以冷却塔为主要的制冷设备。其中常用的中央空调的主要冷却系统也是采用的冷却塔。在我国的制冷设备在冷库安装方面也有非常好的应用，我国已经推行了新的冷却压缩机和制冰机。在温度控制和冷却效率中体现的最为明显。例如，大型零售商可以在配置冷柜设施的同时自建小型冷藏或者双温冷库，也可以更好的调节每次进货量，省心更便捷。

专家称，我国乃至世界制冷设备存在两个主要问题：一个是节能，一个是环保。目前，针对某环节的节能研究比较多，而对整个冷链系统的研究则非常少。在环保方面，如何尽快推动氨制冷的发展，取代对环境有极大破坏的氟利昂，是主要问题。此外，产品与服务，是支撑企业的左膀右臂，少其一则不能称之与健全，目前国内制冷设备行业企业普遍存在有产品强服务弱的“畸形”发展局面。因此，各企业经营者务必要在保证产品技术过硬的同时做到以客户需求为己任，打造优质产品供销服务体系，以期早日赢得市场和客户的广泛认可，实现企业与行业发展双双突破。

现今，人工制冷可以实现比天然冷源制冷更低的温度，加之环保制冷剂的广泛应用，人们对生活水平的要求，使得制冷行业的发展空间巨大。制冷设备、制冷技术在国民经济各个领域和人民生活的各个方面得到了广泛应用。促使制冷行业必须不断的向前发展，才能满足市场的需求。

近年来，医药行业的快速发展有目共睹，这也将拉动制冷设备行业的发展，随着全球变暖趋势的影响，制冷行业发展有着非常大的发展空间。相关企业应把好质量关卡，提高产品的质量，更好地为医药领域服务。同时，制冷设备生产企业要在国家推广现代冷链物流的理念下，创新现代冷链物流技术，完善冷链物流标准体系的同时，充分发挥政策与市场的作用，使行业迈向新的高度。

（来源：制冷快报 2017/3/31）

本篇供稿：张悦来 固晨曦 张志坚；编辑：张志坚

# 第八篇 物流装备、标准、技术和信息化

## 8.1 概述

### 8.1.1 《2016年物流装备业发展回顾与2017年展望》

**一、2016年中国物流装备业发展环境**

1、2016年物流装备业面临的宏观经济经济环境

2016年，面对错综复杂的国内外经济环境，国家坚持稳中求进工作总基调，以推进供给侧结构性改革为主线，适度扩大总需求，妥善应对风险挑战，引导形成良好社会预期，国民经济运行缓中趋稳，结束了自2010年以来连续20多个季度经济增长连续下滑的局面。按月度经济数据分析，到2016年四季度，PMI升至两年来的高点，名义GDP从2015年开始走出低谷，到2016年底名义GDP增长率已经接近8%，同时PPI明显上升。虽然GDP增长还十分低迷，制造业面临巨大困难，但经济先行指标已经预示着此轮经济周期的底部基本探明，经济下行空间有限，并且具有了触底反弹的迹象。据统计，2016年全年国内生产总值744127亿元，按可比价格计算，比上年增长6.7%。其中与物流装备行业相关的制造业增长6.8%，全年社会消费品零售总额332316亿元，实际增长9.6%，全国实物商品网上零售额41944亿元，增长25.6%，全年交通通运输、邮政与仓储业增长9.5%。

综合来看，2016年物流技术装备行业面对的宏观经济环境虽然比2015年还严峻，但底部已经探明，经济发展预期开始好转。

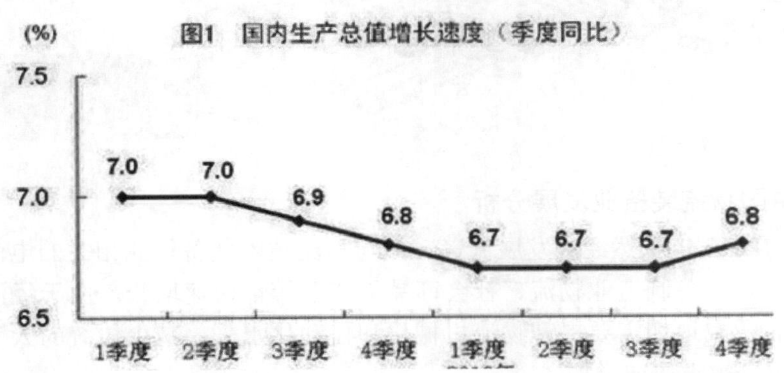


从经济政策上看，2016年国家陆续出台了一系列的推动物流发展的宏观政策。初步统计国务院和各部委出台的推动物流发展的相关政策有40多项，其中与物流装备业相关的政策也很多，如商务部发布的关于推进商贸物流标准化的系列政策、关于推进冷链物流发展的相关政策、《电子商务物流十三五发展规划》、《商贸物流十三五发展规划》等重要政策；发改委发布的《关于加强物流短板建设，促进有效投资和居民消费的意见》、《关于做好现代物流创新发展城市试点通知》、《关于互联网+高效物流实施意见》等政策；财政部和税务总局发布的《营业税改增值税试点实施办法》；国家邮政局出台的《推进绿色包装工作实施方案》等等。各项政策的密集出台，对物流技术装备行

业影响总体上是正面的，有利于中国物流技术装备快速发展。

从经济结构转型来看，供给侧改革和经济结构调整对物流技术装备行业影响最大。随着制造业产业结构调整和劳动力成本上升，企业纷纷改造物流系统，用机械化取代人力，用自动化提升效率成为大趋势，极大带动了物流机械化和自动化设备的高速增长，带动了智能物流装备的快速增长，推动了机器人、无人机等高新技术设备的技术开发。

2、2016 年物流装备业面临的产业发展环境

物流产业是对物流技术装备影响最大的行业。2016 年全年社会物流总额达到 230 万亿元，增长 3% 左右，低于 GDP 增长，说明物流行业效率显著提升，货物倒运次数显著减少，经济结构明显改善，单位 GDP 物流量显著下降，受此影响，中国社会物流总费用与 GDP 的比率也出现明显下降，预计将降至 15% 以下，说明物流运行质量与效率稳步提升。虽然物流总额增长幅度远远低于 GDP 增速，但与物流技术装备直接相关的工业品物流中，高新技术与装备制造物流需求增速超过 10%，与消费相关的单位与居民物品物流总额增长 40%，快递业务量增 51.7%，冷链物流市场需求同比增长 22.3%，都明显高于 GDP 的增长，给物流技术装备行业增长创造了极为优良的发展环境。也给物流技术与装备市场需求增长带来了动力。

2016 年，物流企业纷纷加大技术改造和装备升级力度。城市配送企业更加关注配送效率提升和配送中心建设，关注物流标准化、信息化的发展，对新型叉车、货架、分拣输送设备、自动化立体仓库等现代化物流装备需求快速上升；标准托盘循环共用系统得到国家及政府部门关注，在快速消费品领域获得较快发展。

2016 年中国制造业继续保持着对物流技术装备的稳定需求，电商物流仓储建设加快带来了物流自动化发展；资本市场推动物流技术装备企业创新发展，商贸物流标准化推动了托盘与周转箱等物流产品增长。

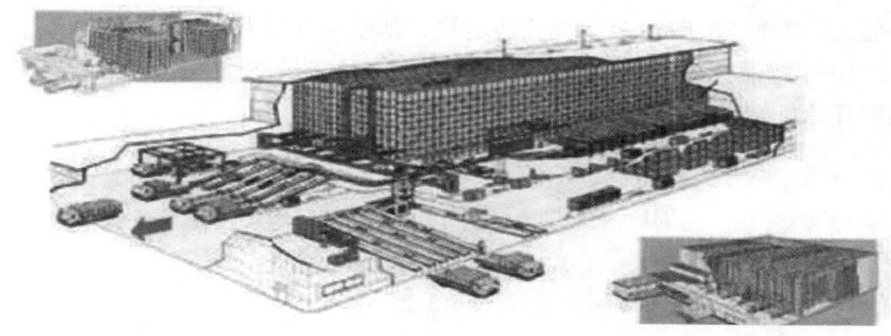

## 二、2016 年中国物流装备业发展分析

根据前面分析，2016 年虽然经济发展低迷，但与物流技术装备行业相关的电商物流、居民与单位物流总额、高新技术装备制造业物流、社会商品零售额等都快速增长。由于经济转型升级和用工等成本不断上升，企业也迫切需要提升物流机械化和自动化水平，减少传统的人工搬运，同样带动了物流技术与装备市场需求快速增加。

2016 年，中国物流技术装备的市场驱动主体继续为自动化物流设备、智能穿梭车、智能机器人、输送分拣系统、感知与识别系统等高新物流技术与装备。总体来看，我们认为 2016 年中国物流技术与装备行业增长继续高于国民经济发展速度，但行业整体增长速度也有所降低，预计 2016 年中国物流技术装备行业整体增长 18% 左右，其中普通的叉车、托盘、货架整体增长速度偏，综合增长预计 13% 左右，但输送分拣设备、自动化立体库、AGV 等各类物流机器人、智能穿梭车、快递自提智能物流箱、电动叉车、标准化托盘、立体库货架等先进的物流技术装备继续保持高速增长，预计综合增长速度在 25% 以上。

随着物流技术装备的快速增长，物流技术装备的租赁与服务的后市场发展也进入快车道，预计增长也在 20% 以上。

1、叉车行业

据中国工程机械工业协会工业车辆分会数据统计显示，在经历了 2015 年叉车产量下滑的一年多调整后，2016 年中国叉车又出现新的增长，叉车产销量也创造了历史最高纪录，全年销售 370067 台，与 2015 年 327626 台相比，增长 12.95%。目前，中国叉车行业开始进入循环增长阶段，增长有所波动，但总体上看还是处于上升期，叉车产销总量在调整中不断增长。

从国内市场看，物流业已由发展初期进入到转型升级、提升效率和改善服务的阶段，工业车辆作为使用最广泛的物流设备之一，受益于这个时期物流装备的社会整体需求，也处于结构调整和改善升级阶段，叉车总销售量在稳步增长同时，车型的需求也在发生着变化。从近年来的销售数据看，电动叉车与内燃叉车的比例变化、平衡重叉车和仓储叉车比例变化是最重要的特征。环保、智能、差异化、服务升级成为叉车行业发展的主要趋势。

中国叉车销售量成长曲线

随着中国仓储业快速发展，随着中国仓储协会大力推进绿色仓储与配送行动计划，采取各种措施促进节能环保的电动叉车的市场销售，近年来电动叉车和仓储叉车一直保持了较快速增长。2016 年中国电动叉车总产销量达到 141525 台，同比增长 18% 左右，仓储叉车达到 101540 台，同比增长达到 24% 左右。在市场销售占比方面，电动叉车产销总量占比已经超过了 38%，有了大幅上升。5 年间中国电动叉车占比提高了 10 个多百分点。

叉车行业近年来另一个突出的变化，就是叉车后市场的崛起。经过测算，中国叉车保有量到 2016 年底已经达到 185 万辆，叉车租赁数量根据对 50 家叉车租赁企业数据核算达到了 8 万辆，年增长 20% 左右。据此不完全统计叉车后市场规模已经超过了 200 亿。中国的叉车后市场充满着无限的发展空间，引起了资本市场关注，叉车车队管理系统也成为市场的热点。

2、托盘行业：

进入 2016 年以来，托盘行业增长速度有所下降，根据对企业的调研分析，我们估计 2016 年中国托盘生产增长速度同比增长率在 7% 左右，考虑到托盘更新因素，截至目前中国托盘保有量预计接近 11 亿片。

根据市场发展规律，托盘产量也将进入低速增长和循环增长的转型升级阶段，新型托盘、环保托盘增长速度较快，受商贸物流标准化推进的影响，用于循环共用的高质量标准托盘呈高速增长态势。

根据对托盘生产量增长趋势分析，托盘产量由 2003 年的年产 3500 万片增长到 2016 年的年产 2.87 亿片，增长了 8.2 倍左右。根据相关数据调查测算，受中国商贸物流标准化行动计划的影响，2016

年中国托盘产销量中标准托盘产销增长继续保持快速增长，增长速度远远高于托盘增长速度。预计增长速度在 13.5% 以上，标准托盘产销量占比超过 35%，标准托盘在中国托盘保有量占比还预计可达到 26% 左右，占比还不高，但随着每年标准托盘更新量的增加，标准托盘在托盘保有量中占比将稳步提升。

3、货架市场

进入 2016 年以来，随着国家重视基础设施投资，钢材价格开始触底反弹，快速上升，对货架行业带来了较大影响。受钢材价格快速上涨影响，货架行业销售产值大幅上升，预计 2016 年全年货架产销量超过 100 亿元左右，同比增长 27%，但货架出货量增长率预计在 18% 左右，与上年相比略有下降。中国货架市场原材料大幅上升，而货架企业面向客户又难以涨价，使得货架企业利润并无好转，很多货架企业的利润有下降趋势。

近几年物流装备行业中的叉车、托盘、货架出现联动发展态势，普通的工业货架市场随着叉车和托盘市场的增长速度下降也出现了市场疲软和需求不振，市场竞争激烈。另一方面，随着物流装备行业转型升级，先进的配送中心和自动化立体库建设加快，立体库货架系统始终保持较高的增长速度，货架行业品牌知名度较高的精星等企业继续保持良好的利润和快速发展的势头。

2016 年电子商务物流、服装物流、医药物流、快消品物流、高端制造等领域是高端货架需求的主要行业，市场需求增长较快。机械、汽车、电子等行业增长货架市场需求增长平稳。

4、物流系统设备集成

2016 年仍然是中国物流系统设备呈现较快发展的一年。新年伊始，很多物流系统工程项目纷纷开工，自动化立体库项目建设市场繁荣，据不完全统计，截止 2016 年 12 月，全国自动化立体库保有量超过 3600 多座，市场需求增速超过了 20%，年立体库建设超过 550 座以上。

虽然自动化物流系统还保持高速增长，但 2016 年以来，经济增长的低迷也开始影响到了物流装备业，企业转型升级投资意愿也受到很大影响，已经开工的项目开始出现延期交货，计划开工项目暂缓开工，物流技术装备供应商开始感到经济增长多年下行带来的压力。预计 2016 年物流系统设备集成增长速度略低于 2015 年，同比增长 20% 左右，仍远高于经济发展速度。2000 年 -2016 年中国物流系统市场需求增长情况如图所示。

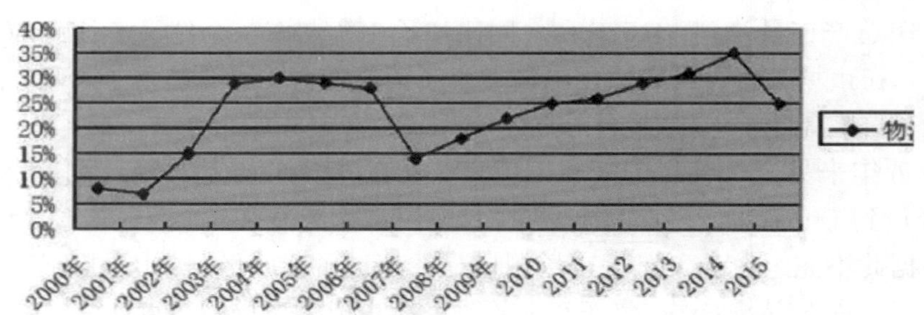


图：2000 年至 2016 年中国物流系统市场需求增长分析

多年来物流系统集成工程项目快速增长，促使海外物流系统供应商继续看好中国市场，纷纷加大投入，并加快本土化制造与生产。在国内，物流系统集成市场也已经成为资本市场关注的热点，资本纷纷加大在物流系统集成领域的投资，企业上市、并购与重组、新的企业进入成为行业热点。据不完全统计，目前全国物流系统集成商应该超过 50 家以上，其中核心企业 20 多家，内资企业占一半左右。

系统集成市场是一个知识密集型的行业，因此，行业内市场主体仍是重点的知名品牌企业为主。

重点企业能够承包物流系统工程项目，掌握自动化立体库总体规划、机械电气控制、软件系统等全面技术，拥有专属的安装制造实体，占据着大部分的市场空间，新进入的企业要打开市场也会遇到很多瓶颈。

5、输送分拣设备

进入 2016 年电子商务物流增长趋缓，但全渠道的新零售发展迅速，快递包裹量继续保持超高速增长，全年快递包裹超过 313.5 亿件，同比增长 51.7%。电子商务物流的发展对物流输送分拣设备的市场需求日益增长，输送分拣设备在物流系统中所占比例近年来有较大提升。

2016 年电子商务物流发展带动了输送分拣技术进步，新的输送分拣技术不断涌现，其中：货到人拣选、交叉带分拣、货到机器人分拣、高速分拣等分拣技术发展最快。电子商务配送具有多品种、小批量、高频次特征，是推动快速分拣市场需求增长的基础。根据监测，目前输送分拣设备行业市场需求呈现高速增长态势，2016 年全年增长预计在 20% 以上，市场规模超过 50 多亿元。

## 三、2017 年中国物流装备市场分析预测

1、2017 年物流装备业面临的宏观环境分析

我们认为，2017 年中国宏观经济即将探底成功，2017 年下半年经济将出现小幅回升，预计 2017 年中国经济增长速度将超过 2016 年，GDP 同比增长将达到 6.8% 左右。2017 年十九大将召开，为了保持国民经济稳定健康发展，预计国家还将不断出台系列的经济刺激政策和宏观经济调控政策。

目前，国家对现代物流发展极为重视，2016 年国家密集出台了一系列的推进物流发展的各项政策与措施，这些政策措施的落地实施将集中在 2017 年，2017 年物流技术装备的发展将享受很多国家政策红利。

根据上述分析，2017 年中国物流技术装备行业面临的宏观经济环境将是稳定的，宏观经济政策环境趋好，同时随着智能制造业快速发展和经济转型升级，物流技术装备业将继续保持较快速的发展。

近两年受人力成本上升，企业转型升级影响，物流技术装备尤其是高端物流技术装备得到了快速发展，机器人拣选、输送分拣系统、智能穿梭车与货架系统等发展速度很快。经过几年增长，这些新技术的发展随着基数扩大，增长速度有所下降，但仍将保持较快速增长。近两年，经过多年的高速发展，普通的叉车、托盘、货架等产品市场需求增长开始下降，产品的市场保有量接近饱和区间，尽管仍处于发展阶段，但发展空间已经不大，其市场增长也进入循环增长阶段，在调整的年份增长速度甚至会出现下降。

在市场竞争方面，近两年国家对物流发展很重视，物流技术装备市场发展很快，吸引了众多投资纷纷投入这个领域，新的企业不断涌入，老的企业快速成长，国外企业纷纷进入国内，让市场供给能力迅速填补了市场需求缺口。市场供给快速成长，带来了市场激烈的竞争。目前在叉车、托盘等行业，普通产品的生产能力已经过剩，在一些中高端市场，供求基本平衡，在高端市场还有需求缺口，目前主要是国外企业主导，市场容量也不大。很多近年来炒作的所谓物流黑科技，大部分仍处于研发和试验阶段，受成本制约及其他原因，离普及应用还有较长的一段距离要走。

综上所述，我们认为 2017 年中国物流技术装备业仍然面临着较为良好的发展环境。

2、2017 年产业物流变革促进物流技术装备发展

我们预计，2017 年中国城市配送、新零售与新制造、产业互联网、冷链物流将成为物流业关注焦点和难点。在城市物流配送领域，随着新零售的快速发展，新型门店与网商平台相结合，带动城市物流配送快速发展，城市物流将面临变革压力。预计 2017 年城市物流共同配送发展将带动城市物流公共基础设施转型升级，带动新型门店的小型物流输送分拣系统需求上升，带动智能自提货柜终端的快速发展。

从产业物流角度看，2017 年制造业将不断推动向智能化和自动化产业升级，医药、烟草、机械、汽车、家电、服装等行业物流技术装备需求继续稳定增长；商贸物流、冷链物流、快递物流、高端制造等领域物流发展迅速。

3、2017 年中国中高端物流技术装备继续快速发展

目前，中国物流技术与装备市场进入转型升级阶段，自动化立体库、智能物流设备、高端物流产品、物流机器人系统、智能分拣系统、识别与感知系统等先进的物流技术与装备将高速成长，中国物流技术与装备行业发展速度继续保持世界第一，中国物流装备市场也继续保持世界第一的大市场，行业的发展战略机遇期还有 8 年 -10 年。

2017 年中高端物流技术创新步伐将加快，各种先进的新技术将不断涌现，前两年出现的新技术将开始探索在现实中应用。如：无人配送小车和配送机器人将开始在特定场景应用，无人机配送将得到较大发展。最近京东已经开始与地方合作建立无人机智能配送网络。

4、2017 年中国物流技术装备市场热点分析

根据产业发展规律，我们认为 2017 年物流装备业市场热点将主要集中在新零售和新制造领域。实验性的新技术开发的热点集中人工智能、机器人、无人机配送、无人仓储、大数据与云计算等领域。在应用领域的市场热点将集中在全自动化立体库、新型的快速分拣技术、智能穿梭车与货架系统、智能自提终端、智能搬运、自动装车等方面。

智能物流装备将迎来大发展机遇，随着互联网 + 的发展，未来智能物流装备将有可能产生颠覆式创新，人工智能将有可能成为颠覆智能物流装备的利器，尤其是极有可能智能物流装备产品将出现智能控制网络化，设备产品感知自动化，将智能设备的“大脑”设在虚拟互联网中，互联网成为控制各种终端智能设备的核心。物流系统的控制将通过物联网、大数据、云计算技术控制智能终端物流设备，而智能终端物流设备将变得简单化，只具备自动感知和自动化技术即可。这将转变智能物流终端设备的开发理念。

物流自动化与机械化设备将通过物联网技术接入互联网，给标准化、模块化的物流技术应用带来了市场机遇；信息技术成为物流装备控制核心与枢纽，给识别、跟踪、交互、定位、大数据分析、智能控制技术带来发展空间；

随着物流装备市场规模扩大，物流技术装备的租赁、养护、维修、升级、共享、管理、操作等市场需求即将进入爆发期，物流技术装备后市场发展空间商机无限，尤其是叉车租赁、托盘租赁、货架租赁、立体库后期改造、维护、升级等专业的后市场服务空间广阔；物流技术装备的管理与操作的后市场也将获得巨大发展。

四、2017 年物流技术与装备主要产品的市场预测

1、2017 年叉车市场将稳定增长

由于国内外叉车市场的好转，预计 2017 年中国叉车产销量还将继续保持稳定增长，考虑到 2016 年叉车恢复性增长速度较快，预计 2017 年叉车市场需求增速会略有下降，预计同比增长 10% 左右。

随着经济转型和绿色物流发展，2017 年中国电动叉车、新能源环保型叉车将继续成为市场热点，市场需求增长速度继续保持在 18% 左右，中国电动叉车在总产销量中占比将超过 40%，迈上一个新的台阶，提前实现发展目标。2017 年随着仓储业转型升级，中国仓储叉车也将继续保持快速增长，开发和研制电动叉车、环保型叉车日渐成为一种国际和国内行业新产品开发趋势。

1、2017 年托盘行业产销量稳定增长

2017 年托盘市场中木托盘仍占绝对数量，为 80%，塑料托盘由前几年的 11% 增至 2012 年的 12%，其他各类材料托盘占比合计为 8%，其中纸托盘和铝托盘增长较快。

综合分析，我们预测 2017 年中国托盘市场将继续保持一定速度增长，增长速度趋缓，预计增速在 7% 左右，托盘产量超过接近 3 亿片，托盘保有量继续增加。

受商务部全面推进托盘标准化的影响，2017 年标准托盘产量增长将超过 20%，标准托盘的生产占比将超过 40%，与标准托盘匹配的托盘笼、托盘箱、物流周转箱等产品市场增长较快，托盘租赁市场进入快速发展通道，商贸物流标准化取得重要成绩。

2、2017 物流系统设备将继续保持快速增长

2017 年预计中国自动化立体库行业继续保持快速增长，增长速度继续保持在 20% 左右；新建的具有一定规模的自动化立体库将超过 600 座，如果包括小型立体库则新建立体库将更多。

3、2017 年货架系统市场需求保持中速增长

2017 年工业货架系统随着中国物流系统技术与装备业快速成长而快速发展，立体库货架市场需求将保持高速增长，普通的工业货架随着物流业进入中速增长阶段，市场需求增长和将趋缓，综合来看，预计 201 年货架系统市场增长将保持中速，增长速度在 15% 左右，市场规模将达到 110 亿元以上；

综合来看，2017 年物流技术装备行业将继续保持稳定快速增长，增长速度能够达到 11% 以上，高于国民经济增长速度。

## 8.1.2 《物流业在装备、标准、技术和信息化的一些新特征》

近年来，物流业在装备、标准、技术和信息化方面的进展有以下诸方面新特征。

**一是互联网 + 高效运输。**

在“互联网 +”时代背景下，货运市场最先拥抱互联网。催生了一批像互联网 + 车货匹配、互联

网+货运经纪、互联网+甩挂运输、互联网+合同物流等的“互联网+”创新模式，涌现了一批像运满满、货车帮、卡行天下、天地汇等的“互联网+”代表企业。“互联网+高效运输”通过搭建互联网平台，实现货运供需信息的在线对接和实时共享，将分散的货运市场有效整合起来，改进了运输的组织方式，提升了运输的运作效率。近年来，单纯的车货匹配模式逐步向无车承运人模式转型，数据在线化、运力社会化、资源平台化正在助推产业新变革。今年8月，交通运输部无车承运人试点政策正式出台，为行业下一步发展指明了方向。

**二是互联网+智能仓储。**

智能仓储在快递、电商、冷链、医药等细分领域快速发展。如，京东商城、菜鸟网络、顺丰速运、九州通等企业积极开发全自动仓储系统，设计智能仓储机器人，完成货物的上架、 拣选、打包、贴标签等操作，大幅提高仓储管理的效率和水平。随着“互联网+”理念的引入，现代化、信息化仓储设施的投入，通过仓储信息的集成、挖掘、跟踪与共享，有效实现取货自动化、进出货无缝化和订单处理准确化，现代仓储管理将更加精准、高效、智能，带动行业高端化转型升级。

**三是互联网+便捷配送。**

借助互联网平台，搭建城市配送运力池，开展共同配送、集中配送、智能配送等先进模式，能有效解决“最后一公里”的痛点。如，日日顺、速派得、云鸟配送等关注末端配送的平台型企业，不断探索便捷配送的新模式。随着末端配送的智能化改造，菜鸟、京东、顺丰等快递物流企业积极布局智能自提柜市场，实现系统的互联共享。此外，随着本地生活服务的需要，共享经济模式在末端配送领域得到推广应用，美团、百度、饿了么推出了即时配送模式，也是互联网+便捷配送的新亮点。

**四是互联网+智慧物流。**

当前，货物跟踪定位、无线射频识别、电子数据交换、可视化技术、移动信息服务和位置服务等一批新兴技术在物流行业应用效果明显。据有关信息化监测显示， 88.9%的物流企业实现了对自有车辆的追踪，89%的企业实现了全程透明可视化。越来越多的企业将物联网、云计算、大数据等新技术作为企业投入重点。例如，菜鸟网络陆续推出物流预警雷达、大数据分单路由、电子面单、四级地址库等数据基础服务，利用智慧物流大数据分析，促进快递市场的组织优化和效率提升，引领智慧物流发展趋势。

**五是互联网+供应链一体化。**

一批行业代表企业，如招商局物流、怡亚通、安吉物流等，借助自身资源和信息优势，向供应链上下游延伸，通过数据协同实现更大范围的供应链协同，重构供应链协作关系。

## 8.2 物流设施与装备综合信息

### 8.2.1 《亚马逊的10大物流新技术介绍》

1、亚马逊的智能机器人 Kiva 技术

亚马逊2012年7.75亿美金收购的KivaSystems，大大提升了亚马逊的物流系统。据悉时至2015年亚马逊已经将机器人数量增至10000台，用于北美的各大运转中心。Kiva系统作业效率要比传统的物流作业提升2-4倍，机器人每小时可跑30英里，准确率达到99.99%。

机器人作业颠覆传统电商物流中心作业“人找货、人找货位”模式，通过作业计划调动机器人，实现“货找人、货位找人”的模式，整个物流中心库区无人化，各个库位在Kiva机器人驱动下自动排序到作业岗位。

2、无人机送货

早在2013年12月，亚马逊就发布PrimeAir无人快递，顾客在网上下单，如果重量在5磅以下，可以选择无人机配送，在30分钟内把快递送到家。整个过程无人化，无人机在物流中心流水线末端自动取件，直接飞向顾客。2014年亚马逊CEO贝佐斯在公开表示，亚马逊正设计第八代送货无人机，将采用无人机为AmazonFresh生鲜配送服务。

3、订单与客户服务中的大数据应用

亚马逊是第一个将大数据推广到电商物流平台运作的企业。电商完整端到端的服务可分为五大类，即浏览、购物、仓配、送货和客户服务等。

用户浏览：亚马逊有一套基于大数据分析的技术来帮助精准分析客户的需求。具体方法是，后台系统会记录客户的浏览历史，后台会随之把顾客感兴趣的库存放在离他们最近的运营中心，这样方便客户下单。

2）购物便捷下单：在这方面可以帮助客户不管在哪个角落，都可以快速下单，也可以很快知道他们喜欢的选品。

3）仓储运营：大数据驱动的仓储订单运营非常高效，在中国亚马逊运营中心最快可以在30分钟之内完成整个订单处理，也就是下单之后30分钟内可以把订单处理完出库，从订单处理、快速拣选、快速包装、分拣等一切都由大数据驱动，且全程可视化。由于亚马逊后台的系统分析能力非常强大，因此能够实现快速分解和处理订单。

4）配送：精准送达是对于当前电商物流来说，绝对是一个技术活，电商物流的快物流不是本事，真正高技术的电商物流服务，是精准的物流配送，亚马逊的物流体系会根据客户的具体需求时间进行科学配载，调整配送计划，实现用户定义的时间范围的精准送达，美国亚马逊还可以根据大数据的预测，提前发货，实现与线下零售PK赢得绝对的竞争力。

5）CRM客服：大数据驱动的亚马逊客户服务，据悉亚马逊中国提供的是7X24小时不间断的客户服务，首次创建了技术系统识别和预测客户需求，根据用户的浏览记录、订单信息、来电问题，定制化地向用户推送不同的自助服务工具，大数据可以保证客户可以随时随地电话联系对应的客户服务团队。

4、智能入库管理技术

在亚马逊全球的运营中心，可以说是把大数据技术应用的淋漓尽致，从入库这一时刻就开始了。

1）在入库方面：采用独特的采购入库监控策略，亚马逊基于自己过去的经验和所有历史数据的收集，了解什么样的品类容易坏，坏在哪里，然后给他进行预包装。这都是在收货环节提供的增值服务。

2）商品测量：亚马逊的CubiScan仪器会对新入库的中小体积商品测量长宽高和体积，根据这些商品信息优化入库。例如鞋服类、百货、新的爆款等等，都可以直接送过来通过Cubi测量直接入库。

这给供应商提供了很大方便。客户不需要自己测量新品，这样能够大大提升他的新品上升速度；同时有了这个尺寸之后，亚马逊数据库可以存储下这些数据，在全国范围内共享，这样其他库房就可以直接利用这些后台数据，再把这些数据放到合适的货物里就可以收集信息，有利于后续的优化、设计和区域规划。

5、大数据驱动的智能拣货和智能算法

1）智能算法驱动物流作业，保障最优路径：在亚马逊的运营中心，不管是什么时间点，基本上在任何一个区域、任何一个通道里面，你不太会看到很多人围在一起，为什么？因为亚马逊的后台有一套数据算法，它会给每个人随机地优化他的拣货路径。拣货的员工直接朝前走，不要走回头路。系统会给推荐下一个要拣的货在哪儿，永远不要走回头路。而且确保全部拣选完了之后，路径最少，通过这种智能的计算和智能的推荐，可以把传统作业模式的拣货行走路径减少至少60%。

实现方式：拣货的时候，系统会告诉员工，拿着扫描枪，下一个应该去到哪个货位去检，走的路是最少的，效率最高。

2）图书仓的复杂的作业方法：图书仓采用的是加强版监控，会限制那些相似品尽量不要放在同一个货位。图书穿插摆放，批量的图书，它的进货量很大，因为它的需求很大。所以这样一来，亚马逊通过数据的分析发现，这样穿插摆放，就可以保证每个员工出去拣货的任务比较平均。

3）畅销品的运营策略：比如奶粉，有些是放在货架上的，有些是放在托拍位上的。像这些离的发货区会比较近，亚马逊根据后台的大数据，知道它的需求量也比较高，所以它进来的时候都是整批整批的进，然后就会把它放在离发货区比较近的地方，这样可以减少员工的负重行走路程。

6、随机存储

1）随机存储的运营原则：随机存储是亚马逊运营的重要技术，但要说明的是，亚马逊的随机存储不是随便存储，是有一定的原则性的，特别是畅销商品与非畅销商品，要考虑先进先出的原则，同时随机存储还与最佳路径也有重要关系。

2）随机存储与系统管理：亚马逊的随机存储核心是系统Bin，将货品、货位、数量绑定关系发挥极致。收货：把订单看成一个货位，运货车是另一个货位，收货即货位移动；上架：Bin绑定货位与货品后随意存放；盘点：与Bin同步，不影响作业；拣货：Bin生成批次，指定库位，给出作业路径；出货：订单生成包裹。

3）随机存储运营特色：亚马逊的运营中心有两大特色，第一个特色就是随机上架，实现的是见缝插针的最佳存储方式。看似杂乱，实则乱中有序。实际上这个乱不是真正的乱，乱就是说可以打品类和品类之间的界线，可以把它放在一起。有序是说，库位的标签就是它的GPS，然后这个货位里面所有的商品其实在系统里面都是各就其位，非常精准地被记录在它所在的区域。

7、智能分仓和智能调拨

亚马逊作为全球大云仓平台，智能分仓和智能调拨拥有独特的技术含量。在亚马逊中国，全国10多个平行仓的调拨完全是在精准的供应链计划的驱动下进行的。

1）通过亚马逊独特的供应链智能大数据管理体系，亚马逊实现了智能分仓、就近备货和预测式调拨。这不仅仅是用在自营电商平台，在开放的“亚马逊物流+”平台中应用的更加有效果。

2）智能化调拨库存：全国各个省市包括各大运营中心之间有干线的运输调配，以确保库存已经提前调拨到离客户最近的运营中心。以整个智能化全国调拨运输网络很好地支持了平行仓的概念，全国范围内只要有货就可以下单购买，这是大数据体系支持全国运输调拨网络的充分表现。

8、精准预测、二维码精准定位技术

1）精准的库存信息：亚马逊的智能仓储管理技术能够实现连续动态盘点，库存精准率达到99.99%。

2）精准预测库存，分配库存：在业务高峰期，亚马逊通过大数据分析可以做到对库存需求精准预测，从配货规划、运力调配，以及末端配送等方面做好准备，平衡了订单运营能力，大大降低爆仓的风险。

3）亚马逊全球运营中心中，每一个库位都一个独特的编码：二维码是每一个货位的身份证，就是一个GPS，可以在系统里查出商品定位，亚马逊的精准的库位管理可以实现全球库存精准定位。

9、可视化订单作业、包裹追踪

跨境电商方面：

2016年8月13日亚马逊发布了海外购·闪购，这是依托保税区/自贸区发货的创新模式。亚马逊海外购的商品非常有价格优势，同质同价。

全球云仓库存共享：在中国就能看到来自大洋彼岸库存，亚马逊实现全球百货，直供中国，这是全球电商供应链可视化中，亚马逊独特的运营能力。在中国独一无二地实现了全球可视化的供应链管理。

**国内运作方面：**

亚马逊平台可以让消费者、合作商和亚马逊的工作人员全程监控货物、包裹位置和订单状态。比如：昆山运营中心品类包罗万象，任何客户的订单执行，从前端的预约到收货；内部存储管理、库存调拨，拣货、包装；以及配送发货，送到客户手中，整个过程环环相扣，每个流程都有数据的支持，并通过系统实现全订单的可视化管理。

10、亚马逊独特发货拣货技术

2016 年双 11 的亚马逊运营中心，大量采用这样的八爪鱼技术。很形象，作业人员像八爪鱼，像千手观音一样。会根据客户的送货地址，然后设计出来不同的送货路线。不同时间点经过不同的线路，分配到不同的流水线方向。在八爪鱼这边的作业台操作的员工，主要是负责把在前面已经运作完的货品，分配到专门的路由上去。

这种运营模式一个员工站在分拣线的末端就可以非常高效地将所有包裹通过八爪鱼工作台分配到各个路由上面，八爪鱼是非常高效的，据说这是亚马逊员工自己设计的。站在中间那个位置，一个人可以眼观六路，这个作业可以通达八方，非常的高效，没有人员的冗余。而且，八爪鱼上全部是滚珠式的琉璃架，没有任何的板台，员工的作业很轻松。

亚马逊其他重要的技术应用

1）物联网技术：在亚马逊的运营中心，安全标准设定很高，人和车物要分开，所以会有镜子帮助工作人员了解周围路况，有人就停下来。

另外，司机有安全带，员工有安全帽，安全帽里有芯片，如果探测到一定范围内有人，也会停下来，镜子的用途即是同理。

2）双库联动模式：亚马逊昆山运营中心有一个类似于天桥的传送带，全封闭式，其作用是完成不同品类的合单，可以通过传送带将一个库的货物转到另一个库中，这个又叫双库联动。而这里又是超大库，在两个超大库之间进行双库联动对效率有非常高的要求，对时间点的把控也很严格。

**总结**

以上是对亚马逊运营中心物流技术的全面梳理，可以让大家全面的了解亚马逊的物流技术的细节，其实亚马逊的技术远远不只这些，但对于当前的电商物流的行业朋友，能够搞懂这些技术，就已经很牛了。

同时也正是借助于上述技术，亚马逊在今年的双 11 中的数据尤为可观。根据来自亚马逊中国的最新消息显示，亚马逊双 11 当日全国订单 100% 按计划完成出库和发货，正点送达率超过 98.4%，实现了与平时同样的时效和质量承诺。其中在 24 个城市，顾客当天上午下单，99% 已在当日完成上门配送。

### 8.2.2 《京东 PCL 实验室：未来两三年将打造“无人仓”》

“未来京东配送仓储将尽量减少人工的干预，完全是自动化运营，用机器手进行自动商近品抓取、打包进行配送，现在正在一步一步实施当中。” 近日，京东 PCL 实验室透露，无人仓将是未来京东两三年中极力打造的核心产品。

据介绍，京东 PCL 实验室为认知感知实验室，它的成立旨在提升京东电商效率，已成立一周年。其研究领域涉及多个方面，比如“虚拟试衣”、人脸识别、身份证识别、银行卡识别等，还有物流领域的无人机、无人车感知技术等。另外，PCL 实验室还透露，京东还将发布 VR 产品。

说到落地产品，PCL 实验室研发总监陈宇表示，目前已有图像信息平台，叫钟馗系统，它可以把过去电商系统中从发布、选品、推进、搜索、后端的投诉和审核图像信息翻译成机器所能理解的语言，而过去系统只能对结构化和文本信息进行处理。钟馗系统可以对“黄色图片”进行识别，还可以对商标进行识别，对背景的颜色复杂程度进行识别，对出现的非法广告字进行识别，并进行精细化的分析，这些信息会被所有的业务线使用。

“另一个应用场景落地在京东仓储自动化方面。比如客单价比较高的电子产品、手机、照相机都需要对条形码进行录入，这个工作如果让工人拿着扫码枪一条一条录入，是非常难的，并且耗费人工。现在有了 PCL 实验室，可以把这个环节变得更加自动化，‘一次性录入上百条’。”

另外，京东 PCL 实验室还推出了一款产品，它可以对商品的重量、大小进行自动识别，这也是全自动化过程。

### 8.2.3 《比亚迪推出新能源叉车》

比亚迪早在 2010 年便推出全球首款搭载铁电池的纯电动叉车，并成功开发出平衡重式、托盘式、前移式、堆垛式四大系列的新能源叉车产品，满足 1.5-3.5 吨等不同级别需求。比亚迪叉车采用全球领先的铁电池技术，配置高智能电控系统，BMS 电源管理系统，货叉自动找平功能、OPS 安全预警等一系列先进技术，能够快速充电，随充随用，不仅解决了内燃叉车的尾气污染问题，还解决了传统铅酸电池叉车充电时间长、电池寿命短、重金属污染及酸雾污染等问题。

### 8.2.4 《“智行者”聚焦无人物流配送和无人作业车两个研发方向》

近两年，无论是物流领域还是电商领域，无人物流配送都是非常热门的话题，前有京东的无人机送货，后有阿里旗下菜鸟网络无人送货机器人小 G，大家都对无人物流配送充满热情。这也难怪，随着人口红利的逐渐消失，人力成本不断增高，利用技术手段来降低物流配送成本已成未来的必然趋势。

智行者成立于 2015 年 5 月，是一家专注于自动驾驶智能汽车系统开发和推广应用的公司，致力于成为国际一流的智能汽车基础技术方案的提供商和服务商。目前，智行者聚焦于自动驾驶智能车中央决策系统开发及大系统集成，现阶段致力于限定区域内的低速无人驾驶这一垂直应用领域，特别是在无人物流配送和无人作业车两个方向，未来将拓展到商用车包括客车和货车等应用领域，再进一步拓展到乘用车领域。

智行者现开发的无人物流配送车，主要集中在解决物流配送最后一公里上。此无人物流配送车采用的是多线激光 + 差分 GPS 的环境感知系统，搭载了智行者研发的 AVOS 系统，同时使用嵌入式低成本方案，其已能适应复杂环境下的应用。

快递员通过无人物流配送车进行物品配送，直接将物品送达客户手中，该无人物流配送车可以减少约 80% 的快递员人力成本，提高快递员的工作效率。

只解决物流配送最后一公里当然不够，除了无人物流配送车，智行者未来将拓展到货车领域，提速物流的货运。对于物流领域来说，货运是重中之重，而大货车更容易发生交通事故。据统计，90% 的交通事故都来源于司机的人为疏忽，而智行者的无人驾驶将能帮助改变这种问题。

目前，智行者已为多家车厂提供自动驾驶汽车的整体解决方案。其无人车已在高速路和国道进行了规模化测试，累计测试里程超过 300000 公里，远超国内其他无人车厂商。同时，该无人车还能实现在高速路行驶过程中的自动换道，未来无人驾驶车的商用指日可待。

### 8.2.5《长久中置轴车辆运输车亮相 2017 整车物流发展大会》

2017 全国汽车整车物流发展大会会议期间，来自全国的汽车生产企业，整车物流总包企业及承运商等 260 余家企业的 550 余名代表共同见证了长久中置轴车辆运输车的国际领先技术。作为国内首台燃油达标、合规上路的长久中置轴车辆运输车，在露天展示中心，前往参观、咨询的人热闹非凡。

随着车辆制造标准 2016 版 GB1589 的发布，“双排车”等违规车已经走到命运终点，中置轴车辆运输车必将成为主流，这是已是十分明显的趋势。

交通部已发布《交通运输部办公厅关于使用车辆运输车申报信息进行执法检查的通知》。强调按照《车辆运输车治理工作方案》（交办运〔2016〕107 号）和《关于做好车辆运输车第二阶段治理工作的通知》（交办运函〔2017〕546 号）要求，督促在用不合规车辆运输车按期退出。长期以来，违规改装的车辆运输车泛滥，上路后存在极大风险，由于车过于长，驾驶员在开车时视野盲区大，再加上车辆超宽，在转弯或者来往车辆较多等情况下行驶，往往顾首不顾尾，由此引发的交通事故屡见不鲜。不合规车辆运输车退出计划持续进行中，相对应的问题是，物流行业必然要进行变革与升级。

长久集团在中置轴车辆运输车具有核心竞争能力，长久已经申报了 21 项专利，致力于为整车物流企业提供国际领先的车辆运输车。长久集团整合欧美领先技术，实现在技术应用方面与国际化同步。比如长久中置轴车辆运输车采用了空气悬架，可以让列车的平顺性完全超越传统钢板弹簧悬架，使其驾乘更安全、舒适。通过与国际化技术同步，可以让国内物流企业应用到更好、更优的车辆运输车。

持续做好内功，研发出国际领先的独有技术。比如长久的专利技术“牵引球 + 稳定摩擦环牵引装置”，就能够有效的防止列车折叠、甩尾；比如全球专利的三维仿生制动蹄铁接触结构，可以保证蹄铁在受力情况下自由运动，回位更顺畅，不会产生蹄铁卡滞导致刹车抱死现象；比如升降平台采用摆线马达带动丝杠专利技术控制上层平台升降，确保上层平台各升降点升降平稳，避免装卸车辆时发生磕碰现象；比如丝杠带有自锁功能，无需加装限位销轴，安全可靠，大大提高了中置轴车辆运输车的装载效率……这些瞄准国际水平，更适合中国道路运输的专利技术引发了业内众多企业浓厚的合作兴趣。

## 8.3 物流标准

### 8.3.1《四项物流国家标准批准发布》

2016 年 12 月 30 日，国家标准化管理委员会发布第 27 号公告，批准发布《物流单证基本要求》（GB/T33449-2016）、《公路物流主要单证要素要求》（GB/T33458-2016）、《仓储货架使用规范》（GB/T33454-2016）、《家电物流服务通用要求》（GB/T33446-2016）四项物流国家标准。

**四项物流国家标准的主要内容：**

1. 物流单证基本要求

该标准规定了物流领域运输、仓储单证编制的基本原则、要求、要素以及单证填制和使用的要求。该标准适用于对物流领域单证的编制与应用。

单证是物流流程的记录，是物流信息传递的可视形式。近年来，我国物流业发展迅猛，必然对物流操作过程中所使用单证的标准化、规范化提出更高的要求。然而，物流单证的应用存在许多问题，如各企业所使用的物流单证缺乏统一的标准，各自为政现象严重，甚至出现了同一物流企业面对不同客户时使用不同单证的现象。另外，还存在单证名称不统一等问题，不利于物流效率的提升。该标准发布实施对规范物流单证，促进物流服务产业健康发展具有重要意义。

2. 公路物流主要单证要素要求

该标准规定了公路物流主要单证的基本要素。该标准适用于公路运输物流活动交接环节所使用的单证。

单证是物流流程的记录，是物流信息传递的可视形式。然而，在实际操作过程中，物流单证的应用存在许多问题，如各企业所使用的物流单证缺乏统一的标准，各自为政现象严重，甚至出现了同一物流企业面对不同客户时使用不同单证的现象。另外，单证的名称不统一，像运单、运输单、托运单等，这些问题将提高物流成本，降低物流作业效率。该标准的发布实施，可以规范公路物流业务活动，保证公路物流单证的内容一致，确保物流操作过程的高效有序，避免和减少纠纷。

3. 仓储货架使用规范

该标准规定了仓储货架的使用要求、操作要求和维护检查。该标准适用于以人工或叉车存取货物的仓储货架（以下简称货架）。该标准不适用于自动化立体仓库及其他自动化仓储货架。

随着现代物流业的发展，仓储货架的使用需求大幅上升，应用领域不断扩展，品种繁多，使用中出现各种各样的问题，甚至导致安全隐患的存在。该标准的发布实施，可以有效的解决这些问题，明确仓储货架的规范使用要求，有利于该行业的正常发展。

4. 家电物流服务通用要求

该标准规定了家电物流服务的基本要求和服务流程、实施保障以及评价与改进的要求。该标准适用于家电产品的仓储、运输、配送等物流服务。

我国家电市场规模巨大，家电物流也颇具规模。但是，家电企业在招标物流服务商时由于成本压力往往只关注价格，忽略了企业条件和服务质量，导致我国家电物流服务市场门槛低，整体服务质量不高，服务纠纷多。该标准的发布实施，对于规范家电物流市场，提高家电物流服务质量，促进家电物流行业健康发展具有重要意义。

四项物流国家标准于 2017 年 7 月 1 日正式实施。

### 8.3.2 《5 项行业标准批准发布》

物流标准 2016 年 10 月 24 日国家发展和改革委员会发布第 25 号公告，批准发布《肉与肉制品冷链物流作业规范》（WB/T1059-2016）《道路运输 食品冷藏车功能选用技术规范》（WB/T1060-2016）《废蓄电池回收管理规范》（WB/T1061-2016）《药品阴凉箱的技术要求和试验方法》（WB/T1062-2016）《石油化工产品物流服务规范》（WB/T1063-2016）5 项物流行业标准。

**五项项物流行业标准的主要内容：**

1.《肉与肉制品冷链物流作业规范》

该标准规定了肉与肉制品冷链物流的基本原则、基本要求、冷链作业、包装与标识等。该标准适用于肉与肉制品冷链物流过程中的温控与作业管理。该标准的实施对于规范肉与肉制品冷链物流的作业，保障肉与肉制品的消费安全，促进肉与肉制品冷链物流行业良性发展具有重要意义。

2.《道路运输 食品冷藏车功能选用技术规范》

该标准规定了食品冷藏车的一般要求、其他要求、产品标识、功能选用。该标准适用于道路运输食品冷藏车。该标准的实施，有利于冷链物流过程中的食品安全，保证食品质量，减少冷链物流中的断链现象。

3.《废蓄电池回收管理规范》

该标准规定了废蓄电池的分类、收集、运输及贮存等回收管理要求。该标准适用于废蓄电池的回收服务与管理。该标准的实施可以实现资源循环利用，减轻环境污染，对规范废蓄电池的回收管理具有积极的意义。

4.《药品阴凉箱的技术要求和试验方法》

该标准规定了药品阴凉箱（以下简称阴凉箱）的术语和定义、技术要求和试验方法。该标准适用于箱内温度范围为8℃～20℃、相对湿度范围为35%～75%的电机驱动压缩式全封闭型制冷系统的立式药品阴凉箱。该标准的实施有利于规范药品阴凉箱，对保证药品质量安全具有积极意义。

5.《石油化工产品物流服务规范》

该标准规定了石油化工产品物流服务的基本要求，仓储、运输与配送、装卸与搬运、货物交接、包装等作业要求，以及信息处理、风险控制、投诉处理、物流服务质量等主要评价指标。该标准适用于石油化工产品流通过程中的物流服务。该标准的实施可指导石油化工产品物流的安全、规范操作，减少安全隐患，降低物流成本，减少环境污染。

这5项行业标准将于2017年1月1日正式实施。

### 8.3.3 物流标准化让行业告别野蛮发展

国家发改委印发2017年推荐性物流行业标准项目计划，列入2017年推荐性行业标准项目计划共10项，涉及汽车物流、医药物流、石油化工物流、钢铁物流、物流装备等物流服务、技术和管理标准。其中，物流人关注的焦点：生鲜宅配作业规范、道路运输、医药冷藏车功能选型技术规范、食品冷库能效设施评估指标、城市配送电动物流车辆应用选型规范都已经明确提出，并将于2018年完成。

规范计划的明确提出，对于物流标准化发展，将起到实质性的推进作用。仅仅8月份，国家重要部委已经先后推出三个文件、规划，其中都明确提出了物流标准化建设，并针对性地提出了发展物流标准化的主要举措。

8月17日国务院办公厅印发《关于进一步推进物流降本增效促进实体经济发展的意见》（以下简称《意见》），意见指出，加快推进物流仓储信息化标准化智能化，提高运行效率，成为进一步推进物流降本增效，着力营造物流业良好发展环境的重要举措。

关于如何做到仓储信息化、标准化、智能化，意见提出了四点主要措施：

推进物流车辆标准化：加大车辆运输车治理工作力度，2017年年内完成60%的不合规车辆运输车更新淘汰。保持治理超限超载运输工作的延续性，合理确定过渡期和实施步骤，适时启动不合规平板半挂车等车型专项治理工作，分阶段有序推进车型替代和分批退出，保护合法运输主体的正当权益，促进道路运输市场公平有序竞争。推广使用中置轴汽车列车等先进车型，促进货运车辆标准化、轻量化。（交通运输部、公安部、工业和信息化部、各省级人民政府负责）

推广应用高效便捷物流新模式：依托互联网、大数据、云计算等先进信息技术，大力发展"互联网+"车货匹配、"互联网+"运力优化、"互联网+"运输协同、"互联网+"仓储交易等新业态、新模式。加大政策支持力度，培育一批骨干龙头企业，深入推进无车承运人试点工作，通过搭建互联网平台，创新物流资源配置方式，扩大资源配置范围，实现货运供需信息实时共享和智能匹配，减少迂回、空驶运输和物流资源闲置。（国家发展改革委、交通运输部、商务部、工业和信息化部负责）

开展仓储智能化试点示范：结合国家智能化仓储物流基地示范工作，推广应用先进信息技术及装备，加快智能化发展步伐，提升仓储、运输、分拣、包装等作业效率和仓储管理水平，降低仓储管理成本。（国家发展改革委、商务部负责）

加强物流装载单元化建设：加强物流标准的配套衔接。推广1200mm×1000mm标准托盘和600mm×400mm包装基础模数，从商贸领域向制造业领域延伸，促进包装箱、托盘、周转箱、集装箱等上下游设施设备的标准化，推动标准装载单元器具的循环共用，做好与相关运输工具的衔接，提升物流效率，降低包装、搬倒等成本。（商务部、工业和信息化部、国家发展改革委、国家邮政局、中国铁路总公司、国家标准委负责）

推进物流车辆标准化。加大车辆运输车治理工作力度，2017年年内完成60%的不合规车辆运输车更新淘汰。保持治理超限超载运输工作的延续性，合理确定过渡期和实施步骤，适时启动不合规平板半挂车等车型专项治理工作，分阶段有序推进车型替代和分批退出，保护合法运输主体的正当权益，促进道路运输市场公平有序竞争。推广使用中置轴汽车列车等先进车型，促进货运车辆标准化、轻量化。（交通运输部、公安部、工业和信息化部、各省级人民政府负责）

8月16日，商务部办公厅财政部办公厅发布“关于开展供应链体系建设工作的通知”（以下简称通知）。通知表示，为贯彻《国民经济和社会发展十三五规划》及中央经济工作会议关于推进供给侧结构性改革、供应链物流链创新的精神，提高流通标准化、信息化、集约化水平，2017年商务部、财政部将在天津、上海、重庆、深圳、青岛、大连、宁波、沈阳、长春、哈尔滨、济南、郑州、苏州、福州、长沙、成都、西安（以下称首批重点城市）开展供应链体系建设。

通知要求试点城市，围绕建设标准规格统一、追溯运行顺畅、链条衔接贯通的供应链体系，重点企业标准托盘使用率达到80%，装卸货效率提高2倍，货损率降低20%，综合物流成本降低10%；形成一批模式先进、协同性强、辐射力广的供应链平台，供应链平台交易额提高20%，供应链交易管理成本下降10%；建成并运行重要产品追溯管理平台，供应链项目支持的重点企业肉菜、中药材、乳制品等重要产品追溯覆盖率达到80%，流通标准化、信息化、集约化水平显著提升。

试点城市的主要任务之一就是，推广物流标准化，促进供应链上下游相衔接。以标准托盘及其循环共用为主线，重点在快消品、农产品、药品、电商等领域，推动物流链的单元化、标准化。

一是加快标准托盘应用。鼓励使用符合国家标准1200mm×1000mm规格和质量要求的标准托盘，支持托盘租赁、交换（不支持用户自购）；推广“集团整体推进”、“供应链协同推进”、“社会化服务推进”、“平台整合推进”等成熟模式，引导商贸连锁、分销批发、生产制造、第三方物流、托盘运营、平台服务等企业合作开展带托运输；推广“回购返租”模式，加速非标托盘转换。

二是建立社会化托盘循环共用体系。扩大托盘循环共用规模，完善运营服务网络，由托盘向周转箱、包装等单元器具循环共用延伸；推动“物联网+托盘”平台建设，拓展“配托+配货”服务，鼓励“带托运输+共同配送”、“带托运输+多式联运”；探索托盘交易、租赁、交换、回收可自由转换的市场流通机制。

三是支持与标准托盘相衔接的设施设备和服务流程标准化。支持仓库、配送中心、商超、便利店等配送设施的标准化改造，以及存储、装卸、搬运、包装、分拣设备和公路货运车辆（外廓2550mm）等标准化更新；鼓励以标准托盘和周转箱（符合600mm×400mm包装模数系列尺寸）为单元进行订货、计费、收发货和免验货，促进物流链全程“不倒托”、“不倒箱”；推动利用配送渠道、押金制等对标准包装物进行回收使用；探索标准托盘箱替代快递三轮车箱体，以循环共用推动分拣前置、环节减少。

四是支持物流链数据单元的信息标准化。支持探索基于全球统一编码标识（GS1）的托盘条码与商品条码、箱码、物流单元代码关联衔接，推动托盘、周转箱由包装单元向数据单元和数据节点发展，促进供应链和平台相关方信息数据传输交互顺畅；探索用数据单元优化生产、流通、销售管理，转化为商业价值，促进降本增效，满足不同商品的不同用户需求和服务体验。

除此之外，《国内贸易流通标准化建设“十三五”规划》、《物流业发展中长期规划（2014-2020年）》、《物流业降本增效专项行动方案（2016 — 2018 年）等政策文件，也都重点部署了物流标准化等工作。

从以上相关政策可以看出，物流标准化建设已经成为物流业降本增效、物流供应链建设的焦点，是克服目前物流业发展瓶颈和小散乱差的重要举措，也是“治本”之策。

商务部流通业发展司副司长王选庆曾对媒体表示，近年来，我国物流业取得快速发展，但是基础仍然比较薄弱，社会物流成本远高于发达国家，除发展阶段、产业布局等因素影响外，还有物流标准化、信息化、组织化程度不高等原因。尤其是物流上下游之间标准缺乏有效衔接，物流技术、设备设施与作业标准，包装标准，不同运输方式间的装备标准不统一，导致物流各环节无效作业增多，物流成本上升，制约了物流系统整体效率的提高，这些问题亟待解决。

（来源：2017 年 8 月 23 日 亿欧网）

# 8.4 智慧物流与物流技术

## 8.4.1 智慧物流

智慧物流是互联网 + 高效物流的重要内容，也是物流业发展的高级形态。近年来，以电商物流为代表，凭借互联网先发优势，纷纷推进智慧物流体系建设。阿里巴巴旗下的菜鸟网络打造数据驱动、开放协同的社会化物流平台，通过大数据预测包裹量，引导商家备仓发货，帮助快递企业调配运力资源，建立起了一张广至全球范围，深入城乡社区，虚实结合，智能互动的大数据物流网络，提升了社会物流运作效率。还有 2014 年下半年在兴起的一批车货匹配平台，借助快速发展的移动互联网技术，对标消费互联网中的滴滴打车模式，针对公路货运市场中个体司机分散经营的格局，开展车货信息匹配撮合交易，希望解决市场信息不对称和资源闲置问题。由于产业互联网的复杂性，以及相关管理制度尚不健全，简单的照搬消费互联网的成果模式难以快速复制，车货匹配平台与产业的融合仍有待进一步深化。

总体来看，智慧物流是指以互联网为依托，在物流领域广泛应用物联网、大数据、云计算等新一代信息技术，通过互联网与物流业的广泛连接和深度融合，实现物流产业智能化，提升物流运作效率的新兴业态。智慧物流的核心是融合，不是简单地将互联网与物流业机械相加，而是利用互联网技术和互联网思维改造、优化传统物流效率低下的问题，打破信息不对称的局面，重构智慧物流生态体系。智慧物流成败的关键是思维、理念及模式的互联网化。智慧物流的武器是连接，依托物联网等自动识别与数据获取技术，将物流相关方与互联网连接起来，实现信息交换与通讯，保证物流全过程的情景感知。“物流在线化”是智慧物流的基本要求。智慧物流的基础是数据。物流在线化将产生大量在线业务数据，“业务数据化”为数据挖掘、智能分析，解决普遍存在的信息不对称问题创造了条件。这也是智慧物流区别与传统业态的本质差异。智慧物流的目标是智能化，通过对物流赋能，实现人与物、物与物之间的交互对话，智能配置物流资源，优化物流环节，从而系统提升物流运作效率。

从发展阶段看，智慧物流可分为基础期、导入期、成长期和发展期等四个阶段。基础期以智慧物流基础设施建设为主，包括互联网、云计算、大数据、物联网、智能终端等在内的信息基础设施在行业内的推广和广泛应用，为智慧物流发展创造了基础条件。导入期以智慧物流互联互通为主，借助智慧物流基础设施，实现物流在线化和业务数据化。“万物互联”为智慧物流发展开辟了新的空间。成长期以产业融合为主，互联网与物流业深度融合，改变传统产业的运营模式，为消费者、客户以及企业自身创造增量价值。数据代替库存、数据驱动流程、数据重塑组织成为智慧物流重要驱动力。发展期以智能化为主，在万物互联和深化融合的基础上，开发人工智能实现智能配置物流资源，形成智慧物流生态体系。当前，我国正处于从基础期向导入期过渡的重要阶段，发展空间巨大。当然，这四个阶段是可以并行发展的，这对传统物流产业转型升级提出了挑战。

## 8.4.2 《物联网技术在物流领域的应用》

物流是物联网技术最重要的应用领域之一，物联网技术是实现智慧物流的基础。物流业作为国民经济发展的支柱性产业，要实现进一步增长，满足越来越高的物流需求，实现智慧物流，必须依赖于物联网技术的全面应用。

物流是物联网技术最重要的应用领域之一，物联网技术是实现智慧物流的基础。物流业作为国民经济发展的支柱性产业，要实现进一步增长，满足越来越高的物流需求，实现智慧物流，必须依赖于物联网技术的全面应用。

据市场分析公司 Gartner（高德纳）预测，到 2020 年，全球不包含 PC、平板以及智能手机在内的联网设备数量将达到 260 亿台，物联网市场规模将达到 1.9 万亿美元。物流行业是物联网最重要的应用领域。物联网作为智慧物流实现的基础，伴随着物流行业的快速发展，正得到越来越广泛的应用，市场空间巨大。

例如，在智能仓储领域，亚马逊、京东、菜鸟、苏宁等不断升级的仓储系统，均是物联网的最佳应用体现；在智能配送及整个供应链上，依靠物联网技术，物流全过程透明可视化、产品的可追溯管理，以及智能配送等成为可能，为智慧供应链、智慧物流的实现奠定了基础。

**物联网定义与特征**

物联网（IoT，Internet of Things），即“物物相联”的互联网，是通过各类传感装置、RFID 技术、视频识别技术、红外感应、全球定位系统、激光扫描仪等信息传感设备，按约定的协议，根据需要实现物品互联互通的网络连接，进行信息交换和通信，以实现智能化识别、定位、跟踪、监控和管理的智能网络系统。

物联网的概念于 1999 年提出，被称为信息技术的第三次革命性创新。2009 年 8 月，温家宝总理提出了“感知中国”理念，表示中国要抓住机遇，大力发展物联网技术。之后，物联网被正式列为国家五大新兴战略性产业之一，加快物联网的研发应用写入了政府工作报告，一系列物联网发展相关的产业政策相继出台。2016 年，物联网被写进“十三五”规划。可以预见物联网将对经济增长带来巨大影响力。据美国独立市场研究机构 Forrester 预测，物联网所带来的产业价值要比互联网高 30 倍，物联网将形成下一个上万亿规模的高科技市场。

《物流技术与应用》常务副主编、中国仓储与配送协会副会长王继祥将物联网的本质概括为三大特征：

互联网特征，即对需要联网的“物”一定要能够实现互联互通的互联网络；

识别与通信特征，即纳入物联网的“物”一定要具备自动识别与物物通信（M2M）的功能；

智能化特征，即网络系统应具有自动化、自我反馈与智能控制的特点。

**物联网在物流领域的主要应用范围**

物流是物联网技术最重要的应用领域之一，物联网技术是实现智慧物流的基础。物流业作为国民经济发展的支柱性产业，要实现进一步增长，满足越来越高的物流需求，实现智慧物流，必须依赖于物联网技术的全面应用。

商务部下发的《关于智慧物流配送体系建设的实施意见》明确指出，智慧物流配送体系是一种以互联网、物联网、云计算、大数据等先进信息技术为支撑，在仓储、配送、流通加工、信息服务等各个物流环节实现系统感知、全面分析、及时处理和自我调整等功能的现代综合性物流系统，具有自动化、智能化、可视化、网络化、柔性化等特点。

也就是说，要以物联网技术为基础，以信息化、智能化设备为载体，全面推动物流业与制造业、商贸业的融合，物流与商流、信息流、资金流的融合，互联网、移动互联网、物联网与车联网的融合，从而提高效率、降低成本，提升物流业综合服务能力和整体发展水平。

王继祥通过多年对物联网的研究指出，目前物联网在物流行业相对成熟的应用主要集中在以下四个方面：

一是产品的智能可追溯网络系统：在医药、农产品、食品、烟草等行业领域，产品追溯系统发挥着货物追踪、识别、查询、信息采集与管理等方面的巨大作用，基于物联网技术的可追溯系统为保障产品的质量与安全提供了保障。

二是物流过程的可视化智能管理网络系统：基于GPS卫星导航定位技术、RFID技术、传感技术等多种技术，在物流过程中实时实现对车辆定位、运输物品监控、在线调度与配送可视化与管理的系统。目前，物流作业的透明化、可视化管理已经初步实现，全网络化与智能化的可视管理网络还有待发展。

三是智能化的企业物流配送中心：基于传感器、RFID等物联网技术建立物流作业的智能控制、自动化操作的网络，实现物流配送中心的全自动化，实现物流与生产联动，并与商流、信息流、资金流全面协同。

四是企业的智慧供应链：基于物联网技术升级智慧物流和智慧供应链的后勤保障网络系统，满足电商快速发展及智能制造等环境下产生的大量个性化需求与订单，帮助企业准确预测客户需求，实现整个供应链的智慧化。

**物联网在物流领域的最新应用**

（1）电商＋物联网

电商的蓬勃发展推动了物流管理运作水平的提高，进入物流智能化新阶段，而物流系统自动化、信息化能力的提升又反过来促进了电商的进一步发展。电商物流为物联网技术提供了良好的应用环境，未来几年，物联网技术将是解决该行业所面对的人员紧张、信息阻塞、合规问题的最佳途径，成为电商企业进一步抢占市场的重要技术支撑。

如今，电商企业正在积极寻求与物联网企业多维度的合作，力求借助物联网技术实现物流持续升级，强化自身竞争力。例如，2017年1月，京东、斑马技术和神州数码联合宣布成立“物联网＋电商物流联合实验室”，聚焦三大场景的改善：提升现有拣选和复核打包的生产效率、托盘和笼车资产可视化智能管理、寻找视觉和数据分析在物流中的应用。

基于电商物流的大规模、高要求以及复杂度，电商物流中心的自动化、智能化水平几乎代表了物流行业的最高水平，正因为此，电商企业正在加快布局无人仓。在无人仓的各种技术中，最基础的便是数据感知。可以想象，未来物联网技术在电商领域的应用需求将是巨大的。除此之外，电商带来的O2O与新零售，也为物联网带来了新的应用场景。

（2）车联网＋物联网

上文提到，车联网借助物联网技术，已经初步实现了运输过程的透明化、可视化管理，以及货运资源的优化与整合配置，从而提升运输、装载效率，实现货物的实时跟踪与追溯管理。物联网技术实现了货运资源、车辆资源、卡车司机和卡车后市场消费信息的全方位融合，可以说，车联网已经成为物流运输发展最基本的配置。最新的物联网技术应用，不仅提高了企业对运输成本、时效及客户体验这三大指标的满意度，更从安全性、可靠性、即时通信、算法优化、仓储管理和效率提升等方面有了更深入的优化。

例如，研华推出的智慧车队管理解决方案，不仅仅是采集相关数据回传给管理后台，在云端对车辆、人、货品的信息进行稳定点的运算与统计处理，还可以直接进行边缘运算处理，通过在车辆上安装的车用电脑对采集到的数据进行复杂的边缘计算，即时防止、修正司机的危险驾驶行为，实现主动式安全保障。

（3）智能制造 + 物联网

随着智能制造、工业 4.0 的推进，制造业对物流信息化、自动化、智能化需求越来越高，纷纷在物流系统中采用物联网技术，尤其是传感器和智能控制技术的应用最多。智能制造除了要求物流系统的智能化，还需要与生产线相匹配，进行无缝对接，实现信息系统的互联互通。

**物联网技术的发展机遇与挑战**

基于物联网对于物流业发展的重要性和巨大市场潜力，相关企业均开始布局物联网业务。

例如，霍尼韦尔发布了未来 5 年的物联网投资计划，将物联网技术在仓储物流领域的应用视为关注重点之一。

霍尼韦尔将 Intelligrated 公司纳入旗下，初步建立起在整个仓储物流系统方面的发展格局，体现出其加速进军物联网市场的决心其实，霍尼韦尔早在多年前就开始了物联网技术布局，从收购条码扫描技术设备、手持终端供应商，到收购两家大型打印机公司，继而又收购 Vocollect （提供基于语音技术的产品帮助仓库提高生产力）和一家软件公司 Movilizer（曾将 SAP 的企业管理系统变成移动化部署，并发展到云端）。2016 年，霍尼韦尔又将供应链及仓储自动化领军企业——北美 Intelligrated 公司纳入旗下，这也意味着霍尼韦尔已经初步建立起在整个仓储物流系统方面的发展格局，体现出其加速进军物联网市场的决心。

2016 年 3 月，瑞士邮政也正式宣布利用远程广域网络技术（LoRaWAN）启动物联网计划，开始探索物联网在货物运输安全、客户投递服务、无人机和机器人包裹投递技术等业务领域的应用。SICK 作为传感器技术的领军企业，也一直致力于推动物联网技术在物流领域的发展，通过智能传感器技术实现工厂自动化、物流自动化及过程自动化。

2016 CeMAT Asia 展上西克展示了多种智能传感器技术“SensorIntelligence，“可获取数据并进行实时分析、适应环境并联网通信

从企业的布局热情程度上不难看出市场对物联网技术的预期。不过值得关注的是，现在市场上充斥着海量非核心技术的物联网产品，许多小型企业借助市场的高速增长而崛起，但是如果缺乏核心产品、技术的积累，很容易造成后期运营维护难以为继的局面，因此专业技术和经验的不断积累将是物联网企业致胜市场的关键。

但是，物联网技术在物流领域快速发展的过程中也存在诸多瓶颈。例如，行业标准不统一，现有各行业的管理信息系统中，对物品的编码结构形式各异，影响到物联网的构建与互联互通等。

作为物联网的核心感知技术，RFID 被给予无限期望，并被认为是信息领域最具发展前景的技术之一。但是，由于其在技术、标准以及成本等方面的问题，目前仍未得到大规模应用。因此，在 AIDC（自动识别与数据采集）领域，目前仍主要以条码技术来识别和追溯货物，但对于设备的要求会更高，主要体现在需要适用于更加苛刻的应用场景，例如冷链物流以及危化品物流中使用到的特殊终端设备。霍尼韦尔表示，未来将继续基于条码技术、RFID 技术等物联网底层核心技术构造上层方案，研发苛刻环境中适用的各类产品，并提供云计算和大数据的解决方案，实现数据增值。

总的来说作为智慧物流实现的基础，物联网技术必将迎来更大的发展，不断出现新的应用模式，并呈现新的特点。例如：对传感器设备和技术的要求更高。传感器技术作为信息技术的三大基础之一，是构成物联网感知层的重要组件。在智能物流时代，由于传感器需要对海量数据进行智能搜集与分析，同时必须能够与互联网或者云端进行信息交互，因此对传感器的接口灵活性以及功能智能化程度等的要求更高。

广州市西克传感器有限公司内部物流行业经理李子旺表示，在仓储领域，随着物联网技术的逐渐运用，物联网无人搬运技术（智能化搬运车）必将成为物流仓储的一项重要技术，代表着物流行业的智能化和自动化发展程度。此外，RFID 和自动识别技术的发展在物流仓储系统中也越来越重要，而且会成为物联网技术在仓储管理中的重要应用趋势。所以物联网技术对传感器的需求将更加智能化、多功能化和网络化。

多技术融合。随着物联网技术在物流领域应用的逐步深入，物联网与云计算、大数据、移动互联网等现代信息技术将不断融合，多种不同的物联网技术也将得到集成应用。

此外，物联网技术在物流领域的落地应用，离不开与各种自动化物流设备的配套及融合，例如自动分拣系统、嵌入智能控制与通讯模块的智能物流机器人、嵌入 RFID 芯片的托盘与周转箱、智能穿梭车与自动化立体库等。因此，未来这些物流设备及系统也将得到较快的发展。

## 8.4.3 中国智能物流行业现状及发展趋势

（一）我国物流浪费严重，原因主要是运输分散和智能化水平低

2013 年我国社会物流费用占 GDP 比率为 18% 左右，超过美国 8.5% 的两倍。物流费用偏高原因一是我国经济结构第三产业占比相对较低，第三产业属轻资产性质，单位 GDP 所承担物流费用较低。二是因为我国物流运输分散和智能化水平不高导致物流浪费严重。截止到 2013 年，我国道路货物运输经营主体超过 720 万家，90% 的经营主体为中小型企业，承担了 90% 以上公路货物运输业务，排名前 20 的公司加起来只占市场份额 2%。经营模式多为传统的单车货物运输，管理手段简单，货源组织能力差。

（二）第三方物流仍有万亿市场空间

我国物流大部分是由企业承担，企业规模小且各自为政，空载率高。我国空载率高达 40% 以上，远高于发达国家。15 年 8 月发改委印发《关于加快实施现代物流重大工程的通知》，《通知》中指出到 2020 年基本建立布局合理、技术先进、便捷高效、绿色环保、安全有序的现代物流服务。同时，《通知》中提出物流业增加值年均增长目标为 8%，第三方物流比重由目前约 60% 提高到 70%，按照 2014 年物流业增加值 3.5 万亿计算，到 2020 年我国第三方物流仍有万亿发展空间。

（三）物流智能化改造能节约超 2.5 万亿成本

我国物流现基础设施建设不完善，管理水平和服务质量发展不均，新兴技术应用不足，信息化建设面临很多问题，物流总体水平不高。据不完全统计，我国已经实施或者部分实施信息化的物流企业仅占 39%，全面实施信息化的企业仅占 10%。在物流供应链中，企业与上下游信息流没有打通，形成“信息孤岛”，导致信息化建设层次低。同时，由于缺乏订单管理、货物跟踪、货物分拣和运输管理等物流服务系统，信息阻滞。

物流企业现有业务着眼点在运送，缺乏整体统筹规划管理，空载率高，浪费严重。根据中国物流学会副会长陈丽华测算，在不改变产业结构情况下，如果我国库存和管理达到美国水平，物流成本占 GDP 比重可由 18% 降至 13.5%-14%，按照 2014 年我国 64.01 万亿的 GDP 总量计算，对现有物流进行智能化改造可节约超过 2.5 万亿成本。

（四）我国智能物流发展处于基础期后期

物联网对物流行业的渗透可分为四个阶段：基础期，导入期，成长期和发展期。基础期以 RFID 技术，GPS 技术，GIS 技术和 GPRS 技术推广为基础，建立基于 RFID 的货物可追溯系统。第二阶段是物体互联时代。该阶段传感技术、视频监控技术、移动计算技术、基础通信网络技术和无线网络传输技术等得到发展，物流业务全球化管理信息平台开放互通。第三阶段是半智能化的成长期，执行

标签、智能标签、低耗能与可再生新材料逐渐推广，声、光、机、电移动计算等技术得到应用，物流作业系统与环境实现全自动和智能化。最后是智能化时代，行业标准统一，环境高度智能，实现所有物品的覆盖，远程感知和控制，形成完全智慧的物流运作体系。我国 RFID 快速发展，成长为全球第一大市场，但是由于 RFID 现有部署复杂性，我国还未实现普及，比如少于 5% 医院实现 RFID 实时位路系统。智能物流发展仍处基础期，充满想象空间。

（五）成本重压倒逼流程改革，智能物流推行已是箭在弦上

伴随竞争越来越激烈，物流业利润被严重挤压，利润率低于 5%，部分中小物流企业甚至徘徊在盈亏平衡点边缘。因此，推行智能物流降低成本是必然趋势。

## 8.4.4 《智能化改革是物流行业必经之路》

近年来，冷链物流、医药物流、汽车物流和服装物流为代表的精细物流智能化诉求强烈。国家标准化管理委员会发布“2010 年国家标准制修订计划”中涵盖冷链物流、钢铁物流、汽车及零部件物流、应急物流、货架、仓储技术等领域。

（一）我国冷链运输损耗高，智能化能够实现监督和预警

相比于国际水平我国冷链物流处于发展初期，生鲜运输损耗严重。我国综合冷链应用率仅为 19%，果蔬、肉类、水产品冷链流通率分别为 5%，15% 和 23%。美、日等发达国家蔬菜、水果冷链流通率超过 95%，肉禽冷链流通率接近 100%。落后冷链物流造成严重浪费，据统计，我国果蔬、肉类、水产品腐损率分别为 20%-30%、12%、15%，发达国家是 5% 左右水平。若通过冷链物流使腐损率达到发达国家水准，果蔬、肉类和水产品供给将分别增长 19%-36%、8%、12%。

智能化是我国冷链物流一大短板，冷链物流处于领先地位的加拿大成功关键因素之一是建有农产品信息系统，包括仓库管理系统、电子数据交换、运输管理系统、全球定位和质量安全可追溯系统等，实现信息化、自动化和智能化，物流、商流和信息流三流合一，提高物流效率降低损耗。最新智能化冷链物流成果是 GPRS+GPS 双模块智能一体化冷链监控系统，能够实现对分布的冷链系统进行集群化管理，实现提前预警。

（二）智能化是提高医药物流效率必备要素

我国医药出厂价格占零售价格比例不高，中成药出厂价格一般为零售价格的 20%-25%，化学药品一般为 10%-20%。零售价格高企的重要原因之一是物流成本较高，2012 年我国医药制造业物流费用率为 11.6%，高于同期日本 1.7% 水平。医药是特殊商品，品种复杂、形态各异，同时运输也有差异化要求，比如稳定性要求，时间性要求和冷藏要求等。传统医药物流主要由医药厂商自营，规模小重复建设严重，组织低效高耗，切断横向连接难以形成整体效应。引入智能化对原有物流进行改造，提高效率降低成本是药企未来发展必经之路。

（三）集约化和智能化改革打开汽车零部件供应物流发展空间

国内较常见汽车零部件供应物流模式是供应商自营物流，整车厂商根据生产计划将需求传送至零部件供应商，由供应商进行物流组织。整车厂零部件供应商众多，单个供应商运输量较小，无法合并集货，物流浪费严重。引入智能化第三方物流后，物流企业在整车厂附近建立物流中心，同时在原材料供应商、零部件供应商和整车厂商之间搭建包含各种零部件品类、数量信息的平台。根据整车厂生产计划适时将各供应商零部件运送至中间仓库储存，集中调配提供给整车厂。

（四）服装短周期强周转特性催生智能物流诉求

服装销售具有周期性和季节性，周转速度快，容易产生大量库存积压，因此有效物流管理能降低库存成本。我国服装库存成本较高，部分服装厂商库存额几乎与销售额持平，浪费严重。西班牙

inditex旗下品牌Zara对服装进行供应链管理，两周内完成从设计到进店全流程，借此实现弯道超车，inditex成为全球排名第一服装零售集团。产品高速运转衍生较高物流要求，传统物流难以满足，智能物流受益发展。

## 8.4.5 《车联网在智能交通系统中的发展趋势》

### 一、车联网与智能交通系统的发展趋势

目前车联网和智能交通系统正在为解决城市交通拥挤问题起到越来越大的作用。车联网可以提供语音导航提示帮助车主迅速找到目的地和周边的兴趣点。在日本，车联网还可以接收实时的智能交通系统VICS发布的信息。在中国的部分高端GPS，可以利用基于链路的编码和基于点的编码技术，通过FM调频副载波每五分钟接收一次实时交通信息，为车主提供实时导航。在交通行业，电子不停车收费系统ETC，通过车载设备“车载电子标签OBU+IC卡”与ETC专用车道内的基于5.8G频段微波专用短距离通讯（DSRC）技术的道路设备RSU进行通讯，实现车辆不停车缴纳高速公路通行费的功能。在日本，OBU还可以接收道路旁边的RSU提供的前方障碍物和合流辅助等实时交通信息。另外驾驶员可以通过手机和Wi-Fi无线网络访问百度等专业交通地图网站，查询实时交通路况、停车库空闲车位、道路桥梁施工和高架匝道关闭等信息。在美国，密歇根大学交通研究中心和交通科学研究院正在合作开展“互联汽车”的研究，该项目将Ann Arbor城市中的3000辆汽车，通过配备的专门设计的DSRC设备，连接到同一个网络中，进行为期12个月的交通安全研究。这些汽车之间可以实现信息通讯，交通信号和行驶的状态信息都会发送到中央服务器进行处理和共享。如果出现紧急交通情况，比如车辆碰撞、逆向行驶、违规超车等，会通过发出警告来避免交通事故的发生。现阶段车联网、GPS终端和OBU是分别在汽车、电子和交通行业独立发展的智能交通产品，未来这些功能将会被集成到车载终端和行人的手机上，智能交通系统可以实现车与车、车与路、车与行人之间的通讯，充分保证驾驶员、行人和汽车的安全。

### 二、TSP商业模式的分析

目前中国前装车联网市场主要被安吉星OnStar、G-Book和InkaNet/iVoka三家垄断，它们占据了98%以上的市场份额。其他的车联网品牌尚处于商业推广初期。这三家也是全球典型的车联网产品，其中安吉星是全球最大的北美汽车制造商通用汽车主导开发的车联网产品，通用汽车的销量在2008年以前和2011年排名全球第一。安吉星是全球第一家车联网产品的提供者，成立于1995年，目前在全球和中国市场都处于市场份额第一的位置。2011年9月，安吉星在全球的用户数超过600万。在中国市场，安吉星累计有56万注册用户，当前有45万注册用户，有13万用户免费期到后停止续费。安吉星在中国前装车联网市场占据84%的市场份额。

G-Book是亚洲最大的汽车制造商丰田公司主导开发的车联网产品，丰田的汽车销量在2008-2010年排名全球第一。G-book主要在日本和中国市场销售，于2002年10月在日本上市，目前累计销量超过100万套。2009年3月在中国上市，累计销量达到10万套。InkaNet是中国最大的汽车制造商上汽集团主导开发的车联网产品。于2010年4月上市，累计销量超过7万套。经过研究发现，三个车联网的商业模式具有以下共同规律。

寻找车联网相关行业的合作伙伴共同经营TSP，具有建网快、投资少、风险小、服务质量好等优势。

安吉星在北美是由通用汽车、EDS（Electronic Data Systems）和Hughes Electronics Corporation三家公司合资组建，通用汽车负责车辆设计、系统集成和产品销售，EDS公司负责系统开发、信息管理和客户服务，Hughes公司负责无线通讯和卫星定位和汽车电子技术。另外安吉星的道路救援服务由汽车信息服务公司Agero提供。在无线通讯网络方面，美国安吉星的提供者是

Verizon Wireless 公司。加拿大安吉星的提供者是 Bell Mobility 公司。在中国安吉星的提供者是中国电信。在中国市场，安吉星于 2009 年 10 月 28 日由通用汽车、上汽集团和上海通用共同出资成立了上海安吉星信息服务有限公司，注册资本超过 3 亿元人民币，股比分别是 40:40:20。

G-Book 在中国将呼叫中心业务外包给北京 95190 信息技术有限公司，无线通讯网络的提供者是中国电信。G-Book 在日本的无线通讯网络的提供者是 KDDI 公司。InkaNet 将整个业务都外包给上海博泰悦臻网络技术服务有限公司，无线通讯网络的提供者是中国联通。

**广泛为其他品牌的汽车提供 TSP 服务，拓展市场份额，降低运营成本**

安吉星除了搭载在通用汽车旗下的卡迪拉克、别克、雪佛兰和 GMC 品牌的 30 多款汽车外，在 2002-2005 年，安吉星还通过授权的方式，为本田 Acura、.大众、奥迪，五十铃、斯巴鲁等品牌的汽车提供过服务。同时安吉星以“ChevyStar”的商标在拉丁美洲提供类似的车联网服务。从 2011 年 7 月开始，安吉星以“OnStar FMV”的商标在汽车后市场销售内置安吉星模块的车内后视镜产品，它可以提供部分 OEM 产品的安防和导航服务。OnStar FMV 可以安装到 2000 年以后在美国上市的所有汽车上，对于 2000 年以前上市的汽车，需要特殊改装

G-Book 在日本提供 G-Book mX 和 G-Book mX Pro)、G-Book Alpha 和 G-Book Alpha Pro、G-Book 三种版本的产品。另外 G-Book Alpha Pro 和 mX Pro (DCM(data communications module) 版本产品）可以进行 2.4Mbit/s 的高速数字通讯。G-Book 在日本还为三菱、斯巴鲁、大发和马自达公司的汽车提供车联网服务。另外丰田公司还为雷克萨斯在日本市场设计了一款 G-Link 高端车联网产品，于 2005 年上市。

InkaNet 目前只为上汽集团的两款汽车提供服务。它们是荣威 350 轿车从 2010 年上市起开始搭载 InkaNet，名爵 MG 5 轿车从 2012 年上市起开始搭载 InkaNet。设计灵活的 TSP 套餐收费模式，吸引不同阶层的消费者购买在北美，安吉星提供两种基本套餐：1) 安防和语音服务，包括高级自动碰撞报警、被偷车辆辅助、道路救援、远程车门解锁、远程鸣笛和闪灯、红色按钮紧急服务和远程车辆诊断。2) 导航和联接服务，包括安防和语音服务的所有服务，加上语音导航服务。另外安吉星提供一次购买 3 年服务的优惠活动，共计有 9 种套餐（见表 1)。在中国，安吉星针对一年服务的 5 种收费套餐，同时又分别设计了 1~3 年套餐，共计 11 种套餐（见表 1)。如果按照 1:6.3 的美元汇率，美国用户导航和联接服务的年费约 2185 元人民币，中国的尊享套餐价格是 1580 元。考虑到美国市场的消费水平和服务成本均高于中国的原因，可以得出两国的安吉星的服务费水平基本相当的结论。

日本国内 G-book 的服务费用约在 600 日元 / 月（折合 45 元人民币，一年的服务费约 540 元人民币）。在中国 G-book 对不同的车型采用不同的收费政策。其中凯美瑞 G-book 有两年的免费期，两年的免费期过后，服务费为 1200 元 / 年。雷克萨斯 RX350 的 G-book 免费年限为 4 年，而质保期为 6 年的混合动力 RX450h 的 G-book 免费期则为 6 年。InkaNet 有一年的免费期，后续收费标准约 1200 元 / 年。

**TSP 未来的发展趋势：智能交通、分布式呼叫中心、手机车联网、车联网保险**

目前 G-Book 在 G-Book mX 产品中具备智能交通功能，它可以利用车载终端 DCM 接收实时的日本智能交通系统 VICS 的信息，同时也为 VICS 系统发送汽车的速度和位置信息，反馈汽车所在道路的交通拥挤程度和车速。这是未来的发展趋势

安吉星的呼叫中心分布在美国的 Warren、Michigan、Charlotte、North Carolin 市，加拿大的 Ontario 省的 Oshawa 市和菲律宾首都马尼拉的 Makati 市。在中国，安吉星的呼叫中心分布在上海和厦门，未来将在广州和成都建立呼叫中心，主要提供地方方言服务。

安吉星和 G-Book 都具备手机车联网功能。安吉星可以用手机遥控开启车门、鸣笛闪灯，在手机上显示汽车的剩余燃油、胎压和电动汽车的动力电池的充电状态、续驶里程等信息。G-Book 在日本提供了通过电脑、PDA 和手机使用车联网功能的服务。在中国 G-Book 提供了 DCM 和手机版本的两种

服务。

在北美，安吉星已经与保险公司建立商业合作，购买安吉星的用户可以享受防盗和低里程数保险项目的优惠折扣。例如通用汽车金融服务公司 GMAC 可以给安吉星用户的保险费打 11% 的折扣。在用户许可的条件下，安吉星每月将用户汽车里程表数据发给保险公司，如果用户被认定是低里程数驾驶员，将享受保险公司的折扣优惠。在中国市场，目前没有此类商业案例。

**TSP 盈利模式分析**

目前在中国，大大小小的 TSP 近 100 余家，其中乘用车前装市场的 TSP 除了安吉星、G-Book 和 InkaNet 外，还有东风日产的 CARWINGS 智行 +、一汽的 D-Partner 驾驶者伙伴、长安汽车 Incall 车载系统、华泰汽车的 TIVI 系统、纳智捷汽车的 THINK+ 智能引擎，另外在商用车前装市场有苏州金龙客车的 G-BOS 智慧运营系统、宇通客车的“安节通”智能运营系统、上汽大通商用车的 InteCare 行翼通、陕汽重卡的“天行健”车联网系统。在汽车后市场，航盛电子、赛格导航、好帮手、华阳、路畅等公司都在提供相关产品，但是这些公司的服务质量与前装市场产品有较大差距。

由于购买服务的用户数少，大部分中国 TSP 都处于亏损状态。对上海安吉星信息服务有限公司的财务分析发现，32 万名用户数是安吉星公司的盈亏平衡点。由于中国自主品牌的车联网公司的设备成本会比安吉星要低，因此预计 24 万用户数是盈亏平衡点。另外看出，上海安吉星于 2009 年 10 月正式成立，2009 年 10 月上海安吉星开始运营，2011 年 5 月安吉星中国注册用户超过 30 万时，才达到盈亏平衡点。目前中国另外两家主要车联网 G-Book 和 InkaNet 的用户数均没有超过 10 万，因此都处于亏损运营中。

**三、观点与建议**

根据智能交通系统的发展趋势，本文提出以下建议：

1、由于车联网的商业模式要求 TSP 拥有足够的用户数才能盈利，投资回报期较长，因此应该尽可能地寻找汽车信息娱乐系统硬件和导航地图数据等合作伙伴，共同建立 TSP 联盟，为汽车行业提供一条龙的优质服务，同时也降低了投资风险；

2、研究成熟车联网的商业运营模式，包括车联网客户数据库与汽车制造商 DMS、4S 店 CRM 数据库的同步和共享、TSP 服务费和通讯费的收费模式、技术支持人员的培训和管理等，为公司在谈的 TSP 项目提供支持；

3、对 DSRC、ETC 等智能交通技术进行前期跟踪，立项研究开发出将智能交通功能与车联网集成为一体产品的可行性，尽快开发出具有竞争力的畅销产品，为公司创造新的利润增长点；

4、目前手机互联是车联网的发展趋势，外资企业安吉星和 G-Book 已经推出了商业化产品，本土企业华阳、路畅已经推出了样机，因此东软要加快这一产品的研发速度；

5、车联网与汽车保险的结合在北美和欧洲已经是一个十分成熟的商业模式，但是在全球最大汽车市场的中国，目前尚未有案例。因此这里潜伏着巨大的商机，要利用已有的保险行业的客户资源，积极发展这一新的业务领域。

## 8.4.6 智慧物流破解效率顽疾

我国物流市场需求不断扩大，物流基础设施不断完善，多种有利因素支撑和促进产业转型升级。同时，物流企业运行成本高企、工作效率参差不齐、物流信息化水平较低等问题仍普遍存在。如何打破瓶颈，实现企业的运营降本增效，是物流业不断探索的重要话题。近年来，无人机、无人仓、自提柜、大数据等新兴技术被应用到物流领域。这也意味着，依赖现代信息技术所打造的智慧物流，成为全行业共同努力的方向。

**智能仓储：优化人力降低成本**

传统物流业被称为劳动密集型行业，原因在于运营中需要大批劳务人员从事分拣、配送等工作。仅就仓储环节而言，从商品的入库、上架、拣选，再到分拣、包装、出库，每一个环节都需要相应的人员来完成。

公开资料显示，2008 年底，我国仓储企业的数量约 1.74 万家，仓储业从业人员达 51.1 万人。另根据商务部流通业发展司、中国仓储与配送协会发布的《中国仓储行业发展报告（2016）》显示，截至 2015 年底，全国仓储企业已超过 3 万家，从业人员约为 96.6 万人。

过去几年中，仓储业的快速发展成效固然可喜，但由此也间接暴露出传统仓储服务中存在的一些症结。由于技术含量较低、劳动资本密集，导致价格竞争激烈，行业利润率偏低。

另一方面，我国电商行业的发展大力推动了物流业的发展，而具有互联网基因的电商企业所打造的新兴仓储系统，成为传统仓储业转型升级的标榜。诸如菜鸟智慧仓、京东无人仓、苏宁云仓等，已经展现出了对传统物流业的改造成效。

以苏宁云仓为例，在去年的“双 11”前夕，苏宁首次对外展示了位于南京的云仓项目。苏宁物流集团副总裁姚凯表示，凭借大数据技术的应用，实现全流程智能化，苏宁云仓日处理包裹可达 181 万件，拣选效率每人每小时可达 1200 件，单个订单最快可以实现 30 分钟内出库。从仓库的用工人数来说，在效率大幅提升的情况下，相比行业内的同类仓库，可减少千人以上。由此可见，对现代化物流装备和先进信息技术的加速推广，已经成为物流业发展再进一步的方向。

**无人配送：破解传统配送难题**

随着社会发展以及生产力提高，新技术驱动下带来的仓储物流硬件升级是大势所趋。而相较于仓储环节，现代化技术给物流业所带来的在末端配送环节的改变，更容易被消费者所感知。也正因此，当无人机、无人车等新型技术被逐步应用到生活场景中时，才会如此博人眼球。

可以说，目前在国内进行无人车、无人机配送尝试较为高调的企业当属京东。在 2017 年“6·18”大促期间，京东配送机器人在中国人民大学完成首单配送任务。此外，在无人机应用上，2017 年 2 月，京东与陕西省政府签署了关于构建智慧物流体系的战略合作协议，双方共同打造低空无人机通用航空物流网络。2017 年 6 月，京东宣布在宿迁建立无人机全国运营调度中心，并且在西安、宿迁两地尝试开展无人机的常态化配送运营。

不论是使用无人机还是无人车，无人配送的本质是为了降低人力成本。京东 X 事业部总裁肖军表示，无人机的空运能力，不但可以将大量优质商品运输到偏远和贫困地区，提高当地人民的生活质量，还能够将当地的生鲜特产迅速运输出来，从而带动地方经济的发展。但需要注意的是，看似便捷、高效的无人配送，在实践中却并不容易普及。此前包括亚马逊、顺丰等企业都曾测试用无人机配送包裹。虽然国内快递企业试水无人配送的消息不断，但围绕无人机配送可能遇到的飞行标准化、合规化等问题仍然存在。

**智能快递柜：末端配送分流压力**

相较于尚处于基础研发或实验阶段的无人配送，智能快递柜的应用，被誉为当前“最后一公里”配送的最佳解决方案。

所谓智能快递柜，又称自助提货柜，是一种集合了物联网、智能识别、动态密码、无线通讯等技术于一体，能够实现邮件、包裹智能化集中存取、指定地点存取、24 小时存取、远程监控和信息发布等功能的应用，目的在于改善快递的投送效率及用户邮件的存取体验。

目前智能快递柜的“玩家”大致可以分为三类。电商系以京东、苏宁为主；物流平台系包括丰巢科技、中集 e 栈等；第三方平台如速递易、富友等。

统计数据显示，智能快递柜在 2015 年的网点数量已达到 8 万个，通过智能快递柜投递的快递量每日达 125 万单，占日单投放量的 2.2%；2016 年，网点已达到 15 万个，日投递 550 万单，占日单投放量的6.8%。预计2017年智能快递柜该占比指标将超过11%，到2020年网点将达到35万个，通过智能快递柜投递的投递量会达到快递总量的30%-40%。

可以看到，通过解决快递“最后一公里”的交付痛点，切入社区，智能快递柜获得了庞大的高黏性用户群。作为社区服务最佳入口之一，通过线下设备连接人、连接服务，再延伸至社区生活服务等高度垂直的消费场景，智能快递柜能够逐渐搭建起一个社区综合服务平台，具备线下场景触达能力优势，这也让智能快递柜给物流企业带来更大的想象空间。

**大数据：系统运营升级的支撑**

无人机、无人车的出现，是技术驱动所带来的硬件升级，背后无不依赖于强大的计算能力，也就是大数据的支撑。可以说，大数据是智慧物流的基础。对于物流企业来说，相较于无人配送等具体技术的应用，其实更关键的是对整个供应链系统的智能化管理。

亚马逊全球副总裁、亚马逊全球物流中国总裁薛小林曾介绍，在亚马逊的仓库中，物品的存放是随机上架的，这背后的管理是一种精细化水平的体现，最终目的是为了优化效率、节省拣货时间，依靠的手段就是大数据计算的智能体系。薛小林表示，亚马逊曾经有过测算，如果没有智能体系，每天每一个拣货员走过的路程约合27公里；通过智能优化，拣货员一天所走的路程可以控制在5公里以内。

此外，大数据的应用也体现在跨境物流上。薛小林说：“亚马逊把整个的库房体系联网，比如在一个区域、一个国家乃至全球做成一个大的库房体系，库房之间的干线运输、空中运输，无异于就是一个库房中的走廊通道，整个体系的运营是靠大数据系统来进行的。”他举例说，几年前，因美国的东海岸暴风雪，库房、交通和运输全部瘫痪，但对亚马逊来说影响不大，因为系统会自动把订单重新分配为从中西部来发货，虽然时间长一点，但仍可以送达，这就是智能化系统所发挥的效用。

（来源：2017年7月27日 中国物流产业网）

## 8.4.7 智慧物流时代正在改变着整个物流行业

如今，我国经济仍然处于不稳定的复苏期，从大宗商品的价格以及全球经济运行形势来看，我国经济发展的增速并不乐观。按照国际货币基金组织的预测，2017年全球经济发展增速大概只有3.5%，社科院预测中国的经济GDP大概也只有6.6%，而且事实上我国经济仍然处于中速增长。

**新的经济增长模式现身**

我国经济发展的动能正在转换，传统的贸易、投资、资源、储蓄红利等发展模式正在消失。如今我们已经迎来新的经济增长阶段和发展模式，比如数字经济、分享经济、平台经济等。

数字经济：近年来，我国数字经济发展迅速，尤其是以电商为代表的数字经济迅猛增长，我国数字经济占GDP的比重已经超过了美国、法国和德国，在全球处于领先水平。据统计，2016年，我国数字经济的比重大概为6.9%，而美国则有4%。

分享经济：目前，分享经济在全球已经步入发展的黄金期。在中国，几乎所有行业都已有分享经济发展的新模式，比如出行、空间、金融、二手交易、众包物流、医疗等方面都有这种新业态。

平台经济：在物流行业中，平台成为一个新兴的物种，也构建了新的产业分工体系，阿里巴巴的零售平台就是典型案例。

信用经济：据上海市商委相关负责人介绍，“十三五”期间上海要发展信用经济。其实，这种经济模式已有案例，比如共享单车OFO，很多学生、教师不需要任何押金就可以骑车，这完全基于信用。所以，信用经济正在成为一个新的经济增长点。

从第一次工业革命到第二次工业革命，再到第三次工业革命即IT技术，最后到第四次工业革命，也就是DT技术。我们会发现这种技术的变化周期越来越短，尤其是数字资源正在成为未来技术发展的基础。

值得一提的是，物流行业迎来智慧物流时代，这一时代的到来也正在改变着整个物流行业。以阿里巴巴研究的小G机器人为例，未来，这类机器人或许会替代快递员。

从竞争形势方面来看，在全球范围内，整个制造业面临着激烈的竞争，以美国为典型代表的发达国家纷纷实行制造业再回归战略。发展中国家也在加快谋划布局，印度等新兴金砖国家也在积极参与全球的产业分工。

**制造业供应链之变**

客户需求趋向个性化：客户需求逐渐趋向于个性化，而不仅仅是定制化。因此，物流的发展模式需要极速创新，比如海尔推出了制造订单，之前的制造订单还需分为多个环节，但是如今的制造订单就是物流订单，去除了许多中间环节。这对于整个供应链需求的响应速度提出了更高要求。

供给模式发生变化：新型平台经济的发展模式正在成为制造企业新型的供给来源。比如，海尔的车小微聚集了中下游物流企业为其提供服务，所以平台经济正在成为新的供给模式，也影响着制造业供应链格局的变化。

**供应链发展之势**

从“3A”到“3V”：“3A供应链”强调敏捷、协作和适应，然而，未来的供应链却会朝“3V”方向走，即透明、可视、灵活多变和响应。华为就曾表示，希望通过透明化的供应链管理来实现全球的可视化服务。

基于供应链全方位的采购者：如今，供应链强调价值链，这就意味着供应链不仅仅是一个简单的供应职能，而是开发价值的职能。海尔曾提出，未来，我不只是冰箱的制造者，而要成为冰箱整个场景服务的提供者，也就是说海尔以后不卖冰箱，甚至可以免费送冰箱，但是给客户送冰箱的同时，还要给客户提供全方位的服务。

海尔可以帮客户购买，可以提供智慧菜谱，甚至可以提供相应的食材管理，乃至提供音响娱乐等全方位的服务。海尔利用其互联网等平台来满足客户的饮食和娱乐方面的需求。

协调与协同：未来的供应链不仅仅在于协调，更多的则是外部协同与价值创造，即为客户服务，如果客户不满意，那整条供应链就是失败的，所以为客户创造价值是供应链的第一使命。

生态圈模式：所有的供应链成为一个稳定的链条，而稳定最重要的前提则是上下游都有收益，形成一个可持续的生态结构。所以，生态圈的模式正在成为一种新的趋势。

**最为契合的发展战略**

**一、要始终快客户一步**

很多著名的公司，比如摩托罗拉、柯达并没有跟上客户需求的变化，这就导致它会被整个时代所淘汰。所以，一定要快客户一步，要思考客户为什么不找我们，我们的客户究竟去哪了等问题。只有思考客户层面的问题，才是供应链存在的第一要义。

**二、要把握时机**

互联网时代，企业在发展的过程中不仅仅要投入资产，还要投入系统、数据和流量以及技术、互联网思维等，最核心的则是实现价值创造。

**三、供应链的协同**

之前，企业在发展的过程中主要以成本为中心，以后则要以价值为中心。以这种价值为中心，供应链就会发生一些新的变化，传统的发展模式会变成新的智能供应链模式，这一模式更多强调与消费者互动，通过广告渠道宣传来影响客户。

**四、建立中长期发展战略**

没有成功的企业，只有时代的企业。一个企业之所以能够实现可持续发展是因为它不断响应时代的变化，所以企业就需要根据时代的要求去改变中长期运营结构。

**五、推进制造业和物流业深度融合**

我们需要把原有的物流一张网改变成物联网，之后还要推行物联网。这样，企业的生存空间就会大大拓展。

**六、做有内容的平台**

物流企业的平台有没有实质性的内容，这是企业的核心。能不能为客户提供实际的服务，这也是企业的核心。未来的平台一定是世界级的物流平台，那时的内容就会变得非常重要。

**七、加强智慧的探索**

因为供应链是上下游结构，任何一个环节的变化都会影响到全局的变化，所以企业在发展的过程中需要加强智慧探索。尤其在物流环节，物流企业需要以智慧物流来实现供应链的变化。

（来源：2017 年 7 月 21 日 亿欧网）

## 8.5 物流信息化

### 8.5.1《2016 年物流信息化十大热点问题》

**一、 “互联网 + 物流”已经上升到国家决策层面**

在 2016 年 7 月 20 日的国务院常务会议上，李克强说：“要推动互联网、大数据、云计算等信息技术与物流深度融合，推动物流业乃至中国经济的转型升级。这是物流业的‘供给侧改革’。”这已经把“互联网 + 物流”上升到国家决策层面，不仅推动物流业，还推动整个中国经济的转型升级。2016 年是国务院及国家有关部委针对物流行业发布利好政策最多的一年，据不完全统计，国务院及国家发改委、交通运输部、商务部、工信部、财政部、国家税务总局等发布的政策文件 50 多个，地方支持物流业发展的政策文件那就更多。政策红利将给物流业带来新的发展机遇。

**二、 物流企业互联网化助力物流企业转型升级**

“互联网 +”高效物流重点行动计划的提出，极大地推动了物流业与互联网融合发展。互联网正在从技术、模式、空间等诸多方面改变传统物流业的运作方式和效率水平，让中国物流变得更加智能、高效、便捷，转型升级空间巨大。资源平台化、运力社会化是物流企业自建平台的发展方向。资源平台化依托于物流企业内联网和供应链内联网；运力社会化，借助社会物流平台走向互联网大分工、大协作。自建平台与各式物流公共平台聚合形成大数据新生产力要素，走向产业平台化，重构物流生态是发展方向。

**三、 物流平台继续成为资本密切关注的领域**

虽然 2015 年年底迎来了资本的寒冬，大家都不看好烧钱模式的物流平台。但 2016 年发展的实际情况是有许多的旧平台倒下去，同时又有许多的新平台站起来，去年下半年，又有几家大的物流平台获得了新的融资，说明资本从没离开过物流平台，只是从原来的疯狂变得更加理性。资本已经开始从烧钱的 B2C 模式，转向青睐于拥有巨大发展潜力的 B2B 模式。物流平台本身的商业模式也在悄悄的发生变化，由纯线上模式转变为线上线下相结合的 O2O 模式，许多物流平台都在各地设立经营网点，与传统物流企业进行合作，有的还建立了自己的物流园区。所有这些都说明，回归物流的本来面目是物流平台得以生存的保证。

**四、 物流平台与物流企业的互联互通是大势所趋**

俗话说的好“分久必合，合久必分”，从滴滴打车收购优步，可以看出平台经济已经进入到了共享时代。互联网 + 物流也进入强强联合的时代，壹米嘀嗒就是物流企业之间的联合，云鸟与运满满就是平台之间的联合。物流平台之间、物流企业之间、物流平台与物流企业之间必须走互联互通的道路。中物联建立的联物流平台正是此时因势而生，目前联合了全国 60 家优质运力平台，链接了 300 多家 A 级物流企业，打造了覆盖全国、跨行业，贯穿整个物流产业链的物流平台。为全国物流平台的互联互通奠定了良好的基础。

**五、 无车承运人成为大家炒作的新话题**

虽然无车承运人早就存在，但自从交通运输部发布无车承运人试点文件以来，大家都有点兴奋过头。冷静下来，必须指出的是本次试点主要针对的是平台，主要是解决物流平台开票的合法性问题，无车承运人亟需解决的增值税进项抵扣问题并没有实际进展。从目前各地交通运管部门公布的试点企业名单来看，成为试点的企业类型繁多，数量也不少，与交通运输部的试点目标有所偏离。为什么企业都想成为无车承运人试点单位呢？无非是想获得扶持政策或税收优惠，目前看来这两个梦想短期内可能难于实现。但无车承运人已经成为平台企业和部分有条件的物流企业转型的趋势已经成为必然。

**六、 物流诚信平台为失信联合惩戒搭建了平台**

从国家领导人、国家相关部委到行业协会、物流平台、物流企业都认识到物流诚信问题已经成了制约我国物流行业发展的老大难问题，解决这一问题的根本出路在于大家共同努力，众策众力，信息共享，联合惩戒。国家发改委牵头建立了信用中国网站，意图连接中央各部门及地方的诚信信息。中国物流与采购联合会也制定了第一个团体标准《物流诚信共享信息构成要素及交换要求》，并与国家交通平台合作推出了物流诚信平台，这对于解决物流诚信问题迈出了可喜的一步，为物流参与者失信联合惩戒创造了环境和氛围。

**七、 大数据是政府监管方式转变的方向**

2016 年 9 月国务院印发《关于加快推进“互联网 + 政务服务”工作的指导意见》，是把简政放权、放管结合、优化服务改革推向纵深的政策保证，对加快转变政府职能，提高政府服务效率和透明度，便利群众办事创业，进一步激发市场活力和社会创造力具有重要意义。政府监管转型的方向就是从以统计报表为主的静态监管升级为以运营数据为主的动态监管，确保政府决策的透明及公正性。各方信息显示，无车承运人的税收监管发展方向也将朝着从以票控税，以车控票的方式转变为以数据控税的方式方向发展。中物联前不久建立的物流业数据备证中心也是因势而为，为物流企业和物流平台提供数据备证服务，为政府部门数据监管提供服务。

**八、 车联网技术成为商用车具有竞争优势的卖点**

无论是互联网造车还是传统车企搭载互联网，都在表明自动驾驶、车联网等已成为当下汽车行业追捧的热潮，而商用车对车联网的依赖远远超过仅仅是一种出行工具的乘用车。与乘用车相比，商用车在技术上更能反映汽车数字化的趋势，其对车联网、辅助驾驶、自动驾驶等技术带来的运输效益提升更敏感。运输成本和运营效率直接关系到商用车用户的切身利益，提高运输效率，降低成本和排放需要商用车和互联网的结合。2016 年，各大商用车企业都在极力宣传自己利用车联网技术在安全驾驶、提升效率，降低成本和绿色排放方面的优势，车联网技术已经成为商用车具有竞争优势的卖点

**九、 智能物流装备在物流行业的应用越来越广泛**

近年来，“工业 4.0”，“智能制造”、“中国制造 2025”理念的传播以及电子商务的异军突起，极大的推动了智能物流的发展和应用，中国物流装备市场对于智能化、自动化物流设备的需求日益

增大，智能物流成为市场热点并逐渐演化为企业的核心竞争力。

电子商务的快速发展，深刻改变着消费者的购物习惯和企业的运营模式，企业迫切需要加快订单处理速度来应对多品种、小批量、多批次的碎片化订单以及劳动力成本上升带来的巨大压力，“货到人”系统以其突出的存储密度高、拣选效率高、降低劳动强度、节省用工数量等优势成为企业发展的重点方向。AGV，仓储机器人在仓储自动化应用中开始暂露头脚。亚马逊和京东在利用无人机运送快件方面都有许多成功的应用。

**十、 区块链技术在物流行业的应用刚刚兴起**

2016 年 12 月 20 日，中国物流与采购联合会成立了区块链技术应用分会，目的在于促进区块链技术在中国物流与供应链行业推广应用，推动行业标准的尽快形成，规范区块链技术在物流与供应链领域的产业化发展，加快在行业急需的溯源防伪、中小微物流企业信用建立、增加交易和物流供应链透明度等基础性场景方面的应用。这对进一步发挥创新科技在物流与供应链企业转型升级中的作用具有十分重要的意义。

## 8.5.2《区块链技术在物联网中应用的思路探讨》

云计算、大数据、新一代移动通信技术与智能感知、行业应用相互交织，激荡融合，不断激发创新活力，成为物联网发展的新动力。区块链技术作为当前国内外的焦点技术之一，可能会对未来技术创新和产业变革产生重要影响。在物联网中如何定位和应用区块链技术值得进一步思考和探讨。

OFweek 物联网讯：物联网作为新一代信息通信技术高度集成和综合应用的典范，正在与经济社会深度融合，深刻改变生产活动、社会管理、公共服务。随着物联网技术在各行业中的普及和不断深化，人类社会正进入“万物互联”的新时代，可穿戴设备、智能家电、自动驾驶汽车、智能机器人等数以百亿计的新设备将接入网络，也使得物联网成为当今全球技术创新最活跃、应用空间最广阔的领域之一。

云计算、大数据、新一代移动通信技术与智能感知、行业应用相互交织，激荡融合，不断激发创新活力，成为物联网发展的新动力。区块链技术作为当前国内外的焦点技术之一，可能会对未来技术创新和产业变革产生重要影响。在物联网中如何定位和应用区块链技术值得进一步思考和探讨。

**区块链的技术与应用情况**

区块链的概念首次在 2008 年底由化名中本聪（Satoshi Nakamoto）发表在比特币论坛中的论文中提出。论文中区块链技术是构建比特币数据结构与交易信息加密传输的基础技术，该技术实现了比特币的挖矿与交易。

区块链是分布式数字存储、点对点传输、共识机制、加密算法等技术的集成应用。从狭义上讲，区块链是一种按照时间顺序将数据区块以顺序相连的方式组合成的一种链式数据结构，并以密码学方式保证的不可篡改和不可伪造的分布式账本。广义而言，区块链技术是利用块链式数据结构来验证与存储数据、利用分布式节点共识算法来生成和更新数据、利用密码学的方式保证数据传输和访问安全、利用智能化合约来编程和操作数据的一种全新的分布式基础架构与计算范式。与传统的数据库技术相比，区块链具备 3 个特点：一是数据的不可篡改性；二是系统集体维护；三是信息的公开透明。同时，相对传统数据库技术，现阶段的区块链技术数据吞吐量小，读写时延较大，更适合低频率、小数据的可靠存储和处理。

从现有的区块链的技术应用看，区块链基础架构一般由数据层、网络层、共识层、激励层、合约层和应用层组合。其中，数据层封装了底层数据区块以及相关数据加密和时间戳等技术；网络层则包括分布式组网机制、数据传播机制和数据验证机制等；共识层主要封装网络节点的各类共识算法；激励层将经济因素集成到区块链技术体系中，主要包括经济激励的发行机制和分配机制等；合约层主要封装各类脚本、算法和智能合约，是区块链可编程特征的基础；应用层则封装了区块链的各种应用。在这一模型中，基于时间戳的链式区块结构、分布式节点的共识机制、灵活可编程的智能合约是区块链技术最具创新性的技术环节。

全球区块链应用探索非常活跃，总体而言还处于小规模的概念验证阶段。当前的区块链技术应用主要集中在两个方面：

一是在不同机构或个人之间缺乏互信并缺少中介的情况下，实现数据的直接交换。区块链技术源于比特币，是比特币的底层数据存储技术，因此金融是区块链应用最热门的领域。美国 Ripple 公司早在 2012 年就已经引入区块链技术为多家银行提供跨境转账、清算和支付服务，与 SWIFT（环球同业银行金融电讯协会）等传统渠道相比，能够节约 1/3 手续费，把跨行对账等操作时间从数天压缩到几秒。区块链在数字货币、支付结算、证券交易、互助保险等金融场景中的应用也受到高度重视。此外，在能源领域，美国公司 Brooklyn MicroGrid 等使用区块链技术，智能电网的用户无需通过电力公司就能进行电力资源的灵活交换。在医疗领域，瑞士公司 HealthBank 和美国公司 Gem 采用区块链技术存储医疗数据，帮助多家医院和医疗机构直接交换电子病历。

二是用于重要数据的保全与可靠存储。利用区块链不可篡改的特点，重要数据（如权属、协议、票据等法律文书）的保全成为应用探索的热点。目前，爱沙尼亚、格鲁吉亚等国家政府正尝试采用区块链技术对重要资产进行登记，开展了土地注册、商业登记、电子征税等重要信息的登记工作。美国法律服务公司 Pryor Cashman 推出了数字产品（如音乐、视频等）的交易平台“Monograph”，采用区块链技术解决数字艺术品的权属和认证问题。国内网站“保全网”通过区块链技术对互联网金融平台的身份信息、操作记录以及保险业务中的保险凭证等电子数据的真实性进行认证，并与公证处和司法鉴定中心对接，可以提供公证书、司法鉴定报告等服务。

**区块链技术在物联网中应用的思路探讨**

应该说，区块链最核心的价值便是通过程序算法来建立一个公开透明的规则，以此为基础来创立一个信任网络，确保点对点之间的信任与交易的安全，这就摒弃了传统的中心化的第三方机构，也省去了统一的账簿更新和验证环节。而随着物联网规模的不断扩大，构建百亿级设备的“巨系统”，物联网面临的安全隐私保护、数据真实性保障、系统可扩展性和信息共享等的一系列挑战，应用区块链技术的空间十分广阔。总体而言，区块链技术在物联网中应用主要在以下 3 个方面。

物联网的核心理念是通过传感器等感知设备将物理世界的隐性数据转化为显性数据，进而从显性数据中获得客观世界的运行规律和相关知识。作为物理世界在网络信息空间的投射，物联网对数据在产生、传输、处理过程中的真实性具有更高的要求，这也是区块链技术在物联网中可能应用的主要方向之一。在产品追溯、车联网等领域均有广阔的应用空间。

以产品追溯为例。产品追溯是物联网技术的重要应用领域之一，目前广泛应用在农牧产品原产地追溯，工业生产的原材料和零配件追溯，以及消费品防伪等方面。其主要实现方式是为追溯产品分配惟一的标识（可以是 RFID 射频标签、二维码等多种形式），在标识中关联产品的相关信息（如原产地信息、制造企业信息等），采购该产品的企业或消费者可通过标识识别装置（如 RFID 读写器、手机二维码扫描等）对标识中的信息进行读取，实现对产品信息的追溯、真伪查询等功能。在产品溯源过程中应用区块链技术，可形成多方参与且信息透明、共享、保真的溯源链。在产品的生产、加工、销售等多个环节建立区块链账本，建立真品溯源的全程链式路径，直达最终使用方或消费者。

以肉类产品为例建立的溯源链结构如图 1 所示。

图 1 肉类产品溯源链结构

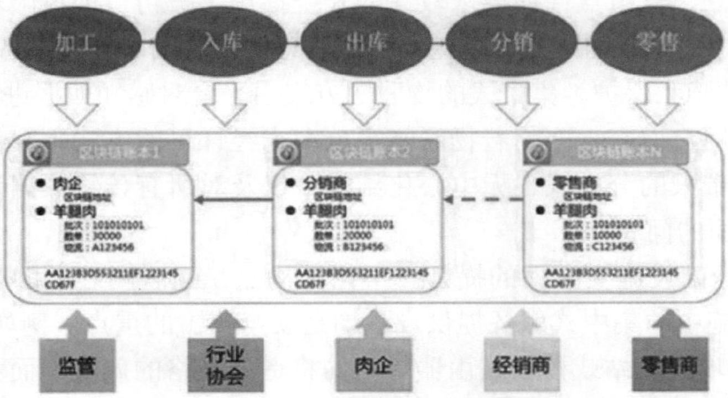

利用区块链技术构建的溯源链，具有数据公开透明、不可伪造、不可篡改、不可撤销的特点，能够从技术上解决产品数据的真实性问题。在这一溯源链中，不论是生产企业、经销商、零售商，还是监管部门均能够基于溯源链对各个环节的数据进行共享，有效地解决了目前产品溯源中数据可能在某一环节遭到篡改而造成整体数据失真问题。另外在车联网的 V2X 交互过程中，为了保证高即时性和高不确定性的路况信息在车辆之间的可靠性传递，避免由于数据信息真实导致失效，也可以利用区块链技术构建“路况链”，保障信息的透明、可靠传递。

**区块链技术增强物联网系统的安全性**

随着万物互联时代的到来，物联网安全威胁日益凸显。物联网节点分布广，数量多，应用环境复杂，计算和存储能力有限，这使得物联网的安全性相对脆弱。随着物联网应用在工业、能源、电力、交通等国家战略性基础行业，一旦发生安全问题，将造成难以估量的损失。 从伊朗的震网病毒攻击核设施的事件、2015 年底乌克兰电网受木马影响而局部停电事件到 2016 年美国发生的物联网终端被木马控制发起攻击导致互联网瘫痪的事件，物联网安全问题日益突出。与安全相关的，还有物联网的数据隐私保护。随着物联网平台化的发展，对于行业用户而言，如何保证物联网中的数据隐私也是亟需解决的问题之一。而不论是安全还是隐私保护，物联网中应用的仍是在互联网或通信网中常规的安全防护技术和手段。这种“嫁接”对物联网本身在安全和数据隐私保护方面的特定要求考虑并不充分，也难以应对物联网设备数量大幅度增长带来的扩展性问题。物联网的安全风险及安全需求如图 2 所示。

图 2 物联网的安全风险及安全需求

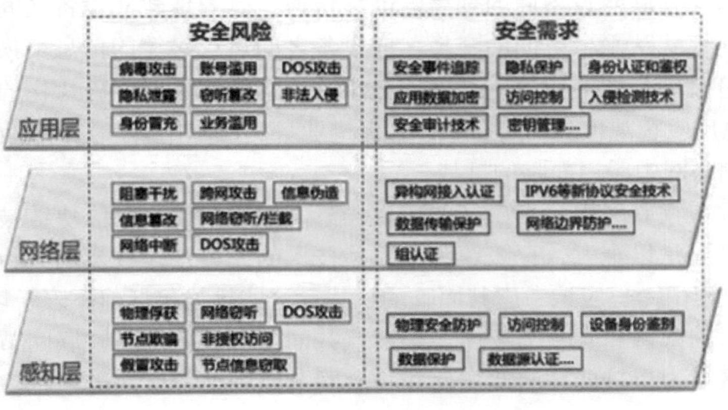

区块链技术的应用能够在一定程度上提升物联网的系统安全性，当前主要在以下方面起到重要作用。

一、 物联网节点合法性身份的鉴别。由于物联网感知设备有限的计算、存储能力，造成感知设备上难以应用复杂度较高、对节点性能要求较高的安全措施，被仿冒的风险较高。区块链的验证和共识机制有助于识别合法的物联网节点，避免非法或恶意的物联网节点或设备的接入。

二、 物联网数据的隐私保护。集中式的物联网方案由平台对感知数据进行汇聚和处理。对于接入到物联网平台的行业用户而言，面临着物联网平台在未经许可的方式下存储和转发涉及用户隐私的物联网数据。区块链带来的分布式、无中心化结构，以及对所有传输数据进行加密处理的方式，将能够有效的解决这方面的问题。

三、 物联网网络基础设施安全性的提升。不论是构建在互联网之上的物联网应用，还是物联网专网，其网络基础设施中的集中式服务提供设备均是安全攻击的重点。例如利用 DDOS 攻击互联网 DNS 服务器，或是 DDOS 攻击基站或核心路由器等，均将造成网络的瘫痪。而利用区块链技术将集中式服务改为分布式服务，能够有效防范对关键核心网络基础设施的攻击。

**区块链技术改变物联网信息交换模式**

物联网发展将带来百亿级设备，而这些设备将分属于不同的平台，形成中心化的设备连接结构。不同的设备获得用户的状态信息都是片面的，但由于分属不同的业务提供商、不同的平台，因此设备之间无法进行直接信息的交换或交易。在现有的物联网信息交互模型下，设备之间的信息交互需要通过设备所属平台进行（当然信息交换的前提是设备所属业务提供商之间已经达成了一致），这种信息交换模式不仅效率低，而且需要业务提供商之间达成一致，并需要平台之间互联互通技术的支持。物联网现有的信息交换模式如图 3 所示。

图 3 物联网现有信息交换模式

利用区块链技术在物联网设备商的部署，能够快速、有效地建立设备之间的互信和交易网络，推动物联网信息交换模式从平台之间的交换，向设备之间进行对等的信息交换或交易的方式转变。去中心化的数据信息流动将能够快速、准确地将相关信息进行关联，碎片化的信息将形成系统化的信息，能够更准确地反应客观世界的运行状态，促进业务和应用创新，为物联网发展开辟新的空间。

区块链技术在物联网中应用面临的挑战

虽然区块链技术在物联网中具有广阔的应用场景，但也应该看到区块链技术仍处于发展初期，主要面向的应用场景还是以金融、记账等为主，其技术的先进性在逐步向其他领域扩展。因此在区块链向物联网扩展过程中，也应该考虑其面临的挑战，这些挑战包括但不限于以下 3 点。

一、区块链技术的部署和实施需要由多个节点共同参与，但现在物联网节点设备的存储和计算能力普遍受限，联网能力也较弱。因此如何在物联网节点中部署区块链技术、是否应在物联网中采取分级的区块链架构，以及现有的区块链技术需要做哪些方面的增强，都是需要考虑的问题。

二、很多物联网应用对实时性要求较高，如车联网业务等。而现有的区块链共识机制普遍存在延时较大的问题（特别是随着节点规模扩大，延时可能进一步增加）。共识延时可能引起反馈延时、告警延时，无法满足现有物联网应用的需求，需要在技术上进行进一步改进；

三、目前区块链在互联网中的应用，仅在一定范围内、有限节点中开展。而一旦区块链应用在物联网中，节点数量将呈几何级数增加，其频繁的关系数据查询请求将对现有的链式数据架构提出非常严峻的挑战。

当今时代，全球新一轮科技革命和产业变革正在兴起，网络信息技术以前所未有的速度转化为生产力，深刻改变着全球格局。物联网发展前景广阔，面临着难得的历史机遇，也面临着不少挑战。区块链技术在物联网中的应用，能够在一定程度上解决物联网面临的问题；同时物联网提出的新的需求，也将为区块链技术发展注入新的活力。

## 8.5.3 区块链，破解货运“乱”象

2017 年 5 月 26 日，国务院总理李克强向 2017 中国国际大数据产业博览会致贺信时首提“区块链技术”。近日，这一技术逐渐成为世人热议的话题。就物流方面而言，正确客观认识并使用区块链技术，将有助于推动物流市场不断完善信任机制、提高交易效率和市场治理能力。

**新的技术组合**

随着大数据、云计算、物联网、人工智能等新一代信息技术对人类生产生活带来深刻的影响，区块链技术作为数字经济新技术的代表，引起了世人的广泛关注。

区块链技术是比特币的底层技术，比特币在没有任何中心化机构运营和管理的情况下，多年运行非常稳定，没有出现过任何问题，所以物理学家中本聪才将这一技术抽象提取出来。

该技术是随着比特币等数字加密货币的日益普及而逐渐兴起的一种分布式的计算范式。区块链技术包括 P2P 动态组网、基于密码学的共享账本、共识机制、智能合约等技术。这是一个新技术组合，有其独到的创新之处，但并非颠覆现有技术，而是引入新思想，去改善和改造现有业务模式，从而为大众提供更好的服务。

目前，很多文献一提到区块链的核心特征，认为是“Decentralized”，译为“去中心化”。但事实上，在中本聪的整篇论文中并没有提及“Decentralized”，而只有“Peerto-Peer（P2P）”。在台湾，大多将“Decentralized”译为“分散式的”而不是“去中心化的”。万向控股副董事长兼执行董事肖风也认为，区块链的核心是分布式而不是去中心化。

区块链交易提高了交易效率。在使用比特币进行支付时，一般需要 10 分钟才能完成一次支付确认。这主要是由于区块链支付过程中，需要等待连续 6 个数据块完全确认，才能保证支付交易的不可逆转。相较于银行网银或第三方支付，使用区块链的比特币支付会比较慢。但事实上，比特币支付过程就是清算与结算的过程。如果把支付过程和清算过程作为一个整体来看，比较两类支付的延迟时间就会发现使用区块链交易比较快。

由此可见，借助区块链技术作为创造信任的机器，可以有效解决物流市场中交易主体间的诚信机制建立问题；借助区块链技术在支付交易系统中的高效率交易优势，可以有效提高物流市场交易效率；借助区块链技术分布式的技术特征，可以有效提升物流市场治理能力和行业管理水平。

**破解“乱”象**

长期以来，“小、散、乱”一直是物流行业的标签，也成为被社会所诟病的焦点，并将其视为

导致行业经营不规范、服务质量不高、总成本居高不下的重要原因。

“小、散”是行业的固有特征。从行业技术经济特性来看，物流业具有规模经济不显著、技术水平低、同质竞争强等特点，加上市场化程度高，市场呈现出“小、散”的固有结构特征，个体运输户和中小物流企业是市场主体。

即便在物流业发展水平较高的美国、德国也是如此，美国拥有 6 辆车以下的物流企业占 89%，德国 95% 的物流企业为 50 人以下的小企业。虽然都是“小、散”的市场格局，但发达国家的个体运输户和中小企业运营相对规范，组织相对集约。

因此，行业的“小、散”并不是问题所在，而“乱”才是。众多的经营主体缺乏有效的组织和管理、经营行为不规范才是行业发展的真正问题。从这一点来看，如何利用制度和政策将众多分散的中小货运企业有效组织起来，促进规范运营，提升运输效率，实现“零而不乱、散而有序”，才是行业发展的关键。

对于“小、散”的道路货运市场而言，诚信体系是确保市场机制发挥作用的重要基础，而诚信体系缺失也成为我国物流行业乱象众多的重要原因。互联网的发展将使得行业的各类信息更加易获取、更加透明化、更加具有商业价值，从而为我们客观利用这些大数据对物流企业进行诚信评判提供了现实条件。

未来，我们可结合区块链技术，将物流市场交易各主体的 ID 信息，在运单、承运人、中间人、车辆、司机等各场景的运行信息，进行记账和共享，构建物流行业的信用体系，从而更易解决基于物流运输历史行为的信任问题。

**货运方式扁平化**

智能手机的普及、区块链技术的使用，使得个体司机和车辆成为可流动、可互动的信息终端。司机的互联网化将直接促成车队的互联网化，车队的互联网化将使得平台与每个司机的直接沟通成为可能，从而使得依托层层中介所形成的“金字塔式”的货运组织方式更加扁平化

我国前 5 家零担运输企业的市场份额之和低于零担市场总额的 2%，大部分的零担运输都被专线所垄断，零担的网络化优势被割裂。在这一网络化物流市场交易中，区块链技术贯穿于物流市场交易的全链条环节，由于没有中介机构的存在，所有东西都通过预先设定的程序自动运行，这样不仅能够大大降低成本，还能提高效率。而由于每个交易主体都有相同的账本，能确保账本记录过程公开透明。

采用区块链技术互联并分布式记账，每个司机的行车记录都记录到统一账本，根据真实可靠不可篡改的详细运单记录信息，用户支付的资金可以直接付给承运人或司机账户，替代中心化的结算中心，降低现有清算中心负担，提升运营效率，降低运营成本。区块链技术的使用为物流市场尤其是零担货运市场提供了以更低成本和更高效率，实现分散经营主体集约整合的手段。

区块链是一个典型的分布式协同系统，多方共同维护一个不断增长的分布式数据记录，这些数据通过密码学技术保护内容和时序，使得任何一方难以篡改、抵赖、造假。

从当前道路货运物流市场的行业管理来看，最核心的是凭借区块链技术，健全行业尤其是个体司机的诚信考核体系。在健全运政管理信息系统的同时，更加注重利用市场资源，发挥第三方组织的作用，运用互联网、大数据和区块链技术手段，健全行业的诚信系统。

以 IC 卡道路运输证件为载体，形成全国联网的物流企业和从业人员动态信用记录体系，用区块链技术公共账本的特性，并借助经济手段、市场机制推动物流企业和从业人员规范经营、诚实守信，从而推动物流市场治理能力和水平的不断提升。

（来源：2017-08-14 亿欧网）

## 8.5.4 物流配送中心云计算服务平台的设计

本文结合物流配送中心的业务流程，分析了云计算技术的内涵和应用架构，从基础设施层、业务层、应用层三个层次，构建了基于“云计算 + 面向服务的架构”的物流配送中心云计算服务平台，以满足物流配送企业不断变化的需求。

### 一、云计算技术概述

云计算（Cloud Computing）是一种基于互联网、以数据为中心、数据密集型的超级计算模式，通过虚拟化技术将各个服务器的资源连接起来，提供超强的数据存储、数据管理、编程模式、并发控制、系统管理能力。

在通用体系方面，云计算平台一般包括：云用户端、服务目录、管理系统和部署工具、资源监控、服务器集群等。在服务层次上，云计算主要包括基础设施层（基础设施即服务：Infrastructure as a Service，IaaS）、平台层（平台即服务：Platform as a Service，PaaS）、应用层（软件即服务：Software as a Service，SaaS）。在技术层次上，云计算主要包括物理资源（数据库、网络及存储设备、服务器集群等）、虚拟化资源（计算、网络、存储、数据库等资源池）、中间件管理（用户、资源、安全、映像等管理）和服务接口（服务接口、注册、查找、访问等）。基于此，借助虚拟化技术、并行编程技术、数据管理技术、分布式资源管理技术，云计算逐步形成了基础设施即服务、平台即服务和软件即服务三种主要的技术应用模式，并为其在社会流通领域的应用奠定了基础。

### 二、业务流程分析

物流配送中心是专门从事商品配送活动的经济组织，是将集货中心、分货中心和加工中心集为一体的物流节点，其主要的功能包括集货、仓储、流通加工、运输、拣选、配送和信息处理等。依据产品的性质不同，产品的物流配送流程也会有所差异，并呈现出订单全流程管理、物流作业自动化、仓储管理平台数字化、业务流程和订单管理规范化等特点。

物流配送体系为追求“及时、准时”的目标，需要依赖于互联网和电子数据交换技术实现智能化、自动化、信息化

在设计物流配送中心网络时，既要考虑到众多物流配送中心之间和其通道组成的配送网络结构体系设计和配送路线设计，也包括配送中内部区域布置、作业系统设计等内容。一方面，物流配送网络内部结构包括多级、多层的配送体系，两级、双层次的配送体系，及单层次的配送体系。另一方面，物流配送体系为追求“及时、准时”的目标，需要依赖于互联网和电子数据交换技术实现智能化、自动化、信息化，而这刚好与云计算的要求相一致。

然而，随着制造业升级步伐的加快，物流配送平台也逐渐呈现出一系列问题，如业务流程不规范、服务水平低下及信息不流畅、不及时、无法实时查询等。为此，笔者认为应探索一种旨在提升物流配送中心业务效率的模型及解决之道。物联网技术、云计算和大数据等信息技术的不断推陈出新，为现代物流配送提供了技术支撑。

### 三、云计算服务平台总体架构

经过上述分析，结合云计算技术的功能特点和物流配送企业的业务要求，笔者认为可以构建一种基于“云计算 + 面向服务的架构（Service-Oriented Architecture，SOA）”的物流配送企业云计算应用模型。该模型主要包括三个层次，分别是基础设施层服务、业务层服务和应用层服务。

云计算分类及服务

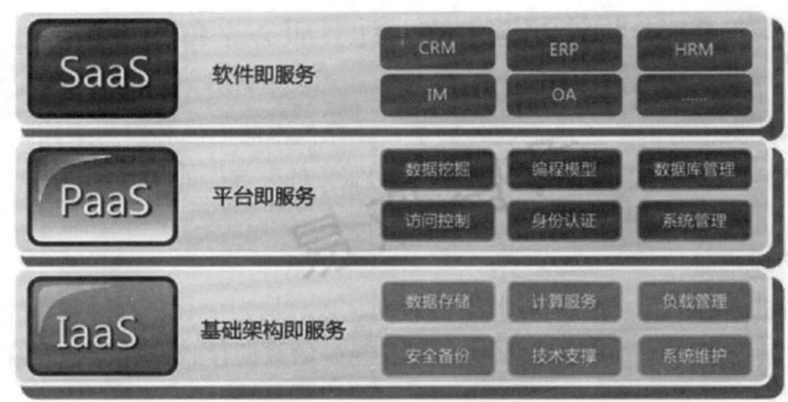


**一、基础设施层服务设计**

基础设施层包括各项软件服务、硬件资源，这些资源将对平台起主要的支撑作用。其中，软件服务包括供存储服务、应用服务、队列服务及其它相关服务；硬件资源包括电脑、存储设备和通讯设备等。基于物流配送的复杂交错性，云计算下的物流基础设施服务层应主要包括三个方面：

一是虚拟化的基础设施层，其主要作用是通过对硬件资源的抽象化，实现基础设施层内部资源管理的优化，提高硬件资源的被访问率和服务效率。

二是提供基础设施即服务（IaaS）、平台即服务（PaaS）和软件即服务（SaaS）三种基础设施服务方式，满足企业对硬件资源、软件资源、平台服务的需求。其中，IaaS 需要满足用户对优质的硬件资源的需求；PaaS 主要为用户提供适应性强的基本运行和开发应用环境；SaaS 主要是为用户提供专业的、实惠的软件服务。

三是提供私有云（Private Clouds）、公共云（Public Cloud）和混合云（Mixed Cloud）三大类云服务。私有云，是指企业为实现对专有资源的有效控制，提高数据传输的安全性和客户服务质量，而在企业内部单独搭建的云计算管理平台。显然，私有云对企业的软件、硬件、技术人才等方面的要求更高，因而主要适应于实力雄厚的大型物流配送企业。公共云，是由第三方供应商提供服务，需求方通过互联网获取云平台上的资源。公共云供应商由于具备更专业的人才、技术优势和更优厚的政府支持，可为客户提供更实惠的服务体验，如成本低、风险小、资源节约等。基于此，许多中小型企业充分发挥公共云的优势，将辅助性、非核心的业务资源存放在公共云中，而将企业核心的 IT 资源留在企业内部，通过公共云与私有云的结合实现行业业务流程的优化。混合云，指私有云和公共云的融合，是目前云计算的主要模式。它既可以发挥私有云的安全特性，也可以充分使用公共云的 IT 资源，通过二者的混合和匹配，达到安全和实惠的双重效果。云计算供应商们较早地关注到了混合云的解决方案，如微软的 Office、Exchange、Sharepoint 等产品就是基于客户 + 服务器的混合云解决方案。

**四、业务层服务设计**

1. 云计算与 SOA

SOA（Service Oriented Architecture，面向服务的架构）是将业务转换为一组相互链接的服务或可重复的业务任务，将各种服务以良好的接口和契约联系、结合起来以完成特定的任务。SOA 强调服务质量和市场柔性，完全能够满足物流配送企业及时应对客户需求变化、快速重组流程等需求。显然，云计算与 SOA 相结合，将有效解决物流配送企业对 IT 服务的需求，并主要体现在业务、技术两个方面。

2. 定义层设计

定义层主要是为用户提供定义服务的功能。一方面，支持企业战略目标的服务设计；另一方面，支持具体服务实现的设计。SCA（Service Component Architecture，服务组件体系结构）由一组规范组成，使用面向服务的体系结构描述构建应用程序和系统的模型。SCA 的基本理念是：服务可以描述业务功能，通过将服务组装、重用可以开发和提供新的业务；SCA 服务组件是标准接口的，也是粗粒度的。基于此，可以将物流配送的业务功能进行适当的切分和封装，提高封装组件的重用性、兼容性和流程优化。

3. 管理层设计

服务管理主要提供组装服务所需的流程编排服务，统一事件支持，以及相关的规则服务、任务调度、选择器等。为满足物流配送企业客户对 IT 服务的个性化需求，企业可借助 SDK（SoftWare Development Kit，软件开发工具包）在云计算平台上开发个性化应用。

**五、应用层服务设计**

应用层是云计算中应用的集合，通过整合各种应用资源，可为用户提供各种综合性应用服务，并具有三个显著特征。一是用户可以不受时间、地域的限制凭借互联网访问这些应用。二是满足用户拿来即用、按需付费的低成本信息化要求。三是成功的云应用要求其具有高度的 IT 资源整合能力，以满足用户的综合性应用需求。

物联网技术、云计算和大数据等信息技术的不断推陈出新，为现代物流配送提供了技术支撑。

1. 应用层服务的应用

在应用层用户不需探究应用是如何设计、开发、安装和托管的，只需知道如何更好地访问这些应用。基于此，这些应用可以分为三种类型：标准应用、客户应用和多元应用。标准应用提供的服务往往是标准的、一致的，主要面向终端客户。客户应用提供的服务往往需要用户根据自身的需求进行二次定义和开发，主要面向企业级用户。多元应用主要致力于满足用户的某一类特定需求，主要面向具有创新性应用需求的用户。

2. 用户交互服务

日常工作中，用户可借助普通的 IE 浏览器使用云平台的服务。但随着电子商务的快速发展，物流配送中心的作业日益呈现复杂性、动态性，如全球卫星导航系统、货物跟踪定位系统、车辆调度监控系统等对基于云计算的交互性用户服务提出了更高的要求。基于此，物流配送企业可开发自定义的专属客户端，使其既具备浏览器的功能，还可以为云计算平台提供服务支持，提高可视化操作程度。同时，为满足不同用户的个性化需求，云平台应该尽量提供更多的交互方式，满足用户的体验需求。

**六、运维方式设计**

1. 中小物流配送企业采用云服务

中小物流配送企业是物流企业中的主要组成部分，且由于企业规模小、资金实力弱，在不同的成长阶段对云服务也表现出不同要求。

（1）初创阶段采用公共云服务。处于初创阶段的中小物流配送企业，往往经济实力较弱，对 IT 服务、个性化要求不高。此时，借助公共云的 Saas 模式，既可获得企业所需的 IT 资源，又可降低 IT 投入和运营成本。

（2）成长阶段采用私有云服务。处于成长阶段的中小物流配送企业，由于发展迅速，需要借助大量的 IT 资源提高生产效率，建立核心竞争力。此时，借助私有云，企业可独享运行在云平台上的运行程序；在享受较高服务质量的同时只需支付较低的运营成本。

（3）成熟阶段采用混合云服务。处于成熟阶段的中小物流配送企业往往根据经营的峰值来决定对 IT 资源的需求，因此，企业 IT 资源时常处于闲置、未被充分利用的状态，混合云将很好地解决这一问题。在企业运营峰值阶段，通过购买云平台的 IT 资源满足需求；在峰值过后，通过取消多余的 IT 资源减少闲置，也即通过随需而变实现 IT 资源的动态分配。

2. 大型物流配送企业采用云服务

大型物流配送企业采用云服务主要有两种形式。

（1）搭建企业专属的内部云计算平台。大型物流配送企业具备较强的 IT 专业人才和 IT 软硬件资源。随着信息技术在行业产业的深入渗透，企业往往会在 IT 基础框架的维护和应用程序的运行方面投入较多。通过构建内部私有云平台，企业可在自己的 IT 环境中构建更安全和有效的云计算；在简化计算交付的同时，提高市场应变柔性。

（2）内部 IT 服务与云计算服务相结合。大型物流配送企业采用混合云的方式，通过标准化的接口，将现有 IT 应用与云计算服务相结合，既可有效降低对云计算的新技术开发成本，又能充分利用自有 IT 资源并保护核心数据的安全。

**七、结语**

结合物流配送企业的业务流程和实际需求，可构建一种基于“云计算 + 面向服务的架构”的物流配送云计算服务平台，并从基础设施层服务、业务层服务、应用层服务三个层次进行具体设计，满足企业对 IT 应用不断变化的需求。

（来源：2017 年 7 月 24 日 中国物流产品网）

本篇供稿：陈震 朱泽榕 张志坚；编辑：张志坚

# 第九篇 物流衍生服务

## 9.1 供应链

### 9.1.1 中物联会长何黎明在出席2016全球供应链高峰论坛的致辞节选

2016年7月21-22日，由中国物流与采购联合会举办的“2016全球供应链高峰论坛暨国际采购联盟亚太区分会”在深圳前海召开。中国物流与采购联合会副会长蔡进主持了大会。加拿大、印度、泰国、印尼、新加坡、斯里兰卡、菲律宾、台湾和香港等海外十几个国家和地区机构代表，以及商务部、工信部等中央有关部门领导、著名经济学家、供应链专家、企业家代表、业界同行精英共计500余人出席大会。以下是中国物流与采购联合会会长何黎明在会上的致辞节选。

当前，全球经济形势复杂多变，复苏进程缓慢，全球民粹主义和保护主义抬头，对经济全球化进程构成了严峻的挑战，对中国经济下一步发展提出了新的课题。随着国际分工不断深化和跨国公司在全球范围内配置资源，全球供应链体系不断扩展和创造价值，供应链水平的高低已经成为衡量一国综合实力的显著标志之一。美国、日本、德国等发达国家已经基本形成了由跨国公司主导的全球化物流与供应链体系，建立了社会化现代物流体系和供应链管理平台，在全球供应链竞争中占据绝对优势。欧美国家已经将全球供应链竞争从企业微观层面提升为国家宏观战略层面。可以说，21世纪全球竞争的主线，已日益深化为全球供应链之间的竞争。

互联网、物联网、智能制造等技术的飞速发展，为全球供应链发展提供了重要支撑和广阔前景。全球范围内，运用供应链管理技术和大数据，不仅可以极大地推动全球资源配置的安全和效率，创新各种商业模式，实现互利共赢和可持续发展，还能够完善社会治理、提升政府服务和监管能力。第一，供应链成为推动经济转型发展的新动力。供应链将深刻影响社会分工协作的组织模式，促进生产组织方式的集约和创新。敏捷供应链推动社会生产要素的网络化共享、集约化整合、协作化开发和高效化利用，改变了传统的生产方式和经济运行机制，可显著提升经济运行水平和效率。第二，供应链将成为新的经济增长点。供应链持续激发商业模式创新，不断催生供应链软件和管理平台、供应链金融、供应链咨询等新业态，已成为互联网等新兴领域促进业务创新增值、提升企业核心价值的重要驱动力。供应链产业正在成为新的经济增长点，将对未来高新产业格局产生重要影响。第三，供应链将推动经济可持续发展。敏捷供应链将为企业提供精确的采购、生产和交付全过程动态变化的信息，有利于提升企业科学预测和决策，缩短商业周期，实现企业财务可持续和提高核心竞争能力。供应链大数据还为政府和企业推动绿色供应链发展提供科学依据。第四，供应链可以帮助中国经济融入世界经济体系。在全球信息化和资源配置全球化快速发展的大背景下，供应链将以最小的成本获取全球商业信息，帮助中国企业提升全球竞争力，融入全球经济体系。第五，供应链成为提升政府治理能力现代化的重要手段。供应链技术和大数据应用将极大提升政府整体市场数据分析能力，建立“用数据说话、用数据决策、用数据管理、用数据创新”的管理机制，实现基于数据的科学决策，将推动政府管理理念和社会治理模式进步，加快建设与社会主义市场经济体制和中国特色社会主义事业发展相适应的法治政府、创新政府、廉洁政府和服务型政府，逐步实现政府治理能力现代化。

我国已经成为全球第二大经济体，最大的贸易国，是全球供应链重要的核心枢纽。2015年我国社会物流总额达到219.2万亿元，“十二五”时期年均增长8.7%，社会物流需求规模持续扩大。特别是在深圳，已经成长起一大批优秀的物流与供应链企业，服务于当地、全国乃至全球的优势产业，成为全球供应链、价值链的整合者和实践者。但总体而言，我国经济运行方式相对落后，在许多产业竞争中，中国企业处于全球供应链、价值链的中低端。在面对全球价值链、供应链和产业链之间的竞争当中，我国不少企业处于劣势地位。如何在新一轮的全球经济发展大潮中实现追赶和超越，是摆在我国产业和企业面前的现实问题。

目前，我国改革开放已经进入攻坚期、深水区，中国经济步入新常态，面对经济下行压力，改革发展中遇到的问题，只有靠进一步改革的办法解决。2015年11月，习近平总书记在中央财经工作领导小组第十一次会议上强调，要着力加强供给侧结构性改革。12月中央工作经济会议又做出了全面论述，提出“去产能、去库存、去杠杆、降成本、补短板”五大任务，着力提高供给体系质量和效率。制度供给还不能适应经济转型升级的需要，条块分割、地方保护色彩还很浓，社会交易成本比较高。这些问题集中体现在供给侧对需求侧变化的适应性调整仍然滞后，必须制定新的经济发展战略，以适应和引领新常态。供应链是一个国家经济各门类及产业集群的生态体系，能将供给侧和需求侧更有机地结合起来，让供给侧结构性改革更有效率，提高经济运行逆周期弹性和创新活力，同时体现中央提出的“人类命运共同体”和“创新、协调、绿色、共享、开放”五大发展理念，是提升中国竞争力的重要战略竞争抓手。

中国经济新常态和供给侧结构性改革，对我国供应链的创新与发展，提出了新的要求。中国物流与采购联合会正在积极参与推动我国供应链创新发展，对接“一带一路”倡议和“中国制造2025”国家战略。同时邀请国内著名学者、国家有关部门领导，进行了多轮研讨和调研，产生了很多创新性发现和构想。在中央有关部门的领导下，中国物流与采购联合会将与商务部、工信部、财政部等部委一起，积极推动出台我国供应链发展的一些政策措施，鼓励促进工业企业和商贸流通企业利用供应链理念实现模式创新、转型升级和融合发展。

（来源：2016年7月27日《中国物流产业网》）

## 9.1.2 中国医疗器械供应链的现状与趋势

6月29日-30日，2017（第三届）中国医疗器械供应链峰会暨第二届医院内部物流会议在威海荣成召开，本文节选自中国物流与采购联合会副会长兼秘书长崔忠付会议开幕式上的讲话。

当前，我国医疗器械产业正处在持续、快速发展阶段，2016年，医疗器械工业规模以上企业实行主营业务收入已经达到4890亿元，医疗器械市场销售规模大概为3700亿，比2015年增长了20.1%，过去的五年，中国医疗器械市场的年均复合增长均超过20%，增长的态势良好。

医疗器械供应链领域2016年以来，行业政策发生重大调整，监管力度进一步加大，产业格局有所变化，物流的需求逐步释放。这些相信我们在座的各位都有深刻的体会。下面我想就行业的一些特点和变化谈一些想法。

一是两票制的政策逐步推开。2017年年初，国家食品药品监督管理总局公布了《关于在公立医疗机构药品集中采购中推行“两票制”的实施意见（试行）》，随着药品两票制的推进，医疗器械的两票制也在医改的试点省份陆续推开，并扩展到其他省市自治区，通过公开信息整理以及我们医疗方面的调研，我们发现截止到目前，青海、海南、福建、辽宁、陕西、黑龙江等省以及对耗材或者是实行“两票制”，其中的辽宁、陕西鼓励“一票制”，江苏、宁夏、贵州、广东、天津、山东、湖北等省份计划推行医药器械的“两票制”，其中，天津拟定探索“一票制”，从两票制政策推行的短期影响来看，医疗器械生产企业的物流路径、运输方式并没有明显的变化。但对于医疗器械流通渠道以及行业的整合速度的影响来说是巨大的。

我国医疗器械企业小而散，产品同质化严重，拼价格、拼关系是市场常态，两票制的推行将加速原有市场化因素下的变革和行业整合，大企业将选择将渠道下沉，中小型的代理商则会面临被淘汰，被兼并，或者是服务转型，在此背景之下，行业内部将孕育三大趋势性的变革，横向收购，纵向延伸或转型，尤其在两票制同步推进的地区，行业整合的迹象将更加明显。速度会更快，这些省份的企业不仅面临由两票制带来的财务和营销的压力，同时面临GSP带来的物流的合规，冷链物流管理的压力，在行业整合的背景下对于有能力提供仓储、冷链物流供应链金融等专业化一站式服务的模式与管理输出能力的企业将有巨大的市场机会。

二是医疗器械的监管力度加大促进了行业规范。2017年2月21日，国务院印发了《"十三五"国家药品安全规划》，其中，从全流程环节对2016至2020年间的医疗器械的检查任务做出了详细的规定，每年全覆盖检查对储运有特殊要求的经营企业，可见在未来三年里面，国家对医疗器械监管的力度呈不断加强的趋势，这样有利医疗器械全链条各环节的规范管理，对医疗器械生产、经营企业，必须提高企业的管理能力，供应链的水平，否则将无法立足。

2017年，国家食药总局将进一步加大检查的力度，将全面检查50到80家生产企业，20到40家的经营企业，并将医疗器械的仓储、冷链物流管理列入器械经营企业分拣的重要内容，从行业的变化来看器械飞检在一定程度上促进医疗器械经营企业的物流管理的规范化、专业化，以及行业整体水平的提升。

三医疗器械第三方物流更具市场化、专业化。自2014年，新修订的《医疗器械经营监督管理办法》增加了三条有关医疗器械第三方物流的条款以来，医疗器械三方物流市场的需求得到了持续的释放。特别是两票制全面推开后，市场的需求会进一步增加，医疗器械第三方物流的专业性和规模优势也将显现。

为落实医疗器械经营管理办法以及GSP要求，北京、上海等多地开展了第三方医疗器械物流试点工作，根据我们中物联医药物流分会的调研，截止到2017年6月，北京、上海、广东、江苏、江西、云南、浙江、安徽、四川、重庆、辽宁、福建、天津等13个省份，推行了医疗器械第三方物流试点工作，试点企业合计93家，从试点企业的区域分布来看，北上广占据了试点企业的大部分的比重，与医疗器械企业的销售占比相一致，从试点企业的经营来看，绝大部分企业原仍以自有物流为主，承接的第三方物流业务量占比较小，总体呈现上升的趋势，部分市场开拓的能力强的试点企业通过管理输出，其余合作等方式不断地扩大第三方的业务比例。

从行业角度来看，市场需求是第三方物流发展的根本原因，而医疗器械物流试点工作的开展则加速了医疗器械第三方物流的专业的进程，也进一步提升了行业整体的服务水平。

四是多端推动下，SPD模式的实践在快速推进。医药商业企业在转型与新业务拓展过程当中，将供应链的服务向终端延伸，探索形成SPD的模式，目前这一模式受到越来越多的认可，尤其是很多医院开始尝试药品器械的物流外包，借助于医药的商业企业，第三方物流企业的专业服务，对医院的院内物流体系进行规划设计、服务外包，实行医院药品和物料的管理、储存、配送和服务直达病区和门诊。

从实践来看，SPD的模式有利提高为整个物流作业效率，从物流服务专业化的角度来看，对于我国医药物流专业化有很大的推动和促进作用，相比国外，我国院内物流还处于起步阶段，行业仍然在探索适用于中国国情的SPD模式。

医疗器械产品的品规多，物流的运作模式差异大，行业标准不统一，根据我们中物联医药物流分会的调研，在诊断试剂的冷链管理，医院内部物流等领域，企业的标准化需要更为迫切。中物联医药物流分会将积极推进已经获批的《道路运输 医药冷藏车功能选型技术规范》的起草工作。同时，深入调研推动医药器械物流相关标准的推进工作。

专业人才的缺失是近几年行业突出的问题，随着第三方物流需求的释放，人才缺口将更加明显，中物联医药物流分会已经在陆续地开展相关的培训课程，未来中物联医药物流分会还将推通过免费公开课，实行定向培训，标准配套培训等多种模式，加强行业人才培养，也希望会员单位能够积极配合培训的相关工作。

## 9.1.3 把握好供应链创新的本质特征

注：本文节选自中国物流与采购联合会副会长蔡进2017年3月2日在在京东Y事业部智慧供应链战略发布会上的发言

非常容幸有机会和大家一起学习交流。今年2月10号我有幸参加了京东的开年会，在开年会上，首席执行官刘强东先生做了一个对京东未来发展非常具有战略性的演讲。他的讲话归纳出一个核心的主题就是创新驱动，科技引领。就是用科技去引领和驱动京东未来的发展。在我看来，科技创新所产生的成果，一定是要固化在一个企业发展的模式上，这样才能形成企业发展的生产力。目前，从中国现阶段发展或者从中国转型升级的现状来看，不论是国家宏观层面，还是企业微观层面，在发展模式创新方面已经形成了一个共识，那就是要推动供应链的创新和供应链的不断完善。只有把科技创新和供应链创新真正融合起来，就一定能够成为企业创新驱动的新引擎，新动能。所以京东今天举办的智慧供应链论坛，同样也是非常具有战略意义的。

借此机会，我就如何把握供应链创新的本质特征谈几点思考和认识。从企业的角度来讲，以下几个方面应该是发展和创新供应链的过程中需要把握的。

第一个方面是要把握住供应链创新的理念。供应链的理念是什么？我觉得供应链的理念是包容和开放。在供应链的平台上，企业和企业之间应该是包容的，应该是开放的，是要摒弃竞争的。这与现在企业发展和经营所持的竞争理念截然不同。绝对不能把发展供应链，创新供应链当做是形成一个企业竞争的优势。这在理念和认识上是有偏差的。所以说发展供应链一定是包容，是开放，企业和企业之间要包容、要开放。有的人说，未来的供应链发展过程当中，不是企业之间的竞争，是供应链和供应链的竞争。我觉得这种说法也是值得商榷，实际上供应链和供应链之间，也是需要去包容，去开放的。只有用包容和开放的理念去经营企业，去发展企业，你这个企业就一定会获得更大的发展空间，会获得更大的市场机遇。所以说包容开放的供应链创新理念一定要把握。这也顺应了人类思维发展的历史潮流。人类一百多年来，从一战到二战，人类形成了战争思维；二战以后人类形成冷战思维。而这种冷战思维延伸到企业发展的就形成了竞争思维；发展到今天，人类开始摒弃竞争思维，进入到和谐、合作、协同的发展思维，所以说发展供应链也符合了人类发展大的趋势。

第二个方面是要把握住供应链创新的关键。供应链创新的关键是整合和优化。通过供应链去整合资源，包括客户资源、市场资源、技术资源、人力资源和物流资源等。整合资源的目的并不是未来占有资源，而是在整合资源的基础上实现资源共享、资源分享，这也是关键所在。同时，在整合资源的基础上要进行优化，包括布局的优化、资源的优化、流程的优化等等。通过整合和优化，使得企业运行更加具有效率，更加具有能动性。因此，把握供应链运作的关键，就是要做好整合和优化。在整合中实现共享，实现优化，在整合和优化过程中实现效率的提高，增强企业的能动性。

第三个方面是要把握住供应链创新的核心。发展供应链的核心是协同这两个字。有的人说企业内部的流程优化要协同，企业之间也需要协同。我觉得这只是谈到表面，之谈到协同的广度，还不是根本。更深度更高度的协同，应该说至少达到三个层次或者三个境界。第一就是供应链的企业之间生产经营活动要协同，协同生产才能够有序进行经营，这是显而易见的；第二个层次是管理，企业之间供应链的管理，一定是要协同；第三个层次是战略，也是最高境界，只有企业之间的战略协同，才真正能够把供应链的本质特征显现出来。当然通过创新驱动，未来智慧供应链将呈现更高境界的协同。综合来看，要通过整个供应链协同发展，改变过去不协调、不平衡的旧模式，使得企业未来发展和运营更加有序，所以说协同应该是供应链创新发展的核心。

第四个方面是要把握住供应链创新的目标。供应链的目标是互利共赢。企业创新与发展供应链不只是着眼于自己企业盈利，最终目标应该是要实现供应链所有企业的互利共赢，彼此是互利共赢的。我们现在都在探讨如何降成本来形成新的利润。许多领域包括物流领域都在通过模式创新，提高效率来降低成本，形成利润空间，这是现阶段经济转型升级、企业转型升级的必经之路。但是到供应链阶段并不是这样，到了供应链以后，供应链平台上某一环节或者某一家企业出现了亏损，整个供应链不仅不是要降低成本，而是需要提升成本保证这个企业也能盈利，这样供应链的整体的运作才能够畅通无阻、更加持续。所以说，从成本的角度来讲，供应链的目标不是“降成本”，而是“控成本”，是要把成本控制在一个适度合理的水平。这个适度合理的水平就是要保证互利共盈。所以说供应链创新对于一个企业来讲，就是通过供应链的发展构建一个企业和企业之间的利益共同体，命运共同体，构建一个范围更加广阔，超越企业甚至没有边界的生态圈和发展圈。

第五个方面是要把握住供应链创新的基本方向。当前国内外供应链发展的基本方向和趋势，与今天论坛的主题高度契合，那就是智慧化和智能化。这就必须要和创新驱动、科技创新结合起来，与人工智能、无人机、大数据、云计算、区块链等先进技术深度融合，一起来推动提升供应链的智能化和智慧化水平，使企业真正能够在供应链创新与科技创新融合的过程中成为创新驱动、智慧驱动的企业。

第六个方面是要把握住供应链创新的本质。发展供应链的本质是价值创造，而不是现有利润和资源的重新分配。在当今创新创造价值的大背景下，供应链价值创造的本质一定要体现出来，否则供应链就没有生命力。从我国企业成长与发展历程看，从改革开放到2008年世界经济危机，企业成长主要靠扩大市场规模，利用价格优势规模效益，这是第一阶段，也叫规模扩张阶段。2008年以后，开始进入第二阶段，也叫转型升级阶段，规模效益的空间越来越小，路子越来越窄，我们所要做的事情，就是通过模式创新，来提高整个经济运行和企业经营的效率，从而降低运行成本，形成利润空间。京东目前也在走这条路，绝大多数企业也都是在走这条路。还有一些企业甚至仍停留在规模扩张阶段，十分在意也十分依赖经济增长的速度。只要GDP一增长，哪怕增长0.1，就兴奋无比，就有了市场能够发展，说明经营理念和思维模式没有跟上。当下，我们正处在第三个阶段，也叫创新驱动，创造价值。就是要通过创新驱动，把科技创新和供应链创新相融合，通过融合来创造新的价值，推动企业进入新的发展阶段，也推动宏观经济实现转型升级，进入新的发展阶段。因此，企业的供应链创新一定要紧紧抓住创造价值的本质，为企业创造价值，为股东创造价值，为客户创造价值，为员工创造价值，为整个社会创造价值。

### 9.1.4 “餐饮+供应链+互联网+金融”的典型案例

转型、升级、供给侧改革，这几年的餐饮业充满了变数。变化中，餐饮行业总有创新的机制出来。就在5月8日，餐饮供应链金融服务平台筷来财与鲜易供应链战略联手，将创新供应链优化服务，共同服务并挖掘上万亿的餐饮供应链市场。

**筷来财与鲜易供应链合作形成餐饮金融牵手餐饮供应链。**

筷来财是美食金融倡导者，专注于餐饮供应链的金融服务平台，而鲜易供应链则是中国温控供应链标杆性企业。两者的合作，是对餐饮供应链市场的一次优势组合。

根据战略合作协议，双方不仅将携手完成针对连锁餐饮企业供应链优化“现结代付”服务的提供，解决连锁餐饮供应链上下游企业资金痛点；还将无缝衔接双方的产品与服务，共同设计、创新更多的供应链优化产品和服务，致力于构建智慧生鲜供应链生态圈及共享金融美食生态圈，一站式、一体化满足餐饮供应链上下游企业的多元需求，共同开创餐饮 4.0 时代。

**三个一致和一个不同迅速促成了筷来财与鲜易供应链的携手**

签约仪式上，筷来财联合创始人兼 CEO 李宏文解释说："所谓三个一致，即梦想一致、理念一致和用户一致，面对广大的大众化连锁餐饮企业，用专注专业的服务去助力他们的转型升级，实现改变餐饮生态，让吃更美好的愿望。一个不同，是双方服务的切入角度不同。"

强强互补，实现多方共赢，对于餐饮全行业来说，因为双方互联互通、互信互助、互利互惠的强强联合，能够在供应链上更全面的服务餐饮相关企业，必将在餐饮供应链服务上释放巨大的正能量。

专注于餐饮供应链领域的互联网金融平台筷来财，创新性推出 C2S（Consumer to Supply chain 个人对供应链、资金对供应链需求）模式，从餐饮企业供应链切入，基于互联网和金融技术，通过对餐饮企业食材采购应付账款的"现结代付"服务，创新一站式满足餐饮供应链上下游企业的钱、材、客需求，实现多方共赢。

筷来财的出现，从互联网供应链金融服务上，为餐饮企业的转型升级提供了全方位助力！

上线以来，筷来财已服务的连锁餐饮企业包括怡乡春竹、深海 800 米、田源鸡、李老爹、没名儿生煎、刘一手、渝风堂、龙脉一号、川调清粥小菜等等，为餐饮供应链上下游企业"现结代付"的服务资金已逾亿元。

"鲜易供应链为效率和品质而生，因为对餐饮行业共同的感情和业务互补的默契，我们选择筷来财作为合作伙伴。" 鲜易股份总经理崔俊锋同样认为，双方的强强联合将为餐饮行业的发展提供至关重要的帮助。

**双管齐下，助力餐饮企业转型**

双方将从餐饮供应链集采供应和供应链金融服务出发，共同挖掘餐饮及供应链上各企业的实际和发展性需求，持续为餐饮客户提供优质的、高品质的、可持续的产品和服务，为客户省时、省力、省心、省成本，共同助力餐饮产业的转型升级，共生共赢，共创未来。

作为中国温控供应链标杆性企业之一，鲜易供应链依托"云温控供应链系统"，引领产业资源整合，致力于打造统一、安全、高效、协同、温控供应链行业世界级企业。

新常态下，面对"互联网 +"机遇，河南鲜易供应链有限公司定位于产业互联网的 O2O 生鲜供应链服务商，致力构建智慧生鲜供应链生态圈，为餐饮、工业、团膳、零售终端等各种客户，提供定制研发、生鲜加工、仓储配送等一站式解决方案。公司与河南鲜易网络科技有限公司、众品食业重组成立了鲜易控股集团，目前，鲜易控股集团已形成了包括互联网平台、食品产业链体系和温控供应链体系在内的三大产业体系。

鲜易控股将与筷来财一起，在食材采购"现结代付"服务、共享行业资源以及创新优化餐饮供应链产品服务的开发设计等多个方面深入合作，协同发力，满足餐饮企业转型升级的多元化、复杂性和个性化需求。

（来源：2017 年 5 月 22 日《搜狐美食》）

## 9.1.5 从供应链谈航运供给侧改革

当下很多大型航运企业从单一的航运业务走向多式联运，又增加物流服务功能，因而逐步提出航运怎样从物流再进一步向供应链综合服务发展的理念。上海海事大学校长黄有方认为，从供给侧的视角看航运供给侧改革是非常必要的。

黄有方提及其最近看到的一篇文章。文章提到，在中国的最具创新能力前 100 家供应链企业中，大部分是国外企业的中国子公司，中国物流成本偏高的根本原因在于供应链的模式——诚信和标准化体系不够完善。文章预判，供应链今后发展趋势有以下方面：供应链商业模式的创新将颠覆供应链技术创新；扁平化组织将成为供应链创新的主流；企业混合型供应链组织模式已经出现；供应链金融成为行业发展的重点；供应链平台化的服务格局将逐步升级。

黄有方由此表示，围绕最先进的供应链企业，跳出航运看航运企业的发展状况。他指出，航运供给侧的改革主要需要注意三个方面。

首先，从供应链角度看，航运供给侧改革核心内容是什么？如何体现？黄有方认为，这主要体现在航运企业如何运用整合和协调的思维来应对复杂多变的外部形势，对当前整个航运系统进行计划、协调、控制和优化，提高航运产业供给体系的质量和效率。主要目标是为上下游货主提供产品，能够在准确的时间中，按照准确的数量、质量和状态送到准确的地点，使整个过程的消耗或者消耗的总成本是低的。

具体来讲，航运要素的供给与市场要素供给之间如何进行有效匹配？黄有方强调，需要考虑船队规模、船舶大小、船舶类型，船用发动机及现代航运服务业、航运人才等能否适应社会经济发展的需要？航运企业的经营和管理模式能否适应消费者在整个产业链上的需求？围绕航运产业有关的供应链的要素，如信息流、资金流、商流、物流等能否保障航运业的可持续发展？

其次，航运供给侧目前存在一些什么问题？黄有方认为，第一是严重的运力供给过剩。1990—2003 年全球船舶运力年平均增长率为 2.83%；2003—2013 年为 6.86%；2014 年至目前，船东趋于谨慎，新增订单也有所减少，全球船舶运力年平均增长率减缓至 3.35%。第二从可靠性理论来看，一味降低成本，也会带来安全上的隐患，这是相辅相成的。因为过于关注成本，肯定需要其他方面的牺牲，这种牺牲很可能是安全方面的牺牲，这一点同样应值得关注。第三，航运企业管理制度的短板依然存在。作为国际化程度最高的行业，中国航运业在管理体制上取得了很多进步，但对标世界一流的物流和供应链企业，中国企业还存在一定差距。

再次，航运企业适应市场风险能力还存在欠缺，需进一步加强。黄有方认为，其中有些方面需予以重点关注。一是战略适应能力，战略应根据变化及时进行调整。二是经营多元化适应能力，包括安全的、科技的适应能力等。三是供应链的金融风险，目前很多航运企业的金融、财务板块提供了很强大的利润保障，但在此过程中，金融风险依然值得高度关注。此外，还有现代航运服务业的滞后，包括保险、仲裁、法律等等。

（来源：2016 年 12 月 6 日《北京物流公共信息平台》）

## 9.1.6 对中国供应链突破发展的建议

**对供应链的三点认识**

一，什么是供应链？

什么是供应链与供应链管理？根据《物流术语》国家标准，“供应链，即生产与流通过程中，涉及将产品与服务提供给最终用户的上游与下游企业所形成的网链结构”，“供应链管理，即利用计算机网络技术，全面规划供应链的商流、物流、信息流、资金流等，并进行计划、组织、协调与控制”。

供应链从性质上把它分为二类：一类叫产品供应链，也可以叫物质供应链；另一类叫服务供应链，也可以叫非物质供应链。从应用上可分为微观供应链（对应企业）、中观供应链（对应产业与城市）、与宏观供应链（对应国家）。

二，供应链的三个维度

2005年，美国物流管理协会更名为美国供应链管理专业协会，标志着全世界的物流已进入到供应链管理时代。我把供应链管理分为三个维度去理解。第一，供应链管理是战略思维；第二，供应链管理是模式创新；第三，供应链管理是技术进步。

第一，战略思维。国家供应链战略：美国在2012年，奥巴马总统颁发了“美国全球供应链国家安全战略”，指出“我们谋求加强全球供应链，以维护美国人民的福祉和利益，保障我国的经济繁荣”。研究历史上世界三次经济危机与三次产业革命，美国就凭其对“帝国木桶理论”中工业、科技、金融、军事、文化五大板块实施超强的全球供应链整合，使美国始终走在世界的前列，美国始终把整合全球资源作为国家核心竞争力。除美国外，德国、英国、法国、日本等国家，都有自己的全球供应链战略。他们认为，任何国家都不可能单打独斗，要在全球范围内去发展产业链、供应链与价值链，以取得大国间的平衡与优势。

产业供应链战略：许多国家也把供应链战略作为产业发展战略的重点，即以全球地域为空间布局，打造某些优势产业的“微笑曲线”，建立从战略资源、金融资本到制造生产再到销售与服务市场的全产业链与价值链。从19世纪初的英国开始，先后有美国、日本、德国成为全球制造业中心。20世纪末，在改革开放的推动下，中国以土地、劳动力和规模经济为主导，形成了新的制造业优势，成为新的全球制造业中心。但中国是一个工业大国，还不是工业强国，“中国制造2025”，即再经过十年的奋斗，才能进入工业制造强国行列。

城市供应链战略：在互联网与物联网时代，人们开始研究与打造智慧城市，实际上一个城市的管理，是“五流”即商流、物流、信息流、资金流、人文流等各种资源的优化组合，以实现发展模式、产业结构、空间布局、运作流程的最优化。波特提出，城市竞争力的发展有四个阶段。即生产要素导向阶段、投资导向阶段、创新导向阶段和富裕导向阶段。中国城市基本处于投资导向阶段，有些城市已向创新导向转移。城市的情况千差万别，城市供应链战略有共性，更有个性，正因如此，形成了不同的城市水平与风格。

企业供应链战略：物流本质上是人类社会的一种实践活动，普遍存在于物质资料的生产、交换、分配和消费等各项社会活动过程中，是以企业为活动基点的。物流对于经济、社会发展的作用，就好比人体中的动脉与静脉，起到了基本的流通与循环作用，是支撑经济运行不可或缺的组成部分。但物流作为一个独立的产业并不是一开始就有的，物流产业是由于分工的不断深入以及物流社会化、专业化发展而逐渐形成的一种复合型服务产业。

所以我把供应链战略区分为国家供应链战略、产业供应链战略、城市供应链战略与企业供应链战略四个层面，在这四大层面战略中，企业供应链战略是基础，国家供应链战略是根本。

第二，模式创新。严格讲供应链管理也是一种模式创新，是移动互联网、大数据、云计算支撑下的模式创新。而模式创新在各种创新中，对传统模式最具颠覆性和最具冲击力。供应链管理的发展正在改变传统的商流、物流、信息流与资金流的运作模式。如商流中的电商服务平台，物流中的供应链集成，资金流中的供应链金融，信息流中的大数据等等。供应链促使不同产业深度融合，产生了制造服务业、流通制造业、物流金融业等等，萌生了新的产业结构。李克强、汪洋等国家领导人考察过的河南鲜易、深圳创捷等供应链企业完全颠复了传统的生产与流通模式，是一种了不起的创新。

第三，技术进步。供应链管理也是一种技术进步，包括供应链可视化、绿色供应链、协同供应链、虚拟供应链、供应链金融、供应链风险、服务供应链、智慧供应链、物流机器人等等。目前最前沿的高新技术都在供应链中得到应用。

总之，推进和优化供应链管理，可以极大地改变一个国家的经济发展方式，改变产业发展方式，改变城市发展方式，改变企业发展方式，对经济从粗放经营到集约经营的转变做出不可估量的贡献。

**三、产业链、价值链、供应链是个统一体**

价值链：价值链这一概念是1985年由哈佛大学商学院迈克尔·波特提出，他指出："每一个企业都是在设计、生产、销售、发送和辅助其产品的过程中进行种种活动的集合体，所有这些活动可以用一个价值链来表明。"他把企业价值创造的活动分为基本活动和辅助活动两类，基本活动包括进向物流、生产运作、出向物流、市场与销售、服务等；辅助活动包括企业基础设施、人力资源管理、技术开发、采购等。企业内部各业务单元的联系构成了企业的价值链，上下游关联企业之间的联系构成了行业价值链，全球产业布局，分工与合作形成全球价值链。所以价值链是从价值创造，从利润切入的。

供应链：供应链也可以叫供需链，是20世纪80年代许多专家对企业管理研究的最新产物，英国经济学家克里斯多夫提出："今后世界不存在一个企业与另一个企业的竞争，存在的是一个供应链与另一个供应链的竞争。"在社会分工充分与信息化发展的今天，全球采购、全球生产、全球流通、全球消费，一个企业、一个产业、一个城市、一个国家要发展，不可能单打独斗，必须做好两件事，一是内部资源整合，二是内外资源整合，这就是供应链。所以，供应链是从市场的资源配置，从流程优化，从合作共赢切入的。

产业链：由于社会的分工形成不同的产业，产业链是产业之间基于一定的技术、经济关系并依据特定的逻辑关系和时空布局，客观形成的链条式的关联关系形态。产业链可以分为接通产业链与延伸产业链，是既有广度又有深度的经济学概念，又是经济发展过程中的发展战略。产业链主要是从不同产业之间的关联度、影响度切入的。

过去讲到价值链、供应链、产业链主要是以企业为核心的，但国际上早已延伸到产业、城市、区域、国家。所以出现了全球产业链、全球供应链、全球价值链的概念，这三者是既相互区别又相互联系的统一体。

**国外供应链的研究与推进**

**一、供应链时代**

进入新世纪，全球物流已进入供应链管理时代，物流是供应链的一部分，追求物流业与其它产业的融合发展，追求不同产业之间的融合发展，促进产业裂变，实现国民经济的智能化与集约化。

**二、供应链理论**

从20世纪80年代开始，随着信息网络技术的发展与经济全球化的推进，供应链的研究不断深入并得到广泛认可。下面列举几位经济学家：

英国经济学家克里斯多夫指出："现在不存在一个企业与另一个企业的竞争，存在的是一条供应链与另一条供应链的竞争。"因为所有企业，不论大小，不论所有制性质，不论所处何地，都存在于供应链之中，无一例外。

中国经济学家吴敬链指出："最近30年来，全球制造业、流通业、农业发生了革命性的变化。这种变化的核心内容，是由于分工的高度和信息网络技术的迅猛发展，使企业之间的竞争演变为供应链之间的竞争，也使许多企业从单个企业生产和销售活动的组织者演变为链条的组织者和集成商。"

美国经济学家弗里德曼在《世界是平的》一书中，把全球供应链列为把世界夷为平地的十大力量之一。全球供应链使生产模式、流通模式、消费模式都在发生变化。

美国著名供应链专家、美国麻省理工学院全球供应链研究中心主任龙西·谢菲最近出版了一本书，书名叫《物流集群》，重点讲的是产业供应链与城市供应链。他把目前全球发展的"物流集群"与历史上的文艺复兴、现代硅谷、好莱坞相提并论。他认为在古代艺术群星在佛罗伦萨集聚出现了文艺复兴，现代IT人才在硅谷集聚出现了信息时代、互联网时代，而"物流集群"的出现可能意味着世界经济的一个新的飞跃。

美国经济学家帕拉格·康纳，曾担任奥巴马竞选团队的外交政策顾问，如今是新美国基金会高级研究员，新加坡国立大学亚洲与全球化研究中心高级研究员，最近出版的《超级版图》一书中，认为全球供应链的发展正在“抹掉国界”。大规模的基础设施建设将世界交织为一体，他预计，未来 40 年的全球基础设施建设规模，将超过前 4000 年建设的总和。所有国家都将成为全球供应链的一部分，世界将进入“非国家”状态。

**三、供应链推进**

2012 年 2 月，美国总统奥巴马签发了《全球供应链安全国家战略》，指出：“我们谋求加强全球供应链，以维护美国人民的福祉和利益，保障我国的经济繁荣。”美国把“全球供应链”列为“安全国家战略”，“安全”与“效率”是这一战略的两条主线，达到美国“永远第一”。有人认为特朗普总统“逆全球化”会放弃美国全球供应链战略，这是一种错误的判断。

世界银行推出“全球供应链绩效指数”（LPI），由 6 个指标构成，每两年发布一次，参与的国家与地区有 160 多个，用于衡量各国全球供应链竞争能力。

2014 年的亚太经合组织（APEC）会议，在讨论到如何应对全球经济发展下行压力时，明确提出了供应链战略，如“促进全球价值链与供应链合作”“建立 APEC 供应链联盟”“建设亚太绿色供应链网络”“打通阻碍区域供应链联接的阻塞点”“如期实现 2015 年前将区域内供应链绩效指数提高 10% 的目标”。从以上五点可以看到，打造全球供应链体系已成为大家的共识，是全球以及区域经济发展的战略支撑点。

欧美国家推出供应链管理模型与供应链绩效模型软件，并得到广泛应用，物流业与其他产业的融合度明显增强，降本增效十分明显。国外世界 500 强企业有 80% 制订了企业的供应链战略，成为增强竞争力的主要标志。美国沃尔玛、亚马逊的全球供应链体系、美国卡迪纳（ardinal）的全球健康医疗产业供应链体系、日本丰田的精益供应链管理体系、德国 DHL 的全球布局等等都是杰出代表。

**中国供应链管理推进现状分析**

**一、领导人已出题，但跟进不足**

1978 年中国实行改革开放，小平同志及时提出，中国经济的发展要充分利用国内外两种资源和国内外两个市场。这就是经济全球化下的全球供应链思维。对如何利用好国内外两种资源和国内外两个市场，我们进行了积极的探索，的确也交了不少学费，成功的、失败的都有。后来又提出了战略机遇期总体思路，面对复杂多变的世界沉着应对。

2013 年 9 月和 10 月，习近平同志在出访中亚和东南亚国家期间，先后提出共建“丝绸之路经济带”和“21 世纪海上丝绸之路”的重大倡议和战略构想，得到了国际社会的一致好评与广泛响应。“一带一路”战略是中国的全球供应链战略，互联互通，合作共赢，打造全球经济命运共同体，将是一条全新的全球供应链之路。

2014 年 11 月 8 日，习近平同志在亚太经合组织会议上指出：“现在需要对接各国战略和规划，找出优先领域和项目，集中资源，联合推进，这有利于降低物流成本，创造需求和就业，发挥比较优势，在全球供应链、产业链、价值链中占居有利位置，提高综合竞争力，打造强劲、可持续、平衡增长的亚洲发展新气象。”这就是中国的全球供应链战略框架，在以后的许多国际会议上，习近平同志重申了这一战略理念。2014 年 12 月 5 日，习近平同志在政治局第 29 次集体学习会议上指出：中国要“勇于并善于在全球范围内配置资源”。

李克强总理在 2016 年政府工作报告中提出，“利用信息网络等现代技术，推动生产、管理和营销模式变革，重塑产业链、供应链、价值链，改造提升传统动能，使之焕发新的生机和活力。”

但对习近平、李克强同志讲到的供应链，各部门、各省市以及经济界没有多大反响，跟进不足，究其原因，笔者认为主要还是一个认识问题。

**二、规划中有了“位”，但缺少“行”**

从 2009 年的《物流业调整和振兴规划》到 2014 年的《物流业发展中长期规划（2014-2020）》，都关注到了供应链发展的重要性。《物流业调整和振兴规划》中，一方面要求“推动物流企业与生产、商贸企业互动发展，促进供应链各环节的有机结合”；另一方面要求“向以信息技术和供应链管理为核心的现代物流业发展”。《物流业中长期发展规划（2014-2020）》中，将推动与发展供应链管理列为十二大工程之一。但由于种种原因，从政府的角度并无采取有力措施加以推进。工信部、商务部采取了必要措施，但刚刚起步。

**三、供应链管理市场快速发展，但极不平衡**

目前，市场是推动中国供应链管理的根本动力。民营经济是主力，珠三角、长三角是主战场。深圳恰亚通成为第一家上市的供应链企业，在2016年评选的深圳100强企业中，供应链企业有9家，占了接近十分之一。阿里、京东、苏宁等电商企业都喊出同一个口号，“决战供应链！”，有许多企业家喊出“得供应链得天下！”。2003 年，中国人民大学出版了中国企业供应链的第一本书，《供应链管理－香港利丰集团的实践》，成了大学物流专业的必读书。1998年，青岛海尔实施全程供应链改造，到现在经历了三个阶段，取得了巨大成功，成为制造业供应链典范。由丁俊发从2011年开始主编的六本《中国供应链管理蓝皮书》，除了系统介绍国内外供应链理论外，共推荐了107个不同行业、不同地区、不同所有制企业的供应链管理优秀案例，但大部分集中在沿海。由美国供应链管理专业协会与《中国供应链管理篮皮书》编委会共同授予的27个“中国供应链管理示范企业”中，集中在广东、上海、浙江等地。供应链管理在不同地区、不同行业的发展极不平衡。

供应链金融成为产融结合一大亮点，但仍不规范。深发展是第一家提出并实施供应链金融的银行，现在所有银行都有了供应链金融部，每年的营业额以30%的速度上升。但市场化运作仍不规范，在解决中小企业融资难方面的潜力并没有得到充分发挥。

供应链的理论研究与应用研究取得阶段性成果，但没形成合力。供应链研究已得到自然科学基金、社科基金、高教基金的重视，但研究成果转化率极低。一些有识之士开始成立供应链协会，供应链研究机构，开展了一些活动，进行了力所能及的第四方咨询设计，但并未形成合力，无法与国外知名咨询公司如埃森哲等相抗衡。

**寻求中国供应链突破的十大建议**

2015年笔者曾提出“供应链+”十年行动计划。笔者认为，有了“互联网+”必须有“供应链+”，这是经济新动能的两个翅膀，缺一不可。结合目前的情况，笔者提出十大建议：

一是建议以国家（国务院办公厅或有关部委）名义颁发“关于推进供应链变革与发展的若干指导意见”。把推进供应链管理列为深化供给侧结构性改革的重要举措，笔者认为，推进供应链管理是降本增效的根本出路。根据欧美研究，物流业与其他产业的融合分为三个阶段，产生不同的降本增效。一个企业如果只是简单的以第三方替代自营物流，借助第三方的规模效应和营运特点可节约成本5%；如果利用第三方的网络优势进行资源整合，部分改进原有供应链流程，可节约物流成本5%~10%；如果通过第三方物流根据需要，对供应链流程进行重组，使第三方物流延伸至整个供应链，高度融合，可取得10%~20%的成本节约。供应链模式是服务经济超越工业经济的必然产物，即“第二产业的第三产业化”。供应链管理对推进产业融合，经济结构性变革，提高经济运行质量与效率，将发挥巨大作用。笔者深信，经过10~20年的努力，中国特色的供应链理论与实践将走在世界的前列。

二是建议依托国家发改委或商务部，成立“国家供应链专家委员会”，研究提出中国供供应链国家战略的主要框架结构、区域布局、突破重点、推进速度。发布年度《中国国家供应链竞争力报告》，特别是结合“一带一路”全球开放战略，构建全球经济命运共同体，提出中国方略。

三是提出国家产业供应链战略。重点研究提出中国工业、农业、流通业的产业供应链战略，特别是装备产业、新兴产业、优势产业，如新能源、新材料、高铁、航天、汽车、家电、轻纺、电商、中医等的产业供应链战略，形成优势的“微笑曲线”，创造实体经济新的竞争优势，为强国战略服务。

四是提升全球供应链绩效指数。中国要围绕六大指标，展开针对性研究，找出中国全球供应链绩效指数中的薄弱环节，提出强有力的措施，提高核心竞争力。经过年努力，从目前的27位提升至前10位，从物流大国迈向物流强国。

五是开展“互联网+高效物流”关键技术研究。围绕供应链重点突破：物联网应用技术、供应链运作模型、供应链绩效模型、供应链可视化、供应链风险控制、供应链金融、绿色供应链、协同供应链、逆向供应链、数字供应链。建议国家发改委、科技部在立项与科研经费上给予大力支持。

六是城市供应链进入智慧城市试点，创建有全球影响力的“物流集群”城市。建议在原国家公布的全国性物流城市（如上海、深圳、广州、杭州、厦门、苏州、天津、郑州、武汉、青岛、重庆、成都、西安等）中实施，并制定国家标准。也可结合区域经济与自贸区战略，推进供应链发展。

七是进入世界500强的中国企业都要率先制定企业供应链战略。在中国，国有企业的供应链缺位十分严重，基本上没有供应链总监，成本高、效率低是家常便饭，希望尽快改变这一局面。进入世界500强的中国企业都应有自己的供应链战略，并由中国自己的咨询公司来完成。

八是提高各级领导干部、企业家的供应链管理意识。建议在国家行政学院开办省部级“市场、流通与物流”班。“火车跑的快，全靠车头带”，领导干部首先要解决理念，懂得流通业、物流业的基础性、先导性、战略性作用，懂得供应链变革的支撑作用。

九是建议尽快成立国家层面的“中国供应链研究院”。研究院不进入国家事业单位序列，采用混合所有制，市场化运作，在国家工商总局注册，是民间的供应链智库法人实体。整合全国供应链领域精英，承担国家重大课题研究，承接来自市场的供应链咨询，开展国际间交流合作。

十是供应链管理作为物流业中长期规划的重点工程要具体化，建议把工信部、商务部、农业部作为重点，大力推进制造业、流通业、农业的供应链管理，首先从制造业取得实破，逐步推进，取得成效。目前，中国的农业供应链十分落后，浪费损耗严重，要特别引起关注。笔者建议设立“推进供应链管理千企工程”，“千企”包括国资委所属企业，加上不同地区、不同行业中的一部分优秀企业，特别是中小企业。进入“千企工程”的企业接受政府的指导，市场化运作，实施产学研结合。由于企业不同，要实施分类指导，提出运作模式的细则，以及达到的要求。

（作者：丁俊发 原中国物流与采购联合会常务副会长、《中国供应链管理蓝皮书》主编，2017年2月15日《物流产业网》）

## 9.1.7 《商务部 财政部关于开展供应链体系建设工作的通知》（商办流通发[2017]337号）

天津、辽宁、吉林、黑龙江、上海、江苏、浙江、福建、山东、河南、湖南、广东、重庆、四川、陕西省（市）商务、财政主管部门：

为贯彻《国民经济和社会发展十三五规划》及中央经济工作会议关于推进供给侧结构性改革、供应链物流链创新的精神，提高流通标准化、信息化、集约化水平，2017年商务部、财政部将在天津、上海、重庆、深圳、青岛、大连、宁波、沈阳、长春、哈尔滨、济南、郑州、苏州、福州、长沙、成都、西安市（以下称首批重点城市）开展供应链体系建设。现将有关事项通知如下：

**一、总体思路和目标**

供应链体系建设，要按照“市场主导、政策引导、聚焦链条、协同推进”原则，重点围绕物流标准化、供应链平台、重要产品追溯，打基础、促协同、推融合；从1200mm×1000mm标准托盘和全球统一编码标识（GS1）商品条码切入，提高物流链标准化信息化水平，推动供应链各环节设施设备和信息数据的高效对接；以供应链平台为载体，推动上下游协同发展，资源整合、共享共用，促进供应链发展提质增效；以物流链为渠道，利用物联网、对象标识符（OID）等先进技术设备，推动产品从产地、集散地到销地的全链条追溯，促进追溯链与物流链融合。

围绕建设标准规格统一、追溯运行顺畅、链条衔接贯通的供应链体系，重点企业标准托盘使用率达到80%，装卸货效率提高2倍，货损率降低20%，综合物流成本降低10%；形成一批模式先进、协同性强、辐射力广的供应链平台，供应链平台交易额提高20%，供应链交易管理成本下降10%；建成并运行重要产品追溯管理平台，供应链项目支持的重点企业肉菜、中药材、乳制品等重要产品追溯覆盖率达到80%，流通标准化、信息化、集约化水平显著提升。

**二、主要任务**

供应链体系建设的首批重点城市应积极发挥辐射带动周边的作用，形成城市间联动互动局面，提高区域供应链标准化、信息化、协同化水平，促进提质增效降本。主要任务如下：

（一）推广物流标准化，促进供应链上下游相衔接。以标准托盘及其循环共用为主线，重点在快消品、农产品、药品、电商等领域，推动物流链的单元化、标准化。一是加快标准托盘应用。鼓励使用符合国家标准1200mm×1000mm规格和质量要求的标准托盘，支持托盘租赁、交换（不支持用户自购）；推广“集团整体推进”、“供应链协同推进”、“社会化服务推进”、“平台整合推进”等成熟模式，引导商贸连锁、分销批发、生产制造、第三方物流、托盘运营、平台服务等企业合作开展带托运输；推广“回购返租”模式，加速非标托盘转换。二是建立社会化托盘循环共用体系。扩大托盘循环共用规模，完善运营服务网络，由托盘向周转箱、包装等单元器具循环共用延伸；推动“物联网+托盘”平台建设，拓展“配托+配货”服务，鼓励“带托运输+共同配送”、“带托运输+多式联运”；探索托盘交易、租赁、交换、回收可自由转换的市场流通机制。三是支持与标准托盘相衔接的设施设备和服务流程标准化。支持仓库、配送中心、商超、便利店等配送设施的标准化改造，以及存储、装卸、搬运、包装、分拣设备和公路货运车辆（外廓2550mm）等标准化更新；鼓励以标准托盘和周转箱（符合600mm×400mm包装模数系列尺寸）为单元进行订货、计费、收发货和免验货，促进物流链全程“不倒托”、“不倒箱”；推动利用配送渠道、押金制等对标准包装物进行回收使用；探索标准托盘箱替代快递三轮车箱体，以循环共用推动分拣前置、环节减少。四是支持物流链数据单元的信息标准化。支持探索基于全球统一编码标识（GS1）的托盘条码与商品条码、箱码、物流单元代码关联衔接，推动托盘、周转箱由包装单元向数据单元和数据节点发展，促进供应链和平台相关方信息数据传输交互顺畅；探索用数据单元优化生产、流通、销售管理，转化为商业价值，促进降本增效，满足不同商品的不同用户需求和服务体验。

（二）建设和完善各类供应链平台，提高供应链协同效率。以平台为核心完善供应链体系，增强供应链协同和整合能力，创新流通组织方式，提高流通集约化水平。一是建设流通与生产衔接的供应链协同平台。支持供应链核心企业建设连接个性化需求与柔性化生产的智能制造供应链协同平台，促进流通与生产的深度融合，实现大规模个性化定制，促进降本增效；支持流通企业与供应商实现系统对接，打造供应链采购协同平台，实现需求、库存和物流信息的实时共享，提高协同计划、自动预测和补货能力。二是建设资源高效整合的供应链交易平台。支持建设商品现货交易类平台，聚集供需信息，提供信息发布、支付结算、仓储物流、质量追溯等综合服务，提高资源配置效率，降低交易和物流成本；支持传统实体商品交易市场转型升级，打造线上线下融合的供应链交易平台，延伸提供物流、结算、报关等供应链服务，促进商品交易市场与产业融合发展。三是建设专业化的供应链综合服务平台。支持供应链服务型企业建设供应链综合服务平台，提供研发设计、集中采购、组织生产、物流分销、终端管理、品牌营销等供应链服务，融通物流、商流、信息流、资金流；通过平台直接服务需求终端，减少流通环节和成本，构建跨界融合、共享共生的供应链商业生态圈。四是建设供应链公共服务平台。支持有条件的地方建设供应链公共服务平台和供应链科创中心，完善供应链公共服务，提供政策咨询、信息聚集、经济预警、研发支持和人才培训等服务，加强供应链创新发展的协同监管和治理。同时，鼓励供应链核心企业牵头制定相关产品、技术、管理、数据、指标等关键共性标准，提高供应链协同和整合效率，服务于产业供应链体系。

（三）建设重要产品追溯体系，提高供应链产品质量保障能力。一是建设城市重要产品追溯管理平台。优化提升原有肉菜、中药材流通追溯管理平台，推进现有各类重要产品追溯体系统一接入重要产品追溯管理平台；应用对象标识符（OID）技术实现不同编码体系的兼容与交互，实现跨部门跨区域追溯信息的互联互通，以及与重要产品追溯管理平台实时对接；鼓励第三方追溯平台建设，建立追溯数据对接评价或认证机制；强化追溯数据分析与成果应用，增强追溯体系对供应链产品质量安全管理和问题事件应急处置能力。二是扩大供应链产品追溯覆盖范围。在完善原有肉菜、中药材追溯体系建设的基础上，进一步扩大重要产品追溯覆盖范围，提高肉菜等预包装产品的追溯覆盖率，肉类产品力争实现全覆盖；扩大节点企业覆盖面，供应链上下游企业全部纳入追溯体系；延伸追溯链条，将相关种植养殖、生产加工、仓储物流、终端消费等环节纳入追溯体系。三是支持供应链核心企业追溯系统创新升级。重点推进二维码、无线射频识别（RFID）、视频识别、区块链、GS1、对象标识符（OID）、电子结算和第三方支付等应用，推动追溯系统创新升级；推动大中型批发市场及大型商超、物流企业等开展信息化改造，鼓励商超利用 GS1 进行结算实现追溯功能，将产品追溯融入现有 ERP 系统，实现企业信息系统与追溯系统的对接；鼓励供应链核心企业线上线下融合发展，形成全渠道整合、线上线下无缝衔接的追溯网络。

**三、财政资金重点支持方向和方式**

中央服务业发展专项资金支持供应链体系建设，主要立足于弥补市场失灵，做好基础性、公共性工作，发挥中央财政资金对社会资本引导作用，支持供应链体系中薄弱环节和关键领域建设。

中央财政资金拨付地方后，有关城市应结合本地产业实际情况选择任务方向，统筹使用、加快执行，可采用以奖代补、财政补助、贷款贴息、购买服务等支持方式，完成期限为 2 年；同时，鼓励有条件的地区创新财政政策，支持跨区域联动项目，对在外地注册法人但在本地有实体的非法人机构，及在本地注册法人但在周边地区建设实体的机构，可在本地申报项目，促进辐射带动周边地区。各地要严格加强资金管理，中央财政资金不得用于楼堂馆所等建设和工作经费；不得支持有金融风险、发展模式不成熟的平台。

**四、有关要求**

（一）加强组织领导。省级主管部门要高度重视供应链体系建设工作，加强对实施城市的对口业务指导和工作检查，严格奖惩，及时上报工作进度，建设完成后要对城市进行绩效评价。实施城市是供应链体系建设的责任主体，要加强顶层设计，建立工作协调机制，科学编制方案，完善管理制度和配套政策，明确责任分工和时间节点，保证工作顺利开展。

（二）尽快编报方案。省级主管部门，应及时指导有关城市编报供应链体系建设方案，城市可结合实际情况，自主选择实施方向（物流标准化、供应链平台、重要产品追溯）。未完成商务部肉菜、中药材流通追溯试点任务的地区，不得申报新的追溯体系建设项目。方案编制应立足辐射带动周边地区，围绕促进供应链标准化、信息化、协同化，实现提质增效降本目标，做到思路清晰、目标明确、措施有效、责任明确、数字详实，具体应包含：工作基础、思路目标、任务内容、资金安排、组织实施、管理要求、时间安排及责任人、保障措施。

（三）规范管理项目。城市主管部门要制定项目与资金管理规定，严格组织实施，对项目要统一申报、统一评审、统一验收，规范程序手续，不搞资金拆分，分管责任处室要抓好分类指导、过程检查，做到项目建设与模式推广、效益效果并重。项目承担企业应签订《供应链体系建设项目责任承诺书》，建立工作进度档案，优先鼓励供应链核心企业申报融合多方向的综合性项目以及供应链合作企业联合申报协同性较强的项目。

（四）加强资金监管。有关省市财政部门要按照《财政部关于印发＜中央财政服务业发展专项资金管理办法＞的通知》（财建〔2015〕256 号）要求，加强资金管理，专款专用，专账核算。

（五）夯实工作基础。鼓励发挥行业协会、联盟机构优势作用，制定并推广团体标准；加强业务培训和标准宣贯，开展相关统计分析，监测效益、成本等指标，反映工作成效；总结推广机制创新、政策创新、模式创新等经验成果，加大典型案例宣传和推广力度。

请各地按照《通知》要求，认真抓好贯彻落实。城市工作方案、项目和资金管理规定（盖两部门章的PDF格式电子版），及确定的具体项目表（项目方向、承担单位、建设内容、计划投资额、计划支持资金、完成时限）应于2017年10月30日前报送商务部、财政部备案。年度工作进展报告应于次年2月底前主动及时报送，工作总结与绩效评价应于整体建设结束后三个月内报送。

（来源：2017年8月16日 中国物流产业网）

# 9.2 物流金融

## 9.2.1 未来物流业将是“物流＋互联网＋金融”的生态系统

争夺支付牌照的“战火”已延烧到物流业。近日，国内公路物流龙头企业传化智联发布公告称，其下属公司传化支付此前向中国人民银行申请的互联网支付、移动电话支付、预付卡发行与受理业务（仅限于线上实名支付账户充值）三张第三方支付牌照已悉数获批。

业界认为，面对万亿级物流市场，谁先拿下支付牌照，谁将率先构筑起物流闭环，从而改变物流金融生态。而随着物流交易数据沉淀进一步完善，物流业有望在更充分的大数据应用中“降本增效”。

**物流支付剑指四个万亿级市场**

物流企业拿下支付牌照、构筑交易闭环的“钱景”何在？

据业界分析，当前我国3000万卡车司机的生活消费、娱乐等市场规模超过1.1万亿元；2000万辆卡车等物流装备的升级、汽修汽配市场的规模超过1.7万亿元。此外，还有每年200万亿元的物资调度市场以及10万亿元的物流运输、仓储市场。这意味着，如果能在物流业构筑起覆盖B端、C端的交易闭环，将会在上述四个万亿级市场中占据有利地位。

以传化为例，其在国内多地布局的公路港城市物流中心，目前已有14个落地传化支付业务，并正在逐步实现公路港支付无现金场景的全覆盖。其中，在成都公路港，目前日人流量已达到5万人次。在这样的“物流小镇”，每天仅货车司机的吃、住就能产生近千万元的流水。

而在物流业B端，国内目前有80万家专线零担物流公司，其中70%存在代收货款服务，有多达1万亿的资金长期滞留在专线物流公司的账户上。在代收货款量最多的郑州、西安、上海、沈阳等地，传化支付已与20多家物流企业展开合作，如河南诚通物流和陕西富达物流等，通过传化支付的智能代收付业务，实现了代收货款的“当日达”。

除了遍布全国公路港城市物流中心的多类消费场景，传化旗下干线020平台“陆鲸”和城市物流无车承运人“易货嘀”两个互联网物流平台的线上数据和业务，还能不断衍生支付业务并将物流、金融数据串联起来，进一步扩大“物流＋金融”的版图。

“围绕物流行业的各类金融需求，传化支付将逐步涵盖跨境支付、网络借贷、互联网基金销售、互联网保险和互联网消费金融等增值服务，打造全新的物流金融生态圈。”传化智联高级副总裁、传化支付董事长周升学表示。

**“物流＋金融” 助推物流业“降本增效”**

在业界看来，物流业在加速互联网金融“渗透”的同时，也将加速完善大数据沉淀，亦能推动物流业沿着“信息高速公路”加快实现“降本增效”。

此前，为促进物流业“降本增效”，交通运输部曾出台了一系列政策措施，并表示要重点做好四方面工作。其中，明确提出要“积极推进‘互联网+’高效物流，强化信息技术支撑、鼓励新兴业态发展，促进物流业技术性‘降本增效’”。

业内人士表示，物流支付数据的整合，将使物流业大数据更加完整，有利于呈现更精准的物流业务信息和客户需求画像，带动企业提供更为多元化的物流服务，同时自营支付渠道也将减少物流交易步骤，这既能提升客户体验，也将有效降低物流交易成本。

事实上，虽然当下物流业“互联网+”转型成果显著，但目前大多聚焦于车货匹配类应用领域，而很少发力物流消费等专业金融场景的应用开发。因此，传化支付获取支付牌照并率先抢占物流支付领域先机，将推动物流 020 全流程补上关键的支付环节，生成具有重要价值的消费数据沉淀，从而推动物流业基于更完整的大数据链条来不断实现自我进化。

“未来的传化支付将实现数据资本化，不断完善物流支付体系和支付应用，为物流金融服务提供有力的数据支撑。”周升学表示，未来物流业将是“物流+互联网+金融”的生态系统，能够进一步为宏观经济、区域经济、行业发展以及个体企业的决策提供服务，物流业的发展也将展开更大想象空间。

（来源：2017 年 7 月 26 日《中国物流产业网》）

## 9.2.2 物流环境巨变物流金融模式创新点在哪里？

近年来，中国经济体量快速增长，物流与金融产业化融合的市场需求逐渐显现。物流金融的产业化，有利于产业结构的优化和提升、物流业的运营水平和效益提升及资本运作的效率，同时也有利于金融机构提高贷款规模，降低信贷风险，提升质押物评估、企业理财等中间服务水平。

但由于物流业竞争的不断加剧，物流企业利润空间逐渐缩小，设计合理的金融和物流融合发展机制，是物流未来新利润增长点之一。那么，面对现今物流环境的巨变，物流金融模式创新的难点在哪里？它的本质是什么？会有什么样的风险，可控的因素有哪些？特别是银行与小微物流企业的“隔阂”现象，我们应该怎么面对，怎么去克服这些“隔阂”等等。

**中国物流市场中的银企“隔阂”**

这些年来，运输企业、仓储企业、贸易企业都在转型做供应链管理，企业跨界经营要“创新”，在跨界的领域中形成“共赢”的局面。在我看来，物流业务发展的推动力是“贸易”或者称之为“商流”，这样的贸易包括生产型贸易和市场型贸易，它们推动了物流业务的发展。

因为有了贸易货物才会有流动；物流业务的发展又带动了“资金结算、融资”等金融业务；其中，物流业务发展核心的力量是“金融”，他们三者关系被“IT”和“DT”固化。

具体可以用“运输大市场和运力小企业”来形容物流市场中的运输情形。其中，运输大市场，是指实体贸易产生很大的运输需求，与其相适应的运输消费额更是巨大。根据中国采购联合会的统计资料显示，2016 年的 1 ～ 7 月份，全国社会物流总额为 126 万亿元，全国社会物流总费用 6 万亿元，其中，运输费用 3.1 万亿元。

之所以称“运力小企业”，是因为我国的运输企业是一条层层转包的服务链，从供应商委托给第三方物流或专业的运输公司，到物流园区、到运输信息部、到终端客户，这种层层转包的运输业务却是由众多的“小货代”、“黄牛”、“司机”来完成。

运输服务链上大多是小微的物流运输企业先行垫付了油费、路桥费等费用，业务完成后才能收到下游企业支付的运费。这些小微“物流企业”的特点是“资产少”、“业务总量小”、“信用弱”，无法承受更大的业务。然而，供应链上的这些“小微物流企业”资信难以界定，缺少资产担保，从银行获得融资比较难。

（来源：2017 年 9 月 8 日 《物流产业网》）

### 9.2.3 供应链金融规模将达 20 万亿元

供应链金融作为产业模式升级的自然演化，“从产业中来，到金融中去”，具有深厚的行业根基，颠覆了传统金融“基于金融而金融”的范式，打开另一扇窗，兼具金融的爆发力和产业的持久性。

供应链金融就是充分利用整条供应链的信息流、物流和资金流，采用更丰富的增信手段，提高整条供应链的协同效应，并优化整条供应链的结算和融资成本。这一模式，是以核心企业为授信主体，能使上下游企业快速、便捷地获取低成本的融资，在本质上是弥补了中小企业年化融资成本的空白，给予了中小企业全新的融资工具，这在中小企业仍旧面临融资难的背景下，具有强大的发展空间。

今年在供给侧改革的宏观政策背景下，供应链金融有助于制造业、传统企业转型升级，资金流向实体经济，而不是虚拟经济，符合国家政策引导的优势凸显，成为继 P2P 之后的市场新风口。

所谓供应链金融，是指处于产业链核心地位的企业，依托高信用优势广开门路获得廉价资金，通过相对有效的征信系统和完善的风险防范措施，向产业链上下游客户提供融资服务，获得新利润增长点，构建更紧密的产业链生态系统。

供应链金融作为产业模式升级的自然演化，“从产业中来，到金融中去”，具有深厚的行业根基，颠覆了传统金融“基于金融而金融”的范式，打开另一扇窗，兼具金融的爆发力和产业的持久性。

供应链金融为何突然受到热捧？

2016 年以来，供应链金融一度成为热词。一方面，供应链金融专业要求高，属于离 BAT 较远的区域，属于细分市场。由于服务对象是中小企业，并不直接服务消费者，投资者市场认知度不高；另一方面，像海融易这样的互联网供应链金融平台，实际上前两年已经在兴起，但今年在供给侧改革的宏观政策背景下，供应链金融有助于制造业、传统企业转型升级，资金流向实体经济，而不是虚拟经济，符合国家政策引导的优势凸显，因此成为继 P2P 之后的市场新风口。

实际上，供应链金融就是充分利用整条供应链的信息流、物流和资金流，采用更丰富的增信手段，提高整条供应链的协同效应，并优化整条供应链的结算和融资成本。

谁能在“三流”和“两端”占据可能多的优势，谁就有希望成为供应链金融未来的“独角兽”。“三流”是指信息流、物流、资金流，“两端”是指资金端、资产端。以海尔海融易为例，由于海尔的巨大品牌价值，在资金端海融易有很强的资金募集能力，资产端则依托海尔生态圈，利用产业、金融、大数据三重风控，实现三流合一，有效把控坏账风险。

像海融易这样的供应链金融模式，是以核心企业为授信主体，能使上下游企业快速、便捷地获取低成本的融资，在本质上是弥补了中小企业年化融资成本的空白，给予了中小企业全新的融资工具，这在中小企业仍旧面临融资难的背景下，具有强大的发展空间。

此外，对于核心企业而言，这一模式满足了其产业转型升级的诉求。通过金融服务，变现其在产业链中的核心价值。

再次，由于核心企业对中小企业具有较强掌控力，降低了向中小企业放款的风险，且可获得较高的回报。这种多方共赢的生态系统，没有理由不看好。再者，从市场博弈层面看，传统金融的投资者教育已经较为充分，而供应链金融存在较大的预期差。

数据占有也是一种非常重要的资源，积累数据是关键。以海尔为例，作为行业核心企业，掌握着供应链上下游的资金、货物流通、经营等众多数据，那么运营供应链金融就有很大优势。

我们看到，在相当长一段时间内，银行类金融机构一直是供应链金融服务市场的“主角”。与此相应，传统银行模式对于资产资质、抵押物等“高门槛”要求，依然让广大中小企业难以享受到供应链金融服务。

在实体经济运行中，存在大量融资需求，但是这种融资往往需要土地、固定资产等相应的抵押物。对于广大中小企业，由于资产规模有限，可提供的抵押物相对较少，因此对其设置的融资门槛相对较高，真正能够从银行拿到钱的中小企业其实很少。

在此情况下，供应链金融服务应运而生。做供应链金融，我们不仅看企业有多少资产，还要看其生产资产的能力，以及未来的资产规模。通过供应链金融管理上下游中小企业的信息流、资金流和物流，可以把单个企业的不可控风险转变为供应链企业整体的可控风险。

前瞻网于 2015 年 1 月发布的数据显示，我国供应链金融市场规模发展迅速，目前已经超过 10 万亿元，预计到 2020 年可达近 20 万亿元，存量市场空间很大——这其中相当一部分将来自非传统类金融机构。

供应链金融作为金融业服务于实体经济的又一新兴有效工具，在各大核心企业借助互联网平台大举进军供应链金融市场的宏观背景下，供应链金融与互联网金融领域的融合发展，有可能成为金融领域创新的又一个风口。

市场常见的供应链金融环节，主要是预付货款、动产抵押、应收账款三种。海尔互联网金融两大着力点在于供应链金融和消费金融，而互联网的存在，为供应链金融模式带来了极大的改变和影响。

在数据搜集分析、第三方支付，尤其是产业风控对现有传统风控体系的补充方面，海尔互联网金融的优势主要是数据和风控环节能够实现精准的对接，提高放贷时效性和准确性。另外，在支付环节，也可以通过自有的第三方支付公司“快捷通”实现资金流检测把控。

供应链金融的数据挖掘主要是为风控服务，海尔集团所有供货商、销售商的数据都在 ERP 数据库里，因此我们能够知道融资企业上下游的供应商、销售商的详细情况。我们可以比一般的风控模型更加准确地判断这家公司是健康地扩大再生产，还是处在严重的负债运营状况。

利用海尔数据库，海融易可以查询到商户详尽的历史数据，当一个商户来到海融易借款，风控团队就立刻可以查询到商户在产业链中的位置，也可以判断商户的运营状况。由于我们对于这些产业非常了解，上下游的资源全部能打通，他们的每一笔订单、每个环节的资金流向都能清楚地看到，因此可以将投资风险降低，让用户的收益不断增加。

除了供应链金融外，海融易的消费金融也可以利用海尔的数据库。比如，消费者要购买海尔的冰箱，可以在海融易做一个消费分期等。海尔在三四线城市有几万家门店，有了这些门店，我们的风控验证审核方面的成本可能更低。

同时，海尔还积累了近 2 亿个用户数据，这些都是海融易的机会点。原有的供应链金融解决了家电行业从生产制造商、经销商、中间服务商等的资金需求，布局消费金融后将延伸到 C 端消费者，这将真正打通围绕家电的网贷生态圈闭环。

（来源：2016 年 8 月 3 日 物流界网）

## 9.2.4 供应链新金融联盟在沪成立

2016 年 9 月 20 日，由中证信用联合旗下子公司中证信用上海资产管理公司、上海文沥信息技术有限公司和上海长江时代众创空间数字技术有限公司联合发起的服务于资本市场上市公司的交流论坛组织“供应链新金融联盟”在沪正式成立。信集团、联合利华、宇通客车、金螳螂集团、国美金控、上海宽频、江中集团、青岛金王集团、华帝股份等十余家上市公司代表出席了联盟成立大会暨首次座谈会。会上，与会嘉宾就供应链金融领域新模式、新科技、新发展和新突破等话题进行了深入沟通与讨论。

供应链金融是借助产业链中的信用、为企业提供融资的一种手段，而传统金融则主要依赖主体信用，依靠抵押、担保等方式，因此两者有很大不同。供应链金融以核心客户为依托，以真实贸易背景为前提，运用自偿性贸易融资的方式，通过应收账款质押、货权质押等手段，封闭资金流或者控制物权，对供应链上、下游企业提供综合性金融产品和服务。供应链金融最大的特点，就是基本能做到紧随资金流向，紧跟项目走向。目前，我国不少企业集团都在探索、实践供应链金融的模式。

供应链金融在我国还是起步阶段，主要集中于部分大企业集团的产业链中，还有待于向更多的企业集团、以及集团与集团之间扩展。座谈会中，与会嘉宾代表通过对供应链金融与资产证券化，上市公司供应链产融结合实践，大数据对供应链金融的发展促进等多视角下阐述、探讨供应链新金融，大家一致认为供应链金融本质是对现有企业供需链运营的优化，是从贸易流物流的运营特点入手进行业务分析和结构化设计，通过信息流和资金流的升级，完成现代化供需链结构的改造。在于通过金融的手段为驱动，全面优化和提升核心企业上下游整体供需链运行效率，完成资产端与资金端的深度穿透融合。只有通过系列的风险管理措施下深度穿透才能建立批量化、运行稳定并自我优化的供应链金融体系循环。

供应链新金融联盟的成立，旨在促进和规范供应链金融行业的发展，为核心企业及上下游公司提供全面、专业、高效的融资、数据和业务咨询等全方位服务；同时也为业内搭建一个互联互通的资源信息交互的大数据平台，从而构筑银行、企业和商品供应链互利共存、持续发展和良性互动的产业生态，共同推动我国供应链金融的发展。

### 9.2.5 发展融资租赁的三大关键

目前，中小物流企业对融资租赁的使用率并不高，还有大批的中小物流企业采用传统的融资方式购置车辆等运输工具，那么如何进一步提升融资租赁在物流行业中的使用呢？

**积极落实国家政策**

“李克强总理此次提出进一步落实我国的融资租赁与金融租赁业务，不仅为融资租赁业务打了一针兴奋剂，同时也为中小物流企业发展打了一剂强心针。但是讲归讲，做归做，只有融资租赁业务的法律环境、税务环境得到真正改变，融资租赁业务才能真正发展起来。”国务院发展研究中心产业经济部副研究员魏际刚表示。

首先，应该加大对融资租赁的宣传力度，强化企业租赁意识。“我国引入融资租赁这一金融创新产品已有 30 多年，并在我国经济建设和发展中发挥了十分重要的作用，但是由于根深蒂固的传统融资观念以及推广不到位，使得这一新兴融资方式还未在经济领域中广泛普及，很多缺乏资金的中小物流企业也不敢贸然涉足。”狮桥融资租赁（中国）有限公司副总裁司楠楠对记者说，因此，政府应加大宣传和扶持力度，让中小物流企业强化融资租赁意识，比如可以选择合适的城市或地区推行试点宣传计划，使融资租赁这种新型融资方式深入人心。

另一方面，应该完善物流企业融资信用担保体系，提高物流企业的地位。“建议政府直接出资建立规范的担保机构，同时通过税收优惠和降低法定存款准备金率等财政货币政策鼓励和扶持具备担保资格的民间担保机构为中小物流企业提供优惠的担保或贷款。”魏际刚认为，也可以制定专门为中小物流企业提供优惠的担保制度，这是决定中小物流企业能否利用融资租赁方式快速解决资金问题的关键所在。

第三方面是，完善融资租赁法律法规体系。只有在法律法规的规范下，融资租赁才能健康有序地发展。因此我国当前应尽快制定一部专门的融资租赁法或者物流企业融资租赁法，使得中小物流企业融资租赁具有法律约束力，同时保护中小物流企业的合法权益。

最后，制定专门的税收优惠政策。“政府可以出台相应的投资减税、加速设备折旧、改变财务处理方法等优惠政策，促进中小物流企业积极开展融资租赁业务。”中国融资租赁网CEO刘军厂表示。

**改变中小企业传统观念**

改变传统观念或是我国中小物流企业首先要做的。目前我国中小物流企业设备更新仍停留在“租不如买”的传统观念里，他们不惜花费大量资金来占有设备的所有权，导致本就缺乏资金的境况越发严重。

“其实，在现代社会里，占有设备的‘使用权’比占有‘所有权’更重要。通过对设备的‘使用’来创造价值，财务风险更小，资金投入更少，能为企业带来更大的好处。”刘军厂说。

另外，融资租赁可以成为解决中小物流企业融资难题的一剂良方，但除了国家政策和租赁公司的扶持和配合，企业的自身能力才是根本，其必须在利用好融资租赁方式的同时，更应加强自身修炼，制定更为积极和完备的战略发展方向才能在众多物流企业中处于不败之地。

那么，首先要注重自身信用管理，树立良好的企业形象。良好的信用是中小物流企业与融资租赁公司合作的必要条件，因此保持和加强信用管理至关重要。其次，要建立全面管理体系，并运用现代物流信息技术、科学的管理方法和管理手段，来全面提高企业综合素质，促进企业持续良性发展。最后还应完善风险防范机制。“提高企业抗风险能力，物流企业要多要运用各种技术和方法控制风险，比如尝试租金担保偿还制度、运用物流保险、建立风险基金等。”刘军厂进一步说。

**提高租赁公司服务水平**

物流企业在选择融资租赁公司时要考虑的内容包括资金实力、费率、掌握的上游厂商资源等方面，而最重要的还要看融资租赁公司的整体服务水平。“物流企业在甄选融资租赁公司时，如就航空公司买飞机而言，是没有多少选择的，都是像一些国营的、东航、民生这样的大的融资租赁公司，因为他们的资金实力很雄厚，服务水平也相对较高。而中小物流企业在购置像车辆时，就不一定需要找最大的了，反而应找一些相对专业性比较好的融资租赁公司，具有专业的服务水平且具备严格的风险管理机制的融资租赁公司。”绿蚂蚁物流搜索创始人姜庆表示。

所以，现有的融资租赁公司必须提高综合服务水平。由于目前我国租赁公司规模较小，从业人员少且素质不高，管理水平较低，因此租赁公司应加强对复合型人才的培养和引进，实行先进科学的管理模式，改变封闭式分散经营管理的现状，对租赁项目进行精心管理，只有这样才能从根本上提高企业的日常管理水平。

另外，创新是一个企业发展的不竭动力，只有创新，企业才能进步，才能在市场上立足。因此融资租赁公司应开拓一些具有市场潜力的多元化创新业务，才能满足市场多变的需求，刘军厂认为，可以打破租赁期限固定、支付租金方式死板、设备来源渠道单一等传统方式，针对不同的物流企业采取不同的对策。同时还可以借鉴国外发达国家推出的融资租赁新产品，如杠杆租赁、收益百分比租赁、结构共享式租赁等。

同时，还有非常值得注意的一点是风险管理，租赁公司开展融资租赁业务，不可避免地会面临到期收不回租金的风险，而且考虑到我国物流企业的特殊性，建立完善的风险管理机制对租赁公司而言至关重要。“建立租赁担保制度，审查担保人的实力和资格，建立租金保险管理制度，让租赁过程中由于一些非人为因素造成的损失由保险公司一起分担，可以起到分散风险作用；另外，建立完善的内部风险评估制度，做到风险事前、事中、事后的全面防范。”司楠楠强调。

（来源：2015年9月8日 中国物流产业网）

## 9.2.6 物流金融的企业案例

### 海航物流三大优势布局物流金服

海南航空物流制定了打造“物流金融服务集团”的战略目标，依托供应链金融、保理、保险、租赁、资产交易所、网络支付等金融工具，为市场提供高效率、全牌照、定制化的物流全产业链金融服务解决方案，打造物流金融服务解决方案提供商，致力成为全球物流行业投资商及物流金融服务提供商。

我国的企业，90% 以上是中小企业，经济下行给它们带来的压力更大。物流行业的情况也是如此，很多中小企业有想法、想做好，但受限于资金和资源。国务院印发的《物流业发展中长期规划（2014-2020 年）》中已明确提出要拓宽物流业的投资融资渠道。海航物流做产业链金融服务的初衷，就是想要发挥自己的优，为行业做点事。

海航物流首席运营官金曦，把海航物流做金融服务的优势总结为资本、资源和技术三方面。资本的优势来自资金端和资产端。海航物流是全牌照的金融服务提供商，可以解决企业资金融通的问题和目前整个国家提到的金融脱媒问题，还能通过产业优势，把产业里的投资机会提供给广大人民群众。经过十几年的发展，海航物流深入涉足产业链并掌握物流和信息流，是非常实在的资产端提供。资源的优势体现在海航物流的业务布局触及全产业链的各链条，并在大力整合内部资源进行产业链的优化重构，比如通过旗下的科技公司海航云商打造了跨境电商 B2B 交易平台。技术主要指风险控制的技术，一方面是海航物流有一套针对不同行业分门别类的技术系统，另一方面是利用各种资源进行实际的风险控制，如投资了目前国内投资规模最大的担保机构之一中合担保。

海航物流要做的物流金融服务包括了供应链金融，集团旗下子公司纷纷行动。海航海运、天海投资等企业依托传统业务开始向供应链和金融服务转型。2016 年初，上海尚融供应链管理有限公司与互联网金融平台微金所围绕“互联网 + 供应链金融”达成战略合作。本届亚洲物流双年展上，由海航冷链控股股份有限公司发起的国内冷链物流行业首个产业合作基金启动。

海航物流要做的物流金融服务又不止供应链金融，是一种产业链金融。伴随着跨越式的并购整合、积极的外部合作，海航物流正迅速打造一个从航空、海运到公路运输的全产业链覆盖模式。

未来，物流金融的本质是依托产业的场景化金融，全面地掌控信息流、物流和数据流，根据企业实际情况定制化提供金融服务。“举个例子，如果中小企业要到银行贷款 50 万、100 万，通过审贷的可能性几乎没有，从银行借不到款，可能要借高利贷。如果全链条地通过我们平台做，我们掌握他的货发到哪里、资金要回收多少、货物的成本是怎样的，给他的年化成本远远低于小贷公司和银行。同时，我们的系统可以向传统金融机构开放，让他们看到我们做的业务都是风险可控而且合规的，这样他愿意给企业一个综合授信，进一步降低成本。”徐志豪表示：“积少成多，上下游打通，多方共赢。现在已经有很多企业受益。”

目前我国产业链金融市场体量已超 10 万亿。物流与金融的融合创新为我国物流产业发展增加了动力，能够帮产业链上下游企业特别是为中小企业解决资金难题、提升资源整合效率、降低管理成本、增强竞争力。海航物流的愿景是从资金端、资产端和风险端为产业打造金融平台，这也是对产业链金融的创新性探索。

### 招商银行上海分行智慧打造“一站式”供应链金融服务

招商银行上海分行通过供应链金融成功跻身轮胎行业两大巨头——米其林和倍耐力的主要中资合作银行，供应链授信总额 6 亿元，已有 10 余户经销商授信陆续获批。

供应链金融的关键词是协同、效率、成本，这几方面正是互联网的最大优势。招商银行结合互联网和大数据技术，将不同行业的供应链特征融合，全新开发了智慧供应链金融系统（ISCF）。该系统是该行基于“互联网+供应链”的理念，针对现代企业的供应链管理和经营特征，设计的集产品创新、信息管理、线上融资和风险管理于一体的全方位服务平台，为企业提供集丰富的供应链金融产品、智能化的IT系统、专业化的解决方案于一体的供应链金融服务。

该行深入契合不同行业、不同企业日常经营和管理的金融需求，通过聚焦参数化产品组合和定制化行业方案，打造端到端的快速响应和定制服务的创新机制。同时融合互联网+概念，陆续创新推出 “智慧票据池”、“供应链资产见证”、“付款代理”、“平台供应链”等新产品。且通过铁三角模式建立跨部门的供应链金融项目推动小组，有效改变了商业银行传统的运营模式和金融产品销售模式，优质高效满足客户需求。

该行的智慧供应链金融响应国家政策号召，通过对企业供应链过程中交易行为的金融支持，将资金和金融服务嵌入企业实体经营的需求，有效解决金融资源“脱实就虚”问题，使金融资产和实体经济的发展，特别是中小微型企业的发展更加紧密结合。并针对不同行业，分析行业特点，判断业务叙做的可行性，据此能更好的把控风险。去年起，该行已陆续与大众汽车、联合利华、米其林、倍耐力、旺旺等公司签订供应链融资项目。

### 平安银行上海分行开展全产业链供应链融资业务

平安银行上海分行与摩贝网、有料网签署战略合作协议，三方将在互联网金融、物联网等新兴领域展开全方位合作，创新发展B2B2C的平台结算及全产业链供应链融资等业务。此次合作成为“互联网+金融+化工行业”的重要事件。

平安银行依托平安集团综合金融的优势，通过深刻洞察产业、互联网与金融的融合发展趋势，跳出银行办银行，推出了“供应链金融+互联网金融”融合发展的橙e网平台，率先走出一条传统银行公司业务“互联网+”转型升级的发展道路。而平安银行上海分行以垂直电商B2B平台为突破口，大力拓展电商金融业务，通过多项产品功能的创新设计和组合应用，形成了全行首创的电商网络金融综合创新解决方案，具有高度的可复制性和典型性，引领了市场，吸引了大量的电商平台龙头主动寻求合作。

### 浙江省传化获颁保险经纪牌照 物流金融板块蓝图渐现

浙江传化股份有限公司近日发布公告称，其全资子公司浙江传化保险经纪有限公司正式获得中国保监会颁发的全国范围保险经纪业务经营许可证。今后，传化保险经纪公司将依托传化公路港等物流平台优势，建立基于互联网运营的保险经纪平台，针对物流业打造全方位的保险经纪业务模式。

据悉，目前国内物流业存在事故风险集中、单次事故损失较大的特点，物流企业对于货物、人员、车辆的经营风险转移需求已经成为“刚需”，而适合物流业的专业保险产品能够很大程度上转移、化解物流风险，保障物流企业正常运营，也能解决司机的后顾之忧。

传化物流副总裁郑磊介绍说，传化保险在产品设计中，一方面将定制传统物流险种，以单笔小额、购买高额、年需求量大的货运险为切入口，打开物流保险市场，发展起货运险、车险、意外险等传统业务。另一方面，将聚焦物流场景应用，定制创新产品，通过传化物流旗下陆鲸、易货嘀等应用场景，深度挖掘用户需求，定制放空履约保险、短途险等创新险种。

业内分析认为，传化保险经纪牌照“落地”，标志着传化物流金融板块蓝图渐现，其致力于打造的“物流+互联网+金融”为特征的中国公路物流新生态模式愈发清晰。此前传化物流线下打造实体公路港、线上推出互联网配货平台陆鲸和同城货运网约平台易货嘀，已实现物流、资金流、信息流资源流动汇聚，逐步获得市场认可。

金融服务是构建物流新生态的必不可缺的一步，传化将从最基础全面的支付、保险、融资租赁等方面服务中国公路物流生态圈，并进一步深入到社会征信、物流业股权投资、财富管理等领域，推动物流行业的全面提升。

（来源：2016 年 7 月 26 日《经济参考报》）

### 9.2.7 国内物流业上市公司一览

亿欧网针对物流行业中的：海运、空运、陆运、仓储、冷链、物流地产、快递几个细分领域进行盘点，截至 2016 年 8 月 6 日初步统计，在国内上市的物流业企业共 51 家，其中：海运 19 家、空运 6 家、陆运（公路和铁路）7 家、仓储物流 13 家、冷链物流 2 家、物流地产 3 家、快递 1 家。

**一、海运（19 家）**

1、中国远洋海运集团有限公司　中国远洋海运集团有限公司由中国远洋运输（集团）总公司与中国海运（集团）总公司重组而成，总部设在上海，是中央直接管理的特大型国有企业。成立于 2016 年 2 月 5 日，法人许立荣，注册资本 110 亿元。中国远洋海运集团包括 7 大板块业务：航运产业集群、物流产业集群、航运金融产业集群、装备制造产业集群、航运服务产业集群、社会化产业集群、互联网 + 相关业务。

2、中海发展股份有限公司　中海发展股份有限公司是一家跨地区、跨国界经营的航运企业。成立于 1994 年 5 月，企业法人孙家康，现注册资本为人民币 40.32 亿元。中海发展股份有限公司分别于 1994 年 11 月和 2002 年 5 月在香港联合交易所有限公司和上海证券交易所上市。其下属全资子公司“中海油运”负责油品运输业务；下属全资子公司“中海散运”负责干散货运输；下属中海集团液化天然气投资有限公司负责拓展 LNG 运输业务的平台业务。

3、中远航运股份有限公司　中远航运股份有限公司是中国远洋海运集团控股的上市公司，是中国远洋海运集团的战略产业集群之一，前身为新中国第一家国有远洋运输企业广州远洋运输公司。中远航运成立于 1999 年 12 月 8 日，2002 年 4 月 18 日在上海证券交易所挂牌上市，企业法人孙家康，注册资本 21.47 亿元。

4、中海集装箱运输股份有限公司　中海集装箱运输股份有限公司（中海集运）是中国海运集团所属主要从事集装箱运输及相关业务的多元化、国际化经营企业。公司成立于 1997 年，企业法人张国发，注册资本 116.83 亿元，总部设在中国上海，是一家在香港、上海两地上市的公司。公司经营范围涉及集装箱运输、船舶租赁、揽货订舱、运输报关、仓储、集装箱堆场、集装箱制造、修理、销售、买卖以及船舶管理服务等领域。

5、招商局能源运输股份有限公司　招商局能源运输股份有限公司成立于 2004 年 12 月 31 日，是招商局集团整合旗下远洋运输资产，携手中国能源及运输领域巨头中石化集团、中化集团、中海油集团和中远集团等四家发起人共同发起设立的公司。企业法人苏新刚，公司目前注册资金为 53 亿元，主营业务为远洋油轮、散货船和液化天然气船的经营与管理，涵盖了能源运输的主要货种。2006 年 12 月 1 日，成功完成 IPO（募集资金人民币 44.5 亿元）并在上海证券交易所挂牌上市；2012 年 3 月公司成功完成对中石化集团、中国人寿保险及中国中化等三家央企非公开发行股票（募集资金人民币 28.9 亿元）。

6、中昌海运股份有限公司　中昌海运股份有限公司是在上海证券交易所 A 板挂牌交易、由上海三盛宏业投资（集团）有限责任公司控股的海运企业，是一家民营海运业上市公司。公司始建于 1993 年，企业法人黄启灶，注册资本 2.73 亿元。2010 年 8 月，经中国证券监督管理委员会审核批准，在 A 板市场重组上市。公司目前主要从事国内沿海及长江中下游各港口间货物运输、航道疏浚工程、货物代理、船舶租赁、船员管理等海运相关业务。

7、中海（海南）海盛船务股份有限公司　中海（海南）海盛船务股份有限公司成立于1989年4月，1996年在上海证券交易所上市。企业法人密春雷，现注册资本5.81亿元。中海（海南）海盛船务股份有限公司是中国海运集团系统首家A股上市公司，中国海运（集团）总公司持有1.598亿股，占27.49%的股份。公司主营国内、国际沿海煤炭、铁矿石、粮食等大宗散货及近洋液态沥青、液体化学品等特种货物的海上运输业务，兼营贸易、船务代理等业务。

8、海南海峡航运股份有限公司　海南海峡航运股份有限公司成立于2002年12月6日，由海南港航控股有限公司、深圳市盐田港股份有限公司等5位股东发起设立。企业法人林毅，注册资本4.26亿元。2009年12月16日公司股票在深圳证券易所挂牌上市，海南港航控股有限公司是公司控股股东。海峡股份公司下设9个职能部门和2个船队，下属2个全资子公司和1个分公司，包括旅游业务和轮渡业务等。

9、中国长江航运集团南京油运股份有限公司　中国长江航运集团南京油运股份有限公司，是中国外运长航集团旗下专业从事油轮运输业务的控股子公司。该公司前身为南京水运实业股份有限公司，成立于1993年，企业法人姚平，注册资本50.23亿元，于1997年在上海证券交易所上市。长航油运市场定位为全球石化产品的运输服务商，立足于液货运输主业，专注国际成品油、内外贸原油、化学品、气体运输等具有相对优势的市场领域，同时拓展船舶管理、船员劳务和油品贸易等相关多元化业务。

10、长航凤凰股份有限公司　长航凤凰股份有限公司，母公司为原中央直管企业中国长航（集团）总公司，成立于1992年6月15日，企业法人王涛，注册资本10.12亿元，公司总部设在武汉。长航凤凰股份有限公司从事干散货运输，承担沿江、沿海、运河和远洋的铁矿石、煤炭、非金属矿石、建材、粮食、钢材、化肥、特种大件等运输。

11、上海亚通股份有限公司（已转型）　上海亚通股份有限公司成立于1993年，企业法人张忠，注册资本1.52亿元，是崇明县唯一一家国有控股上市公司。上海亚通股份于2010年6月30日前资产重组完毕，重组前主要经营长江口水上车客运输业务，并涉足诸多行业经营。自2009年11月1日上海长江隧桥建成后并通车后，公司水运这一传统主业优势不复存在，经济效益急速下滑，为了扭转这一不利形势，消减由此而产生的种种压力，亚通公司做出资产置换的重大决策，将公益类涉及水路运输的资产与优良的餐饮、宾馆资产相互置换，使亚通公司轻装上阵，实现了平稳过渡和转型。

12、天津市海运股份有限公司　天津市海运股份有限公司是经天津市人民政府批准以定向募集方式于1992年12月1日发起设立，目前为上海证券交易所上市公司，其中B股股票于1996年4月30日上市，A股股票于1996年9月9日上市。天津海运经营范围为：国际船舶集装箱运输、仓储服务、陆海联运、集装箱租赁买卖、自有船舶、设备、属具、物料、集装箱的进口业务、国际货运代理（不含国际快递）、国际船舶管理业务、国内船舶管理等业务。

13、宁波海运股份有限公司　宁波海运股份有限公司是以宁波海运集团有限公司为主体、联合浙江省电力燃料总公司等五家发起人于1997年4月改建设立的股份制上市海运企业，企业法人陈明东，注册资本10.3亿元。宁波海运主要经营我国沿海、长江货物运输、国际远洋运输和交通基础设施、交通附设服务设施的投资业务。

14、渤海轮渡股份有限公司　渤海轮渡股份有限公司，注册于1998年10月15日，企业法人陈继壮，注册资本4.81亿元，于2012年9月正式上市。主要经营烟台至大连、蓬莱至旅顺航线客滚运输业务及国际旅游业务。2013年2月，与烟台港集团、韩国HANARO海运（株）等公司合资成立了烟台渤海国际轮渡有限公司，主要经营烟台至韩国平泽航线的客滚运输，该航线于2014年7月正式开通。2014年2月，在香港注册成立了全资子公司——渤海邮轮有限公司。

15、重庆港九股份有限公司　重庆港九股份有限公司是经重庆市人民政府批准，由原重庆港口管理局为主要发起人，联合成都铁路局、重庆铁路分局、重庆长江轮船公司、张家港港务局共同发起成立的股份有限公司。重庆港九股份有限公司注册成立于 1999 年 1 月，企业法人孙万发，注册资本 6.9 亿元，于 2000 年 7 月 31 日在上海证券交易所挂牌上市，是国内第一家长江内河港口上市公司。公司依托港群体系，主要从事物流咨询、物流策划，船代、货代，港口装卸、水陆中转、内河客货运输、集装箱中转运输、仓储、配送等综合物流运输服务。

16、张家港保税科技股份有限公司　张家港保税科技股份有限公司注册成立于 1994 年 6 月，企业法人唐勇，注册资本 11.9 亿元。前身为云南大理造纸股份有限公司，于 1997 年 3 月上市，当时的主营业务是机制纸制造、纸制品加工等。张家港保税区于 1999 年 6 月对该公司实施收购，成为“大理造纸”的第一大股东，随之更名为云南新概念保税科技股份有限公司。在 2001 年配股后，逐渐地将主营业务调整为港口、码头、物流业，2009 年 7 月将公司注册地迁回至江苏省张家港保税区，公司名称变更为张家港保税科技股份有限公司。经营范围：生物高新技术应用、开发；高新技术及电子商务、网络应用开发；港口码头、保税物流项目的投资；其他实业投资。

17、深圳赤湾港航股份有限公司　深圳赤湾港航股份有限公司前身系深圳赤湾港务公司，注册成立于 1990 年 7 月，企业法人时伟，注册资本 6.4 亿元。1992 年 8 月始进行股份制改组，将原有部分净资产折为发起法人股 22447 万股，经 1993 年 2 月首次公开发行，上市时总股份 31047 万股，于 1994 年 8 月 1 日上市，赤湾港以集装箱和散杂货装卸及相关配套服务为主导业务。

18、天津港股份有限公司　天津港股份有限公司注册成立于 1982 年，企业法人卢伟，注册资本 16.7 亿元。天津港的历史最早可以上溯到汉代，自唐代以来形成海港。1860 年正式对外开埠，是我国最早对外通商的港口之一。天津新港始建于 1939 年，建国后经过 3 年恢复性建设，于 1952 年 10 月 17 日重新开港通航。主要经营业务为：商品储存、中转联运、汽车运输；装卸搬运；集装箱搬运、拆装箱及相关业务；货运代理；劳务服务；商业及各类物资的批发、零售；经济信息咨询服务等。

19、瑞茂通供应链管理股份有限公司　瑞茂通供应链管理股份有限公司主营商品有煤炭、铁矿石、棉花等，2012 年 8 月瑞茂通在上交所上市。2010 年，公司开始涉足进口煤业务，分别在印度尼西亚、新加坡和中国香港成立公司 / 设立办事处，经营的进口煤炭品种包括印尼煤、南非煤和俄罗斯煤等。2013 年陆续投资设立了商业保理、融资租赁及供应链平台服务等公司，2015 年易煤网正式上线，完成了商品板块、电商板块、供应链金融板块的战略布局，瑞茂通逐步构建起供应链管理 + 供应链平台 + 供应链金融的复合发展模式。

**二、空运（6 家）**

1、中国国际航空股份有限公司　中国国际航空股份有限公司，其前身中国国际航空公司成立于 1988 年。2002 年 10 月，中国国际航空公司联合中国航空总公司和中国西南航空公司，成立了中国航空集团公司，并以联合三方的航空运输资源为基础，组建新的中国国际航空公司。2004 年 9 月 30 日，经国务院国有资产监督管理委员会批准，作为中国航空集团控股的航空运输主业公司，国航股份在北京正式成立。2004 年 12 月 15 日，中国国际航空股份有限公司在香港和伦敦上市。

2、中国南方航空集团公司　中国南方航空集团公司成立于 2002 年 10 月 11 日，是中央管理的三大骨干航空集团之一。主营航空运输业务，兼营飞机发动机维修、进出口贸易、金融理财、传媒广告、地产等相关产业。中国南方航空在上海、香港和纽约三地上市，现有 15 家分公司、4 个基地、24 个国内营业部和 65 个国外办事处。

3、海南航空股份有限公司　海南航空股份有限公司于 1993 年 1 月成立，起步于中国的经济特区海南省，企业法人辛迪，注册资本 121.8 亿元。1993 年至今，在以海口为主基地的基础上，先后建立了北京、西安、太原、乌鲁木齐、广州、大连、深圳七个航空营运基地 / 分公司。截至 2015 年 12 月底，共运营飞机超过 162 架，适用于客运和货运飞行。

4、中信海洋直升机股份有限公司　中信海洋直升机股份有限公司的前身是中国海洋直升机专业公司，是为促进海洋石油开发和通用航空发展，经国务院常务会议决定，由原国家经委、计委批准，于 1983 年 3 月成立的全国性通用航空公司。公司 1999 年 2 月改制为股份公司，2000 年 7 月发行股票并在深圳证券交易所挂牌上市，系中信集团旗下目前中国通用航空业首家及唯一的上市公司。中信海直具有通用航空全业务运营资质和能力，经营范围：陆上石油服务、海洋石油服务、直升机机外载荷飞行、人工降水、医疗救护、航空探矿、空中游览、公务飞行、私用飞行驾驶执照培训、直升机引航作业、航空器代管业务、通用航空包机飞行、出租飞行、航空摄影、空中广告、海洋监测、渔业飞行、气象探测、科学实验、城市消防、空中巡查、航空护林。

5、中国东方航空集团公司　中国东方航空集团公司总部位于上海，注册成立于1986年，企业法人刘邵勇，注册资本148.7亿元。经过持续的产业结构调整和资源优化整合，基本形成了以航空运输业为核心，通用航空、航空食品、进出口、金融期货、传媒广告、实业投资等相关产业为支撑的航空运输集成服务体系。作为集团核心主业的中国东方航空股份有限公司，1997年在纽约、香港、上海三地上市。

6、中外运空运发展股份有限公司　中外运空运发展股份有限公司于1999年成立，企业法人张建卫，注册资本9亿元。2000年在上交所上市，是国内航空货运代理行业第一家上市公司。外运发展以航空物流为主营方向，主要经营货运代理、电商物流及其它专业物流业务。

三、陆运（公路、铁路，7家）

1、江西长运股份有限公司　江西长运股份有限公司是1992年10月29日经江西省股份制改革联审小组赣股199203号文批准，由江西长途汽车运输公司和中国银行江西信托咨询公司作为发起人，于1993年4月3日以定向募集方式设立的股份有限公司，现企业法人葛黎明，注册资本为2.3亿元，是一家国有控股上市股份有限公司。江西长运股份有限公司设有南昌市长途汽车站、青山北站、徐坊客运站等客运站点7个，其中南昌长途汽车站是交通部部级文明站。

2、四川富临运业集团股份有限公司　四川富临运业集团股份有限公司正式成立于2002年3月，企业法人李亿中，注册资本3.13亿元。2007年8月，改制为股份有限公司，2010年2月，公司在深圳证券交易所上市。经营范围：汽车客、货运输；汽车租赁服务；石油制品销售；汽车一级、二级维护；汽车配件销售；仓储服务；汽车美容；停车服务；货运信息服务；客运站经营等。

3、中铁铁龙集装箱物流股份有限公司　中铁铁龙集装箱物流股份有限公司成立于1993年2月，企业法人吴云天，注册资本13亿元，1998年5月在上海证券交易所上市，成为中国铁路第一家A股上市公司。经过多年发展，铁龙物流形成了特种集装箱运输、铁路货运与临港物流和房地产开发等主营业务格局。

4、广深铁路股份有限公司　广深铁路股份有限公司于1996年在中国深圳市注册成立，同年5月份发行H股和美国存托股份（ADSs）分别在香港联合交易所有限公司（香港联交所）和纽约股票交易所（纽约交易所）上市；2006年1月发行A股在上海证券交易所上市。 广深铁路是目前中国唯一一家在上海、香港和纽约三地上市的铁路运输企业。客运业务是广深铁路最主要的运输业务，货运业务是广深铁路重要的运输业务。广深铁路经营的铁路线路与周边港口、物流基地、建材市场及大型厂矿连接紧密并建立业务合作。广深铁路能有效地进行整车、零担、集装箱、笨重货物、危险货物、鲜活货物、超限货物的运输。

5、大秦铁路股份有限公司　大秦铁路股份有限公司注册成立于2004年10月，企业法人赵春雷，注册资本14.8亿元，是由太原铁路局控股的一家以煤炭、焦炭、钢铁、矿石和旅客运输为主的区域性、多元化的铁路运输企业。大秦铁路于2006年7月在国内资本市场公开发行A股股票，并于8月1日在上海证券交易所正式挂牌交易，成为中国铁路首家以路网核心干线为主体的上市公司。2010年公司成功收购资产规模328亿元的太原铁路局运输主业资产及相关股权，其中利用公开增发18.9亿股A股股票，募集资金165亿元。

6、湖北宜昌交运集团股份有限公司　湖北宜昌交运集团股份有限公司由是宜通运输集团和恒通运输公司于1998年8月合并成立，企业法人柳兵，注册资本1.3亿元，2006年5月实施国有企业改制，

2008年6月整体变更为股份公司，2011年11月在深圳证券交易所挂牌上市。企业初步形成了集旅客运输服务、旅游综合服务、汽车销售与售后服务、现代物流服务为一体的产业集群。宜昌交运投资开发宜昌东站物流中心项目，将传统仓储、装卸搬运、普通货运向现代物流转型，发展公铁联运、城市配送、钢铁贸易等物流业态。

7、福建龙洲运输股份有限公司　福建龙洲运输股份有限公司是经福建省人民政府批准，于2003年8月29日在福建省工商行政管理局注册登记成立，企业法人王跃荣，注册资本2.7亿元。龙洲运输以道路客货运输经营为主，主营业务为高速客运、普通客运、出租车客运、旅游客运、城乡公交客运、水路运输、货运物流、汽车保修、交通职业培训等，同时兼营汽车及配件销售、燃料销售、房地产开发、路桥建设、汽车改装、酒店旅游、建材销售、物业管理等业务。

**四、仓储物流（13家）**

1、中国中期投资股份有限公司　中国中期投资股份有限公司于1994年8月成立，企业法人姜新，注册资本2.3亿元，于2000年7月18日在深圳证券交易所挂牌上市。在十几年的发展过程中，已发展成为集现代服务类项目投资、第三方物流服务、资产管理、创业投资，电子商务及信息服务等为主体的企业群体，现已形成以期货服务业、物流服务业、电子信息服务业为核心业务的现代服务企业。

2、深圳市怡亚通供应链股份有限公司　深圳市怡亚通供应链股份有限公司成立于1997年，总部设在深圳，是中国第一家上市供应链企业，旗下现有300余家分支机构，全球员工逾两万人，业务领域覆盖快消、IT、通讯、医疗、化工、家电、服装、安防、贵金属等行业，为全球100余家世界500强及1000多家国内外知名企业提供专业供应链服务。

3、厦门象屿股份有限公司　厦门象屿股份有限公司由象屿集团旗下所有供应链服务相关子公司重组而成，注册成立于1997年5月，企业法人张水利，注册资本11.7亿元，2011年8月在上海证券交易所重组上市。象屿股份主营业务为供应链管理及流通服务、物流平台开发运营，为客户提供从原辅材料与半成品的采购供应直至产成品的分拨配送之间的全价值链流通服务，对全过程的商流、物流、资金流以及信息流进行规划，协助制造和流通企业全方位打造供应链核心竞争力。

4、中储发展股份有限公司　中储发展股份有限公司的控股股东为国务院国资委监管的大型中央企业中国诚通控股集团有限公司所属的中国物资储运总公司，是以综合物流、物流贸易、金融物流以及物流地产等为主营业务，同时兼具物流技术、电子商务、融资贷款等服务功能的全国型综合物流企业。中储总公司成立于20世纪60年代初，作为国家分配物资的集散地，在计划经济时期，发挥着国民经济社会流通的主渠道作用。1997年1月21日，由中储总公司控股的天津中储商贸有限公司在上海证券交易所挂牌上市。1998年，上市公司开始由区域性企业向全国性物流公司转变，更名为中储发展股份有限公司，并成功实施了配股、收购、兼并等资产重组和资本运作，按照市场化机制盘活存量资产，优化资源配置，综合效益高速增长。2005年，根据物流市场的有效需求和资本市场的发展趋势，中储股份董事会决定，逐步把中储总公司的优质资产整体配入上市公司，通过收购、置换等资本运作手段，中储总公司90%以上经营性资产进入上市公司，基本完成了整体上市。

5、深圳市飞马国际供应链股份有限公司　深圳市飞马国际供应链股份有限公司成立于1998年，企业法人黄壮勉，注册资本7.5亿元，于2006年完成股份制改制，并于2008年在中国深圳证券交易所上市。公司主营业务为供应链管理服务，包括综合供应链服务、煤炭供应链服务、塑化供应链服务和有色金属供应链服务。深圳市飞马国际供应链股份有限公司为客户提供其核心业务以外的集商流、物流、资金流、信息流为一体的供应链外包方案与运营。

6、长发集团长江投资实业股份有限公司　长发集团长江投资实业股份有限公司，注册成立于1997年11月，企业法人居亮，注册资本3亿元，1998年1月15日在上海证券交易所挂牌上市，2006年1月完成股权分置改革，是一家以现代综合物流为主营业务的产业类上市公司。长江投资业务功能涵盖国际货运、公共信息平台、国内快件、市内货运等，旗下有现代物流企业上海陆上货运交易中心、现代物流服务平台等。

7、 江苏澳洋顺昌股份有限公司　江苏澳洋顺昌股份有限公司成立于 2002 年 9 月，企业法人沈如学，注册资本 9.7 亿元，于 2008 年 6 月 5 日在深交所中小企业板上市。澳洋顺昌提供金属材料的仓储、分拣、套裁、包装、配送以及来料加工等完整供应链服务，现在澳洋顺昌已经涉及金属物流配送、新能源、金融三大领域。

8、珠海恒基达鑫国际化工仓储股份有限公司　珠海恒基达鑫国际化工仓储股份有限公司创立于 2000 年，企业法人王青运，注册资本 2.7 亿元，于 2010 年 11 月在深交所中小板上市。恒基达鑫主营散装液体石油化工品的码头装卸、仓储、驳运中转、管道运输及保税业务。

9、深圳市华鹏飞现代物流股份有限公司　深圳市华鹏飞现代物流股份有限公司成立于 2000 年，企业法人张京豫，公司现注册资本 2.96 亿元，于 2012 年 8 月在创业板上市。华鹏飞旗下有精益陆运、航空代理、仓储业务、国际货代的综合物流业务板块，还有供应链金融、增值服务等。

10、江苏新宁现代物流股份有限公司　江苏新宁现代物流股份有限公司前身是昆山新宁公共保税仓储有限公司，公司始建于 1997 年，企业法人王雅军，注册资本 2.9 亿元。2000 年 4 月经海关总署批准为公共型保税仓库，专门从事进口保税货物和外商暂存货物的仓储及相关配套服务；2008 年初经商务部批准，公司整体改制为江苏新宁现代物流股份有限公司，主要从事电子元器件保税仓储服务，为电子信息产业供应链中的原料供应、采购与生产环节提供第三方综合物流服务。

11、江苏飞力达国际物流股份有限公司　江苏飞力达国际物流股份有限公司，成立于 1993 年 4 月，并于 1995 年 10 月正式营业，注册资本 3.656 亿元，企业法人沈黎明，于 2011 年 7 月 6 日上市。公司旗下同名子品牌“飞力达”，专注于 IT、通讯、汽车、精密仪器产业的进出口报关报检、海陆空货运代理；原材料入厂物流、生产物流、成品出厂物流及售后备件备品物流、各类特色物流及一体化物流解决方案。

12、华贸国际货运有限公司　华贸物流中心是华贸国际货运有限公司上市后配套总部发展战略（五个产品：空运、海运、供应链贸易、工程物流、仓储第三方物流）中的“仓储第三方物流”产品，服务产品有：1、仓储服务产品 2、物流服务产品 3、进口分拨和出拼转运 4、辅助运输服务。

13、安徽皖江物流（集团）股份有限公司　安徽皖江物流（集团）股份有限公司是一家集煤炭物流、大宗生产资料电商物流和集装箱物流于一体的综合物流企业。注册成立于 2000 年 11 月，企业法人张宝春，注册资本 28.8 亿元。皖江物流是由原芜湖港改制而成，2003 年 3 月正式上市。2010 年 12 月，淮南矿业集团战略重组芜湖港，淮南矿业集团成为公司控股股东。2011 年，皖江物流被国家发改委列为第一批国家煤炭应急储备点。

**五、冷链物流（2 家）**

1、宁波美康生物科技股份有限公司　宁波美康生物科技股份有限公司注册成立于 2003 年 7 月，企业法人邹炳德，注册资本 3.4 亿元，2015 年在深交所创业板上市。美康生物是一家专业从事医学诊断产品研发、生产、销售及服务的企业，拥有自主研发的区域 LIS 系统、现代化消毒中心、冷链物流系统，美康云平台等多项配套系统。

2、南通四方冷链装备股份有限公司　南通四方冷链装备股份有限公司，注册成立于 1990 年 5 月，注册资本 2 亿元，企业法人黄杰，四方冷链是国内综合的冷链装备制造企业和特种集装箱制造企业。公司目前拥有：南通四方罐式储运设备制造有限公司、南通四方冷热机械设备有限公司、南通四方罐式储运设备（香港）有限公司三家子公司。主营业务为冷链装备和特种集装箱的研发、生产和销售，主营产品为以食品速冻设备为主的冷冻设备和罐式集装箱。公司产品广泛应用于农副产品、食品冷冻的加工及化工、能源、食品饮料等大宗液态货物的物流领域。

**六、物流地产（3 家）**

1、中国物流资产控股有限公司（宇培集团） 中国物流资产控股有限公司是国内的物流设施供应商，中国物流资产已与众多国内外租户建立起牢固的关系，包括京东，聚美优品及本来生活等电子商务公司，顺丰速运，利丰及中国外运等领先的第三方物流服务供应商及小米，博世及格力电器等大型零售商，制造商及其他商家。

2、深圳国际控股有限公司 深圳国际控股有限公司，是一家于百慕达注册成立的有限公司，并在香港联合交易所主板上市。主要从事物流基础设施的投资、建设与经营，并提供相应的物流服务业务，包括第三方物流服务及物流信息服务。深国际以中国珠三角、长三角和环渤海地区为战略区域，通过收购、重组与整合，重点介入收费公路及物流园区等物流基础设施的投资、建设与经营。

3、深业泰富物流集团股份有限公司 深业泰富物流集团股份有限公司隶属香港联交所——深圳控股，是深圳市国资委所属的大型国有商贸物流地产集团，前身为1983年成立的深圳笋岗仓库企业有限公司。深业泰富集团现有5家全资或控股下属企业，分别是沈阳五爱深港公司，家之福公司，深业车城公司，成都西御公司，商业物业管理公司。

**七、快递（1家）**

1、上海圆通速递有限公司 上海圆通速递有限公司成立于2000年5月28日，总部位于上海，现任董事长喻渭蛟，经过十六年的发展，已成为一家集速递、航空、电子商务等业务为一体的集团型企业，2010年底，成立上海圆通蛟龙投资发展（集团）有限公司。2016年1月15日，A股公司大杨创世发布公告表示，大杨创世将与圆通速递有限公司进行资产重组。通过此举，圆通速递或将最终实现借壳上市；3月22日大杨创世发布重组公告，拟通过重大资产出售、发行股份购买资产及募集配套资金的一系列交易，置出现有全部资产及负债，实现圆通速递借壳上市，大杨创世整体作价为175亿元；7月28日下午大杨创世发布公告，公司重大资产出售及发行股份购买资产并募集配套资金暨关联交易事项获得有条件通过。圆通成功借壳大杨创世，成为中国第一个登陆A股的快递企业。

（来源：亿欧网）

# 9.3 物流专业高等教育

**设置物流专业的六所上海大学简介**

**一、上海交通大学**

2016年5月，上海交通大学成为国务院首批双创“高校和科研院所示范基地”。在全球经济一体化和供应链蓬勃发展的时代背景下，上海交通大学于2006年在全国率先成立第一个运营管理系。

如今，运营管理系已拥有一支在运营管理理论理论与实践上具有高水平的优秀青年教师团队。

本系现有教师 12 人，其中教授 7 人、副教授 4 人、讲师 1 人；其中海外留学回国博士 6 人。1 位获得国家自然科学基金杰出青年基金、2 位教师入选教育部“新世纪优秀人才支持计划”、2 位教师获得“上海市曙光计划”，3 位入选“上海市浦江人才计划”，1 位入选上海市“千人计划”特聘专家。主要研究方向包括：运作管理、供应链管理、技术创新管理、流程再造 / 管理、精益生产，及质量管理等。

**二、上海海事大学**

上海海事大学，一所以航运、物流、海洋为特色，具有工学、管理学、经济学、法学、文学和理学等学科门类的多科性大学。

目前，现拥有交通运输规划与管理博士学位授予权，交通运输工程、交通运输规划与管理 2 个硕士点，国际航运与物流、物流工程与管理 2 个中外合作研究生培养项目，交通运输、航运管理、物流管理、交通工程 4 个本科专业，其中交通运输规划与管理学科于 2007 年和 2008 年先后被国家教育部和上海市批准为国家重点（培育）学科和上海市重点学科。物流管理、航运管理专业为国家级特色专业，物流管理专业 07 年已成为国家第一批特色专业。交通运输、航运管理、物流管理被列为上海市本科教育高地。

学校致力于培养国家航运业所需要的各级各类专门人才，被誉为“高级航运人才的摇篮”。学校与境外 70 余所姐妹院校建立了校际交流与合作关系，与联合国国际海事组织、波罗的海国际航运公会、挪威船级社等国际知名航运组织 / 机构建立了密切联系。2011 年，经教育部批准，学校与加纳中西非地区海事大学合作举办“物流管理”本科教育项目，并开始在非洲招生，这是上海市地方高校第一个颁发中国高校本科文凭的海外办学项目。

**“海大人文”航运物流节**

2016 年 10 月，，2016“海大人文”航运物流节在上海海事大学开幕。在物流节一个月里，专家讲座、“航运物流信息创新服务展”、知识竞赛、演讲大赛、参观实验室、纪录片轮播等活动在海大校园轮番上演。所有活动都向临港地区的多所高校和中小学的师生开放，实现资源共享。

航运物流节是上海海事大学“海大人文”系列活动之一，至今已举办到第六届，旨在提高学生的人文素养和创新能力，为学校培养“尚灵魂、贵品格、富通识、强综能”的优秀人才。在“互联网”成为时代强音的大背景下，本届航运物流节将“互联网”与“海洋强国”充分融合，以“铸信息平台，促海洋强国”为主题，开展一系列丰富多彩的活动，多视角、多渠道、多层次地向师生宣传、普及航运物流知识，展示航运物流发展成果，营造“绿色航运、智慧物流”的人文和创新氛围。

2016 年的海大航运物流节所有活动都与临港地区的高校和中小学共享，并根据不同年龄段学生的特点，设计了不同的活动菜单。其中，针对中小学生设计了物流知识科普活动，海大有关专家走进临港一小、上海中学东校等中小学的校园，普及物流知识。而针对临港其他高校的师生，则设计了主题演讲和参观实验室活动。

“我们期待与各校师生一同共享‘海大人文’文化盛宴。”上海海事大学党委副书记门妍萍表示，“海大人文”系列活动已成为该校的一个文化品牌。海大希望以航运物流节为平台，和政府、企事业单位共同携手，为服务上海国际航运中心建设添砖加瓦，也期待通过资源共享，将‘海大人文’品牌的影响辐射到更多人群。

**三、上海对外经贸大学**

上海对外经贸大学，学校在多边贸易体制研究领域具有一定国际影响力，是世界贸易组织首批12所教席院校之一（中国唯一）、世界知识产权组织仲裁员单位、联合国亚洲及太平洋经济社会委员会贸易研究与培训网络重要分支、国际贸易与可持续发展中心合作伙伴，同时也是联合国贸易和发展会议虚拟学院核心成员。

1997年以前专业名称为国际贸易（国际运输方向），后更名为运输经济学。2000年，经国务院学位办批准，与澳大利亚皇家墨尔本理工大学（RMIT大学）合作办学。2003年，经教育部批准，更名为物流管理专业。

国家教育部和国家财政部特色专业建设单位，中外合作“物流管理”专业建设获2005年上海市优秀教学成果一等奖；学生毕业后能在国际航运企业、国际物流企业、国际经贸企业、跨国制造企业或国际航运管理机构、政府主管部门、行业协会等从事国际物流与供应链业务经营与管理工作。本专业学生除参加学校的英语课程学习外，还将接受RMIT大学“全球英语”培训课程系统全面的英语语言能力训练。

**第五届全国大学生物流设计大赛决赛在对外经贸大学举行**

2016年4月23日，由教育部高等学校物流管理与工程类专业教学指导委员会和中国物流与采购联合会联合主办的“郑明杯”第五届全国大学生物流设计大赛决赛在上海对外经贸大学举行。本届大赛自2015年启动以来，得到了社会各界的关注与支持，来自277所学校的502支参赛队通过审核获得了进入全国设计大赛的资格，创下历史新高，最终有60支参赛队进入决赛。

大赛组委会邀请了来自全国各地的物流行业专家、物流院校知名教授和企业领导等组成了专家评审组。大赛以郑明物流的企业真实经营状况和业务数据作为案例进行方案设计，采用现场陈述演示作品、专家提问、队员现场答辩的方式进行。比赛中，各参赛队发挥创新和协作精神，设计方案风格迥异、各具特色。大赛还邀请了来自法国、比利时、瑞典等国的20多名物流供应链专业的留学生到现场观摩。

大赛对推动高校物流教学改革，增进校企合作，促进大学生就业具有重要的意义。通过大学生在企业的实践活动，将理论学习与企业实际需求紧密结合，有效培养和提高大学生研究、解决问题的动手能力，激发大学生的创新意识和创造力。

本次决赛为期 3 天，大赛结果于 4 月 25 日颁奖仪式上公布。

**四、复旦大学**

复旦大学的管理科学系建于 1979 年，是我国最早建立的管理科学系之一，1985 年成立管理学院，同年起开始招收博士生，也是全国首个管理科学博士点，1996 年建立全国第一个管理科学与工程博士后流动站，2000 年完成 211 工程“理论经济学和管理科学（管理部分）”项目建设，2000-2002 年部分方向列入 985 工程建设。承担管理科学与工程、物流与运营管理、运筹学与控制论，以及技术经济与管理 4 个专业方向的教学任务。

物流管理与运营管理专业，博士和硕士学位授予点。现有教授 5 人，副教授 5 人。 主要科研成果有国家自然科学基金项目〞后勤管理的随机决策〞，地方政府委托研究项目〞温州市现代物流发展规划〞，大型企业委托项目〞上海通用 CKD 定货决策支持系统 〞等。毕业生主要在企业集团、政府决策部门从事物流和供应链管理系统分析与决策、经营策划和管理，以及在高等院校、科研机构从事教学和科研工作。

**五、同济大学**

同济大学，历经 30 多年，管理科学与工程系已经形成博士后流动站、博士、硕士、本科等多种层次的教学与科研体制。所在一级学科“管理科学与工程”也入选上海市重点学科。管理科学与工程系下设物流管理专业、信息管理与信息系统两个专业。

其中物流管理专业创办于 2004 年，是国内第一批成立该专业的高校。这个专业目前在国内排名均居前列，教师除承担以上两个本科专业的教学任务以外，还承担管理科学与工程一级学科下博士生与硕士生以及 MBA、EMPA、MPA 和工程硕士的教学与研究生指导工作。毕业生能在国家各级管理部门、交通运输企业、物流企业、工商企业等单位从事物流产业规划、物流管理、物流经营策划等相关物流经营管理工作。

六、上海工程技术大学

2011年，该校的“现代交通运输工程与管理”学科专业建设项目列为上海市地方高校内涵建设工程项目。并设置有物流管理专业，本专业为上海市教育高地。

随着世界经济一体化进程的加快和科学技术的飞速发展，物流产业作为国民经济中的新兴产业，已经成为国民经济新的增长点。为适应上海优先发展先进制造业、战略性新兴产业和现代服务业的战略对物流管理人才的需求，本专业以管理学、经济学、物流与供应链管理理论为基础，以运筹学、系统工程等管理科学为研究方法，以物流信息技术为工具，以国际物流为专业特色，在充分了解当前我国物流产业现状的基础上，参照全球物流产业发展的历史和世界发达国家的先进经验，本着“宽口径、厚基础、显特色”的培养理念，培养能适应经济全球化趋势下的现代物流发展要求、掌握现代物流运作规律、熟悉物流业务知识、具备物流系统分析和运作能力的物流管理高素质应用型管理人才。

主要课程：管理学、宏观经济学、微观经济学、统计学、会计学、财务管理、运筹学、系统工程、市场营销学、经济法、生产运营管理、物流学概论、供应链管理、电子商务、物流信息管理、采购管理、国际物流、物流系统规划与设计、物流工程、仓储配送管理（双语）、物流运输管理实务、库存管理（双语）、物流案例分析、国际货物运输（全英语）、国际货运代理、集装箱与国际多式联运、第三方物流及有关专业实践。

就业方向：本专业的毕业生专业基础知识扎实，具有较强的实际操作能力，具备较高的外语水平和计算机应用能力，学生毕业后可在航港码头、大型集团公司、跨国机构、商贸企业、货代公司、工业企业、物流服务企业和机关事业单位，从事国际物流、国内物流、物流业务技术或经营管理工作。

# 9.4 物流交易平台

## 9.4.1 上海航运交易所

上海航运交易所是经国务院批准、由交通运输部和上海市人民政府共同组建，于1996年11月28日成立的我国唯一一家国家级航运交易所，是我国政府为了培育和发展中国航运市场，配合上海国际航运中心建设所采取的重大举措。

航交所遵循“公开、公平、公正”原则，围绕“规范航运交易行为，维护航运市场公平，沟通航运动态信息”三大基本功能，现已成为国际班轮运价备案受理中心、国际航运信息中心、航运运价交易中心、船舶交易信息平台和鉴证中心、航运业资信评估中心和上海口岸航运服务中心，产生了广泛的社会效益和经济效益。美国联邦海事委员会称赞航交所是“世界海运大国市场监管的风向标”，国际权威航运媒体《劳氏日报》也称其为“中国航运信息的源头”。

由部市共同揭牌的“上海国际航运信息中心”已经形成了“三·三”特色的全时段系列信息产品，包括《中国航运发展报告（航运白皮书、年报）》、《航运交易公报（周刊）》、《航运动态信息（旬报）》等三本书；“中华航运网”、“中华航运物流人才网”和“中华船舶交易网”等三个网站；集装箱运价指数、散货运价指数、船价指数等三类指数。此外，作为政府交通主管部门的决策顾问，航交所积极组织科研项目及航运政策研究，先后承接部、市研究课题 70 余项，取得了一批具有应用价值的研究成果，部分成果已直接为国务院制定政策所运用。此外，还完成多项政府招标工作。

根据《国际海运条例》规定，受交通运输部指定，航交所作为运价备案受理机构，接受中国境内所有经营班轮运输的国内外班轮公司与无船承运人的运价备案，范围涵盖国际、海峡两岸和国内集装箱运输航线，规范了我国国际和国内集装箱运输市场价格行为，保障了运输各方当事人的合法权益，并促进了海运市场健康发展。

航交所控股的上海航运运价交易有限公司于 2011 年推出上海至欧洲、美西两条航线集装箱运价指数衍生品，为航运企业集装箱运输提供保值避险、价格发现的交易平台。同年底发布全新的中国沿海煤炭运价指数，并推出中国南北航线沿海煤炭航线的运价指数衍生品。近期又推出运力交易产品，丰富了航运交易衍生品序列，为航运企业控制船运风险提供了多重选择，服务了实体经济。

航交所致力于为会员和业界提供有关船舶交易方面的相关服务，包括发布船舶供需信息、办理船舶交易鉴证、代理船舶招投标、船舶价值评估、代收代付船款等全程交易业务。由交通运输部指定的“中国船舶交易信息平台”接受全国各船舶交易市场的成交信息报送，并进行重点船舶交易的公示。旗下的上海船舶保险公估有限责任公司，主要从事船舶的检验、估价及风险评估，保险船舶出险后的查勘、检验、估损理算和残值处理，风险管理咨询等，是目前国内专业、权威、合法的价格公估机构。

航交所于 2002 年启动航运及其辅助业资质信誉评估工作。十多年来，共有 4000 余家 / 次在上海口岸从事航运及其辅助业经营活动的企业参加资信评估， 并建立了资信档案，在上海地区基本实现全覆盖。此外，航交所还积极服务于交通运输部主管部门，推进全国船舶交易市场诚信评估体系工作。

在促进航运人才要素集聚和流动方面，航交所发布的《航运薪酬福利报告》为航运企业的用工成本和航运人才的薪资水准提供准确的定位参考，并通过航运人才网平台促进航运人力资源的优化流动。

航交所还不定期举办航运沙龙、政策宣贯讲座、业务培训等活动，提供航运保险代理业务，积极开展与国际航运业界的交流与沟通。

目前，航交所拥有港、航、货、代理、金融、经纪人等各类二百余家会员单位。

今后航交所将继续完善运价备案，建立全国运价备案监管中心；做强信息中心，发布更权威数据；拓展船舶交易平台，提供电子化交易；创新航运金融，试水国际性融租；拓宽资信评估，加强信用度管理。通过这五大方面提升航运服务能级，为振兴中国海运经济、增强上海国际航运中心软实力作出贡献。

（来源：上海航运交易所网）

## 9.4.2 上海陆上货运交易中心

陆上货运交易中心是长江经济联合发展（集团）股份有限公司（95%股份）和上海西北物流园区有限公司（5% 股份）受政府委托，按“政府推动、政策配套、市场运作、企业经营”的原则共同组建成立的公司。陆交中心一期投资 5 亿人民币，主要以建设物流货运公共信息平台为中心，打造现代物流 B2B 电子商务平台，并依托电子商务平台，组织物流在线交易和场内交易中心；开发省际和城际货运专线；搭建货物区域中转平台；以上海市为中心，组建城市物流配送网络。

陆交中心的建立，能有效解决“物流服务供应商”和“物流服务需求商”之间信息不对称的矛盾，从而优化物流资源配置、提高物流企业的整体服务能力、降低全社会物流成本。陆交中心在政府的指导和监督下，将传统的陆上货运交易模式创造性的变革为“公开、公平、公正”的网上交易模式，大大降低了交易成本，规避了市场风险，使陆上货运交易市场更趋向于“规范化、有序化、标准化和集约化”，为政府对陆运市场的监管提供了可靠有效的决策依据。

陆交中心凭借领先的理念和清晰的营运模式，得到了广大物流供应商企业和物流需求企业的关注和响应，在项目的筹备和准备阶段，已经有相当多的物流企业、货运代理公司、制造业企业已经加盟陆交中心，成为陆交中心的会员和专线公司。物流园区、出口加工区、保税物流园区都积极与陆交中心建立信息接口。在政府的协调下，陆交中心已经与上海口岸大通关平台建立了数据接口。上海陆交中心将继海港、空港后，成为中国最大的信息化陆港。

陆交中心还具有强大的社会效应和区域经济联动效应，因此，陆交中心不仅是一项企业工程和行业工程，而且还是一项重要的政府工程和社会工程。在陆交中心的准备筹划和推进过程中，得到了国家发改委、中国物流与采购联合会、上海市政府、长三角各省和国内其他省市政府相关部门的大力支持，这些支持包括：政策配套、专项资助、资源调配、政府宣传、行业指导。陆交中心被上海市政府列为 2006、2007 年度现代化物流建设的重点项目。2007 年，被列为上海市 10 大现代物流项目之首，是上海市“十一五规划”中“现代物流业”和“现代服务业”的重点培育和发展项目之一。

在企业关注和支持下，在政府和行业部门的指导下，陆交中心正蓄势待发，为提高物流企业服务能力、规范物流资源交易、提高物流行业对国民经济的促进作用以及降低全社会物流成本而不断努力。欢迎广大物流供应商企业和物流需求商企业加盟陆交中心！

陆交中心为“物流供应商”和“物流需求商”提供的服务平台包括：

【信息平台】56135 信息平台（“物流要上网”），覆盖全国范围的物流公共信息平台，提供覆盖范围广、信息齐全、更新及时的物流行业公司库，是一个集交易信息发布和管理于一体的 BtoB 公共信息平台，同时还作为一个各类信息集成的物流资讯和物流知识门户网站。

【交易中心】以上海和长三角为中心并辐射全国的物流交易中心，包括在线交易中心和场内交易中心。

【中转平台】长三角区域货物中转平台，进出长三角的货物在此进行分拨中转和资源整合。

【专线联盟】成立从上海始发至全国各大城市的首期 150 条省级和城际物流专线联盟

【城市配送】以上海为中心，组建长三角各大中城市的城市物流配送网络。

本篇供稿：张旭 张志坚；编辑：张志坚

# 第十篇 物流业发展研究与创新实践

## 10.1 物流业发展研究

### 10.1.1 《物流成本高源于管理滞后》

**用互联网来改造供应链**

互联网 + 物流有这么几个方面要把握，一是对物流的管制，物流在国民经济中的地位有一个基本的认识。发展现代物流，主要目的不是增加 GDP，而是优化 GDP。

我们对中国现在物流的发展基本上是这样的认识：一方面，中国物流发展到今天，2000 年后十几年，发展非常快，中国物流的体系已基本形成。怎么判断？一是物流的基础设施已基本呈现网络体系，包括我们的铁路，在全球占第二位，包括公路。另外一个是物流的总体规模已达到 220 万亿，已经形成相当大的体系。第三我们的物流市场承载非常好，我们现在承载着市场容量的物流收入达到了 7.65 万亿，非常庞大，在全球来讲非常有成长性。物流企业成长很快，十年前很难找到一两个亿的物流企业，现在几百上千亿的企业在全国大部分地区都有了，我们叫 5A 企业，覆盖面很广。物流的政策的配套信息也非常好，这十几年来，国务院出台了一系列物流配套的政策，税收、土地等等。

国务院 13 个部委开的物流联席会议，协调机制也建立起来。从上述这些方面看，中国的物流服务体系已经建立起来，中国未来发展的重要方向是提升物流服务的能力。

我们的现在的问题是服务的能力和水平不高，主要表现在物流的效率比较低，效率低成本就高。比如说，物流成本占 GDP 的比例，去年是 16%，跟发达国家应该说相差很远。提高服务的重要渠道就是物流的升级、走工业化道路。互联网 + 物流，现在的问题是要提成服务的能力和水平。

互联网 + 物流这个模式下本与末的关系，互联网 + 物流的根本是发展物流，是通过互联网去助推中国物流的跨越性的转型升级。现今我们从物流发展的管理模式或者发展水平来看，跟国外差了不止 20 年，我们目前可能也就相当于发达国家上个世纪 8、90 年代的水平。所以我们需要有跨越式的发展，才能够在短时间内赶超别人。而互联网确实能助推中国的现代物流，实现这种跨越式的升级发展。

在过去比如说供应链，90 年代以后西方发达国家就开始有供应链了，但那个时候还没有互联网，或者是刚刚起步。他们现在已经利用互联网对供应链升级了，从初级形式升级到了高级形式。所以说我们可以应用互联网超越，可以通过互联网在发展供应链的过程中尽快的向供应链的高级形势发展。我觉得这是我们做互联网加物流一个很重要的目标，即助推中国物流模式的创新和升级，而不能相反。现在把物流的概念嵌入到互联网的平台上，做一些投机活动，这种现象很多。

所以发展互联网 + 物流，包括互联网加其他的，加 N，我觉得现在已经进入经济化的发展过程，不是盲目的通过互联网去推动某个行业或领域的发展，而是要精准的把握住某一个领域的发展。他需要互联网做什么，互联网 + 才真正有用，才真正有价值。

此外，互联网 + 物流要助推的是什么？刚才已经谈到，是要助推中国现代物流的发展模式的创新和升级，我们从管理模式方面来讲，目前处在一个和发达国家比，尤其是西方的发达国家的八九十年代，顶多就是 90 年代初。我们叫物流，我们最近也做了一些调查，结果显示特别是在东部地区，急需物流管理模式的创新和升级，急需跨越到供应链的管理模式，这是非常关键的。

所以说，互联网+物流在物流领域应用的一个很重要的途径，就是推动物流的管理模式向供应链，尤其是向供应链的高级形式发展。即过去我们的供应链是企业和企业之间的供应链，有了互联网这个平台后，应该可以进行供应链和供应链之间的整合优化，这对我们未来中国经济转型升级的发展至关重要。

**目前的物流成本重在行政成本**

中国在10几年的发展现代物流的过程中，物流的成本是在逐渐回落的，中国物流与产业联合会做物流的统计显示占GDP的比例，大概的数据是在2000年左右时或者是更早的时候，物流成本占GDP的比例就高达20%。如今10几年之后，2016年上半年是14.6%。应该说在发展现代物流或者在社会经济不断进步的过程中，中国的物流的成本还是在逐年回落的。这个是需要认真去肯定，甚至是认真的去总结，而不是仅仅当一个结果看看而已。

但横向来比的话，我们的物流成本占GDP的比例确实很高。刚才也谈到了，我们是14.6%，西方的一些发达国家大概也就是8%到9%，而且他们很恒定。也就是说他们这十几年来始终保持在8%到9%。我们比别人高的多，我们甚至高出印度，比世界的平均水平13%左右还要高。所以说确实是比较高。那高在哪里呢，有人说是产业结构和经济结构，这确实是一个客观的原因。经济方面说经济结构，如果经济结构中重工业比重比较大，那物流的负担也自然而然比较大，物流的成本相应来讲也比较高。世界上任何一个国家都经历过这个过程，美国在50年代、60年代以前的物流成本也接近17%，18%，甚至也有20%的时候，这是一个必然的规律。你说他高是有问题吗，也不见得，经济增长他就是这么过来的，这是一方面。但我们现在来讲的话，在转型升级的过程中来讲就不仅仅是指望经济结构调整以后物流成本下降。我们可以观察出，一方面我们在结构上跟人家不一样，而从物流成本的本身构成来看，物流管理水平落后是行业成本很高的一个至关重要的原因。

比如，我们的物流成本国际通用来讲可分成三个方面。一个是运输成本，一个叫保管成本，一个叫管理成本。我们的运输成本大概占52%到53%左右，而像美国、日本的运输成本一般占58%甚至是60%。换句话说，在成本构成中运输成本如果稍微高一些，即反映物流水平就高。因为物流在不断运动过程中，不是滞留在仓库中的，所以效率肯定高。我们现在还有一个关键问题，出在管理成本上。欧美国家的管理成本大概是3%左右，他们有一个基本的恒定标准，就是管理成本超过4%就相当高了，那就反映出在机制、体制方面是存有问题的，或者是需要去改进的。2016年底，在中国物流成本中，管理成本高达12.6%，这说明我们的管理成本相当高。当然我们也看到，我们的管理成本也在降，特别是这一届政府以来，实行简政放权，减税等等，对降低物流的管理成本还是有好处。但是还是很高，高在哪呢？就是行政性的成本费用还是高，所以说这些费用需要通过机制上，管理上，体制上的一些改革来突破。尤其是像这一届政府做的简政放权工作，还需要进一步去深化，尽快的降低在整个社会经济运行中的行政形成，是需要去做的一件事。

从企业角度来讲，刚才讲到，或者是整个行业，整个社会，或者从市场的角度来讲，必须要做的事情就是生产经营的组织模式一定要转型升级，一定要发展供应链。刚才他们也谈到了，工业和流通要融合，先进的工业生产方式背后一定有先进的物流组织方式支撑，否则智能化的生存方式也好就实现不了，成本就会高，效率就会低。所以一方面要通过经济结构改革来降成本，一方面要通过体制机制的改革来降行政性的成本。最根本的就是要通过物流模式的创新升级来提高整个社会经济运行的效率，从而来降低成本。

作为政府它应该要兼顾监管和服务，如果说在某个领域中出现一些乱向就一禁了之，这种管理方式或者这个执政方式，按照总理的说法就算是懒政。关了以后，没有问题了，但是在管这件事情时，执政理念上首先要想到的就是老百姓是不是有需求，是不是符合了老百姓的需求，是不是通过这件事情使老百姓有获得感。这是政府执政需要第一考虑的事情。

第二个考虑就是从一亩三分地里来讲，这种事情是不是有市场需求，是不是社会需要的，如果是需要的，就不应该一关了之。就要从服务的角度去规范它，而不仅仅只是从管理的角度来讲，一关，一刀切就完了，这是懒政的表现。

具体到经营模式，老百姓是需要的，社会也是需要的，市场也是需要的，我们的物流方也是需要的，所以说不能够完全关了。但它确实出现了一些乱象需要规范。政府在这个方面它起到作用就是规范。比如说制定电摩的标准，制定出电摩的物流的优化，通过开一些听证会去做物流的优化，路线的优化，时间的优化等等，所以说这个事情实际上事情不大，但是影响很大，全国都知道。从根本上还涉及到政府的执政理念的问题，在这个方面需要从根本上来解决和完善。

**政策需要给中小企业空间**

我想，像物流这样的服务型领域，小企业居多不足为怪。小企业多和其现代化水平高并不矛盾，但刚才聂教授说的也对，他需要什么？他需要提高的是它社会组织化的程度，就是整个物流的社会化组织化程度。这里就需要有一种手段，能够把这些小企业组织起来。在物流领域，在供应链领域这个叫做整合。一个企业不一定自身要做到一个亿甚至几十几百亿。这样的企业必须要有，但不是所有的企业都一定要做大，物流最大的魅力是整合，通过整合提高其社会组织化的能力，通过优化供应链的组织模式把若干小企业都组织在一个平台上，形成高效有序的流程。这样就能在小企业自身的灵活性和社会化的组织平台上充分发挥起来，这个是最厉害的。不能都是大企业大品牌，所以小企业的存在和社会化的组织这两个方面是不矛盾的。

我们怎么去区别数据这个概念？如果说我们现在因为他有大数据，还有现在我们所说的是小数据的时代，可能你谈的数据可能会涉及到大数据。从两个层面讲，首先从统计数据的情况来看，因为物流的统计是由发改委牵头制定制度，国家统计局做业务指导，具体实施就是我们中国物流采购联合会。物流统计 10 几年来作用还是很大，这些数据从我们的角度来讲完全是向社会公开的，这是一方面。但从整个物流领域的发展来说，对数据的需求不仅仅是我们这个物流统计方面的数据，还包括海关的数据和方方面面的数据。但是这些数据它不开放，有一些东西还是保密的。从政府的角度和大数据的角度来讲，这个数据问题就更麻烦了。刚才丁总也谈到了一些，我遇到的瓶颈有几个，一个是数据开放，数据的开放和数据的公开是两码事。海关也出一些数据，统计局也出一些数据，它的数据公开是公开了，每个月给你发 GDP、CPI，每个月提供海关进出口的数据。可这个公开的不是数据，是在数据汇总之后的以数据形式发布的一种信息，跟数据是两码事。所以数据开放是开放什么？是开放最底层的那种数据，就是原数据那才叫开放。我们现在政府层面还有保密，当然，像菜鸟也好，京东也好，他们也有大量的数据，他们也不开放。当然这里有数据的知识产权的问题，所以说数据的开放是当前整个社会在大数据发展过程中一个最大的瓶颈。无论是政府还是企业，数据都不开放，这是需要通过立法去解决的。美国人、英国人年年都做这方面的立法，美国总统上来以后，一年之内一定要在数据开放这件事上做一些立法。我们应该将立法和市场坚固起来，把它做好。

第二个方面数据的互联互通，我们现在这个大数据的年代，实际上去中心化，没有必要再做非常完整的，没有必要将各个方面的数据形成一个庞大的数据库。我们现在因为有了云计算，数据可能在京东，可能在阿里巴巴，可能在海关，也可能在统计局。只要有一个数据的读取的方法，比如说云计算就可以做得到。但是问题在于现在数据的标准不一样，数据接口的标准也不一样，数据处理技术标准也不一样。所以互联互通这个事也很难解决，解决这个解决首先一定要推动基于大数据技术发展的基础上的标准化。

但更难的是数据的规划和挖掘，京东也好，菜鸟也好，一些大数据放在那儿不是大数据。只有通过数据的规划、挖掘，再加工整理后所形成的数据才叫做大数据。或者才能够创造出大数据的价值，这个方面我们缺人才。阿里副总裁涂子沛写过一本书叫《数据之巅》，他说美国未来最吃香的职业是数据规划师，我非常同意他这个观点。如果大数据时代真的到来，我们缺这种数据规划的人才。否则哪怕是把数据都开放了，阿里把数据给你了你都不知道怎么用，这很悲哀。数据能够连通但你不知道怎么用真的很悲哀。所以说现在数据的问题很大，虽然大家很重视，但数据真的没有作为资源去开放和利用，我们还任重道远。

## 10.1.2 《现代物流如何走上新技术高速路》

当前，我国物流业在“互联网 +”战略的带动下快速发展，并与大数据、云计算等新一代互联网技术深度融合，整个行业向着高效流通的方向迈进。但同时，物流成本居高不下、物流企业小散乱、流通基础设施和技术水平落后的情况一直制约着行业发展。未来，物流行业要继续运用好互联网技术，实现降本增效、多网协同、多业联动，逐渐形成贯穿于流通领域全环节、全链条的高效物流体系——

一个个飞往千家万户的电商包裹，让普通人与物流业亲密接触。日前举行的国务院常务会议提出，推进“互联网 + 物流”，既发展新经济，又能提升传统经济，能大大降低企业成本、提高经济整体运行效率。数据显示，2010 年至 2015 年，我国快递业务量年均同比增长率在 50% 左右，远高于 GDP 增速和第三产业增速。同时，快递业直接带动 200 万人就业，促进就业向服务业转型，驱动电商零售业、O2O 等多重业态的发展，推动经济结构调整。

然而，物流成本居高不下，物流企业小散乱的现状也一直制约着我国物流业做大做强。“互联网 +”如何破题？大数据、云计算等信息技术与物流业深度融合，将为物流业乃至整体经济的转型升级带来什么？国务院发展研究中心产业经济研究部研究员魏际刚表示，物流业发展正在从过去传统的阶段转向数字化、网络化、智能化的新阶段。

**基础设施建设有待完善**

广东财经大学流通经济研究所所长王先庆认为，“互联网 + 物流”必须要有与之相适应的流通基础设施，尤其是智慧物流体系和智能流通技术。那么我国的物流业水平究竟如何？从总体来看，近几年物流成本从占 GDP 的 20% 降低到 16%，进步不小。但和发达国家相比，仍有不小差距。2014 年世界银行物流绩效指数中，我国排行世界第 28，在发展中国家里名列前茅，但远低于发达国家。

阿里研究院物流专家粟日给笔者算了一笔账：“仔细比较我国社会物流成本与美国的差异，可以看到我国运输成本为 5.8 万亿元人民币，比美国反而低了 6.4%，持有成本却比美国高 10.88%，管理成本更是美国的 3 倍。考虑到我国第二产业占比超过 40%，货运周转量约为美国的 2 倍，这就意味着，我们用比美国还低的运输成本运了 2 倍于美国的货物，却用了 3 倍于美国的钱来管理。”

居高不下的管理成本，正来自于组织生产产生的费用，也就是企业之间和企业内部的协作成本。数据显示，我国的货运空载率接近 40%，效率低下，正是成本高企的重要原因。“成本高主要由信息因素造成，而不是产能、运营和其他因素。”粟日说。

“因此，必须加大流通基础设施信息化改造力度，充分利用物联网等新技术，推动智慧物流配送体系建设，科学发展多层次物流公共信息服务平台。”王先庆说。

**运用大数据提升配送效率**

打通数据可以提高配送效率。在重庆渝北区 1.2 万平方米的电商仓配托管中心仓库中，中小电商卖家的货物错落有致地堆放在一起，所有的即时订单被发送到这里，自动匹配快递公司，快递公司看到订单数量足够装车，就随时派车来拉走。重庆临空信息技术有限公司总经理周书凯表示，凭借智能仓储配送管理系统，可以帮助电商将发货效率提高 300%，成本节约 35%。

数据技术创新改变了配送流程。如今，消费者对电商包裹上的不干胶快递单已经屡见不鲜，中通快递上海转运中心操作部经理陈名华表示，这些不干胶快递单上打印的数字正是大数据技术的“结晶”。“比如‘沪西 03-01’，代表的就是长宁二部芙蓉江路派送点，这些数字代码是从大数据里‘捞’出来的，我们叫‘电子面单’，而过去确认每个包裹的派送点，都需要人工用签字笔写在包裹单上。快递公司启用大数据路由分单后，分单的速度从每单 3 至 5 秒，下降到每单 1 至 2 秒。”陈名华说。

"从国务院常务会议释放出的信号来看，一方面，包括智能机器人、无人机配送等先进的配送技术能够得到更多政策支持，更重要的是，包括物流数据共享和政府公共数据开放的标准和机制有望因此建立起来。"中国电子商务研究中心物流分析师姚建芳告诉笔者。中国物流与采购联合会副会长贺登才同样表示，物流信息互联共享体系和标准规范对发展多种形式的高效便捷物流至关重要，需要得到政府社会各个方面的支持。

以物流业中直接面对消费者的快递业来看，我国物流业在数据赋能方面目前处于国际先进水平，巨大的平台经济体量，数据驱动的社会化供应链平台例如菜鸟网络，代表着前所未有的智慧物流创新。通过不断提高快递业的数据化，和 2014 年相比，2015 年全国快递包裹配送时效平均提高了半个工作日。

不过，"数据赋能"并非一日之功。可靠消息显示，"物流信息互联互通工程"未来有望出台。这一工程包括物流大数据集成工程、互联交换标准推广工程，水路便利运输电子口岸信息平台工程等多项计划组成。与此同时，政府物流数据开放目录有望研究制定，促进公安、海关、质检、铁路等部门的信息共享，从而为"互联网 +"高效物流发展提供基础条件。

**融合发展串联流通产业链**

尽管"数据赋能"的效力在快递行业中正在不断体现，但快递毕竟只是整体物流业的一小部分。和顺丰、"四通一达"在快递业的市场扩张相比，传统货运业的产业集中度更低，数据显示，我国有超过 80 万家货运物流企业，其中 40% 的企业甚至只有一辆货车。对于它们来讲，"互联网 +"甚至将像移动出行改变传统出行一样从根本上撬动行业变局。

货车帮、逻辑物流、oTMS 等货运版"滴滴出行"应运而生。货车帮数据显示，2015 年，其通过数据的精准对接，为司机节省空驶油费超 500 亿元。目前，全国同类移动应用已超过 200 个。而在另一方面，物流产业链、供应链上的小微企业们同样被串联起来。粟日介绍说："例如菜鸟的社会化仓配，仓内运营是心怡物流，干线分拨是万象物流，具体配送很多是传统报业加盟网点，最后一公里则可以是菜鸟驿站加盟商。这些人不是一家公司的，但将数据放在同一个平台上，通过平台大数据分析，云计算配置，产生了协同效果。"在他看来，如果"互联网 + 货运"能够有效实施，中国物流业甚至有机会走上一条和发达国家完全不同的道路。"依然和现在一样以小微企业为主，但效率效能本质提升，而不像美国以大公司来主导。不过小微货运企业在信息化的投入上相当有限，包括货运数据化、地理信息基础设施数据化和算法优化依然需要有人牵头投入，在三五年后才能真正看到效果。"粟日说。

而在更广泛的范围内，通过"互联网 +"，促进物流与制造、商贸、金融等互动融合，还能使物流业在生产性服务业方面发挥更大作用。魏际刚表示："未来的制造不仅是生产制造，而是加上信息、服务和消费的制造，因此，从采购、工艺流程、产品库存，到运输、仓储、分拨、配送，都实现与物流的对接，才能更好地满足消费者需求，推动制造业转型升级。"

"物流业将不再仅仅是运输，它将贯穿流通的全环节全链条，基于'互联网 +'的高效物流是多式联运、一体化运作、一站式服务、多网协同、多业联动的一体化综合性服务行业。"贺登才如是说。

## 10.2 物流业创新实践

### 10.2.1 《我国电商发展亟须解决物流通点问题》

随着人们生活水平的不断上升，越来越多的人喜欢海外购物，也正是这样的原因加速了电商不断发展，而物流业也迎来全新商机。物流业是现代服务业的重要组成部分，更是跨境电商不可或缺的一部分。虽然跨境电商在经济与政策双重推动下蓬勃发展，但是物流业却成为当前跨境电商发展中的突出短板。

近日，国务院常务会议提出，要改革完善与新业态、新模式相适应的体制机制，扩大跨境电商、市场采购贸易方式、外贸综合服务企业等试点。在经济复苏乏力的状态下跨境电商给外贸带来了新的生机。

**物流是电商发展的关键要点**

当国务院新闻办公室举行发布会中提到2016年商务发展情况时，商务部部长高虎城表示，中国消费者消费需求不断增加，且更趋于个性化，境外购物已成为一大消费趋势，在这样的背景下，跨境电商也成为了今年国民经济的一大重点工作。

随着经济的全球化以及互联网技术的发展，电商也获得了极大的发展机遇，尤其是我国的电商发展速度，更是超过了其他国家。电商大大方便了人们的信息沟通，但其核心还是商品的交换。为了客户的需要，把商品从发生地运送到消费地，中间可能经历商品的包装、存储、质检、运输，甚至二次的加工，这就是我们所说的物流。所以，可以看出，物流是电商发展的重要基础设施，也是电商能够发展的关键核心。

电子商务的快速发展，使得我国电商物流保持较快增长，企业主体多元化，经营模式不断创新，服务能力显著提升，已成为现代物流业的重要组成部分和推动国民经济发展的新动力。

此外，为了加快电子商务物流发展，提升电子商务水平，降低物流成本，提高流通效率，商务部等六部门印发了关于《全国电子商务物流发展专项规划（2016-2020）》的通知。这一专项规划的发出，极大促进了现代物流的快速发展，使得人们跨境消费成为了可能。而跨境电商之所以能够快速发展，就是因为满足了人们方便及时地要求，现代物流通过信息技术、人工智能等高科技，可以将不同的商品，以最优的方式、最快的速度运送到消费者。如果没有现代物流快速及时地运输，很难吸引人们的跨境消费。

同时，现代物流与电子商务的相生相伴，让企业对商品流、物流以及信息流、资金流有了更全面的了解，从而对产品市场以及消费趋势有更精准的把握，提高企业的效益。现代物流的快速发展，可以提供更多的附加服务，让购物更加方便和友好，比如说，它免除了人们携带、运输的麻烦，交货的时间和地点更加自由，这些都能极大地促进跨境电商的发展。

**行业短板制约物流发展**

据深圳海关统计，2016年上半年，在前海自贸区共验放网购保税进口物品清单（包裹）约794.8万票，同比增长211.97%，货值8.73亿元，同比增长293.40%。随着国内、国际的物流量逐年增长，市场潜力不断加大，我国物流业的问题与不足逐渐显露出来，影响和制约着我国物流业的发展。

从这些数据我们看到，虽然发展速度很快，但是总体金额还比较小，但这也是将来发展的大方向，我国需要在这方面加快发展，取得相对优势，不仅可以促进对外贸易，对冲外贸的下滑趋势，也可以确立将来我国在这一领域的发展优势和话语权。

一些从事物流的企业纷纷表示，在物流为王的跨境电商时代，优质高效的跨境电商物流服务商，是电商企业打开市场、提高用户体验的重要筹码，物流服务做不好，企业就会栽跟头。目前，跨境电商进口商品五花八门，商品种类直接影响到税率、税额、监管条件以及报关的要求，因此对物流公司的通关能力也要求颇高，谁的清关全、能力强，通关效率高，确保包裹安全、快速地到达买家手中，谁就能提高用户体验，占领市场。

目前，我国现代物流起步比较晚，跟发达国家相比有的地方还比较落后，具体来说主要有三方面：

一是现代物流基础不完善，现代物流高度依赖信息、电子等高科技技术，而我国在物流管理理论、新概念以及新技术方面，主要是学习西方发达国家，还没有形成适合我国的理论、技术体系。我国许多物流设施陈旧、管理落后，在全国层面，缺少整体规划。这些都阻碍了物流的发展。

二是我国物流企业的电子化程度还不高。随着这些年有了快速的发展，但是对于与发达国家相比，信息化、智能化水平还是有很大差距，这就使得物流企业的效率不高，不够快捷。同时，物流企业需要跟不同的企业实现对接和集成，比如航空、海运公司以及海关等，我国在这方面的信息集成也相对落后。

三是我国缺乏现代物流方面的专门人才，现代物流的发展不仅需要懂信息技术、企业管理、金融等方面的复合型人才，也需要懂法律、运输方面的复合型人才，还需要专门的高校和科研院所的研究人员，而这方面的人才，我国普遍比较缺乏，也是阻碍物流发展的最大障碍。

电商的发展需要一系列的配套措施，而物流则是其中的重要一环。如何解决好电商与贸易流通等领域联动发展的问题是目前发展的关键。而要想解决这些问题，需要国家高度重视，加大人才的培养力度，尤其是在高校教育方面，通过国家重大专项课题，一方面可以在国家层面，对物流建设有整体规划，同时加快培养高层次人才，要加快法律法规的建设，构建物流企业发展的良好环境，充分发挥市场的作用，通过建立统一的标准，加快企业、海关、第三方物流的信息集成。另一方面我国应该加快和其他国家通关便利化的谈判，提高物流通过的速度。而国家应该支持我国的物流企业走出去，在其他国家建立分支机构，这都会极大地促进跨境电商的发展。

物流本身不是独立的产业，必须和其他行业结合在一起，它的服务才有明确的方向和目标。目前我国物流配送体系尚处于发展初期，其规模还比较小、发展水平也比较低，在电商的快速发展过程中更是体现了我国物流体系的不足。因此构建高效、快速、合理的现代物流体系已经成为电子商务发展中亟待解决的问题。

## 10.2.2 《物流行业信息化发展之路》

物流业是支撑国民经济和社会发展的基础性、战略性产业，推进“互联网＋物流”既能发展新经济又能提升传统经济竞争力，在7月20日的常务会议上，李克强说：“要推动互联网、大数据、云计算等信息技术与物流深度融合，推动物流业乃至中国经济的转型升级。这是物流业的‘供给侧改革’。”在全球经济深刻调整的今天，中国经济也面临着转型升级的挑战，在国家大力推进“一带一路”战略的大背景下，我国物流业的发展迎来了重大机遇，同时也面临着巨大挑战。物流业作为我国经济发展的基础性产业，是不可或缺的重要一环，那么中国物流业如今的发展现状如何，中国物流行业的信息化程度如何？今后中国物流智慧化发展之路又将指向何方？《中国商界》杂志社记者就当前物流行业的问题采访了中国物通网创始人贾信河。

**链接——打通物流行业信息不对称的“任督二脉”**

物通，即物品流通，中国物通网成立之初就是立足于“一站式解决发货企业物品流通问题”的公共物流信息平台。基于中国物流行业信息不对称的发展现状，中国物通网根据国内物流企业与行业发展的问题，通过互联网平台打破了中国物流行业的顽疾—信息不对称，通过“链接”让广大发货企业可以随时随地的通过互联网轻松查找各类物流企业，打通物流行业的“任督二脉”，实现物流行业的信息流，解决物流行业的最大难题。

贾信河说道：“物流的本质是把物品从一个地方运送到另一个地方的过程。”由于中国的城镇化发展迅速，物流企业或运输车辆大多分散在偏远的城市外围，当发货企业需要找运输车辆或物流企业时，找物流集散地或物流园、停车场既费时又费力，这是典型的“物流信息不对称”问题。贾信河说道：“当时我就在想能不能通过互联网的方式把物流企业的‘网点’与‘线路’连接起来，让发货企业通过‘出发地’与‘到达地’的省、地、县的准确搜索，轻松找到物流企业与运输车辆，直接联系物流企业把货物送达目的地，轻松解决找车、找物流的难题。”

随着中国经济的高速发展，现代企业的物品流通区域越来越广，物品的类型、数量越来越多样化。由于中国物流行业起步较晚，物流企业的网络规模普遍较小，之前在发货时找物流比较麻烦，比如，从北京发往云南是一家物流公司，从北京到山西又是另一家公司，全国发货需要找很多家物流企业。中国物通网就是基于这样的背景下通过互联网系统整合“物流企业、运输车辆、海运空运、快递、搬家与整车配货”等物流服务商，通过互联网最佳的“链接”工具，打破信息的不对称，让发货企业轻松找到需要的物流企业，物流企业通过中国物通网也可以轻松地接到货源，一站式的解决了物流行业的“信息流”问题，让物流企业轻松的实现了业务信息化。

**信息平台连接物流运输便捷化的纽带**

中国物通网根据企业发货量的多少、远近等多元化物流需求，系统整合第三方物流公司、运输车辆、配货等各类物流服务企业的信息；物流企业可以把“网点”发布到物通网上，并把多地网点设置成“线路”从而形成物流线路或物流网络；通过物通网这个平台可以很方便的搜索到所需要的物流信息，很清楚地看到物流公司具体的网点坐标、线路价格、运输时限等详细的物流信息；这样不仅解决了物流信息不对称导致的中间环节多、成本高的问题，而且也起到了链接的作用，可以逐渐去中介化，这也是互联网平台最大的价值。谈及物通网发展的立足点，贾信河说道：“中国物通网先做链接，立足于发货企业的综合物流需求。大量的货物，就找长途返程车，可以直接找到车主；发少量的货物，可以找直达专线，价格低、速度快、效率高；国际出口的话，有海运和空运。”目前物通网已开通“门到门”的同城配送服务，围绕发货企业的物流需求做整个的链接，让企业无论货物多少、多远都能够轻松运出去，实现一站式解决发货企业的物流问题，这也是物通网品牌的定位。物通网不仅解决了物流信息不对称的问题，同时也实现了物流企业物流线路信息的互联互通，发货企业和物流企业可以共同交流，也可以直接在网站上对比物流企业的服务承诺与运费价格等详细信息，实现了物流信息资源的共享与透明，这样可以有效降低发货企业的物流成本，也可以引导物流行业的服务升级与相关费用的透明化。物流信息平台已成为发货企业降低物流成本的“法宝”。

**信息化实现物流行业的互联互通**

中国物通网设计的通过发布“网点”设置“线路”，让发货企业通过出发地、到达地轻松准确找到物流企业，直接增加“货源”的推广模式，帮助物流企业实现了“业务信息化”。发货企业可以通过中国物通网互联网平台、手机APP、车载终端轻松找到物流企业与网点，帮助物流企业增加货源，提升物流企业的“业务信息化”程度。

中国物通网为了实现实时货物的在途“监控”，2013年开发了一个“车联网智能监管平台”，运输车辆通过下载物通APP或安装车载终端，物流企业与发货企业通过互联网或手机APP实时监控货物的状态与车辆的位置；物流企业可以通过手机APP或互联网平台实时清晰地看到每天的行车轨迹、停靠时间、燃油损耗油、运行里程统计、业绩考核、行车记录等信息，针对车辆的智能化管控，为物流企业实现了智能化管车控车，帮助物流企业实现了“运输过程的信息化”。

为了实现发货企业“一票到底”的在线物流跟踪查询，并根据国内当前大多数物流企业的粗放式管理的现状，中国物通网根据物流企业的业务管理流程开发了TMS(TransportationManagementSystem，运输管理系统）平台，帮助物流企业轻松实现对企业的内部信息化管理，通过TMS物流管理系统，物流企业可以通过平台把各地的每个网点轻松管控起来，实现实时对全公司的信息化管控，全面提升物流企业内部管理的信息化，提升运行效率与经营利润，全面升级物流企业的内部管理信息化。中国物通网从2008年开始做公共物流信息平台，先做物流链接，让企业发货、找车、找物流更方便、更快捷、更简单，实现了物流信息对称化，并逐步延伸至O2O（即OnlineToOffline，线上下单、线下上门接送）的服务模式，同时根据物流行业发展的现状；物通网认为通过“物流信息平台”可以帮助物流企业低成本实现信息化转型升级，逐步提高中国物流行业的信息化程度，实现“做中国物流行业信息化服务专家”的公司定位。车联网实时跟踪轨迹、在线监控、实时智能考核管控整个运输过程，车上还能对接温感、温控设备，对特殊的货物可以做到实时掌握货物的温度、湿度等情况。这称之为“运输过程的信息化”。运输过程信息化可以提升车辆的运输效率、增加透明度、降低车辆的管控成本，达到节流增效的作用，降低物流企业的成本。

**“互联网 + 物流”行业发展的方向**

我国物流行业虽然相较于发达国家起步较晚，但是有着后发优势，目前我国物流行业也逐步从销售、采购为主的第一方物流、第二方物流，现在逐渐向第三方物流转变，且发展势头一片良好，第四方物流也有萌芽之势。

中国物通网近几年陆续开发了互联网平台、PC 端配货软件、手机 APP 软件、车载终端、车联网平台、在线投保、SAAS 物流管理平台、发货企业物流管理系统等，物流企业通过和中国物通网合作，不仅可以通过网上接单实现业务信息化、车辆管控信息化，CTM(CollaborativeTransportationManagement，协同型运输管理），还可以把业务流管理起来。现在的数据单号跟物通网平台联系在一起，通过手机、电脑等客户端就可以随时查看货物的情况，实现整个物流过程的信息化。

台子搭好还需要角儿把戏唱好，那么物通网是怎样保证在平台上的物流公司服务到位的呢？贾信河说道：“企业在网站上注册会员要有一套严格的准入门槛，需要企业提供营业执照、道路运输许可证、运营许可证等相关资质证件。当然现在也有很多公司存在跑路的现象，这个很难把控。我们公司的审核是当前国内物流平台最严格的，物流企业要证件齐全，车辆需要行驶证，必须提供车辆所有人的身份证，公司要有营业执照，还有和公司签订协议，确保这些后，为了保证货物安全，还要进行在线投保，比如丢失险、破损险等，这样大大降低了货物的安全风险。”

**转型升级为物流行业注入新活力**

由于近几年实体经济发展放缓，现在物流行业也到了一个产业整合、转型升级的时期，那么物流行业现在处于什么样的发展阶段？在回答《中国商界》记者问题时贾信河说道：“目前的市场环境对于物流行业的发展是不容乐观的，特别是第三方物流企业，人力成本、车辆成本、房租成本等运营成本一直上升，很多中小物流企业日子比较艰难。以前的物流行业现状为小、散、乱、差，但是随着信息化的发展，物流行业由以前的手工作业逐渐变成了互联网机械化作业。”通过平台展现服务，让服务、价值更透明，让整个运输过程接受大量的评价，这样会促进服务标准的完善，提高整个行业信息透明化。

谈及平台的作用时贾信河说道：“接下来几年，一定是物流行业进行产业整合、转型升级的时间。但是中国疆域辽阔，产品分布广，物流需求市场大，但是比较分散，中国物流市场很难形成一家或两家物流企业占据整个市场较大份额的局面，整个市场还会是以中小型物流企业为主的市场格局。而且，这些中小型物流公司会做的更专业、价格更低、效率也会更高，对降低物流成本起到很大的作用。也就是说将来中国的物流企业数量还是会很大，但是都做的很专，效率很高，大的就是以做高端客户为主，比如德邦、华宇、百世汇通等企业，他们的货物运费价格较高、服务较好。那么这些做中小干线的就是大众类的，比如食品、家具等日常类的产品承接量很大，效率很高，价格也很便宜，对生产型企业有着关键的作用。”

所以中国的物流业态还是一个立体型的，即高、中、低端都有，这个低端不是指服务，而是做的更专，形成专业的分工，信息化管控更透明，服务更标准、更专业，效率会更高，成本会更低。近阶段物流企业的经营想要做大做强还比较困难，现在物流企业很多的运营成本都在增加，但是物流的运费，这几年都是在下降的。所以说要实现集约化，要实现服务升级、效率更高，要从时间效率和运营效率上入手。因为物流的信息化、时效性、交互性很强，物通网能帮助企业开源，让发货企业找到，从而增加更多的货源。通过管车控车，原来运输可能需要 10 辆车，现在 7 辆车就可以完成配送，降低费用。通过 TMS(TransportationManagementSystem，运输管理系统）平台，实现集约化管控，效率更高。原来一项工作需要 3 个人完成，现在 2 个人就可以完成。网点也可以实现异地信息化管控、降低成本、提高效率。

**实现中国物流智慧化任重而道远**

“智慧化的基础是信息化，没有信息化就无从智慧化，对于广大的中国物流企业而言，当前如何实现企业的信息化转型升级是首要的任务，逐步实现运输过程信息化与企业业务流程管理信息化之后才能逐步向智慧化递进。”贾信河如是说。现在国家发改委、交通部提出了智慧物流的概念，中国物流业正在逐步实现物流的信息化与智慧化，这是未来的发展趋势。只有真正做好了信息化，逐步使用一些感知终端、智能终端才能逐步向智慧化过渡，智慧化是未来的方向，但是智慧化还较远。

对于未来信息化与智慧化的发展方向，贾信河说道：“对于实干的物流企业家来说，还是要先做好物流企业的信息化转型升级，信息化做通才能逐步实现智能化。由于整个物流行业市场巨大，形成多平台无缝对接、系统链接、PC端、手机移动端、车载端等形成多平台全部一个账号互联、互通、互融，现在还没有其他平台做得到。因为我们从2008年开始做，这么多年，我们200多人的团队一直在做这件事，投入了非常大的精力与财力。我从2007年开始筹建这个项目，从36岁到现在的45岁，人生最宝贵的十年都献给了物流这个行业。所以说这个事我们可能还要俯下身子再做10年，才能做得更大更好。俗话说，十年磨一剑，解决行业的信息化、标准化、智慧化等问题可能还需要较长的时间与较大的投入，在物流业智慧化的道路上，每位物流人身上都肩负着责任感和使命感，实现物流行业的智慧化，任重而道远。”

### 10.2.3 《E路通新模式 创新集装箱物流“互联网化”的科技之路》

移动互联网快速增长的时代，不仅带来了全新的服务需求和消费体验，同时，市场对物流行业关键服务的要求也越来越高。一直以来，中国大陆集装箱物流行业存在着硬件与软件发展不平衡的现状。如何在竞争激烈的背景下，实现效率和质量的同步提升，将整个业务系统电子化、信息化、智能化，是整个集装箱物流行业当下重点考虑的问题。

E路通成立初衷就是为了实现货主与车主的无缝对接，解决货主与司机之间繁琐的中间环节以及信息不对称等问题。一方是港口寻单、跟单等操作繁琐，效率低下，且无法快速搜索适配到合适的货车司机；另一方是结款账期紊乱，车主得不到应有保障，导致服务水准不足。

为了激发集装箱物流行业的积极创新、智能发展、高效运作，我们的团队试图通过打造优质、便捷、安全的互联网平台，打破目前困扰着集装箱物流行业的种种弊端。创始团队为平台取名为“E路通”，寓意行业的供需两端一同一路通顺、智能高效，互惠共赢。

E路通的本质就是一个智能的物流信息与服务的交互式平台引擎，智能化地把货主的需求跟市场上所有的货车资源进行了无缝连接。相比集装箱物流行业传统的线上发布信息、线下接单和支付的运作流程，E路通打造了一个集装箱运输数据精准匹配的智能系统，这一个完整的系统包括了物流信息即时发布平台、货源与车源订单高效线上匹配和管理、智能关口报表填写、车辆跟踪管理、以及线上运费支付等功能，打通了集装箱物流运输过程中的所有闭环，拥有着很高的实用性和商业价值。

“我们的理念就是将货源与车源的信息和资源进行整合管理，给双方一个有保障的平台。另一方面，E路通也为货主们提供了优质、便捷、放心的服务。”E路通联合创始人邓永旋说道，“通过减少了行业内的中间环节，最终实现货源和车源无缝对接，实现行业内供需双方的共赢。”

2013年，上海自贸试验区的落地，为集装箱海运市场带来前所未有的而成长空间。自贸区的建立，实质推动了跨境贸易在信息流、物流、资本流等方面的融会贯通。尽管身处全球经济疲软的大环境，上海港获得傲人的成绩，连续6年蝉联全球集装箱吞吐量榜首。从中港网发布的数据显示，上海港2015年母港集装箱吞吐量达到3650万标准箱，平均每日集装箱车次在5万次左右，可见，集装箱海运物流未来有着非常光明的发展前景。

此外，E 路通联合创始人邓永旋表示，集装箱物流行业的智能化革新终将为供需双方带来可观的盈利改善。“如今，国际货代公司的毛利在 200 元 / 车左右，集装箱车队的毛利在 300 元 / 车左右。按每车均价 2000 元计算，运用 E 路通电子化、智能化的新模式，货源直接对接车源，能够使物流成本降低近 40% 左右，在物流这个非暴利的传统行业而言，这一革新将大大提升货主与车主双方的盈利能力，值得引起重视。”

据悉，E 路通团队开发了 web 端和 app 端两款产软件品，并根据集装箱物流运输供需双方的不同需求设计了货主版和车主版两个版本，为货主与车主提供双向服务。

E 路通为货主与车主的操作人员提供了智能化便捷化的填单功能，只需填写一些基本信息，后续工作将由平台完成，大大减少了操作人员填报单据的错误率，提高了货源与车源的工作效率。此外，通过 E 路通的智慧算法，能更好的实现货源与车源的对接，降低物流成本，让运输变得更加高效、安全、便捷。

而 E 路通车主版操作界面简洁，让车主能够更便捷地完成线上接单的功能，非常实用。此外，E 路通通过打造在线支付系统，优化物流行业支付方式，不仅能够有效改善行业内恶意拖欠运费的现状，为车主提供更高的保障性，同时也刺激车主的服务积极性，确保运输货物能够安全、及时地送达。

E 路通团队认为，物流行业的智能化革命势在必行。随着行业工作习惯的而养成、供应量提升、市场需求提升，E 路通平台将在行业内获得更高的认可度和覆盖度，势必将迎来迅猛快速的发展。

## 10.2.4 《上海雍珑物流有限公司打造集装箱物流平台》

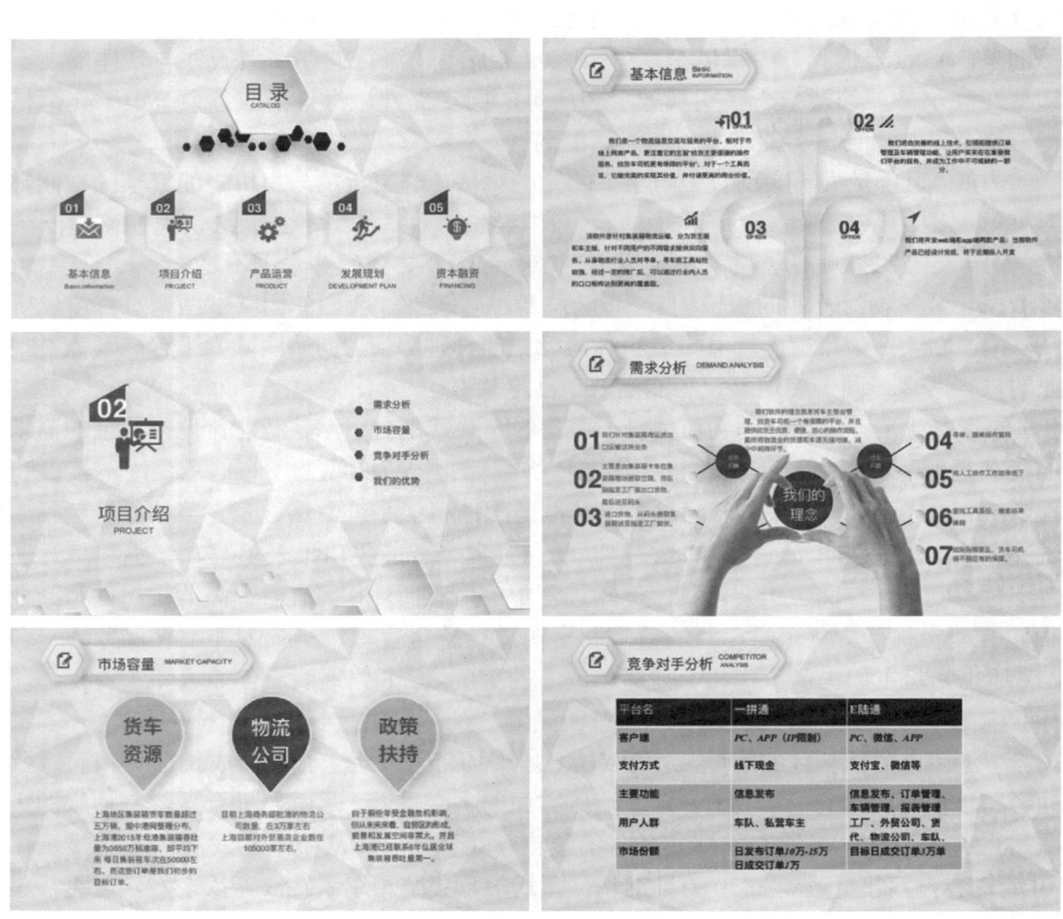

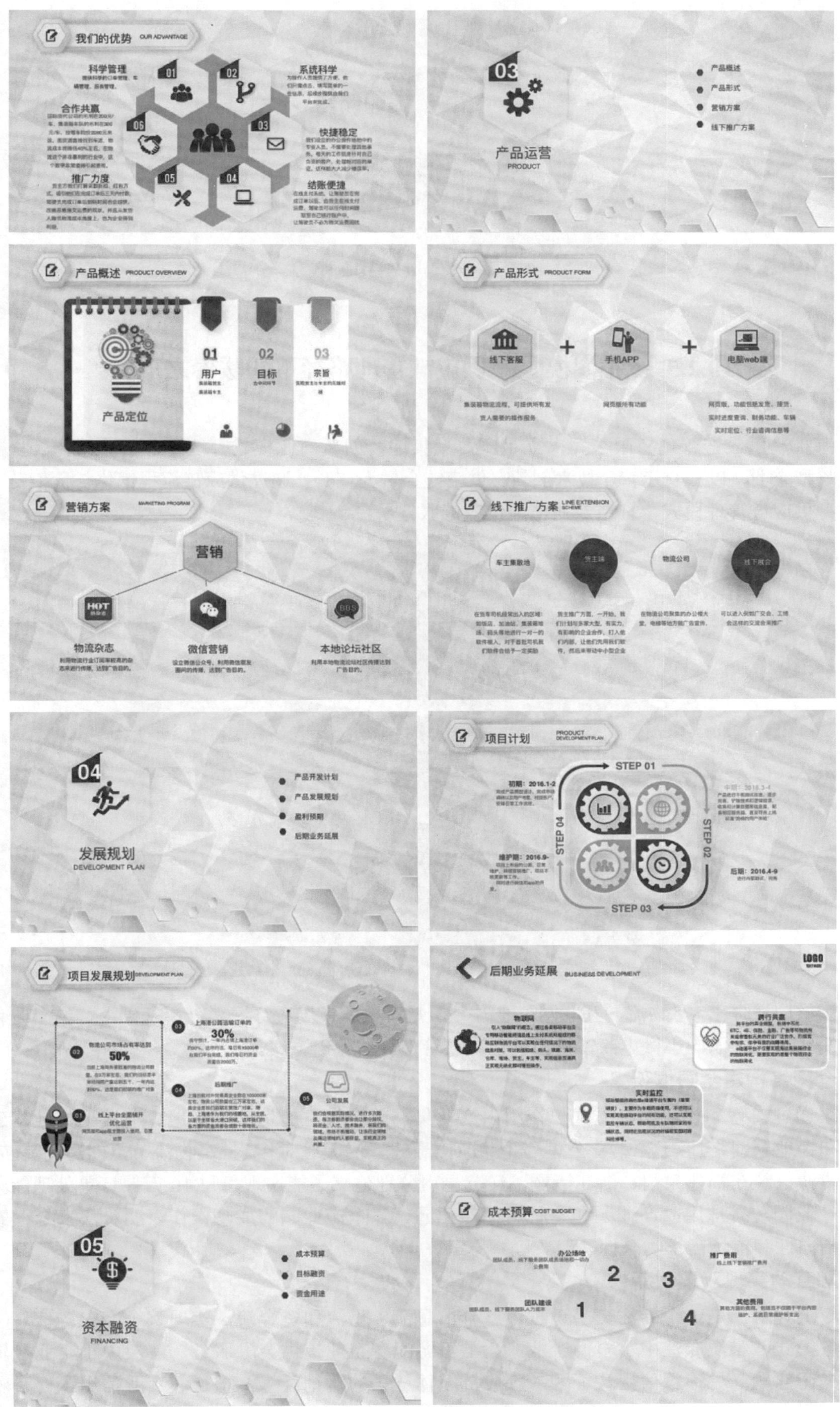
我们的优势 OUR ADVANTAGE
科学管理
系统科学
合作共赢
快捷稳定
推广力度
结账便捷
01
02
03
04
05
06
03
产品运营
PRODUCT
产品概述
产品形式
营销方案
线下推广方案
产品概述 PRODUCT OVERVIEW
产品定位
01
用户
02
目标
03
宗旨
产品形式 PRODUCT FORM
线下客服
手机APP
电脑web端
营销方案 MARKETING PROGRAM
营销
物流杂志
微信营销
本地论坛社区
线下推广方案 LINE EXTENSION SCHEME
车主集散地
货主端
物流公司
线下展会
04
发展规划
DEVELOPMENT PLAN
产品开发计划
产品发展规划
盈利预期
后期业务延展
项目计划 PRODUCT DEVELOPMENT PLAN
STEP 01
STEP 02
STEP 03
STEP 04
初期：2016.1-2
维护期：2016.9-
后期：2016.4-9
项目发展规划 DEVELOPMENT PLAN
50%
30%
后期业务延展 BUSINESS DEVELOPMENT
LOGO
物联网
跨行共赢
实时监控
05
资本融资
FINANCING
成本预算
目标融资
资金用途
成本预算 COST BUDGET
办公场地
推广费用
团队建设
其他费用
1
2
3
4

## 10.2.5 《雅澳模式—供应链管理路径下的暖春之旅》

上海雅澳供应链管理有限公司，立足产业聚集地，创新商业模式打造产业链“第一公里”，着眼于成长型企业，以云仓运营、技术创新、供应链金融为核心，通过供应链流程优化与价值链重构，创建新型供应链管理模式，打造专业电商供应链服务平台。

雅澳供应链提出 “物流 + 互联网 + 金融”，是对电商市场进行深入分析基础上，结合时代要求和市场发展趋势，面向小微电商，提出的供应链管理一体化新方案。

**云仓网络构建全国框架**

雅澳通过自营和加盟两种方式，在国内产业集群效应较强的生产聚集地、消费聚集地构建产地仓网络和销地仓网络，实现“第一公里”和“最后一公里”的无缝对接，提高物流节点的时间流转效率。目前，雅澳已经在福建泉州、浙江诸暨、江苏昆山分别建立了能实现每日 10 万票订单处理能力的母婴用品产业园，裤袜用品产业园和宠物用品产业园。三个产业园的成功操作表明雅澳云仓模式具有正确的指向性和市场需求吻合性。

**金融互动实现双重创新**

供应链金融，是一个专注交易过程，整合信息流、物流和资金流，实现整个产业链信息交互的金融服务模式。雅澳专注中小电商企业，为上下游配套企业提供金融服务，解决中小企业融资难和供应链失衡问题；将银行信用认证融入供应链整体链条的购销行为，增加其商业信用，促进雅澳与中小企业建立长期战略合作关系，提供供应链的整体竞争力。雅澳供应链计划将区块链思想应用在产业链参与者的信用评级上，最终实现产业链金融资金的精准投放。数据征信、动态质押等金融产品和服务，为雅澳实现为小微电商企业做融资，为金融机构做风控的目标开辟了前沿阵地。

**SaaS 架构自主信息服务平台**

信息化是电商企业正常运转的命脉所在，“物流 + 互联网 + 金融”也需要信息化的支持。雅澳供应链对云仓网络布局，产业集群实现，物流信息共享，金融风控实现等方面的特点进行分析，对雅澳供应链的信息系统进行系统升级，实现产业链源头的信息收集，业务关联数据的交叉验证、数据清洗、智能预算，并根据产品仓储、销售、物流信息，进行汇总，出具企业财务 “体检报告”。雅澳供应链自主信息化平台的搭建，是成就中小电商企业间信息互联、互通的重要路径。在 SaaS 模式下，处于供应链管理各个节点上的使用者，能通过互联网实现在任何时间、任何地点的便捷使用。

2018 年，雅澳供应链还计划将其模式推广到全国 11 个区域的 15 个产业集群，形成日处理订单 100 万票，年 GMV100 亿的规模。

专业化的操作团队，是雅澳发展的基石，使得雅澳模式得以成功实现。专业化的管理团队，是雅澳的旗帜，代表雅澳的企业发展方向和发展指标。雅澳供应链 CEO 王伟先生，执行总裁朱掳先生，高级副总裁徐宇飞先生，副总裁郑衍义先生，副总裁孙立国先生，副总裁李竣羽先生构成雅澳管理的核心团队。雅澳管理团队内的每一位都是在专业领域有过多年经验、关注时代发展、富有创新理念的高管人员。对于雅澳供应链的市场定位，发展战略及规划能提出具有专业化，创新性和针对性的方案。

雅澳供应链的操作模式，不仅得到美家美户、灯灯网等产业内标杆企业的加入，也获得资本界的认可，截止到2017年3月份，雅澳已经成功引入天使投资人、天天快递创始人詹际盛先生，三银资本，联创投资创始人冯涛先生的战略投资合作，完成了雅澳供应链天使轮融资，雅澳供应链的资本结构初具雏形。

### 10.2.6 《关于加快物流行业信用信息平台建设的设想》

国务院出台《社会信用体系建设规划纲要（2014-2020年）》（以下简称：“《规划纲要》”）后，我国社会信用体系建设进入了快车道，统一社会信用代码的施行和信用中国上线，为行业信用体系建设创造了必要社会信用环境。尤其是，2014年至2016年中央密集出台的相关文件，对行业信用体系建设指明了方向，明确提出行业协会商会要建设“行业信用信息共享平台”（以下简称：“共享平台”）。2016年国家发改委开始在煤炭、电力、盐业、石油天然气、运输物流、企业债券等六个领域开展试点，行业信用体系建设进入了实质性推进阶段。

《规划纲要》揭示了我国将实行多元征信模式的社会信用体系，这一定位符合国情，也符合信用经济向信用社会转变的历史潮流，客观上为我国社会信用体系建设实现弯道超车创造了机会。换言之，我国的行业信用体系建设没有现成的外国模式可循，为此，上海市物流协会在上海市政府的支持下，应用第三方专业机构的研究成果，耗时一年多，实施“上海市物流协会信息共享平台建设”试点项目，目前该项目建设目标基本达成，2017年6月份项目验收。根据项目规划，项目验收后，将在业内和跨行业推广和复制。本文以该项目为实证素材，提出加快物流行业信用信息共享平台建设的设想，供大家参考。

**一、政策依据**

（一）国务院《社会性用体系建设规划纲要（2014-2020年）》（国办发[2014]21号），将行业信用信息共享平台列入社会信用信息体系。

（二）民政部8部门《关于推进行业协会商会诚信自律建设工作的意见》（民发[2014]225号），明确要求行业协会商会建立企业信用档案制度，引入第三方评级机构开展信用评估，做好培训和宣传。

（三）《商务部关于加快推进商务诚信建设工作的实施意见》（商秩函[2014]772号），要求加快推进商务诚信建设工作。

（四）商务部、国资委于2015.8.5联合印发了《关于进一步做好行业信用评估工作的意见》，明确：为全面落实上述三个文件的要求，进一步规范和促进行业信用评级工作，加快构建以行业组织为主体、第三方机构为支撑、企业广泛参与、政府指导规范、社会监督保障的“五位一体”行业信用体系。

（五）国务院2016.6.15发布的《完善守信联合激励和失信联合惩戒制度 加快推进社会诚信建设指导意见》和2016.6.16《关于在市场体系建设中建立公平竞争审查制度的意见》，进一步强调了行业诚信建设的必要性和迫切性，增强了文件的操作性，并落实到了公平竞争制度具体事项。

（六）国务院十部门2016.12.29印发的《行业协会商会综合监管办法》（发改经体〔2016〕2657号）要求建立协会商会信用承诺制度。鼓励协会商会建立自律公约和内部激励惩戒机制，发挥其在社会信用体系建设中的积极作用。鼓励协会商会与具备资质的第三方信用服务机构合作，对会员的信用状况进行第三方评估，完善会员信用评价机制。

（七）国家发改委连维良副主任在2017年1月18日在贯彻落实信用体系建设三个改革文件视频会上的讲话中指出：要充分发挥行业协会商会的作用，加强行业信用体系建设，强化行业信用自律和会员诚信管理。“……全面构建以信用为核心的新型监管机制，全面构筑以信用为基石的社会主义市场经济秩序，为经济社会健康可持续发展奠定坚实的基础，以优异的成绩迎接党的十九大的胜利召开。”

（八）连维良副主任 2017 年 3 月 15 在行业协会信用体系建设工作座谈会上讲话时指出：2016 年一年，中央深改组 4 次会议审议通过，出台了 6 个信用体系建设的顶层设计文件，为当前和今后一个时期社会信用体系建设指明了方向。贯彻落实党中央、国务院决策部署，加快推进社会信用体系建设，要充分发挥协会商会等行业组织积极性，一方面加强行业协会商会自身诚信建设，要诚信履职、诚信服务，另一方面要推动本行业信用体系建设，成为行业信用建设的加油站和催化剂。

连维良副主任要求：相关行业协会推进信用建设 2017 年要做好三项重点工作，一是抓好人才队伍、脱钩改革、诚信自律、宣传建设四项基础性工作；二是要实现行业信用评价、行业红黑名单制度建设、行业信用信息归集共享三项任务“增量扩面”；三是推动行业信用承诺公示、与第三方征信机构合作、信用信息共享平台建设、信用网站建设、行业标准建设五项任务快出成果。

连维良副主任表示：要进一步发挥社会信用体系部际联席会议牵头作用，为行业协会开展信用建设工作创造条件，一是帮助行业协会制定信用建设的专项方案，支持出台行业红黑名单管理办法，支持参与联合激励和联合惩戒相关工作，推广信用建设好的经验；二是支持行业协会开展信用建设专项活动，推进行业秩序规范建设，建立信息归集和共享长效机制，开展行业协会信用建设试点。

## 二、共享平台的基本定位

### （一）共享平台的作用地位

《规划纲要》设定我国信用信息系统由公共信用信息平台、人行征信平台、行业信用信息共享平台、征信系统信息平台四平台构成。公共信用信息平台归集公共信用信息，表现为信用主体信用行为的正面和负面历史记录；人行征信平台归集金融信用信息，表现为信用主体金融正面和负面交易记录；行业信用信息平台归集信用风险信息，表现为企业信用风险预期记录；征信系统信息平台即机构间业务档案交换平台。四平台信用信息是信用主体信用状况的“四维打印机”，其互补性体现在“集合应用”，平台功能不是信用信息应用，而是供应，各平台各司己责，做好各自系统内信息归集、供应，维护我国社会信用体系多元征信模式制度。分析显示，行业信用信息共享平台不可或缺和替代。

“四平台”关系示意图：

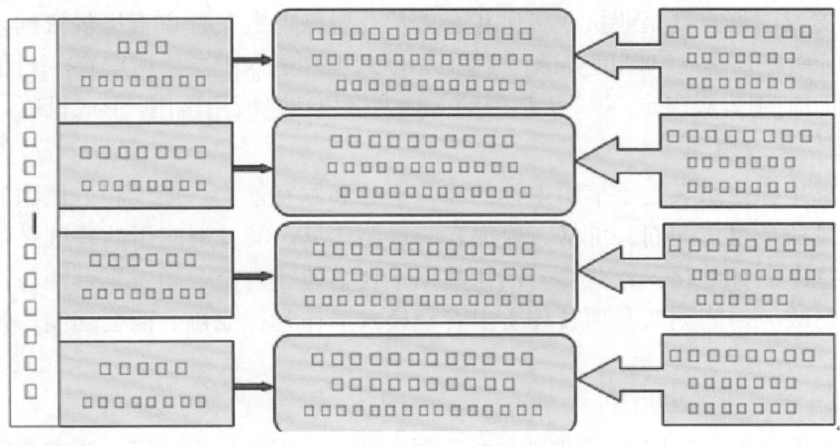

信用信息为辅助数据模块。辅助数据模块一般包括：企业源信息、协会管理源信息、环境信息、公共信用信息、金融信用信息、网络信息等。其中，信用信息运行规程如下：

1、行为信用信息形成机制和归集渠道

行业协会在实施会员管理过程中形成的与协会职责相适应的会员企业的正面和负面记录，反映了会员企业历史行为信用表现，是协会用于内部管理源信息。协会将管理源信息中具有法理依据的信用主体行为信用记录，编制目录清单并及时归集到共享平台，有共享平台与公共信用信息平台、人行征信平台、征信系统平台开展交换和共享。

行为信用信息形成机制的目标：实现行为信用记录即时归集至相应的信用信息平台并记入信用主体信用档案。其制度安排有三个节点，节点一，制定行为信用记录的法理依据和有效性操作规范以及行为清单；节点二，设定行为信用记录归集的线路和即时传输系统；节点三，界定具有合法身份的信用信息平台的性质、职责和功能。目前，源信息的归集模式和上海市公共信用信息平台的运行模式有待提升法治化水平。（信用中国的信用信息基库的问题也在于此。）

2、信用风险信息及其形成机制

行业协会邀请第三方信用评估机构（以下简称："机构"）开展会员企业信用评估，机构基于相关源信息、行为信用信息，运用相应的评价体系，遵循行业公信力要求，独立评价和出具评估报告，形预期一定时间内信用主体或债项的信用风险。共享平台将评估等级转换成企业信用档案，形成企业信用风险信息（注：行业共享平台基库设置风险信用信息、环境信息、行业自律管理源信息和企业基础信息等模块）。

风险信用信息形成机制的目标：通过第三方机构评估，赋予信用档案信息完整、标准、即时和公信力，具备广泛的认同性，有效确立信用主体信用身份，支持行政监管、自律管理、经营活动信息对称。其制度安排突出三个环节，即信息采集环节、机构评价环节、平台管理环节，通过制度（法律和行政法规，业务规范和管理章程）安排，引导和确保信息采集顺畅有序、评价体系先进、平台治理规范。

3、信用档案数据更新（信息保鲜机制）

数据的时效、真实和全面是信息对称的基本要求，信用档案是企业的信用户口和经营活动通行证，对社会具有公信力，所以信用档案数据更新是联盟平台和会员平台的一项重要的公信力制度安排，信用档案主体根据协议承担信息更新申报的义务和责任，专业机构根据协议履行跟踪评估的职责。

（三）共享平台信用信息的应用

1、行为信用信息的应用

行为信用信息应成为信用主体开展社会经济活动的前置条件。行为信用信息推广应用的前提条件是易查、公平和惩戒的制度安排。行业协会商会重点用于自律管理，为会员企业商务活动、合作和交易提供信用支撑，为会员企业执业资质和个人从业资格前置条件审查提供依据，为政府部门行政事项受理和监管做好信息共享制度安排。其他，如出入境和进入重要场所审查，社团会员资格审查，办理银行卡、证照，信用等级限定，等等，都应纳入行为信用信息应用范围，形成机制，保障信用公平。

2、风险信用信息应用

风险信用信息指标体系表达了信用主体的守信意愿和践行能力，或（和）债项的偿债能力，是信用投放决策（投放数量、期间、价格、保证）的重要依据，其普遍应用的基础是信用风险定价机制和风险信用信息产品标准化。行业协会依托共享平台搭建业内企业融资平台，与银行等金融机构协同金融创新，与政府协同创新专项转移支出管理模式，作为行业协会商会功能、管理和服务创新的主要抓手。

3、信用信息（产品）的应用

根据国家发改委要求，2017 年行业协会商会要全面建立事前信用承诺、事中信用分类监管、事后信用联合奖惩制度，初步建立以信用为核心的市场监管体系。其核心是信用产品使用的制度化。重点从四个方面增强信用信息产品做地位，一是发挥行为信用信息产品在评审中的一票否决作用，二是让风险信用信息产品成为经营和资源配置决策的主要依据，三是使信用档案成为行业协会创新管理、行业自律、技术创新、产业发展的利器，四是运用信用分类推进政府部门管理创新和监管联动。信用产品的开发是共享平台的一项重要任务。

行为信用信息与风险信用信息比较分析表

| | 行为信用信息 | 风险信用信息 |
|---|---|---|
| 形成机制 | 1. 公共平台：行政、行业、公用事业源信息中定期归集而成；<br>2. 金融平台：银行和非银金融机构业务源信息即时归集而成 | 1. 行业共享平台：信用评级 - 信用档案 - 平台基库核心模块；<br>2. 征信体系平台：信用评级 - 业务数据库 - 平台共享体系 |
| 功能作用 | 反映失信记录，表示信用身份不能综合反映信用主体信用状况 | 揭示信用风险，表示信用身份综合反映信用主体或债项信用状况 |
| 针对事项 | 信用行为历史表现的前置审查 | 交易和资源配置的决策或审批、跟踪评估，行业管理 |
| 产品形态 | 1. 征信报告，客观反映，记录年限；<br>2. 数据交易后，定制深度报告、行业分析和主权信用报告 | 1. 评级报告，分析 + 评价，有效期；<br>2. 数据交易后，定制数据产品<br>3. 开发金融衍生品和结构金融产品 |
| 公信力依据 | 征信模式的权威性 | 专业评估的公平、公正、公开 |

## 三、共享平台的功能设置组织架构

（一）共享平台的功能设置

共享平台功能按照信用信息系统平台应具备的功能和政策目标功能要求设置，具体如下图所示。

1、共享平台总体功能

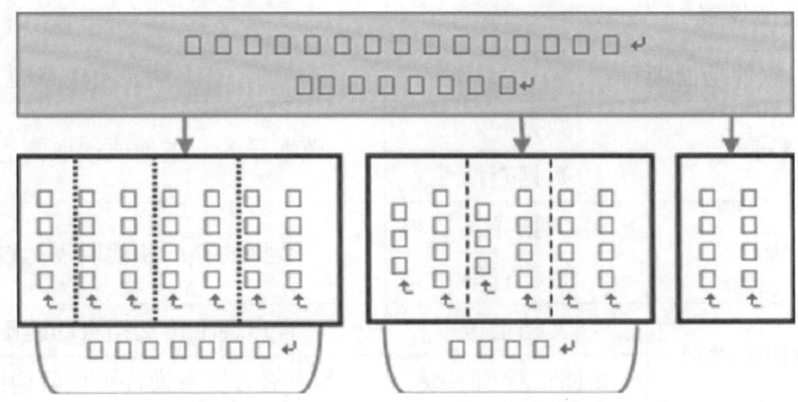

2、共享平台的政策功能

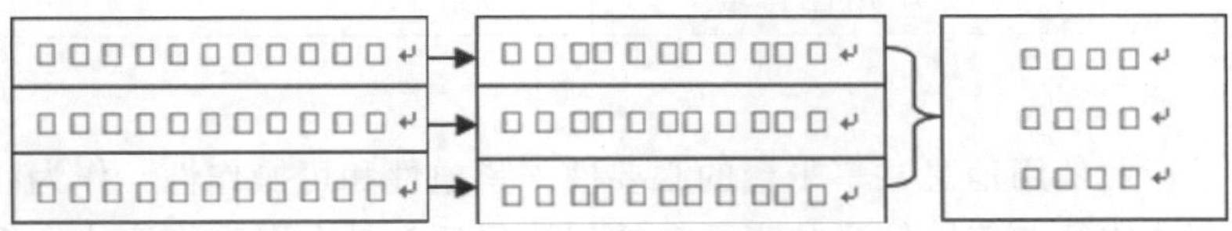

（二）共享平台的组织架构

共享平台由基础数据库和服务中心组成，基础数据库和服务中心分线运行和分线管理，最终形成两个独立法人机构。分述如下。

1、服务中心

（1）业务功能

A. 查询业务。包括：自主查询，即企业查询自己的信用档案和相关辅助模块信息；授权查询，即被授权人查询授权人信用档案和相关辅助模块信息；公开查询，受理对可以公开的信用信息的查询。

B. 公示业务。包括：协议公示的信用评估等级和信用分类等级；信用指数和产业指数；政策、法律、监管、自律及各类资源行情等环境信息。

C. 订制业务。包括：企业订制，行业协会订制和政府部门订制，金融机构订制，其他社会主体订制。

D. 更新和更正业务。包括：数据更新业务，即因企业综合信用状况在评级结果有效期满或有效期内相关因素发生变化后，实施跟踪评估，调整信用等级、分类等级和更新信用档案数据项的业务；更正业务，指发现企业误报、漏报或平台录入出错时，采用更正评估方式，对信用等级、分类等级和信用档案数据项进行调整的业务。

（2）其他功能。包括：平台简介，实名举报（平台工作人员违规违法行为、企业不实信息和失信行为），展示和推广，联系方式，建议和反馈（实名制），链接导向。

2、基础数据库

（1）数据管理规范

A. 信用档案模块数据项：统一社会信用代码、企业名称、信用评价等级、信用分类类别、建档日期、变更记录、基本素质、经营管理、财务状况、发展前景、公共记录、行业纪录、分值合计。

B. 行业指数模块数据项：信用指数（综合指数、行为指数、自律指数），产业指数（成本指数、就业指数、景气指数）。

C. 数据中间体模块数据项：企业基本信息、公共信用记录、行业记录、财务信息。

D. 环境信息模块数据项覆盖但不限于：政策、法规、自律、监管、创新、金融、信用、技术、资源配置、供需、成本、价格、质量、安全、环保、节能、统计（指行业专项统计）等领域，根据具体行业特点、协会的管理需要和信息环境作增删。

（2）数据库功能设置

| 软件功能项目 | | 功能实现路经 |
|---|---|---|
| 信用档案管理 | 数据导入 | 数据导入、查询或读取需通过中间介质 |
| | 数据查询 | |
| 中间体管理 | 数据导入 | 数据的存放和读取需通过中间介质 |
| | 数据查询 | |
| 指数管理和环境信息管理 | 文档上传 | 客户端上传文档自动匹配模板指标 |
| | 文档查看和下载 | 客户端可以查询许可权限内的文档并下载 |
| 后台管理 | 用户管理 | 区分后台管理权限设置 |
| | 角色管理 | |

**四、展望**

以上实证分析了行业信用信息共享平台的必要性、紧迫性和可操作性。作为四大平台，集约运行是基本要求，怎么达成行业信用信息共享平台的集约目标？是上海市物流协会行业信用信息共享平台试点项目必须解决的问题，实际上已付诸实施。

（一）首先必须认定各行业协会分别建立共享平台的必要性

共享平台自主建设和运行是由行业组织的特定环境和主体独立性、行业之间信用特征的差异性和各行业协会与会员企业的依存关系决定的。从特定环境分析，随着改革不断深化，行业协会不仅要承接政府部门的相关职能，同时要创新管理增强履职能力，“信息化＋信用化”成为必然趋势，要求将共享平台嵌入行业协会自律管理体系。从主体独立性分析，行业协会之间在履职用信的内容和方式上不尽相同，信用分类及其自律管理措施都具有行业特色。从信用特征分析，行业之间存在不同程度差异，采信和评价自成体系；从依存关系分析，依存关系将渗透在共享平台信息采集、评价、建档、更新、应用等各个环节，任何其他社会组织无法取代。

（二）其次认定行业共享平台联盟的必要性

鉴于在社会信用信息系统（即四平台）中的地位，共享平台必须具有整体性，为此，方案确立共享平台“自主性”和“整体性”双重目标，以“后现代企业制度”思维，创建共享平台联盟组织形式，机构名称暂定为行业信用信息中心（以下简称：“中心”）。其可行性在于其功能的安排，其主要功能为：第一，制定联盟章程；第二，编制共享平台数据标准、运行规范；第三，设置联盟成员共用数据库物理平台；第四，制定数据挖掘、交换和共享联动规则。

显然，中心是共享平台快速健康发展的前瞻组织方式，既可保证各行业协会建设和运行共享平台的自主性，又能不失共享平台的整体性，使各共享平台具备高起点发展的能力，有利于提高共享平台整体地位。

（三）效益分析

1、社会效益。主要体现在三个方面，一是加快了社会信用信息系统建设进程，填补了我国信用信息系统空白，是本市社会信用体系建设的里程碑事件；二是“共享平台联盟”组织形式可有效实现“自主性和整体性”双重目标，具有示范作用，可推广复制，对本市各行业协会共享平台快速、健康发展具有引领作用；三是进一步完善了企业信用数据基础，能为政府职能转变、行业协会职能创新、资源配置和科技创新提供不可或缺的信用支撑。

（四）联盟的功能目标

项目以推动共享平台快速普及和健康发展为已任，瞄准上海深化改革、建设具有国际影响力的创新中心和国家“一带一路”战略高度，把握信用体系基本要件（即数据是基础、制度是核心、应用是关键、平台是抓手，协会是支撑），以联盟方式统筹物流系统共享平台建设，创建整体性和自主性相统一的共享平台集约化模式，充分发挥行业协会的主体作用和中心（联盟）的集约效应，及时推广复制。

## 10.2.7 上海爱姆意机电设备连锁有限公司：《365 me工业品电商平台助力企业升级》

互联网技术及其应用，既是当下我国经济转型和产业升级的重要支点，也是传统的制造业企业、工业贸易企业、物流企业（以下简称企业）转型升级的重要引擎。推动企业与互联网＋有效的对接和有机的融合，助力企业转型升级创新商务模式，应该成为各行各业企业跨界合作的共同出发点。

### 一、行业趋势与痛点

中国是一个制造业大国，决定了工业品市场既有巨大需求又有巨大的竞争压力。这种竞争压力越大，企业对工业互联网的需求也就越迫切。方兴未艾的智能制造，必将促发更多的诸如智能设计、智能物流、智能交易的生长。随着互联网、移动通讯、智能制造等领域飞速发展，供应商的产品供应越来越专业化，以求降低产品供应的边际成本；采购商越来越重视降本增效，不再满足于比价采购、送货上门等一般性需求，期望既要精简采购人员又要集中采购，追求性价比高于市场的采购模式。这种供应商的供应专业化与采购商的采购集中度形成的差异，最佳的解决途径或者最佳的解决工具，就是企业推行、运用电子商务平台。因为第三方属性的电子商务平台赋有天然的“整合市场各类要素、资源”功能。打造高效、规范、供需双方参与者合作多赢的电商平台，对所有企业来说，既有商业价值和市场机会，也有实现《中国制造 2025》使命的责任担当。

作为一个第三方的、专注于为工业品采购服务的365me 电商平台，直面产业链企业之间“零库存”管理难以推广、“灰色地带”的现象或“暗箱操作”的现象难以根除、企业信息“孤岛”难以打破等行业痛点，通过模式创新，365me 正在以全新的姿态，担当起“企业供应链管理解决方案的设计者、企业交易过程增值服务的创造者、企业降本增效、转型升级的引领者”三大角色。

## 二、平台特色与功能

365me 工业品电商平台（www.365me.cn），是一个专注于提供企业销售、采购、金融结算、仓储、物流服务等在内的社会级、第三方电商平台。通过平台整合供应商资源和采购商资源以及供应链上各相关方、各环节的动态运营信息，实现企业各项服务的精准化、智能化、柔性化。与其他的工业品电商平台相比，365me 有三个显著特点：

第一，平台链接上游企业，帮助其依托互联网，精准化向目标客户推送各类服务和产品，有效满足各类生产需求。

第二，平台链接下游企业，帮助其依托互联网，智能化寻源询价、高效率下单采购。

第三，平台自身依托互联网技术和运用，为上下游企业提供柔性化解决方案。如平台优先支持集成服务商运作；平台和银行合作引入供应链金融，支持符合工业品特点的各类结算；平台和各类物流企业合作，为制造业供应链管理提供最后一公里物流服务。

365me 从一开始就着眼解决行业痛点，以服务创造价值为宗旨，给企业提供一种互联网 + 的手段，助力传统的企业一起转型升级。正因为 365me 工业品电商平台是完全第三方属性的电商平台，所以才真实的避免了“既做运动员，又做裁判员”的弊端。截至 2017 年 5 月底，365me 平台已经有 40 多万个 SKU、上千个品牌上线运营。

365me 除了网上交易功能以外，更重要的还在于平台支持集成服务商，协同企业开展 MRO（工厂间接消耗材料的采购）、JIT（准时送货）、VMI（供应商管理库存）等三种采购模式。

传统的 MRO 采购一直是采购商的痛点，不仅仅因为其采购零星分散难掌控，更在于采购的物流成本始终居高不下且效率十分低下。365me 创新的适合工业品行业的寻源、询价、下单模式，通过平台智能化功能，可以大幅度提高企业 MRO 采购的效率，降低采购物流成本，省去采购过程中许多不必要的花销和冗余环节，从而促进企业专注其核心业务，提高核心竞争力。

传统的 JIT 采购模式，往往是采购商和供应商的共同痛点。对于零配件供应商而言，送货被动无计划，满负荷车载只能是一种奢望。物流成本上升，最终结果一定是推高整个供应链相关方的成本。供应商要么转嫁物流成本给采购商，要么挤压物流服务商的物流利润。365me 创新的适合工业品行业的 LBS 定向区域化销售、仓储整合服务和系统对接定向开发服务等，使平台精准化推送信息，及时引来众多供应商的竞争报价，把物流服务费用控制在合理、高效的范围内，物流服务商也可以快速搜寻就近供应商供货产品，实现就近送货，准点送达。

传统的 VMI 采购，其本质是供应商把大量的库存置留在采购商仓库内任由采购商选用。一旦当采购商计划变化、需求调整，最终一定会形成供应商库存积压，微观上是供应商损失，宏观上是社会资源的极大浪费。365me 创新的适合工业品行业的集团采购服务、网络渠道管理服务、多样化结算方式服务等，通过平台无缝链接采购商和供应商“一对 N”的供需关系，供应商在平台上可以掌握采购商库存动态信息，而且其库存资源全平台共享；集成服务商提供柔性化解决方案和“一揽子”服务，采购商在 365me 平台上 VMI 采购操作便捷、结算便利、物流配送及时。由于平台信息真实、可靠、实时更新，绝不会导致供应商库存的积压。

365me 高效整合平台上的产品资源、信息资源、渠道资源、智力资源，帮助企业财务、主营业务和电子商务融合贯通，是企业降低成本、控制风险、创造市场价值、业务模式升级的一个非常实用的工具。

## 三、创新模式与收获

在运用 365me 平台创新采购模式的过程中，爱姆意同时也十分注重做好相关合作伙伴企业的“一把手”和“第一线”的工作，如今 365me 与会员企业有了以下实实在在的新收获：

1、企业的线下碎片化信息被整合成线上全过程、全场景、全系统的信息。企业部门的主管、“老板”可以随时调阅、查看、分析。交易过程中形成的电话录音、传真、电子邮件一般都散落在操作人员之处，既不完整也很难管理，办事效率不但跟不上互联网的节奏，企业之间的商务信息往来还客观存在不完整、不规范等问题，当产生法律纠纷企业往往又难以找到有利的证据。上线365me工业品电商平台，企业之间的商务信息被平台完整、客观的记录，有利于企业在信息化基础上做出正确的经营决策。

2、企业的采购和物流费用的付款，虽说是“老板”最终决定，但操作人员在私利驱动下难以避免“公权私用”，会影响“老板”决策。上线365me，就如同设置了一个监督操作人员的关卡，增加了一道企业控制经营风险的屏障，企业管理者可以在平台上随时调看、分析与己相关的经营状况、产品价格、市场供需等数据信息，避免损害企业利益的事件发生，保持决策的客观性、准确性。

3、企业采购从此有了平台依托。凡是上线365me的采购商，企业采购管理模式已经开始发生了本质变化：采购订单等商务信息与供应商实现了无缝对接、集成服务商与工厂实现了仓储物流协同零距离管理、线下库存实现了产品条形码管理、平台为工厂提供了各类动态化数据输出管理。如爱姆意与某机床公司合作，得到的评价是：爱姆意VMI“零库存”管理服务，帮助机床厂实现了“压缩了库存规模、压缩和降低了用工成本、库存管理水平提高、采购成本下降”等七个方面的变化。

4、365me正在积极推进大型制造业集团企业集中采购事项。集团型企业集中采购，可以提高采购的议价能力，可以精简人员、提高效率、统一管理，可以控制采购过程中产品的品牌、质量、仓储、批量、物流频次等环节，从源头上杜绝采购价高质次的产品。

5、365me正在积极推进与国际著名品牌商销售渠道集中管控合作项目。365me为不同产品、不同类型的供应商提供了高效方便的、跨区域的管理工具。世界500强ABB集团和365me合作，成立了ABB在亚太地区最大的智能体验馆，上线产品SKU达到2.7万多个库存6个亿。德国汉高把其名下正在运营的中国地区一百多家分销代理商，委托通过365me平台来实现其销售、定价、物流的统一管理。

6、365me独创的“会员法人代表银行信用卡绑定采购”结算模式，是365me平台与工商银行合作，在预定的56天之内，为采购商提供不超过1000万的货款贷款。随着这些创新功能实施和不断完善，有效地降低了采购差错率和采购总成本，有效地提高了工业品采购供应链各环节的协同效率，有效地增强了采购商、供应商、集成服务商对365me电商平台的粘合度、忠诚度。

实践证明，365me这一创新的商务模式，本质上是对传统工业品采购方式的一场变革，它涉及上下游企业利益的调整和分配。365me通过对传统供应链模式的改造，在平台上促进交易更智能、服务更精准、流程更便捷的同时，也助力推动企业销售、采购、物流的经营模式转型升级，从而降低供应链总成本。

**四、跨区合作与突破**

365me作为工业品贸易领域的专家，对于各类工业品的交易过程、技术参数、适用范围、运输、售后服务，有着丰富的行业经验；爱姆意拥有上下游资源、技术团队、运营团队、线下门店与服务做基础；对于工业品采购流程所涉及的寻源、询价、多方比价、签约、支付、物流等，在平台的功能模块上都有设计。市场在呼唤新的工业品市场商业模式的出现，而365me的推出，既是在行业需求下应运而生，又体现出365me的志存高远，走出上海、向全国发展、组建工业品互联网生态圈的愿景目标。

寻找城市合伙人，我们已经做好了准备，实现了“五大突破”：

1、平台能级的突破。365me定位重度垂直的工业品电商平台，是对交易过程各种要素、市场各种资源、供应链各相关环节大数据的有效整合，是智能化交易、精准化服务、柔性化提供供应链零库存解决方案的重要工具，是助力参与企业主营业务转型升级、实现信息化、互联网+的主要途径，是把企业财务、主营业务、电子商务融为一体的第三方互联网平台。绝不是一般性企业进、销、调、存的“微循环”平台，也不是一般性企业招聘三五个软件开发人员、投入几十万、几百万就可以打造成功的平台。

2、跨界跨域的突破。由于工业品的采购、销售有着专业性、地域性等特点，对技术服务、物流服务、人脉资源等有很强的区域指向性、认同性；众多产品代理商、经销商甚至于原厂商对“去中间化”的电商平台产生了强烈的抵触。所以，培育区域性的供应商和集成服务商，使其成为爱姆意的城市合伙人，是 365me 以一个专注于工业品采购的第三方平台的身份，走出上海、全国发展的一个重要支点。西安物资集团、沈阳嘉泰国际五金城、中国五金化工行业协会旗下的众多五金企业、沈阳浑南区政府、云南省驻沪办、海门市、哈尔滨道里区纷纷前来交流并提出合作，部分已经签订了战略合作协议。城市合伙人不需要再投入资金研发平台技术和购置相关设备，也不需要承担技术团队的费用，只需参与 365me 电商平台运营，经过协同改革，所有参与的企业都可以实现互联网 + 主营业务转型升级的目标。

3、交易手段的突破。通过为企业提供便捷的交易方式、完善的交易数据、客户管理系统等互联网工具，吸引大量企业将交易从线下搬到线上。工业品线上线下融合是一个系统性的工程，在这个庞大而复杂的工程中，365me 不仅可以帮助线下的传统企业完成电商化和信息化改造，而且最大幅度整合资源，通过线上专为传统制造企业采购业务设计的业务场景和功能模块，促进双方在线交易的达成。城市合伙人只要把现存的经营业务、交易流程，通过新的营销模式，上线 365me 平台即可。

4、管理方式的突破。365me 为城市合伙人提供三类服务：一是技术类服务，如网络技术输出、服务研发输出、系统与会员企业现存系统对接服务等；二是运营类服务，如后台服务、营销模式培训服务、营销实时支撑等服务；三是资源与规则类服务，如资源上线、在线结算、提供运营规则、总集成服务模式、风险管控等管理服务。城市合伙人无需担忧产品资源、客户资源、交易价格等商业信息的扩散、泄密，365me 平台不抢市场份额，是城市合伙人最规范的、最诚信可靠的平台服务专家。

5、技术工具的突破。365me 同时支持 PC 端和移动端（iphone 和安卓）。采取分布式构架：功能可扩展性强、并发性能高，瞬间可容纳十万次级别的上网点击，网络仍保持正常运营；SaaS 化部署：平台各项功能模块软件都可以在 PC 端、移动端下载，无需购买硬件、无需技术维护；云服务：爱姆意与华为合作现有 150 台服务器，根据业务拓展需要，可以及时增加。城市合伙人不需要考虑电商技术的再投入，不需要承担修改、迭代电商平台功能、技术维保等方面的费用。

2017 年，365me 将加速平台的迭代和推进，进一步完善平台功能，在与上海各大制造业工业集团对接、工业园区对接、银行金融服务对接、第三方物流最后一公里对接、北京路商业转型对接的基础上，还将与国内条件成熟的主要工业城市进行跨地域合作，通过和城市合伙人进行电商平台、经营模式和资本层面上的多维度合作，加快推动 365me 的区域项目落地。

创新需要专注！创新需要合力！

本篇供稿：张三敏 编辑：张志坚

# 第十一篇 逆向物流专题

## 11.1 逆向物流基础知识

### 一、逆向物流的内涵及由来

关于逆向物流的内涵说法有很多种，为了表述方便，这里借助河流中水的运行趋势的顺流和逆流，把从最初的供应源的一切物质称为逆物流。那么，正向物流就是对顺物流的处理，而逆向物流就是对逆物流的处理。

《中华人民共和国国家标准物流术语》（GB/T 18354-2006）对逆向物流下的定义如下：

逆向物流也称反向物流，是指物品从供应链下游向上游的运动所引发的物流活动。

人们对逆向物流的认识经历了一个不断变化、不断发展的过程。

1981 年，美国学者 Douglas Lambert 和 James Stock 最早提出了逆向物流的概念。他们将逆向物流描述为“与大多数货物正常流动方向相反的流动”。

1992 年，美国物流管理协会（The Council of Logistics Management）首次正式给出了逆向物流的定义，逆向物流是指在循环利用、废弃物处置和危险物质管理方面的物流活动，它广义上包括废弃物的源头消减、循环利用、替代利用及重新利用与处置等各方面与物流相关的一切活动。

1997 年，逆向物流界的大师 Moritz Fleischmann 则认为：“逆向物流是指市场中从用户不能再使用的产品到可再利用的产品的整个物流活动。”他指出，逆向物流不但需要包含产品和物质的逆向运输，而且还需要有生产者将回收的物品转化为可使用产品的过程。

1998 年，逆向物流方面的权威组织、非盈利专业组织——美国逆向物流执行委员会主席 Rogers 博士和 Tibben-Lembke 博士出版了逆向物流著作 Going backwards: Reverse Logistics Trends and Practices. 他们将逆向物流描述为：“逆向物流是对原材料、加工库存品、产成品以及相关信息从起始地到消费地的高效率、低成本的流动而进行规划、试试和控制过程，其目的是恢复物品价值或使其得到正确处置。”

美国物流管理协会 2005 年更名为美国供应链管理专业协会，该协会在其公布的《供应链词条术语 2010 年 2 月版（Supply Chain Management Terms and Glossary Updated February 2010）》中，对逆向物流进行了重新解释。

逆向物流是指对售出及送达客户手中的产品和资源的回流所涉及的专业物流。它包含基于修理和荣誉的产品回收。

欧洲各国历来非常重视环境问题，从包装容器的回收重新利用，到电子产品、机械产品的回收再利用，都通过立法强制规定了企业的责任。因此，欧洲的发展具有与美国不同的特点。1998 年，欧洲逆向物流工作委员会对逆向物流的定义如下。

逆向物流是指原料、在制品及成品从制造厂、配送站或消费地向回收点或其他处置场所的流动而进行的规划、实施和控制过程。

与 Rogers 和 Tibben-Lembke 给出的定义相比，该定义的范围更广。该定义强调，逆向物流的起点并非仅是消费地，还包括供应链上没被消费的剩余库存；另外，产品也不一定是被送回到它们的来源地，即逆向物流的终点可以是资源恢复链上的任何节点。例如，被回收的计算机芯片或集成电路版就不一定被返回到原来的供应链中，而是进入到了其他的产品链。

综上所述，虽然不同的学者对逆向物流的定义有不同的表述，但是主要思想是一致的，概括下来包括 4 方面的内容。

1. 逆向物流的目的是重新获得废弃产品或有缺陷产品的使用价值，或是对最终的废弃物进行正确的处理。

2. 逆向物流的流动对象是产品、用于产品运输的容器、包装材料及相关信息，将他们从供应链终点沿着供应链的渠道反向地流动到相应的各个节点。

3. 逆向物流的活动包括对上述流动对象的回收、检测、分类、再制造和报废处理等活动。

4. 尽管逆向物流是指物品的实体流动，但同正向物流一样，逆向物流中也伴随了资金流、信息流及商流的流动。

**二、逆向物流的特点**

逆向物流和正向物流方向相反，而且总是相伴发生的，逆向物流具有以下特点。

1. 输入的多元性

正向物流的原材料供应主要由供应商实现，而逆向物流的来源来自多方。

（1）制造商，主要是生产过程中产生的次品和废品。

（2）经销商，主要包括过量存货、过季存货以及有质量缺陷的产品。

（3）消费者，主要是指终端使用过的“返回产品”（EOU End of Use）、报废产品（EOL End of Life）等。

2. 产品的难以预见性

废弃和回收物流产生的时间、地点、数量是难以预见的。正向物流系统一般只涉及市场需求的不确定性，而逆向物流系统中的不确定性要高得多，不仅要考虑市场对再生产品需求的不确定性，而且还要考虑废品回收供给和处理的不确定性，逆向物流的不确定性可以大致分为两个方面：内部不确定性和外部不确定性。内部不确定性如产品质量水平、再制造的交货时间、处理的产出率等；外部的不确定因素是指过程处理之外的因素，如逆向物流返回的时间、数量和质量、需求的时间和水平等，这些将导致不稳定的库存、不确定的生产计划、市场竞争力的缺失等不确定性。

3. 发生地点的分散性

逆向物流可能产于生产领域、流通领域或生活消费领域，涉及任何领域、任何部门、任何个人，社会的每个角落都在日夜不停地发生。正式这种多元性使其具有分散性。这是由于逆向物流发生的原因通常与产品的质量和数量的异常有关。

4. 预测的复杂性

由于逆向物流是新产品或供应原材料的全部或一部分，那么对某一个产品而言是作为整体出售，只需对其进行预测即可。而该产品一旦解体或是报废成为逆物流，就会产生一倍或几倍的物流种类或数量，这样需要对每一种逆向物流进行预测，就增加了预测的复杂性。

5. 价值的递减性

逆向物流具有价值递减性，即产品从消费者流向经销商或生产商，其中产生的一系列运输、仓储、处理等费用都会冲减回流产品的价值。即报废产品对于消费者而言，没有什么价值。

6. 喇叭形供应链结构

和前向供应链结构相反，逆向供应链是由多到少的结构，使用过的产品是逆向物流供应链的开始，众多产品的消费者都是逆向供应链的供应者，汇集到企业是逆向供应链的终点，所以表现为供应链从源到汇，从下游到上游，数量由多到少，呈现喇叭型的结构，物流产生的地点较为分散、无一定的规则且数量小，不能集中一次向接收地转移。

## 三、逆向物流的分类

为了对逆向物流进行细致有效的分析，有必要将逆向物流分类，从下面从逆向物流形成原因、回流物品特征、逆向物流的回收处理方法等角度将其进行不同的分类。

1、按逆向物流形成原因的不同分类

（1）投诉退货

该类逆向物流形成可能是由于运输差错、质量问题等原因，它一般在产品售出之后的短时期内发生。通常情况下，客户服务部门会首先进行受理，确认退回原因，作出检查最终处理的方法包括退换货、补货等。电子消费品如手机、家用电器等通常会由于这种原因进入回流渠道。

（2）终端使用退回

这主要是经完全使用后需处理的产品，通常发生在产品出售之后较长一段时间。终端退回可以是出自经济的考虑，最大限度地进行资产恢复，例如地毯循环、轮胎修复等这些可以再生产、再循环的产品，也可能是受法规条例的限制对诸如超过产品生命周期的一些白色和黑色家电等产品仍负有法律责任。

（3）商业退回

商业退回指未使用商品退回还款，例如零售商的积压库存，包括时装、化妆品等，这些商品通过再使用、再生产、再循环或者处理，尽可能进行价值的回收。

（4）维修退回

维修退回指有缺陷或损坏产品在销售出去之后，根据售后服务承诺条款的要求，退回制造商，它通常发生在生命周期的中期。典型的例子包括有缺陷的家用电器、零部件和手机等。一般由制造商进行维修处理，在通过原来的销售渠道返还用户。

（5）生产报废和副品

生产过程的废品和副品，一般来说是出于经济和法规条例的原因，发生的周期较短，而且并不涉及其他组织。通过再循环、再生产，生产过程中的废品和副品可以重新进入制造环节，得到再利用。生产报废和副品在药品行业和钢铁业中普遍存在。

（6）包装

包装在保护产品、提高物流效率、促进销售等方面起着十分重要的作用，是商品流通不可缺少的部分。不管是商业包装还是物流包装，都要消耗大量的自然资源，且大量的包装物废弃后十分污染环境。为了缓解包装对资源消耗和对环境的污染，包装物的回收再利用就成为一种重要选择。与包装物回收再利用相关的物流活动就形成了包装物回收逆向物流。

2、按逆向物流特征和回流流程不同分类

（1）低价值产品的物料

例如，金属边角料及副品、原材料回收等。这种逆向物流的显著特征是它的回收市场和再使用市场通常是分离的，也就是说，这种物料回收并不一定进入原来的生产环节，而是可以作为另外一种产品的原材料投入到另一个供应链环节中。从整个逆向物流过程来看，他是一个开环的结构。此类逆向物流对供应源数量的敏感性非常强，另外，所供应物料的质量和纯度对成本的影响也比较大，因此保证供应源的数量和质量将是逆向物流管理的重心。

（2）高价值产品的零部件

例如，电路板、手机等。出于降低成本和获取利润等经济因素的考虑，这些价值增加空间较大的物品回收通常是由制造商发起。此类逆向物流与传统的正向物流结合的最为紧密，它可以利用原有物流网络进行回收，并通过再加工过程，还将进入原来的产品制造环节，在严格意义上，这才是真正的逆向物流。但是，如果回收市场的进入门槛较低，第三方物流也可以介入其中。

（3）可以直接再利用的产品

最明显的例子便是包装材料的回收，包装玻璃瓶、塑料包装、托盘等，它们通过检测和清洗处理环节便可以被重新利用。此类逆向物流由于包装材料的专用性属于闭环结构，供应时间是造成供应源质量不确定性的重要因素，因而管理的重点将会放在供应物品的时点控制上。

3、按逆向物流的回收处理方式不同分类

（1）再制造

与再生相比，再制造则保持产品的原有特性，通过拆卸、检修、替换等工序使回收物品回复到“新产品”的状态。对产品进行重新整修和再制造已经不是一个新的概念，但是却越来越引起人们的注意。再制造成本远远低于重建成本。目前，越来越多的企业开始应用这种方法。

（2）维修

通过维修将已坏产品恢复到可工作状态，但可能质量有所下降，如家用电器、工厂机器等，其流程为：回收－检测－再加工。如果产品无法按照设计要求工作，企业就需要对其护手。返回维修的物品有保修和非保修的两种类型。客户需要自行付费解决非保修产品的维修问题，所以对企业来说，真正的问题在于保修期物品的回收。维修的目标是减少维修成本，节约产品维修时间和延长产品使用寿命。企业需要认真考虑和平衡维修成本和新建成本。

（3）再利用、维修后的再利用

产品的再利用主要针对于零部件。到达使用寿命的设备可以分解为部件和最终的零件。其中的部分零件状态良好，无须重新制造和维修就可以再次使用。它们会被放置在零件仓库中供维修只用。

（4）回收

无法进行整修、修理或者再销售的返还商品将被分解成零件，然后再进行回收。直到现在人们仍把回收认为是一件费时费力、不值得做的事情。然而当那个企业面对越来越多废品管理账单时，他们就开始重新寻找替代废品处理的方法。为了从回收活动中获得最大效益，企业必须对逆向物流系统进行良好的管理，其中包括减少运输、流程和处理成本，使废弃物价值最大化。

（5）直接再利用

回收的物品不经过任何修理可直接再利用，如集装箱、瓶子等包装容器，其流程为：回收－检验－应用。

（6）再生

为了物料资源的循环再利用而不再保留回收物品的任何机构，如从边角料中再生金属、纸品再生等，其流程为：回收－检验－分拆－处理。

**四、逆向物流在国内外的发展现状**

（1）美国逆向物流发展现状

为了从根本上控制废弃物的增长，促进资源的回收利用和有效保护环境，美国既对逆向物流进行立法，又采取政府或行业协会补贴的方式促使企业运作绿色物流业务。美国政府先后通过了《安全运输法》、《清洁空气法》、《清洁水法》、《资源保护和恢复法》、《综合环境责任赔偿和义务法》、《危险材料运输法》等，以尽量减少物流发展对自然环境和人类安全构成的威胁。

2009 年 5 月 19 日，美国总统奥巴马宣布了一项汽车节能减排计划，要求美国乘用车在 2016 年前达到每 100 公里耗油不超过 6.62 升的水平，这将节约大约 1.8 亿桶原油，温室气体排放量将减少 8 亿公吨。同年 9 月 15 日，奥巴马正式宣布价格能在全国实施行新的汽车及轻型卡车排放及耗油标准，以促使 2010 年在美销售的汽车满足平均耗油每加仑 38 英里的目标。此举期望增加汽油利用率，并减少尾气排放对大气环境的污染。

FedEx Corp 与美国环境保护协会及 Eaton Corporation 联手推出一种低污染复合电动车。此产品将成为联邦快递中型车队的标准车辆。DHL 与国际航空运输协会合作，率先开展了全球电子货运推广计划，以减少每票空运货物所需要的纸质文件数量。这一改进能够有效减少全世界纸质文件消耗量，每年减少的纸质文件消耗量可达到7800吨以上，相当于80架波音747货机的总重量，从而有效保护环境。此外，电子货运计划还有助于降低成本，其货运流程时间平均减少24h。

（2）欧盟逆向物流发展现状

德国是欧洲国家中节能减排法律框架最完善的国家之一。德国的《废弃物处理法》最早制定与1972年。1996年，德国实施《循环经济与废物管理法》。1997年，欧盟正式出台了电工电子产品回收再利用法规，规定方式将其电工电子产品投放欧洲市场销售的制造商或进口商，必须对其因销售而产生的终极产品，即EOL产品予以回收并进行加工再利用，由此提出了生产商责任延伸的概念。

2005年，欧盟正式实施废弃电子电气设备指令（WEEE），旨在解决极速增长的电子电气设备废弃问题。根据此项法律，欧盟的许多国家都已或正在建立废旧家电逆向物流系统，对废旧家电进行处理。

（3）日本逆向物流发展现状

1979年，日本颁布了《节约能源法》，后来又对其进行了多次修订，最近一次实在2006年。该法对能源消耗标准进行了严格的规定，并奖罚分明。1998年6月，日本公布了《家用电器再利用法》，并与2001年4月1日正式实施。该法鼓励使用再循环产品，对妨碍环境保护、产生污染的企业征收环境补偿费。该法是对电视机、冰箱、洗衣机、空调4种废旧家用电器进行有效再生利用，减少废弃物排放的特定法律。2003年10月，有规定对家用电脑实施强制回收，在销售环节交纳回收处理费。明确规定生产企业必须回收再利用废弃家电的比例为：空调60%以上，电视机55%以上，冰箱50%以上，洗衣机50%以上。

在日本，电脑、复印机的回收处理未纳入2001年4月1日颁布实施的《家用电器再利用法》的规定范围，而是按《资源有效利用促进法》的规定，由生产企业负责回收处理。一般情况下，办工电脑有单位与再生资源化工厂直接联系，双方以报价的形式协商确定资源化费用，费用由排出单位直接交给处理企业。

此外，日本还颁布《推进形成循环型社会基本方法》、《促进资源有效利用法》、《容器包装循环法》、《废弃物处理法》等。

（4）我国逆向物流发展现状

我国逆向物流目前处于起步成长阶段，与美国、日本和欧洲等发达国家相比在逆向物流管理的实践上还存在很大差距。

我国1989年颁布的《旧水泥袋回收办法》要求企业对具有修复和回收价值的水泥包装纸袋进行回收。

2003年10月发布的《废电池污染防治技术政策》旨在引导废电池环境管理和处理处置、资源再生技术的发展，规范废电池处理处置和资源再生行为。《固体废物污染环境防治法》规定："国家采取有利于固体废物综合利用活动的经济、技术政策和措施，对固体废物实行充分回收和合理利用。"

2004年10月1日起施行的《缺陷汽车产品召回管理规定》规定："汽车产品的制造商（进口商）对其生产（进口）的缺陷汽车产品依本规定履行召回义务。"

2005年起我国实施了《废旧家电及电子产品回收处理条例》及《废弃机电产品集中拆解利用处置区环境保护技术规范》。前者规定，家电经销商和售后服务机构有义务回收包括电视机、电冰箱、洗衣机、空调器、电脑在内的废旧家电。除此之外，我国政府还先后颁布了《药品召回管理办法》、《中华人民共和国循环经济促进法》、《废弃电器电子产品回收处理管理条例》、《清洁生产促进法》等法律法规，这些法律法规都涉及逆向物流。从以上法律法规中，我们不难看出，我国对逆向物流相关立法越来越重视，环境立法方面正在不断的完善加强，相关的法律法规也是几乎涉及了社会的各个方面。但是，还没有一部对逆向物流的专门立法，逆向物流相关立法散见于各法律法规之中。

2012年党的十八大报告中指出：要大力推进生态文明建设，着力推进绿色发展"循环发展"低碳发展，形成节约资源和保护环境的空间格局产业结构、生产方式、生活方式，从源头上扭转生态环境恶化趋势，为人民创造良好生产生活环境，为全球生态安全做出贡献！

2014 年 9 月国务院发布了《物流业发展中长期规划（2014—2020 年）》的通知，要求“大力发展绿色物流”，“鼓励包装重复使用和回收再利用，提高托盘等标准化器具和包装物的循环利用水平，构建低环境负荷的循环物流系统。大力发展回收物流，鼓励生产者、再生资源回收利用企业联合开展废旧产品回收。”构建“再生资源回收物流工程”，“加快建立再生资源回收物流体系，重点推动包装物、废旧电器电子产品等生活废弃物和报废工程机械、农作物秸秆、消费品加工中产生的边角废料等有使用价值废弃物的回收物流发展。加大废弃物回收物流处理设施的投资力度，加快建设一批回收物流中心，提高回收物品的收集、分拣、加工、搬运、仓储、包装、维修等管理水平，实现废弃物的妥善处置、循环利用、无害环保。”

2015 年 12 月，国内首个以“逆向物流生态环境”为关注点的行业专业组织——上海市物流协会逆向物流分会正式成立，填补了我国物流行业的“闭合短板”，并倡导“绿色”、“环保”、“循环利用”的生态物流理念。

上海市物流协会逆向物流分会至今已研制起草了国内首个系列逆向物流国家标准和行业标准（4 项)：《非危液态化工产品逆向物流通用服务规范》、《非危液态化工产品逆向物流方案设计要求》、《非危液态化工产品逆向物流服务质量评价指标》、《非危液态化工产品逆向物流作业规范》。与此同时，逆向物流团队联合国际逆向物流协会（RLC）提出并积极开发全球首个“主动式逆向物流管理参考模型（RLOM）”，填补了该领域的国内外空白。

（智经供应链管理研究院供稿）

# 11.2 逆向物流文章及案例

## 一、逆流崛起：基于产品风险控制的主动式逆向物流运作模型 RLOM

摘要：随着当今消费者主体地位提高，电商网购、零售业和各类实体企业都随时面临着因产品风险而引发的逆向物流挑战。本文归纳了因产品风险导致的各种逆向物流，提出以降低企业产品风险，提高单位产品利润率为核心的主动式逆向物流管理概念及其 PPT-SIR 原则。在此基础上，创新性地设计出基于产品风险控制的主动式逆向物流运作模型 RLOM，该模型以正向与逆向物流构成的闭合逆向物流作业活动系统为中心，紧密关联着 8 个子系统，该模型的建立旨在协助企业控制产品风险，减少逆向物流发生的数量频次。

**关键词：产品风险控制、主动式逆向物流管理、PPT-SIR 原则、RLOM 模型**

Research on the Reverse Logistics Operations Model (RLOM) in-proactive-manner based on Product Risk Control

Abstract: With the improvement of consumer's position, various companies face up with the challenge of reverse logistics (RL) due to product risk. This paper summarize different reverse logistics on account of product risk, put forward RL management in proactive manner and principal of PPT-SIR, make analysis of its feature. Based on this, innovatively devise the RLOM model. The model aims to assist the companies take control of product risk, and reduce the quantity/frequency of RL occurrence

Key words: Product risk control, RL management in proactive manner, the principal of PPT-SIR, RLOM model

### 引言

如果说从2002年到2012年是中国逆向物流管理“不再沉默”期的话，那么种种迹象表明，2014年则开始进入“崛起”期了。

一位关注中国逆向物流15年的研究者

随着当前电商网购、O2O零售大战风起云涌，各类企业正面临着一个巨大的挑战：逆向物流，其背后的产品风险正如影随形地纠缠着这些企业。

专业调研机构数据显示，2013年“双十一”电商退货率平均占到销售量的25%，部分商家高达40%。2014年，仅11月10日至11月17日7天时间，全行业处理的邮件（快件）量达到5.86亿件，比去年同期增长近70%。日最高处理量是平常日常处理量（3309万件/天）的三倍。这意味着，2014年“双十一”退货率仍然居高不下。

2014年3月15日，国家颁布了新的《消费者权益保护法》，规定网购可享7天内无理由退货。这也就大大提高了企业的产品风险。对于“双十一”销售额激增的大小电商来说，物流成本远高于实体店的退货，成了不可回避之痛。不管多少商家渲染通过“双十一”如何扩大销量，仅凭上述“25%退货率”情况来看，“零利润”或亏本经营的企业一定不在少数。

与网购相似，线下零售存在同样问题，像沃尔玛、家乐福、大润发、苏宁家电（包括永乐）等大型零售卖场每月或每季由于产品换季、滞销、质量、包装等问题退货给供应商是一种“常态”，多少供应商企业本身就是“微利”生计，哪经得起频繁的退货，每每在这片“不是在沉默中爆发，就是在沉默中消亡”的商业“红海”中倒下破产，令人不禁扼腕长叹。

线上线下的零售退货逆向物流是否就是企业利润永恒的“天敌”？未来我们究竟需要采纳何种逆向物流管理方式来抵御企业的产品风险？事实上，全球范围内一些著名跨国企业如：杜邦、巴斯夫、宝马、美国强生、雅诗兰黛、IBM、康明斯等企业近年来因积极实施逆向物流管理，已经赢得了可观的经济效益和社会价值。本文将结合笔者10多年来对500多家企业的调研访谈和总结国内外一些企业成功运营实战经验，对逆向物流管理作一些创新模式上的探讨。

## 一、逆向物流内涵与动因

美国物流管理协会（CLM）在2001年1月初对逆向物流的最新定义是：逆向物流就是为了资源回收或正确处理废弃物，在高效及适当成本下，对原材料、在制品、产成品及相关信息从消费点到产出点的流动和储存所进行的规划、实施和控制的过程。1999年美国逆向物流执行协会（RLEC）则认为：逆向物流是商品从典型的销售终端向其上一节点的流动过程，其目的在于补救商品的缺陷，恢复商品价值，或者对其实施正确处置。欧洲逆向物流管理协会RovLog（1998）认为：逆向物流是概括性的名词，有广义和侠义之分。从狭义上说，逆向物流是通过销售网络将所销售的产品回收和处理的过程；从广义上说，它代表了产品与原材料重新使用的相关物流作业，即计划、实施和控制原料、半成品库存和制成品，从生产、配送和使用点，到修复（再制造）或适当处理点的移动过程。在我国，2006年的中华人民共和国（GB / T18354—2006，定义2.32）《物流术语》认为逆向物流（Reverse Logistics）是指物品从供应链下游向上游的运动所引发的物流活动

长期以来，企业和社会对逆向物流（Reverse Logistics）的活动几乎没有引起重视。但是，自20世纪90年代末以来，随着可持续发展观念的深入人心，逆向物流逐渐受到国外物流学者和企业管理者的重视。逆向物流研究兴起的推动力主要来源于国家的法规强制、企业的经济效益和社会的生态效益等方面。

## 二、产品风险触发的逆向物流

逆向物流虽已然成为电商网购时代的一种无奈的“常态”，但是企业如果忽视了其背后的产品风险，则很可能走上“温水煮青蛙”的不归之路。产品风险存在于生命周期各个阶段，它是指产品在市场上处于不适销对路时的状态，包括了产品设计风险、产品功能质量风险、产品入市时机选择

风险和产品市场定位风险等各种风险。其中：

（1）产品设计风险是指企业所设计的产品过时或者过于超前，不适应市场顾客的需要。

（2）产品功能质量风险主要是指企业所销售的产品，功能质量不足或产品功能质量过剩，不能完全满足用户需求。

（3）产品入市时机选择风险是指产品进入市场的时间选择不当。

（4）产品市场定位风险是指产品的特色与市场、顾客要求不相符合。

产品生命周期过程的各种风险会引发不同的逆向物流类别，具体如表 1 所示，理论上说，所有企业都有可能遭遇到上述某类产品风险所导致的逆向物流。 如上世纪日本制造业靠廉价、高质量迅速的占领了世界市场，汽车业尤其是这样，尝到了甜头的日本企业迅扩张，蚕食着欧美企业本有的地盘，但是疯狂扩张的结果就是质量难以保证，大量的通用件的使用，使质量问题会在短时间内迅速膨胀，2010 年丰田因“踏板门”事件在全球召回 850 万辆车。本田汽车继上次安全气囊问题后，再召回刹车踏板存隐患车 41 万辆。这一事件当时让“丰田”和“本田”汽车陷入四面楚歌的境地……

逆向物流一旦发生，表面上来看是退货或者换货作业活动，实际上导致逆流的某种产品风险“病毒”已经“潜伏”在产品肌体里了，企业如果单纯就事论事地执行退换货程序，而不探究退货背后的产品“风险源”进而找到规避逆向物流的途径，风险病毒就有可能再次“爆发”并引发更大规模的逆向物流，最后把产品的利润逐步蚕食殆尽。

表 1 产品生命周期产品风险引起的逆向物流类型

| 产品生命周期 / 风险类别 | 引入期 | 成长期 | 成熟期 | 衰退期 |
|---|---|---|---|---|
| 产品设计 | 新品滞销退回 | 被竞争对手超越而退货 | 产品过时被渠道退货 | 产品淘汰导致慢流而退回 |
| 功能质量 | 新品固有缺陷投退 | 品质不稳定导致投退 | 品质脆弱及易损引发投退 | 质量口碑不良产生渠道退货 |
| 上市时机选择 | 新品库存积压渠道 | 市场产品冷淡引起退货 | 产品定价不当导致库存退货 | 更有竞争力产品上市而退货 |
| 产品市场定位 | 与市场、客户要求不符而退货 | 商业退回 终端退回 | 商业退回 终端退回 | 商业退回 |
| 产品保质期 | 邻近保质期退货（大卖场/电商等） | 邻近/过保质期退货（大卖场/电商等） | 邻近/过保质期退货（大卖场/电商等） | 邻近/过保质期退货（大卖场/电商等） |
| 产品换季 | 大卖场/电商等商品随季节更换 | 大卖场/电商等商品随季节更换 | 大卖场/电商等商品随季节更换 | 大卖场/电商等商品随季节更换 |

资料来源：本文整理

## 三、主动式逆向物流管理的内涵与 PPT-SIR 原则

ISO9001 将企业的质量管理活动概括为一个闭环的 PDCA 活动（计划、实施、检查、改进），逆向物流的活动恰好处在检查和改进这两个环节上，ISO9001 的要求是对不合格品进行控制，采取有效的纠正措施，持续改进，同时制定预防措施防止不合格品的再次发生。从这次的改进到下一次的计划和研发，逆向物流是承上启下，作用于两端的。退货中产生的产品质量和服务质量问题通过逆向物流信息系统的不断传递到企业的管理当局，增加企业潜在事故的透明度，将有力地推动组织不断改进质量管理体系，从系统上根除隐患。（郝皓，2002）因此，具有前瞻性视野的企业应该变被动式逆向物流管理为主动式逆向物流管理，做“华佗”不做“扁鹊”，精细化运作，直击问题核心，

确保企业赖以生存的产品可持续发展。

结合一些先行企业的实践和笔者对许多企业的调研访谈，本文认为主动式逆向物流管理就是以降低企业产品风险，提高单位产品利润率为核心，采取主动积极的逆向物流方式，追溯退货产品在其全生命周期过程中的显性或隐性问题，如质量缺陷、设计错漏、产品过期、产品换季滞后、慢流库存积压等，通过有效的计划、组织、运行、控制，改善优化企业的供应链管理（包括采购与库存管理）、质量管理、研发管理、售后服务、生产管理和产品市场定位，从而达到树立企业品牌形象、提升客户忠诚度、促进客户重复购买，降低服务成本，强化核心竞争力的共同目标。

从上述涵义界定可以显示，主动式逆向物流管理不再视逆向物流作为被动式存在体进行管控，而是突破常规思维，由此及彼，由表及里地跨界延伸到供应链整个过程，将逆向物流本体作为“透视镜”识别与产品风险相关的供应链过程各个环节存在问题，提高运营管理效率。例如戴尔公司 2006 年宣布主动在全球召回约 410 万块由索尼公司制造的戴尔锂离子电池。这些电池有可能出现过热，产生潜在的起火危险。虽然出现危险的几率很低，但秉承对客户安全充分负责的态度以及对客户体验的高度关注，戴尔决定主动进行召回。每块电池都带有一个白色标签，上面印有电池的识别码。用户可以通过向戴尔提供电池标识码以确定其电池是否在召回之列。

主动式逆向物流管理与传统物流的5R原则不同，一般应当遵循“PPT-SIR”原则：预测（Predict），预防（Precaution），跟踪（Track），快速（Speed），识别 （Identify），矫正（Recovery）。

如果正向物流管理“5R”原则的目标是在于达成客户需求，标准化企业的效率效能，那么主动式逆向物流管理的“PPT-SIR”原则的目标则在于让企业远离产品“危机风险”和提高客户的“粘合度”，并且应该贯穿于产品整个生命周期过程。

## 四、主动式逆向物流运作模型 RLOM ( Reverse Logistics Operation Model in-proactive-manner )

基于上述主动式逆向物流管理的涵义、特点与原则，结合笔者对众多企业的调研访谈及总结成功企业的运营实践经验，本文首次提出主动式逆向物流运作模型 RLOM（Reverse Logistics Operation Model in-proactive-manner），如图 1 所示，

图 1 主动式逆向物流运作模型 RLOM

资料来源：本文整理

该模型借助 “太极图”，将构成闭合物流的正向物流和逆向物流界定为“阴阳鱼”，表明正、逆向物流这两者的阴阳轮转，互相转化，相对统一的动态循环。在此基础上将与“阳鱼”对应的正

向物流流程：供应、生产、分销、使用和与“阴鱼”对应的逆向物流流程：回收、检验分类、再加工或处置、再分销到使用两者首尾相连起来，代表了闭合物流的循环性。在大“阴阳鱼”的外部紧密关联着8个小“阴阳鱼”系统，每个小“阴阳鱼”（同样包含正向物流与逆向物流的元素）代表着一个系统，它们共同作用，有机结合，使大“阴阳鱼”的闭合物流循环保持良性均衡，而非恶性失衡。

这8个小“阴阳鱼”系统分别代表的涵义如下：

1、逆向物流预测计划系统。

对逆向物流的换货、补货、退货、易损件的数量及频率、集中式回流物品处理中心检验分类处理能力进行预测判断，由于对换货产品、备品备件的预测直接影响到逆向物流支持的持续性和可靠性，因此构建科学的主动式逆向物流计划预测系统显得越发重要。由于整个采购、生产、分销、仓储、配送以及售后网络驻点的需求存在诸多不确定性，因此计划预测的难度较大。和一般计划预测相比，逆向物流计划预测系统涉及的产品品种规格更多，数量和时间的不确定性导致估测判断更大。逆向计划预测系统的构成要素主要包括：预测技术、锁定/滚动周期、时间跨度、历史产品规格、预测责任者、预测精度、安全库存值、售后网络驻点分级计划预测。逆向计划预测的组织跨度涉及到了售后网络的所有层级，而在每个层级有效退货信息的反馈都对动态预测的准确度产生重要影响。因此提前设置计划预测系统，将给企业在之后各个层级的运作做好充分准备。

2、逆向物流预防减少系统。

对造成换货、补货、退货、易损件的多种原因进行有效归类及分析，对问题产品提前做好防范。同普通的防范相比，主动式逆向物流预防系统主要包括：预防换货、退货、易损件的发生频率；在最终用户收到产品前已经将各个供应链环节中可能发生的异常情况提前准备防范（如在仓储运输过程中由于多次人工装卸产生的破损，由于货物包装工艺的问题而产生的折皱、挤压、污染，以及操作人员未经过专业培训而发生的操作失当等）；并对天气、环境、道路状况等客观情况提前预防，采取最适当的运输方式。同时，可以通过减少非关键部件及材料数，调整包装结构，易于装卸，提高货物在装卸及运输过程中的安全性。另外，为了减少消费者退货，可对货物易损易耗零部件备份，这样消费者可以根据说明指导书自行更换。其次，为了便于回收，货物的包装材料可以设计成可回收式，一来减少回收成本，二来提高回收效率。

3、逆向物流应急管理系统。

许多情形下，逆向物流会在突发事件前提下发生，如召回、软件更新等，一方面，企业要在最短时间内有条不紊地处理这些异常问题，同时要控制住市场紧张局面，必需要有一整套逆向物流应急预案和应对机制，才能帮助渡过难关。这一风险应急管理系统包括了预案计划、整体流程、追溯工具、时间窗控制、换货储备计划、人员培训与分配等。

4、逆向物流绩效管理系统。

逆向物流绩效管理系统是指围绕产品风险控制的战略目标，对逆向物流系统各组成环节业务活动进行的分析和评价。它可以正确诊断逆向物流的实际运营水平，以便找出薄弱环节加以改进，进而提升逆向物流的整体竞争力。绩效评价是一项复杂的系统工程，评价指标设置是否合理、评价方法选取是否得当，都将对评价结果产生直接影响。因此，必须建立一套科学的绩效评价体系，该体系主要包括绩效评价指标有：逆向物流库存周转率、逆向物流利用率、逆向物流平均处理时间、平均CWT（ 顾客等待时间）、客户满意度、信息能力、退货数量占有率、退货价值占有率、逆向物流运作成本比率、逆向物流成本增加率、逆向物流的收益率、员工参与率等。

5、全生命周期追溯跟踪系统

全生命周期追溯跟踪系统是一个复杂的系统，它由追溯信息收集、追溯信息处理、追溯信息反馈等等模块组成。每一件产品在供应链生产环节就附加上独一无二的二维码，以此作为产品的身份识别及数据追踪的载体，从而产品从生产环节到上市销售，直至逆向物流退货返回，全程环节通过扫描二维码以获得节点信息，实现产品全生命周期追溯。

6、逆向物流信息系统

逆向物流信理系统是物流作业人员通过专业的逆向物流软件、计算机设备、通信系统等其他人机交互系统，收集逆向物流作业活动中的各种数据信息的集合体，专业用于分析处理逆向物流分析，为物流运作的管理者、决策人提供逆向物流的数据支持。它不是独立的信息系统，它是整体物流系统的一个组成部分，更是全套 ERP 系统的子系统。它同一般的物流系统存在一定的区别，它所针对的触发时间节点是从产品的终端使用者开始，直到产品安全、完整、无误的返回到企业库房。

7、逆向物流产品矫正系统

通过逆向物流信息系统的数据收集，企业可以清楚的知道产生逆向物流的真实原因，从而为产品的质量控制系统提供最快速的产品矫正信息。“产品矫正”不是狭义的单指矫正产品的质量，更可以是矫正产品的设计、管理流程的矫正、销售模式的矫正、产品包装的矫正等等，因为产品逆向物流的原因很多，为了杜绝逆向物流我们必须对其矫正。

逆向物流的成本对于企业来说还是比较高昂的，所以应该尽量避免由于产品自身或者企业自身的原因造成的逆向物流。比如当企业产品存在严重的季节性，当产品已经错过销售季节，就需要矫正其在该期间段的销售计划或者销售模式，减少供货，减少逆向物流。

逆向物流产品矫正系统相当于企业运营的一面照妖镜，能够照射出运作存在各种问题。只有当企业自身的病症得到根治后，有了强健的体魄，才能在残酷的商业战场上奋力拼杀。

8、逆向物流大数据分析系统

全生命周期追溯系统、逆向物流信息系统、逆向物流产品矫正系统等等所收集到的数据最终都将汇集到逆向物流的大数据分析系统内。由于逆向物流所涉及的环节较多、触发条件也较多等等原因，造成逆向物流所收集的同一般的大数据一样存在数据量大 (Volume)、速度快 (Velocity)、类型多 (Variety)、真实性 (Veracity) 的共性。逆向物流大数据分析系统在设计之初就要充分考虑数据的质量和数据管理，通过标准的流程和工具对数据进行分析处理。

**结束语：崛起的力量**

毫无疑问，幸运的我们今天正享受着电商时代的网购、O2O、智能化等等新商业模式所带来的种种惠利，我们可以“任性”地购物，更可以因不满意而“随性”退货，甚至不需要任何理由，但与此同时，多少不得不默默接受“退货”的企业正承受着逆向物流的“煎熬”，那些退回产品的沉没成本足可以让这些企业原本菲薄的利润变得荡然无存。相信没有一个企业愿意看到它的逆向物流规模不断扩大，但是如果企业还没有做好准备去迎接一浪高过一浪的逆向物流挑战，被动接受“产品风险”的冲击，被市场淘汰也只是时间问题。

为了比竞争对手活得更长久一些，有进取心的企业当预见性、系统性地筹划自身的逆向物流管理策略，“风物长易放远量”地从产品全生命周期去全局性考虑问题，我们无法消灭逆向物流，但却可以努力让逆向物流变得更少一些……

（作者：郝皓，黄敏，李培鸿，颜家平，王治国，孔国卫 来源：物流技术）

## 二、第五利润源：我国逆向物流的商业价值及模式

摘要：随着国内市场竞争加剧和资源的日益枯竭，企业面临的逆向物流挑战不断加剧，“循环使用”代替“一次性使用”以及逆向物流规范化、商业化发展成为一种必然趋势。本文首先分析了当今逆向物流问题带来的商业挑战与机遇，归纳了逆向物流商业价值的驱动因素，然后创新性地提出了在当前全球绿色低碳循环发展下，逆向物流成为“第五利润源”的前提和内涵，以及实现企业额外利润、绿色发展和社会效益的途径，剖析了其符合“库兹涅茨曲线”理论及环境经济学、循环经济学的本

质属性。在此基础上，归纳了国内逆向物流生态圈的 5 种商业模式，并对各模式的代表企业、特色和涉及产品等进行了分析。最后，对逆向物流的经济性边际效益、客户粘合度以及可持续性发展进行了阐述。

**关键词：第五利润源；逆向物流生态圈商业模式；逆向物流经济；绿色低碳可持续发展**

Fifth profit source: Business model of reverse logistics ecosystem in China

Abstract: Due to the intensifying competition of domestic market and continuous "drying up" of resources, enterprise faces increasing challenge of reverse logistics. "Recycling" instead of "disposable" and the standardization, commercial development of reverse logistics become an inevitable trend. This article firstly analyzes the challenges brought by today's reverse logistics problems, summarizes the motive of reverse logistics economic development of reverse logistics, then proposes premise and connotation of reverse logistics becoming "fifth source of profit" with the development of global green low carbon cycle, ways to realize the extra profits, green development and social benefits, and analyzes the essential attribute of "kuznets curve" theory it conforms to, and environmental economics and circulation economics. Based on this, the article sums up 5 kinds of reverse logistics business model for domestic ecosystem, and analyzes each mode's representative enterprise, characteristics and the involved products. Finally, it elaborates on the marginal benefit of the reverse logistics, clients adhesiveness and sustainable development.

{key words} the fifth source of profits; reverse logistics ecosystem business model; reverse logistics economy; green low carbon sustainable development;

清代著名思想家和诗人龚自珍曾在《己亥杂诗•其五》写道“落花不是无情物，化作春泥更护花。”诗人写落花化作春泥，滋养新的花枝，花的生命得以延续，体现出真正的生命价值。

面对资源、能源的加速消耗和生态环境的持续破坏，人类的生存和发展遭到了前所未有的严重威胁和挑战。发展循环经济已成为 21 世纪国际社会可持续发展实践中的一个重要趋势。2012 年在巴西里约热内卢召开的联合国可持续发展大会提出了在消除贫困和可持续发展背景下发展绿色经济。由于在保护环境、节约资源和推动社会可持续发展方面的重要价值和意义，逆向物流成为近年来的商业投资和研究热点之一。

## 一、逆向物流的商业挑战与机遇

随着国内外市场竞争的加剧，资源的日益枯竭，制造企业所产生的各种产品对环境的危害越来越严重，国家政府部门开始制定相关的法规来制止环境的恶化，要求企业对污染环境、资源浪费的废旧产品进行处理，控制对人体有害原材料的使用等等，促使企业以“循环使用”来代替“一次性使用”。另一方面，电商网购和网络直销的发展带来了居高不下的退货率，迫使企业关注规范性的逆向物流运营。企业对产品的逆向物流能够反映社会发展进程中绿色环保的呼声，从而有助于其树立良好的公众形象，产生较好的社会效益。

据行业调研统计，约有 73.4% 的企业缺乏退货和召回逆向物流系统，92.7% 的企业逆向物流管理是通过简单手工输入而非自动化智能化系统完成的，企业退回的资产价值约有 53.6% 在缺乏透明度和监控条件永远“流失”了，退回资产的 23.5% 在返回公司的途中“损毁”了，平均每 3 次退货可能导致的公司供应链风险概率高达 62.1%!

事实上，如果企业能否重视逆向物流问题，构建严格有效的逆向物流管理系统，完全可以通过流程化、系统化和标准化的程序模式为企业减少逆向物流资产损失 50% 以上，持续增加企业利润收益，大大降低企业的风险概率！

近十年来，尤其是当网购、电商和零售卖场成为人们生活购物的必需途径时，逆向物流逐步引起了企业管理层的注意。然而由于对逆向物流的重视起步时间晚，大部分企业对这一特定物流方式的管理还是比较粗放，目前绝大部分停留在发生退货以后的被动式管理，也就是“亡羊补牢”式的事后处置，而且处理时间很长，往往拖期，导致许多本可为企业挽回的产品价值最终报废，缺乏正向物流处理的规范原则（5R）和绩效评估体系。甚至许多企业根本就没有逆向物流操作规范，并视逆向物流为“洪水猛兽”，逆向物流的倍受冷落比起正向物流的门庭若市显然不可同日而语。

从全球范围来看，一些主要跨国企业如：杜邦、巴斯夫、宝马、美国强生、雅诗兰黛、IBM、康明斯等企业因积极实施逆向物流管理，已经带来了可观的经济效益和社会价值。

**二、逆向物流商业价值的驱动因素**

逆向物流这一概念最初是由 Stock 在 1992 年给美国物流管理协会（CLM）的一份研究报告中提出的。1999 年美国逆向物流执行委员会对逆向物流的解释：为重新获取产品的价值或使其得到正确处理，产品从消费地到生产地的移动过程。我国在 2006 年的国家标准《物流术语》（GB / T18354—2006，定义 2.32）中提到，逆向物流（Reverse Logistics）是指物品从供应链下游向上游的运动所引发的物流活动（如图 2） 。据统计，美国每年消费者的退货额约为 1000 亿美元，处理成本高达 370 亿美元，近 40% 的美国企业退货处理周期超过 2 周，大量的退货成本严重影响了企业的利润。

图 1 供应链环境下的逆向物流

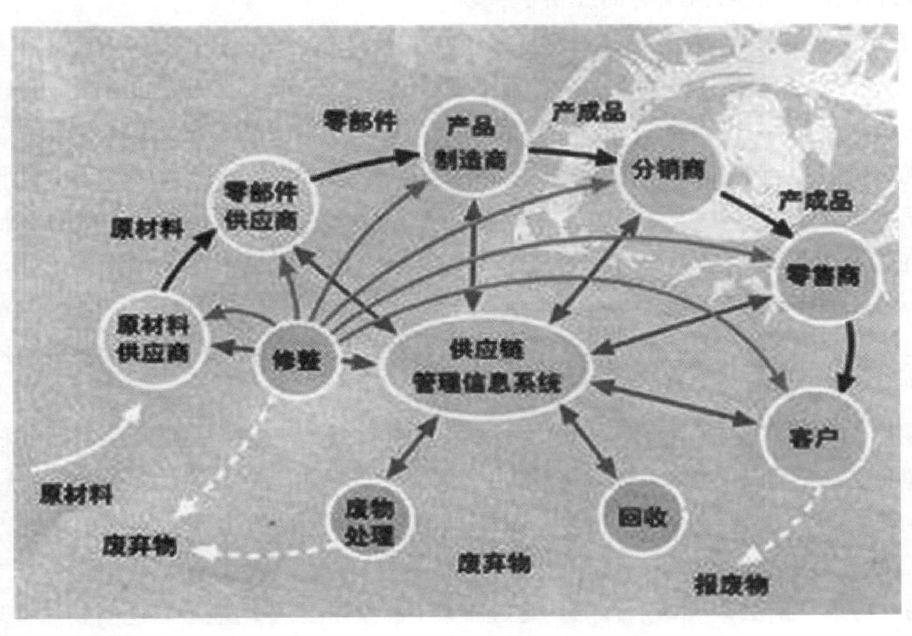


反观我国目前逆向物流运营、管理和技术水平，大量的物质资源没有得到很好的循环利用或根本无法循环利用。据有关部门的统计调查显示：全国每年至少有 500 万吨废钢铁、20 多万吨废有色金属、1400 万吨废纸，以及不计其数的废塑料、废玻璃被白白浪费，没有得到回收利用。

在当前电商网购、O2O 零售蓬勃发展的环境下，驱动逆向物流经济发展的因素主要有以下几个方面：

第一，保护环境及消费者利益的法律法规。为了保护环境，促进资源的循环利用，同时为了规范网站行为和保护消费者的利益，许多国家已经立法，明确规定电子商务网站必须采取退货政策。这些法律法规除了政府制定的法律法规外，还可能来自某些协会或者兴趣团体发起的要求规定。

第二，信息不对称。在电子商务模式下，客户往往只能看到商品的电子图片或者电子说明书，从视觉上感知商品，不能全面了解所购商品的特性。当收到商品时发现实物与在网上看到的不一致，就会导致大量逆向物流的产生。

第三，消费者驱动。 消费者在线购物时，购买了自己不想购买的商品而引起的退货，或者消费者收到商品后，希望获得更好的产品型号而引起的退货。另外，零售商或者分销商将手中积压、滞销或者过季的商品退还给供应商而引起的退货。

第四，竞争驱动和商品自身原因。商家为了在激烈的市场竞争中吸引更多的消费者，往往会竞相推出各种优惠的退货条件，如“不满意就退货”等。这些优惠措施在方便消费者的同时，也造成了大量的回收物流。

第五，引起这类退货的原因有商品存在瑕疵或者质量问题、商品接近或超过保质期、在配送过程中产生的损伤商品或错配商品等。

此外，随着国内市场竞争的加剧，资源的日益枯竭，越来越多企业以“循环使用”材料来代替“一次性使用”。2017 年 1 月 3 日国务院颁布《生产者责任延伸制度推行方案》，指出：“到 2025 年……产品生态设计普遍推行，重点产品的再生原料使用比例达到 20%，废弃产品规范回收与循环利用率平均达到 50%。”

值得一提的是，华为公司早在数年前就成立了逆向物流部门管理产品逆向供应链，不断提升产品质量和客户满意度，并回收了大量有价值的零部件。而苹果公司继美国成功地为消费者提供逆向物流回收服务和以旧换新计划后，于 2015 年在中国开始实施该项目，并从废旧 iPhone、iPad 和 Mac 中回收了 2204 磅（约 1 吨）黄金，价值约为 4000 万美元。

**三、第五利润源：逆向物流的商业价值实现**

经济学有一个“看不见的手”原理，讲的是市场像一只看不见的手，对资源配置起基础性作用。伴随着制造业企业多年的精益化生产改进，流通企业的供应链不断被整合优化，物流 + 互联网或互联网 + 物流的逐渐应用，以及电商、第三方交易、资源共享平台等崛起，“市场”这只“看不见的手”不断发挥其优化资源配置的作用，第一利润源（资源）、第二利润源（人力成本）、第三利润源（物流管理）、第四利润源（供应链效率）也不断被挖掘和优化利用，关注环境、绿色和低碳的“第五利润源（逆向物流管理与全生命周期供应链管理）”概念的提出也恰逢其时。基于此，本文的研究团队于 2016 年 11 月起在“新浪网”、“中国网”、“东方网”、“网易”、“凤凰资讯”等主要网络媒体陆续发表了多篇文章，倡导企业围绕环境效益、经济效益和社会效益的协同效应获得更可持续发展的“第五利润源”。

基于前期研究成果和企业调研，本文认为“第五利润源”就是指企业或组织通过积极主动的逆向物流管理和全生命周期供应链管理，系统整合全供应链上各利益相关者的实物流、信息流、资金流，高效运用逆向供应链上的重要环节和要素，采取再销售、再利用、再循环和再制造等方式获得额外利润；同时，通过大数据分析，识别和监控企业及组织风险，持续改进，提升核心竞争力，确保可持续发展。另一方面，对公众和政府而言，透过推动企业更积极主动地参与逆向物流管理，达到“减量化、再利用、再循环”的效果，实现低碳环保、绿色发展，产生巨大的社会效益。

根据经济学的“库兹涅茨曲线”（倒 U 型的曲线）理论，环境恶化程度随经济的增长而加剧，但当经济发展达到一定水平后，到达某个拐点以后，环境污染又会由高趋低。而导致环境污染的关键原因之一就是逆向物流或逆向回收管理问题。随着各产业的蓬勃发展及电商消费时代的到来，逆向物流及逆向回收已经是诸多企业日渐关注甚至头疼的事情。从关注逆向到解决逆向问题，从解决逆向问题到向逆向要效益、挖掘逆向物流的第五利润源，正符合这个倒 U 型的“库兹涅茨曲线”。

不仅如此，“第五利润源”的核心思想也符合环境经济学理论和循环经济学理论。根据环境经济学理论，经济发展和科学技术进步，既带来了环境问题，又不断地增强保护和改善环境的能力。要协调它们之间的关系，首先是改变传统的发展方式，要把保护和改善环境作为社会经济发展和科学技术发展的一个重要内容和目标。根据循环经济学利润，循环经济是按照生态规律和经济规律安排生产活动，使产业链上游的废物变成下游的原料，是资源得到最有效的利用，是经济活动对环境的负面影响降到最小。

此外，20世纪60年代，美国经济学家博尔丁发表了《一门科学——生态经济学》的论文，第一次提出生态经济学概念。我国生态经济学研究在改革开放后起步；随后，我国经济学家、生态学家、环境科学家、林学家等围绕生态经济问题开展了广泛研究。在当前经济发展新常态下，我国已经确定"绿色化"、"绿色发展"、"循环发展"、"低碳发展"等关键词是我国当下很长一段时间内生态经济学研究的主要任务，是促进绿色产业成为经济社会发展的新的增长点。

由此可见，第五利润源以经济学、环境经济学、循环经济学、生态经济学等理论为基础，致力于在新常态新形势下，运用先进的信息技术、物流技术和逆向物流管理模型，挖掘逆向物流的价值空间和利润源泉，推动循环经济、生态经济的发展，在市场机制的作用下，最优化社会资源配置。

**四、我国逆向物流商业模式的形成**

从目前国内逆向物流整体商业生态来看，大体可以归纳为5种商业模式，见表1。一些企业的逆向物流运营模式雏形从5年前就开始产生了，像"爱回收"、华为、众诚一家、利丰物流等企业的逆向物流运营模式，有的则开始不到2年，但是所有模式都在进化，从各种模式实践的行业领先者来看，其经营状况总体良好，业务量及流量增长速度都较快，赢利趋势明显，未来发展空间巨大，这也是吸引众多投资机构加大注资的关键原因所在。

表1 主要逆向物流商业模式

| 商业模式 | 代表企业 | 服务内容 | 业务特色 | 涉及产品 |
|---|---|---|---|---|
| 互联网+再生资源（电子产品） | 爱回收、回收宝、转转、闲鱼、阿拉环保网、回收宝、盈创、乐疯收、回收哥、易再生网等 | 回收交易<br>二手商城<br>拆解物交易<br>以旧换新 | 再生资源公共服务平台<br>回收商竞价模式<br>二手电子产品检测与评级<br>平台与专业处理商、第三方回收商、第三方物流，三方支付合作 | 手机、平板电脑、笔记本、智能数码、家用电器、摄影摄像 |
| 一体化逆向物流供应链服务（时尚产品、电子产品） | 众诚一家、云丰国际、利丰物流等 | 返品管理<br>全检服务<br>整理维修<br>产品复原<br>"仓卖"消纳 | 1、逆向供应链全环节增值服务<br>2、专业化的产品复原技术和流程管理<br>3、精益化运营模式 | 服装、皮件、服饰、首饰、鞋、手表、电子产品、消费品等 |
| 第三方逆向物流快递服务 | 顺丰等 | 单程逆向服务<br>多程逆向服务<br>分仓退货<br>分仓换货<br>一键退货 | 订单信息电子化<br>运单信息全程监控<br>退款服务<br>智能验货服务 | -电商网购和网络直销产生的退、换货<br>-商品的日常维护、保养<br>-3C类产品的维修、回收<br>-产品召回类订单<br>-电视购物平台的逆向物流订单 |
| 原厂逆向物流服务 | 华为、魅族、苹果等 | 原厂通过渠道回收产品<br>折扣价格换新机 | 循环利用并践行保护环境的社会责任<br>销毁产品并最大程度获得可回收材料，如钢铁、塑料、铝、铜、银、金等 | 手机、平板电脑、电子设备 |
| 电商/零售平台逆向物流服务 | 京东、当当、苏宁易购、迪信通等 | 旧机回收<br>二手优品<br>以旧换新 | 传统电商平台延伸客户持续价值<br>通过反向回流拉动正向销售 | 手机、电脑平板、数码摄影、电脑配件、娱乐影音、家用电器 |

（资料来源：作者自行整理）

## 五、逆向物流商业价值的多赢效应

事实上，只有当某种商品的逆向物流存在经济价值属性，循环经济的“减量化、再利用、再循环”过程才有可能完成，如图 2 所示。也就是说，逆向物流商业模式的“百花齐放”与逆向物流经济性和边际效益高度相关，即如果逆向物流如果“不经济”或边际效益递减，逆向物流商业模式持续性就比较差。这又和产品属性有关，比如电子电器产品、时尚产品、服装鞋帽等就比较适合逆向物流经济，而生鲜易腐产品和低价值产品的逆向物流经济性相对就差一些。

图 2 逆向物流的经济价值

逆向物流经济近年来倍受企业关注另一个重要原因是，通过畅通的逆向物流渠道可以提升企业的客户粘合度、利润率和品牌价值。比如云丰国际物流公司针对服装行业出口挂衣货物，研发一种大型可折叠的挂衣架的逆向物流设备来地解决供应链成本一次性投入过大和效率低的问题，整个流程分为：国内货物通过可折叠挂衣架出口→国外 DC 回收可折叠挂衣架→将可折叠挂衣架进口至国内→回到云丰，再次循环，有效提升了客户满意度和忠诚度。

此外，由于逆向物流所带来绿色环保和可持续发展效应，政府给予越来越多的政策及资源支持，而共享经济和智能化的浪潮则会进一步助推国内逆向物流的商业运营模式和技术蓬勃发展，为绿色低碳和循环发展的社会奠定重要基础。

（作者：郝皓，王治国，林慧丹，张骞，黄敏，朱建云，刘飞，李团生　来源：物流技术）

## 三、唯品会不断优化逆向物流

最新公布的 2014 年财报数据显示，唯品会实现全年净营收 37.7 亿美元（约合人民币 235.56 亿元），同比增长 122.4%，实现了连续九个季度的盈利性增长。这主要归功于唯品会不断优化移动端的购物体验、提高仓储效率、提升配送能力、扩大品牌建设及用户口碑传播力度。

当众多电商在亏损中苦苦挣扎时，唯品会用“精选品牌、深度折扣、限时抢购”的特卖模式，走出了一条区别于其他电商的发展之路。从 2012 年的泣血上市，到 2013 年的成功逆袭，唯品会在中国电商特卖市场占据着龙头地位。

### 领先的物流体系

唯品会特卖体验的不断升级，带来了活跃用户数和订单量的持续高速增长。这一方面得益于唯品会特卖模式的深入人心；另一方面与唯品会不断强化物流能力来确保优质的用户体验密不可分。为匹配公司加速增长的订单量，唯品会近年来持续扩大仓储面积，提高配送效率。

截至 2014 年 12 月，唯品会已经建成华北（天津）、华东（江苏）、华南（广东）、华中（湖北）、西南（四川）覆盖全国市场的五大物流中心，投入使用的仓储面积达 100 万平米。“我们在优化物流运营、提升仓储效率等方面采取了多项措施，并卓有成效。”唯品会董事长兼首席执行官沈亚表示，“相关举措不仅提升了物流配送的运营效率，有效地控制了物流成本，更确保消费者可以更快地收到所购买的商品，进一步增加了用户满意度。”

唯品会物流建设的终极目标是，在全国建立密集仓储基地，整合调配资源，提升用户体验。“物流网络的进一步完善，将使唯品会对品牌供应商的议价能力更强，毛利还有相当大的提升空间。”唯品会高级副总裁唐倚智透露，未来唯品会将把资金投入仓储设施和 IT 系统建设中，今年将会用一部分现金买地、建仓库。

**逆向物流（退货）产生的原因**

据统计，消费者在唯品会退货的三个主要原因是：尺码，色差，快递慢。

首先，由于网购服装不能亲身试穿，加之网上衣服尺码混乱，有欧码，有中码，有的则使用 XXL 之类的标记，消费者在网上挑选衣物难免出错。

其次是色差问题。一张相同商品的图片，在不同的浏览器下确实可能出现衣服颜色细微不同的现象。

第三个是配送服务慢。三天是中国消费者可以接受的快递时限，一旦商品投递时间超过了三天，该商品的退货率就会急剧上升。

逆向物流（退货）的作业模式

退货处理程序复杂，有较大的不确定性，造成逆向物流预测和规划困难，在每天快速处理大量退货的基础上，还要在最短的时间内给客户退款来提高客户满意度，这都对唯品会的逆向物流提出了非常高的要求。

唯品会的退货处理流程分为以下 5 个步骤：

（1）收包

当快递公司将会员退回的包裹送回仓库后，操作人员先扫描包裹的运单号，再扫描随包裹寄回的发货清单上的订单号，将订单号和运单号做关联，以便告诉会员包裹已经寄回仓库并开始进入退货流程了。

（2）入库质量检测 IQC（Inbound Quality Check）

随后收货人员会对包裹内的商品扫描并记录订单退货明细，同时对商品做质量检测，进行区分处理：质量完好的才可以继续进行二次售卖；如果包装破损的需要进行整理，后续可以卖给员工；如果质量不合格就会进行销毁处理。

（3）整理

对于包装有轻微破损的商品需要进行加工的就会进入到整理环节，操作人员会按照要求对商品进行折叠、重新包装等工序。

（4）上架

所有完成收货和质检的商品都会上架到不同的客退库位上，正常品客退库位、残次品客退库位。

系统会根据质检结果来分配不同类型的库位，操作人员按照系统提示进行上架操作。

（5）退款

一旦完成收货，仓储管理系统会将退货信息上传给网站系统，网站会根据当时订单成交的价格来计算应退款额，随后支付系统会按照客户当时的付款方式原路返还给客户。

至此，一个完整的退货流程完成。其实，在退货的过程中还会遇到很多异常情况。例如：退回了不在订单中的商品；退货包裹中没有当初的销售清单；一张销售订单分多个包裹退回来等。唯品会也都按照对应的 SOP（标准作业流程）进行处理。

**逆向物流（退货）的创新和优化**

尽管已经具备了完善的退货处理流程，但是对唯品会来说，服务好会员是永无止境的创新动力。因此，唯品会将考虑采取多种举措进一步优化退货物流。

**上门揽退**

以前唯品会不支持上门取件。消费者要退货，先要填写退货申请，等待审核通过后需要自己联系快递公司邮寄商品到唯品会。唯品会在退款时把运费补贴至消费者账户，但许多顾客依然觉得退货是一件麻烦事。为此，唯品会从 2014 年底开始尝试上门退货服务，消费者想退货时，只要点击鼠标，快递员就会上门进行现场验货退货，唯品会收讫后将运费返到消费者名下账户。上门退货服务的最大亮点在于方便消费者，使顾客足不出户就能退货，传统的在线审核也将改为快递员现场验货，此举大幅度提高了唯品会的退货效率。

**高效的自动化流水线处理**

唯品会现在的退货流程是全人工处理的，随着订单量逐年翻番，退货量也随之上涨。如何更快速高效地处理退货呢？增加场地、增加人员固然是一种应对退货包裹增加的方式，但肯定不是最佳方案，因此唯品会引入了自动化设备处理退货物流。

具体来说就是：利用上下两层流水线，下层放入退货包裹，拆包人员取下包裹拆开后放到周转筐内，扫描包裹上的运单号并与周转筐号对应起来，然后把周转筐放到上层流水线上。同时，把拆下来的废包装通过输送线自动运送到垃圾处理点统一处理。收货人员在流水线的另外一侧取下周转筐进行收货扫描，通过扫描周转筐就可以知道是哪个客户哪张订单的退货，同时进行货品质量检查后将其放入周转箱内，然后把周转箱放到下层输送线上。输送线自动把周转箱送去待上架口，上架人员拿到周转箱后根据系统指示就可以完成退货上架。

通过双侧双层输送线的使用，有序高速地处理退货作业，可以使退货收包处理效率比原来提高一倍。

**极速退款**

唯品会办理网购退款都是按照消费者付款的方式原路返回，由于当前银行处理退款流程较长，不利于客户的二次购买以及资金回流。极速退款，顾名思义就是加快退款的速度。唯品会计划通过优化“退款节点”以及“退款路径”来实现极速退款服务，为客户带来超爽体验。唯品会将原来的退款转为付款方式，能够替客户减少回款时间 1~12 个工作日。

**逆向物流（退货）的信息化建设**

电商的正向物流由客户在 PC 或者移动设备上发起，全程为展示系统→购物车→订单系统→库存系统→支付系统→结算系统→仓储管理系统→运配系统→落地配。逆向物流的信息化相对于正向物流来说刚好是相反的，全程为快递系统→运配系统→仓储管理系统→整理中心→订单系统→结算系统→支付系统，其难点在于需要逐一验证正向物流的各个环节。例如：退回来的商品是否销售过；订单是否在规定的时间内完成退货；订单结算的时候是否参与过优惠活动；订单支付是通过何种支付方式和支付路径。所有的原始信息都需要完全匹配才能够真正实现逆向物流。这中间还会有很多的异常情况是信息系统无法自动判断的，需要客服人员和客户一一确认，这样就会有和客服系统的数据交互。

贯穿于上述多系统的一项重要技术是电子数据交换 EDI。虽然这项技术并不新，大多数公司也都已经采用了 EDI，但如何使如此多系统的对话过程实现自动化，依然需要花费大量的资源去实施统一的 EDI 系统。只有所有的系统都能够沟通自如了，才能让整个退货流程顺畅起来。

尽管唯品会的退货比例较高是业内众所周知的，但不得不说，唯品会在电商界的异军突起，逆向物流的顺畅运作给客户带来的满意度和良好的消费体验是功不可没的。

（作者：陈乾　来源：物流技术与应用）

## 四、完善物流立法，助力绿色物流——浅论逆向物流的法律制度体系构建

【摘要】伴随着工业化的发展，资源短缺、环境恶化的问题不断涌现，人们渐渐开始积极寻找各种办法应对这种局面，逐渐认识到可持续发展的重要性。在废弃物再利用的过程中不可避免的涉及到“逆向物流”的概念，即与传统物流相反的、从终端消费者到初始生产商的回收废弃物进行处理和再利用的过程。越来越多的发达国家采取法律手段来对逆向物流正名，将逆向物流纳入到物流管理全程从而对产品的整个生命周期全程负责，达到节约资源可持续发展的目的。而我国却迟迟没有一部统一而专门的全国性物流法律文件，这无疑对可持续发展的理念贯彻无益。

**【关键词】逆向物流 立法 可持续**

## 一、我国逆向物流的立法现状

迄今为止，我国还没有一部专门的《物流法》来调整物流关系，关于逆向物流的规定只能是散见于纷繁混乱的各种法律、法规和规章当中，例如《固体废物污染环境防治法》、《可再生能源法》等法律及《电子信息产品污染防治管理办法》、《缺陷汽车产品召回管理条例》等等各项部委条例。总体来说，各项规定混杂，缺乏统一性。

## 二、我国逆向物流立法存在的问题

### （一）总体的立法层次低

正如前文我国逆向物流立法现状描述，我国逆向物流在权威的立法层面的规定多是原则性的体现，如《清洁生产促进法》、《循环经济促进法》，缺乏具体的实施办法，而真正的逆向物流实用性法规往往是地方政府制定的实施意见和条例，效力等级低下。

（二）部门利益交叉，缺乏协调权威立法层面的有关规定往往过于原则性，而部门规章形式的相关逆向物流的规定则多立足于企业层面，重视生产环节。对于逆向物流中废弃产品的回收和处置等环节的管理往往会涉及到商务部、国家发改委、环保主管部门等多个行政部门，因而对于具体回收办法及回收目录也涉及到这些部门的共同协商，可是现行法律却没缺乏具体的协商机制的规定。

### （三）责任主体和内容不明确，缺乏操作性

我国现有的法律制度对于逆向物流的过程管理、参与主体的责任分担以及追责机制等均缺乏具体的规定，可操作性欠缺。一般而言，生产者作为通认的物流安排者，理应承担产品延伸责任，在逆向物流管理方面也自然而然的承担责任，然而客观的说，在逆向物流过程中受益的主体却不仅仅只是生产者，还包括零售商、消费者和政府。我国立法在逆向物流法律制度构建过程中，责任主体和义务内容并不明确，并且多侧重对生产者的责任规制，而忽视了对零售商和消费者等其他受益主体的责任规则，在实际操作中难免遇到可操作性欠缺的问题，以致于脱离实际。

## 三、完善我国逆向物流立法的基本思路

立足于我国现阶段逆向物流立法现状，结合逆向物流发展特点，我国急需提高逆向物流立法层级，出台一部专门的《物流法》对物流管理进行法律上的规定，并将逆向物流相关内容纳入其中，协调现有各种法规关于逆向物流的规定，增强逆向物流立法的可操作性。基于现实考虑，笔者就我国逆向物流法律制度体系的构建做出如下几点思考。

### （一）进行逆向物流立法，构建统一的法律体系

建议对物流进行统一立法，坚持前瞻性原则，将逆向物流的原则、责任主体和调整对象等纳入进来，同时对现有法律法规进行完善，去掉与物流法不相适应的规定，增加协调机制，形成以物流法为龙头、其他法律法规为辅助的统一性的逆向物流法律体系。

### （二）完善生产者和消费者责任制度

目前关于逆向物流的生产者责任制度，我国只是在循环经济立法中有所表达，且是原则性的规定，欠缺具体的生产者责任延伸的规定，可操作性不强。对于违反生产者延伸责任的行为法律后果也欠缺明确的规定，追责机制不完善，起不到真正的约束作用。另外，国家强制回收名录迟迟没有出台，生产者追责制度也难以落到实处。因此，我国应该全面实行生产者责任延伸制度，明确主体责任，增加具有可操作性的规定。

对比国内国外，我国现行法律法规强调企业尤其是生产企业的逆向物流责任制度，对消费者仅停留在引导和鼓励层面，而美国、加拿大等国均规定了消费者的包装物等强制回收义务。实际上，消费者在逆向物流中扮演重要角色，增加消费者的强制性义务对于提高消费者参与逆向物流的积极性和自主性有重要作用。因此，我国在逆向物流立法中也应当纳入消费者这一责任主体的考虑。

### （三）执行鼓励性条款

在对逆向物流立法、提高立法层级的基础上，还应当完善逆向物流监督机制，对逆向物流活动进行事前、事中及事后的监督管理，有效、规范的政府监督是促进逆向物流发展的有力保障。在立法层面，通过开展听证会等形式，提高民主参与度，制定出更加符合我国逆向物流发展现实的法律法规。在逆向物流法律实施后，纳入奖惩机制，且对象不仅仅是企业，还应包括消费者在内。同时加大对逆向物流的财政性补贴力度，以此鼓励企业重视逆向物流，进一步完善逆向物流体系建设，最终实现经济效益与社会效益的双赢。

（作者：朱晓凤，来源：知网）

## 五、循环经济条件下我国逆向物流体系构建

内容摘要：我国高速发展的经济给社会带来了巨大进步，人们享受到经济发展带来的好处的同时，也受到了环境污染所带来的极大伤害。人们对循环经济越来越重视，呼吁绿色生产，减少消耗，资源回收再利用，让经济发展与生活环境和谐发展，而循环经济的良性发展离不开高效、完善的逆向物流的支持。我国逆向物流发展虽然取得了一定的成绩，但也存在不少问题。本文在借鉴美国、日本发展逆向物流的先进经验的基础上，在政府与企业两个层面给出了循环经济条件下逆向物流体系构建策略。

**关键词：循环经济 逆向物流 发展策略**

### 引言

（一）研究背景与意义

循环经济的思想崛起于20世纪90年代，是人们对经济增长方式的一种深刻反思，尤其是对粗放式经济发展模式的一种反思。我们过去只追求经济增长，看重创造更多财富，大开发、大生产、高消耗的经济发展模式固然促进了我国经济社会的进步，提高了人们的生活水平，但所带来的超多的废弃物，超高的环境污染也给人们的生活带来了巨大的伤害，更阻碍了经济的可持续发展。以钢铁消耗为例，2015年我国GDP在全球经济中的比重为15.5%，但全年钢材消耗达6.68亿吨，占全世界钢材产量的41.2%，这种高消耗、高排放、高污染的发展模式备受质疑与诟病。循环经济正是在人们减少资源浪费、爱护环境、实现环境与社会和谐发展的追求下应运而生。而逆向物流就是协调资源，回收废弃物进行循环利用，是循环经济的有力支持与具体表现。早在2004年"两会"的国民经济和发展计划报告中就提出，我国要重视发展逆向物流，取代传统的单向物流运作模式，建立节约型社会，大力发展循环经济，让经济增长与环境保护协调发展。因此在全社会环保意识不断提高的背景下，对循环经济的关键环节即逆向物流进行研究具有重要的现实意义。

（二）相关概念

循环经济是对传统经济的一种突破，是对粗放式经济发展模式、对资源的过度开采与低效利用、对废弃物的过度排放的一种变革。循环经济倡导与环境和谐发展，是对资源进行合理开采与高效利用，是对产品持久使用与循环利用，是对废弃物进行资源化回收的过程，是在生产与消费两个环节中建立可持续发展的经济增长模式与经济模式。

逆向物流与正向物流相对，共同构成了供应链中完整的物流系统。满足消费者需求，保障商品从生产方到消费方流动的物流即正向物流。而逆向物流发生有多种原因，如产品质量不达标并有缺陷，或商品过期失效，需要回收、维修与换货，或产品不能满足消费者需求而要求退换货等，就出现了商品从消费方回流到供应方的过程，由此产生的物流就是逆向物流。逆向物流不是对商品回收再废弃的过程，而是对商品进行再处理、价值再恢复的过程，也包括对废弃物进行资源化回收、再利用的过程。因此可以看出，逆向物流是循环经济的一种具体表现，是循环经济的关键环节。其不但降低了企业的生产成本，通过满足消费者需求提高企业信誉度的同时，更节约了自然资源，顺应了环境保护的社会要求。

## 我国逆向物流发展模式及存在的问题

### （一）我国逆向物流发展模式

国家与政府越来越重视发展循环经济，对企业构建逆向物流提出了更多要求，企业综合考虑降低成本、增加利润、提高竞争优势与拓宽经济增长渠道等因素，积极建立逆向物流体系，也逐步探索出了适合我国经济发展的逆向物流发展模式。

企业自建模式。一些具有经济实力、规模较大的企业自己投资购进设备，组建运作与管理部门，尤其针对具有较高利用价值的废弃物或较强专业性的物资，构建自营式逆向物流体系。如我国上海宝钢团公司自建有色金属回收再利用的逆向物流体系；我国的一汽、东风，美国的福特等汽车公司针对汽车召回与废旧汽车回收建立逆向物流体系；还有一些以电子产品生产为主的企业，如联想、IBM 等公司自建电子产品逆向物流。自建逆向物流具有很强的独立经营化与专业化特征，在与消费者直接接触的过程中，更能掌握顾客需求，有利于提高产品质量，打造品牌价值并获得较好的企业口碑。在物资回收再利用与恢复废弃物品价值的过程中不但避免了浪费，还为企业拓展了利润空间。

第三方逆向物流模式。也被称为逆向物流外包模式，既不是产品的供应方，也不是产品的消费方，是专门的物流公司通过协议形式为企业提供逆向物流服务，并向企业收取一定的服务费用。逆向物流活动外包使企业极大降低了资金投入，也让企业能够集中精力发展自身核心业务，受到了大多数中小企业的欢迎，有的大型企业也开始采用与第三方物流企业合作的模式，实现逆向物流利益共享、风险共担。第三方逆向物流是社会化分工的具体表现，是市场需求的结果，其更具专业化与市场化。一方面，专业化运作能给企业供高质量的逆向物流服务。第三方逆向物流企业无论是在管理上，还是在专业化与规范化操作上，都具有更多的经验优势，在物品的仓储与运输、退货的收集与处置等方面都可提供专业化服务。另一方面，市场化运作，实现信息共享。第三方逆向物流企业具有独立自主的经营权，不但对个别企业提供针对性服务，也可以与多家企业合作获得足够的逆向物流业务量，在降低运营成本的同时，也可以为企业反馈更丰富的产品回收信息，有利于企业优化产品设计，减少退货率，提高竞争力。

企业间合作共建逆向物流模式。多发生在产业集群内部，由龙头骨干企业牵头，与同行业的多家企业合作，共同出资联营构建逆向物流体系，利用产业集群的规模化经济优势减轻单个企业的资金投入压力。一方面，降低运输成本。产业集群就意味着企业的集中，无论是提供正向物流，还是产品回收、分拣处理等方面的逆向物流，较短的运输距离减少了运输成本。另一方面，巨大的业务量有利于逆向物流的发展。大量相同产业的集中能产生足够多的逆向物流业务量，有利于吸引更具专业化的人才与技术，为逆向物流发展提供了很好的支持，反过来也能为企业提供更高效率更高质量的逆向物流服务。

### （二）我国逆向物流发展存在的问题

第一，政府支持力度低，居民资源回收意识薄弱。政府对于逆向物流、资源回收再利用还没有出台更多的利好政策与奖励机制，如果没有政府宏观层面的支持、协调与管理，对逆向物流的发展非常不利。一方面，逆向物流企业发展缓慢。我国逆向物流企业的特点是少、小、弱。以旧电池回收为例，“十二五”期间我国旧电池回收企业仅为 3000 家，而个体户就占据了 80% 以上的份额。资金少、技术差等原因造成了很多具有经济价值的铅蓄电池回收率仅达到 50%-60%。很多旧电池回收企业仅为了其中的铁、铅等金属而从事回收业务，对于其他部分基本弃之不理，极易造成二次污染。另一方面，逆向物流体系的薄弱影响了居民参与资源回收的积极性。缺乏政府的大力支持，无法建立起大规模回收体系，居民只对经济价值较高的资源回收感兴趣，如钢铁，纸张等，但对于电池、塑料等就与垃圾混投，造成了资源的浪费与环境的污染。

第二，企业本身对逆向物流不够重视。很多企业对循环经济的理解不够，把逆向物流等同于废品回收来看待，认为给企业带来的利润极低，使得逆向物流体系的建立非常滞后。其一，企业内部缺乏重视，会造成资金、技术与人才投入不足，在业务优先权与政策等方面都不能给予逆向物流足够的支持。其二，企业对第三方逆向物流企业也缺乏认同感，没有视之为合作伙伴关系，不能与企业外部的逆向物流企业进行较好的协同与支持，使得物流企业不能积极提高服务水平。如对于回收产品在搬动、保存、运输过程中缺乏主动的保护意识，造成货物进一步受损，增加了产品价值恢复过程的难度与成本。其三，逆向物流体系没有建立起来，刺激了大量违规企业的拥入，影响了市场的规范性，监管不到位，环境污染更加严重。如广东汕头的贵屿，被称为“电子垃圾之城”，家庭作坊式的操作虽创造了丰厚的利益，但对人们的健康与环境都造成了巨大伤害，更影响了正规市场的发展。

第三，逆向物流体系自身建设落后。我国逆向物流体系的发展与正向物流体系相比较，无论是在发展规模上，还是在政策引导与激励上，或是在技术上，尤其是信息技术的应用上，都处于非常落后的状态。一方面，经营理念落后。大多数第三方逆向物流企业不能与企业进行良好的合作，没有融入为企业服务的逆向物流体系中，只以个体的小利益为重，造成逆向物流供应链上运作混乱与脱节。这些第三方逆向物流企业多数是另起炉灶，与欧美发达国家由第三方物流发展而来有很大区别，也基本不具备第三方物流的操作经验，对企业资源回收的需求、回收的习惯了解较少，造成逆向物流效率不高。另一方面，技术落后。尤其是信息技术程度相当低，逆向物流中产品或资源的数量、种类、价值、损坏程度等都不能与企业实现信息共享，极大影响了企业对逆向物流企业的信任感与合作意向，更无法实现逆向物流体系闭环供应链整体运作与高效协调发展。

**国外逆向物流体系构建的先进经验借鉴**

国外一些发达国家，如美国、日本、德国等在建立逆向物流体系的探索中取得了很多先进经验，非常值得我们学习与借鉴。

（一）美国

统一管理模式。美国物流业发展在世界上处于领先地位，仅以发达的钢铁行业来说，大多数企业与第三方逆向物流公司联合，采用企业内外统一管理的模式。第三方逆向物流企业成为生产商、分销商与消费者之间的纽带，专业回收企业内部与外部的废弃物，并提供专业化与个性化的物流增值服务，如把回收物品经过统一分类、加工处理、包装并转变成企业所需原材料，然后销售给生产企业。

发达的第三方物流。美国的第三方物流发展领先于全球， 在国的物流市场中占有主导地位。2014 年全球第三方物流收入总额如图 1 所示。虽然我国第三方物流收入达到了 1445 亿美元，在亚太地区中占比 53.6%，但是在国内市场占有率仅为 20% 左右，与美国 58% 的占有率相距甚远。美国大多数第三方逆向物流企业由第三方物流企业转变而来，具有丰富的运作经验、资金优势与技术领先优势。逆向物流业务外包给专业的第三方物流企业，让生产商减少了废弃物回收的资金投入、精简了企业机构，可以把更多精力专注于产品的生产、研发与销售，从而提高核心竞争力。

政府的大力支持。逆向物流的建立，企业需要投入相当的人力物力，对于追求经济效益的企业而言是一种负担。如果没有政府的支持，很容易演变成一时的行动。美国加利福尼亚州在 1990 年就通过废弃物回收法令，以法律的强制手段要求企业在生产源头和回收循环再利用环节减少废弃物至少 50%，并给企业的资源回收提供政府财政补贴。美国其它各州也大多有相似的法规和制度，对于促进企业构建正向与逆向物流体系起到十分重要的作用。而且完善的政府物流管理体制不仅强有力地支持了逆向物流的发展，同时也增强了民间物流组织对逆向物流的重视度。比如，美国逆向物流协会积极宣传循环再利用知识，并把每年的 11 月 15 日定为“回收利用日”，极大推动了美国逆向物流的发展与研究工作。大量运用于逆向物流的相关技术与操作规程相继建立起来，逐步形成今天美国比较完善的逆向物流体系。

（二）日本

第三方逆向物流企业获得大集团的支持。以钢铁业为例，日本大量进口原材料，弥补钢铁资源的短缺，并把大量钢铁成品出口。由于钢铁业具有非常高的集中度，一般的第三方逆向物流很难与正向物流一起形成闭合统一的物流系统为钢铁业的循环经济服务，许多专业化物流企业从大集团企业剥离出来实行独立经营，但仍得到大集团企业资金与技术的大力支持，如日铁物流、富士物流等，都是依赖大集团企业而存在，为大企业提供更专业化、个性化与高标准化的逆向物流服务，同时也获得了大额的政府财政补贴。

逆向物流得到民间的大力支持。日本居民的环保意识、资源回收再利用意识非常强。以废旧电池回收为例，以处理废弃电池为主业的野村兴产株式会社，每年回收的废电池达到数十万吨，其中仅有 7% 是由厂家收集的，民间环保组织与协会提供了 93% 的回收量，这是非常值得我国学习的。

循环经济下我国逆向物流体系构建策略

我国正处于优化产业发展结构，改变经济增长方式的转型期，要大力发展循环经济，追求经济发展与环境保护共存。因此，我国政府与企业等要多方面创立合作机制，采用多种策略建立健全我国逆向物流体系，为建设节约型社会做出贡献。

（一）基于国家与政府层面发展逆向物流的策略

第一，制定严格的法律与法规，保障循环经济发展，促进逆向物流体系的建立。我国政府很重视发展循环经济、综合开发与利用资源、废弃物品回收再利用等方面，也已出台了一系列法律法规，如环境保护法、清洁生产促进法、固体废物污染防治法等都为循环经济与逆向物流的发展提供保障。但与发达国家相比，法律保障体系还不够健全，在引导监督方面还不够严厉。政府要积极出台法律法规细则，发挥相关部门的监督执法职能，保障法律法规的真正落实而不能流于形式，以法律形式明确企业在资源回收、循环利用、减少消耗、环境保护等方面的法律责任，并严格监督与执法，做到有法必依，违法必究。

第二，出台利好政策，起到积极引导作用。除了强制的法律监管外，在政策引导与激励机制上政府也要起到主导作用，让企业能积极主动地进行逆向物流建设，发展循环经济。如政府改变过去经济至上的评价机制，把环境保护、资源节约、高效利用、资源回收、大力发展循环经济作为企业评估体系的主要内容，让企业积极把逆向物流的建设变成自己的目标与责任，进而在逆向物流建设上投入足够的人力、物力、财力，真正把逆向物流从制度要求变成企业的自觉行动。再如政府改变融资体制，对企业的循环经济与逆向物流活动给予资金扶持，学习美、日等国家，在财政补贴上提供优惠，或利用税收杠杆促进循环经济与逆向物流体系的建设与完善。事实上，在我国进入经济新常态后，由于很多传统行业不景气，民间资本大量沉淀，完全可以通过有效的政策引导，逐步投入逆向物流等绿色环保领域。如此，不仅可以解决逆向物流资金投入不足的问题，还可以创造更多更具经济效益与社会效益的产业。

第三，政府要成为宣传资源节约、资源回收与环保意识的主导力量。在这方面要向日本学习，政府要通过各种宣传媒介与手段进行广泛的教育与宣传，提高全体居民节约资源与环保意识，联合民间组织、协会等让广大居民积极参与、支持逆向物流体系的建设。本着环保意识从小做起的理念，政府可以将节约资源、回收资源的有关教育内容纳入中小学教育中，使我国民众从小养成良好的环保意识和节约习惯。同时要求企业主动做好宣传，如透明公开逆向物流的经济指标，让民众更加明晰逆向物流的好处，也接受民众对企业的民主监督。可以运用财政、税收等手段，既对资源回收做的好的企业进行奖励，同时也对资源回收意识差的企业进行处罚，迫使企业逐步建立资源回收的相关制度规定。

（二）基于企业层面发展逆向物流的策略

第一，企业管理层要重视逆向物流体系的建立与发展。企业管理层要从更高的循环经济视角、环保视角、企业可持续发展视角来看待逆向物流体系，要把逆向物流的建设融入企业日常管理和每项经济活动中，协调企业内部各部门密切合作，保障企业内部逆向物流体系高效运转。如果是专业的第三方逆向物流企业，管理层要有把企业做大做强的意识，让企业向规模化与产业化方向发展，并积极学习借鉴成功企业或国外先进经验，加强逆向物流领域的研究，为不断提高企业管理水平和经营能力提供理论支持。

第二，完善逆向物流运行的各个环节，让健全的体系发挥更高效率。企业是逆向物流的组织者与实施者，只有企业做好了逆向物流工作，才能实现循环经济的良好发展。其一，优化生产环节的逆向物流设计。在生产环节中，企业要坚决使用容易回收、有利于循环利用并对环境友好的原材料，在实现清洁生产的同时，也便于废弃物与副产品的综合利用和迅速回收，实现生产环节的资源减量化。其二，提高回收层面的管理。提高回收中心的管理质量是提高逆向物流运营效率的重要环节，无论是自营的内部逆向物流部门，还是专业的第三方逆向物流企业，建立正规的回收中心并使用专用的回收、分拣、处理设备并配备专业人员是非常必要的。其三，优化运输过程。结合企业能力、废弃物特点与数量，合理选配运输工具，达到运输效率的最大化。另外，积极配备运输自动化设备，降低装货、运输、卸载的劳动强度与差错率，也是提高效率的重要手段。

第三，不断提高逆向物流技术水平。逆向物流技术水平是决定其运作效率的关键因素，如对大量废旧电池的处理回收，对大量电子产品垃圾的无公害处理与有效利用，都离不开先进技术和设备的支持。因此进行诸如回收技术、绿色制造技术的研发与升级，加大各种设备改造与购进力度，是突破逆向物流发展瓶颈的重要工作。从目前来看，我国在这方面的技术研发投入较少，积累不足，政府应通过政策引导企业，尤其是能源型企业加大科技研发投入，以绿色技术的突破推动逆向物流技术水平的提升。另外，应积极建设逆向物流网络信息系统，实现生产企业与逆向物流企业顺畅沟通与资源共享，不但减少企业运营成本，更降低了循环经济中逆向物流企业经营的盲目性。

（作者：余滢 来源：知网）

# 11.3 逆向物流指数

**上海市逆向物流指数系列（机动车）（RLI）首次发布：机动车回收市场潜力巨大**

2017年5月6日，上海市物流协会联合上海市再生资源回收利用协会报废汽车专业委员会、上海第二工业大学、上海师范大学、上海大学、上海市物流学会、上海市运筹学会服务科学与标准化专业委员会，在“2017上海物流日活动暨创优降本论坛”上发布上海市逆向物流指数系列（机动车）。上海市商务委副主任刘敏、上海现代服务业联合会会长周禹鹏、上海海事大学校长黄有方、上海市物流协会专职副会长兼秘书长韩志雄、上海市物流学会秘书长陈震、上海市发改委、上海市经信委、上海市交通委等嘉宾出席会议，出席会议的有来自高校、院所及企业600多人。会议由上海人民广播电台首席主持人秦畅主持。

会议上，中国物流学会副会长、智经供应链管理研究院院长郝皓教授介绍了逆向物流创新模式，并通过全样本调查研究，发布了逆向物流的“2016年上海市机动车回收指数”、“2016年上海市机动车回收发展指数”、“2016年上海市机动车回收价值指数”以及“2016年上海市机动车回收拆解企业能力指数”。上海市逆向物流指数系列的发布具有首创性，属国内外第一次，填补了我国逆向物流领域的指数空白，具有非常重要的指导意义和现实意义。

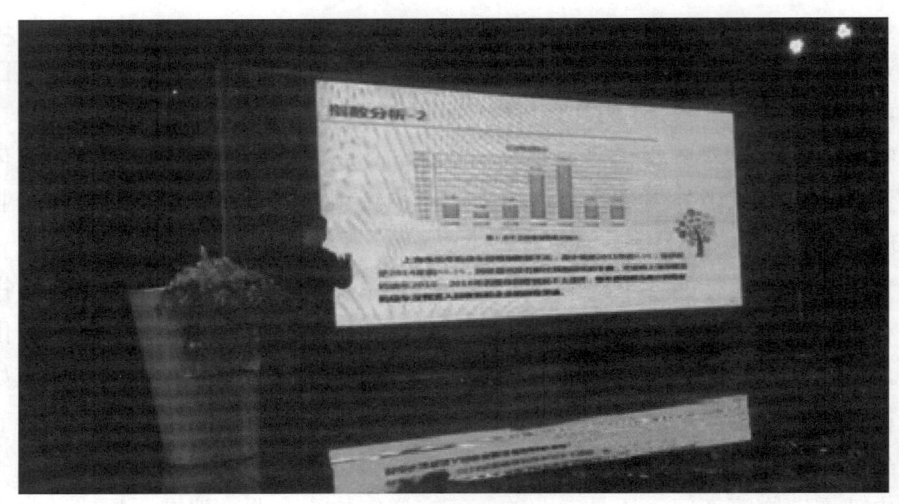

上海市机动车逆向物流指数系列（机动车）（RLI）由上海市物流协会和上海市再生资源回收利用协会报废汽车专业委员会、上海第二工业大学、上海师范大学、上海大学、上海市物流学会、上海市运筹学会服务科学与标准化专业委员会联合研究制定，在上海市发展和改革委员会、上海市经济与信息化委员会、上海市商务委员会、上海市交通委员会的指导支持下完成的，今后将每年定期对外发布。

一、上海市逆向物流指数系列对上海循环经济、绿色物流发展的监测和预测具有重要意义，可以起到一定的“风向标”作用，它可以真实地反映循环经济的动态现实状况，有望成为上海循环经济运行活动的重要评价指标之一。

为破解资源短缺和环境污染对我国经济可持续发展的瓶颈制约，发展循环经济作为一项我国国家战略，提到了前所未有的高度。在《国民经济和社会发展第十二个五年规划纲要》中首次将“大力发展循环经济”单列一章。在党的十八大报告中提出：“使经济发展更多依靠节约资源和循环经济推动；将循环经济作为建设生态文明的根本路径。”2015 年 11 月《国民经济和社会发展第十三个五年规划纲要》更是纲领性提出：“推动低碳循环发展和实施循环引领计划，坚持绿色发展，着力改善生态环境。”

经过近 10 年发展，循环经济在调整产业结构、转变发展方式、建设生态文明、促进可持续发展中发挥了重要作用。2014 年，我国资源循环利用产业产值达 1.5 万亿元，从业人员 2000 万人，回收和循环利用各种废弃物和再生资源近 2.5 亿吨，与利用原生资源相比，节能近 2 亿吨标准煤，减少废水排放 90 亿吨，减少固体废物排放 11.5 亿吨。

逆向物流既是循环经济的基础和核心环节，也是绿色物流的具体体现。逆向物流至少在 4 个方面支撑和推动了循环经济的发展。第一，逆向物流充分贯彻了循环经济“减量化、再利用、资源化”原则；第二，逆向物流有利于循环经济中的环保目标；第三，逆向物流系统的构建有利推动了循环经济实践；第四，逆向物流为消费者参与循环经济活动提供了必要的平台。

据权威部门数据显示：全国每年至少有 500 万吨废钢铁、20 多万吨废有色金属、1400 万吨废纸，以及不计其数的废塑料、废玻璃被白白浪费，没有得到回收利用。大多数制造企业缺乏逆向物流的意识，由于利润微薄，回收工作只有一些规模小的游兵散勇在进行，他们的废品低级加工反倒毁了环境。对此，国内专家学者已有了不少研究，并普遍认为我国逆向物流现阶段主要问题有：国民珍惜资源和环境保护的意识薄弱；再生资源回收利用的激励机制和政策没到位；企业高层未能重视，缺乏有力支持；逆向供应链风险交大，缺乏管理能力。这些问题都直接影响到逆向物流系统运行的绩效优劣，阻碍了循环经济的健康发展，关系到我国可持续发展的根基。

**二、机动车作为上海市逆向物流指数首次发布的产业**

汽车产业是国民经济支柱产业，具有较强的行业代表性和典型性，能充分反映我国经济的迅速发展。2015 年我国汽车保有量达到 1.72 亿辆，在未来较长一段时期，汽车市场仍将具有很强的增长潜力。汽车市场规模的不断扩大，给我国报废汽车回收拆解行业发展带来到了新的机遇与发展空间，行业发展已经进入转型升级的新阶段。“十三五”期间，大力发展汽车产品回收利用产业，是我国节能减排的一项重要措施，是加快发展循环经济，建设资源节约型、环境友好型社会的重要举措，是推进产业结构调整、转变经济发展方式、促进新兴战略性产业发展的重要途径。

近十多年来，上海报废机动车回收拆解行业取得的发展成就，为“保障道路交通安全、促进资源再生利用、提升公共服务水平、强化政府有效监管”做出了应有的贡献，并主要体现了以下五方面特点：

1、行业体系逐步转向“收拆合一”模式

从 2002 年开始，上海市建立了“1+4+1”的报废机动车回收拆解运营体系。“1”代表上海机动车回收服务中心，专业从事报废机动车回收服务；“4”代表四家专业从事处置报废机动车、销售回用件及再生资源综合利用的报废机动车拆解企业，并按车型拆解报废汽车，四家企业分别为：上海华东拆车有限公司（大型货车）、上海莘庄拆车有限公司（小型货车）、上海交运巴士拆车有限公司（大型客车）、上海宝钢钢铁资源有限公司（现为上海宝钢拆车有限公司，小型客车，含摩托车）；“1”代表一家从事处置报废机动车“五大总成”的破碎企业。十多年来，通过“1+4+1”模式的运行，从源头上杜绝了拼装车辆非法流入市场，有利于政府相关部门对报废机动车行业的监管，避免了行业内的恶性收车价格竞争。

2、行业稳步发展

经过多年发展，上海市报废汽车回收拆解行业已经具备了一定规模。2015 年，上海市报废汽车回收拆解企业共有 7 家，营业面积约 260000$m^2$，从业人员 498 人，共计收车 31966 辆。

3、行业监管、行业自律能力不断加强

为加快转变政府职能，强化政府对行业的公共服务、市场监管、保障公平等职责，上海市商务委投资建设的上海市报废机动车回收拆解服务监管平台已经投入运营，将有效加强对行业的事中、事后监管。

为加强企业和政府之间的沟通，上海市成立了再生资源回收利用行业协会报废汽车专业委员会。专业委员会在促进完善企业自律机制，协调企业与企业间的关系，进一步形成行业整体合力，提高社会服务水平，提高再生资源综合利用水平和环境保护水平，推动行业发展等方面起到了重要的作用，促进了上海市的报废汽车回收拆解行业有序发展。

4、行业信息化水平显著提高

作为服务于本市报废机动车回收拆解行业的信息化服务监管系统，上海市报废机动车回收拆解服务监管平台已经上线试运行，在保证行业整体改革稳步推进、行业有序发展的同时，也提升了行业整体信息化水平。监管平台由上海市商务委投资建设，市商务委委托市商务行政事务中心负责平台的运营管理，市商务委、市公安局、市环保局做好试运行期间的业务指导工作。行政事务中心、回收中心、各回收拆解企业、上海前锐信息技术有限公司共同做好试运行工作。

在利用现代化信息技术提高企业内部管理水平的同时，尝试开展电商服务平台，努力创建全新的行业生态圈，促进报废汽车回收和再生资源综合利用水平的健康发展。

5、企业技术设备水平得到提升

回收拆解企业通过引进现代化技术和设备来提高报废汽车拆解水平，注重环境保护，提高再生资源利用水平，除了拥有传统的生产加工设备以外，也逐渐添置了一些现代化的生产设备。

## 三、逆向物流指数系列—机动车

逆向物流是指由于产品使用寿命原因对报废产品进行回收、处置、资源再利用或产品包装回收等产生的物流，其指数的大小，体现循环经济、绿色物流发展状况的好坏。逆向物流，是政府和企业为发展循环经济的主动行为，具体实施要落实到企业。因此，实现政府目标也应该有利于逆向物流企业的利润目标。构建逆向物流的价值指数就能反映逆向物流企业持续发展的动力大小。英文名称为“Reverse Logistics Index”，英文缩写“RLI”。

企业进行对循环物资的绿色处理、及资源再生能力，制约着循环逆向物流的发展，因此，回收物资的绿色处理能力也从一定层次上影响着循环经济发展，有必要构建逆向物流能力指数。

根据行业经验以及从数据的可获得性角度，对机动车主要分为：小客车、大客车、小货车、大货车。

机动车逆向物流指数系列由机动车回收指数、机动车回收发展指数、机动车回收价值指数、预期回收拆解能力指数、实际回收拆解能力指数构成，其含义如下：

1）机动车回收指数（ZRI）。是指回收拆解企业机动车实际回收占预期回收的比重，取值在0—100之间，数值越大表示机动车回收状态越好，逆向物流受控越好。理论上，回收指数值的最好情况为100。

2）机动车回收发展指数（ZFI）。是指本期回收指数相对上期回收指数提高的百分点，反应回收拆解企业机动车回收状况的变化趋向，或机动车回收受控状态的变化趋势。取值为正表示趋势变好，取值为负表示趋势变差，取值为“0”表示回收状况没有变化，与上期持平；指数越大表明回收发展趋势越好。

3）机动车回收价值指数（ZRVI）。表示回收单位机动车带来的价值增值。指数值越高，回收动力越大。机动车回收拆解企业都有各自的盈利临界点，单位车辆的价值增值（必须大于0）和回收规模，可综合判断是否超过各自的盈利临界点。

4）预期回收拆解能力指数（$PI_{应}$）。是指环评达标企业机动车的设计拆解能力满足预期回收拆解需要的程度。用$PI_{应}$表示，$PI_{应}$=100表示设计拆解能力正好满足预期回收量拆解需要，$PI_{应}$越大则满足预期回收需要的能力愈强。

5）实际回收拆解能力指数（$PI_{实}$）。是指环评达标企业机动车的设计拆解能力满足实际回收拆解需要的程度。用$PI_{实}$表示，$PI_{实}$=100表示设计拆解能力正好满足实际回收量拆解需要，$PI_{实}$越大，则满足实际回收需要的能力愈强。

## 四、机动车逆向物流指数及分析

### （一）机动车回收指数的历史比较分析

图表1 历年总回收指数情况统计

从分析图表1我们发现：上海市历年机动车回收指数都不高，最小值是2011年的4.96；最好的是2014年的46.35，回收量也没有超过预期回收的半数，这说明上海市报废机动车2010—2016年的整体回收情况不太理想，每年都有相当部分的报废机动车没有流入回收拆解企业的回收渠道。

从历年发展的总体趋势看，总体回收指数趋势增加。2010年到2011年，指数回落后，开始逐年增长，特别是2013年与2014年的增长异常突出，之后又回归到正常趋势。造成这种异常增长的原因是：2010年政府对报废机动车车主实施了回收车辆补贴政策，使得报废机动车车主能从正规回收渠道得到更大利益，刺激了当年回收量的增加。没有补贴政策后，2011年的回收量下降；2012年9月—2014年期间，政府对报废机动车车主的回收补贴力度加大，实施回收车辆区分吨位的补贴政策，回收量急剧上升；从2015年开始，政府对报废车车主的补贴下降甚至取消，导致报废机动车的实际回收量显著降低，即总回收指数出现明显下降。可以看到，政府对报废机动车车主补贴的回收政策对报废机动车的回收有一定的影响。因此，总回收指数与政府补贴政策的持续性有关。

具体到机动车各车型来看（如图表2所示）：大货车、大客车和小客车总体趋势向好。其中：大货车、大客车的回收指数变化趋势与总体回收指数的变化趋势相同，大货车在2014年的回收指数甚至超过100（指数为136.79），说明2012年9月的政府回收补贴政策对这两类机动车的回收影响显著，政策刺激甚至超过预期回收量；小客车在2010年的回收指数增加显著，2011年会落后，逐年增加，2015年回落后又平稳增加，说明2010年的政府回收补贴政策对小客车回收指数的影响较大，而2012年9月的政府补贴政策对小客车回收指数的影响，相对大客车和大货车的影响要小。可以看出，不同车型对不同的政府补贴政策（2010年单车补贴政策和2012.9的区分吨位补贴政策）的敏感度不同。

图表2 历年各类机动车回收分指数

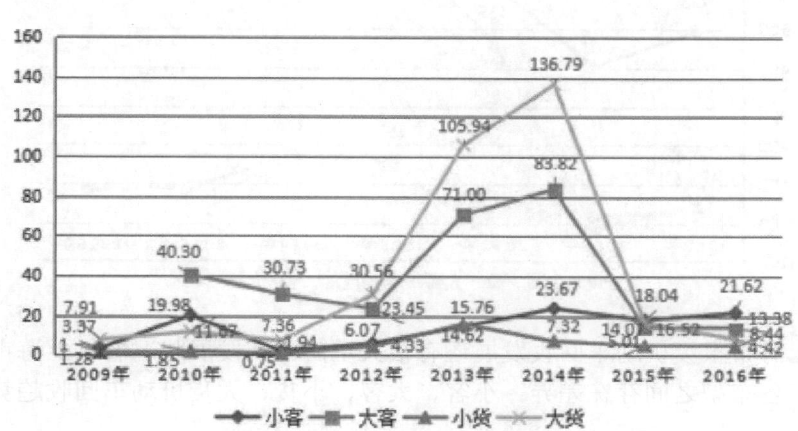


小货车的回收潜力相对较大，其回收指数变化趋势也受政府对报废机动车补贴回收政策的影响，但影响有限，增加趋势不显著。

（二）机动车回收发展指数的历史比较分析

图表3 历年总回收发展指数统计

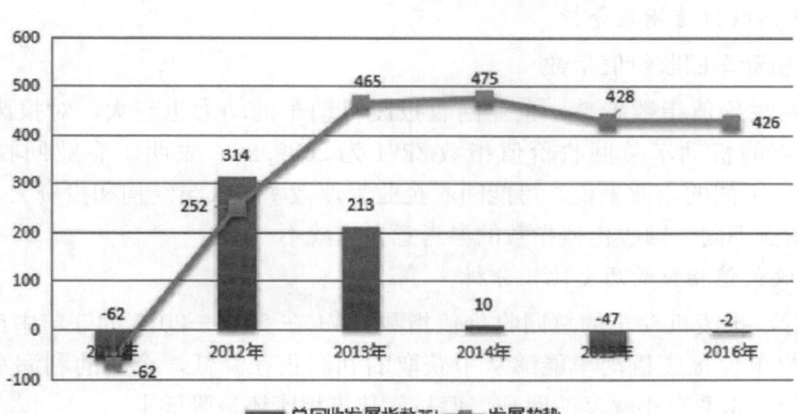

图表 3 中，总发展指数 ZFI 表示报废机动车本期总回收指数相对上期总回收指数提高的百分点的情况：从 2011 年到 2016 年的指数值分别是 -62，314，213，10，-47 和 -2。从发展趋势（发展指数累计）看，2012—2014 年上海市机动车回收发展趋势在变好，但是变好的速度在减小（即边际增加减弱）；2015—2016 年的回收发展趋势在变差，只是变差的速度在减弱（即边际下降减弱）。

这也说明了 2015 年前上海市报废机动车回收发展速度较快，但近几年（2015 年及以后）回收发展速度下降，甚至负增长，应该引起政府相关部门和社会各界的重视。

图表 4 表示历年各类机动车的回收发展指数的累计情况，反应各类机动车回收发展趋势：小客、大客、小货、大货机动车趋势向上，但各类之间有所区别。小客车的回收发展趋势是从 2011 年到 2016 年一致向好趋势较稳定；而小货、大货和大客都是在 2013 或 2014 年前后存在趋势差异，2014 年前发展趋势较好，2015 年及以后的发展趋势变差。

图表 4 历年各类机动车回收发展指数统计

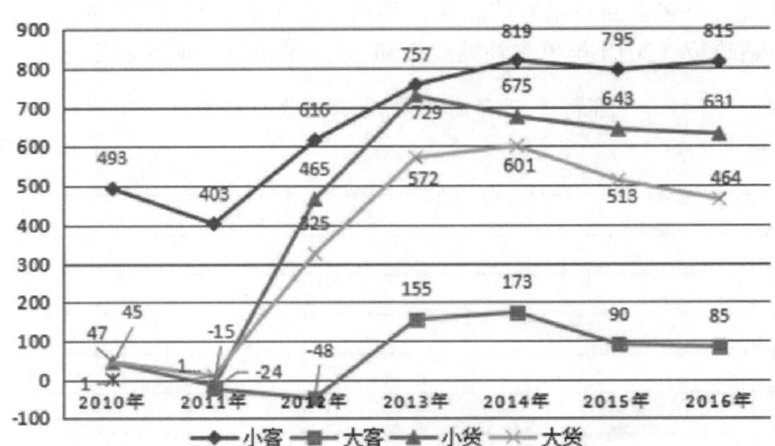


总的来看：上海市报废机动车回收发展还有很大空间。从发展状况看，上海市机动车回收总体发展趋势向好，但各车型之间存在差异：小客、大客、小货、大货机动车回收趋势不尽一致，但都是趋势向好。

政府对报废机动车的回收补贴政策对报废机动车回收影响较大，但各车型对不同的政府回收补贴政策的敏感度有差别：大客车、大货车对区分吨位的政府补贴政策敏感度较大，这种补贴政策促使了回收量的急剧增加；小货车对政府补贴政策的敏感度要小一些，回收量也受政府补贴政策的影响；小客车对不分吨位的政府补贴政策敏感度较高，对区分吨位的政府补贴政策敏感度相对大客大货要小一些。

（三）机动车回收价值指数分析

1、报告期的机动车回收价值指数

一般来说，回收价值指数越高，企业回收报废机动车的动力也越大，对报废机动车的回收发展越有利。2016 年的机动车总回收价值指数 ZRVI 为 2689.26，表明了企业回收一辆车的价值是 2689.26，但是对于不同的企业来说，可能随着企业管理效率、人员结构和投资大小等不同，导致每个企业的盈亏平衡点不同，回收价值指数的参考意义也就不一样。

2、机动车回收价值指数的历史比较分析

从图表 5 来看，报废机动车的总回收价值指数 ZRVI 在 2011—2015 的 5 年中出现明显的下降，这意味着企业回收单位报废机动车能够从中获取的利润正在降低，企业的利润空间在变小，尽管 2016 年的总回收价值指数有小幅度的回升，但与前几年相比还是降低了。

图表 5 历年机动车总回收价值指数统计

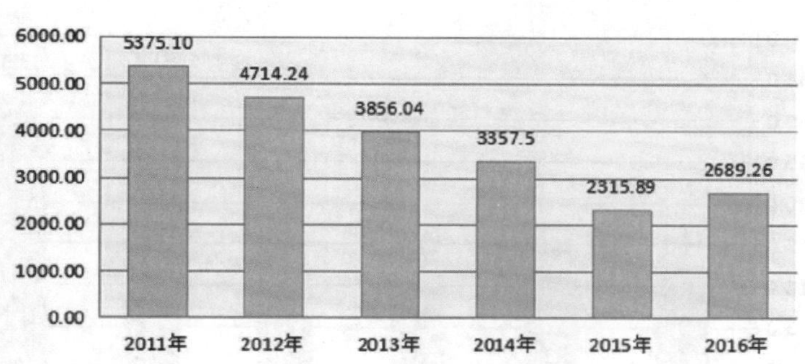


造成总回收价值指数下降的原因是：一方面，在此期间，报废机动车可再生利用资源中废旧金属等的价格持续下降；另一方面，人工费用逐年提高，等等。这些都不利于报废机动车回收企业的长期发展。回收企业的利润主要来源于报废机动车的可再生资源，在单辆机动车可再生资源有限的情况下，回收车辆的数量对回收企业的生存就至关重要。如果实际回收的数量不够，就无法形成规模效益，造成企业生存困难。

图表 6 各类机动车回收价值指数

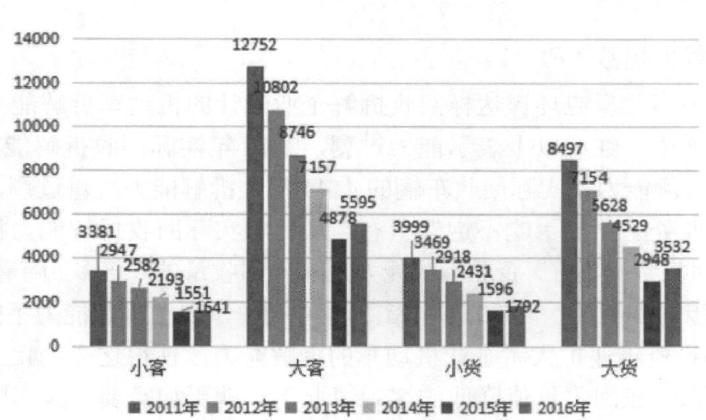


通过对图表 6 的分析，可以发现，在各类机动车的回收价值指数中：大客车获得的回收价值最高，一辆大客车在 2011 年的时能使企业获得的价值是 12752. 10，但是 2016 年的时候却下降到了 5594. 70，降幅超过了 50%，这对大客车的受控回收是不利的。

小客车和小货车的回收价值指数比较接近，而 2016 年的回收价值相对于 2011 年的分别下降了 51. 48% 和 55. 18%，回收价值的大幅度下降对于小客车和小货车的回收非常不利，它们的回收价值本来就不高，下降只会更加造成回收企业对小客车和小货车的回收动力不足。

大货车在 2016 年的回收价值是 3532. 28，比 2011 年减少了 4964. 85，下降幅度甚至超过了 2014 和 2015 年的回收价值，对企业主动回收报废大货车造成了一定的打击。

总体上来看，各类机动车的回收价值在 2015 年之前都在降低，2016 年有小幅度的回升，这与总回收价值指数的趋势一致，下降的可能原因包括企业回收的报废机动车中可回收物资的销售价格出现了下降，如：钢材的价格从 2011 年的 2690 元 / 吨下跌到 2015 年的 1250 元 / 吨。另外，各类机动车的回收价值存在一定的差异，企业可以根据自身的发展情况，进行针对性的回收，提高自身的收益。

（四）机动车回收拆解企业能力指数

1、预期回收拆解能力指数（$PI_{应}$）

图表 7 历年预期回收拆解能力指数

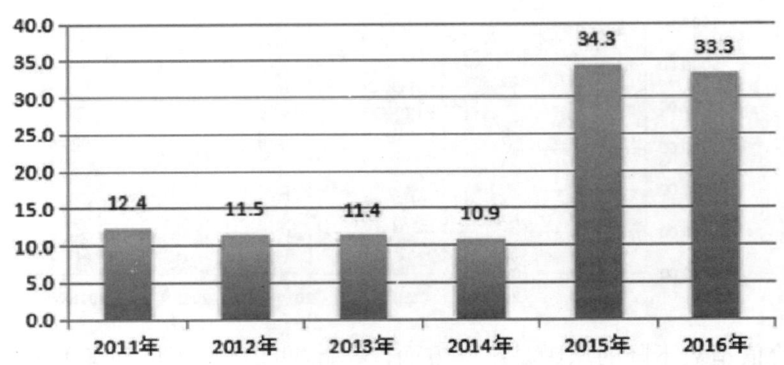


预期回收拆解能力指数反应环评达标回收拆解企业设计的机动车拆解能力满足预期回收车辆拆解需求的程度。从图表 7 的结果看，2016 年预期回收拆解能力指数为 33.3，说明当所有预期报废车都回收回来时，环评达标回收拆解企业只能满足 33.3% 的回收车辆当年被拆解。从历年预期回收拆解能力指数的变化分析，2014 年前机动车设计拆解能力普遍偏低，每年只能满足 10% 左右的预期回收车辆拆解。2015 年，回收企业加大了投资，设计产能大幅提升，达到 34.3% 的预期回收车辆及时拆解。

2 实际回收拆解能力指数（$PI_{实}$）

实际回收拆解能力指数反应环评达标回收拆解企业设计的机动车拆解能力满足实际回收车辆拆解需求的程度。图表 8 中，红线以上表示能力过剩，2016 年实际回收拆解能力指数达到 444，说明回收拆解企业的设计拆解能力是实际回收车辆的 4.44 倍，拆解能力严重过剩，设计产能没有得到充分利用，回收拆解企业处于严重“吃不饱”状态。从历年实际回收拆解能力指数的变化分析，2011 年，由于报废机动车回收状况不好，企业拆解能力是实际回收量的 6 倍多。随着机动车回收状况好转，企业闲置拆解能力逐步得到利用，到 2014 年指数达到 80，出现了拆解能力不能满足实际回收车辆拆解的需要，2015 年的投资迅速扩大了企业机动车的拆解能力，使得迄今为止，回收拆解企业一致处于严重“吃不饱”状态。在回收价值降低的客观情况下，就更加需要扩大实际回收规模，以便充分利用设计能力，取得规模效益。

图表 8 历年实际回收拆解能力指数

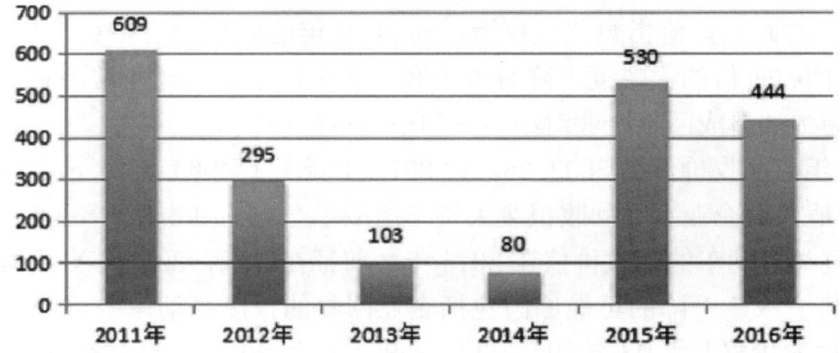

## 五、总体分析

1. 总的来看，目前上海市报废机动车回收指数不高，相当部分预期报废机动车没有回收到有资质的回收拆解企业中，报废机动车回收的市场潜力巨大。相对而言，小客车回收状况较好，小货车回收状况较差。

2. 从发展状况看，2014 年之前，发展趋势增加，2015 年及以后有所下降，下降趋势逐年减小，不影响上海市机动车回收总体发展趋势变好；但各车型之间的发展增速上存在差异：小客、大客、小货、大货机动车回收趋势与总体发展趋势近似，但在趋势变化的拐点上略有差异。

3. 政府对报废机动车的回收补贴政策对报废机动车回收影响较大，各车型对政府不同的回收补贴政策的敏感度存在差别：不区分吨位的政府回收补贴政策对小客车的回收影响较大；区分吨位的政府回收补贴政策对大客车、大货车的回收影响较大；小货车对政府补贴政策的敏感度要小一些，回收量也受政府补贴政策的影响。

4. 总回收价值指数在 2011—2015 年出现明显的下降，企业的单位车辆利润空间在变小，尽管 2016 年的总回收价值指数有小幅度的回升，但价值空间还是不大。各类机动车的回收价值指数趋势与总回收价值指数趋势相同，但各类机动车的回收价值存在一定的差异，企业可以根据自身的发展情况，进行针对性的回收。

5. 近两年来，上海市机动车回收拆解企业的设计拆解能力得到极大提高，虽然目前机动车回收拆解企业的设计拆解能力还不能满足预期回收车辆的需要，但远远大于实际回收车辆的需要。设计能力相对实际回收车辆的能力过剩，导致回收企业严重吃不饱。

（智经供应链管理研究院供稿）

## 11.4 逆向物流行业活动

### 一、上海市物流协会逆向物流分会参加 2016 年度长三角地区现代物流联动发展大会暨长江经济带托盘循环共用推进大会

2016 年度长三角地区现代物流联动发展大会暨长江经济带托盘循环共用推进大会于 5 月 6 日（物流日）在上海市宝隆美爵酒店隆重召开，上海市物流协会逆向物流分会会长孔国卫先生、副会长邢进先生、常务副会长郝皓先生、常务副秘书长陈燕女士、理事董彬先生、理事卓弘毅先生等一行人参加了本次盛会。

会上，代表们听取了上海现代服务业联合会会长周禹鹏先生致辞，上海市商务委员会副主任刘敏女士介绍了上海物流标准化情况，以及来自长三角地区的物流专家和学者们在理论和实践过程中积累的宝贵知识和经验的分享；

下午的论坛中，与会代表听取了来自江浙沪地区的物流企业及专家代表针对“托盘循环共用”的主题发言，分会常务副会长郝皓教授应邀对下午精彩纷呈的主题演讲作了交流发言。

通过此次活动，代表们从中学到了许多有价值的信息和知识，更好的充实和丰富分会未来的工作。

## 二、上海市物流协会逆向物流分会参加 “2016 年中国物流供给侧改革高峰论坛”

2016 年 7 月 30 日，由中国物流与采购联合会主办、天地汇协办的“2016 中国物流供给侧改革高峰论坛”在上海召开。全国政协常委、民建中央副主席、上海市政协副主席周汉民、国务院发展研究中心党组成员、办公厅主任余斌、中国物流与采购联合会会长何黎明、国务院参事室特邀研究员姚景源、国家发展和改革委员会综合运输研究所所长汪鸣、著名经济学家马光远、上海市商务委员会副主任刘敏、天地汇创始人兼董事长徐水波、罗宾逊全球货运（上海）有限公司亚洲发展战略总监吕台欣、科尔尼 (A. T. Kearney) 大中华区全球合伙人李健等来自政、企、学界资深人士作为嘉宾受邀到场，带来他们对于中国物流供给侧改革的思考与远见，来自国内外各类企业、政府机关、科研院所及物流相关协会的 500 多名与会代表参加了此次峰会。

上海市物流协会专职副会长兼秘书长韩志雄、上海市物流协会常务副秘书长陈震、上海市物流协会逆向物流分会会长孔国卫、常务副会长郝皓、副会长邢进、副秘书长颜家平、理事史毅平、理事王治国、云丰国际物流总经办王志坚主任等一行人参加了本次盛会。

此次论坛分上、下午两场进行。在上午的议程中，周汉民、余斌、姚景源、汪鸣、刘敏等在内的相关部委领导和智囊作倾情演讲，为参会人员带来国家相关政策的一手解读。在下午的议程中，以著名经济学家马光远、科尔尼大中华区董事李健为代表的企业家和学者嘉宾，则以物流行业领先企业实践的角度，揭秘物流供给侧如何应对改革压力，在逆境中迎风前行。本次论坛还通过政策解读、案例分享、圆桌论坛等方式，激荡众智，畅所欲言，共同探索物流产业供给侧改革的方向和道路。

与会代表给予这次论坛高度赞扬，纷纷反映在这次论坛信息量大，干货多，具备高权威性和前瞻性，收获良多。此外，代表们通过吸纳在业界深耕多年“大咖”所提出的见识和见解，对未来自身所在领域的供应侧变革和结构性优化产生了新的思路和启发。

**三、郝皓教授主持逆向物流课题 获“中国物流与采购联合会科学技术奖”**

2016 年 10 月 27 日，“2016 年度中国物流与采购联合会科学技术奖”颁奖典礼在北京隆重举行，来自全国各高校、科研院所、企事业单位约 300 余位与会成员出席了颁奖典礼。

经评审委员会多轮严格评审，评选出 2016 年度科学技术奖获奖项目，其中由上海市物流协会逆向物流分会常务副会长郝皓教授主持，率领逆向物流课题组团队共同完成的科研成果“基于服务外包的售后逆向物流管理研究－理论分析与汽保行业实践”（专著）项目喜获“2016 年度中国物流与采购联合会科学技术奖”二等奖（省部级）。

中国物流与采购联合会是国务院批准设立的中国唯一一家物流与采购行业综合性社团组织，总部设在北京。“中国物流与采购联合会科学技术奖”创办于 2002 年，是依据国务院《国家科学技术奖励条例》，经国家科学技术奖励办公室批准设立的全国性科学技术奖（国科奖社证字第 0059 号），旨在奖励在全国物流与采购以及生产资料流通领域中的技术发明与科学技术进步成果，由中华人民共和国科技部批准并登记备案。

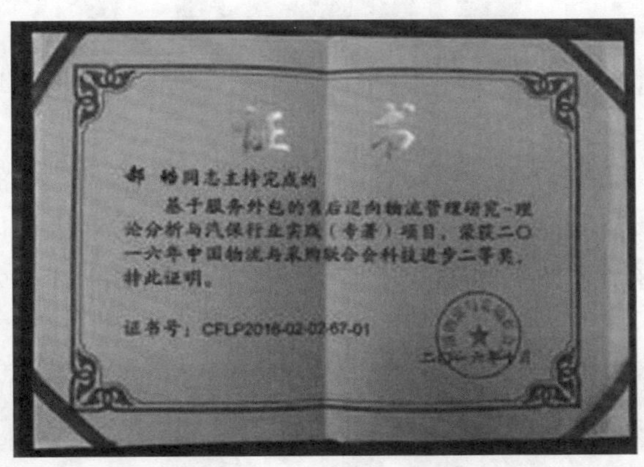
证书

郝皓同志主持完成的

基于服务外包的售后逆向物流管理研究-理论分析与汽保行业实践（专著）项目，荣获二〇一六年中国物流与采购联合会科技进步二等奖，特此证明。

证书号：CFLP2016-02-02-67-01

此次获奖是在上海市物流协会领导大力支持下，逆向物流课题组团队成员不懈努力，辛勤投入而取得的，逆向物流课题组团队未来将再接再厉，深入调研和探讨，强化逆向物流学术研究与应用实践的融合，取得新的科研成果，为协会赢得更大的荣誉。

**四、上海市物流协会逆向物流分会代表参加中国（上海）越南物流企业座谈会**

2016 年 11 月 17 日，“一带一路”物流 合作发展共赢－中国（上海）越南物流企业座谈会在现代物流大厦成功举办。

此次座谈会，越南的出席方为越南工商部进出口局局长Tran Thanh hai率领的Vitranimex Transportation and Trading、Vinalink、Avina Logistics等12家物流、贸易、生产企业。中方出席的有上海市物流协会副会长刘鹰、上海市物流协会副秘书长固晨曦、上海市物流协会副秘书长张悦来、上海市物流协会分会副会长郝皓教授、同济大学孙有望教授、上海海事大学高更君副教授、九州通公司总经理肖斌、惠尔集团公司总裁周亚玲、东方久信集团副董事长王一明、乔达国际货运（中国）有限公司经理何伟华等专家学者。

越南进出口局局长对越南的物流国家战略作了阐述，介绍了越南的城市电商、生鲜冷链的建设并提出建立中越快捷通关渠道，鼓励中越双方构建互利互惠的代理关系，以促进两国贸易发展。

中方首先由东道主上海市物流协会副会长刘鹰致欢迎词，然后，郝皓教授围绕“十二五”期间的物流规模、设施网络、质量与效率、制度功能、市场主体、发展机遇以及未来的目标愿景等几方面对上海物流作了介绍。接着，孙有望教授对“一带一路”进行了深度分析并对渝新欧、长安、苏满欧等线路作了阐述。

在中越两国企业对话沟通环节中，双方围绕“一带一路”的发展前景进行了深入探讨，探索“一带一路”对中越两国的机遇与发展。

下午中越双方代表前往上海九州通物流基地，参观智能出入库、分拣系统和自动化立体仓库运行，探讨并观摩了上海惠尔物流有限公司的城市配送运作系统。

本次会议在与会代表们意犹未尽的探讨中圆满结束，达到了预期的互动沟通目的，双方期待未来进一步交流以便更有效地推进中越双方物流和贸易地发展。

**五、逆向物流案例企业参观暨 RLOM 模型（2.0 全球版）第二次专题研讨会成功举办**

2016 年 8 月 9 日下午，上海市物流协会逆向物流分会主办的“逆向物流案例企业参观暨 RLOM 模型（2.0 全球版）第二次专题研讨会”在位于浦东敬业路的上海新金桥环保有限公司举行。

参加研讨会的领导、理事和专家有上海市物流协会常务副秘书长陈震先生、上海市物流协会逆向物流分会会长孔国卫先生、专家委员会唐国春教授、分会常务副会长郝皓教授、分会常务副秘书长陈燕女士、分会副秘书长，DHL 公司物流经理李培鸿先生、美国辉门公司卓弘毅经理、上海市质量与标准化研究院路欢欢女士、美国哈曼公司全球采购总监刘飞先生、国药集团医药物流有限公司朱建云总监、逆向科技公司王治国副总经理、吴大勇先生、潘华先生、上海第二工业大学辜应康博士、闫季鸿博士、陶氏化工朱益平经理、云丰公司代表和新金桥环保公司约 30 位企业管理人员与专家学者参加了会议。

在研讨会举行之前，与会代表首先参观了上海新金桥环保有限公司。这是一家电子废弃物绿色回收利用的高新技术企业，用“全流程 HSE（安全、健康、环境）”实现废弃物减量化、无害化、资源化。加深了会代表对循环经济企业运作的理解和认知。

接着，上海新金桥环保有限公司的专家作了《垃圾是放错了地方的资源，循环利用是朝阳产业》精彩发言并回答了与会代表的问题。

参观结束后，由郝皓教授主持了研讨会。会议首先由孔国卫会长致欢迎词，对主动式逆向物流运作模型（RLOM2.0 全球版）专家研讨会的召开表示祝贺，同时欢迎各位专家对分会的工作提出宝贵的建议；陈震秘书长传达了上海市物流协会韩志雄会长等领导对逆向物流分会工作的指示精神，表达了对于 RLOM2.0 全球版的期待；

会议先由郝皓教授回顾了第一次研讨会提出的 24 类供应链风险、众多国内外著名企业深陷逆向物流“陷阱“实践案例和全球领先逆向物流企业的成功案例分析，指出了现阶段供应链风险问题和逆向物流挑战，全球至今没有统一的逆向物流模型，阐述了“主动式逆向物流运作模型（RLOM）”体现了企业物流与供应链风险预防控制的理念和高效绿色可持续发展的未来物流趋势，有望突破欧美垄断供应链领域各种应用模型的“天下”。郝皓教授在本次会议上着重强调了“供应链风险管理”。

随后由 DHL 公司物流经理李培鸿先生、美国哈曼公司全球采购总监刘飞先生、国药集团医药物流有限公司朱建云总监、逆向科技公司王治国副总经理分别对其撰写的RLOM模型的绩效、应急、矫正、预防、追溯、信息、大数据、预测子模块进行了阐述。

在听取了对“主动式逆向物流模型（RLOM2.0 全球版）各个子模块的阐述后，与会专家对模型进行了热烈讨论并给予一些新观点充分肯定和好评，也针对 RLOM2.0 全球版给出了多方位、多角度的建议，进一步完善了 RLOM2.0 各子模块的结构框架。

本次研讨会在专家们意犹未尽的探讨中圆满结束，达到了研讨会预期目标。

此次研究会形成许多具有建设性和原创意义的模型构架思路，下一步模型撰稿组将进行一系列小组讨论会，并最终形成 RLOM（2.0 版本）发表在国内外期刊上，并向全球发布。

**六、上海市物流协会逆向物流分会在“中国第十五次物流学术年会”上举办“供应链风险控制：逆向物流的主动式管理”论坛**

由中国物流学会、中国物流与采购联合会、芜湖市人民政府主办的“第十五次中国物流学术年会”，2016 年 11 月 26—27 日在安徽省芜湖市召开。来自全国物流领域产学研各界代表约 1000 人参加了会议。

中国物流与采购联合会会长、中国物流学会会长何黎明，芜湖市委副书记、市长潘朝晖到会并分别致辞。中国物流与采购联合会副会长兼秘书长、中国物流学会副会长兼秘书长崔忠付，中国物流与采购联合会副会长、中国物流学会副会长何明珂、任豪祥、贺登才及中国物流学会兼职副会长出席了会议。

11 月 27 日上午，我协会主办的“供应链风险控制：逆向物流的主动式管理”专题论坛顺利举行，论坛由邬星根副教授担任主持人。郝皓教授首先以《主动式逆向物流与 RLOM 模型——供应链风险控制视角》为主题揭开了论坛的序幕。他通过引入多家国际著名企业的“手机爆炸门”、“问题衣柜”、“尾气排放门”等事件，揭示出逆向物流背后隐藏的潜在问题，并从逆向物流视角提出主动式逆向物流管理（RLOM 模型），以及全生命周期供应链的重要性，阐述了逆向物流生态系统和商业模式。

接下来由国药控股物流规划与管理部部长朱建云对《医药物流主动式逆向风险管理》进行演讲，她分享了当前医药供应链的现状和趋势，深刻分析了当前医药B端和C端逆向物流存在的管控风险，并提出了医药逆向物流探索之道。

最后，法雷奥公司原物流总监颜家平就《被忽视的企业风险预示》作了精彩演讲，他针对企业面临的实际问题进行总结，对逆向物流退回的不合格品情况进行深度分析，认为企业应该重视消除事故根源、预防事故发生等方面，以此来规避企业风险。

此次逆向物流专题论坛已经是我们协会逆向物流团队连续第三年在“中国物流学术年会”上成功举办，带来的主动式逆向物流“RLOM 模型”和商业模式创新理念获得了与会代表的高度好评，与会者在会后纷纷与演讲者进行了交流，论坛在参会代表意犹未尽的来年期待中圆满成功。

**七、上海市物流协会逆向物流分会第二次全体理事大会 暨成立一周年庆典活动顺利开展**

上海市物流协会逆向物流分会第二次全体理事大会暨成立一周年庆典活动于 2016 年 12 月 17 日下午 2 点在齐云山庄 8 号厅隆重召开。

参加本次活动的嘉宾有上海市物流协会专职副会长兼秘书长韩志雄先生、常务副秘书长陈震先生、上海市物流协会逆向物流分会会长孔国卫先生、常务副会长郝皓教授、副会长邢进先生、上海市教委学位办公室主任束金龙教授、上海市质量与标准化研究院总工程师晏绍庆教授、云丰国际物流总经理董彬先生、国药控股物流规划与管理部部长朱建云女士、上海东方久信集团副董事长王一明先生、上海正名资信评估总经理叶克全教授、上海华东拆车副总经理曹晓舟女士、上海郑明物流副总裁于美燕女士、上海九州通物流总经理肖斌先生、美国 AII 公司中国区副总裁辛强先生、分会秘书处成员颜家平先生、陈燕女士、李培鸿先生、卓弘毅先生、王治国先生、姚惠玲女士等，以及来自上海家化、日立物流、中远化工物流等国内外知名企业和高校的 40 多位嘉宾。

本次活动分为两个部分：第一部分为上海市物流协会逆向物流分会第二次全体理事大会，由分会秘书处王治国主持。

会长孔国卫首先致开场词，孔会长对各领导、各理事的支持表示了感谢，在充分总结今年分会在学术研究、宣传交流、实际应用等方面的成就后，指出了 2017 年分会的发展目标和发展方向。

常务副会长郝皓教授详细介绍了分会 2016 年的几项重点工作：逆向物流指数的课题研究、主动式逆向物流——RLOM 模型的发布、分会参与的几大学术交流活动以及分会原创文章的发表等，还分享了“第五利润源——RLOM 模型 2.0（全球版）”的研究进展、未来逆向平台商业模式“共赢链”生态圈构想、2016 年度逆向物流最佳实践案例。郝教授表示，2016 年是丰收的一年，这一年里分会在逆向物流的学术研究和实际操作方面都有了很多收获，2017 年分会将重点推进以下工作：发布上海市逆向物流系列指数，举办全生命周期供应链创新高峰论坛，挖掘理事单位关于逆向物流方面的实践案例，创办《绿色供应链与逆向物流》期刊，继续鼓励各理事参与原创文章的撰写等多项工作目标。

接下来，上海市物流协会副秘书长陈震先生宣读了上海市物流协会关于增补逆向物流分会王一明、董彬、朱建云三位副会长的决定，并对三位新任副会长的加入表示了祝贺，三位副会长分别作了发言。

副会长王一明讲述了自己与逆向物流之间的不解之缘，并表示未来希望和分会共同努力，传播学术、共同分享、搭建平台；副会长朱建云从医药回收的乱象入题，阐明了医药行业逆向物流规范的重要性，肯定了分会所做工作的伟大意义；副会长董彬表示未来将是绿色循环物流的未来，希望通过与分会的同仁一起努力，共同创造绿色文明的物流生态。

上海市教委学位办公室主任束金龙教授、上海市质量与标准化研究院总工程师晏绍庆教授、上海华东拆车副总经理曹晓舟女士分别从逆向物流的人才教育、标准化制定、实际操作等角度对逆向物流做了专题讲话。束教授表示物流行业正在经历深刻的转变，当前高水平、高素质人才的不足导致物流业的发展缺乏相应的人才支持，特别是逆向物流这个新兴领域，更要重视人才的培养和教育，只有人才配备到位才能真正实现长足发展；晏教授肯定了当前分会关于指数的研究，并表示这是一项具有重大意义的工作，晏教授指出标准化是评估产业、行业好坏的重要依据，希望未来分会把这项工作继续做精做细做好；曹晓舟女士介绍了报废汽车行业目前逆向物流的现状，从专业实操角度分享了自己的看法，并表达了对即将与分会合作进行相关研究的期待。

理事大会的最后，上海市物流协会专职副会长兼秘书长韩志雄先生发表了讲话。韩会长首先充分肯定了2016年分会所做的各项工作及成果，并对分会全体理事、秘书处成员表达了感谢。韩会长指出逆向物流的研究是件利国利民的好事，物流协会会一如既往的支持分会发展，希望分会上下在2017年继续鼓足干劲、群策群力，将逆向物流分会打造成智库和平台，继续发挥好分享知识、传播学术、助力企业发展等作用。

紧接着进入活动的第二部分：上海市物流协会逆向物流分会成立一周年庆典活动，活动由分会副秘书长李培鸿主持。

庆典活动上，分会秘书处给在场的 40 多名嘉宾代表发放了“上海市物流协会逆向物流分会 2016 年年度大事记”的评选表格，要求选出各理事心中最精彩的 5 件大事，并将于会后统计发布。

一曲欢快的《生日快乐歌》中，逆向物流迎来了成立以来的第一次生日，上海市物流协会韩会长和逆向物流分会孔会长上台分切蛋糕，会场气氛达到顶峰。

庆典的最后，全体理事在会场内留下珍贵合影，上海市物流协会逆向物流分会的第二次全体理事大会暨成立一周年庆典活动在热烈掌声中落下帷幕。

### 八、《基于循环经济、绿色物流发展背景下逆向物流指数的体系构建和应用研究 - 以机动车逆向物流为例》课题 通过专家评审

2017 年 4 月 19 日，由上海市物流协会联合上海市再生资源回收利用协会报废汽车专业委员会、上海第二工业大学、上海师范大学、上海大学、上海市物流学会和上海市运筹学会服务科学与标准化专业委员会，主持承担的上海市经信委课题《基于循环经济、绿色物流发展背景下逆向物流指数的体系构建和应用研究 - 以机动车逆向物流为例》专家审查会在上海市物流协会会议室举行。来自上海市发改委、上海市经信委、上海市学位办、上海交大、上海市汽车工程学会、上海市质量与标准化研究院、上海正名资信评估公司等相关方面共八位专家出席审查会。出席会议的人员还有上海市物流协会专职副会长兼秘书长韩志雄、上海市物流学会秘书长、上海市物流协会常务副秘书长陈震、上海市物流协会逆向物流分会会长孔国卫、逆向物流分会常务副会长郝皓教授、上海师范大学卓德保教授、上海华东拆车有限公司总经理史蕴棣，上海华东拆车有限公司副总经理曹晓舟。会议由郝皓教授主持。

会上，首先上海市物流协会专职副会长兼秘书长韩志雄致辞，对支持课题完成的政府各部门领导、合作单位和课题组表示衷心感谢，随后，课题负责人郝皓教授对该项目的研究背景、研究对象

及调研过程进行了说明，介绍了逆向物流指数体系的构建、计算过程及该指数在机动车回收中的实现。接着，卓德保教授对逆向物流指数含义及计算方法、相关数据的计算、逆向物流指数计算结果及指数结果分析进一步的详细阐述说明。

评审专家在听取了课题组的汇报，审阅了课题组提供的验收材料，经充分讨论后，一致认为课题基于循环经济、绿色物流发展特征建立了一套包含逆向物流回收指数、逆向物流价值指数、逆向物流能力在内的，以公共数据为主的，适用于整体行业逆向物流的综合评价方法，并且根据报废机动车回收拆解行业特征，分析影响机动车回收逆向物流的各个关键要素，建立了机动车逆向物流指数体系。课题组以上海机动车逆向物流为对象，实证测算了2011-2016年度上海机动车逆向物流指数，并对指数结果进行分析，为政府决策、行业自律和企业自身发展提供建议，符合上海市政府推动循环经济发展的相关政策。并认为对机动车逆向物流指数指标体系的研究整体框架完整严谨，具有首创性，属国内外首次，填补了该领域的研究空白，具有非常重要的现实意义和理论意义。

验收专家组一致认为该项目已完成预定的任务，达到了规定的考核指标，同意该项目通过验收。并建议在现有研究基础上未来作进一步的课题拓展和深化。

**九、全生命周期物流服务论坛成功举办**

2017年5月6日，在上海交通大学包兆龙图书馆顺利举行由上海市物流协会逆向物流分会与上海市运筹学会运输与物流专业委员会、服务科学与标准化专业委员会联合召开的主题为全生命周期物流服务论坛暨2017年工作年会。本次会议围绕“全生命周期物流服务”展开专家演讲，并就相关问题进行交流讨论。

首先，市运筹学会运输与物流专业委员会主任、上海精裕捷星物流有限公司施煜敏总裁作专业委员会工作报告，他充分总结了协会在学术研究、宣传交流、实际应用等方面的成就，指出了专委会未来的发展目标及发展方向。

接着，上海市运筹学会副理事长，服务科学与标准化专业委员会主任、上海市物流协会逆向物流分会常务副会长、曙光研究院院长郝皓教授作专业委员会工作报告，他介绍了分会2016年的几项重点工作，分享了“上海市逆向物流指数系列（机动车）”“第五利润源——RLOM模型”的最新研究进展，并对2017年做了详细的工作计划与展望。

随后，上海市运筹学会理事长白延琴教授作了简短致辞，她表示2016年是丰收的一年，协会在学术研究以及实际操作应用方面都取得了很大的收获，并对全体理事表达了忠心的感谢。

此后，正式进入论坛部分，首先，金山区环保局蒋轶婷老师就“全生命周期物流的生活思考：从生活垃圾到绿色生活”这一主题开始演讲，她提出了通过“环保酵素”将生活垃圾变废为宝的环保理念，并与参会嘉宾进行了良好的互动。

第二位演讲的是上海交通大学中美物流研究院张大力博士，他通过全面了解行业趋势，对创新价值进行深度挖掘，围绕《电商物流最后一公里问题的解决方案与智能配送》展开讲解，致力于构建电商无人车派送体系的研究。

接下来由北京众诚一家供应链管理有限公司常欣然总经理就《第五利润源，让服装逆向供应链轻盈、时尚、有效》展开描述，她认为未来服装品牌的竞争说到底就是供应链的竞争，未来的模式一定是计划经济，故企业应突破传统供应链观念，联合供应商、制造商、分销商、物流商、客户形成供应网络，快速响应，以满足客户需求。

最后，郝教授对本次会议作了总结性发言，提出了逆向物流未来的发展趋势及美好愿景。致此，全生命周期物流服务论坛暨2017年工作年会在热烈掌声中落下帷幕。

## 11.5 上海部分逆向物流企业与机构基本情况

### 一、云丰国际物流（上海）有限公司

云丰国际物流（上海）有限公司是一家专业从事港口物流、逆向物流的现代化物流企业，主营仓储、集装箱运输为主干港口物流及逆向物流相关的增值服务。公司总部位于上海浦东，旗下辖有四个分公司从事仓储运输、逆向物流等服务。根据上海民营物流行业企业排名，云丰国际物流（上海）有限公司位居第五。

公司共有内外仓库总面积17.2万平米，主要客户有：上海五矿、嘉里大通、德迅、美集物流、联想配送等一大批国内外知名公司。自2015年12月成为上海市物流协会逆向物流分会首批理事单位以来，公司着重发展全生命周期的绿色物流，秉持“绿色”、“循环”、“科技”发展理念，并以此控制整体运营成本，提升企业形象和增强品牌竞争力。目前，公司在两个方面已先期实施了适应逆向物流经济发展方向的技改与创新。一是托盘维护修复的技改，二是大型折叠挂衣架的创新制作。通过生产设施的往复回收、循环，初步开启了绿色、循环、科技的逆向物流之路。公司与上海大学、上海第二工业大学、同济大学、上海财经大学等多所高校建立了广泛的科研联系，并成立了多个产学研合作基地。2017年公司独家赞助举办的“‘云丰杯’首届全国逆向物流设计大赛”成为国内首次逆向物流大赛，为国内绿色循环和可持续发展物流助力。

作为上海市著名商标的“云丰”，目前拥有7个注册商标。公司现已通过ISO9001：2015国家质量管理体系认证，ISO14001：2015环境管理体系认证，职业健康安全管理体系OHSAS18001：2007标准认证。2015年，企业获得国际物流综合服务型AAA级企业资质，目前为上海市物流协会会员、上海市货代协会会员；成为美国ctpat反恐论证上海市交通运输行业协会会员和上海市诚信企业中国物流网会员。

### 二、逆维供应链管理（上海）有限公司

逆维供应链管理（上海）有限公司，是一家专注于“逆向物流+全生命周期供应链管理系统”，通过“逆向思维、主动预见、系统风控、持续发展”的理念、方法和工具，以逆向物流为切入口，致力于帮助企业提升产品全生命周期的利润率、降低供应链风险、增强绿色环保能力的高科技企业。公司管理层100%拥有硕士以上学位，其中40%人员具有海外留学背景。公司团队成员参与了逆向物流国家标准和行业标准的制定，并获得省部级科技进步奖2项。公司与复旦大学、上海财经大学、同济大学、上海大学等知名高校有广泛的科研联系，建立了紧密稳定的产学研合作关系和实验实训基地。

公司的核心产品“玲安珑®逆向物流+全生命周期供应链管理系统”，拥有自主知识产权，已在近百家产品原厂商稳定运行，除了传统的ERP正向供应链管理功能外，还具有完善的逆向供应链管理功能，形成一个基于RLOM模型（主动式逆向物流运作模型）的完整的、闭合的产品全生命周期供应链管理系统。该系统完善了全生命周期供应链中的操作流程，有效整合实物流、信息流、资金流，降低逆向物流的不确定性，对全生命周期供应链协同和供应链中的决策和风险的管控，提升退货处理速度，支持再研发、再制造、再销售，使应用企业获得第5利润源的同时产生社会效益。该系统提供的解决方案已为多家制造、第三方物流、电商企业所采用。

### 三、智经供应链管理研究院

智经供应链管理研究院由国内外知名学者、企业高管和企业家共同组成，专业从事逆向物流、全生命周期供应链管理、绿色物流与供应链、智慧供应链与供应链优化研究，开展产学研合作并为企业提供逆向物流及绿色供应链领域咨询服务的研究机构。研究院关注企业逆向物流与全生命周期供应链优化改善，围绕企业实际瓶颈问题展开科研工作。

研究院成员至今已参与并完成了多项逆向物流国家标准和行业标准，参与完成了国内外首个逆向物流指数（汽车行业）课题与国内外发布，构建了全球首个主动式逆向物流模型 RLOM，提出了逆向物流是“第五利润源”的理念，参与并作为“‘云丰杯’全国首届逆向物流设计大赛”的支持单位。

为了使研究所更好地与行业发展接轨，研究院已经和复旦大学、同济大学、上海大学、上海财经大学等高校和研究机构开展合作研究和进行学术交流活动，使研究工作与学科发展前沿接轨，并与众多国内外知名企业建立了良好的产学研合作关系并不断深化。

**四、众诚一家供应链管理有限公司**

众诚一家供应链管理有限公司（简称众诚一家），成立 2002 年 9 月，公司成立 15 年来，专注于服装零售物流业务，运用现代物流理念和技术，为 La Chapelle、ecco、Semir 等众多国际国内知名服装企业客户提供了最贴合、最准确、最及时的物流服务，获得了客户的好评，赢得了客户的信任，并开创性的提出了“服装物流托管”的理念，先后为 70 余个国际、国内知名服装品牌提供物流服务，在中国服装物流行业中树立了良好的知名度和美誉度。

众诚一家本着专业人做专业事的经营理念，多年来一直专注于服装物流领域，将服装逆向供应链管理作为企业发展的核心业务，通过构建服装正、逆向物流网络，大力发展 IT 系统，培训专业人员，提升服装物流运作能力，帮助客户实现服装供应链的优化，为客户供应链运营提供有效的支撑，彻底解决客户在供应链物流环节的后顾之忧，降低客户物流成本。

**五、顺丰速运**

1993 年，顺丰诞生于广东顺德。自成立以来，顺丰始终专注于服务质量的提升、持续加强基础建设、积极研发和引进具有高科技含量的信息技术与设备，不断提升作业自动化水平，实现了对快件产品流转全过程、全环节的信息监控、跟踪、查询及资源调度工作，确保了服务质量的稳步提升。

顺丰是国内第一家推出专门面向逆向物流市场的产品服务。顺丰逆向物流服务自 2013 年推出以来，按照客户需求，已经形成了如下服务产品：单程逆向服务、多程逆向服务、分仓退货、分仓换货。

顺丰逆向物流服务不同于正向物流中的退回件服务，它是指正向物流的快件签收后，消费者要求退货、换货、维修或者商家要求召回、回收，由商家向顺丰发起的收件需求。从这里可以看出，顺丰的逆向物流服务其实是涵盖了 2001 年中华人民共和国《物流术语》中讲的逆向物流和废弃物回收两个概念，是一个广义的逆向物流服务。

本篇供稿：郝浩 编辑：张志坚

# 第十二篇 附录

## 12.1 物流业政策与法规

### 12.1.1 国务院和各部委物流政策文件目录一览（2015 年 1 月 – 2017 年 8 月）

**2017 年 1–8 月**

* 发改委等二十部委印发《关于对运输物流行业严重违法失信市场主体及其有关人员实施联合惩戒的合作备忘录》的通知（发改运行〔2017〕1553 号，2017 年 8 月 24 日）

* 交通运输部关于加快发展冷链物流保障食品安全促进消费升级的实施意见（交运发〔2017〕127 号，2017 年 8 月 22 日）

* 国务院办公厅关于进一步推进物流降本增效促进实体经济发展的意见（国办发〔2017〕73 号 2017 年 8 月 7 日）

* 商务部办公厅 财政部办公厅关于开展供应链体系建设工作的通知（商办流通发 [2017]337 号 2017 年 8 月 11 日）

* 国家发展改革委等四部委：关于做好 2017 年降成本重点工作的通知（发改运行〔2017〕1139 号 2017 年 6 月 16 日）

* 国家邮政局关于加快推进邮政业供给侧结构性改革的意见（2017 年 05 月 18 日）

* 国务院办公厅关于加快发展冷链物流保障食品安全促进消费升级的意见（国办发〔2017〕29 号 2017 年 4 月 13 日）

* 工业和信息化部关于印发《云计算发展三年行动计划（2017 － 2019 年）》的通知（工信部信软 [2017]49 号 2017 年 3 月 30 日）

* 质检总局等 11 部门关于推动物流服务质量提升工作的指导意见（国质检质联〔2017〕111 号 2017 年 3 月 2 日）

* 国务院关于印发 “十三五” 促进就业规划的通知（国发〔2017〕10 号 2017 年 1 月 26 日）

* 商务部等 5 部门关于印发《商贸物流发展“十三五”规划》的通知 (2017 年 1 月 19 日)

* 工业和信息化部办公厅 公安部办公厅 交通运输部办公厅 工商总局办公厅 质检总局办公厅关于开展货车非法改装专项整治行动的通知（工信厅装函〔2017〕21 号 2017 年 01 月 13 日）

* 国务院办公厅关于印发 安全生产“十三五”规划的通知（国办发〔2017〕3 号 2017 年 1 月 12 日）

**2016 年全年**

* 国家发展改革委等九部门：关于全面加强电子商务领域诚信建设的指导意见（发改财金〔2016〕2794 号 2016 年 12 月 30 日）

* 商务部商务和信息化司：电子商务“十三五”发展规划（2016 年 12 月 30 日）

* 国务院关于印发 “十三五” 脱贫攻坚规划的通知（国发〔2016〕64 号 2016 年 11 月 23 日）

* 商务部等 10 部门联合发布《国内贸易流通十三五发展规划》（商建发〔2016〕430 号 2016 年 11 月 11 日）

* 国务院办公厅关于推动实体零售创新转型的意见（国办发〔2016〕78 号 2016 年 11 月 2 日）

* 交通运输部关于推进供给侧结构性改革 促进物流业"降本增效"的若干意见（2016 年 08 月 11 日）

* 国务院关于印发降低实体经济企业成本工作方案的通知（2016 年 08 月 8 日）

* 国家发展改革委关于印发《"互联网 +"高效物流实施意见》的通知（发改经贸 [2016]1647 号 2016 年 07 月 29 日）

* 工信部等三部门关于印发《发展服务型制造专项行动指南》的通知（2016 年 07 月 12 日）

* 国家安全监察总局等三部委关于印发《危险化学品储存场所安全专项整治工作方案》的通知（2016 年 05 月 19 日）

* 商务部等六部门关于印发《全国电子商务物流发展专项规划（2016-2020 年）》的通知（2016 年 03 月 17 日）

* 国家发改委等 10 部门关于加强物流短板建设促进有效投资和居民消费的若干意见（2016 年 2 月 29 日）

**2015 年全年**

* 国务院办公厅关于加快推进重要产品追溯体系建设的意见（2015 年 12 月 30 日）

* 国务院办公厅关于印发国家标准化体系建设（国办发〔2015〕89 号  2015 年 12 月 17 日）

* 国务院关于加快实施自由贸易区战略的若干意见（国发〔2015〕69 号 2015 年 12 月 6 日）

* 国务院办公厅关于加快发展生活性服务业促进消费结构升级的指导意见（2015年11月23日）

* 国务院办公厅关于促进农村电子商务加快发展的指导意见（国办发〔2015〕78 号 2015 年 10 月 31 日）

* 国务院关于促进快递业发展的若干意见（国发〔2015〕61 号 2015 年 10 月 23 日）

* 国务院办公厅关于推进线上线下互动加快商贸流通创新发展转型升级的意见（国办发〔2015〕72 号 2015 年 9 月 18 日）

* 国务院关于推进国内贸易流通现代化建设法治化营商环境的意见（2015 年 8 月 26 日）

* 商务部等 19 部门出台关于加快发展农村电子商务的意见（商建发【2015】306 号  2015 年 8 月 21 日）

* 国务院办公厅关于同意在上海等 9 个城市开展国内贸易流通体制改革发展综合试点的复函（商建发【2015】306 号 2015 年 7 月 29 日）

* 国标委等 15 部门关于印发《物流标准化中长期发展规划（2015—2020 年）》的通知（国标委服务联 [2015]54 号 2015 年 7 月 24 日）

* 国务院关于积极推进"互联网 +"行动的指导意见（国发 〔2015〕40 号 2015 年 07 月 1 日）

* 国务院办公厅关于促进跨境电子商务健康快速发展的指导意见（国办发〔2015〕46 号  2015 年 6 月 16 日）

* 商务部等 10 部门联合印发《全国流通节点城市布局规划（2015-2020 年）》（2015 年 06 月 03 日）

* 国家邮政局、商务部共推"快递向西、向下"2020 年将基本实现"乡乡有网点，村村通快递"（2015 年 05 月 29 日）

* 国务院关于大力发展电子商务加快培育经济新动力的意见 （国发〔2015〕24 号  2015 年 05 月 4 日）

* 国务院关于改进口岸工作支持外贸发展的若干意见（国发〔2015〕16 号 2015 年 04 月 1 日）

* 国家邮政局关于促进邮政服务创新发展的若干意见（2015 年 3 月 31 日）

* 国务院关于加快发展服务贸易的若干意见（国发〔2015〕8 号  2015 年 1 月 28 日）

（来源：中国物流与采购网）

## 12.1.2 2016年上海市政府和委办局物流政策文件（部分）

**《上海市交通委员会关于公布上海市市级无车承运试点企业的通告》**

根据《上海市交通委关于贯彻落实＜交通运输部办公厅关于推进改革试点加快无车承运物流创新发展的意见＞的实施意见》，现经专家组审核选出40家企业作为上海市市级无车承运试点企业（名单附后）。

市级无车承运试点企业可根据《交通运输部办公厅关于推进改革试点加快无车承运物流创新发展的意见》要求，向所在地运管机构申请发放有效期至2017年12月31日的普通货运（无车承运）经营许可。

我委将从以上市级无车承运试点企业中进一步择优确定参加交通运输部无车承运试点的申报名单。

2016年12月13日

上海市市级无车承运试点企业名单

| 序号 | 企业名称 |
|---|---|
| 1 | 上海中远国际货运有限公司 |
| 2 | 中外运化工国际物流有限公司 |
| 3 | 上海中石化工物流股份有限公司 |
| 4 | 上海交运集团股份有限公司 |
| 5 | 上海大众运行股份物流有限公司 |
| 6 | 上海佳吉快运有限公司 |
| 7 | 新杰物流集团股份有限公司 |
| 8 | 上海北方储运集团有限公司 |
| 9 | 苏浙沪集装箱（上海）股份有限公司 |
| 10 | 上海集散通物联网科技发展有限公司 |
| 11 | 上海金广大道物流科技有限公司 |
| 12 | 上海亨利达国际物流有限公司 |
| 13 | 蓝速衡富新能源汽车（上海）有限公司 |
| 14 | 上海申丝企业发展有限公司 |
| 15 | 罗宾逊全球货运（上海）有限公司 |
| 16 | 上海卡行天下供应链管理有限公司 |
| 17 | 上海天地汇供应链管理有限公司 |
| 18 | 上海胖猫物流有限公司 |
| 19 | 上海运钢网络科技有限公司 |
| 20 | 上海圆迈贸易有限公司 |
| 21 | 上海网盛运泽物流网络有限公司 |
| 22 | 上海嗨酷强供应链信息技术有限公司 |
| 23 | 上海新跃物流企业管理有限公司 |
| 24 | 上海百智通供应链管理有限公司 |
| 25 | 上海巽熙网络科技有限公司 |
| 26 | 招商局物流集团上海有限公司 |
| 27 | 上海荣庆国际储运有限公司 |
| 28 | 上海普天物流有限公司 |
| 29 | 上海易浦物流有限公司 |
| 30 | 上海斯菲尔物流股份有限公司 |

| 序号 | 企业名称 |
| --- | --- |
| 31 | 锦浩共源（上海）供应链管理有限公司 |
| 32 | 财拓电子商务有限公司 |
| 33 | 上海成达信息科技有限公司 |
| 34 | 上海欧冶物流股份有限公司 |
| 35 | 上海圆汇网络技术有限公司 |
| 36 | 翱锦信息科技（上海）有限公司 |
| 37 | 宝寰供应链管理（上海）股份有限公司 |
| 38 | 上海冷联天下国际物流有限公司 |
| 39 | 上海汇航捷讯网络科技有限公司 |
| 40 | 上海汇而通国际物流有限公司 |

**《市政府办公厅关于转发市发展改革委制订的 <上海市现代物流业发展“十三五”规划> 的通知》(沪府办发〔2016〕48 号)**

各区、县人民政府，市政府各委、办、局：

市发展改革委制订的《上海市现代物流业发展“十三五”规划》已经市政府同意，现转发给你们，请认真按照执行。

上海市人民政府办公厅

2016 年 10 月 19 日

附：上海市现代物流业发展“十三五”规划（详细内容请参见本年鉴第一篇）

**《上海市人民政府关于印发 <上海市综合交通“十三五”规划> 的通知》**

各区、县人民政府，市政府各委、办、局：

现将《上海市综合交通“十三五”规划》印发给你们，请认真按照执行。

上海市人民政府

2016 年 9 月 28 日

**《上海市综合交通“十三五”规划》**

为推进“十三五”期间上海综合交通发展，根据《上海市国民经济和社会发展第十三个五年规划纲要》，制定本规划。

**一、综合交通发展现状**

“十二五”期间（2011-2015 年），上海综合交通体系坚持“交通引导、管理优先、服务提升、城乡统筹”的基本思路，交通基础设施建设有序推进，交通综合管理水平逐步提高，交通运输服务能力持续提升，“十二五”规划目标全面完成，“枢纽型、功能性、网络化”的综合交通体系架构已经基本形成。

交通基础设施不断完善。国际航运中心建设取得重大突破，洋山深水港四期工程开工建设，虹桥、浦东两大机场建成 4 座航站楼、6 条跑道。京沪高速铁路建成开通，形成上海站、上海南站、上海虹桥站三个铁路主客运站。轨道交通基本成网，2015 年底运营线路 15 条，长度达到 617 公里。2015 年高速公路通车里程达到 825 公里。城市道路容量增加，城市快速路约 200 公里。新城和重点地区发展得到了支撑，金山铁路、轨道交通 9 号线三期南延伸、轨道交通 11 号线二期和轨道交通 16 号线通车运营，嘉闵高架路南段一期、北段一期建成通车，国际旅游度假区、国家会展中心等重点地区交通配套设施陆续建成投入运营。

交通综合管理水平显著提高。交通法制、体制、机制不断完善。交通信息化建设取得显著成效，建成市级交通综合信息平台。通过实施非经营性客车额度拍卖政策，小客车保有量过快增长的势头得到了有效控制，2015 年全市注册小客车保有量 247 万辆。交通环境污染治理不断加强，率先实施机动车更高排放标准，持续淘汰高污染车辆。交通安全管理水平不断提高，全年道路交通事故万车死亡率下降至 2.60 人。春运期间交通保障措施人性化、常态化，确保全市交通运行安全有序。做好重大节假日和重大活动等交通保障工作，不断完善收费高速公路免收小型客车通行费等一系列管理措施，保障高速公路网的平稳运行。持续做好交通状况动态研判分析，引导市民有序出行。

交通运输服务能力持续提升。上海国际航运枢纽港地位日益凸显，2015 年上海港集装箱吞吐量达到 3653.7 万标准箱，连续六年保持世界第一；浦东、虹桥两机场旅客吞吐量达到 9919 万人次，航空货邮吞吐量达到 370.9 万吨。公共交通整体服务水平显著提升，轨道交通运输能力大幅提高，客运主体地位逐步体现；公共汽（电）车线网优化调整力度持续加大，运营水平和服务品质得到提升；换乘优惠受益乘客规模逐年增长，全市公共交通日均客运量达 1820 万乘次。道路交通运行保持总体通畅。

交通有力支撑城市经济社会发展。过去十余年，上海城市建成区面积增长 1 倍，常住人口总量增长超过 30%，上海市生产总值增长近 2 倍，交通发展基本适应并有力支撑了城市经济社会的快速发展和市民多元化的出行需求。

上海综合交通也仍然存在一些突出问题：

对外辐射能力与国家战略要求尚有差距，海空枢纽多式联运和区域通道联系水平仍待改善；轨道交通高峰拥挤严重，地面公交吸引力低、换乘不便，公共交通整体服务水平和可靠性尚需提高；道（公）路系统功能和结构不尽合理，路网局部连通性不强，交通需求管理政策突破力度不足，道路拥堵形势依然严峻；综合交通节能减排技术和水平不高，资源环境承载力面临巨大压力；综合管理水平有待提升，信息化、市场化、科技化等手段的应用还不充分，交通运行秩序需要改善。

**二、上海综合交通发展趋势展望**

当前，上海正处于创新驱动发展、经济转型升级的关键时期。到 2020 年，上海要在基本建成“四个中心”和社会主义现代化国际大都市的基础上，努力建设成为具有全球资源配置能力、较强国际竞争力、影响力的世界级城市群核心城市，特别是经济全球化、区域一体化和新型城镇化都对上海综合交通的发展提出了更新、更高的要求。同时，城市机动化和交通需求增长的趋势仍会延续。上海已明确提出规划建设用地“负增长”的要求，可供大量交通设施建设的土地十分有限。因此，“十三五”期间，上海综合交通体系将逐步进入“完善功能、注重管理、提升服务”的交通设施建设和品质提升并重发展阶段。

“十三五”期间，上海必须从国内外环境的新趋势和交通体系内外诸多新因素、新特点出发，充分认识到综合交通发展面临的新形势、新要求和带来的新机遇、新挑战。

（一）“一带一路”国家战略的实施，要求进一步提升全球枢纽地位。随着全球经济格局深度调整，我国经济发展进入新常态，但长期向好的基本面没有改变，经济发展具有巨大潜力。上海国际航运中心的发展仍将面临新的机遇，上海港和上海航空枢纽运输需求仍将保持一定增长态势，对外辐射能力、交通运输能力和集疏运保障条件都需要进一步巩固和提升。

（二）“长江经济带”和长三角一体化进程加快，要求进一步提升区域综合运输能力。上海作为长三角世界级城市群的核心城市，要更加主动地推进长三角地区的协同发展，着力打造服务长三角、辐射全国的综合交通体系，促进长三角和长江经济带整体发展，更好地支撑国家战略。同时，长三角城市群同城化效应不断显现，要求上海积极参与跨区域综合交通走廊建设，充分考虑上海毗邻地区通勤客流和交通商务圈特征趋势。

（三）新型城镇化加快推进，要求进一步推动城乡统筹和紧凑发展。统筹城乡发展是上海实现转型发展的重要抓手，要把握城市空间形态和用地功能转型发展的机遇，重点关注人口快速导入地区发展，尽快构建与周边区域联动、城乡一体的综合交通体系，有效引导和应对上海与毗邻地区、新城与中心城、新城之间、新城和新市镇之间各种交通出行需要，进一步提升新城在上海新一轮发展中的战略作用。

（四）居民生活水平持续提高、新业态不断涌现，要求满足多元化的交通需求。随着上海小康社会的全面建成，居民的生活水平将持续提高，小汽车进入家庭的趋势没有改变，个性化交通出行不断增加，交通“供给侧结构性”改革的需求强烈。同时，随着科技创新中心建设和城市产业功能转型，现代服务业持续发展，物联网、云计算、大数据等新技术快速运用，对交通管理创新模式和交通政策制定提出了更高要求。

（五）资源、环境约束趋紧、生态环境建设要求日益提高，要求进一步提高交通综合统筹管理能力。建设用地总量“负增长”的约束下，未来新增交通设施供给的潜力越来越小，特别是中心城新增交通供给的空间极为有限。同时，生态文明建设持续推进，能耗增量控制和雾霾治理进一步加强，土地、能源等资源刚性约束日趋加大，必须全面提高交通综合统筹管理能力，运用经济、行政、法律、科技、环境、社会等综合手段来治理交通，加强交通与环境、用地、安全等要素的一体化发展。

**三、上海综合交通发展的指导思想、基本原则和目标**

（一）指导思想

高举中国特色社会主义伟大旗帜，全面贯彻党的十八大和十八届三中、四中、五中全会精神，以邓小平理论、“三个代表”重要思想和科学发展观为指导，深入贯彻习近平总书记系列重要讲话精神，统筹推进“五位一体”的总体布局建设。以科学发展为主题，以加快转变发展方式为主线，坚持管建并举，“管为本、重体系、补短板”，推进综合交通体系建设和管理。“管为本”，就是要确保交通运行安全、有序和高效；“重体系”就是要进一步健全和完善空港、海港、陆域地上地下、中心城区和郊区整体的枢纽、功能和网络体系；“补短板”，就是要找准综合交通体系中的难点问题，全力突破，全面提升整个体系的能力和竞争力。要更加注重区域统筹，更加注重系统协调，更加注重质量提升，更加注重绿色环保，更加注重民生关怀，更加注重安全智能，更加注重服务管理。

（二）基本原则

坚持创新发展，适应城市功能提升和交通发展新要求。一是转变交通发展方式，强化综合管理，提升交通体系的功能和服务，依靠经济、行政、法律等手段，规范交通秩序，提升交通文明。二是体现生态文明的政策导向，从单纯缓解交通供需矛盾，转向追求资源集约利用、营造宜人交通环境、实现节能减排、推进交通可持续发展。三是促进科技创新与交通发展紧密结合，发挥交通科技对运输组织、安全与应急保障、工程建设与养护、资源环境保护等方面的支撑作用。

坚持开放发展，提高国际航运中心服务能力。充分考虑“一带一路”和“长江经济带”发展要求，积极融入基础设施互联互通和国际大通道建设，加强国际航运中心战略性设施布局谋划和建设，上海国际航运中心进入世界航运中心前列，巩固提升海空枢纽地位，基本建成航运资源高度集聚、航运服务功能健全、航运市场环境优良、现代物流服务高效、具有全球航运资源配置能力的航运中心。

坚持协调发展，实现交通有序引导区域发展。一是加强与长三角城市群协调发展，推进区域性通道、综合枢纽等设施建设，发挥新城节点城市作用。二是发挥交通支撑和引导城乡空间布局作用，引导人口的合理分布，按照公共交通导向开发（TOD）的理念，实现以轨道交通为主的站点周边紧凑型、高密度开发，与地区开发功能紧密衔接。

坚持绿色发展，坚决贯彻公交优先发展战略。一是突出完善大容量轨道交通网络，核心要“增能、扩能、增效”，在关注建设规模的同时，更要提高管理水平，实现运行能力和效率的全面提升。二是进一步完善公共交通的功能层次，弥补服务短板，打造便捷的公共交通网络，提升服务品质和吸引力。三是坚持交通需求管理，继续调控小客车保有量，引导个体机动交通合理使用。四是充分考虑到城市资源约束与环境保护要求，加强交通与环境、安全等要素的协调发展，加强设施养护，保障长期高效使用。

坚持共享发展，提供多样化交通服务。一是适应市民多元化、高品质的交通需求和“互联网+”等创新发展要求，提供多样化的交通服务选择。二是发挥不同交通方式各自的服务优势，合理组织衔接关系，加强功能整合，提高运输效率。三是根据中心城、新城、周边毗邻地区的区位差异和交通特征，因地制宜，制定差别化的交通发展策略。

（三）目标

1. 总体目标

按照全面建成小康社会的总体要求，到2020年，支撑“基本建成国际经济、金融、贸易、航运中心，基本建成社会主义现代化国际大都市，形成具有全球影响力的科技创新中心基本框架”的奋斗目标，完善和提升“枢纽型、功能性、网络化”的国际大都市一体化交通体系，进一步突出“智慧、低碳、共享”的发展理念。实现枢纽航线通达全球，设施功能齐全完备，网络运行高效易达；提供全面智慧的交通服务，营造低碳的交通环境，提供公平共享的交通资源，满足多元化的交通需求。

2. 具体目标

建设辐射全球、服务全国的交通枢纽。建设世界一流的海空枢纽港，提升国际航运中心枢纽功能和全球资源配置能力。到2020年，上海港集装箱吞吐量预计达到4200万标准箱左右，集装箱水水中转比重力争提高到50%以上；航空枢纽预计旅客吞吐量达到1.2亿人次左右、货邮吞吐量达到400万吨以上，持续扩展通达全球的航线网络，机场中转旅客比例预计达到15%以上。构建适应长三角一体化发展的城际交通和市域交通网络，实现长三角主要城市90分钟左右到达上海。优化综合客货运交通枢纽布局，促进内外交通无缝衔接。

努力确保交通运行安全可靠。道路交通万车死亡率低于2.63人，轨道交通安全运营水平明显提升。

人员出行和货物运输更加方便快捷。依托公共交通，中心城内居民上下班平均出行时间在45分钟以内；新城与中心城之间平均出行时间控制在60分钟以内。

交通系统有机整合、高效运行。中心城公共交通出行比重达到55%，其中轨道交通客运量占公共交通客运量比例达到60%；郊区新城进一步提高公共交通出行比例，保证交通安全、有序。拥挤路段的公交专用道高峰时段运行车速高于相邻车道社会车辆的运行车速；中心城快速路高峰时段的平均运行车速高于40公里/小时。构筑科技创新引领、信息深度整合的智慧交通。

营造绿色交通环境。全市公共交通、步行、自行车的出行比重不低于80%，新能源和清洁能源公交车比例达50%以上。单位客货运输量碳排放明显下降，交通污染物排放量得到有效控制。

创造文明交通环境。交通决策更加公开透明，交通执法行为更加严格规范，交通参与者安全意识、法治意识、环保意识显著增强，全社会交通文明程度明显提升。

**四、上海综合交通发展重点任务**

（一）进一步提升海空枢纽辐射能力

1. 优化提升国际集装箱枢纽港功能

（1）加快推进洋山港区四期工程建设，建设外高桥港区八期工程，加快港区支线泊位规划研究和建设工作。深化完善“两型”港口建设，提升港口可持续发展能力。

（2）完善港口集疏运设施，重点强化海铁联运、江海直达运输，结合沪通铁路建设，同步建设外高桥铁路货场和进港铁路。充分利用长江黄金水道，加快发展内河运输，提高集装箱水水中转比例。完善公路集疏运通道布局，重点提升宝山－外高桥区域路网能力。

（3）加快推进内河高等级航道整治建设，四级及以上内河航道通航里程达到260公里左右；加快实施外高桥、芦潮港内河集装箱港区，切实解决内外港运输衔接问题。进一步推进内河船型标准化发展。培育内河水运市场，完善水水中转软环境，实施基于利益共享的内河外港一体化运营。

（4）推进跨区域港口资源整合，优化码头布局，逐步实施黄浦江中下游货运码头搬迁。深化区域港口合作机制，研究国家战略背景下上海港定位，适应船舶大型化发展趋势，完善深水港布局规划。

（5）支持邮轮、游船、游艇经济发展。推进邮轮母港建设，建设吴淞口国际邮轮码头二期，完善吴淞口邮轮码头配套设施，推进制定邮轮码头服务标准。完善游船码头布局，优化游船码头服务功能。

（6）推动基础航运服务业转型升级，促进高端航运服务要素集聚。

2. 巩固提升亚太航空枢纽港地位

（1）推进“两场”改扩建工作，包括浦东国际机场第五跑道工程、三期扩建工程；虹桥国际机场 T1 航站楼改造及相关配套设施工程等。

（2）加快完善机场集疏运系统。深化研究机场快线，推进连接两场的市域快速轨道交通线路建设；进一步做好轨道交通、地面公交与航班的衔接服务；完善机场快速集散道路通道，建成北翟路快速路、S26 公路入城段、嘉闵高架南段。

（3）鼓励基地航空公司拓展国际航线，支持基地航空公司加快机队扩容和结构优化，提升航线通达性和在全球航空货运供应链中的资源配置功能。吸引国内外航空公司、航空联盟在上海发展，完善上海航线网络整体布局，实现航线网络覆盖面、航班频次、航班衔接率等重要指标国际领先。优化空空和空地中转网络品质，推进浦东国际机场“通程联运”业务发展，提高旅客中转率和中转服务能力。

（4）加快航空物流业发展，促进航空货邮吞吐量增长。强化与全球主要货运枢纽的航线网络连接，丰富多式联运产品与服务；着力推进浦东机场国际快件转运中心建设，支持浦东祝桥国际现代快递物流园区的建设，鼓励新兴航空物流集成商入驻；大力发展冷链物流、跨境电子商务等新业务，创新航空快件集拼中转监管模式，提高航空货运枢纽的竞争力。

（5）推进以公务航空和城市公共管理为主的通用航空发展。利用两场资源，改扩建公务航空基础设施，增加上海的公务飞行业务，初步形成东北亚公务航空中心；加大对警务、应急救援等城市公共服务飞行业务的投入力度，满足城市管理、应急救援任务快速响应的需求；推进通用机场规划研究和编制工作。

（6）积极配合推进空域管理体制机制改革，优化上海终端区空域结构。参与长三角民航发展规划编制，积极促进跨市域多机场体系的构建。

（二）推进长三角区域交通一体化

1. 加快铁路对外通道和铁路枢纽建设。推进沪通（南通至安亭段和太仓至四团段）铁路建设和浦东铁路复线电气化改造，新建沪杭客专三四线（莘庄－上海南站）、沪苏湖、沪乍杭铁路；建设铁路东站，形成虹桥站、上海站、上海南站和上海东站的铁路客运主枢纽格局；建设铁路外高桥集装箱中心站，为海铁联运发展创造条件。

2. 提高公路网络服务能力，优化与江、浙两省的道路衔接，加强新城与周边城镇、郊区城镇干线公路建设。整合优化长途客运站布局，推进综合货运枢纽、货运通道的规划建设。进一步发展上海毗邻区域公路客运班线公交化运营。

3. 推进长三角高等级内河航道网建设，推进长湖申线、平申线等长三角内河高等级航道网建设。同时，充分发挥长江黄金水道运量大、能耗小、成本低的优势，大力发展长江内支线运输，扩大上海港的服务范围，更好地满足沿江地区的运输需求。

（三）强化交通引导城乡空间布局

1. 结合新一轮城市总体规划编制，进一步明确市域城镇体系发展要求，坚持以公共交通为导向的发展模式，统筹城乡空间布局、功能分区和用地配置，制定区域差别化的交通发展策略。

2. 结合城市更新，整合既有交通资源，完善交通服务功能，提升主城区交通体系能级和服务水准。进一步提升以轨道交通为主体的公共交通服务能力，加快提升公共汽（电）车的服务水平；优化主城区路网结构功能，进一步完善快速路、主次干路等骨干路网；加强重点项目与功能集聚区的交通规划，增强交通服务支撑能力。

3. 大力完善新城交通体系。按照全市重大功能性项目、重大产业项目、重大基础设施等向新城倾斜的要求，进一步加强新城自身交通体系建设。强化松江新城、嘉定新城、青浦新城、南桥新城、南汇新城等长三角城市群综合性节点城市交通枢纽和支撑能力；提升金山新城、城桥新城等交通基础设施建设标准。构建新城与中心城、新城之间、新城与近沪地区多层次交通联系通道，研究利用既有铁路资源开行市域列车，建设市域快速轨道交通骨干线路，完善射线高速路网和国省干线建设。加强新城与周边工业园区、大型居住区的交通联系。结合各新城土地利用规划、发展特点，因地制宜完善新城内部交通系统。

4. 分类推进镇村交通体系的发展。进一步突出镇在城乡发展中的重要地位，完善镇内外交通联系，缩小城乡公交服务和管理差距。中心城周边镇重点加强交通基础设施资源配置；新城范围内的镇，重点强化与新城的协同发展，组团式配置交通基础设施。中心镇按照中等城市标准配置交通服务功能，加强与周边地区的公共交通联系；一般镇按照小城市标准配置交通服务功能。加强农村基础设施建设，完善农村公路网，改善出行条件。

（四）加强综合交通枢纽系统建设

1. 加快推进综合客运枢纽建设。优化综合客运枢纽布局，规划建设约 30 个综合客运交通枢纽；新建综合客运枢纽各类设施统一规划、统一设计、同步建设、协同管理，对已有衔接效率不高、功能不完善的综合客运枢纽实施改造，完善功能。优化整合中心城长途客运站，推进郊区长途客运站改造，构建“主枢纽站＋区县骨干站＋辅助站”三个层次的公路长途客运枢纽结构。

2. 推进综合货运枢纽和物流园区建设。依托产业空间布局和对外运输通道网络，结合现有货运场站资源整合和调整，构建布局合理的货运场站体系。支持铁路集装箱中心站、物流园区发展，引导传统货运场站向物流园区，尤其是向具有公共服务性质的货运枢纽型物流园区转型升级。加强干线铁路、高等级航道、高等级公路与货运枢纽的有效衔接。

（五）提升公共交通服务能力和品质

1. 既有轨道交通扩能增效，提高运营管理水平。增购线路车辆，对信号能力、停车能力、供电系统、车站疏散、车辆基地等进行增能、扩容改造；优化轨道交通运营组织，逐步缩短高峰发车间隔，实现中心城区轨道线路高峰时段行车间隔缩短至 3 分钟以内；提高轨道交通高峰运能，到 2020 年中心城轨道交通高峰运能较 2015 年增加 30% 左右，缓解轨道交通高峰拥挤。

2. 继续建设和完善轨道交通网络，建设多层次轨道交通体系，形成一网多模式（市域线、市区线、局域线）。充分利用现有及规划铁路发展市郊铁路，为郊区和长三角毗邻地区提供快捷服务。持续推进轨道交通网络建设，续建 216 公里，到 2020 年，总通车里程约 800 公里；结合正在编制的新一轮轨道交通近期建设规划，开展轨道交通 13 号线西延伸、19 号线、20 号线、机场快线、嘉闵线、崇明线、21 号线、23 号线等线路的深化研究和前期工作，适时启动建设。推进新城有轨电车网络构建和项目建设。

3. 优化调整地面公交线网。构建服务中心城和新城重要客运走廊的公交骨干线网，在具有客流需求和设施条件的客运走廊，推进建设中运量公交系统，建成延安路等中运量公交系统；优化调整区域公交线网，作为轨道交通和公交骨干线网络的延伸和补充；打通微循环，推进“最后一公里”公交线网的布设。强化与轨道交通网络的融合，进一步提高公交线网服务覆盖面，中心城实现轨道交通站点 50 米内有公交站点衔接，中心城公交站点 500 米半径全覆盖。结合历史风貌保护和既有设施条件，研究开行特色公交线路。

4. 推进公交专用道规划建设和执法管理。完善公交专用道设计标准，结合实际需求建设公交专用道，到2020年力争形成500公里公交专用道网络；推进实施信号优先，提升专用道运营效率；加强公交专用道的监管和执法，公交专用道高峰时段平均运营速度达到15-20公里/小时。

5. 加快公交场站的规划和建设。结合公交运营和新能源公交发展需求，新建、改建公交停保场20余个；启动公交站点标准化改造工程，逐步消除占路首末站；基本完成电子站牌建设，持续实施公交车站“通电亮灯”工程。

6. 完善公共交通票价形成机制。综合考虑社会承受能力，企业运营成本和交通供求状况，完善价格形成机制，根据服务质量、运输距离及各种公共交通换乘方式等因素，建立多层次差别化价格体系。

7. 进一步提高出租车服务水平。坚持出租汽车总量控制，根据区域经济社会发展和市民出行需求，综合考虑里程利用率和市场状况调节出租汽车总量规模。不断优化出租汽车服务，加强电调平台、候客站点等配套设施建设，引导智能终端应用，提高出租汽车运行效率，有效降低空驶率，满足公众个性化出行需求。探索出租汽车的管理新模式，完善公司化管理，探索多样化的企业和驾驶员风险共担的经营模式。逐步实现经营权期限制。进一步完善出租汽车运价形成机制，发挥运价调节出租汽车运输市场供求关系的杠杆作用，建立出租汽车运价与CPI、社会平均工资、油价等要素相联动的动态调价机制。整治非法客运车辆，营造规范、公平、有序的市场环境。

8. 拓展水上客运服务功能。完善市内轮渡码头布局，进一步改善船舶等基础设施建设和更新；调整三岛航线布局，优化运力结构；继续推进乡镇渡口撤渡建桥工作；继续加强水陆公共交通衔接。

（六）优化道（公）路网络和功能

1. 完善市域公路网络。到2020年，公路总里程达到14500公里，其中，高速公路通行里程超过900公里，普通国省干线通行里程达到1300公里。完善港口、机场集疏运高速公路和市域对外联系高速公路，基本建成高速公路网，实施总长约90公里；加快建设国省干线公路，实施总长约400公里；优化普通国省干线公路布局，提高公路建设等级；形成中心城与新城、新城与新城之间的多通道布局；完善与江浙两省多层次通道的对接联通，加快上海出省县乡公路的规划和建设，支持区域一体化协同发展。

2. 完善城市道路网络。到2020年，城市道路总里程达到5500公里，其中，中心城里程3600公里。继续完善快速路网，实施总长约60公里；增强中心城地面干道设施能力，提高道路交通保障度，实施总长约80公里；增加跨越黄浦江、苏州河通道，加强越江跨河通道路网对接；加强重点地区交通配套，围绕虹桥商务区、国际旅游度假区、临港等重点地区，完善配套路网建设；加快完善城市次支路网，构建道路微循环系统；加快新城路网体系建设，促进区级路网对接。

3. 加快推进区区对接和断头路连通工程。落实责任主体，形成工作机制，加快推进区区对接道路和区内断头路改造连通，促进地区融合发展。

4. 加强道路交通组织。结合路网形态和交通状况，加强单向交通组织管理，规划实施单行道186条，进一步完善中心城单行道网络；通过完善道路交通标志标线、信号配时、路口渠化组织等非工程手段，进一步挖掘存量交通设施潜力；实施指路系统优化工程，完善重点功能区、重要交通枢纽等指路标志设置，引导快捷方便出行；加强重大工程施工过程的交通组织管理，加强重大活动、重点区域交通配套保障；根据道路等级和性质，优化道路功能，为公共交通、慢行交通出行提供更好的条件；进一步提升郊区城市化地区的交通组织管理水平；建立道路拥堵管理市区分工联动的工作机制。

（七）加快推进绿色交通建设

1. 积极推进绿色港口建设。在交通运输部的支持下，设立长三角船舶排放控制区，对排放控制区内船舶航行、作业和靠泊期间使用的燃油提出质量要求，积极鼓励船舶、港口作业机械使用 LNG、电力等清洁能源，完善船用岸电和 LNG 加气站等能源供应设施的配套布局。

2. 加强机动车污染治理。推动实施车辆更高排放标准，同步提升本市油品质量；推动长三角区域机动车污染联防联控工作；在商务区、滨水区、历史风貌区等特定区域内，探索打造若干绿色交通优先、高污染车辆禁行、具有更高排放标准的低碳交通示范区。

3. 鼓励新能源汽车发展。加快新能源汽车推广，进一步提高新能源公交车辆比重；持续扩大出租车、物流配送车、环卫车、租赁车等领域的新能源车使用比例。落实本市充电设施专项规划要求，加快新能源充电设施建设布局；分类、分区推进住宅小区、办公场所、公共服务区域充电设施建设，完善充电设施服务体系和标准规范，组建企业联盟、建设公共服务平台。贯彻落实新能源汽车分时租赁发展指导意见，鼓励引导新能源汽车分时租赁有序发展，以中心城、新城为重点推进分时租赁网点布局，实现分时租赁网点与公用充电设施网络的深度融合，形成满足超过 2 万辆分时租赁新能源车充电需求的服务网络。

4. 完善慢行交通设施，保障慢行交通通行空间。加强公共交通及公共开发空间周边步行、非机动车通道及停车设施的建设和管理，保障慢行交通通行空间；在居住、商业、商务、文化和创意产业集聚的区域，逐步打造具有舒适宜人的空间环境、设施品质的慢行交通系统。完善交通无障碍设施建设，保障无障碍设施连续、畅通。

5. 大力促进绿色交通装备发展。充分借鉴吸纳国内外绿色交通发展的新方法、新技术、新工艺，进一步挖掘节能降碳、污染减排的潜力，提高车、船、飞机等运输工具的能源利用效率，更新淘汰老旧运输工具；推进港口、铁路、航空、轨道交通等场站装备设施节能技术改造。

（八）进一步加强交通需求管理

1. 完善小客车拥有和使用管理

（1）坚持并完善车辆拥有控制政策。建立市区号牌小客车新增额度发放规模与交通拥堵指数（道路交通运行情况）、交通环境的联动机制，动态调整额度发放规模；适时调整取得额度所需的条件，从源头上实现小客车的总量调控。

（2）加大小客车使用管理的政策管控力度。在现有高架高峰限行政策基础上，视道路交通运行状况，进一步深化研究调整限行时段和范围；通过停车资源供应、停车价格政策等措施，调控小客车使用。

2. 实施差别化停车管理

（1）加强停车规划调控和设施建设。将停车管理作为交通需求管理的重要手段，适度满足基本停车，从严控制出行停车，形成以“配建为主、公共为辅、道路为补”的停车泊位供给结构，重点支持停车矛盾突出的住宅小区、医院、学校等及周边公共停车设施、大型综合交通枢纽、城市轨道交通外围站点（P+R）等公共停车设施建设。

（2）完善停车管理措施。修订完善本市公共停车设施收费管理规定，逐步缩小政府定价范围，进一步发挥市场配置资源的作用，并结合本市动静态交通状况，优化完善停车收费机制，进一步发挥价格杠杆对供需的调节作用，提高停车资源利用效率。继续加强道路停车管理，严格控制中心城拥堵区域道路停车场设置范围和规模，加大对违法道路停车的执法力度。鼓励资源挖潜与共享，改进医院、学校、大型活动等临时停车管理；利用小区内部可用空间进行挖潜与改造，对有需求且具备条件的地区，推广住宅小区错时利用周边停车资源。

3. 支持城市配送物流发展

（1）推动公用型城市配送节点及邮政快递作业枢纽建设。充分利用现有商业零售终端网络，增强城市末端配送的装卸、分拣、暂存等服务功能，满足商业网点、商务楼宇、企业及社区居民等的商品配送需求；结合分拨中心、转运场地等邮政快递基础设施规划建设，布局智能快递终端；在社区、商务区等区域规划设置一批公共的货物集散点。

（2）规范配送车辆使用管理。适度满足城市配送车辆白天合理的通行需求，提高货运集约化水平；严格货运交通噪声管理，减少配送车辆对生活环境的影响。

（九）全面提升智慧交通水平

1. 面向公众的智慧出行服务

提升综合交通信息服务水平。面向公众出行信息需求，通过移动终端、网站等多种载体，提供涵盖公共交通、对外交通和道路交通的综合性、多层次信息服务，包括交通资讯、实时路况、公交车辆到站动态信息、停车动态信息、水上客运、航班和铁路动态等，提供出行路径规划、出租召车、出行过程中的信息交互等服务。

2. 面向政府的智慧管理和决策

（1）提升交通智能化管理能力。通过信息化，促进业务受理审批的流程整合和简化，创新行政服务模式、规范权力运行；利用信息化手段，支撑交通运输企业安全生产标准化考评管理，切实促进企业安全生产工作；完善营运车船动态监管，实现省际客运班线车、包车和危险货物运输车辆等信息接入全国道路运输车辆动态信息公共交换平台。

（2）加强综合交通大数据管理和应用。汇聚整合行业基础数据、监管数据、营运数据，加强源头采集质量管控，确保数据的完整性、准确性和更新的及时性；推进交通信息资源向社会开放；探索车联网等技术应用，通过数据建模和挖掘，围绕公交线网优化、公交专用道建设、缓解道路拥堵等重点课题，为行业发展趋势研判、政策制定及效果评估等提供支撑保障。

（3）完善交通信息采集和平台建设。建立公共交通信息平台，实现公交车辆运行信息全覆盖；深化高速公路、快速路和地面道路交通信息采集与处理，完善公路出行信息采集网络；建设公共停车信息平台，推进道路停车场收费、公共停车综合信息服务等系统建设。

3. 面向行业的智慧运营

以信息化促进传统行业转型的思维，实现交通系统有机整合、高效运行。以公交一体化智能车载信息系统的完善升级为基础，实现运营管理所需数据的采集精准化、常态化和动态化，为科学调度、安全监管和应急处置提供支撑；完善出租汽车信息服务平台，实现跨平台的信息互通，强化对出租车、网约车、租赁车等各类车辆和驾驶员等要素的集约化管理；促进轨道交通线网基础设施、运行状况、服务质量、安全保护等系统的建设；加快推进高速公路不停车收费系统（ETC）基础设施和服务网络建设，提高覆盖率。

（十）提高交通安全和文明水平

1. 完善安全管理机制建设

（1）健全安全诚信管理体系。积极推进全市交通运输企业安全生产诚信体系建设，实现与交通运输信用体系相对接；建立安全生产违法违规行为信息库，实现与相关管理部门信息互通与共享。

（2）推进企业安全生产标准化建设。实时公布交通运输企业安全生产达标信息，与安全诚信相挂钩，进一步引导交通运输企业开展安全生产标准化达标考评。

（3）强化“第三方”安全检查评估机制。引入专家和专业机构对行业安全生产的关键环节、重大危险源进行定期或不定期的安全检查。引入“第三方”评估机制，推进重点行业、重点环节的安全评估，提升安全标准。

2. 提升交通行业安全风险防控水平

（1）建设安全生产风险管理体系。建立安全生产风险源辨识、评估、控制、教育培训、检查考核以及重大风险源报备等相关制度，逐步实施行业安全风险管理。

（2）健全隐患排查治理体系。建立细化轨道交通、交通设施、道路水路客运、危险货物存储和运输等重点领域安全生产重大事故隐患清单制、整改责任制，强化隐患排查整改督办和落实。

3. 强化安全应急保障制度建设

（1）加大安全科技投入力度，提升交通行业安全水平。充分发挥科技创新对交通安全保障的重要支撑作用，在交通运输、交通建设、交通设施等重点领域，不断提高安全科技投入，提高技防水平。

（2）加强交通行业安全应急领域信息化建设。促进信息化与交通运输安全应急管理的有机结合，全面提升交通信息化在交通安全应急行业应用服务水平。

（3）加强应急救援保障体系建设。强化应急救助保障机制建设；全面评估和修订行业应急预案，强化应急演练，切实提升安全防范和现场应急处置能力；健全交通事故应急处置机制。加强交通与公安、消防、安全生产监管、卫生等部门联动，在市应急办统一指挥协调下，形成分工明确、响应及时、处置高效的交通事故应急反应和紧急救援工作机制。

（4）加强重点领域应急救援队伍建设。推动危险货物大中型港口码头单位单独或联合建立专兼职危险货物应急救援队伍，探索建立有偿服务机制，提高互协互助互救水平。

4. 培养市民交通文明意识措施

（1）倡导守法文明出行，完善激励惩罚机制。持续巩固交通大整治成果，营造遵守交通法规的大环境，倡导文明交通行为，摈弃交通陋习；加快转变政府职能，扩大公众参与，进一步推动道路交通安全管理社会化进程，提高公众交通行为自律意识；试点交通违法行为与市民个人诚信体系挂钩机制；增强企业安全管理主体意识，提高运营人员安全意识和素养。

（2）持续加强文明交通宣传和教育。完善文明交通公益广告播放长效机制，将交通文明和安全媒体公益宣传教育纳入免费公益宣教计划；充分发挥中小学、驾校等单位和专业协会等社会组织的宣传教育作用。

（3）继续推进全市文明交通示范创建活动。扩大文明路口、路段和火车站、长途客运站、机场、码头等区域的示范效应，完善综合文明指数测评工作，稳步提升全市文明交通程度；加强交通志愿者队伍建设，建立健全文明交通志愿服务长效工作机制。

（4）倡导文明交通行为。组织开展“守法礼让、文明出行”主题活动，引导市民自觉摒弃交通陋习，文明出行。

（5）培育绿色出行交通理念。结合“全国节能宣传周”“全国低碳日”“无车日”等活动，开展形式多样的公共交通出行宣传，使绿色出行、公交优先成为全行业和社会公众的自觉行动。

5. 推进交通行业文化建设措施

（1）完善交通行业制度规范。建立健全从业人员行为规范，明确交通从业人员行为准则；建立科学规范的内部制度体系，完善职业道德规范、岗位行为规范和文明服务标准。

（2）推进交通行业诚信体系建设。加强企业诚信体系建设，将日常查获运输单位违法违规行为、安全事故等纳入诚信考核，并将考核结果与运输单位资质审查、企业安全生产标准化建设达标、客运线路招投标、运力投放以及保险费率、银行信贷等挂钩。

（3）深入开展交通行业文明建设活动。将交通行业价值体系贯穿文明行业、文明单位、文明窗口（班组）、文明职工的创建过程；将“市民满意”作为创建宗旨，持续开展环境文明、秩序文明、服务文明和礼仪文明的综合性创建活动，不断提升窗口服务质量；增强公共汽（电）车、出租汽车、长途客车等驾驶员的文明驾驶、文明服务意识，积极发挥示范导向作用。

## 五、上海综合交通发展保障措施

### （一）健全综合交通管理工作机制

1. 健全交通运输大部门管理体制，构建顺畅高效的综合交通运输协调机制，提高综合交通规划、建设、运营、管理统筹协调能力和水平。

2. 完善综合交通运输规划与发展机制，进一步完善规划编制协调机制。加强铁路、公路、水路、民航、邮政统筹规划；推进不同交通系统、交通方式之间的协调发展；加强轨道交通等重大交通基础设施配套衔接规划的实施和保障机制；研究市域铁路等设施的投融资、建设、运营机制。

3. 坚持日常交通研判、定期交通调查、交通模型更新、交通规划实施评估等长效工作机制。

（二）完善法规政策和标准体系

发挥立法的引领、推动和保障作用，突出综合交通发展的重点领域和新业态、新模式的发展需要，研究起草相关法规政策。加快启动修订出租汽车、道路运输、港口和水运、路桥隧道安全保护、寄递安全等地方性法规、规章等相关工作。加强交通标准的基础性、前瞻性、系统性研究，完善相关标准体系，不断提升行业标准的国际化水平。

（三）加强科技创新和人才队伍建设

1. 建立创新项目引领机制。强化需求引导，定期组织发布创新项目需求清单，增强高校、科研院所研究的针对性和实用性，提高产学研用效果；每年滚动发布交通行业科技创新示范和试点项目目录；转变科技项目管理机制和组织方式，逐步向市场导向、技术预测、自由申报等多方式转变；引入行业创新项目的同业评价机制。

2. 建立研发应用协同机制。采取认定扶持、项目支持、联盟、联合等方式，推动研发平台建设；鼓励行业骨干企业以并购、股权投资等多种形式，对接行业科研院所、实验室等，建设企业技术中心等研发平台；形成轨道交通、港口装卸技术等方向的行业研发平台；研究组建长三角交通行业科技创新战略联盟，逐步实现区域科技创新协同应用。

3. 建立创新成果转化和推广机制。加强创新成果转化项目的跟踪管理；构建以实现有效转化为目标的行业创新成果评价机制；加强行业科技培训、创新研究和宣传交流。

4. 建立科技创新评价激励机制。探索建立行业科技创新激励制度，充分调动各类创新主体、科技人员、企业一线员工等的创新积极性；推动全行业从业人员参与创新，提倡企业设立职工创新基金，支持职工开展改革和创新；将公共交通企业创新能力建设纳入公交专项资金绩效评价和企业服务质量考核范围。

5. 加强交通行业人才队伍建设。建立健全行业人才培养、激励机制，重点加强高层次紧缺人才和高技能从业人员两支队伍建设，以重大工程和项目为载体，加快轨道交通、国际航运、绿色交通、智能交通等重点领域的高层次、专业化创新型人才培养；进一步加强职业教育和职业培训，充分发挥职业资格制度作用，积极组织行业技能竞赛，促进高技能人才选拔培养，提升从业人员队伍整体素质。

**《上海市人民政府关于印发 <“十三五”时期上海国际航运中心建设规划 > 的通知》(沪府发〔2016〕71 号)**

各区、县人民政府，市政府各委、办、局：

现将《“十三五”时期上海国际航运中心建设规划》印发给你们，请认真按照执行。

附件 :“十三五”时期上海国际航运中心建设规划

上海市人民政府

2016 年 8 月 30 日

**“十三五”时期上海国际航运中心建设规划**

为加快推进“十三五”时期上海国际航运中心建设，根据《中华人民共和国国民经济和社会发展第十三个五年规划纲要》《国务院关于推进上海加快发展现代服务业和先进制造业建设国际金融中心和国际航运中心的意见》（国发 [2009]19 号，以下称“国务院 19 号文”）和《上海市国民经济和社会发展第十三个五年规划纲要》，编制本规划。

## 一、“十二五”发展回顾

### （一）发展成效

#### 1. 航运中心建设制度创新有序推进

依托中国（上海）自由贸易试验区（以下简称“上海自贸试验区”）平台，上海全力推动航运领域改革创新和扩大开放。启运港退税政策启动并逐步扩大试点范围。中资公司拥有或控股拥有的非五星红旗船在国内沿海港口和上海港之间试点外贸进出口集装箱的沿海捎带业务。航空快件国际中转集拼、海运国际中转集拼业务启动试点。上海自贸试验区国际船舶登记制度创新试点不断深化。同时，上海自贸试验区口岸监管制度不断创新，“一线放开、二线安全高效管住、区内自由”的贸易监管制度和国际贸易“单一窗口”制度实施，货物状态分类监管制度试点，口岸通关便利化水平进一步提高。

#### 2. 海港国际枢纽地位进一步巩固

“十二五”期间，洋山深水港区四期工程正式开工建设，外高桥港区六期工程、临港产业东港区公用码头一期工程等相继竣工并投入使用，上海港沿海码头完成结构加固改造，港口通过能力得到有效提升。上海港国际班轮航线遍及全球各主要航区，成为中国大陆集装箱航线最多、航班最密、覆盖面最广的港口。2015 年，上海港年货物吞吐量达 7.17 亿吨。其中，集装箱年吞吐量 3653.7 万标准箱，继续保持全球首位；洋山深水港区集装箱年吞吐量占全港集装箱年吞吐量的 42.2%。

#### 3. 亚太门户复合航空枢纽地位基本确立

上海“一市两场”格局优势初步显现。2015 年，定期通航上海的航空公司达 100 家，通达国内外 255 个城市航点，形成以上海为核心、衔接国际和国内的枢纽航线网络。浦东、虹桥国际机场旅客 服务质量国际排名不断提升，迈入全球服务品质领先机场行列。依托航空口岸管理创新，浦东、虹桥国际机场的国际旅客和货邮年吞吐量保持大陆地区第一。浦东国际机场旅客中转率达到 10.2%，成为国内“通程航班”航点最多、中转量最大的枢纽。2015 年，浦东、虹桥国际机场共完成飞机起降 70.58 万架次，旅客吞吐量 9919 万人次，货邮吞吐量 371 万吨。同时，上海已成为长三角地区最重要的公务机服务中心，公务机起降架次全国占比近 1/3。

#### 4. 航运集疏运体系持续优化

长江口深水航道治理工程全面竣工，内河高等级航道整治工程有序推进。长江沿线集装箱水路运输实现班轮化运作，洋山深水港区主航道实施双向通航。2015 年，上海港集装箱水水中转比 例达 45.0%。陆路集疏运设施不断完善，“两环”“九射”以及“一纵”“一横”“多联”的高速公路布局形态基本形成，京沪高铁正式开通使既有线路运能得到释放，沪通铁路（南通－安亭段）开工。

#### 5. 现代航运服务功能不断完善

航运服务集聚区布局进一步优化，外高桥、洋山－临港、北外滩、陆家嘴－洋泾、吴淞口、虹桥、浦东机场周边等七大航运服务集聚区基本形成。航运要素集聚明显加快，近 1700 家国际海上运输及辅助经营单位在上海从事经营活动，一批国际性、国家级航运功能性机构先后入驻上海。航运信息咨询服务水平显著提高，上海航运交易所成为全国集装箱班轮运价备案中心、中国船舶交易信息中心；航运运价指数、航运景气指数、船舶价格指数等相继发布；海事云数据中心、港航大数据实验室建成启用，中国航运数据库正式上线。海事法律服务能力不断提升，海事司法部门创新完善审判规则，形成一批海事审判经典案例，起到了对航运规则的导向作用；海事仲裁机构业务规模进一步扩大，标准创制能力不断提高。航运人才培养能力逐步提升，上海海事局有序推进上海船员评估示范中心建设工作，积极打造船员服务产业链；近 20 所高校在本科及以上层次开设航运物流领域的学科专业。

#### 6. 航运金融业务规模不断扩大

航运融资、航运保险、航运金融衍生品等业务得到进一步发展，业务规模均居全国前列。银行业金融机构对航运业的授信总额从2010年的663.82亿元人民币上升到2015年的2448.65亿元人民币；融资租赁业务规模化发展，截至2015年底，上海自贸试验区累计设立融资租赁企业1771家，租赁资产总额超过2000亿元人民币。航运保险业务进一步集聚，共有11家财产保险公司在沪设立航运保险运营中心；航运保险协会条款、航运保险产品注册制改革等创新工作相继开展；2015年上海船舶险和货运险总保费收入达38.33亿元，全国占比为26.8%。上海清算所人民币远期运费协议(FFA)中央对手清算业务上线运行；上海航运运价交易 公司运力交易产品覆盖国际集装箱运输、国内沿海散货运输和进口散货运输三大领域。

7. 邮轮经济发展势头良好

上海邮轮码头及配套设施建设日益完善，吴淞口国际邮轮港一期工程投运。邮轮和旅客接待量大幅增长， 2015年，到港邮轮与旅客发送量分别达到341艘次和82.12万人次，成为全球第八大邮轮港。邮轮制度不断创新，产业发展环境日渐改善，“上海国际邮轮产业发展综合改革试点区”“中国（上海）邮轮旅游发展实验区”先后设立，邮轮食品配送过境检疫监管模式得到突破，国内首家邮轮票务销售渠道服务平台建立。

8. 区域合作有序推进

长三角港口集疏运体系不断完善，江浙沪干线路网实现全面对接，区域间高等级航道网的通达度和网络化水平显著提高，上海港与长江沿线主要港口间合作关系继续深化。长三角区域海关通关一体化和检验检疫一体化稳步推进，海事、边检信息共享、互通合作机制建立，通关模式和通关流程不断优化。民航华东地区管理局组织开展《长三角世界级城市群民航协调发展战略研究》，推动长三角区域民航协同发展。

（二）存在问题

上海国际航运中心建设仍存在一些突出矛盾，主要体现在以 下几个方面：一是港口集装箱通过能力总体不足，可利用港口岸线 和临港土地资源紧缺，港口结构性矛盾依然突出。二是上海地区空域、时刻资源瓶颈不利于航空枢纽发展，浦东、虹桥国际机场的 航线网络、运行效率和服务品质有待进一步改善。三是海港集疏 运方式仍以公路为主，港区与铁路衔接不畅制约海铁联运发展，长江口航道通航能力相对不足，高等级航道部分区段瓶颈问题影响 整体效益发挥。四是空港枢纽尚未形成以公共交通为主体的集疏 运体系，两场之间、两场与市中心、两场与长三角区域城市之间缺乏快速交通衔接。五是现代航运服务关键要素的集聚程度不高，业务规模不大，航运服务产品同质性较强、创新能力不足，向外辐射能力有限。六是税收制度、金融监管、人才引进、市场开放等配 套制度亟需健全，航运营商环境有待进一步优化。

## 二、“十三五”发展形势展望

“十三五”时期是我国全面建成小康社会的决胜阶段，是上海 基本建成“四个中心”社会主义现代化国际大都市的冲刺阶段，也是上海国际航运中心建设的攻坚阶段。当前，国际经济贸易格局深度调整，我国重要战略机遇期内涵和条件发生变化，“一带一路”等国家战略不断推进，上海全球城市、科技创新中心建设全面启动，上海建设国际航运中心的机遇与挑战并存。

（一）机遇

一是“四个全面”战略布局为航运领域制度创新提供重大机遇。其中，“全面深化改革”的要求将推动航运领域的改革创新和扩大开放，有利于上海对标国际航运发达国家和地区完善航运业发展环境，推动航运领域创新驱动发展、产业转型升级，提升上海国际航运中心的国际竞争力。 二是“一带一路”等国家战略实施将促进航运资源要素集聚。“一带一路”“长江经济带”“海运强国”“民航强国”等一系列国家战略的实施，将为上海利用国际和国内两个市场资源、加强对内对外联动发展提供重要机遇，有利于促进物流、资金、信息、人才等航运发展要素的汇集，提高上海的航运资源集聚度。三是“全球城市”建设提升上海国际航运中心辐射服务能力。按照打造世界级城市群核心城市的要求，上海将加快提升核心竞 争力和综合服务功能，建设具有全球影响力的科技创新中心。这将有助于上海国际航运中心更好地发挥在相关国家战略和航运产业创新发展中的支点与引领作用，进一步提高辐射服务能力。

（二）挑战

一是国际经济贸易格局深度调整。全球贸易需求恢复缓慢，航运市场运力供应相对过剩，市场前景仍不明朗。全球经济增长不均衡、贸易保护主义、区域性自由贸易协定谈判、能源结构与价格调整、节能减排要求日益提高等，都将深度影响航运业发展格局。二是我国重要战略机遇期内涵和条件发生变化。我国经济进入平稳增长“新常态”，产业结构面临调整转型，进出口贸易结构相应变化。航运业必须适应和把握经济贸易“新常态”，通过改革创新寻求新的发展动力。三是航运要素资源分流加剧。新加坡和香港在国际航运中心东移亚洲趋势下占据软环境优势，新一轮全球航空枢纽网络节点竞争日益激烈，产业转移带来枢纽港客货分流压力。这些都要求上海补短板、强实力，不断提高新格局下对航运资源的配置能力。

## 三、“十三五”指导思想、基本原则、发展目标

（一）指导思想

高举中国特色社会主义伟大旗帜，全面贯彻党的十八大和十八届三中、四中、五中全会精神，以邓小平理论、“三个代表”重要思想、科学发展观为指导，深入贯彻习近平总书记系列重要讲话精神，坚持“四个全面”战略布局，把握“一带一路”“长江经济带”“海运强国”“民航强国”和上海加快建设具有全球影响力的科技创新中心的战略契机，践行“创新、协调、绿色、开放、共享”发展理念，从三个层次深化上海国际航运中心建设：一是服务“一带一路”和“长江经济带”发展，进一步完善物流集疏运体系，加强海运、航空物流 基础服务，巩固上海海、空枢纽港地位；二是服务全国港航业发展， 以航运交易、航运金融、信息咨询、临空产业、“互联网 + 航运”等为 抓手，优化服务，培育市场，提高高附加值航运服务的市场集聚度，强化现代航运服务业对外辐射能力，基本形成现代航运服务中心；三是率先开展具有国际竞争力的航运制度创新和科技创新，优化航运发展环境，集聚航运人才，提升全球航运资源配置能力。

（二）基本原则

一是市场配置和政府支持“双动力”原则。加快完善上海国际航运中心市场机制，坚持管建并举，管为本、重体系、补短板，解决好市场主体发展中遇到的各类问题，充分激发市场主体积极性，支持航运市场主体提高资源配置能力，打造具有全球航运资源配置能力的国际航运中心。二是基础航运服务和现代航运服务并重原则。一方面，继续提高基础设施保障能力，完善客货运输、物资供应、船舶代理等基础服务功能，提高引航、拖轮、理货等业务服务水平，为巩固海、空枢纽港地位提供保障。另一方面，大力发展航运金融、航运信息与 咨询、海事法律等现代航运服务业态，促进航运服务与信息、金融、物流等业务的有机融合，提高现代航运服务水平。三是航运服务集聚区联动发展原则。既要利用好上海自贸试验区创新平台推动“三港三区”协调发展，又要促进上海自贸试验区创新发展经验在北外滩、洋山 - 临港、虹桥、吴淞口、浦东机场周边等航运服务集聚区的复制推广，扩大航运服务集聚空间，推动形 成规模效应。四是区域协同发展原则。适应区域经济一体化要求，从政府和市场两个层面，推动长江流域及长三角区域形成分工合作、优势 互补、竞争有序的航运发展格局，增强区域港口综合竞争能力，主动对接“一带一路”和“长江经济带”等国家战略，深化落实上海国际航运中心“一体两翼”发展战略。

（三）发展目标

1. 总体目标

到 2020 年，基本建成航运资源高度集聚、航运服务功能健全、航运市场环境优良、现代物流服务高效，具有全球航运资源配置能力的国际航运中心。以海、空枢纽港吞吐量和航运企业、机构等

为代表的要素集聚程度保持国际领先地位；具备完善的航运、航空配套服务功能，对外辐射能力较强，服务市场达到一定规模；政府监管、服务高效、法治环境优良；集疏运体系合理，口岸综合效率达到国际先进水平，全程物流服务便捷。

2. 具体目标

(1) 海港枢纽发展目标

上海港继续巩固国际枢纽港地位，港口通过能力基本满足发展需求，货种结构进一步优化，初步建成“资源节约型、环境友好型”的生态大港，集装箱年吞吐量预计达到4200万标准箱左右。

(2) 空港枢纽发展目标

巩固提升亚太航空枢纽港地位，空港客货中转效率大幅提升，旅客年吞吐量预计达到1.2亿人次左右，货邮年吞吐量达到400万吨以上，航班年起降88万架次左右，国际客货吞吐量占比相2010年提升2至3个百分点，力争机场中转旅客比例达到15%以上；浦东、虹桥国际机场的公务机年起降量达1.1万架次左右。

(3) 集疏运体系发展目标

基本形成规模化、集约化、快捷高效、结构优化、与全球枢纽节点地位相匹配的现代化航运集疏运体系，四级及以上内河航道通航里程达到260公里，集装箱水水中转比例力争达到50%以上，铁路集疏运比重明显增加，空港地面交通保障能力显著增强。

(4) 现代航运服务体系发展目标

航运服务集聚区空间布局、功能定位进一步优化，服务能级显著提升，形成国内领先、与国际接轨的航运、航空服务示范区。基本建成国际航运服务中心，以航运交易、船舶检验、海事法律、航运咨询、海事教育培训、船员劳务六大业态为重点，争取集聚与培育10-20家知名航运服务企业。

(5) 航运金融发展目标

基本形成金融机构集聚、金融产品丰富、金融交易活跃的航运金融服务体系，实现航运融资额、船舶交易额、航运金融衍生品交易额、资金结算额、航运保险额较快增长，初步建成具有国际影响力的航运融资、交易、结算、保险中心。

(6) 邮轮产业发展目标

建成亚太地区规模最大的邮轮母港之一，争取12-15艘邮轮 以上海港为母港运营，增加邮轮访问艘次，邮轮旅客年发送量达150-200万人次。

(7) 绿色港航发展目标

在节能环保港区、绿色海空港口、清洁燃料船队、绿色航运技术、绿色船舶修造等领域达到世界先进水平。

(8) 智慧航运发展目标

全面建成上海国际贸易“单一窗口”，建成国际性示范电子口岸，航运信息化服务辐射长三角区域及长江干线港口。

(9) 区域合作发展目标

基本形成以上海为中心、以江浙为两翼，以长江流域为腹地， 与国内其他港口合理分工、紧密协作的上海国际航运中心发展格局。长三角机场群协同发展机制基本建立。

(10) 航运文化发展目标

初步形成航运文化服务设施齐全、产品丰富、特色显著、市民航运知识和海洋意识普遍提高的航运文化环境，形成“航运文化之都”和“海洋文化名城”的基本框架。上海国际航运中心“十三五”发展目标。

序号 指标名称指标属性2020年1上海港集装箱年吞吐量 非约束性4200万标准箱左右2集装箱水水中转比例非约束性50%以上3四级及以上内河航道通航里程非约束性260公里。

序号 指标名称 指标属性2020年4空港旅客年吞吐量非约束性1.2亿人次左右5空港货邮年

吞吐量非约束性 400 万吨以上 6 机场中转旅客比例非约束性 15% 以上 7 邮轮旅客年发送量非约束性 150-200 万人次 8 以上海为母港运营邮轮艘数 非约束性 12-15 艘。

## 四、“十三五”主要任务

### （一）进一步提升海空枢纽能力

#### 1. 推进上海港新码头建设和港区布局优化

研究国家战略背景下上海港定位，适应船舶大型化发展趋势，完善深水港布局规划，为上海港可持续发展提供保障。加快推进洋山深水港区四期工程建设并发挥自动化码头示范效应，推动外高桥港区后续项目建设。加快实施外高桥内河港区建设，研究芦潮港内河集装箱港区扩建项目。

#### 2. 推进港区功能调整与海港泊位结构优化

继续推进军工路、张华浜及黄浦江老港区码头迁移，推动罗泾港区功能转型，优化港区功能布局。整合上海港现有资源，充分发挥临港产业区公共码头功能。研究推动支线泊位建设，缓解干、支泊位配比失衡。科学统筹、合理调整岸线、码头、航道、锚地等各项 资源，提升资源综合利用率。

#### 3. 提高航空枢纽空中和地面保障能力

推动上海地区军民航空空域结构优化。积极争取国家在空域管理、航权分配、时刻资源市场化配置方面的试点支持。推进空管新技术的应用，建立完善的空管保障体系，重点解决虹桥国际机场周边空域优化和浦东国际机场西向航班进出通道的问题。完成浦东机场第五跑道、三期扩建以及虹桥国际机场 T1 航站楼改造等工程建设，增加浦东、虹桥国际机场货运设施和资源供给。

#### 4. 提升航空枢纽服务功能和品质

提升上海航空枢纽航线网络覆盖面和通达性，支持基地航空公司优先发展国际长航线和国际国内中转衔接航线，吸引国内外航空公司、航空联盟在沪发展，提升机场旅客中转服务水平和航班准点率。支持国内外航空公司和综合物流服务商入驻机场地区建设国际性转运中心，推进浦东国际机场国际快件转运中心建设。提升虹桥公务机服务能力，提高浦东公务机旅客保障效率，吸引国内外公务航空运营机构及配套服务机构在本市开展业务，打造东北亚地区公务机航空中心。促进全服务与低成本航空的协调发展。完善航空口岸通关环境，进一步推动旅客签证政策优化，创新旅客中转和异地值机监管模式，争取旅客国际中转过境手续简化。支持增强航空口岸一线执法力量，适应航空业务规模增长。协同长三角区域机场，研究和推动构建跨市域多机场体系。推进落实国家低空空域开放政策，推进通用机场规划研究和编制工作，为公务航空、城市公共服务飞行等通用航空业务发展创造条件。

### （二）继续完善集疏运体系

#### 5. 促进水路集疏运发展

推进长江口南槽航道开发建设，深化利用自然水深开通北港航道的前期研究；推动长江口通航管理政策、技术创新，研究推进长江口深水航道大船双向通航，提升航道通航效能。继续推进杭 申线、大芦线二期、平申线、长湖申线及赵家沟东段等内河高等级航道整治工程，适时启动油墩港、苏申内港线等内河高等级航道建设，建成“连接江浙、对接海港”的环形架构；实现外高桥港区内河 集疏运通道高标准贯通。加快推进上海内河运输船舶标准化，推进内河集装箱船型的研发应用。推动长江集装箱运输服务标准化和市场一体化，推动江海直达船型的研发应用，积极发展江海联 运、江海直达运输。依托洋山深水港区的区位优势和上海自贸试验区平台的政策优势，拓展水水中转和国际中转集拼业务。

#### 6. 优化陆路集疏运网络

推进综合货运枢纽、货运通道的规划建设，优化与江浙两省的 道路衔接；加快郊环越江隧道建设，推动宝山—外高桥地区路网优化。结合沪通铁路建设，同步建设外高桥铁路货场和进港铁路，改善铁路与港区的衔接。加快沪乍杭铁路前期工作，推动项目开工建设；发挥芦潮港铁路集装箱中心站功能，推动铁路系统和洋山—临港实现海铁联运信息对接、服务管理一体化和口岸监管一体化，研究临港地区铁路进港区的可行性。深化研究机场快线，推进连 接两场的市域快速轨道交通线路建设；完善浦东、虹桥国际机场周边地面公交布局，完成轨道交通二号线东延伸段改造；完善机场快速集散道路通道，建成北翟路快速路、S26 公路入城段、嘉闵高架南段；完善异地航站楼服务功能，提高机场与市中心、长三角区域连接效率。

（三）发挥航运服务集聚区的效应

7. 推动航运服务集聚区发展

发挥外高桥、洋山—临港航运服务集聚区“港、区、园”联动优 势，以先进装备制造业、跨境电商和战略性新兴产业为基础，增强临港产业与现代物流业的集聚和联动效应。进一步强化北外滩、陆家嘴—洋泾航运服务集聚区的航运服务总部特色和高端航运服务特色，积极吸引大型航运企业总部落户上海，加强航运金融、航运保险、海事法律、航运咨询等业态集聚，提升现代航运服务功能对外辐射能力。依托吴淞国际邮轮港建设，进一步完善吴淞口航 运服务集聚区的邮轮及相关配套产业链。高起点规划建设虹桥航 空服务创新试验区和浦东航空经济集聚区，打造国家临空经济示范区。

（四）做大做强现代航运服务业

8. 引导港航企业转型升级

鼓励港航企业向上下游拓展产业链，完善与长江经济带沿线地区港航企业的合作机制，向纵深腹地拓展航运和物流网络。支持港航企业主动对接“一带一路”国家战略，开展境外投资和跨国经营，构建国际化产业布局和服务网络，在更高层次上参与国际港航交流与合作。引导港口企业在着力提升装卸仓储服务基础上，加强港口与区域内产业互动，延伸港口物流产业链，积极拓展现代物流服务功能。政府相关部门积极参与和推动落实港航业供给侧改革，优化港口、船队、航运服务等市场结构，提高航运要素资源的配置效率。

9. 推进航运服务业扩大开放

依托上海自贸试验区扩大开放政策以及上海国际航运发展综合试验区先行先试的优势，研究并推动实施新一轮航运服务业制 度创新和开放政策，探索在国际船舶代理、外轮理货、船用保税油供应等航运辅助业方面进一步扩大开放，提升基础航运服务水平。

进一步深化上海自贸试验区外商独资国际船舶管理企业设立试点，争取区内外资船舶管理企业船员外派资质取得突破；继续优化航运经纪发展环境，加速航运经纪企业集聚。

10. 促进船舶交易和船舶登记发展

促进船舶交易市场规范化发展，进一步完善现有二手船价格指数，拓展中国船舶交易信息平台功能，积极发展第三方船舶交易评估机构。推动船舶登记手续简化、完善登记内容、优化登记流程，提供便捷高效的船舶登记服务。争取国家有关部委支持，深化完善上海自贸试验区国际船舶登记制度。

11. 推动航运法律服务业发展

支持海事、航空仲裁机构在沪发展，探索建立与国际接轨的海事、航空仲裁制度，推广仲裁标准合同，引导中国企业在合同中选择上海作为仲裁地。支持航运法律服务业发展，鼓励法律服务机构开展国际交流，拓展航运法律服务领域，为航运机构和相关企业 提供专业的航运法律服务。

12. 进一步集聚航运组织和机构

继续吸引国内外各类知名航运组织和功能性机构在沪集聚， 探索成立国际海事公约研究机构，支持本市航运和金融产业基地打造一站式“互联网＋航运服务”综合体。鼓励本市航运组织和功能性机构积极参与国际航运规则制定，不断提高上海作为国际航运中心的国际影响力和话语权。

13. 促进航运、航空智库建设

完善港航科技创新体制机制，吸引国内外知名航运、航空咨询机构设立分支机构，支持有一定影响力的本土航运智库发展，鼓励航运咨询机构走出去，探索组建全球性航运智库联盟。支持上海国际航运信息中心建设，开发航空货运指数，打造“上海航运指数”系列指数品牌，进一步丰富反映航运市场运行情况的信息。

14. 促进临空服务业发展

依托临空经济区发展，建设国际空运货物分拨集拼中心，加快发展融资租赁、保税维修、人才培训、技术研发等现代航空服务业，支持航空客货服务集成商发展，逐步将机场及周边地区打造成为航空总部集中、航空要素集聚、航空资源配置、航空产业培育以及产业链延伸发展的复合平台。依托虹桥机场亚洲公务航空会展，带动通用航空展示、销售、维修保障、金融服务等产业加快发展。

（五）发展航运金融业

15. 提高航运融资及资金结算能力

积极推动国内外大型银行在上海设立航运金融部以及国际结算、资金运作等功能性机构，提升航运融资、资金结算能力，推动各类航运资产证券化业务发展。依托上海自贸试验区融资租赁资产交易平台，完善融资租赁产业配套服务，推动融资租赁业务发展。支持航运企业利用各种创新方式融资，鼓励航运业兼并收购业务发展，探索航运离岸金融服务，发展互联网航运金融业务，逐步形成航运融资中心和航运资金结算中心。

16. 促进航运保险机构及产品发展

进一步吸引具有较强专业能力的航运保险营运中心、航运保险经纪、保险公估、海损理算等机构入驻，鼓励船东互保机构在沪发展，支持在沪保险机构完善海外分支机构和代理网络，逐步形成与航运金融业务发展需求相适应的全球服务网络。继续扩大航运保险业务规模，发展航运再保险和航运保险离岸业务。发挥上海航运保险协会作用，丰富航运保险协会条款内容，研究推动航运保险产品创新和信息共享，研究编制航运保险指数。完善航运保险 税收制度，推动航运保险税务便利化，推进航运保险电子发票上海试点工作。

17. 支持航运金融衍生品发展

支持航运专业机构与在沪金融机构合作开发航运金融衍生产品，探索航运运价指数衍生品交易、航运保险指数衍生品交易、航运碳排放权交易。有序发展航运金融衍生品市场，扩大航运金融衍生品市场参与主体，完善市场监管机制。

18. 继续完善航运金融中介服务体系

培育和发展法律服务、公估、会计、船舶检验等为航运金融提供专业服务的中介服务机构，完善航运金融服务产业链。

（六）促进邮轮产业发展

19. 完善邮轮港基础设施和服务

推进吴淞口国际邮轮港后续工程建设，新增 2 个大型邮轮泊位及配套水工平台，完善吴淞口国际邮轮港的候客设施，完成吴淞国际邮轮码头后方交通枢纽建设，完善周边道路交通体系。创新体制机制，促进北外滩和吴淞口邮轮产业功能协调发展。制订和完善邮轮码头服务标准，颁布《上海港邮轮码头服务规范》。推进邮轮船舶供应服务便利化，建设邮轮母港物资配送中心和邮轮综合服务区，为邮轮提供船舶修理、燃料供应、物资配送、废弃物接收等在港服务。争取试点实施外国旅游团乘坐邮轮入境免签政策。

20. 鼓励邮轮公司及相关产业发展

引导企业通过多渠道、多方式组建邮轮公司及配套服务企业，优化市场主体结构。支持发展邮轮酒店用品供应、食品供应、人员培训、修造船、休闲旅游等相关产业，发挥邮轮经济效应。进一步优化以日韩、东南亚为主的近海邮轮航线，不断开辟覆盖环太平洋区域等远洋邮轮航线，支持中资邮轮开展沿海运输业务。充分利用北外滩、吴淞口邮轮码头等资源，吸引邮轮公司增加访问艘次。研究建立支撑邮轮产业发展的金融服务体系，在保险、信贷、结算 等方面开设邮轮产业专项目录。

（七）推动绿色、安全航运发展

21. 提高绿色低碳化水平

支持港区、机场加快设施设备节能改造，扩大节能照明、变频 技术、建筑保温材料等应用范围。推广岸基（港基）供电技术、码头 储能技术，鼓励机场桥载能源设备设施使用。加快港口装卸设备、机场特种车辆油改电，控制和减少车、船、航空器在港区、机场的污染排放。按照国家部委要求，实施长三角水域船舶排放控制区试点。研究提高上海港水域船舶油品标准，推进以 LNG 等清洁能源为燃料的船型的应用。建立海事、环保、质量技监等部门的联合执法机制，加强对船用油品质量和船舶排放的监督检查。

22. 建立健全安全运行保障系统

加强长江口、杭州湾、黄浦江水上安全运行保障系统建设，合理布局上海港应急搜救站点，加快推进临港新城（芦潮港）救助基地建设，推动外高桥地区危险货物集装箱堆场建设，完善邮轮通航安全保障机制，不断提高安全监管、应急保障和公共服务水平。构建航运安全监管和服务法律法规体系，初步形成安全监管、搜寻救助和船舶污染防治三位一体的地方法规体系。推动民航安全健康发展，推进华东地区民航安全管理系统（SMS）建设、人员资质能 力建设、民航新技术运用，完善空管安全监管体系，加强民航与海事部门的应急联动机制建设，提高安全综合保障能力和应急救援处置能力。

（八）推动智慧航运功能发展

23. 建设国际性示范电子口岸

有效对接“一带一路嵩国家战略和上海自贸试验区建设需求，积极推进亚太示范电子口岸网络及其运营中心建设，推进亚太地 区供应链互联互通“一门式服务体系”试验，加快亚太地区相关机制、标准和规则的形成，为跨境货物贸易、电子商务和供应链提供高效、便捷、智能、安全的口岸和供应链信息服务平台，实现监管、交易、支付和供应链的有机整合。提高口岸贸易便利化水平，全面建成上海国际贸易“单一窗口”，推进大通关建设改革，推动实现口岸管理部门“信息互换、监管互认、执法互助”。

24. 打造航运信息服务体系

继续推进“上海国际航运中心综合信息共享平台”建设，丰富在线应用，服务范围拓展至长三角区域及长江干线港口。探索开展航运“大数据”建设，完善现代航运业统计指标体系，推进航运数据库、港航大数据实验室建设，建立航运市场监测平台。建设洋山港航海示范区，构建集港口、船舶、船员、通航等信息服务于一体的海事综合性信息管理与服务平台。推进自动化、智能化港口建设，实现港口转型升级。提高浦东机场物流信息化水平，推动货邮电子单证管理、货物状态追踪等信息服务系统的开发应用。

25. 支持航运电子商务发展

把握“互联网 + 航运”发展趋势，推进航运业转型升级。营造适合航运、航空电子商务发展的产业生态环境，提供口岸、支付、融资、信用评估等配套服务，探索对新业态的创新管理，吸引电商平台向上海转移、集聚。在大力促进订舱、租船类电商发展的同时，鼓励全国性船舶交易、邮轮票务、游艇租赁、物料供应、船舶修造、空运物流等电商平台发展，有效对接跨境贸易和跨境物流发展。

（九）培育航运文化

26. 加大航运文化培育力度

建立航运文化产业园区和航运文化产业孵化器，充分利用黄浦江两岸资源，发展多种航运文化产业。大力发展航运会展业，举办国际性论坛和展览，扩大上海国际航运中心的国际影响力。打造世界一流的航海博物馆。争取出版向世界介绍中国航运发展、反映中国声音的英文刊物。积极发展航运文化旅游和娱乐项目。

(十) 加强航运人才引进和培养

27. 完善航运人才引进配套政策

整合航运人才引进管理服务资源，健全工作和服务平台，推进落实航运人才在户籍办理和居留许可、医疗等方面的待遇。支持航运企业、机构通过市场机制从国内外引进各类优秀航运人才。

28. 提高航运人才培养能力

加强航运、航空人才培养力度，鼓励产学研合作，深化上海国际航运研究协同创新中心能力建设。支持中外合作开办开放式航运学院，开展跨专业、复合型高级航运人才的教育和培养，为“一带一路”沿线国家培养海事、航运高级人才。加快上海船员考试评估示范中心建设，提高海员技能培训和评估水平，增强海运人才专业素质。建设邮轮人才培养基地，建立和完善邮轮人才教育培训制度。

**五、保障措施**

(一) 继续深化部市合作机制

继续深化本市与交通运输部促进上海国际航运中心建设的部市合作机制，不断拓展合作广度和深度。建立中央在沪单位、地方 政府和核心企业间的多边协作机制，共同推进航运、航空领域的改革创新，加快已试点政策落地和相关成熟经验的复制推广。充分调动在沪中央企业和外省市航运、航空企业共建上海国际航运中心的积极性，凝聚各方面促进航运中心健康发展的共识和力量。

(二) 推动建立长三角区域、长江流域跨区域合作机制

适应区域经济一体化要求，继续加强与长三角区域、长江流域省市在港航领域的合作，完善动力机制、协同机制、利益分配机制和利益补偿机制，共建长江流域物流通道。推动建立长三角区域机场群协同发展机制，促进区域内“空域运行协同、地面交通协同、机场管理协同”。推动长江经济带沿线省市通关一体化改革，实现跨部门、跨地区的信息互换、监管互认、执法互助。率先在长三角 区域探索建设国际贸易“单一窗口”建设，同步推广至长江经济带沿线省市。进一步深化与中部地区六省、川渝间区域大通关合作机制，加强与中西部地区互动协作。

(三) 继续完善本市国际航运中心建设推进机制

继续发挥上海市国际航运中心建设工作推进小组在顶层设计和统筹协调等方面的作用，更好地发挥上海市国际航运中心建设工作推进小组办公室的协调功能。继续增强与国家部委的对接，积极争取相关部门支持，加大制度改革创新力度。深入行业了解企业发展需求，保障政策制定的科学性和可操作性，加强规划对接 和政策研究，重视规划与政策实施后评估。

(四) 探索国际航运中心财税政策创新

充分发挥地方财政引导作用，利用专项资金，支持引导航运集 疏运体系结构优化、航运航空服务功能提升、航空产业结构优化、航空客货枢纽建设等。利用接近国际市场优势，配合国家部委，开展航运相关财税政策研究。

(五) 推动口岸监管服务创新

深化上海自贸试验区贸易监管便利化改革，完善“一线放开、二线管住、区内自由”贸易监管制度，加快复制推广已成熟的贸易便利举措，全面提高口岸通行效率。加强查验单位与相关管理部门政策措施的同步和协调，推进综合执法，实现单向管理向多元治理的转变。完善口岸服务规范、标准，营造稳定、透明的口岸服务环境。

(六) 完善市场秩序体系

依托上海自贸试验区建设，积极推进港航行政

**《上海市人民政府办公厅关于转发市安全监管局制订的 < 上海市禁止、限制和控制危险化学品目录（第三批第一版）> 的通知》（沪府办发〔2016〕25 号）**

各区、县人民政府、市政府各委、办、局，各有关单位：

市安全监管局制订的《上海市禁止、限制和控制危险化学品目录（第三批第一版）》已经市政府同意，现转发给你们，请认真按照执行。

上海市人民政府

2016 年 6 月 20 日

**上海市禁止、限制和控制危险化学品目录（第三批第一版）**

《上海市禁止、限制和控制危险化学品目录》（第三批第一版）（以下简称《目录》）由全市禁止部分、工业区禁止部分、中心城限制和控制部分组成，具体要求如下。

1. 总则

1.1（责任体系）各区县、各部门、各单位要结合各自实际，建立健全“党政同责、一岗双责、失职追责”的安全生产责任体系，落实党政同责“四级五覆盖”；按照“管行业必须管安全、管业务必须管安全、管生产经营必须管安全”和“分类管理、分级负责、属地为主”的要求，切实落实危险化学品安全监管职责。

1.2（信用体系）负有危险化学品安全监管职责的部门应当依据各自职责，建立危险化学品安全生产信用信息系统，记录和披露企业的违法行为信息，根据信用状况，实行分类分级、动态监管，建立危险化学品安全生产领域“黑名单”。

1.3（规划要求）各类危险化学品生产、储存、经营、使用设施的布局应当符合城乡规划及产业规划的要求。

1.4（油气管线）各区县应当把油气管道、燃气管道和危险化学品管道的发展和建设规划纳入城乡规划，从源头合理布局；加大在役管道的清理占压工作和督促整改的力度。各管道企业应当保障安全生产投入，配备安全管理人员，加大设施巡查和隐患排查力度，设置防泄漏、实时检测系统及紧急切断设施，提高运行管理水平和事故防范及处置能力。

1.5（特定区域）位于本市科技创新中心的产业园区、高校和科研单位等，如涉及使用危险化学品试剂的，鼓励建设集中的危险化学品仓库，由专业试剂公司运维，统一进行危险化学品的配送和废弃物处置。涉及危险化学品及其废弃物集中储存设施建设的，需按照相关标准建设并履行相关手续。

1.6（隐患排查）危险化学品企业应当建立完善事故隐患排查治理制度，定期进行全面的事故隐患排查，确定事故隐患等级和治理方案，落实治理方案并建立事故隐患排查治理信息档案。对确定为一级事故隐患的，应当立即向负有安全生产监管职责的部门报告事故隐患的现状，并及时报送风险评估结果和治理方案。市、区县两级安全监管部门应当制定危险化学品重大事故隐患年度督办治理计划，推进危险化学品重大事故隐患督办。

1.7（本质安全）危险化学品企业应当切实提高本质安全度。新建的化工建设项目必须设计装备自动化控制系统，涉及重点监管危险化学品、重点监管危险化工工艺和危险化学品重大危险源的装置还应设计装备安全仪表系统。未经正规设计的在役化工装置，企业应当委托具有资质的设计单位进行设计复核。

1.8（集中交易）危险化学品经营企业宜逐步进入危险化学品集中交易平台从事经营活动，涉及危险化学品委托储存和运输的，应当将有关购买、销售、储存和运输危险化学品等信息实时输入危

险化学品流动流向监管系统。带有危险化学品储存设施的集中交易市场和入驻经营企业应当严格划分零售店面区、专用仓储区、专用停车区，严禁仓储与经营混杂，严禁超量、超范围储存、混存和分装危险化学品。

1.9（定置管理）危险化学品生产、储存（含带储存设施的经营、仓储经营）、使用企业涉及危险化学品仓库储存危险化学品的，应当对近年来所储存的危险化学品品种和量进行筛选比对，在满足国家有关储存量、禁忌物储存等要求的基础上，划定区域、仓间储存危险化学品，做到作业场所台账、标签、安全技术说明书、应急预案等精准、有效，实现危险化学品定品定量、有序周转，实施定置管理。

1.10（使用环节）使用危险化学品从事生产并且使用量达到规定数量的化工企业，应当依照本市有关规定取得安全许可。使用量未达到规定数量的化工企业，应当按照国家有关规定，进行3年1次的安全评价，并将评价报告报属地安全监管部门备案。其他使用危险化学品的单位应当委托具有资质的单位实施危险化学品配送，使用和储存方式应当符合国家和本市有关安全管理的规定，并根据其所在的行业、领域，将使用危险化学品的品名、数量等信息向卫生计生、教育、科技等行政主管部门进行报备；无行政主管部门的单位应当将有关信息向所在乡镇政府、街道办事处进行报备；使用具有危险特性的化学品的，在报送行政主管部门之前，还应当根据国家有关物质安全技术说明书的要求，将理化特性、防护措施、应急措施等信息在本市危险化学品登记机构登录。负有危险化学品安全监管职责的部门、乡镇政府和街道办事处应当对所属行业、领域和辖区内危险化学品的使用安全进行指导、监督、检查。

1.11（运输环节）非本市注册的外省市驻沪经营（起讫地均在本市）的运输企业，应当执行本市交通运输主管部门有关备案手续的规定。外省市危险化学品运输车辆进入本市运输时，应当将GPS信号接入交通运输部全国重点营运车辆联网联控平台，并按照本市规定的危险化学品道路运输区域、路段和时段运输。

1.12（责任保险）鼓励危险化学品企业购买安全生产责任保险进行防灾防损。

1.13（电子标签）鼓励危险化学品企业采用电子标签等自动识别技术手段，提升危险化学品管理水平。

1.14（标准化）危险化学品企业应当推进安全生产标准化建设，提升安全生产水平。

2. 全市禁止部分

《目录》“全市禁止部分”所列危险化学品，在全市范围内禁止生产、储存、经营、运输和使用。有关单位确需使用《目录》“全市禁止部分”所列危险化学品的，应当向上级政府主管部门提出申请，无主管部门的单位应当向所在乡镇政府、街道办事处申请；经认可后，到具有相应资质的危险化学品单位采购，并委托具有相应资质的危险化学品运输单位按公安部门指定的区域、路段和时段配送。

3. 工业区禁止部分

3.1 国家和市级批准的工业园区、地块和产业基地内，禁止《目录》“工业区禁止部分”所列危险化学品工业化的生产、储存（含带储存设施的经营、仓储经营）、运输和使用。《目录》“工业区禁止部分”所列危险化学品，可以以试剂的形式在全市范围内流通，如涉及国家在特定的行业可豁免使用的，按照国家规定执行。

3.2 不在国家和市级批准的工业园区、地块和产业基地已建生产企业、仓储经营企业和使用危险化学品从事生产的化工企业，应当按照本市有关产业结构调整的政策逐步调整。确需保留的，应当出具所在地区县政府予以保留的书面意见。

3.3 除杭州湾北岸化工产业带外，各区县原则上不再新建危险化学品生产企业和使用危险化学品从事生产的化工企业。如确需建设为所在区县产业配套的危险化学品生产企业和使用危险化学品从事生产的化工企业的，按照本市有关规定执行。

3.4 杭州湾北岸化工产业带部分

3.4.1 杭州湾北岸化工产业带涵盖上海石化、金山第二工业区、上海化学工业区（含金山分区和奉贤分区）、奉贤星火开发区等工业园区、地块和产业基地。具体区域，以市经济信息化委公布的范围为准。

3.4.2 新建危险化学品生产企业和使用危险化学品从事生产的化工企业，原则上均应当设立在杭州湾北岸化工产业带，且产业方向应当符合该区域产业发展规划，符合所在工业园区、地块和产业基地的详细规划。

3.4.3 在杭州湾北岸化工产业带内上海化学工业区区块中，实施光气总量控制，除现有装置改扩建、主体化工项目配套和产业循环利用需求外，原则上不建设涉及光气、氯的建设项目。环氧乙烷、氨、乙烯等易燃、有毒气体的生产和大型储罐建设项目应当位于上海化学工业区总体规划控制的重化工区域内。金山第二工业区实施环氧乙烷总量控制，原则上不再建设涉及环氧乙烷的项目。

3.4.4 杭州湾北岸化工产业带应当开展整体性安全风险和环境风险评价工作，科学评估园区安全容量和环境承载能力，控制安全风险和污染物排放总量。

3.4.5 杭州湾北岸化工产业带应当逐步利用物联网手段强化区域联动联控，建设危险化学品信息监控平台；建立危险化学品电子标签自动识别系统，为加强危险化学品过程管控和提升应急处理能力提供技术支撑。

3.4.6 杭州湾北岸化工产业带内各工业园区、地块和产业基地的管理机构应当推进园区封闭式管理，开展危险化学品安全监管、道路运输、应急监管等联动联控。鼓励各管理机构购买安全生产第三方技术服务进行安全监管。

3.4.7 金山新城设置禁入区，危险化学品车辆全天禁止通行；危险化学品运输车辆在6:00-20:00禁止在沪杭公路（朱山路至亭卫南路）通行（持特别通行证车辆除外）。

4. 中心城限制和控制部分

4.1 外环线以内（位于外环线内的国家和市级批准的工业园区、地块和产业基地除外）（以下简称“中心城”），只允许《目录》“中心城限制和控制部分”所列危险化学品的工业化生产过程中的使用、运输和储存；未列入《目录》“中心城限制和控制部分”的其他危险化学品，只可以试剂的形式进行流通。《目录》“中心城限制和控制部分”所列危险化学品，亦可以以试剂的形式进行流通，并由具有资质的单位实施配送，使用和储存方式应当符合国家和本市有关危险化学品安全管理的规定。

4.2 中心城指定区域内只允许涉及国计民生的汽油、柴油、溶剂油、液化石油气、液化天然气、压缩天然气、新型燃料、制冷剂等和工业气体如氧、氮、氩、氨等危险化学品以专用槽车或厢式货车运输的方式进行配送，其他危险化学品只可以通过厢式货车运输。

4.3 中心城内科研院所、学校、医院等单位和工矿商贸企业等使用《危险化学品目录》（2015版）所列危险化学品的，应当按照总则1.10的相关规定，向行业、领域或属地主管部门进行信息报送。使用未列入《危险化学品目录》（2015版）具有危险特性的化学品的，应当根据国家有关物质安全技术说明书的要求，准备理化特性、防护措施及应急措施等有关材料，至上海市危险化学品登记办公室进行登录后，根据其所在的行业、领域或属地向主管部门进行信息报备。

5. 附则

5.1《目录》所述的生产，是以该危险化学品为主要中间产品或者最终产品的生产。如果在生产过程中出现列入禁止目录中的难以消除的副产物，企业应当按照有关规定进行妥善处置。

5.2《目录》所述的经营，不含危险化学品的港口经营。《目录》所述的运输，是指公路运输（不含港区内的公路运输）。

5.3《目录》列举的危险化学品在生产、储存、经营、运输和使用时，还应当遵守国家和本市关于危险化学品的其他规定。涉及需要履行国际公约的危险化学品的生产、储存、经营、运输和使用，还应当按照国家有关要求，到相应的部门办理相应手续。

5.4《目录》自2016年7月1日起施行，《上海市禁止、限制和控制危险化学品目录》（第二批）同时废止。

5.5本市将逐步实现危险化学品目录化清单式管控方式，市安全监管局可根据本市实际情况调整《目录》，并报市政府批准后实施。

上海市安全生产监督管理局

2016年5月27日

**《市政府办公厅关于印发<中国（上海）跨境电子商务综合试验区实施方案>的通知》（沪府办发〔2016〕23号）**

各区、县人民政府，市政府各委、办、局，各有关单位：

现将《中国（上海）跨境电子商务综合试验区实施方案》印发给你们，请结合实际，认真组织落实。

上海市人民政府办公厅

2016年6月1日

**中国（上海）跨境电子商务综合试验区实施方案**

为全面有效推进中国（上海）跨境电子商务综合试验区工作，根据《国务院关于同意在天津等12个城市设立跨境电子商务综合试验区的批复》（国函〔2016〕17号）精神，制定本实施方案。

**一、基本原则**

（一）坚持创新驱动。发挥中国（上海）自由贸易试验区的制度创新优势，着力在跨境电子商务的技术标准、业务流程、监管模式和信息化建设等方面先行先试，集聚企业主体，提升跨境电子商务发展水平和能级。

坚持协调发展。承接国家“一带一路”战略和自由贸易区战略，促进跨境电子商务出口与进口平衡发展，围绕供给侧结构性改革，鼓励各种业务模式并存发展，引导跨境电子商务产业规模化、标准化、集群化发展。

（二）坚持循序渐进。促进发展和风险防范相结合，在发展中规范、规范中发展，在发展中破解难题，为各类市场主体营造公平、公正、透明的经营环境，促进跨境电子商务持续健康发展。

（三）坚持开放合作。深入推进对内对外开放，发挥口岸优势，促进跨境电子商务各种要素有序自由流动和资源高效配置，探索形成适应跨境电子商务发展的国际标准和规则，提升跨境电子商务的竞争力和话语权。

**二、建设目标**

力争通过两至三年的试验改革，形成一套线上交易、线上监管、线上服务、线下支撑的规则体系，适应和引领跨境电子商务产业发展，建成政府服务高效、市场环境规范、投资贸易便利、资源配置优化、产业特色明显的全球跨境电子商务运营中心、物流中心、金融中心和创新中心。

**三、主要任务**

（一）建设跨境电商公共服务平台，提升服务能级

跨境电子商务公共服务平台是公益性的跨境电子商务一站式监管服务平台，承担数据交互与监管服务功能。

1. 完善公共服务平台功能。完善上海跨境电子商务公共服务平台监管与服务功能，保障海关、检验检疫、外汇管理、国税、工商等部门间数据互通和共享。公共服务平台应当为各类企业提供统

一明确的标准化数据接口和接入流程。（市发展改革委、市商务委、市口岸办、上海海关、上海出入境检验检疫局、外汇管理局上海市分局、市国税局、市工商局、上海跨境电子商务公共服务有限公司负责）

2. 对接国际贸易“单一窗口”。优化上海电子口岸资源，实现跨境电子商务公共服务平台和上海国际贸易“单一窗口”系统与功能对接，为本市跨境电子商务发展提供支撑。（市口岸办、市商务委、上海跨境电子商务公共服务有限公司负责）

3. 健全公共服务平台运营机制。成立功能性的上海跨境电子商务公共服务有限公司，负责运营上海跨境电子商务公共服务平台，初期平台运营资金由财政支持。（市发展改革委、市国资委、市财政局、市商务委、浦东新区政府、上海跨境电子商务公共服务有限公司负责）

4. 提供配套数据服务。充分运用公共服务平台的集成数据，健全统计监测体系，完善风险防范机制，建立跨境电子商务企业信用数据库。（市商务委、市统计局、市工商局、上海海关、上海出入境检验检疫局、外汇管理局上海市分局、市国税局、上海跨境电子商务公共服务有限公司负责）

（二）推进跨境电商园区建设，促进线下线上协同发展

促进跨境电子商务海关监管区与产业集聚区协同发展，突出示范园区的引领带动作用，形成线上线下相互支撑的发展格局。

5. 优化园区布局。充分发挥上海综合交通枢纽优势，根据各区域贸易和产业发展特点，形成协同推进、良性竞争、错位发展格局。合理布局出口监管场所和产业园区，将保税进口业务复制推广到本市所有出口加工区（包括保税物流中心 B 型）。（市商务委、市发展改革委、上海海关、上海出入境检验检疫局负责）

6. 完善园区功能。充分发挥园区集聚效用，承接公共服务平台功能，集聚市场主体，完善配套服务，促进线上线下联动发展，支持有条件的跨境电子商务监管场所兼具进口业务和出口业务功能。（市商务委、市发展改革委、上海海关、上海出入境检验检疫局负责）

（三）集聚跨境电商企业主体，培育完整产业链

培育和集聚跨境电子商务、跨境金融、跨境物流及其他相关服务企业，形成具有国际竞争力的跨境电子商务产业集群。

7. 加快培育企业主体。集聚一批跨境电子商务龙头企业，培育一批中小型跨境电子商务企业，鼓励差异化发展。支持国内贸易商、制造商融入境外零售渠道，通过“海外仓”，开展 B2B 跨境电子商务业务，鼓励各种商业模式创新。（市商务委负责）

8. 探索综合金融服务。鼓励跨境电子商务相关金融服务创新，利用跨境电子商务信息为具有真实交易背景的跨境电子商务交易提供在线支付结算、在线融资、在线保险等金融服务。（市金融办负责）

9. 完善国际物流服务。完善口岸物流服务通道，支持传统物流资源服务跨境电子商务。提升跨境物流综合服务水平，支持物流信息化创新。鼓励发展采购物流服务、分销渠道服务等新型跨境物流业务。（市发展改革委、市商务委负责）

10. 健全配套综合服务。鼓励外贸综合服务企业和跨境电子商务综合服务企业提供全产业链服务。促进税务、咨询、财会、人力资源等专业机构为跨境电子商务提供专项服务。（市商务委负责）

11. 推进认证认可制度。推出针对跨境电子商务特点的新型认证技术标准和实施规则，开展跨境电子商务企业认证试点。鼓励跨境电子商务销售企业通过引入合格评定机制建立和完善内部管理体系，增强自身的质量管控能力，提高产品及服务质量，鼓励跨境电子商务平台企业和相关机构采信跨境电子商务认证结果。（上海出入境检验检疫局、市商务委负责）

12. 培育集聚行业人才。鼓励成立跨境电子商务研究机构，积极开展行业相关研究。构建多层次人才培养体系，培育一批实用技能型人才，建立人才引进和激励机制。（市商务委、市发展改革委负责）

13. 制定产业扶持政策。制定跨境电子商务及相关产业的支持政策，充分利用好战略性新兴产业、

外贸发展、对外投资合作、服务业引导等专项资金，鼓励相关区县出台配套政策。（市发展改革委、市商务委、市财政局负责）

（四）完善跨境电商监管制度，促进多种模式协同发展

探索适应跨境电子商务的商品归类、进出境申报、物流监控、支付结算、风险防范等监管制度，提升跨境电子商务监管便利化水平。

14. 创新企业与商品准入制度。对接企业信用公示平台，建立跨境电子商务企业信用等级，各监管部门按照企业的信用等级，实行分类监管。（市商务委、市经济信息化委、上海海关、上海出入境检验检疫局、外汇管理局上海市分局、上海跨境电子商务公共服务有限公司负责）

15. 创新海关监管模式。探索对跨境电子商务零售出口商品实行简化归类，推进清单申报通关模式，支持 B2B、B2C 等多种出口业务模式落地。进口按照“事前备案、集中申报、分批出区、汇总征税”实施监管。支持快件物流企业系统直接对接公共服务平台，实现“批量申报、实时传输”功能。对所有能够按照规定提供订单、支付、物流电子信息，并通过跨境电子商务公共服务平台进口符合清单要求的零售商品的，适用跨境电子商务零售进口税收政策。（上海海关负责）

16. 创新检验检疫监管模式。进一步优化跨境电子商务监管模式，完善“十检十放”，根据进出口货物产地的质量管理水平、生产经营企业的诚信程度、具体商品的风险等级的不同，构建监管力度从严到松、放行速度由慢到快的多层次、分梯度的跨境电子商务检验检疫监管体系。（上海出入境检验检疫局负责）

17. 创新税收征管模式。推进跨境电子商务企业退税办理无纸化，实现无纸化退库。支持跨境电子商务企业通过上海“国际贸易单一窗口”开展在线数据退税申报等相关业务。（市国税局负责）

18. 创新外汇监管制度。深化跨境电子商务外汇支付业务试点。鼓励第三方支付机构通过银行为中小电商办理跨境外汇支付和结售汇业务，逐步丰富试点业务范围和业务模式。简化名录登记手续，企业通过上海跨境电子商务公共服务平台备案后，平台将符合要求的相关信息要素，发送给外汇局办理名录登记。简化个人电商开立外汇结算账户程序，允许遵守海关、工商、税务等相关部门规定的境内个人电商在平台备案后开立外汇结算账户，直接在银行线上办理个人贸易跨境外汇收支结算业务，不受个人年度等值 5 万美元总额限制。（外汇管理局上海市分局负责）

19. 创新邮路监管制度。推进邮政管理与海关和检验检疫部门之间管理信息互通，完善邮包业务统计工作。支持邮政企业进一步完善国际邮政服务，提高配送效率。（市发展改革委、市商务委、市邮政管理局、上海海关、上海出入境检验检疫局负责）

20. 创新市场监管制度。完善工商、质监、食药监等部门对进口商品国内零售的监督管理。研究制定跨境电子商务交易纠纷解决机制。（市工商局、市质量技监局、市食品药品监管局负责）

（五）加强开放合作，探索形成国际通用规则

推动跨境电子商务行业国际合作，探索建立国际跨境电子商务的行业标准和国际通用规则。

21. 推动跨国监管共享。依托双边、多边国际组织及议事机制，逐步推动形成跨国口岸对口岸的跨境电子商务监管信息共享。（市商务委负责）

22. 推动建立跨国标准。加强理论研究与经验总结，以国内成熟规则体系为基础，共同探讨制定跨境电子商务国际监管标准体系。（市商务委负责）

23. 推动国际交流合作。发挥行业协会、学术机构等社会组织作用，加强与境外国际机构的合作交流，积极引进跨境电子商务相关国际机构在沪设立促进机构或常驻代表机构。（市商务委负责）

**四、工作要求**

（一）强化主体责任。在国务院统一领导下，在商务部牵头协调和相关部委指导下，由市商务委会同各有关部门按照职责分工，协同推进中国（上海）跨境电子商务综合试验区各项工作。重大问题及时按照程序向国务院请示、报告，重要政策和重大建设项目按照程序报批。

（二）加强统筹协调。在市跨境电商工作领导小组的统筹协调下，定期研究综合试验区建设的重大问题，协调推进综合试验区建设的重大工作，扎实推进综合试验区创新发展。

（三）出台配套政策。各职能部门要根据本实施方案，进一步细化任务，制定工作计划和进展安排，明确分工、落实责任，共同推进相关体制和机制创新，实现改革红利最大化。

（四）加强政策评估。对国家和本市的相关政策开展第三方评估，有效评估各项政策对行业产生的影响和效果，及时发现和解决问题，促进跨境电子商务行业快速健康发展。

## 《市交通委、市环保局、市发展改革委、市财政局 关于印发 <上海市国三柴油集装箱运输车辆加装尾气净化装置补贴操作办法> 的通知》（沪交科〔2016〕392 号）

各有关单位：

为贯彻落实《上海市清洁空气行动计划（2013-2017）》要求，进一步加强集装箱运输车辆的环保治理，经市政府同意，现将《上海市国三柴油集装箱运输车辆加装尾气净化装置补贴操作办法》印发给你们，请遵照执行。

特此通知。

2016 年 4 月 28 日

## 《上海市国三柴油集装箱运输车辆加装尾气净化装置补贴操作办法》

为提升本市在用集装箱运输车辆的尾气排放水平，支持和鼓励集装箱运输企业在国三柴油集装箱运输车辆上加装尾气净化装置，根据市交通委、市环保局、市发展改革委、市财政局《关于进一步加强本市交通领域大气污染治理工作的请示》（沪交科〔2015〕826 号）精神，特制定本补贴操作办法。

### 一、适用范围

本办法适用于本市道路集装箱运输企业新购置的、加装在国三柴油集装箱运输车辆上的尾气净化装置，其技术条件和车辆范围要求如下：

（一）尾气净化装置技术要求

1、安装该净化装置后，国三柴油机台架排放检测的 CO、HC、PM 排放应满足重型柴油机的国Ⅴ排放标准，NOx 与原机水平一致。

2、国三柴油集装箱运输车辆安装该净化装置后，整车车载道路排放测试（PEMS）结果可以降低颗粒物排放 90% 以上、一氧化碳排放 40% 以上、碳氢化合物排放 50% 以上。

3、安装该净化装置后，对国三柴油集装箱运输车辆的能耗影响不超过 2%。

4、安装净化装置必须符合相关法律法规要求，不得改变车辆已登记的结构和外形尺寸，不得改动车辆的油路、电路、气路布置，不新增其它的物质排放，不降低原车的通过性。

5、尾气净化装置的保养间隔周期至少一年以上，质保期不低于所安装车辆的使用期或 4 年。在质保期内，尾气净化装置供应商必须保证所安装的设备正常使用，并承担期间产生的维护保养费用。

6、尾气净化装置必须有在重型货运车上使用不少于 3 个月（或 1 万公里）的用户使用报告及产品的跟踪测试报告。

7、中标的尾气净化装置供应商应建有尾气净化装置使用监控平台，对安装在集装箱运输车辆上使用的所有设备的使用情况进行实时监控。监控平台向道路运输企业和政府监管部门及其指定的第三方开放。

（二）安装尾气净化装置的车辆范围

本市道路集装箱运输企业所属的，具有经营范围为“货物专用运输（集装箱）”《道路运输证》的、尾气排放为国三标准的，加装后车辆至少还有一年以上使用时间的柴油集装箱运输车辆。

**二、资金来源**

国三柴油集装箱运输车辆加装尾气净化装置专项补贴资金在上海市节能减排专项资金中安排，并按照《上海市节能减排专项资金管理办法》实施管理。

**三、补贴标准**

对于符合要求的尾气净化装置，根据发动机功率大小给予差别化补贴：对发动机功率在100-150kw（不含150 kw）的以2.5万元/套、150-250kw（不含250 kw）的以3万元/套、250kw（含250 kw）以上的以3.5万元/套为上限，根据实际采购的中标价给予补贴。

**四、补贴程序**

（一）采购要求

上海市城市交通运输管理处按照尾气净化装置技术要求，通过公开招标方式，确定符合要求的尾气净化装置供应商名单。

各道路集装箱运输企业可以自己或者委托上海市交通运输行业协会，在上海市城市交通运输管理处招标确定的尾气净化装置供应商名单中，通过招标确定尾气净化装置实际采购价格，其中：委托上海市交通运输行业协会招标的，道路集装箱运输企业应将需要加装的车辆清单书面报告上海市交通运输行业协会并出具委托函。各道路集装箱运输企业应根据招标结果，与上海市交通运输行业协会、中标单位签订尾气净化装置采购三方合同。

（二）申请程序要求

尾气净化装置供应商应根据合同约定，在规定时间内完成尾气净化装置加装，经验收通过的，道路集装箱运输企业将经上海市交通运输行业协会审查后的申请材料，报上海市城市交通运输管理处审核。

（三）申请材料要求

申请国三柴油集装箱运输车辆加装尾气净化装置补贴的，须提交以下材料：

1、尾气净化装置采购招投标材料（包含招标文件、评标资料、中标通知书等文件副本等）。

2、尾气净化装置购置合同、购置发票。

3、国三柴油集装箱运输车辆尾气净化装置补贴申请表、安装尾气净化装置的国三柴油集装箱运输车辆明细表。

4、国三柴油集装箱运输车辆完成尾气净化装置安装的验收报告。

5、《道路运输证》、《机动车行驶证》（复印件）。

6、《机动车产权证》（复印件）。

上述所有材料的复印件均须加盖单位公章。

（四）审核流程

上海市城市交通运输管理处负责对道路集装箱运输企业提交的申报材料、投标文件和车辆安装情况进行审核，审核通过后，由市环保局对申请补贴的车辆按批次进行抽查，抽查达到本办法规定的环保净化效率要求的，准予补贴，抽查达不到环保净化效率要求的，不予补贴。

（五）资金拨付

经审核，申请材料符合要求的，由上海市城市交通运输管理处汇总申请材料，提出补贴意见报上海市交通委员会、上海市环境保护局。上海市环境保护局出具审核意见后，上海市交通委员会将符合要求的申请车辆清单在上海市交通网（www.jt.sh.cn）上公示5个工作日，公示无异议的，上海市交通委员会向上海市发展改革委提出下达资金计划申请，并根据上海市发展改革委下达的资金计划向上海市财政局提出请款报告。上海市财政局根据资金计划和上海市交通委员会用款申请，将补贴资金拨付至道路集装箱运输企业。

**五、责任及监督**

（一）各道路集装箱运输企业应主动联系中标企业做好尾气净化装置的加装工作，对已加装尾气净化装置的国三柴油集装箱运输车辆做好登记造册、票据留存，正确使用并确保尾气净化装置处于良好工作状态；对提供的申请材料的真实性、准确性负责。尾气净化装置供应商根据合同规定按时完成加装工作，对所提供的产品质量负责，承担质保期内由安装该产品所产生的相关费用；负责建设尾气净化装置使用监控平台，对尾气净化装置使用情况进行跟踪；负责做好产品的维护保养并确保有效，监控平台对用户和政府监管部门及其指定的第三方开放。

（二）上海市交通运输行业协会根据委托负责尾气净化装置购置的招投标工作，根据中标情况，组织道路集装箱运输企业、尾气净化装置供应商及时完成安装工作，协调道路集装箱运输企业、尾气净化装置供应商做好尾气净化装置安装工作，并跟踪尾气净化装置后续使用情况，监督尾气净化装置供应商如实履行合同。

（三）上海市交通委员会负责指导上海市城市交通运输管理处做好本办法的组织实施。上海市城市交通运输管理处负责本办法的具体实施工作，并指导上海市交通运输行业协会做好集装箱运输车辆安装尾气净化装置的组织工作，对尾气净化装置的安装、使用情况进行监管，督促各道路集装箱运输企业按时完成安装工作，对违规操作、采用虚报和冒领等手段骗取补贴资金的企业进行通报。

上海市环境保护局负责尾气净化装置的符合性抽查，委托第三方单位检测尾气净化装置能否达到本办法规定的环保净化效率要求，并提出是否符合要求的书面审核意见，做好集装箱运输车辆加装尾气净化装置的环保效果评估工作。

上海市发展改革委员会负责补贴资金的总体安排和统筹协调。

上海市财政局负责落实并拨付补贴资金，监督补贴资金的使用情况。

上海市交通运输行业协会根据委托组织尾气净化装置招标，督促各道路集装箱运输企业严格按照本办法要求，认真开展尾气净化装置加装工作，跟踪监督尾气净化装置使用情况。

（四）对违反规定，情节严重或造成严重后果的责任人员，依法追究法律责任。对采取虚报、冒领等手段骗取补贴资金的，或帮助企业骗取补贴资金的，将追回资金，并按照《财政违法行为处罚处分条例》等有关法律法规处理。

**六、附则**

本办法由市交通委、市环保局、市发展改革委、市财政局负责解释。本办法自发布之日起实施，有效期至 2016 年 12 月 31 日。

**相关附件**

国三柴油集装箱运输车辆尾气净化装置补贴申请表 . docx

安装尾气净化装置的国三柴油集装箱运输车辆明细表 . docx

## 《市交通委等关于支持本市新能源货运车推广应用的通知》

各相关单位：

根据《上海市鼓励购买和使用新能源汽车暂行办法》等文件精神和市政府相关要求，为进一步支持鼓励本市新能源货运车推广应用，现将有关事项通知如下：

一、本通知所指的新能源货运车是指纳入国家《新能源汽车推广应用工程推荐车型目录》和《免征车辆购置税的新能源汽车车型目录》，且列入本市新能源汽车备案车型信息库的纯电动货运车。

二、支持本市道路运输企业应用纯电动货运车，取得本市交通管理部门颁发的道路货物运输经营许可资质的道路运输企业，根据经营需求购买纯电动货运车，需要申请小型货运车辆上牌额度的，市交通委予以优先支持。申请小型货运车额度上牌的车辆，在公安交管部门办理完车辆注册登记后，应按规定办理《道路运输证》。

三、本市公安交管部门在现有交通管理规定和框架下，给予纯电动货运车通行便利。本市先期向纯电动货运车发放3000张《货运汽车通行证》，纯电动货运车可凭《货运汽车通行证》在市区内通行，但不得在设有"禁止货运车通行"禁令标志的道路（含高架道路）行驶。

本市道路运输企业购买纯电动货运车，需要向公安交管部门申请《货运汽车通行证》的，提供新能源车辆《行驶证》、《道路运输证》等材料。公安交管部门核实后，对符合车长、车重要求的纯电动货运车按总量控制、统筹分配的原则发放《货运汽车通行证》。

申请本市新能源货运车购车补贴等其他事项，按照本市有关新能源汽车扶持政策实施。

本通知自印发之日起执行。

市交通委

市公安局交警总队

2016年3月29日

**《上海市交通委员会关于印发〈关于加快推进本市绿色货运发展的若干意见〉的通知》（沪交科〔2016〕228号）**

各区（县）政府、各有关单位：

为贯彻落实《上海市清洁空气行动计划（2013-2017）》要求，进一步降低城市货运车辆尾气污染物排放，改善本市大气环境质量，经市政府同意，现将《关于加快推进本市绿色货运发展的若干意见》印发给你们，请遵照执行。

特此通知。

2016年3月9日

**《关于加快推进本市绿色货运发展的若干意见》**

为贯彻落实《大气污染防治法》、《上海市大气污染防治条例》和《上海市清洁空气行动计划（2013-2017）》要求，进一步改善本市大气环境质量，加快推进绿色货运发展，特提出如下意见：

**一、加快发展绿色货运的必要性**

货物运输是本市城市综合交通体系的重要组成部分，也是本市大气污染物排放的重要来源之一。货运车辆仅占本市机动车总量的10%，但排放的氮氧化物和颗粒物却占机动车排放总量的约70%和80%。货运与市民生活紧密相关，为降低货运车辆的污染物排放，近年来本市采取了黄标车淘汰、高污染车辆限行、新能源和清洁能源车辆推广等一系列管理措施，取得积极成效。然而，由于货运行业市场化程度高，业内企业散、小、弱，风险承受力差，受成本、技术、法规标准等方面因素制约，货运车辆环保治理的难度很大。因此，必须充分调动市级相关管理部门、区县政府、货运企业、货主企业等各方力量，整合资源，形成合力，加大高污染货车治理力度，从货运车辆、货运模式、供应链管理等多层面共同推进绿色货运发展，从根本上解决货物运输造成的大气污染问题。引导企业承担社会责任，积极推进绿色货运发展，既是改善城市大气环境的重要举措，也是促进相关企业可持续发展的必然要求。

**二、加快发展绿色货运的工作原则和目标**

绿色货运主要是指为了实现保护环境和节约资源的目的，货主企业和货运企业等供应链相关企业通过使用低排放或零排放的货运车辆，制订集约高效的运输方案，提高运输效率、降低资源消耗和污染物排放，实现货运行业的绿色发展。

本市推进绿色货运发展坚持“源头治理、属地管理、示范引领、全面推进”的原则，努力实现货运车辆清洁化、货运模式集约化、全供应链绿色低碳的目标。

三、加快发展绿色货运的主要工作

（一）落实市有关部门的监管职责

建立绿色货运推进联席会议，联席会议由市交通委牵头，市商务委、市国资委、市环保局、市公安局、市经信委、市发展改革委、市质量技监局、市农委、市邮政局等部门组成，指导、协调本市绿色货运推进工作。市交通委负责强化运营车辆市场准入和行业监管的环保要求。市商务委负责指导重点商贸企业发展绿色货运，支持和协调推进重点商贸企业发展绿色货运。市国资委负责协调推进国有企业发展绿色货运，指导相关集团对所属企业加强绿色货运发展情况的考核。市发展改革委负责将绿色货运纳入物流业、服务业相关产业发展规划，对符合条件的绿色货运重点项目给予支持。市质量技监局负责指导绿色货运联盟制定相关标准和规范，增加相关政府评优工作中绿色货运的考核指标和权重。市公安局负责落实货运通行证发放的环保要求并加强管理，落实新能源货运车辆的市区通行政策。市环保局负责严格货运车辆尾气污染物排放检测和环保标志的发放管理。市农委、市邮政局等负责推进行业内绿色货运的发展工作。市经信委负责协调汽车制造企业生产先进适用的低排放、清洁能源和新能源货运车辆，加强车辆准入管理，并落实相关购车补贴政策。

（二）落实区（县）政府属地管理的职责

各区（县）政府对推进辖区内绿色货运发展负有主要管理责任，要按照属地管理要求，结合区内相关企业的实际情况，制定工作方案、层层分解落实责任，统筹推进辖区内绿色货运发展。

各区（县）政府应在郊区新城、经济开发区和工业园区等重点区域率先推进绿色货运示范区建设。示范区内货运企业要率先加入绿色货运联盟，签订绿色货运合同。提高示范区内货运车辆排放标准要求，优先给予国四及以上标准的车辆和新能源货车通行便利。鼓励示范区内商贸企业、第三方货运企业等联合组建绿色货运共同配送平台，开展集约高效配送。市政府将绿色货运发展情况纳入区（县）清洁空气行动计划实施情况年度考核和节能减排工作推进情况年度考核。

（三）落实货运企业的主体责任

由市物流协会、市货运协会牵头组建本市绿色货运联盟，制定相关标准、整合政策资源，引导相关企业自主发展城市绿色货运。鼓励大中型货主企业、运输企业等加入联盟，国有企业率先加入。联盟企业要主动履行环保责任，加快淘汰高污染货运车辆，积极使用低排放、清洁能源或新能源货运车辆。联盟企业要签订统一的绿色货运合同，积极推广共同配送模式。企业要将绿色货运合同签署情况报市物流协会、市货运协会，协会将加入绿色联盟的企业名单通过协会网站向社会公开公示。对于加入绿色联盟的相关企业，在“市政府质量奖”、“名牌产品”等政府评优工作、公共资源配置以及相关扶持政策中优先考虑、重点倾斜。

（四）制定绿色货运发展标准

按照绿色、低碳的要求，根据城市货运的特征，分类研究制定相关的绿色发展标准。对基础设施、货运车辆排放、货运模式、评估认证等提出相应的技术规范。

（五）培育绿色货运示范企业

选择快速消费品、快递等行业的国有及民营骨干企业，率先推进绿色货运发展示范。根据供应链各环节特点，明确绿色货运示范企业的标准和要求。由市绿色货运联盟组织评选“上海市绿色货运示范企业”，示范企业评选从绿色货运联盟中产生。商务、农业、邮政等行业主管部门要加大对相关绿色货运示范企业的指导。

（六）加强对发展绿色货运的宣传引导和社会监督

加强对绿色货运发展的舆论宣传，大力宣传报道绿色货运联盟、绿色货运示范区和绿色货运示范企业，提高社会认知度和荣誉感。通过网上公开公示、舆论监督，加强对绿色货运企业的社会监督，引导更多企业发展绿色货运，履行环保责任。

## 12.2 上海物流业大事记（2016 年 1 月—2017 年 7 月）

### 2016 年

＊ 2 月 1 日，市政府印发“关于《上海市推进”互联网 +“行动实施意见》。

＊ 3 月 9 日，市交通委发布《关于加快推进本市绿色货运发展的若干意见》推动实现货运车辆清洁化、货运模式集约化、全供应链绿色低碳的目标。

＊ 3 月 29 日，市交通委发布“关于支持本市新能源货运车推广应用的通知”。从多个方面鼓励支持本市道路运输企业应用纯电动货运车。

＊ 5 月 6 日，“2016 长三角地区（上海）现代物流联动发展大会”在上海宝隆宾馆举行，来自苏浙沪的代表 300 余人参加。上海市商务委副主任刘敏出席并讲话。苏浙沪政府主管部门和行业协会分别报告了本地“十二五”物流业发展情况和“十三五”物流业发展规划概要。

同日，为了对接国家“一带一路”发展战略，长江经济带标准化托盘循环共用联盟在上海市宣告成立。联盟由苏、浙、沪、皖、鄂、渝等长江沿岸 31 家物流行业协会发起，会上举行了联盟签约，10 家托盘生产和使用企业进行战略合作协议签署。

＊ 5 月 23 日，上海建景物流公司超载预制水管桩重达百吨的卡车违规驶上中环高架桥发生侧翻致使高架桥路段主桥翘起损毁。造成经济损失一千余万元，肇事企业和肇事者受到处罚被判刑。

＊ 7 月 22 日，上海物流行业先进表彰大会在上海宝隆宾馆举行。大会由上海市物流协会、交通运输行业协会、国际货代行业协会、仓储行业协会和物流企业家协会联合主办，会上受到表彰的先进有：3 个全国物流行业先进集体、10 名全国物流行业劳动模范、21 家上海市物流行业先进集体、21 名上海市物流行业先进个人。

＊ 9 月 8 日，市政府召开新闻发布会，正式发布“十三五”时期上海国际航运中心建设规划。

＊ 9 月，杭申线航道整治工程全面完工，成为“十三五”期间本市建成的首条内河高等级航道，今后浙江安吉、湖州等地千吨级船舶或 90 标准集装箱船可直达黄浦江。

＊ 9 月，中国交通运输行业协会发布 2016 年全国先进物流企业名单，上海有 61 家物流企业上榜，占全国当选总数的 22.6%。

＊ 10 月 19 日，市政府印发“关于《上海市现代物流业发展“十三五”规划》”。

＊ 10 月 31 日，市政府印发《上海市综合交通“十三五”规划》。

＊ 10 月，上海市物流协会逆向物流分会的“基于服务外包的售后逆向物流管理研究、理论分析与汽保行业实践”项目，获中国物流与采购联合会科技进步二等奖。

＊ 11 月，自 7 月启动本市国三柴油集装箱运输车辆安装尾气净化装置工作，至 11 月底，共有 3567 辆完成了安装，占全部应安装车辆 11000 辆的三分之一。

＊ 12 月 13 日，市交通委发布上海市市级无车承运试点企业的通告，共有 40 家物流、货运和平台企业获得有效期至 2017 年 12 月 31 日的普通货物（无车承运）经营许可。

＊ 12 月，上海市物流协会作为全市首批 99 家试点行业协会、商会与行政机关脱钩的社团之一，完成了脱钩的全部工作。

＊ 年内，全市快递服务企业业务量累计完成 26.0 亿件，同比增长 52.4%，业务收入累计完成 709.5 亿元，同比增长 55.9%，保持了高速增长态势。

＊ 年内，有 16 家物流企业经评估，成为国家标准 A 级物流企业。上海地区 A 级物流企业数达到

182 家，其中 5A、4A 级为 112 家，占 61.5%

**2017 年**

＊ 4 月 1 日，市商务委 市质量技术监督局 印发《本市托盘标准化及社会化循环共用推广专项行动计划》，以更好复制推广本市物流标准化试点经验，深化内贸流通供给侧结构性改革，降低流通成本，提升流通信息化、标准化、集约化水平。

＊ 5 月 6 日，2017 上海物流日活动暨物流业“创优降本”主题论坛在上海宝联丰大酒店举行，会议由上海现代服务业联合会、上海物流行业协会组织合作联盟（12 家协会）联合主办，联合会周禹鹏会长出席，来自上海和苏浙的 300 余名代表参加。

＊ 5 月 22 日，上海市物流协会举行第三届第一次会员代表大会暨理事会，选举产生了新一届理事会。选举浦静波为协会会长，刘鹰为秘书长。

＊ 6 月 6 日，上海市物流协会刘鹰秘书长参加了在沪召开的由全国政协副主席陈元率领的全国政协“营改赠执行情的建议”座谈会，作为受邀的两家行业协会之一，刘秘书长就“营改赠”在上海物流业的政策效应和相关建议作了汇报发言，递交了调研报告。

## 12.3 上海物流行业主要社团介绍

**【上海市物流协会】**

上海市物流协会（Shanghai Logistic Association），成立于 2007 年 4 月 25 日，是在 1993 年 3 月成立的原上海物资流通行业协会的基础上，经过拓展功能，资源整合，扩大行业覆盖面后重新组建的。成立大会上，时任市政协主席蒋以任、副市长胡延照、市经委主任王坚等领导莅临大会并为协会揭牌。

上海市物流协会是上海市推进现代物流发展领导小组成员；三届上海市全国先进物流企业推荐评选组织工作的牵头部门；二届上海市全国物流行业劳动模范、先进集体推荐评选组织工作的牵头部门；上海地区国家标准 A 级物流企业评估唯一机构；上海市物流服务名牌推荐评审专家组长单位；上海市诚信创建和星级诚信单位的行业推荐部门；长三角现代物流联系会议和合作联盟发起单位和组织单位；上海市物流业 12 个行业协会组织联盟的发起和牵头单位。

上海市物流协会由上海物流企事业单位自愿组建、跨部门、跨所有制的非营利性社团法人。协会会员包括本市港口、铁路、航空货运、公路干线和水运等大型物流企业；钢铁、汽车、化工、医药、冷链、快递等专业物流龙头企业；金融、保险、设备设施、科技服务、租赁等物流服务企业；职业教育、高等院校等物流研究教育机构；服务中小物流企业的公共服务平台。现有会员单位 2456 家，其中直属会员 370 家，分支机构会员 305 家，中小企业服务分会有会员 1781 家。

目前协会下设冷链、供应链管理、建筑设备租赁、中小企业服务、生活物流、燃料、逆向物流等 7 个分会，物流装备采购咨询、创业咨询等 2 个服务中心，以及废旧金属回收利用专业委员会 1 家。

协会的宗旨是：遵循“服务企业、推动行业、发展产业”的指导思想，发挥桥梁纽带作用和联系广泛的优势，协助政府主管部门加强物流行业管理。推动行业自律，加强诚信建设；积极表达诉求，维护会员合法权益；协调内外关系，促进行业健康发展。业务范围：行业规划、中介咨询、教育培训、会展招商、人才招聘、法务服务、行业统计等。

在行业教育培训方面，上海市物流协会开展以“四高“为特征的教育培训取得新的进展。一是高技能人才培训基地建设积极推进，2017 年 3 月，市经信委、市人社局考察检查了实训基地之一的德邦物流，给予了充分肯定。二是在市教委支持下举办了“物流管理创新模式“高级研修班，有 67 名企业高管参加。三是完成了中职教师物流企业实训能力提升培训，有 8 名教师参加，收到了很好效果。四是中职生向大专学历直通面试于 1 月举行，有 200 多名学生参加。五是为企业培训干部受到欢迎和好评，有纺织运输等多个企业的 300 余人次参加。

现任会长浦静波，常务副会长陈震，秘书长刘鹰，副秘书长张悦来、固晨曦。

联系方式：

地址：上海市江西中路 406 号（丙）311 室　邮编：200002

电话 / 传真：021-63231140

邮箱：CZ20032005@163.com　　网址：http://www.sh56.cn

**【上海市物流学会】**

上海市物流学会（Shanghai Logistics Society），前身为上海市物资经济学会，成立于 1980 年 9 月，更名于 2003 年 4 月），是由本市从事物流教学及理论研究的大专院校、科研单位和从事物流实践与管理工作的企事业单位的专家、学者和经营者自愿组成，以研究在社会主义市场经济条件下的物流理论、物流管理和物流科技现代化为主要内容的非营利性的学术团体，具有社团法人资格。

学会的宗旨是：最广泛地组织和团结承担物流业务、物流管理和科研的理论和实践工作者，在社会主义市场经济条件下，坚持改革开放，积极探索研究，为提高我国物流理论、管理科学和技术水平，加强国际间的物流技术交流，实现流通现代化服务。

上海市物流学会的会员分为单位会员和个人会员二种。大专院校、科研单位、物流企业为会员单位；从事物流教学、研究和物流经营管理工作的专家、学者、企业经营者为个人会员。上海市物流学会设学术委员会。职能是：为学会发展出谋划策，为企业发展当好参谋，为城市物流发展规划当好政府参谋；为制订物流标准化、物流园区规划等开展咨询活动。

上海市物流学会会刊为《上海物流》双月刊。编辑部地址设在上海市北京东路 255 号 502 室，邮编 200002，电话 63232513，投稿信箱：CZ20032005@163.com

上海物流学会设了三处产学研基地，分别设在上海市物流学会、上海市物资学校产学研基地，上海市物流学会、上海交通大学张江高科技园区 RFID 产学研基地，上海市物流学会、上海海事大学高等技术学院，上海港湾学校产学研基地。

现任会长孙丰，秘书长陈震，副秘书长张三敏。

联系地址、电话、传真、邮箱、网页同上海市物流协会。

**【上海浦东现代物流行业协会】**

上海浦东现代物流行业协会 Shanghai Pudong Modern Logistics Association，缩写 SPMLA。成立于 2008 年 5 月 12 日，登记证号为“沪浦民社证字第 0205 号”法定代表人为仲伟林。

上海浦东现代物流行业协会现有会员单位 200 余家，在洋山保税港区设有洋山分会；在浦东机场综合保税区设有空港分会。协会的宗旨是“服务至上 诚信第一”，努力做到四个“致力于”，即致力于贯彻并推广政府鼓励物流企业的各项方针、政策、法律法规；致力于为会员单位提供一系列综合服务，维护其合法权益；致力于促进会员单位与政府以及会员单位之间的联系、了解和合作；致力于帮助会员单位创造最大化经济效益，推动浦东新区物流业的健康发展。浦东物流协会是为第三方物流企业、货运代理企业、仓储运输企业以及其他从事物流业务的经营、管理、科研、教学的企事业单位提供综合服务与帮助的非营利性社会团体法人，是浦东地区颇具影响力的专业社团法人机构。

上海浦东现代物流行业协会紧紧围绕行业发展的焦点、行业发展的热点、行业发展的难点，加强调查研究，把握行业发展的规律，完成了《三区三港联动发展方案研究》、《上海浦东机场综合保税区发展定位及招商策略》等研究课题，撰写了《关于对调整和振兴浦东新区物流业的若干建议》、

《勇于尝新，正视问题，寻求税负改制的最佳结合点》等调研报告。这些对整个行业“战略性思考，整体性推进”的前瞻性思考，为新区领导及职能部门就物流业的发展提供了决策依据。

现任协会名誉会长：胡炜，会长：仲伟林，常务副会长：田卫华，秘书长：陶惠民。

地址：浦东新区花山路 1199 号 19 楼　　邮编：200137

办公室电话：50676606　　传真：50676336　　培训部：50676670

协会邮箱：spmla1199@163.com　　协会网址：http://www.spmla.org/

**【上海物流企业家协会】**

上海物流企业家协会是由业务主管单位上海市商务委员会正式批准，经上海市社会团体管理局登记核准的社团法人。

上海物流企业家协会是联合上海物流行业五十多位企业家共同发起组建的非盈利性社团组织，协会按照社团法人治理的结构，设常务理事会、理事会和协会秘书处；协会的会长、副会长和秘书长从协会理事会中选举产生。

协会常设秘书处为办事机构，处理日常事务性工作。秘书处配备秘书长一名，执行秘书长一名，专兼职副秘书长各一名。协会设办公室、会员发展部、资料编辑部、培训咨询部、综合事务部五个部门，主要为协会会员提供五大系列的服务。

第一：保持会员与政府之间沟通联系的渠道畅通。组织和实施行业调查与行业统计，向政府有关部门提供行业发展规划、行业产业政策等建议，并参与有关活动；及时向会员传达政府有关的会议精神和政策文件。

第二：保持会员与国内外物流同行业在先进理念、优秀理论以及先进模式方面的同步。举办各种类型的理论讨论会、报告会、论坛等，邀请国内外专家、优秀企业家为会员答疑解惑。

第三：帮助会员解决鉴定认证及教育培训方面的需求。参与物流行业职业技能鉴定和质量体系认证、评定活动；为企业家会员提供质量管理体系、物流管理体系等标准认证咨询。结合市场实际需求，联合社会教育资源，为企业家会员的物流企业提供各类培训服务；为物流从业人员提供教育培训服务，提高物流从业人员的管理能力和业务水平。

第四：帮助会员加强宣传推广。编辑出版发行会刊、年鉴、资料等出版物。评定物流行业的优秀企业家，推广其成功经验，提高企业品牌意识，树立企业形象，提升企业价值；推荐物流行业名优产品，组织发展行业的公益事业和各种社会活动。组织区域性展览、商品交易活动，促进电子商务、加工配送、政府与企业采购等新模式的发展，提高物流行业的科技含量。

第五：为会员提供信息咨询服务，实现行业内资源共享。搜集国内外物流资源信息、市场供求信息、法律法规、政策信息、编辑出版相关刊物，建立互联网站为会员提供信息交流平台，为物流企业家提供信息咨询服务。建立电子商务交易与操作服务平台，向国内中、小物流企业的企业家提供电子化物流服务和网络化信息技术服务。

协会致力于在企业家与政府、企业家与社会、企业家与市场、企业家与企业家之间发挥桥梁与纽带作用，做好政府的协管员和物流企业家的代言人。

现任会长范鸿禧，常务副会长黄强，秘书长陈永军。

地址：上海市虹桥路 333 号（交大慧谷）106 室

电话：021-51581880　　传真：021-51581882

邮箱：shwusl@163.com　　网址：http://www.shlea.org/

**【上海市仓储行业协会】**

上海市仓储行业协会（英文译名：Shanghai Trade Association of Warehouses snd Storage

缩写：STAWS ）成立于 1988 年 9 月，是经政府批准、市社团管理局核准登记的具有法人资格的社会团体；是由从事物流仓储行业的经营管理企业和相关科研教育的企业及个体自愿组成的非盈利性行业组织。主管部门是上海市商务委员会。

协会以行业的服务、自律、代表和协调为基本职能。其业务范围是：行业调研、技术培训、编辑出版、会展招商、产品推介、中介咨询服务、国内外信息技术交流等。主要职责是：

- 组织举办行业各类业务人员的技术素质培训；仓库技术咨询；物流仓储信息的交流发布及物流仓储业务的招商及推介活动。
- 制定不同类型性质仓库的安全服务标准和质量管理标准。
- 开展国内外仓储物流行业的经济技术交流、考察和合作活动。
- 配合工商和消防部门，对进入行业的各类仓库进行消防安全检查。
- 参与有关对行业改革、发展和利益相关的政府决策论证；参加政府举办的有关听证会。
- 督促会员单位依法经营并按协会章程和行规行约开展自律活动。

协会依据行业有关特点，目前设有商业、粮食、外经贸、及郊区四个专业委员会，秘书处为协会常设机构。成立二十多年来，协会积极开展国内外同行的交流和合作，经常举办业务研讨和行业专题讲座，不断组织国内外行业考察活动，举办各层次业务人员培训，定期出版内部刊物。

现任会长孙丰，秘书长陈龙。

地址：上海四川中路 330 号 213 室　　邮编：200002

电话：63212343　　传真：63212343

E-MAIL：shccxh@263.net　　网址： http://www.shccxh.com/

**【上海市国际货运代理行业协会】**

上海市国际货运代理行业协会（shanghai international freight forwarders association）是在我国改革开放不断深化，国际货运代理业快速发展条件下，于 1992 年 9 月成立，是我国（除港澳台外）最早成立的省市级国际货运代理行业协会。协会本着“指导、服务、协调、保护”的宗旨，协助政府有关部门加强国际货运代理行业管理，维护上海国际货运代理市场的经营秩序；研究国际货运代理业发展趋势；代表会员利益，反映行业呼声；开展各类培训，提高从业人员素质；协调行业内外各种关系，促进上海国际货运代理行业的健康发展。上海市国际货运代理行业协会现有会员单位 554 家。

上海市国际货运代理行业协会的组织机构为会员大会、理事会、常务理事会，并设立法律、规范服务、单证电脑、行风、国际非贸易物品搬运、无船承运业务和资源整合等七个专业委员会，秘书处为协会的日常工作机构。

协会一贯重视服务质量的不断提高，始终坚持“服务行业、服务企业”的办会理念。协会根据行业发展的实际情况，先后开展从业人员的专业业务知识培训，推动行业 ISO9000 质量管理体系认证工作，倡导货代联盟试点，促进非贸易物品搬运业务的规范化，组织 FOB 运费佣金下降的谈判，探索行业诚信建设评估办法，配合政府有关部门开展各类调研，制定行业服务规范，引导企业参与行业管理与自律，努力增强会员企业市场竞争力，力求为中国国际货运代理事业发展作出贡献。

现任会长：王林，秘书长：李林海。

地址：上海市甘河路 8 号（中山北一路）明道大厦 17 楼 B 座　邮编：200437

电话：021-65600859、65600861　　传真：021-65602133

E-mail：siffa@online.sh.cn　　网址：http://www.siffa.org/

【上海市交通运输行业协会】

上海市交通运输行业协会，英文译名为Shanghai Transportati on Trade Association，成立于1985年4月22日，是经上海市民政局登记核准，由业内企事业单位自愿组成的跨部门、跨所有制的非营利的行业社团法人，会员包括铁路、公路、水路、航空、邮政、城市交通，以及交通工程建设、交通科研院校的主要单位。协会主管机关是上海市城乡建设和交通委员会。

上海市交通运输行业协会的办会宗旨是：以邓小平理论、“三个代表”重要思想和科学发展观为指导，依据国家法律法规和经济发展战略，发挥自身桥梁纽带和联系广泛的优势，加强为政府、行业、企业和社会的服务工作，遵守社会道德风尚，维护会员合法权益，保障行业公平竞争，在促进本市交通运输事业又好又快和可持续发展中发挥积极作用，为把上海建成现代化国际大都市而努力奋斗。

上海市交通运输行业协会现设有10个分支机构，分别是：集装箱道路运输分会、国际集装箱堆场（仓储）分会、物流分会、轨道交通专业委员会、港航运输专业委员会、监管车辆专业委员会、职教和质量工作委员会、技术标准和智能交通工作委员会、交通安全工作委员会、交通节能减排工作委员会。

上海市交通运输行业协会的日常办事机构为秘书处，设四部一室，即：联络部、培训部、咨询部、编辑部和办公室。上海市交通运输行业协会办有《上海交通运输》双月会刊和《上海交通》半月信息动态汇编，设有自己的网站。现任会长：郭竹海（兼），常务副会长兼秘书长：周淮

地址：上海市黄陂北路9号15楼　　邮编：200003

电话：021-63903418　　传真：021-63904824

邮箱：shjtxh@jt.sh.cn　　网址：www.shcti.cn

【上海冷藏库协会】

上海冷藏库协会（SARW）成立于1987年，1995年经国家外交部批准加入国际冷藏库协会与世界食品物流组织。现是国际冷藏库协会、世界食品物流组织、国际冷藏运输协会、国际冷藏库工程协会会员。2004年、2005年，协会与美国农业部（USDA）、国际冷藏库协会、世界食品物流组织连续两次在上海联合召开“改善上海易腐食品流通环节研讨会”等会议。协会多次赴美国参加国际冷藏库协会和世界食品物流组织年会，并于2007年4月在美国菲尼克斯与国际冷藏库协会、世界食品物流组织共同签署协议，成立了“国际冷藏库协会/世界食品物流组织/国际冷藏运输协会上海联络处”。协会现有会员企业100多家，分布于上海市工业、农业、商业、外贸等系统以及各区县，在江苏、浙江、湖北、广东、广西等地也有协会的会员企业。会员企业中，有食品加工、冷冻冷藏、冷藏运输、低温配送及其他冷链物流相关企业。协会将发挥好政府与企业间的桥梁与纽带作用，积极为上海及长江三角洲等地区食品冷链物流的建设与发展作出贡献。协会还可以提供业务中介、人才培训、经营业务与工程技术咨询等服务。协会现任会长黄郑明，秘书长陈军。

地址：上海市许昌路1273号　　邮编：200092

电话：86-(021)65011038，86-(021)65010739　　传真：86-(021)65032782

E-mail：llc@csarw.org　　网址：http://www.csarw.org

附：上海冷库行业简介

上海冷藏库行业已有100多年的历史，至2011年底上海冷藏库容量已达到3621271立方米，其中冻结物冷藏库容量为3058280立方米；冷却物冷藏库容量为562991立方米。目前，上海传统的土建式冷藏库仍占主导地位，冷藏库的管理体制仍按系统划分为主，但服务功能开始向市场化过度，从为系统服务为主逐步向公用冷藏库社会化服务转化。冷藏库制冷新技术得到了进一步的应用，现代冷链物流中心建设开始起步，冷藏库的功能正从计划经济下单纯的“储藏型”向冷链物流型转变，冷藏库行业将进入一个新的调整和建设发展期。

**【上海港口行业协会】**

上海港口行业协会成立于 1984 年 1 月，1992 年 1 月，扩大组建为地区性协会。其宗旨是，为上海港口生产建设发展服务，在港口相关企事业单位和市政府主管港口的部门之间起桥梁、纽带作用，反映所属会员单位的意见和要求，贯彻政府和上级领导部门的政策、规定、计划、要求，促进港口的社会主义现代化生产建设不断发展。1988 年创办了《协会之声》作为协会内部刊物，1990 年改名《上海港口》，为季刊，每期发送量为 1200 本。为中国港口协会的团体会员。成员单位有上海港务局、上海航道局、第三航务工程局、第三航务工程勘察设计院、上海海难救助打捞局、上海港口机械制造厂、中国外轮代理公司上海分公司、上海市内河装卸公司、宝山钢铁总厂运输部、上海海事大学水运管理系等。协会会长陈戌源（上海国际港务股份有限公司总裁），常务副会长蔡美义，常务副秘书长周祥生。

地址：黄浦路 110 号 408 室　　邮编：200080
电话：021-33011456　　传真：021-63065414
网址：http://shanghai.chinaports.org/

**【上海市快递行业协会】**

上海市快递行业协会成立于 2007 年 12 月 8 日，是本市快递行业同业企业以及其他经济组织和相关的社会团体自愿组成、实行行业服务和自律管理的跨部门、跨所有制的非营利的行业性社会团体法人。现有会员 300 余家，会员单位中有国有企业、民营企业、合资企业、外资企业和相关社团组织，体现了协会会员的广泛性和代表性。协会的行业业务主管单位是上海市邮政管理局，登记管理机关是上海市社团管理局。

上海市快递行业协会的宗旨是：遵守宪法、法律、法规和国家政策，遵守社会道德风尚；促进快递行业自律，规范快递企业行为，促进快递服务市场稳定、有序、健康发展；加强快递企业之间的交流与合作，提高快递服务水平；为会员服务，维护会员合法权益；沟通会员与政府、社会的联系，促进行业经济发展。

上海市快递行业协会的日常办事机构为秘书处，办有会刊《上海快递》。

地址：上海市静安区愚园路 311 号 318 室　　邮编：200040
电话：62493528　　传真：62485566-8069　　邮箱：shkdxh@163.com
网站：http://www.shkdhyxh.com/index.aspx

**附：【中国物流与采购联合会】**

中国物流与采购联合会（China Federation of Logistics & Purchasing 简称 CFLP），是国务院政府机构改革过程中，经国务院批准设立的中国唯一一家物流与采购行业综合性社团组织，总部设在北京。联合会的主要任务是推动中国物流业的发展，推动政府与企业采购事业的发展，推动生产资料流通领域的改革与发展，完成政府委托交办事项。政府授予联合会外事、科技、行业统计和标准制修订等项职能。中国物流与采购联合会是全国现代物流工作部际联席会议成员单位，是亚太物流联盟和国际采购联盟的中国代表，并与许多国家的同行有着广泛的联系与合作。

中国物流与采购联合会是由国务院批准设立、受国家经贸委业务指导、民政部社团登记管理的具有社团法人资格的全国性行业组织，是由全国性或省、自治区、直辖市、副省级城市物流和生产资料流通专业社团，各种经济成分的生产资料流通企业、物流企业、批发市场以及相关的科研、教学单位自愿联合组成的全国性行业组织，现有会员 400 多家。联合会的宗旨是：遵守中华人民共和国的宪法、法律、法规和政策，全心全意为会员及行业服务，密切社团、企业与政府间的联系，维护会员及企业的改革和发展，更好地为我国社会主义现代化建设服务。联合会的主要任务是：推动中国物流业的发展，推动政府与企业采购事业的发展，完成政府交办事项。

根据国务院关于国家经贸委管理的国家局机构改革的意见，国家国内贸易局撤销后，中国物流与采购联合会成为国家经贸委直接管理的 15 个综合性行业协会之一，政府授予外事、行业统计、行业标准制修订等职能，并受经贸委委托，代管 26 个全国性专业协会和 7 个事业单位。

**引导中国物流企业快速发展**

根据根据《中国物流与采购联合会章程》的规定，联合会的业务范围和主要工作职能是：向政府反映企业的意见和要求，维护企业合法权益；组织实施行业调查和统计，提出行业发展规划、产业政策及经济立法建议；开展市场调查，分析市场形势，提供信息咨询服务；组织经验交流，表彰先进；组织行业理论研究，举办学术讨论会；参与商品流通与物流方面国家标准和行业标准的制修订；推动物流教育，培训专业人员；提供法律咨询服务；促进对外合作与交流；组织展览和交易活动，开展行业科技信息工作；组织发展行业的公益事业；编辑出版发行会刊、年鉴、资料和其他出版物；承担政府有关部门委托的工作任务。2003 年 9 月 10 日，全国物流标准化技术委员会成立，秘书处设在联合会。主要负责组织和推动物流领域的标准化技术工作。受国家标委会委托，联合会与物流标委会联合制定《全国物流标准 2005 年—2010 年发展规划》，并由国家发改委等国务院八部委发布。联合会还积极组织物流标准的制修订，先后制定了《国家物流术语标准》、《物流企业分类与评价指标》、《大宗商品电子交易规范》、《数码仓库应用系统规范》等一批国家标准和行业标准。自 2005 年 5 月 1 日《物流企业分类与评估指标》国家标准（GB/T19680--2005）实施以来，中国物流与采购联合会积极稳妥地组织了物流企业综合评估工作，并先后公布了三批 A 级物流企业名单，共计有 132 家物流企业被评为 A 级物流企业。通过物流企业综合评估工作，对于规范物流市场、提高物流服务质量、推动物流企业健康发展发挥了积极作用。

**物流信息与统计制度**

2004 年 10 月 24 日国家发改委和国家统计局下发文件明确建立社会物流统计制度，并委托中国物流与采购联合会具体承担，每年发布。2005 年 4 月三部门联合发布了《2004 年全国物流运行基本情况通报》。中国物流与采购联合会还和和国家统计局共同合作编制完成的中国制造业采购经理指数，采购经理指数（PMI）是国际通行的宏观经济监测指标体系，对国家经济活动的监测和预测具有重要作用，2005 年 7 月 6 日在京正式发布，并逐月发布。经科技部授权，联合会每年设“中国物流与采购联合会科学技术奖”，并负责“国家科技进步奖”的推荐工作；宝供物流奖；物流企业 50 强排序等。

**物流行业培训认证**

联合会启动物流与采购人才教育和培训工程。在教育部的指导下，每年召开全国高校物流教学研讨会；中国物流与采购联合会和全国物流标准化技术委员会在全国共同推出 “物流师、采购师职业资格认证”的工作，目前已在全国设立培训中心 150 余所，累计培训学员已达 20000 余人。现与世贸组织下属的国际贸易中心合作，在中国启动“采购与供应链管理”国际证书教育。

**采购职业资格认证**

中国物流与采购联合会拥有三个采购职业资格认证：顶级的 CPSM 与 CPM 证书、中级的 ITC 认证、基础级的采购师。CPSM 的认证要求最高，必须同时满足以下三个条件：（1）拥有 3 年供应管理经验（全日制；专业；非文员；独立地）；（2）获得教育部认可学院或大学（或国际同等学院）的学士学位；（3）拥有 C.P.M 证书并成功通过过桥考试 (BRIDGE EXAM) 或成功通过 CPSM 三科考试。

CPM 认证要求：同时满足下面两点：（1）通过全部四个模块的考试；（2）具有 5 年以上全职采购、供应管理工作（非辅助性、非文书性）的经验；或拥有全日制四年大学本科学位，全职从事采购、供应管理工作（非辅助性、非文书性）3 年以上。

ITC 认证与采购师认证，没有门槛要求。

**物流会议会展**

联合会连续多年举办“中国物流专家论坛”、“中国物流企业家年会”、“中国物流学术年会”、“中国企业采购国际论坛”、“海峡两岸暨香港澳门物流合作与发展大会”等品牌会议，在业内产生巨大影响。由我会和德国汉诺威展览公司联合举办的亚洲国际物流展，已成为中国规模最大、最具影响力的物流技术与装备展会。

**物流供应链推动**

联合会协助政府有关部门，积极推进采购制度变革与创新，传播国外先进的采购与供应链管理理念，开展了一系列有社会影响的活动，作为国际采购与物流管理联盟（IFPMM）在中国的唯一成员，承办的第十四届国际采购与供应管理联盟世界大会于 2005 年 9 月 17 日在北京隆重召开，时任国务院副总理吴仪出席并发表讲话。

**物流基地评选**

中国物流与采购联合会开展了“中国物流示范基地”和“中国物流实验基地”的组织评选。三年来，在广泛调查，行业推荐，企业申报，专家评审的基础上，已命名包括中国西部现代物流港、海尔物流、宝供物流、中海物流等 15 家“中国物流示范基地”和 13 家“中国物流实验基地”。

**物流媒体宣传**

由联合会编印的《中国物流年鉴》和《中国物流发展报告》自 2002 年以来已连续 3 年出版，成为国内最具权威的物流行业年度分析报告；联合会主办的“中国物流与采购网”累计点击率突破 500 万大关，成为国内最有影响的网站之一；中国物流与采购联合会会刊——《中国物流与采购》杂志，正在成为物流行业的主流媒体之一；联合会还同几十家行业媒体有协作关系，形成了较为广泛、各具特色的物流新闻宣传和信息传递网络。2005 年 9 月 1 日由中国物流与采购联合会主管的《现代物流报》创刊，这是由国家新闻出版总署批准的中国首张物流专业报纸。

**联合会会员服务**

联合会是会员之家，将努力架设企业与社会的桥梁，沟通政府与企业的联系，维护企业与会员的权益，代表企业与会员的心声，成为为政府、行业、会员服务的大平台。

**物流国际交往**

中国物流与采购联合会国际交往日益扩大，同世界上许多国家和地区的同行建立了经常性联系，是亚太物流联盟、国际采购联盟的中国代表。2005 年中国物流与采购联合会先后与美国供应链管理专业协会、美国供应管理协会（ISM）签署战略合作备忘录，并与香港物流协会、台湾物流协会、澳门物流货运商会签署了四方合作备忘录。联合会还发挥对外联系优势，常年组织企业和会员赴国外考察和访问。

**领导班子**

名誉会长 ：王忠禹、袁宝华、李荣融、陈邦柱、石万鹏、王春正、陆江、赵维臣

顾　　问 ：李开信、宋致和、马毅民、桓玉珊、应文华、靳玉德、杨树德、李德水、乌杰、周可仁、赵光华、何家成、侯云春、武保忠、马力强、余啸谷、罗志卿、李纪章、丁俊发、黄海

会　　长：何黎明，副会长：崔忠付、任豪祥、蔡进、贺登才，副书记：余平

兼职副会长：（略）

## 12.4 入选全国先进和A级物流企业的上海企业名单

（1）61 家上海物流企业入选 2016 年全国先进物流企业　2016 年，在中物联组织的全国先进物流企业评比中，入选的上海物流企业有 61 家，占全国总量 270 家的 22.6%。

表 1：上海市 61 家物流企业入选 2016 年全国先进物流企业

| 序号 | 企业名称 | 序号 | 企业名称 |
|---|---|---|---|
| 1 | 上海九州通医药有限公司 | 32 | 上海顶通物流有限公司 |
| 2 | 上海万家物流有限公司 | 33 | 上海神东船务有限公司 |
| 3 | 上海万航国际物流有限公司 | 34 | 上海美设国际货运有限公司 |
| 4 | 上海久信国际物流公司 | 35 | 上海虹迪物流科技股份有限公司 |
| 5 | 上海山汉国际物流有限公司 | 36 | 上海海博供应链管理有限公司 |
| 6 | 上海中外运国际货运代理有限公司 | 37 | 上海造集互联网科技有限公司 |
| 7 | 上海中石化工物流股份有限公司 | 38 | 上海高信国际物流有限公司 |
| 8 | 上海元初国际物流有限公司 | 39 | 上海盛辉物流有限公司 |
| 9 | 上海东泽国际物流有限公司 | 40 | 上海富鹰物流股份有限公司 |
| 10 | 上海北芳储运集团有限公司 | 41 | 上海惠尔物流有限公司 |
| 11 | 上海史必诺物流设备有限公司 | 42 | 上海景鸿国际物流股份有限公司 |
| 12 | 上海市浦东汽车运输有限公司 | 43 | 上海晶通化轻发展公司 |
| 13 | 上海市联运有限公司 | 44 | 上海新英源物流有限公司 |
| 14 | 上海汉唐物流服务有限公司 | 45 | 上海德威集装箱运输有限公司 |
| 15 | 上海申丝企业发展有限公司 | 46 |  |
| 16 | 上海亚太国际集装箱储运有限公司 | 47 | 中通快递股份有限公司 |
| 17 | 上海亚东国际货运有限公司 | 48 | 中菲行国际货运代理（上海）有限公司 |
| 18 | 上海交运日红国际物流有限公司 | 49 | 东方海外物流（中国）有限公司 |
| 19 | 上海华星国际集装箱货运有限公司 | 50 | 东华集装箱综合服务有限公司 |
| 20 | 上海亨利达国际物流有限公司 | 51 | 东森企业发展（上海）有限公司 |
| 21 | 上海医药物流中心有限公司 | 52 | 申通快递有限公司 |
| 22 | 上海佳吉快运有限公司 | 53 | 希杰荣庆物流供应链有限公司 |
| 23 | 上海奔祥物流有限公司 | 54 | 远成物流股份有限公司 |
| 24 | 上海宝英航运有限责任公司 | 55 | 顺丰速运集团（上海）速运有限公司 |
| 25 | 上海宝湾国际物流有限公司 | 56 | 圆通速递有限公司 |
| 26 | 上海松浦港务有限公司 | 57 | 唯凯国际物流股份有限公司 |
| 27 | 上海欣海报关有限公司 | 58 | 新杰物流集团股份有限公司 |
| 28 | 上海经贸国际货运实业有限公司 | 59 | 锦海捷亚国际货运有限公司 |
| 29 | 上海郑明现代物流有限公司 | 60 | 德邦物流股份有限公司 |
| 30 | 上海金山石化物流有限公司 | 61 | 瀚钰通国际货运代理（上海）有限公司 |
| 31 | 上海青旅国际货运有限公司 |  |  |

（2）上海达到国家标准各类 A 级物流企业年内新增 16 家，总数达到 182 家。

表 2：达到各类 A 级物流企业的 182 家上海企业名录（182 家）

| 序号 | 等级 | 单位名称 | 序号 | 等级 | 单位名称 |
|---|---|---|---|---|---|
| 1 | 5A | 中海集团物流有限公司 | 92 | 4 A | 上海倍智物流有限公司 |
| 2 | 5A | 黑龙江华宇物流集团有限公司 | 93 | 4 A | 上海惠骏物流有限公司 |
| 3 | 5A | 远成集团有限公司 | 94 | 4 A | 上海环世物流（集团）有限公司 |
| 4 | 5A | 上海安吉汽车零部件物流有限公司 | 95 | 4 A | 上海领鲜物流有限公司 |
| 5 | 5A | 东方国际物流（集团）有限公司 | 96 | 4 A | 上海丹捷国际物流有限公司 |
| 6 | 5A | 上海佳吉快运有限公司 | 97 | 4 A | 德邦（上海）运输有限公司 |
| 7 | 5A | 安吉汽车物流有限公司 | 98 | 4 A | 上海优通供应链管理有限公司 |
| 8 | 5A | 全球国际货运代理（中国）有限公司 | 99 | 4 A | 上海锦江国际低温物流发展有限公司 |
| 9 | 5A | 西上海（集团）有限公司 | 100 | 4 A | 上海一汽四环物流服务有限公司 |
| 10 | 5A | 上海现代物流投资发展有限公司 | 101 | 4 A | 上海车新物流有限公司 |
| 11 | 5A | 德邦物流股份有限公司 | 102 | 4 A | 上海源洪仓储物流有限公司 |
| 12 | 5A | 上港集团物流有限公司 | 103 | 4 A | 上海能运物流有限公司 |
| 13 | 5A | 上海中远物流有限公司 | 104 | 4 A | 上海互赢物流股份有限公司 |
| 14 | 5A | 港中旅华贸国际物流股份有限公司 | 105 | 4 A | 上海奔祥物流有限公司 |
| 15 | 5A | 上海铁路局 | 106 | 4 A | 上海蒙盛物流有限公司 |
| 16 | 5A | 国药控股股份有限公司 | 107 | 4 A | 敦豪全球货运（中国）有限公司 |
| 17 | 5A | 东方海外物流（中国）有限公司 | 108 | 4 A | 上海顺城物流有限公司 |
| 18 | 5A | 上海顺衡物流有限公司 | 109 | 4 A | 上海利丰国际物流有限公司 |
| 19 | 4A | 上海惠尔物流有限公司 | 110 | 4 A | 远孚物流集团有限公司 |
| 20 | 4A | 上海申丝企业发展有限公司 | 111 | 4 A | 上海际华物流有限公司 |
| 21 | 4A | 上海乾通投资发展有限公司 | 112 | 4 A | 上海南北公铁物流有限公司 |
| 22 | 4A | 上海商业储运有限公司 | 113 | 3A | 上海中外运冷链运输有限公司 |
| 23 | 4A | 上海中石化工物流有限公司 | 114 | 3A | 上海天隽国际货物运输代理有限公司 |
| 24 | 4A | 日立物流（中国）有限公司 | 115 | 3A | 国本（上海）国际物流有限公司 |
| 25 | 4A | 上海北芳储运实业有限公司 | 116 | 3A | 上海和实储运有限公司 |
| 26 | 4A | 上海市浦东汽车运输总公司 | 117 | 3A | 上海巴士化工物流有限公司 |
| 27 | 4A | 上海云峰集团国际贸易有限公司 | 118 | 3A | 上海百联配送实业有限公司 |
| 28 | 4A | 上海云峰集团化工有限公司 | 119 | 3A | 上海乐惠物流有限公司 |
| 29 | 4A | 上海新杰物流集团有限公司 | 120 | 3A | 上海复闽仓储有限公司 |
| 30 | 4A | 上海医药物流中心有限公司 | 121 | 3A | 上海康芸物流发展有限公司 |
| 31 | 4A | 上海通贸国际供应链管理有限公司 | 122 | 3A | 上海市纺织运输公司 |
| 32 | 4A | 上海东方久信集团有限公司 | 123 | 3A | 上海精裕捷星物流有限公司 |
| 33 | 4A | 上海旭富国际物流有限公司 | 124 | 3A | 上海晶通化轻发展有限公司 |
| 34 | 4A | 利丰供应链管理（中国）有限公司 | 125 | 3A | 上海外高桥国际物流有限公司 |
| 35 | 4A | 上海铁路物流有限公司 | 126 | 3A | 上海新发展国际物流有限公司 |
| 36 | 4A | 上海市长途汽车运输公司 | 127 | 3A | 必胜（上海）食品有限公司 |
| 37 | 4A | 上海畅联国际物流有限公司 | 128 | 3A | 上海金陵国际物流有限公司 |
| 38 | 4A | 上海新金桥国际物流有限公司 | 129 | 3A | 国药集团医药物流有限公司 |

| 序号 | 等级 | 单位名称 | 序号 | 等级 | 单位名称 |
|---|---|---|---|---|---|
| 39 | 4A | 上海金山石化物流有限公司 | 130 | 3A | 德迅（中国）货运代理有限公司 |
| 40 | 4A | 上海华谊天原化工物流有限公司 | 131 | 3A | 上海双得力国际物流有限公司 |
| 41 | 4A | 上海海通国际汽车物流有限公司 | 132 | 3A | 上海联达物流有限公司 |
| 42 | 4A | 上海景鸿国际物流股份有限公司 | 133 | 3A | 上海弘和物流有限公司 |
| 43 | 4A | 上海会成物流有限公司 | 134 | 3A | 上海集发物流有限公司 |
| 44 | 4A | 上海新新运国际货物运输代理有限公司 | 135 | 3A | 上海港口化工物流有限公司 |
| 45 | 4A | 上海益嘉物流有限公司 | 136 | 3A | 上海远成物流发展有限公司 |
| 46 | 4A | 上海华运通仓储配送有限公司 | 137 | 3A | 上海成协物流配送有限公司 |
| 47 | 4A | 上海恒荣国际货运有限公司 | 138 | 3A | 上海大中物流有限公司 |
| 48 | 4A | 上海青旅国际货运有限公司 | 139 | 3A | 上海新天天大众低温度物流有限公司 |
| 49 | 4A | 上海宝钢物流有限公司 | 140 | 3A | 上海吴泾冷藏有限公司 |
| 50 | 4A | 顺丰速运集团（上海）速运有限公司 | 141 | 3A | 上海麒麟物流有限公司 |
| 51 | 4A | 上海安吉通汇汽车物流有限公司 | 142 | 3A | 上海全胜物流有限公司 |
| 52 | 4A | 上海顶通物流有限公司 | 143 | 3A | 上海亚太国际集装箱储运有限公司 |
| 53 | 4A | 上海郑明现代物流有限公司 | 144 | 3A | 中远化工物流有限公司 |
| 54 | 4A | 上海交运沪北物流发展有限公司 | 145 | 3A | 上海中远物流配送有限公司 |
| 55 | 4A | 上海优通国际物流有限公司 | 146 | 3A | 上海中远国际航空货运代理有限公司 |
| 56 | 4A | 上海嘉定国际货运有限公司 | 147 | 3A | 上海中远物流重大件运输有限公司 |
| 57 | 4A | 上海万顺物流有限公司 | 148 | 3A | 上海外轮代理浦东有限公司 |
| 58 | 4A | 上海美源国际物流有限公司 | 149 | 3A | 上海福仑德大件储运有限公司 |
| 59 | 4A | 日邮汽车物流（中国）有限公司 | 150 | 3A | 上海欧迪斯物流有限公司 |
| 60 | 4A | 上海万创危险品物流有限公司 | 151 | 3A | 上海百联石化物流有限公司 |
| 61 | 4A | 中航国际物流有限公司 | 152 | 3A | 上海菱华仓储服务有限公司 |
| 62 | 4A | 上海安盛汽车船务有限公司 | 153 | 3A | 阿尔卑斯物流（上海）有限公司 |
| 63 | 4A | 中国上海外轮代理有限公司 | 154 | 3A | 上海泓明国际货运有限公司 |
| 64 | 4A | 西上海汽车服务股份有限公司 | 155 | 3A | 上海华联超市物流有限公司 |
| 65 | 4A | 上海普天物流有限公司 | 156 | 3A | 上海精准德邦物流有限公司 |
| 66 | 4A | 上海无忧物流配送有限公司 | 157 | 3A | 上海亨利达国际物流有限公司 |
| 67 | 4A | 上海岳锋国际物流有限公司 | 158 | 3A | 上海盛辉货运有限公司 |
| 68 | 4A | 上海万家物流有限公司 | 159 | 3A | 中联运通控股集团有限公司 |
| 69 | 4A | 上海物贸生产资料物流有限公司 | 160 | 3A | 中新通现代物流有限公司 |
| 70 | 4A | 上海慧全国际物流有限公司 | 161 | 3A | 上海安宜达物流有限公司 |
| 71 | 4A | 上海新大洲物流有限公司 | 162 | 3A | 上海钢联物流有限公司 |
| 72 | 4A | 上海厚谊俊捷国际物流发展有限公司 | 163 | 3A | 上海沧运物流有限公司 |
| 73 | 4A | 上海邦达隆飞物流有限公司 | 164 | 3A | 上海宝通运输实业有限公司 |
| 74 | 4A | 上海立伟物流有限公司 | 165 | 3A | 上海同程物流发展有限公司 |
| 75 | 4A | 上海虹迪物流科技有限公司 | 166 | 3A | 上海化学工业区物流有限公司 |
| 76 | 4A | 上海志甄物流有限公司 | 167 | 3A | 云丰国际物流（上海）有限公司 |
| 77 | 4A | 上海茂金物流有限公司 | 168 | 3A | 上海易浦物流有限公司 |
| 78 | 4A | 上海熙可送物流有限公司 | 169 | 3A | 上海鑫益物流有限公司 |

| 序号 | 等级 | 单位名称 | 序号 | 等级 | 单位名称 |
|---|---|---|---|---|---|
| 79 | 4A | 上海康驰物流有限公司 | 170 | 3A | 上海宏通物流有限公司 |
| 80 | 4A | 上海德邦物流有限公司 | 171 | 3A | 上海敬诚物流有限公司 |
| 81 | 4A | 上海东泽国际物流有限公司 | 172 | 3A | 上海鸿顺国际物流有限公司 |
| 82 | 4A | 上海春风物流有限公司 | 173 | 3A | 上海泓明供应链有限公司 |
| 83 | 4A | 上海则一货运有限公司 | 174 | 3A | 上海星亚国际货运有限公司 |
| 84 | 4A | 上海贝业新兄弟物流有限公司 | 175 | 2A | 上海南华国际物流有限公司 |
| 85 | 4A | 上海天地汇供应链管理有限公司 | 176 | 2A | 上海锦路物流有限公司 |
| 86 | 4A | 上海顺意丰速运有限公司 | 177 | 2A | 上海汇尔华实业有限公司 |
| 87 | 4A | 上海中集集装箱有限公司 | 178 | 2A | 上海九州通物流有限公司 |
| 88 | 4A | 上海明乾物流有限公司 | 179 | 2A | 上海宏福货运代理有限公司 |
| 89 | 4A | 上海锦江航运（集团）有限公司 | 180 | 2A | 上海缔华物流有限公司 |
| 90 | 4A | 上海盛旭物流有限公司 | 181 | 2A | 上海钧源物流有限公司 |
| 91 | 4 A | 上海宝臣物流有限公司 | 182 | 2A | 上海金箭物流有限公司 |

（来源：上海市物流协会）

## 12.5 年鉴英语总目录《Shanghai Logistics Yearbook 2016》General Catalogue

**《Shanghai Logistics Yearbook 2016》 General Catalogue**

Section 1: General Report
Section 2: Prosperity Index of Logistics Development
Section 3: The Basic Field & Project for Basic Facilities of Logistics
Section 4: Internet Plus & Logistics Development
Section 5: The Port & Free Trade Zone' Logistics
Section 6: The Logistics of Manufacturing Industry
Section 7: Urban Distribution & Delivery
Section 8: The Installations & Equipment, Standard & Technology, Informationization of Logistics
Section 9: The Derivative Service Industry of Logistics
Section 10: Innovation Practice & Researching of Logistics Development
Section 11: Seminar of Reverse Logistics
Section 12: Appendix

本篇供稿：朱泽榕 张志坚；编辑：张志坚

# 编辑说明

本年鉴共分十二篇章，依次分别为综合报告、物流业发展景气指数、物流基础领域、互联网＋与物流业、口岸与自贸区物流、制造业物流、城市配送、物流装备－标准－技术和信息化、物流衍生服务、物流业发展研究与创新实践、逆向物流、附录（含物流业政策法规、大事记、主要社团介绍、优秀和 A 级物流企业名单、年鉴英语总目录）。与 2015 年年鉴相比做了部分调整，主要是增加了物流业景气指数、逆向物流等两项内容，为使内容相对聚焦和篇幅不致过大，还移动合并了一些传统内容部分。本年鉴稿件收集的时间范围是在 2016 年 1 月至 12 月，部分前延至 2015 年和后延至 2017 年 8 月。

本年鉴是由年鉴编辑部牵头，会同上海市物流协会（暨上海市物流学会）、上海物流企业家协会、上海浦东现代物流业行业协会、市交通委暨所属上海市交通港航发展研究中心、《现代物流报》上海站、上海工程技术大学等单位合作完成，参加编撰工作的有白焕耀、陶惠民、韩志雄、陈震、张悦来、固晨曦、张三敏、朱泽榕、张瑞坤、王京、王立华、裴志康、陈仁云、张旭、赫皓、徐聿强、张志坚等多位同仁（排名不分先后）。

本年鉴自 2017 年 4 月下旬启动，历经动员、商议分工、征稿、稿件和素材收集、分篇章撰写补稿和编辑、汇总编辑等多阶段工作，实际分篇章补稿编辑和汇总编辑工作开始于 8 月下旬，9 月下旬初形成了征求意见稿。

本年鉴在编撰中还得到《上海现代服务业发展报告》编撰委员会、《上海物流年鉴》编撰委员会、上海物流行业组织合作联盟（上海市物流协会、上海市物流学会、上海市交通运输行业协会、上海物流企业家协会 、上海浦东现代物流行业协会、上海口岸联合会、上海市仓储行业协会、上海船东协会、上海港口行业协会、上海市快递行业协会、上海市道路运输行业协会、上海市国际货运代理行业协会、上海冷藏库协会），上海市发展与改革委员会、上海市商务委员会、上海市经济与信息化委员会、上海市交通委员会、上海市人民政府合作交流办、上海海关、上海自由贸易实验区、中国金融信息中心、上海社会科学院、上海工程技术大学、上海海事大学、上海交通大学、上海开放大学以及上海现代服务业促进中心、上海现代服务业投资咨询有限公司，上海郑明现代物流有限公司、“天地汇”供应链管理有限公司、上海卓昕瑞供应链管理有限公司、中国邮政

EMS（上海）分公司、上海电气临港重型装备有限公司、上海万家物流有限公司、龙工（上海）叉车有限公司、上海挚达科技有限公司、上海银沛数据管理有限公司、上海新跃物流企业管理有限公司、安吉物流的大力支持。他们以各种方式对年鉴编撰工作提供了有益的帮助，在此谨表示衷心感谢。

由于我们对行业情况了解程度、专业知识和编撰经验等方面的局限，本年鉴存在的不足之处，还请业内外人士批评指正。

上海物流年鉴编辑部

2017年9月25日